D1619528

Handbuch personaldiagnostischer Instrumente

Handbuch personaldiagnostischer Instrumente

herausgegeben von

Uwe Peter Kanning

und Heinz Holling

Hogrefe · Verlag für Psychologie
Göttingen · Bern · Toronto · Seattle

Dr. phil. Uwe Peter Kanning, geb. 1966. 1987-1993 Studium der Psychologie, Pädagogik und Soziologie in Münster. 1993-1994 Studium an der University of Kent at Canterbury, England, als Stipendiat des DAAD. Ab 1994 DFG-Promotionsstipendium. 1997 Promotion. Seit 1997 wissenschaftlicher Mitarbeiter, seit 1999 Akademischer Rat am Psychologischen Institut IV und Mitarbeiter in der Beratungsstelle für Organisationen (BfO) der Universität Münster.

Prof. Dr. Heinz Holling, geb. 1950. 1969-1976 Studium der Psychologie, Soziologie und Mathematik in Würzburg und Berlin. 1980 Promotion. 1987 Habilitation. Seit 1993 Professor für Psychologie an der Westfälischen Wilhelms-Universität Münster und Direktor der Beratungsstelle für Organisationen (BfO) der Universität Münster.

Die Deutsche Bibliothek - CIP - Einheitsaufnahme

Ein Titeldatensatz für diese Publikation ist bei
Der Deutschen Bibliothek erhältlich.

© by Hogrefe-Verlag, Göttingen · Bern · Toronto · Seattle 2002
  Rohnsweg 25, D-37085 Göttingen

http://www.hogrefe.de
Aktuelle Informationen • Weitere Titel zum Thema • Ergänzende Materialien

Das Werk einschließlich aller seiner Teile ist urheberrechtlich geschützt. Jede Verwertung außerhalb der engen Grenzen des Urheberrechtsgesetzes ist ohne Zustimmung des Verlages unzulässig und strafbar. Das gilt insbesondere für Vervielfältigungen, Übersetzungen, Mikroverfilmungen und die Einspeicherung und Verarbeitung in elektronischen Systemen.

Umschlagbild: Alex Williamson, Office Relationships; © Getty Images, München
Gesamtherstellung: AZ Druck und Datentechnik GmbH, 87437 Kempten/Allgäu
Printed in Germany
Auf säurefreiem Papier gedruckt

ISBN 3-8017-1443-8

Vorwort

Der Erfolg einer jeden Organisation steht und fällt mit der Qualifikation ihrer Mitglieder. Dies gilt für Unternehmen ebenso wie für Einrichtungen des öffentlichen Dienstes. Schätzungen gehen davon aus, dass der Leistungsunterschied zwischen dem fähigsten Mitarbeiter und dem Mitarbeiter mit der geringsten Qualifikation eines Unternehmens selbst dann mehr als das Doppelte betragen kann, wenn sie in der gleichen Funktion tätig sind (Weuster, 1994). Aus gutem Grunde investieren Unternehmen und Behörden daher Milliarden in die Auswahl und Weiterbildung ihrer Mitarbeiter. Eine zentrale Aufgabe kommt dabei der Personaldiagnostik zu. Mit Hilfe psychometrischer Tests und Fragebögen, durch den Einsatz der Interviewtechnik sowie der Verhaltensbeobachtung, werden die aktuellen Qualifikationen von Mitarbeitern und Bewerbern festgestellt und deren Entwicklung prognostiziert. Überdies dienen personaldiagnostische Instrumente der Feststellung des Weiterbildungsbedarfs und der Evaluation von Maßnahmen der Personal- und Organisationsentwicklung.

Die finanziellen Aufwendungen machen sich jedoch nur dann bezahlt, wenn die eingesetzten Instrumente der Personaldiagnostik auch qualitativ gut sind. Wottawa (2000) schätzt auf der Basis einer konservativen Berechnung, dass sich in der deutschen Wirtschaft jährlich etwa 30 Milliarden Euro einsparen ließen, wenn man eine wissenschaftlich fundierte Diagnostik betreiben würde. Viele Organisationen verfügen allerdings weder über hinreichend geschultes Personal, noch besteht eine große Sensibilität für das Ausmaß des Problems. Viel zu oft verfährt man hier nach dem Prinzip „Was viel kostet, ist auch gut." oder lässt sich von kaum hinterfragten Erfahrungen und alltagspsychologischen Betrachtungen leiten. Nicht selten ergibt sich dabei innerhalb der Organisation ein großer Widerspruch: Während man auf der einen Seite technische Innovationen schnell, ja geradezu begierig aufnimmt, steht man dem wissenschaftlichen Erkenntniszuwachs im Bereich der Personaldiagnostik häufig ignorant gegenüber. Viele Entscheidungsträger werden nicht einmal wissen, dass es eine entsprechende Forschung überhaupt gibt.

Das vorliegende Buch tritt diesem Missstand entgegen. Es lädt dazu ein, sich mit den Prinzipien einer wissenschaftlich fundierten Personaldiagnostik auseinander zu setzen. Dabei richtet es sich gleichermaßen an psychologische Laien und praktisch tätige Psychologen. Die Lektüre soll dazu befähigen, bei der Auswahl, Entwicklung und Anwendung personaldiagnostischer Verfahren die richtigen Fragen zu stellen und anschließend die richtigen Entscheidungen zu treffen. Im Zentrum der Darstellung stehen psychometrische Tests, wobei wir uns auf solche Verfahren beschränken, zu denen wissenschaftliche Untersuchungen publiziert wurden. Alle Testverfahren werden von unabhängigen Autoren vorgestellt und bewertet. Darüber hinaus werden Tipps für die Anwendung nicht standardisierter Verfahren wie z.B. das Einstellungsinterview oder das Assessment Center gegeben.

Wir danken an dieser Stelle allen Autoren des Handbuchs für ihre Bemühungen, ein ebenso praxisnahes wie wissenschaftlich fundiertes Buch zu schreiben. Frau Margret

Unger sei gedankt, weil sie neben Frau cand. psych. Julia Beißner, Frau Dipl.-Psych. Heike Hoffmeister und Frau cand. psych. Julia Patzelt einen Großteil der Rechtschreibkorrektur übernommen hat. Ebenso unverzichtbar war die Unterstützung von Frau cand. psych. Petra Gelléri bei der Formatierung des Textes sowie der Erstellung der Register.

Münster, im Frühjahr 2002   Uwe Peter Kanning
                                                         Heinz Holling

Inhaltsverzeichnis

Vorwort 5

1. **Die Psychologie der Personenbeurteilung**
   Uwe Peter Kanning 15

1.1 Wahrnehmungstäuschungen 16
1.2 Selektive Wahrnehmung 20
1.3 Voreilige Reduzierung komplexer Sachverhalte 25
1.4 Erwartungen, die sich selbst erfüllen 28
1.5 Einseitige Suche nach Ursachen 31
1.6 Beeinflussung durch andere Menschen 34
1.7 Emotionen als Quelle fehlerhafter Personenbeurteilung 39
1.8 Fehler des Erinnerns 41
1.9 Personenbeurteilung – ein Fazit 44
1.10 Vertiefende Literatur 45

2. **Grundlagen psychologischer Diagnostik**
   Uwe Peter Kanning 47

2.1   Aufgaben psychologischer Diagnostik in Organisationen 48
2.2   Der diagnostische Prozess 50
2.3   Untersuchungsmethoden im Überblick 60
2.4   Testtheorien 64
2.5   Qualitätsmerkmale 66
2.5.1 Reliabilität 66
2.5.2 Validität 69
2.5.3 Objektivität 76
2.5.4 Normierung 78
2.6   Entwicklung eines psychologischen Messinstrumentes 81
2.7   Kosten und Nutzen 83
2.8   Das Problem der sozial erwünschten Selbstdarstellung 87
2.9   Ethische und rechtliche Grundlagen 89
2.10 Vertiefende Literatur 92

3.	**Anforderungsanalyse**	93
3.1	Standardisierte Instrumente	94
3.1.1	Analyse psychischer Anforderungen und Belastungen in der Produktionsarbeit – Das Verfahren RHIA/VERA-Produktion *Marcus Schmitz*	94
3.1.2	Analyse psychischer Anforderungen und Belastungen in der Büroarbeit – Das Verfahren RHIA/VERA-Büro *Marcus Schmitz*	101
3.1.3	Fragebogen zur Arbeitsanalyse (FAA) *Frauke Poganatz*	104
3.1.4	Tätigkeits-Bewertungssystem (TBS) *Helge Thiemann*	110
3.2	Nicht-standandardisierte Methoden *Uwe Peter Kanning*	118
3.2.1	Setzung durch Experten	118
3.2.2	Methode der kritischen Ereignisse	119
3.2.3	Explorativ-statistisches Vorgehen	122
3.2.4	Fazit	123
4.	**Instrumente zur Messung allgemeiner kognitiver Leistung**	125
4.1	Berliner Intelligenzstruktur-Test (BIS-4) *Julia Hüttemann*	126
4.2	Bochumer Matrizentest (BOMAT) *Meike Rosien*	132
4.3	Dreidimensionaler Würfeltest (3 DW) *Dagmar Maria Jenko*	139
4.4	Frankfurter Adaptiver Konzentrationsleistungs-Test (FAKT) *Stefan Hofer*	143
4.5	Frankfurter Aufmerksamkeits-Inventar (FAIR) *Michaela Turß*	149
4.6	Intelligenz-Struktur-Test (I-S-T 2000) *Anna Julia Wittmann*	155

4.7	Konzentrations-Leistungs-Test (KLT) *Miriam Vock*	164
4.8	Leistungsprüfsystem (LPS) *Thorsten Stumpp*	171
4.9	Ravens Progressive Matrizen *Franzis Preckel*	180
4.10	Schnitte *Miriam Vock*	186
4.11	Test d2 Aufmerksamkeits-Belastungs-Test *Robert Severin*	193
4.12	Wilde-Intelligenz-Test (WIT) *Christian Jödden*	201
5.	**Instrumente zur Messung berufsbezogener Leistung**	**209**
5.1	Revidierter Allgemeiner Büroarbeitstest (ABAT-R) *Kathrin Mattke*	210
5.2	Berufseignungstest (BET) *Yvonne Fehmer*	220
5.3	Bonner-Postkorb-Module (BPM) *Michaela Brocke*	226
5.4	Büro-Test (BT) *Timo Priester*	232
5.5	Skill Check Professional *Stefan Hofer*	238
5.6	Differentieller Fähigkeitstest (DFT) *Britta Degelmann*	243
5.7	Drahtbiegeprobe (DBP) *Beate Radke*	248
5.8	Fragebogen zur Analyse belastungsrelevanter Anforderungsbewältigung (FABA) *Petra Gelléri*	254

5.9	Handlungsorientiertes Testverfahren zur Erfassung und Förderung beruflicher Kompetenzen (hamet 2 – Vorversion) *Franzis Preckel*	259
5.10	Mailbox '90 *Rolf Fiedler*	269
5.11	Mannheimer Test zur Erfassung des physikalisch-technischen Problemlösens (MTP) *Beate Beck*	277
5.12	PC-Office *Rolf Fiedler*	283
5.13	Test zur Untersuchung des praktisch-technischen Verständnisses (PTV) *Beate Beck*	289
5.14	Wirtschaftskundlicher Bildungs-Test (WBT) *Britta Degelmann*	295
6.	**Instrumente zur Messung von Interessen**	303
6.1	Allgemeiner Interessen-Struktur-Test/Umwelt-Struktur-Test (AIST/UST) *Julia Hammerschmidt*	304
6.2	Berufs-Interessen-Test (BIT-II) *Carolin Atzbach*	310
6.3	Differentieller Interessen-Test (DIT) *Oliver Wältermann*	316
6.4	Generelle Interessen-Skala (GIS) *Franka Niemann*	322
6.5	Bildungsmotivationstest (BMT) *Christina Schwarz & Stefanie Brück*	327
7.	**Instrumente zur Messung von Persönlichkeitsmerkmalen**	335
7.1	Bochumer Inventar zur berufsbezogenen Persönlichkeitsbeschreibung (BIP) *Beate Ziegler*	337

7.2	Deutsche Personality Research Form (PRF) *Stefanie Bilke*	343
7.3	Fragebogen zu Kompetenz- und Kontrollüberzeugungen (FKK) *Sandra Schlösser*	350
7.4	Freiburger Persönlichkeitsinventar (FPI-R) *Ruth Schnitker*	356
7.5	Inventar zur Persönlichkeitsdiagnostik in Situationen (IPS) *Boris Schmidt*	363
7.6	Leistungsmotivationsinventar (LMI) *Franka Niemann*	373
7.7	Multi-Motiv-Gitter für Anschluss, Leistung und Macht (MMG) *Maren Jens*	380
7.8	NEO-Fünf-Faktoren-Inventar (NEO-FFI) *Beate Ziegler*	386
7.9	16-Persönlichkeits-Faktoren-Test (16 PF-R) *Stefanie Brück & Christina Schwarz*	392
8.	**Instrumente zur Messung von Führungsverhalten**	**403**
8.1	Fragebogen zur Vorgesetzten-Verhaltensbeschreibung (FVVB) *Heike Hoffmeister*	404
8.2	Management-Fallstudien (MFA) *Heike Hoffmeister*	410
8.3	Qualitative Führungsstilanalyse (QFA) *Marcus Schmitz*	417
8.4	Testsystem zur Erfassung von Denk- und Kommunikationsstilen in der Führungskräfte-Entwicklung (TED) *Boris Schmidt*	423
9.	**Instrumente zur Messung der Zusammenarbeit in Gruppen**	**433**
9.1	Fragebogen zur Arbeit im Team (F-A-T) *Birgit Schulze Willbrenning*	434

9.2	Multidirektionales Feedback (MDF) *Nele Schulz*	441
9.3	Szenische Medien *Nele Schulz*	447
9.4	Teamklima Inventar (TKI) *Michaela Turß*	451

10. Testsysteme 459

10.1	ELIGO *Michaela Brocke & Miriam Vock*	460
10.2	Hogrefe TestSystem *Nina Brühl & Sandra Winkel*	469
10.3	pro facts *Michaela Turß*	477
10.4	Wiener Testsystem *Janett Gaschok*	485

11. Tipps für die Anwendung nicht-standardisierter Methoden
Uwe Peter Kanning 493

11.1	Bewerbungsunterlagen	494
11.2	Arbeitszeugnisse	507
11.3	Auswahlgespräch	516
11.4	Biographischer Fragebogen	522
11.5	Arbeitsprobe und Probezeit	525
11.6	Assessment Center	527
11.7	Fazit	543
11.8	Vertiefende Literatur	543

12. Monetäre Nutzenanalyse
Heinz Holling 545

12.1	Vorläufer monetärer Nutzenmodelle	545
12.2	Das Brogden-Cronbach-Gleser Modell	545
12.2.1	Einführung des Modells anhand eines hypothetischen Beispiels	545
12.2.2	Ableitung des Brogden-Cronbach-Gleser Modells	547
12.3	Erweiterungen des Brogden-Cronbach-Gleser Modells	549
12.4	Ein Beispiel für die Anwendung des Boudreau-Modells	551

12.5	Schätzung der Standardabweichung der Leistung	554
12.6	Zur Anwendung der monetären Nutzenanalyse	555

Glossar
Uwe Peter Kanning 557

Orientierungsregister 567
Testverfahren geordnet nach Namen 567
Testverfahren geordnet nach Abkürzungen 570
Testverfahren geordnet nach Dimensionen 572
Gütekriterien der Instrumente im Überblick 577

Literaturverzeichnis 581

1. Die Psychologie der Personenbeurteilung

Uwe Peter Kanning

Die Beurteilung anderer Personen gehört für sehr viele Menschen zu den alltäglichen Aufgaben ihres beruflichen Lebens. Man denke hier z.B. an Lehrer, Polizisten, Richter, Journalisten und nicht zuletzt auch an Psychologen. Insbesondere Vorgesetzte müssen mehrfach am Tag Entscheidungen treffen, die meist auch mit der Beurteilung anderer Menschen einhergehen. So ist etwa zu entscheiden, welcher Bewerber eingestellt werden soll, welcher Mitarbeiter mit welchen Aufgaben zu betrauen ist oder inwieweit man auf die Kompetenz eines Mitarbeiters vertrauen kann. In Gesprächen mit Geschäftspartnern muss das Gegenüber eingeschätzt werden, um die eigene Verhandlungsstrategie ausrichten zu können. Ähnlich verhält es sich im Umgang mit Kollegen und eigenen Vorgesetzten. Von der Qualität solcher und ähnlicher Personenbeurteilungen hängt die Güte der nachfolgenden Entscheidungen oft maßgeblich ab. Wer wichtige Aufgaben den falschen Mitarbeitern überantwortet, wer Geschäftspartner voreilig einschätzt oder den eigenen Vorgesetzten missversteht, der riskiert Fehlentscheidungen und Ineffektivität bis hin zum Verlust des eigenen Arbeitsplatzes. In dieser Allgemeinheit, werden die meisten Leser der Analyse sicherlich folgen. Auch wird man wohl gern zugestehen, mögliche Fehler oft bei anderen schon beobachtet zu haben. Weitaus weniger Menschen sind hingegen bereit, auch die eigene Urteilsbildung kritisch zu hinterfragen. Hierin liegt ein zentrales Problem der Personenbeurteilung im Alltag.

Oft wird argumentiert, die anstehenden Aufgaben seien mit dem „gesunden Menschenverstand", mit „Erfahrung" oder schlichtweg der eigenen „Menschenkenntnis" zu bewältigen. Die Psychologie beschäftigt sich seit vielen Jahrzehnten systematisch mit der Erforschung der Urteilsbildung im Allgemeinen und der Personenbeurteilung im Besonderen. Ihr Fazit fällt im Vergleich zur landläufigen Meinung deutlich ernüchternd aus: In hunderten von empirischen Untersuchungen wird belegt, wie anfällig die menschliche Informationsverarbeitung für systematische Fehler und Verzerrungen ist (siehe: Dörner, 1996; Kanning, 1999). Den gesunden Menschenverstand scheint es nicht zu geben. Wer wollte auch definieren, was als „gesund" zu bezeichnen wäre? Allzu leicht sind wir hier geneigt, ausschließlich unsere eigene Meinung oder die Meinung Gleichgesinnter zum Maßstab zu erheben. Erfahrungen sind ohne Zweifel überall dort von großer Bedeutung, wo es darum geht, Routine im Umgang mit immer wiederkehrenden Aufgaben zu erlangen. Die häufige Wiederholung ein und derselben Tätigkeit stellt jedoch keineswegs eine Garantie für ein adäquates Vorgehen dar. Im Gegenteil, je häufiger ein Weg unbeirrt beschritten wird, desto größer ist auch – wie später noch zu zeigen sein wird – die Wahrscheinlichkeit, dass sich dysfunktionale Prozesse verfestigen. Ähnlich problematisch erscheint das Konzept der Menschenkenntnis. Bei genauerer Betrachtung löst es sich in eine Vielzahl von Fragen auf, die letztlich unbeantwortet bleiben: Was ist eigentlich Menschenkenntnis? Wie vielen unterschiedlichen Menschen muss man begegnet sein, um Menschenkenntnis zu besitzen? Wie lässt sich die Qualität einer solchen Kenntnis im Alltag überzeugend belegen? Wie alle zuvor genannten Konstrukte schmeichelt auch die Menschenkenntnis allzusehr denjenigen, die glauben, über sie verfügen zu können. Wer sich mit entsprechenden Attributen schmückt, immunisiert sich darüber hinaus gegenüber Kritik von außen. Er wird unangreifbar, denn die anderen müssen – so glaubt er – ja erst einmal all die Erfahrungen sammeln, die er selbst schon angehäuft hat, um überhaupt mitreden zu können. Auf den ersten Blick mag es für den Betroffenen angenehm sein, sich hinter einem Wall entsprechender Scheinkompetenzen zu verbergen. Auf den zweiten Blick wird er jedoch wohl erkennen müssen, dass er sich so auch der wichtigen Chance beraubt, seine eigene Urteilsbildung – nicht zuletzt auch im Interesse der ihm anvertrauten Menschen – zu optimieren.

All dies muss uns nachdenklich stimmen, vor allem dann, wenn es nicht nur um die private Beurteilung anderer Menschen geht. Die professionelle Personenbeurteilung sollte sich so weit wie möglich an den Erkenntnissen der empirischen Wissenschaft orientieren. In anderen Bereichen des öffentlichen und wirtschaftlichen Lebens ist dies bereits vollkommen selbstverständlich. Kein Baudezernent käme etwa ernsthaft auf die Idee, eine Brücke auf der Basis seiner individuellen Lebenserfahrungen zu planen. Ebenso wenig überlässt man die Konstruktion eines neuen Automobils der Gattin des Vorstandsvorsitzenden. Eigentlich erstaunlich, dass man sich gerade in einem Bereich, der zunehmend wichtiger wird, immer noch allzu oft blindlings auf Alltagstheorien, auf Gefühle oder „die gute Nase" der Entscheidungsträger verlässt. Personalentscheidungen gehören zu den wichtigsten Entscheidungen eines Unternehmens, denn es sind die Mitarbeiter, die durch ihre Kompetenz und Leistung über Erfolg oder Misserfolg einer Unternehmung entscheiden.

In den nachfolgenden Abschnitten werden die wichtigsten *systematischen Fehler und Verzerrungen* der Personenbeurteilung dargestellt und mögliche Gegenmaßnahmen kurz diskutiert. Als systematisch bezeichnen wir in diesem Zusammenhang einen Beurteilungsfehler, wenn er in den Prinzipien der menschlichen Informationsverarbeitung begründet ist. Es handelt sich also um Fehler, die nahezu jedem Menschen mehr oder minder häufig unterlaufen, wenn er sich nicht aktiv gegen sie zur Wehr setzt. Die Psychologie der Personenbeurteilung, von der nun berichtet wird, legt die Basis für die Entwicklung und Anwendung wissenschaftlich fundierter Instrumente der Personaldiagnostik. Ein Instrument ist umso besser, je stärker es dabei hilft, die nachfolgend beschriebenen Probleme in den Griff zu bekommen.

1.1 Wahrnehmungstäuschungen

Sehr viele Menschen, vielleicht die meisten, glauben ihrer eigenen Wahrnehmung und den eigenen Erfahrungen weitaus mehr als den Dingen, die mit Hilfe wissenschaftlicher Methoden erforscht wurden. Insbesondere dann, wenn die Erkenntnisse der Wissenschaft im Widerspruch zu den eigenen Erfahrungen stehen, entscheidet man sich gern gegen die Wissenschaft und für die eigene Wahrnehmung. Nun ist sicherlich nicht jedes wissenschaftliche Ergebnis auch automatisch von Bestand.

Eine generelle Bevorzugung subjektiver Erkenntnisse muss jedoch als naiv bezeichnet werden. Selbst dann, wenn es nur um sehr einfache physikalische Informationen geht, gaukelt uns unsere Wahrnehmung Dinge vor, die objektiv betrachtet so nicht existieren. Verdeutlichen wir uns dies einmal anhand einiger Beispiele. In Abbildung 1-1 sind einige klassische Wahrnehmungstäuschungen wiedergegeben (vgl. Stadler & Crabus, 1986). In der Müller-Lyer-Täuschung (Abbildung 1-1a) sehen wir zwei parallel verlaufende Linien, die an ihren Enden unterschiedlich ausgerichtete Winkel aufweisen. Die meisten Menschen werden spontan die obere der beiden Linien als die längere erleben. Wer sich jedoch die Mühe macht, beide Linien mit einem Lineal nachzumessen, wird erstaunt feststellen, dass beide exakt die gleiche Länge aufweisen. Ähnlich verhält es sich mit der zweiten Täuschung, bei der mehrere kurze Linien parallel zueinander angeordnet sind (Abbildung 1-1b). Auf der linken Seite finden sich zehn solcher Linien und nach einem größeren Abstand folgt eine weitere, die sich von den ersten durch nichts unterscheidet. Gebeten, nun einmal die Strecken zu schätzen, die zum einen durch die zehn kleinen Linien, zum anderen durch die Lücke bis zur letzten Linie markiert werden, geben die meisten Menschen an, dass die erste Strecke größer sei als die zweite. Auch hier handelt es sich jedoch um zwei identisch lange Wegstrecken. Abbildung 1-1c zeigt schließlich ein drittes Beispiel für eine einfache Wahrnehmungstäuschung. Bei dem abgebildeten Dreieck ist zusätzlich zu den drei Begrenzungslinien die Höhe der Figur eingezeichnet. Diese Linie wiederum wird durch einen kleinen Strich genau in der Mitte geteilt. Auch hier unterliegen die meisten von uns einer Täuschung, denn in aller Regel glauben wir, dass die obere Hälfte der Höhenlinie kürzer ausfällt als die untere.

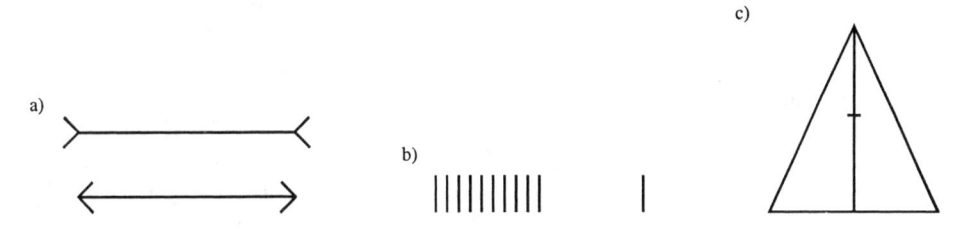

Abbildung 1-1: Klassische Wahrnehmungstäuschungen

Bei allen drei Wahrnehmungstäuschungen handelt es sich um äußerst einfache geometrische Strukturen, die in systematischer Weise verzerrt erlebt werden. Dies liegt nicht etwa daran, dass die Beobachter dumm oder unmotiviert wären, nein, es liegt an der Funktion der menschlichen Wahrnehmungsorgane und der sich anschließenden Verarbeitung der aufgenommenen Informationen. Die Täuschungen beschränken sich dabei auch keineswegs auf die visuelle Wahrnehmung. Abbildung 1-2a zeigt eine Figur, die Versuchspersonen in einer psychologischen Untersuchung betasten sollten, ohne sie sehen zu können (Metzger, 1975). Anschließend wurden sie gebeten, die ertastete Figur aufzuzeichnen. Im Ergebnis entsteht eine Figur, die nur noch in ihren Grundzügen etwas mit der Vorlage gemein hat (Abbildung 1-2b). Die Versuchspersonen haben über ihre unvollkommenen Tastsinne eine sehr viel harmonischere, symmetrischere Figur wahrgenommen.

a) b)

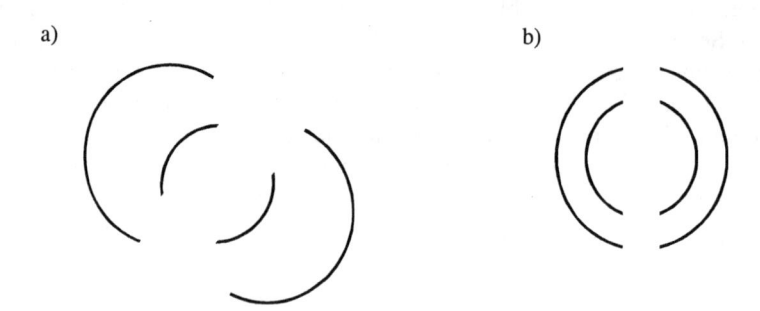

Abbildung 1-2: Beispiel für eine taktile Wahrnehmungstäuschung

Die im Sinne einer größeren Harmonie verzerrte Wiedergabe des Originals in der skizzierten Studie verdeutlicht ein Prinzip der menschlichen Informationsverarbeitung, das in Dutzenden weiterer Wahrnehmungsuntersuchungen belegt werden konnte. Menschen nehmen ihre Umwelt nicht nur einfach unvollkommen wahr, sie schaffen auch Ordnung und Sinn in einer mehr oder minder ungeordneten Realität. In der Psychologie werden entsprechende Phänomene, die vor allem im visuellen Bereich erforscht wurden, unter dem Begriff der *Gestaltgesetze* zusammengefasst. Die Gestaltgesetze betonen, dass der Mensch im Zuge der Wahrnehmung einzelne Elemente eines Wahrnehmungsgegenstandes zu einer Gestalt integriert, die ihm u.a. eine ökonomische Speicherung der Information im Gedächtnis ermöglicht. Abbildung 1-3 liefert einige Beispiele für verschiedene Gestaltgesetze. Das wohl meist zitierte Gestaltgesetz ist das *Gesetz der Nähe*. Es besagt, dass Elemente, die näher zueinander liegen, als eine gemeinsame Gestalt wahrgenommen werden, im Vergleich zu anderen Elementen, die weiter voneinander entfernt sind. Betrachten wir zur Veranschaulichung einmal die Ansammlung mehrerer Punkte in Abbildung 1-3a. Kaum ein Leser wird, nach seinem spontanen Eindruck befragt, angeben, 20 einzelne Punkte zu sehen. Stattdessen sieht er vier Spalten mit jeweils 5 untereinander liegenden Punkten. Die gleiche Anzahl von Punkten wird in Abbildung 1-3b als fünf Reihen mit jeweils vier Punkten wahrgenommen. Aufgrund der Nähe bzw. Entfernung der einzelnen Punkte zueinander entstehen im Eindruck des Beobachters somit recht unterschiedliche Strukturen. Noch klarer wird die Eigenaktivität des Individuums durch das *Gesetz der guten Gestalt* verdeutlicht. Das Gesetz der guten Gestalt besagt, dass ein Wahrnehmungsobjekt derart strukturiert wird, dass es für den Menschen sinnvoll, harmonisch, symmetrisch o.ä. erscheint. In Abbildung 1-3c erkennen die meisten Menschen z.B. zwei einander überlappende Ringe, obwohl das gleiche Bild ebensogut entstehen könnte, wenn sehr unterschiedliche asymmetrische Gebilde übereinander gelegt würden (Abbildung. 1-3d). Dabei spielt die Sozialisation des Individuums für manche Gestaltwahrnehmungen eine wichtige Rolle.

Die Psychologie der Personenbeurteilung

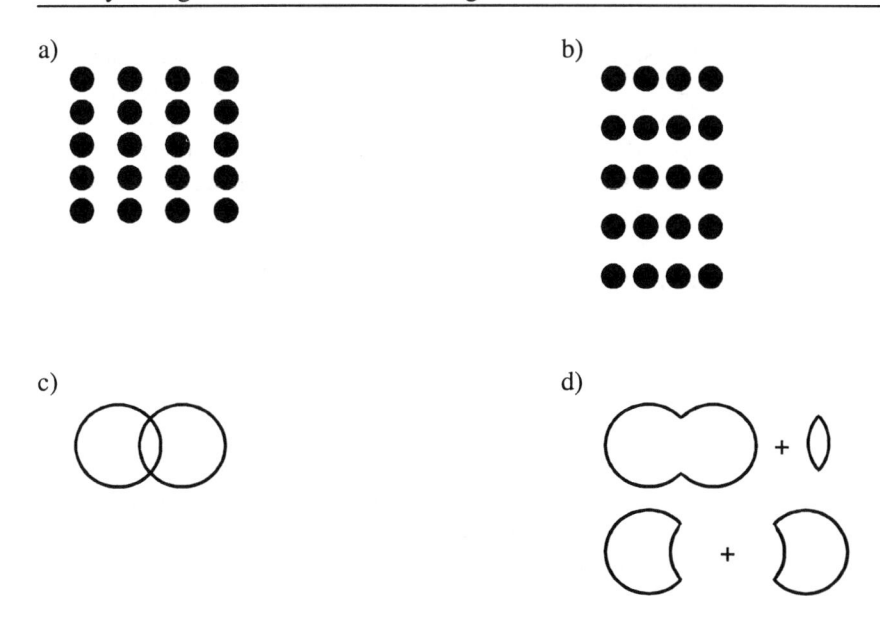

a) b)

c) d)

Abbildung 1-3: Gestaltgesetze

Die angeführten Wahrnehmungstäuschungen stellen nur einen sehr kleinen Ausschnitt der entdeckten Phänomene dar. Schon diese wenigen Beispiele verdeutlichen allerdings mit großem Nachdruck, dass die menschliche Wahrnehmung in keinem Falle als eine bloße Abbildung der Realität aufgefasst werden kann. Vielmehr ist die Wahrnehmung ein aktiver Prozess, in dem es auf der Basis der beteiligten biologischen und psychologischen Systeme zu Verzerrungen und fehlerhaften Abbildungen der Realität kommt. Solange man sich nicht der Unvollkommenheit dieser Systeme bewusst wird, so lange wird man ihnen auch schutzlos ausgeliefert sein. Nun sind aber mit den vorgestellten Täuschungen normalerweise keine schwer wiegenden Konsequenzen verbunden. Was macht es schon, wenn wir der Müller-Lyer-Täuschung (Abbildung 1-1a) erliegen? Die Täuschungen sind für sich allein betrachtet in der Tat nicht sonderlich dramatisch. Sie weisen uns jedoch darauf hin, einmal genauer nachzuschauen, wenn es um Wahrnehmungsprozesse geht, von denen mitunter wichtige Entscheidungen abhängen. Wenn der Mensch schon nicht in der Lage ist, solch einfache geometrische Figuren unverzerrt zu erfassen, um wie vieles größer dürfte dann wohl erst die Wahrscheinlichkeit sein, dass er in komplexen Situationen die Realität verzerrt wahrnimmt?

Bewertungen anderer Menschen im Berufsleben, also z.B. im Zuge der Personalauswahl, erfüllen beide der genannten Kriterien. Zum einen werden hier Entscheidungen getroffen, die mit weitreichenden Konsequenzen für den Bewerber und für die jeweilige Organisation verbunden sind. Eine Fehlentscheidung kann hier beide Seiten viel Geld, Mühe und Kraft kosten. Zum anderen ist die Bewertung der Kompetenzen eines Mitarbeiters oder Bewerbers eine höchst komplexe Aufgabe, in der sehr viele unterschiedliche Informationen wahrgenommen, bewertet, gewichtet und zu einem Gesamturteil integriert werden müssen. Wer beruflich mit entsprechenden

Aufgaben betraut ist, muss sich aktiv gegen die Fehler und Fallen seiner Wahrnehmung zur Wehr setzen. Hierbei helfen ihm die Erkenntnisse der Psychologie, die nicht nur für besondere Probleme in diesem Bereich sensibilisieren, sondern darüber hinaus auch Methoden und Messinstrumente zur Verfügung stellen, mit denen den erkannten Problemen zumindest im Ansatz entgegengewirkt werden kann.

1.2 Selektive Wahrnehmung

In jeder Sekunde unseres Lebens strömen Unmengen von Informationen auf uns ein, von denen wir nur einen sehr geringen Anteil auch tatsächlich bewusst zur Kenntnis nehmen. Hierbei handelt es sich sowohl um Informationen, die innerhalb des Organismus generiert werden, als auch um solche, die von außen kommen. Zu den ersteren zählen beispielsweise Rückmeldungen über die Körpertemperatur, den Blutzuckerspiegel, Hormonausschüttungen oder die Kontraktion verschiedener Muskeln. Die Verarbeitung entsprechender Informationen dient der biologischen Funktionstüchtigkeit des Organismus. Sie läuft nahezu vollständig automatisiert und unbewusst ab. Körperexterne Informationen sind nicht minder vielschichtig. Im Hinblick auf die Wahrnehmung anderer Menschen sind es vor allem zwei Informationsarten, die hier eine besondere Rolle spielen. Das Verhalten anderer Menschen kann *visuell* und *auditiv* wahrgenommen werden. Gerade die visuellen Eindrücke spielen eine große Rolle, wenn es um die Frage geht, ob wir uns von einem anderen Menschen angezogen oder abgestoßen fühlen (z.B. Hassebrauk & Niketta, 1993). Bildliche Eindrücke von der Körperhaltung, der Mimik und Gestik bilden die Grundlage für weitreichende – oftmals überzogen spekulative – Beurteilungen anderer Menschen (Argyle, 1996). Die Wahrnehmung und Interpretation des gesprochenen Wortes ist darüber hinaus von großer Bedeutung, um ebenso komplexe wie detaillierte Vorstellungen von einer anderen Person zu gewinnen. Gemeinsam mit den visuellen Reizen bilden sie die zentralen Grundlagen der zwischenmenschlichen Kommunikation. Des Weiteren besteht oft auch die Möglichkeit, *olfaktorische* und *taktile* Informationen aufzunehmen. Die Bedeutung von Geruchsempfindungen kommt besonders prägnant zum Ausdruck, wenn wir einen anderen Menschen sprichwörtlich „nicht riechen" können. Denken wir in diesem Zusammenhang nur einmal an das allzu aufdringliche Aftershave eines Kollegen. Taktile Informationen spielen hingegen im beruflichen Kontext, abgesehen von Begrüßungsritualen, eine deutlich geringere Rolle als im privaten Bereich.

Ein zentrales Problem der genannten Informationsformen liegt in der Gleichzeitigkeit ihres Auftretens. Schätzungen zufolge strömen auf den menschlichen Organismus in nur einer Sekunde durchschnittlich etwa eine Milliarde Informationseinheiten („bit") ein (Becker-Carus, 1981). Diese unvorstellbare Informationsfülle würde unseren Organismus schlichtweg lahm legen, wollten wir sie bit für bit bewusst zu Kenntnis nehmen, reflektieren und anschließend in unsere Urteilsbildung integrieren. Ein Passant, der in der Absicht, eine Straße zu überqueren, alle Informationen bewusst verarbeiten wollte, die in jeder Sekunde seines Vorhabens auf ihn einwirken, würde wahrscheinlich am Straßenrand verhungern. Maßlos überfordert von einer schlichtweg nicht zu bewältigenden Aufgabe, würde er sich niemals entscheiden können einen Schritt auf die Straße zu setzen. Eine frühzeitige Selektion der

Informationsflut ist für das biologische Überleben des Organismus und auch für unser adäquates Funktionieren im Alltag von eminenter Bedeutung. Und so trifft es sich gut, dass die meisten Informationen nicht bis in unser Bewusstsein dringen. Pro Sekunde werden durchschnittlich nur etwa 100 bit auch bewusst erlebt, was einer Selektionsquote von 1 : 10 000 000 entspricht.

Dabei ist allerdings zu berücksichtigen, dass viele Informationen, die wir nicht bewusst zur Kenntnis nehmen, auf einer unbewussten Ebene sehr wohl Beachtung finden. Verdeutlichen können wir uns dies anhand des sogenannten *Cocktailparty-Phänomens* (z.B. Prinz, 1992). Eigentlich ist es doch erstaunlich, dass wir im Stimmengewirr einer Party, noch dazu bei lauter Musik, überhaupt in der Lage sind, ein Gespräch zu führen. Dies gelingt nur deshalb, weil wir unsere Aufmerksamkeit bewusst auf diejenigen Informationen lenken, denen eine besondere Bedeutung zugeschrieben wird. Nun passiert aber vielleicht Folgendes: Ein, zwei Meter entfernt hören wir plötzlich, wie ein anderer Partygast unseren Namen nennt. Wie ist das möglich, wieso wird der eigene Name aus dem Rauschen der für irrelevant erachteten Informationsfülle herausgefiltert, während irgendein anderer Name in demselben Rauschen untergehen würde? Das Cocktailparty-Phänomen kann nur dann funktionieren, wenn nahezu alle zur Verfügung stehenden Informationen quasi „online" auf ihren Bedeutungsgehalt hin überprüft werden. Dieser Prozess läuft unbewusst im Verborgenen ab. Nur dann, wenn eine Information als wichtig erachtet wird, schaltet – bildlich gesprochen – das Informationsverarbeitungssystem den Kanal zur bewussten Wahrnehmung frei. Der eigene Name ist nur ein Beispiel für eine solche, als wichtig empfundene Information – interessiert man sich doch im Allgemeinen dafür, was andere so über einen reden. Die Informationsverarbeitung läuft somit gewissermaßen auf zwei Gleisen. Auf dem einen Gleis setzen wir uns bewusst mit unserer Umwelt auseinander, während auf dem anderen Gleis die übrigen Informationen unbewusst auf ihre Bedeutsamkeit hin überprüft werden. Ein solches Vorgehen ist in besonderem Maße ökonomisch, da es dem Individuum die Möglichkeit gibt, sich auf eine Aufgabe zu konzentrieren, ohne dass ihm besonders wichtige Veränderungen in der Umwelt entgehen. Dieses Prinzip ist aus evolutionstheoretischer Sicht von großer Relevanz. So ist zu erwarten, dass vor allem solche Spezies einen Selektionsvorteil haben, die in der Lage sind, ihre beschränkten Ressourcen besonders effektiv für die Auseinandersetzung mit den wirklich wichtigen Informationen einzusetzen.

So sinnvoll das beschriebene Prinzip auf den ersten Blick auch scheinen mag, es hat auch seine Tücken. Nicht immer werden alle objektiv wichtigen Informationen in das Bewusstsein getragen. Gerade in komplexen sozialen Situationen, wenn es beispielsweise um die Beurteilung eines Mitarbeiters im Berufsalltag oder eines Bewerbers im Einstellungsgespräch geht, kann sich das Prinzip der Wahrnehmungsselektion auch nachteilig auswirken. Bestimmte Informationen, die objektiv betrachtet von nachrangiger Bedeutung sind, werden in das Zentrum unserer Aufmerksamkeit gerückt, während andere, vielleicht viel bedeutsamere Informationen ausgeblendet werden. Entscheidend ist hierbei, nach welchen Kriterien unser Informationsverarbeitungssystem zwischen wichtigen und unwichtigen Informationen unterscheidet. Zwei Formen von Kriterien können auf der Grundlage der bisherigen Forschungsergebnisse unterschieden werden. Dabei handelt es sich zum einen um Kriterien, die in der Umwelt der beurteilenden Person angesiedelt sind und zum anderen um solche, die innerhalb des Beurteilers selbst liegen.

Zu den *Umgebungsfaktoren* gehören vor allem die absolute und die relative Intensität einer Information. Informationen, die absolut betrachtet eine besonders hohe Intensität aufweisen, werden umso eher bewusst zur Kenntnis genommen, als solche, für die dies nicht gilt. Denken wir hier z.B. einmal an einen Mitarbeiter, der sehr leise spricht, sich wenig in Gespräche einbringt, unauffällig gekleidet ist und kaum Kontakt zu seinen Kollegen unterhält. Eine solche Person sendet Informationen aus, die besonders leicht der Selektion anheimfallen. Wer die tatsächliche Leistung dieses Mitarbeiters gebührend schätzen möchte, muss sich selbst aktiv um eine Informationssuche bemühen, also z.B. den Mitarbeiter zu einem Gespräch einladen, seine Leistungen durch ein Studium der Arbeitsresultate oder durch explizite Leistungsmessungen erfassen. Nur so ist es möglich, seine tatsächlichen Kompetenzen und Entwicklungsressourcen zu erkennen, angemessen zu fördern und zu nutzen. Neben der absoluten Informationsintensität spielt in unserem Alltag jedoch die relative Intensität eine viel größere Rolle. Die Wahrnehmung eines Mitarbeiters oder Bewerbers ergibt sich meist nicht nur aus der isolierten Betrachtung des einzelnen, sondern vor allem aus dem Vergleich zwischen unterschiedlichen Personen (Kanning, 2000). Gerade im Zuge der Personalauswahl wird dieser Umstand besonders deutlich hervorgehoben. So erscheint ein absolut betrachtet mittelmäßiger Kandidat im Kontext durchweg schlechter Konkurrenten schon recht gut. Würde die gleiche Person aber in einem Assessment Center mit speziell vorausgewählten, fähigen Bewerbern auftreten, so würde eine völlig identische Leistung plötzlich zum Ausschluss des Kandidaten führen. Dieses Phänomen der relativen Bewertung ist hinlänglich bekannt. Das Prinzip der Wahrnehmungsselektion auf der Grundlage der relativen Informationsintensität geht jedoch noch einen deutlichen Schritt hierüber hinaus. Nicht nur, dass Informationen in Abhängigkeit vom Kontext der Umgebung unterschiedlich bewertet werden, die Umgebungsbedingungen entscheiden auch darüber, ob wir die objektiv vorhandenen Informationen überhaupt bewusst erleben oder nicht. Wer erinnert sich schon an die Kleidung der einzelnen Bewerber, die ihm in einem Assessment Center begegnen? Gerade die Männer zeichnen sich in aller Regel durch eine – natürlich auch gesellschaftlich determinierte – Einfallslosigkeit ihrer Kleidung aus. Fast alle Bewerber werden graue oder schwarze Anzüge tragen und auch die obligatorischen Krawatten bieten nur wenig Spielraum zur individuellen Selbstdarstellung. Tritt in einem solchen Kontext nun aber eine Person auf, die Westernstiefel oder – wie tatsächlich geschehen – einen texanischen Halsschmuck statt einer Krawatte trägt, können wir sicher gehen, dass auch die Kleidung des Bewerbers von allen Beobachtern bewusst zur Kenntnis genommen wird. Mehr noch, die Information sticht so deutlich aus der Masse heraus, dass sich die meisten Beobachter schwer tun werden, sie nicht in ihre Urteilsbildung einfließen zu lassen. Die Information wird ihnen sicherlich auch noch lange Zeit im Gedächtnis bleiben – ob die Information nun objektiv betrachtet tatsächlich eine Aussage über die berufliche Qualifikation des Bewerbers ermöglicht oder nicht. Ähnlich verhält es sich mit allen anderen Situationen des beruflichen Lebens. Individuen, die herausstechende Informationen aussenden, werden auch eher bewusst wahrgenommen und haben dadurch die Möglichkeit, Einfluss auf die Urteilsbildung ihres Kollegen, Vorgesetzten oder Personalchefs zu nehmen. Dagegen kann sich der um Objektivität bemühte Beurteiler nur schwer zur Wehr setzen. Dieses Phänomen ist auch nicht prinzipiell bedenklich. Ein Problem entsteht erst dann, wenn durch die intensiven Informationen andere Informationen verdeckt werden, denen objektiv mehr Aussagekraft z.B. über die Qualifikation eines Bewerbers zukommt oder aber andere Menschen nicht mehr gebührend zur Kenntnis genommen werden können. Im Rahmen der professionellen Personenbeurteilung gilt es, sich gegen diese Automatismen der Wahrnehmung zur Wehr zu setzen, sich nicht von den vordergründigen Informationen blenden zu lassen und die im Verborgenen liegenden Informationen, die nicht selten viel relevanter sind, aktiv zu suchen.

Weitere Einflussfaktoren der Wahrnehmungsselektion liegen in der *Person des Beobachters*. Die menschliche Wahrnehmung ist nicht nur ein Spielball physikalischer Einflüsse, wie etwa der Intensität der Umgebungsreize, sondern wird auch durch psychologische Faktoren beeinflusst.

Allen voran ist in diesem Zusammenhang die Aufmerksamkeitssteuerung zu nennen. Selbst dann, wenn eine Information absolut oder relativ betrachtet eine geringe Intensität aufweist, kann sie bewusst wahrgenommen werden, wenn wir ihr eine besondere Bedeutung zuschreiben. Denken wir hier nur einmal an einen Personalchef, der sich im Rahmen eines Kommunikationstrainings mit der Funktion der Körpersprache auseinandergesetzt hat. Die Wahrscheinlichkeit ist groß, dass er nun in besonderem Maße für derartige Informationen sensibilisiert ist, seine Aufmerksamkeit in Bewerbungsgesprächen stark auf die Mimik und Gestik seines Gegenübers richtet und seine Deutungen des Gesehenen in das Gesamturteil einfließen lässt. Lassen wir einmal die Frage außen vor, ob seine Deutungen richtig sind und ob der Körpersprache zu Recht eine große Bedeutung zugeschrieben wird – in jedem Falle dürfte sein Urteil bei vielen Kandidaten anders ausfallen als das seiner Kollegen, die ihre Aufmerksamkeit nicht bewusst auf diese Informationen gelenkt haben. Die Aufmerksamkeitssteuerung erweist sich somit als ein sehr wichtiger Faktor der Personenbeurteilung. Sie ist von großem Wert, wenn sie uns dabei hilft, bewusst die wichtigen Informationen von den unwichtigen zu trennen und so beispielsweise den geschickten Selbstdarsteller im Auswahlgespräch als solchen zu entlarven. Sie trägt ebenso aber auch die Gefahr der fehlerhaften Beurteilung in sich. Dies ist der Fall, wenn wir unsere Aufmerksamkeit allzusehr auf eine einzelne Information konzentrieren und dabei andere ebenfalls wichtige Informationen übersehen, die Aufmerksamkeit von vornherein auf objektiv irrelevante Informationen lenken und/oder uns die unbewusste Aufmerksamkeitssteuerung auf falsche Fährten führt. Die bewusste Aufmerksamkeitssteuerung führt zwangsläufig zu einer Konzentration der begrenzten Wahrnehmungsressourcen, so dass andere, ebenfalls wichtige Informationen ggf. nicht mehr zusätzlich bewusst verarbeitet werden können. Auch ist nicht sicher, ob wirklich nur die objektiv wichtigen Informationen unter die Lupe genommen werden. Als besonders tückisch erweist sich die unbewusste Aufmerksamkeitssteuerung, die z.B. aufgrund einer bestimmten Sensibilisierung des Beobachters zu Stande kommt. So könnte möglicherweise eine Frauenbeauftragte, die im öffentlichen Dienst an der Personalauswahl beteiligt ist, aufgrund einer ideologischen Sensibilisierung bei männlichen Kandidaten vor allem nach Schwächen, bei weiblichen hingegen nach Stärken Ausschau halten. In einem völlig anderen Fall mag sich ein Interviewer im

Einstellungsgespräch mit einem bestimmten Kandidaten intensiver beschäftigen, weil beide an der gleichen Universität studiert haben.

Ein weiteres Beispiel für wahrnehmungssteuernde Faktoren, die innerhalb des Individuums liegen, stellt das Phänomen der Gewöhnung dar. Je häufiger wir ein und dieselbe Information wahrnehmen, desto weniger sorgfältig setzen wir uns mit ihr auseinander. Umgekehrt ziehen Informationen, denen wir selten begegnen, in besonderem Maße unsere Aufmerksamkeit auf sich. Der Gewöhnungseffekt kann dazu führen, dass wir bei einem an sich guten Mitarbeiter vor allem die negativ abweichenden Leistungen, bei einem unterdurchschnittlichen Mitarbeiter hingegen insbesondere die positiven „Ausreißer" zu Kenntnis nehmen. Deutlich wird der Effekt vor allem dann, wenn zwei Personen mit recht unterschiedlichen Erfahrungen ein und dieselbe Person beurteilen sollen. Beide kommen u.U. zu völlig unterschiedlichen Bewertungen, weil jeder für sich verschiedene Teilmengen der zur Verfügung stehenden Informationen herausgreift und in den individuellen Bewertungsprozess einfließen lässt.

Die Liste entsprechender Einflussfaktoren ließe sich noch weiter fortführen (siehe Kanning, 1999), für unsere Zwecke können wir uns mit dem Geschilderten zunächst einmal zufrieden geben. Fassen wir das Gesagte noch einmal kurz zusammen: Die menschliche Wahrnehmung folgt dem Prinzip der Selektion. Aus einer gewaltigen Vielzahl an Informationen, die dem Organismus in jeder Sekunde unseres Lebens zur Verfügung stehen, wird nur ein sehr kleiner Teil auch bewusst verarbeitet. Der Prozess der Selektion wird dabei von Faktoren beeinflusst, die sowohl innerhalb der wahrnehmenden Person als auch in der Umgebung liegen. Auf der einen Seite ist die Fähigkeit zur Informationsselektion eine notwendige Bedingung für unser Überleben und Funktionieren in einer komplexen Umwelt. Auf der anderen Seite stellt sie aber auch eine große Gefahr dar, denn im ungünstigsten Falle könnten gerade solche Informationen herausgefiltert werden, denen – objektiv betrachtet – eine größere Bedeutung zukommt. Hierin ist vor allem dann ein Problem zu sehen, wenn auf der Grundlage der vorgenommenen Informationsselektion Entscheidungen mit weitreichenden Konsequenzen getroffen werden. In diesem Zusammenhang kann die Personalauswahl als Beispiel dienen. Was ist nun aber zu tun, um nicht in die skizzierten Wahrnehmungsfallen zu tappen?

Der wichtigste Ansatzpunkt liegt in der bewussten Auseinandersetzung mit den eigenen Wahrnehmungsprozessen. Nur wer sich der potentiellen Fehlerquellen bewusst ist, kann sich auch gegen sie wappnen. Im Rahmen der Personenbeurteilung sollte man das eigene Verhalten kritisch reflektieren, um herauszufinden, welchen Informationen eine besonders starke Aufmerksamkeit zugeschrieben wird und welchen nicht. Im Rahmen der Personaldiagnostik sollten die relevanten Informationen schon vor der eigentlichen Begutachtung möglichst exakt festgelegt werden, damit der subjektiven Selektion ein möglichst geringer Spielraum gelassen wird. Anforderungsanalysen (siehe Kapitel 2) sind hierfür unverzichtbar. Sind entsprechende Kriterien festgelegt, kann immer noch das Problem entstehen, dass der Beurteiler z.B. aufgrund einer akuten Informationsüberlastung die zuvor definierten Informationen nicht adäquat verarbeitet. Man denke hier nur einmal an ein herkömmliches Einstellungsgespräch, in dem der Interviewer gleichzeitig viele Aufgaben zu erledigen hat. Er muss sein Gegenüber aufmerksam beobachten, ihm zuhören, das Gehörte reflektieren, bewerten und im Gedächtnis behalten, Nachfragen stellen, neue Fragen generieren und noch dazu für eine angenehme Gesprächsatmosphäre sorgen. Um einer fehlerhaften Selektion zuvor festgelegter Informationen vorzubeugen, empfiehlt sich zumindest bei besonders wichtigen Entscheidungen der Einsatz mehrerer unabhängiger Beurteiler, wie dies beispielsweise in der Methode des Assessment Centers realisiert wird. Darüber hinaus können standardisierte Messinstrumente, wie sie in den Kapiteln 3 bis 10 beschrieben werden, hilfreiche Dienste leisten. Bei der Auswahl eines entsprechenden Messinstrumentes kann „in aller Ruhe" festgelegt werden, welche Informationen interessieren und welche nicht. Während der Datenerhebung wird dann nur noch das umgesetzt, was zuvor beschlossen wurde. Die eigentliche Selektion findet also nicht mehr in einer höchst komplexen Situation während der Informationsaufnahme, sondern schon im Vorfeld statt.

1.3 Voreilige Reduzierung komplexer Sachverhalte

Schon das Prinzip der Wahrnehmungsselektion verdeutlicht, dass die menschliche Informationsverarbeitung durch eine Simplifizierung der Realität gekennzeichnet ist. Oft ist dies notwendig, um der vorliegenden Komplexität überhaupt Herr werden zu können. So wird man z.B. niemals wirklich alle Merkmale, über die ein Bewerber verfügt, in ein zusammenfassendes Urteil einfließen lassen. Dies ist auch gar nicht notwendig, da natürlich nicht alle Merkmale auch als Indikatoren für die Qualifikation des Bewerbers gelten können. Es ist die Aufgabe der Anforderungsanalyse (vgl. Kapitel 2) im Vorfeld zu klären, welche der zahllosen Merkmale tatsächlich von Relevanz sind und welche nicht.

Die Fähigkeit, komplexe Sachverhalte zu vereinfachen, ist also im Prinzip durchaus hilfreich. Zum Problem wird sie erst dann, wenn Automatismen ablaufen und dabei solchen Informationen ein besonderes Gewicht beigemessen wird, denen objektiv betrachtet nur eine untergeordnete Bedeutung zukommen sollte. Einer dieser Automatismen, der in der Psychologie größere Aufmerksamkeit gefunden hat, ist der sog. *Halo-Effekt* (Thorndike, 1920). Der Begriff „halo" kommt aus dem Englischen und bedeutet „Heiligenschein". Ein Halo-Effekt liegt vor, wenn bei der Beurteilung einer Person ein einzelnes Merkmal so stark in den Vordergrund tritt, dass es vergleichbar mit einem Heiligenschein über die gesamte Persönlichkeit oder besser gesagt, unsere Wahrnehmung der Persönlichkeit ausstrahlt. Abbildung 1-4 verdeutlicht dieses Phänomen. Besonders häufig wurde der Halo-Effekt am Beispiel der physischen Attraktivität untersucht. Das Aussehen eines anderen Menschen ist die unmittelbarste Information, die uns zur Verfügung steht. Selbst dann, wenn wir absolut nichts über die Person wissen, bilden wir uns in aller Regel doch schon allein aufgrund ihres Aussehens ein Urteil. Wohl jeder kennt das Phänomen aus eigener Anschauung: Allein aufgrund der Äußerlichkeiten fühlen wir uns oftmals spontan zu einem anderen Menschen hingezogen oder empfinden ebenso schnell Abneigung. Dies ist selbst dann der Fall, wenn wir uns bewusst machen, dass unsere Informationsbasis viel zu dürftig ausfällt, um tatsächlich unser Gegenüber umfassend würdigen zu können. Dutzende empirischer Untersuchungen zeigen nun, dass wir nicht nur einfach die Attraktivität in unserer Urteilsbildung stärker gewichten als andere Informationen, die ggf. in gleicher Weise verfügbar sind, nein, wir nehmen auch die übrigen Merkmale der Person in systematischer Weise verzerrt wahr (Hassebrauck & Niketta, 1993). In Abhängigkeit von der Attraktivitätseinschätzung werden andere Merkmale eher positiv oder eher negativ verzerrt erlebt. Dies gilt auch für Merkmale, die wir ohne Hilfsmittel gar nicht unmittelbar erfassen können. So konnte z.B. vielfach belegt werden, dass physisch attraktive Menschen von ihrer Umwelt auch als intelligenter, sozial verträglicher, unterhaltsamer oder psychisch gesunder eingeschätzt werden als andere Personen, die man als weniger attraktiv erlebt (z.B. Feingold, 1992, Eagly et al. 1991). Unterschiede zwischen weiblichen und männlichen Beurteilern ließen sich nicht feststellen (Niketta, 1993). Der Attraktivität wird mithin ein ungeheurer Bedeutungsüberschuss zugewiesen, der ihr objektiv betrachtet sicherlich nicht zukommt, denn kaum jemand wird wohl ernsthaft behaupten wollen, dass das Aussehen einer Person in einem signifikanten Zusammenhang zu ihrer Intelligenz steht. Ähnlich verhält es sich mit Brillenträgern oder Personen mit hoher Stirn, die im Allgemeinen ebenfalls als besonders intelligent eingeschätzt werden (Argyle, 1996). Prinzipiell eignet sich jedes Merkmal, dem wir bewusst oder unbewusst eine besonders große Aussagekraft zuschreiben, dazu, einen Halo-Effekt auszulösen. Besonders prädestiniert sind hierfür Merkmale, die eine Person prägnant von anderen unterscheidet, also z.B. auch körperliche Behinderungen, eine brillante Rhetorik oder das Diplom einer Eliteuniversität.

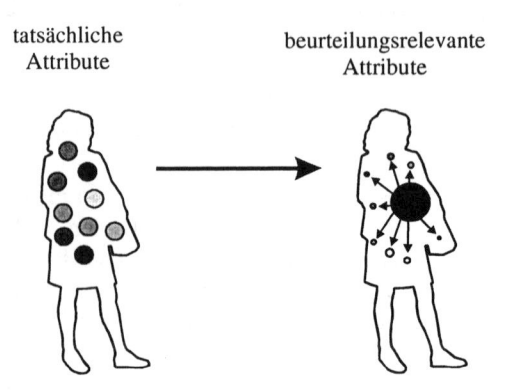

Abbildung 1-4: Urteilsverzerrung durch einen Halo-Effekt

Nicht selten sind es aber auch kleine, eher unauffällige Merkmale, die noch dazu vielleicht nur in der aktuell vorliegenden Situation auftreten und uns dennoch dazu verleiten, die Person allein aufgrund dieses einzelnen Merkmals zu beurteilen. Eindrucksvolle Beispiele hierfür liefert Frey (1999). Betrachten wir zur Verdeutlichung einmal die Person in Abbildung 1-5. In beiden Fällen handelt es sich um den gleichen Ausschnitt aus einem Gemälde, der jedoch geringfügig verändert wurde. Die meisten Menschen werden die Person auf dem rechten Bild als unangenehm erleben. Sie wirkt arrogant, ja im wahrsten Sinne des Wortes hochnäsig. Ganz anders die Frau auf dem linken Bild, sie wirkt demütig, bescheiden, in sich gekehrt. Man könnte sich gut vorstellen, dass es sich hier um die Darstellung einer Heiligen handelt, eine Vorstellung, die in Bezug auf die erste Person nahezu undenkbar ist. In beiden Fällen handelt es sich um fast exakt die gleiche Abbildung. Der Unterschied zwischen beiden Bildern besteht lediglich darin, dass der Kopf der Frau durch eine Computeranimation jeweils unterschiedlich geneigt wurde. Es zeigt sich an diesem Beispiel zweierlei: Zum einen sind es oftmals Kleinigkeiten, die unser Urteil durchschlagend beeinflussen, zum anderen kann sich der Halo-Effekt auch deutlich zum Nachteil des Bewerteten auswirken.

Abbildung 1-5: Beispiel für den Einfluss nonverbaler Informationen auf die Urteilsbildung (aus Frey, 1999, S. 141)

Eine ähnliche Quelle verzerrter Personenbeurteilungen stellen *soziale Stereotype* dar. Ein soziales Stereotyp liegt vor, wenn wir der Auffassung sind, dass alle Menschen, die über ein bestimmtes Merkmal verfügen, einander auch im Hinblick auf andere Merkmale sehr ähnlich sind. Dies kann im Einzelfall durchaus zutreffen, häufig stimmt es jedoch nicht. In jedem Fall stellen Stereotype eine starke Simplifizierung dar. Abbildung 1-6 verdeutlicht das Prinzip und unterstreicht gleichzeitig auch die Unterschiede zum Halo-Effekt. Im Prozess der Stereotypisierung spielt ebenso wie beim Halo-Effekt ein einzelnes Merkmal des Individuums eine besondere Rolle. Zur Stereotypisierung kommt es, wenn uns dieses Merkmal die Möglichkeit gibt, das einzelne Individuum einer bestimmten Gruppe von Menschen zuzuordnen. Typische Merkmale dieser Art sind z.B. das Geschlecht der Person, die Zugehörigkeit zu einer ethnischen Gruppe oder einer Subkultur (z.B. kriminelles Milieu). Auf der Basis der Gruppenzugehörigkeit erschließen wir nun weitere Merkmale des Individuums, über die wir in der fraglichen Situation eigentlich nichts Genaues wissen können. Dies geschieht, weil wir zumindest implizit davon ausgehen, dass alle Mitglieder der Gruppe im Großen und Ganzen über die gleichen Merkmale verfügen: Kennt man einen Vertreter dieser Gruppen, so glaubt man sie alle zu kennen. Oder umgekehrt, kennt man die Merkmale der Gruppe, so glaubt man auch jeden spezifischen Vertreter derselben zu kennen. Im Gegensatz zum Halo-Effekt, bei dem die vorhandene Komplexität der Information durch die Überstrahlung eines bestimmten Merkmals über alle verbleibenden reduziert wird, führt die Stereotypisierung im Urteilsprozess, ausgehend von einem einzelnen Merkmal, zu einer vermeintlich vielgestaltigen Repräsentation des Individuums im Auge des Betrachters. Dabei fließen aber nicht die tatsächlichen Merkmale der betreffenden Person, sondern nur die wahrgenommenen Gruppenmerkmale in die Urteilsbildung ein. Die Person wird letztlich so beurteilt, wie man jedes beliebige Gruppenmitglied beurteilt hätte.

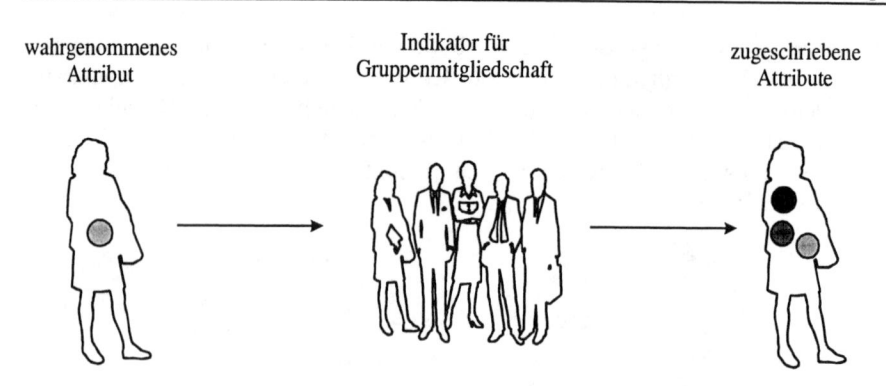

wahrgenommenes Attribut — Indikator für Gruppenmitgliedschaft — zugeschriebene Attribute

Abbildung 1-6: Urteilsverzerrung durch soziale Stereotype

Beide Prozesse, der Halo-Effekt wie auch die soziale Stereotypisierung, sind Beispiele für Automatismen unserer Urteilsbildung, die in der Natur der menschlichen Informationsverarbeitung liegen. Sie sind überall dort hilfreich, wo sich der Urteilende schnell in einer komplexen Umwelt orientieren muss. In einer solchen Situation ist man darauf angewiesen, die Komplexität der Realität in der Wahrnehmung und weiteren Informationsverarbeitung stark zu reduzieren. Geht es um Entscheidungen von besonders weitreichender Bedeutung, die in aller Ruhe getroffen werden können, so ist der Urteilende jedoch nicht auf derartige Automatismen angewiesen. Mehr noch, er sollte sich aktiv gegen sie zur Wehr setzen. Der erste Schritt hierzu liegt in der Erkenntnis, dass auch er selbst entsprechenden Verzerrungen unterliegt. Ein bewusstes Hinterfragen der eigenen Urteilsprozesse, die Nutzung objektivierter Messinstrumente und auch der Einsatz mehrerer unabhängiger Beobachter liefern eine gute Basis für realitätsadäquate Beurteilungen anderer Personen. Jeder muss sich fragen, welchen Stereotypen oder Halo-Effekten er selbst besonders leicht unterliegt. Hierin liegt der erste und zugleich wichtigste Schritt zur Verringerung der unerwünschten Verzerrungen.

1.4 Erwartungen, die sich selbst erfüllen

In den meisten Situationen unseres Lebens haben wir bereits bestimmte Vorstellungen davon, was uns als nächstes erwarten wird. Erfahrungen im Straßenverkehr oder mit der Abwicklung eines Einkaufs im Supermarkt lassen uns z.B. mit großer Trefferquote vorhersehen, wie das Verkehrsgeschehen in einer völlig fremden Stadt oder der Einkauf in einem uns völlig fremden Geschäft abläuft. Der Vorteil solcher Erfahrungswerte liegt auf der Hand. Wir können im Vorhinein entscheiden, welche Vorkehrungen zu treffen sind, damit wir in der fraglichen Situation unsere Ziele erfolgreich verwirklichen können. So wird man sich z.B. nicht unnütz damit aufhalten, beim Bäcker um einen Rabatt zu feilschen, während man erkennt, dass ein solcher Versuch beim Kauf eines neuen Autos durchaus lohnenswert sein kann. Gleichzeitig ermöglichen zutreffende Erwartungen den Einsatz von Verhaltensroutinen. Das Informationsverarbeitungssystem spart somit Kapazitäten, die für wichtigere Aufgaben benötigt werden. Besonders deutlich wird dies bei geschäftlichen Kontakten mit Partnern aus einem fremden Kulturkreis. Um keinen Fehler im zwischenmenschlichen Bereich zu begehen, muss ein unerfahrener Verhandlungsführer ständig bewusst sein Verhalten und das seiner Gesprächspartner reflektieren, denn über geeignete Verhaltensroutinen verfügt er noch nicht. Hierdurch ist er in der Verfolgung seiner vordringlichen Ziele, wie etwa der Präsentation geschickter Argumente, eindeutig behindert. Erwartungen erfüllen somit eine sehr wichtige Funktion. Sie gehören zum Alltag im Privatleben sowie im Beruf. Verdeutlichen wir uns dies wieder anhand von typischen Beispielen aus dem Alltag einer Organisation. Bei einem Bewerbungsgespräch hat man zuvor die Bewerbungsunterlagen gelesen, um sich einen ersten Eindruck zu verschaffen. Auf dieser Basis werden bereits Erwartungen über die Qualifikationen oder Schwächen des Bewerbers ausgebildet, die es in dem geplanten Gespräch zu überprüfen gilt. Ähnliche Erwartungen werden im Hinblick auf solche Mitarbeiter ausgebildet, die schon längere Zeit in einer Organisation arbeiten. Der Vorgesetzte kann sich quasi gar nicht dagegen wehren, eine Meinung über die Stärken und Schwächen des Mitarbeiters zu entwickeln. Ein solches Urteil impliziert gleich auch schon die Erwartung, wie sich der Mitarbeiter bei einer bestimmten Aufgabe, die ihm übertragen wurde, verhalten wird. Die Erwartung steht somit in beiden Beispielen am Anfang eines „neuen" Beurteilungsprozesses. Die beurteilende Person begegnet ihrem Gegenüber keineswegs unvoreingenommen. Dies wäre nicht weiter schlimm, wenn sie im weiteren Verlaufe des Geschehens alle Fakten objektiv würdigen könnte. Die Forschung zur hypothesengeleiteten Wahrnehmung (Lilli, 1984; Lilli & Frey, 1993) zeigt jedoch, dass dies sehr häufig nicht gelingt.

Im Prinzip ergeben sich nach der Ausbildung einer Erwartung zwei unterschiedliche Möglichkeiten. Entweder die objektive Situation entspricht den Erwartungen oder sie läuft ihnen zuwider. Im ersten Fall entsteht kein großes Problem. Der Personalchef erkennt, dass der Bewerber in Übereinstimmung mit seinen eigenen Erwartungen geeignet ist und stellt ihn ein. Analog verhält es sich beim zweiten Beispiel. Ein ernstzunehmendes Problem liegt erst dann vor, wenn die Realität in einen Widerspruch zu den Erwartungen gerät. Nun unterliegt die urteilende Person einem Automatismus der Urteilsbildung, der vielfach belegt werden konnte: Sie passt ihre Wahrnehmung und Interpretation der Realität an ihre eigenen Erwartungen an und verzerrt somit das Urteil. Ein Bewerber, der wider Erwarten die Lücken in seinem Lebenslauf schlüssig begründen kann, wird dann vielleicht als nicht wirklich glaubwürdig erlebt. Seine guten Referenzen werden als Gefälligkeitsgutachten interpretiert oder Examensnoten zu einem berufsirrelevanten Leistungskriterium erklärt. Ähnlich kann der Vorgesetzte mit seinem Mitarbeiter verfahren. Erbringt der Mitarbeiter eine unerwartet gute Leistung, so wird dies nicht seinen Fähigkeiten oder neu erworbenen Fertigkeiten zugeschrieben, sondern eher als singuläre Ausnahme einer allgemeinen Regel abgetan.

Die Wahrscheinlichkeit, einer solchen Verzerrung zu unterliegen, hängt zum einen von der Stärke der zugrunde liegenden Erwartung und zum anderen von der Eindeutigkeit der objektiv vorliegenden Informationen ab. Lässt der Bewerber dem Interviewer z.B. besonders viel Interpretationsspielraum, die vorliegende Information ist also alles andere als eindeutig, so fördert er ungewollt den beschriebenen Prozess. Der Personalchef wird den Bewerber entsprechend seinen vorliegenden Erwartungen bewerten. Die Stärke der vorliegenden Erwartung hängt wiederum von mehreren Faktoren ab (Bruner, 1951; Postman, 1951).

Hier ist zunächst die Anzahl der subjektiv erlebten Bestätigungen der eigenen Erwartung zu nennen. Nicht genug, dass damit der zu bewertenden Person einmal Unrecht widerfahren ist. Der Beurteiler wird seine Erwartung als bestätigt ansehen und in einer späteren Situation dieselbe Erwartung mit umso größerer Wahrscheinlichkeit einsetzen und erneut bestätigen. Beide, die beurteilende und die beurteilte Person, befinden sich nun einem Teufelskreislauf der hypothesenverzerrten Urteilsbildung. Je häufiger z.B. der Vorgesetzte in unserem Beispiel seine Erwartung von der mangelnden Qualifikation und Motivation seines Mitarbeiters (aufgrund verzerrter Wahrnehmungen) bestätigt, desto schwieriger wird es für den Beurteilten sein, in zukünftigen Situationen den Vorgesetzten von seinen wahren Kompetenzen zu überzeugen.

Einen zweiten Einflussfaktor stellt die Anzahl möglicher Alternativerwartungen dar. Ist der Beurteiler nicht in der Lage, mehrere alternative Erwartungen zu generieren, so steigt zwangsläufig die Wahrscheinlichkeit, dass die vorliegende Erwartung auch bestätigt wird.

Besonders resistent sind überdies solche Erwartungen, die eine starke emotional-motivationale Verankerung in der Person des Beurteilers aufweisen. Wer z.B. in einem Bewerber oder einem Mitarbeiter wehmütig seine eigene Jugend wiedererkennt oder für den Bewerber ein hohes Maß an Sympathie empfindet, der wird sich auch besonders schwer dabei tun, den realen Tatsachen einen gebührenden Platz in seiner Urteilsbildung einzuräumen.

Ebenso verhält es sich mit Erwartungen, die sozial geteilt werden. Wenn der Entscheidungsträger zuvor vielleicht im Kollegenkreis über seine Erwartungen gesprochen hat und sich eines breiten Konsenses sicher weiß, erfahren seine Erwartungen eine Stärke, welche die objektive Realität nur schwer zu bezwingen vermag.

Die Konsequenzen der erwartungsverzerrten Urteilsbildung sind gravierend. Nicht nur, dass man den bewerteten Personen häufig Unrecht tut. Die Entscheidungen wirken sich auch nachdrücklich auf das Verhalten des Urteilenden aus. Ein eindrucksvolles Beispiel hierfür liefert die Untersuchung von Rosenthal und Jacobson (1971), deren Ergebnisse inzwischen unzählige Male repliziert wurden (vgl. Harris & Rosenthal, 1985). Die beiden amerikanischen Psychologen sind in verschiedene Schulen gegangen und haben mit Schülern einen Leistungstest durchgeführt, der ihre Entwicklungsfortschritte prognostizieren sollte. Nach der Testung wurden die Lehrer über die Ergebnisse informiert und zwar so, dass ihnen klar war, welche der Schüler in den nachfolgenden Monaten eine besondere Leistungssteigerung erleben sollten. Nach einigen Monaten besuchten die Psychologen erneut die Schulen und nahmen eine zweite Messung der Leistungsfähigkeit vor und in der Tat, bei den ausgewählten Kindern ließen sich deutliche Fortschritte feststellen. Der einzige Haken bei der Geschichte war, dass Rosenthal und Jacobson die fraglichen Schüler in der ersten Messung gar nicht aufgrund ihrer tatsächlichen Leistungen, sondern allein per Zufall ausgewählt hatten. Wie ist der Leistungsanstieg dieser Schüler aber zu erklären, wo doch die übrigen Mitschüler de facto nicht weniger, z.T. vielleicht sogar begabter waren? Die Ursache liegt in den Erwartungen der Lehrer. Weil die Lehrer bestimmten Schüler besondere Fähigkeiten attestierten, haben sie ihnen mehr Aufmerksam-

Erratum

Kanning, U.P. & Holling, H. (2002). Handbuch personaldiagnostischer Instrumente.
Göttingen: Hogrefe-Verlag

Bei der Testbesprechung des *Dreidimensionalen Würfeltests (3 DW)*, Seite 139 bis Seite 142, wurden einige Angaben aus dem Testmanual nicht ausreichend berücksichtigt bzw. korrekt wiedergegeben. Wir bitten, dieses Versehen zu entschuldigen.

Seite 139: Ergänzungen zur Reliabilität
Cronbachs Alpha: .86 (N = 432 Studenten) bzw. .90 (N = 866 Schüler)
Split-half-Reliabilität: .85/.87 (N = 432 Studenten) bzw. .88/.90 (N = 866 Schüler)

Seite 140: Ergänzungen zur Validität
Über die bereits genannten Berechnungen hinaus, wird die kriterienbezogene Validität des 3 DW durch Korrelationen mit dem Wiener Matrizentest sowie dem IST-70 belegt.

Es wurden mehrere empirische Analysen durchgeführt, welche die inkrementelle sowie die Konstruktvalidität des Verfahrens belegen.

Seite 142: Bewertung
Die Bewertung des 3 DW ist unter Berücksichtigung der o.g. Punkte entsprechend zu relativieren.

Seite 578: Gütekriterien der Instrumente im Überblick
Der 3 DW erfüllt sämtliche Gütekriterien, d.h. alle Zellen der Tabelle müssen einen „●" enthalten.

keit geschenkt, ihnen mehr Unterstützung gegeben und zumindest in der Anfangsphase dieses Prozesses die Augen vor den tatsächlichen Leistungen der Schüler verschlossen. So oder so ähnlich dürften sich die Konsequenzen der erwartungsverzerrten Wahrnehmung auch im Alltag in Unternehmen und Behörden ausnehmen. Besonders unangenehm wird es für die Betroffenen natürlich, wenn ihre Leistungen nicht über- sondern unterschätzt werden und ihnen daher keine angemessene Förderung zuteil wird.

Was ist nun aber zu tun, um dem beschriebenen Automatismus unserer Urteilsbildung ein Schnippchen zu schlagen? Die Forschungsergebnisse liefern mehrere Antworten auf diese Frage. Zum einen kann man auf der Ebene der Erwartungen, zum anderen auf der Ebene der objektiven Information ansetzen.

Auf der *Ebene der Erwartungen* wäre zunächst einmal zu wünschen, dass sich die Entscheidungsträger der geschilderten Probleme bewusst werden und ihre eigenen Hypothesen explizit machen. Eines der größten Probleme im Bereich der Personenbeurteilung besteht nämlich gerade darin, dass die Betroffenen relativ blind auf ihre Urteilskraft vertrauen (Hoffrage, 1993) und sich damit überschätzen. Sind ihnen die Probleme erst einmal bewusst, so ist bereits der wichtigste Grundstein für eine Veränderung gelegt. Explizite Erwartungen können kritisch hinterfragt und manchmal auch mit wissenschaftlichen Methoden empirisch überprüft werden. Mit impliziten Erwartungen geht dies nicht. Bei wichtigen Entscheidungen empfiehlt es sich darüber hinaus, mehrere Personen an der Urteilsbildung zu beteiligen, die unterschiedliche Erwartungen haben und unabhängig voneinander ihr Urteil fällen. Personen, die emotional besonders involviert sind, sollten hingegen aus der Verantwortung genommen werden. Alle diese Maßnahmen tragen dazu bei, die Stärke einer singulären Erwartung zu mindern.

Auf der *Ebene der objektiven Information* geht es darum, ihre Präsenz im Urteilsprozess zu stärken, damit sie sich gegenüber den vorliegenden Erwartungen behaupten kann. Als Mittel der Wahl sind hier wissenschaftlich fundierte Messinstrumente anzusehen. Dabei kann es sich entweder um Verfahren handeln, die innerhalb der Organisation nach wissenschaftlichen Maßstäben entwickelt werden, oder aber es werden fertige Instrumente eingesetzt, die auf dem Markt käuflich zu erwerben sind.

1.5 Einseitige Suche nach Ursachen

Ein weiterer Automatismus der Urteilsbildung betrifft unsere alltägliche Suche nach Ursachen für Dinge, die wir zuvor beobachtet haben. Denken wir z.B. einmal an einen Bewerber, dessen Lebenslauf wir lesen, oder einen neuen Mitarbeiter, dessen Leistungsfähigkeit es zu bewerten gilt. Ohne dass es uns meist auffällt, liegen unseren Beurteilungen solcher Begebenheiten Ursachenzuschreibungen zugrunde. Wir bewerten nicht nur das Geschehen an sich, sondern fragen uns, wie es zustande gekommen ist. Warum weist der Bewerber in seinem Lebenslauf eine Lücke von 6 Monaten auf? Warum fällt die Leistung eines Mitarbeiters nach der Probezeit plötzlich ab? Von der Beantwortung dieser Fragen hängt in entscheidendem Maße ab, wie wir die beiden Personen beurteilen und welche Konsequenzen sich für die Beurteilten ergeben. Glauben wir z.B., dass die Lücke im Lebenslauf Ausdruck einer charakterlichen Labilität des Bewerbers ist, so dürfte unser Urteil insgesamt wohl wenig schmeichelhaft ausfallen. Eine Einladung zum persönlichen Gespräch ist damit in weite Ferne gerückt. Kommen wir im Falle des Mitarbeiters zu der Überzeugung, er habe nur die Probezeit abgewartet, um uns anschließend sein wahres Gesicht zu zeigen, so wird auch dies für den Mitarbeiter eher unangenehme Konsequenzen haben. Möglicherweise wird man ihm keine wichtigen Aufgaben mehr anvertrauen und ihm so auch die Möglichkeit nehmen, seine Kompetenzen unter Beweis zu stellen. Die Bedeutung, die unseren Ursachenzuschreibungen zukommt, ist mithin gar nicht hoch genug einzuschätzen. Beide Seiten, sowohl der Beurteilende als auch der Beurteilte dürften im Allgemeinen ein großes Interesse an einer möglichst objektiven Ursachenzuschreibung haben.

In der Psychologie hat der Prozess der Ursachenzuschreibung unter dem Begriff „*Attribution*" seit vielen Jahren großes Interesse auf sich gezogen. Dabei bemüht sich die Forschung zum einen, basale Formen der Attribution zu differenzieren und zum anderen die Prinzipien aufzudecken, nach denen wir im Alltag bestimmte Attributionen vornehmen.

Zunächst zur Differenzierung unterschiedlicher Attributionen: Wenn es um die Beurteilung des Verhaltens anderer Menschen geht, stehen sich in unserer Wahrnehmung meist zwei verschiedene Ursachen gegenüber. Entweder glauben wir, das beobachtete Verhalten sei eine Konsequenz der Umgebungsbedingungen, oder aber wir siedeln die Ursache in der Person des Handelnden selbst an (Heider, 1958). Im ersten Falle, der sog. *externalen Attribution*, sehen wir den Handelnden – übertrieben ausgedrückt – als ein Opfer seiner Umwelt. Jeder, so meint man, hätte in der fraglichen Situation ebenso gehandelt. Mögliche Konsequenzen des Verhaltens sind der zu beurteilenden Person also nicht anzulasten. Ganz anders sieht es bei der *internalen Attribution* aus. Hier wird die Verantwortung ausschließlich in der Person des Handelnden gesehen. Verdeutlichen wir uns diesen Unterschied einmal am Beispiel einer klassischen Übung aus dem Assessment Center. Die Stegreifrede ist für viele Bewerber eine besonders belastende Aufgabe. Der Bewerber erhält den Auftrag, ohne Vorbereitung 5 Minuten lang vor einem Auditorium einen Vortrag zu einem bis dahin unbekannten Thema zu halten. So mancher Bewerber scheitert an dieser Aufgabe, warum eigentlich? Beobachter, die zu einer internalen Attribution neigen, sehen die Ursache in der Person des Bewerbers. Ihnen erscheint der Bewerber labil und rhetorisch unbedarft. Andere Beobachter wiederum neigen zur externalen Attribution. Ihnen erscheint das Verhalten nicht aussagekräftig, da die Situation viel zu künstlich ist und daher ein bestimmtes Verhalten provoziert hat, dem sie keine Aussagekraft im Hinblick auf die Eigenschaften des Bewerbers zuschreiben möchten. Bei nüchterner Betrachtung müssen wir natürlich feststellen, dass beide Sichtweisen in Kombination miteinander der Wahrheit besonders nahe kommen. Beim Verhalten in der Stegreifrede haben wir es mit einem komplexen Wechselspiel zwischen Faktoren, die in der Person und Faktoren, die in der Umgebung liegen, zu tun. Nicht jeder Bewerber verhält sich in der Stegreifrede gleich – was für eine internale Attribution spricht – und gleichzeitig verdeutlicht eine Betrachtung verschiedener Übungen des Assessment Centers, dass das Verhalten derselben Person über verschiedene Übungen hinweg nicht konstant bleibt – was wir als einen Hinweis auf externale Einflussfaktoren werten dürfen.

Eine zweite Differenzierung, die hier hervorgehoben werden soll, betrifft die wahrgenommene Stabilität der Ursachen. Entweder die Ursache wird eher als *stabil* angesehen, dann wird sie auch über die Zeit hinweg in vielen unterschiedlichen Situationen Bestand haben, oder sie ist *instabil* und ermöglicht somit keine aussagekräftigen Prognosen zukünftigen Verhaltens. Glauben wir z.B., der Bewerber im Assessment Center schneidet nur deshalb so schlecht ab, weil ihm vor Aufregung fast übel wird, führt dies sicherlich zu einer anderen Bewertung der Person, als wenn wir mangelnde Fähigkeiten als Ursache attestieren.

In unserem Beispiel liegt es auf der Hand, dass eine möglichst objektive Beurteilung des Sachverhaltes für alle Parteien vorteilhaft wäre. Selbst wenn der Bewerber aufgrund einer zutreffenden Attribution nicht eingestellt werden sollte, wirkt sich dies für ihn in aller Regel letztlich positiv aus, denn ihm wird wohl kaum damit gedient sein, einen Arbeitsplatz zu bekommen, der eine ständige Überforderung darstellt.

Die Forschung zum Attributionsverhalten zeigt jedoch wieder einmal, dass die menschliche Informationsverarbeitung keineswegs automatisch zu richtigen Entscheidungen führt. Vielmehr lassen sich auch hier einige systematische Verzerrungen der Personenbeurteilung belegen. Da ist zunächst unsere Vorliebe für einfache Lösungen zu nennen. Auch bei komplexen Sachverhalten neigen wir dazu, nur eine einzige Ursache zu suchen (Fiske & Taylor, 1991). Das Verhalten des Bewerbers wird entweder durch eine einzige internale oder durch eine externale Ursache erklärt. Eine solche *Bevorzugung singulärer Attributionen* stellt natürlich eine sehr starke Vereinfachung der Realität dar, die es zu vermeiden gilt, wenn Einscheidungen von großer Tragweite zu treffen sind. Meist ist menschliches Verhalten durch das Zusammenspiel mehrerer Ursachen determiniert.

Geht es um die Beurteilung anderer Menschen, dann neigen wir überdies dazu, vor allem internale Attributionen vorzunehmen, während die Umwelt des Handelnden sehr viel seltener als ursächlich anerkannt wird (Hewstone & Fincham, 1997). Diese Verzerrung ist derart stark und grundlegend, dass sie in der Fachliteratur den Namen *fundamentaler Attributionsfehler* erhalten hat (Ross, 1977). Sie rührt u.a. wohl aus einem fest verwurzelten Laiendenken, wonach es vor allem die Persönlichkeit eines Menschen ist, die sein Verhalten bestimmt. In der Laienvorstellung wird Persönlichkeit dabei als eine Sammlung unveränderlicher, ja geradezu genetisch determinierter Verhaltensdispositionen betrachtet, die immer und überall in Alltagshandlungen durchscheinen. Dass diese Ansicht naiv ist, kann sich jeder selbst vor Augen führen, der sein eigenes Verhalten einmal kritisch reflektiert. Sind wir heute noch dieselben, wie vor 20 oder 30 Jahren? Verhalten wir uns in allen Situationen des Lebens gleich und lassen uns niemals von anderen Menschen in unserem Tun beeinflussen? Natürlich nicht. Trotz der nicht zu leugnenden Stabilität unseres Verhalten sind wir in der Lage, uns zu verändern, zu lernen, uns flexibel auf die aktuelle Umwelt einzustellen. Dies ist kein Defizit, sondern ganz im Gegenteil eine wichtige Voraussetzung dafür, dass der Mensch (bislang) noch nicht der natürlichen Auslese anheimgefallen ist.

Ein drittes Phänomen der Attributionsverzerrung, das hier vorgestellt werden soll, betrifft das Selbstbild desjenigen, der die Attribution vornimmt. Unter der Bezeichnung *Selbstwertdienliche Attributionen* fassen wir solche Ursachenzuschreibungen zusammen, die dem Urteilenden in besonderer Weise schmeicheln. Beispielsweise kennt wohl jeder das folgende Phänomen: Wenn wir in einer Prüfung gut abgeschnitten haben, dann sind wir geneigt, dies unseren besonderen Fähigkeiten, der eigenen Anstrengung, unserem überragenden Intellekt u.Ä. zuzuschreiben. Fiel die Prüfung hingegen zu unserem Nachteil aus, so lag es wohl am Prüfer, am lebensfernen Prüfungsstoff oder am Straßenverkehr, der uns in der Nacht zuvor um unseren Schlaf gebracht hat. Im Rahmen selbstwertdienlicher Attributionen basteln wir uns gewissermaßen diejenige Erklärung für ein Phänomen zurecht, die für uns die vorteilhafteste ist. Die selbstwertdienliche Attribution ist dabei nur eine von sehr vielen Strategien, die wir im Alltag einsetzen, um einen starken Selbstwert aufbauen zu können (Kanning, 2000). Dies ist an sich nicht verwerflich, sondern ebenso menschlich wie nützlich, steht ein positiver Selbstwert doch in einem Zusammenhang zur psychischen und physischen Gesundheit. Zum Problem werden derartige Attributionen jedoch, wenn hierdurch der Blick auf die Realität so weit verstellt wird, dass folgenschwere Fehlentscheidungen resultieren. Selbstwertdienlich ist es z.B. auch, wenn ein Vorgesetzter – bildlich gesprochen – seine Hand immer schützend über einen Mitarbeiter hält, den er selbst besonders gefördert hat. Durch verzerrte Attributionen schützt er auch sich selbst ggf. vor der Einsicht, aufs falsche Pferd gesetzt zu haben. Ein Phänomen, das häufig auch bei Einstellungsentscheidungen, die im Team getroffen werden, vorkommen dürfte. Wer sich schon allzu früh eindeutig für einen der Kandidaten ausgesprochen hat, wird sich genötigt fühlen, die Qualifikation des Bewerbers auch durch vielleicht verzerrte Attributionen zu unterstreichen, will er doch vor den übrigen Angehörigen der Auswahlkommission und auch vor sich selbst das Gesicht nicht verlieren.

Systematisch verzerrte Attributionen, die hier nur im Ansatz diskutiert werden können, stellen mithin eine weitere Quelle fehlerhafter Personenbeurteilungen dar, denen es zu begegnen gilt. Dies kann z.B. durch den Einsatz von mehreren unabhängigen Beurteilern geschehen, die jeder für sich auch über einen unterschiedlichen Erfahrungshintergrund verfügen. Der Einsatz objektivierender Messinstrumente vermag hier ein Übriges zu leisten. Gleiches gilt für die Methode des Assessment Centers. Wenn man hier richtig vorgeht, werden die Bewerber unabhängig voneinander in mehreren Übungen hinsichtlich der gleichen Merkmale untersucht (vgl. Kapitel 11). Nicht zuletzt auch durch den Vergleich zwischen den Bewerbern, die alle den gleichen Bedingungen ausgesetzt sind, kann zwischen internalen und externalen Ursachen des beobachteten Verhaltens differenziert werden. Die Beobachtung über die Zeit hinweg ermöglicht darüber hinaus Aufschlüsse über die Stabilität der Ursachen.

1.6 Beeinflussung durch andere Menschen

Eine weitere Quelle der systematischen Verzerrung unserer Urteilsbildung ist verbunden mit dem Faktum, dass wir nur selten völlig isoliert von anderen Menschen unsere Entscheidungen treffen. Auf der einen Seite streben wir es geradezu an, wichtige Urteile nicht von einer einzelnen Person abhängig zu machen, auf der anderen Seite ergibt sich aber gerade hieraus wiederum das Problem der ungewollten bzw. unkontrollierten Beeinflussung.

Die einfachste Form der Beeinflussung des Einzelnen durch seine Mitmenschen ist den meisten von uns gar nicht bewusst. Sie ergibt sich aus der bloßen Anwesenheit anderer Menschen (Rosch, 1985). In aller Regel führt die Anwesenheit anderer Menschen in unserem Organismus zu einem erhöhten Erregungsniveau. Je nachdem, um welche Personen bzw. welche Situation es sich handelt, wird dieses Erregungsniveau so stark sein, dass wir die Veränderung leicht zu spüren bekommen oder aber so schwach sein, dass man sie nur mit geeigneten Messinstrumenten erlebbar manchen könnte. Ersteres dürfte z.B. der Fall sein, wenn wir uns selbst in einer Prüfungssituation befinden, vor einem großen Publikum reden müssen oder in einer wichtigen geschäftlichen Transaktion mit fremden Geschäftspartnern diskutieren. Letzteres tritt bereits ein, wenn wir gemeinsam mit anderen als Beobachter im Assessment Center tätig werden oder an einer an sich routinierten Teamsitzung teilnehmen. Das Erregungsniveau nimmt nun Einfluss auf unsere Leistungsfähigkeit. Handelt es sich um leichte Aufgaben, die wir noch dazu vielleicht schon häufig routiniert erledigt haben, so ist mit einem Leistungsanstieg zu rechnen. Das Gegenteil ist hingegen der Fall, wenn es gilt, eine schwierige Aufgabe zu meistern. Beide Effekte sind durch viele Untersuchungen empirisch fundiert, es handelt sich um ein stabiles Phänomen menschlichen Verhaltens. Mehr noch, selbst im Tierexperiment lassen sich vergleichbare Prozesse beobachten (vgl. Zajonc, Heingardner & Herman, 1969). Kommt es zu einem Leistungsanstieg aufgrund der Anwesenheit anderer Menschen, so wird dieses Phänomen auch als „*social facilitation*" bezeichnet. Der entgegengesetzte Prozess wird in der Psychologie mit dem Begriff „*social inhibition*" belegt. Im Rahmen der Personenbeurteilung ist natürlich der zweite der beiden Effekte von großer Bedeutung. Wenn etwa ein Assessment Center so unglücklich strukturiert wurde, dass die Beobachtung und Einstufung des interessierenden Verhaltens eine sehr schwierige Aufgabe darstellt, so wird die Leistungsfähigkeit der Beobachter zusätzlich noch durch die Anwesenheit ihrer Mitstreiter beeinträchtigt. Die Ersetzung der Beobachtergruppe durch einen einzelnen Beurteiler löst das Problem aber in keiner Weise, liegt der Vorteil der Methode des Assessment Centers doch gerade in der systematischen Begutachtung des Bewerbers durch verschiedene Personen. Aus der Kenntnis um das Problem der social facilitation leitet sich hingegen der Schluß ab, dass die Aufgabe für jede einzelne dieser Personen möglichst einfach strukturiert sein sollte. Dies wiederum hat Folgen für die Definition der zu beobachtenden Eigenschaften sowie die Gestaltung der Protokollbögen. Wir werden hierauf zu einem späteren Zeitpunkt noch ausführlicher zu sprechen kommen.

Gehen wird nun noch einen Schritt weiter. Die Beeinflussungsmöglichkeiten in den soeben skizzierten Beispielen waren noch sehr indirekter Natur. Die Anwesenden haben nur vermittelt über das veränderte Erregungsniveau auf die Leistungsfähigkeit Einfluss nehmen können. In vielen Situationen des beruflichen Lebens finden die Prozesse der Beeinflussung jedoch sehr viel direkter statt. So werden z.B. immer mehr Entscheidungen nicht von Einzelpersonen getroffen, sondern durch Diskussionen innerhalb von Personengruppen herbeigeführt. Die Arbeit im Team ist heute schon fast zu einer Ideologie der modernen Organisationsführung geworden. Dies hat ohne Zweifel auch etwas mit unserem demokratischen Gesellschaftssystem zu tun, in dem Entscheidungen vor allem dann als besonders gut gelten, wenn sie von möglichst vielen Personen getragen werden. Die psychologische Forschung zeichnet hier allerdings ein weitaus weniger schmeichelhaftes Bild. Eigentlich sollte man erwarten, dass Gruppendiskussionen zu weniger extremen Entscheidungen führen als die Urteile der einzelnen Gruppenmitglieder. Wie vielfach belegt werden konnte, ist jedoch nicht selten genau das Gegenteil der Fall. Die Gruppendiskussion führt oft zu einem viel extremeren Urteil als der Mittelwert der Urteile der einzelnen Gruppenmitglieder. Verdeutlichen wir diesen Effekt der sog. *Gruppenpolarisation* (Stoner, 1961; van Avermaet, 1997) einmal an einem konstruierten Beispiel: Gesetzt den Fall, eine Reihe von fünf Geschworenen hätte die Aufgabe, über das Strafmaß für einen Straftäter zu entscheiden. Nehmen wir weiterhin an, die Geschworenen hätten hierzu einen vorgegebenen Spielraum und könnten den Angeklagten für 1 bis 10 Jahre ins Gefängnis schicken. Würde man nun die Geschworenen bitten, jeder für sich sein Urteil abzugeben, so käme man möglicherweise zu einer Verteilung der Urteile, wie sie in Abbildung 1-7 wiedergegeben ist. Im Mittelwert über die fünf Geschworenen hinweg würde in diesem Fall ein Strafmaß von 4,5 Jahren resultieren. Würde man hingegen ein anderes Procedere wählen und ließe die Geschworenen offen über ihre Einschätzung diskutieren und würde sie darüber hinaus dazu zwingen, auf diesem Wege zu einem Konsensus zu finden, so wäre mit einem extremeren Urteil zu rechnen. Möglicherweise würde im Ergebnis der Angeklagte nicht zu 4½, sondern zu 6 Jahren Freiheitsentzug verurteilt. Das Ausmaß der Verzerrung aufgrund der vorliegenden Gruppenpolarisation ließe sich in diesem Falle mithin auf 1½ Jahre beziffern. Wie ist eine solche Verzerrung aber zu erklären? Oft entscheidet sich bereits in den ersten Minuten der Diskussion, welche Richtung die Gruppenentscheidung später nehmen wird, ob also am Ende des Prozesses z.B. eher ein hohes oder eher ein geringes Strafmaß steht. Einzelne Vertreter einer besonders akzentuierten Position werden als erste ihre Meinung äußern und haben dadurch die Möglichkeit, in besonderer Weise Einfluss auszuüben. Es besteht eine große Wahrscheinlichkeit, dass in der Folgezeit sehr viel mehr Argumente für diese Position als gegen sie generiert und vorgebracht werden. Gruppenmitglieder, die in der Tendenz mit dem dominanteren Meinungsführer übereinstimmen, werden ihm beipflichten und seine Position untermauern. Vertreter abweichender Positionen werden hierdurch verunsichert. Manch einer traut sich nicht, seine Argumente vorzubringen oder wird durch die sich formierende Mehrheit nicht hinreichend beachtet. Unsichere Kandidaten neigen darüber hinaus eher dazu, sich an der dominanten Position zu orientieren. All dies zusammen trägt zur beschriebenen Urteilsverzerrung bei. Besonders gefördert wird sie, wenn innerhalb der Gruppe deutliche Statusunterschiede bestehen, also z.B. Vorgesetzte und Mitarbeiter gemeinsam am Werke sind. In einer solchen Situation kommt der Meinung des Vorgesetzten meist eine gewichtige Funktion für die Vorgabe eines Zielwertes zu. Das Problem der Gruppenpolarisation kann in allen Entscheidungsgruppen auftreten, unabhängig von der Frage der Inhalte, um die es geht. Dabei ist nicht immer auch in gleichem Maße mit einer starken Verzerrung zu rechnen. Vermieden wird die Verzerrung z.B., wenn schon von vornherein die Positionen nicht weit auseinanderliegen oder beide Extrempositionen von Personen vertreten werden, die dominant auftreten und/oder beide über einen hohen Status verfügen. In der Zusammensetzung von Entscheidungsgremien wie etwa der Beobachtergruppe im Assessment Center ist hierauf zu achten. Große Statusunterschiede zwischen den Beobachtern sollten möglichst vermieden werden. Ist dies nicht möglich, so sollte der Moderator in der Beobachterkonferenz streng darauf achten, dass Vorgesetzte nicht zuerst das Wort ergreifen und auch nicht mehr Redezeit für sich beanspruchen als die übrigen Beobachter. Dies lässt sich natürlich nur dann realisieren, wenn der Moderator wirklich unabhängig operieren kann, also z.B. nicht selbst ein Mitarbeiter eines der Beobachter ist. Eine weitere Möglichkeit besteht darin, das Gesamturteil auf mathematischem Wege durch die Berechnung eines Mittelwertes zu ermitteln.

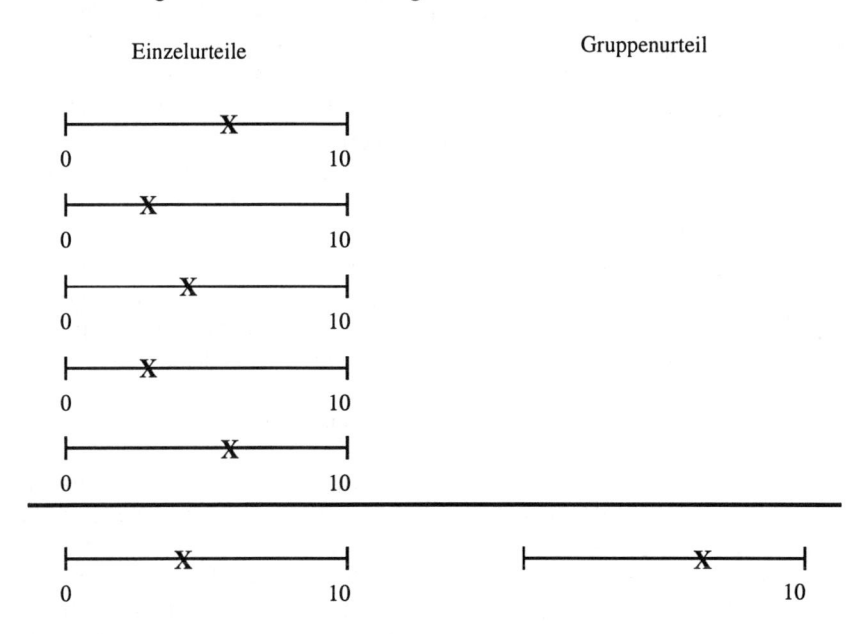

Abbildung 1-7: Prinzip der Gruppenpolarisation

Im vorangestellten Beispiel haben wir indirekt bereits ein grundsätzliches Phänomen der sozialen Beeinflussung angesprochen: Individuen neigen dazu, sich in ihrer Meinungsbildung eher an Mehrheiten denn an Minderheiten anzulehnen. In der Psychologie hat dieses Phänomen unter der Bezeichnung *Konformitätsdruck* breites Forschungsinteresse gefunden. Auslöser dieser Forschungsrichtung war das klassische Experiment des amerikanischen Psychologen Solomon Asch (1951): In seiner Untersuchung wurden zunächst jeweils sieben Personen gemeinsam in einen Raum gebracht, in dem es der Reihe nach mehrere Dias zu beurteilen gab. Auf jedem Dia waren drei einfache Linien unterschiedlicher Länge zu sehen. Die Aufgabe der Probanden bestand nun darin, jeweils öffentlich zu benennen, welche der drei Linien genauso lang war wie eine zusätzlich präsentierte Vergleichslinie. Die Aufgabe war insgesamt sehr einfach, da die Größenunterschiede zwischen den Linien mit bloßem Auge zu erkennen waren. Die Besonderheit des Experiments lag jedoch darin, dass sechs der sieben Probanden absichtlich immer falsche Angaben machten. Sie waren zuvor von den Versuchsleitern gesondert instruiert worden. Von Interesse war mithin nur das Verhalten der einzigen verbleibenden Versuchsperson. Wie würde sie sich entscheiden? Würde sie standhaft bleiben und sich öffentlich zu ihrem abweichenden Urteil bekennen oder würde sie lieber „mit den Wölfen heulen"? Das Ergebnis war eindeutig. Nur 25 % der Untersuchungsteilnehmer ließen sich nicht ein einziges Mal von der Mehrheit ihrer Kollegen beeinflussen. Zahlreiche Untersuchungen bestätigen bis auf den heutigen Tag das Prinzip des Konformitätsdrucks und die meisten Menschen kennen das Phänomen auch aus eigener Anschauung. Dabei sind zwei Arten der Einflussnahme zu unterscheiden. Zum einen wird es Personen geben, die nur zum Schein die Position der Mehrheit übernehmen, um unangenehmen Konsequenzen zu entgehen, die mit einer abweichenden Meinung verbunden sind. Zum anderen wird es Personen geben, die sich tatsächlich der Mehrheitsmeinung anschließen und diese Position auch dann noch vertreten, wenn sie sich keinem Druck von außen ausgesetzt sehen. Beide Varianten sind für die Urteilsbildung innerhalb von Gruppen in gleichem Maße bedeutsam. Einerseits erleichtern sie den Prozess der Konsensbildung, andererseits erhöhen sie jedoch auch das Risiko einer voreiligen, nicht wirklich aus unterschiedlichen Perspektiven beleuchteten Urteilsbildung. Ein schnell und einheitlich gefälltes Urteil ist nicht zwangsläufig auch das objektiv beste. Vermeiden oder zumindest doch reduzieren lässt sich der Konformitätsdruck, wenn die Urteilenden ihr Votum anonym abgeben können bzw. die Gruppen nur vorübergehend zusammengestellt werden und die einzelnen Mitglieder einander später kaum noch begegnen. Als besonders problematisch anzusehen sind im Vergleich hierzu dauerhafte Abhängigkeitsbeziehungen innerhalb der Gruppe, wie sie z.B. entstehen können, wenn Vorgesetzte und Mitarbeiter in ein und derselben Gruppe agieren.

Den vielleicht eindrucksvollsten Beleg für die Manipulierbarkeit des Menschen liefern die klassischen Untersuchungen von Stanley Milgram (1988). Die Untersuchungen haben weit über die psychologische Fachliteratur hinaus Interesse gefunden. Zu Recht, wird man sagen, wenn man ihre Ergebnisse kennt: Milgram hat zunächst in Zeitschriften Probanden für ein psychologisches Experiment geworben. Den Interessenten wurde der Eindruck vermittelt, als sollten sie im Rahmen einer Untersuchung zum Lernverhalten als eine Art Lehrer fungieren. Die Aufgabe des Lehrers bestand darin, einen anderen Probanden dafür zu bestrafen, wenn diesem Fehler beim Auswendiglernen einiger Begriffspaare unterlaufen würden. Dem Lehrer stand zu diesem Zwecke ein Elektroschockgerät zur Verfügung. Durch den Versuchsleiter wurde zuvor festgelegt, dass der Lehrer bei jedem Fehler des „Schülers" einen Stromstoß bestimmter Intensität verabreichen sollte. Beim ersten Fehler waren dies 15 Volt und bei jedem weiteren Fehler wurde die Intensität um jeweils 15 Volt gesteigert bis hin zu einer maximalen Spannung von 450 Volt. Der Lehrer befand sich gemeinsam mit dem Versuchsleiter in einem Raum, so dass der Versuchsleiter das Verhalten des Lehrers überwachen konnte. Der Schüler saß hingegen in einem anderen Raum und konnte nur über eine Sprechanlage mit dem Lehrer kommunizieren. Nun begann das Experiment. Nach einiger Zeit unterlief dem Schüler der erste Fehler und der erste Stromstoß wurde verabreicht. Im Laufe der Untersuchung machte der Schüler nun immer weitere Fehler, auf die entsprechend reagiert werden musste. Dabei äußerte er zunehmenden Unmut über die Bestrafung. Mehr noch, nach einiger Zeit vermittelte er dem Lehrer ganz deutlich, dass ihm die Bestrafungen Schmerzen bereiten. Wurde die Stromspannung weit genug heraufgeregelt, schrie der Schüler schließlich sogar vor Schmerzen. Die entscheidende Frage, die sich Milgram stellte, war: Wie weit würden seine Versuchspersonen, die die Rolle des Lehrers ausfüllen mussten, eigentlich gehen? Das Ergebnis hat Milgram selbst erschreckt. Mehr als die Hälfte der Probanden, genau 26 von 40, waren bereit, bis zu 450 Volt zu verabreichen. Einige gaben nach dem Experiment sogar an, dass sie glaubten, den Schüler getötet zu haben.

Und warum eigentlich? Nur weil eine Autorität, personifiziert durch den Versuchsleiter, die Probanden zu diesem Verhalten aufforderte. Wenn ihnen Bedenken kamen, intervenierte er sofort und forderte sie dazu auf, sich an die vereinbarten Spielregeln zu halten oder im Interesse der Forschung weiter voranzuschreiten. Natürlich war das ganze Experiment eine Finte. Die Elektroschocks wurden nicht tatsächlich gegeben und der Schüler war auch kein wirklicher Proband, sondern ein Schauspielstudent. An der Aussagefähigkeit der Untersuchung ändert dies nichts. Allein aufgrund der Tatsache, dass ein anderer Mensch (Versuchsleiter) mit einer bestimmten – in diesem Falle objektiv sehr geringen – Macht ausgestattet wurde, gelang es ihm, seinen Unterstellten (Proband) zu einem Extremverhalten zu drängen. Wenn dies schon in einer solch unbedeutenden Situation geschieht, erhält man eine ungefähre Ahnung davon, wie weit der Einfluss reicht, wenn die Autorität de facto sehr große Machtbefugnisse besitzt. Man denke nur einmal an einen General in Zeiten des Krieges. Unzählige Experimente sind dem genannten nachgefolgt, einerseits, um die Ergebnisse auch in anderen Ländern zu replizieren, andererseits, um Variablen herauszufinden, die den Einfluss der Autorität mindern oder steigern helfen. Die Ergebnisse können an dieser Stelle nicht weiter referiert werden. Festzuhalten bleibt jedoch, dass die Macht des sozialen Einflusses, dem wir alle ausgesetzt sind und dessen Quelle viele von uns selbst darstellen, keineswegs unterschätzt werden darf. Wer an einer möglichst objektiven Urteilsbildung im Rahmen der Personenbeurteilung und auch sonstwo interessiert ist, tut gut daran, dies bei der Planung des Vorgehens zu berücksichtigen. Einige Vorschläge dazu konnten skizziert werden. Auch wenn sie das Problem nicht grundsätzlich aus der Welt schaffen können, so helfen sie jedoch dabei, die unerwünschten Konsequenzen zu mindern.

1.7 Emotionen als Quelle fehlerhafter Personenbeurteilung

Besonders offensichtlich ist der verzerrende Einfluss, der bei der Beurteilung anderer Personen von den Emotionen des Beurteilers ausgeht. Aus unserem Alltagsleben wissen wir, dass es überaus schwer ist, sich seinen eigenen Emotionen zu entziehen. Menschen, denen wir begegnen, sind uns oftmals spontan sympathisch oder unsympathisch, ohne dass wir präzise sagen könnten, woran dies liegt. Der Tendenz nach werden wir Personen, die positive Emotionen in uns auslösen, auch positiver bewerten als solche, für die das Gegenteil gilt. Die Wirkung der Emotionen geht jedoch noch weiter. Auch dann, wenn die Emotionen nicht von der zu beurteilenden Person ausgelöst wurden, sondern aus einem völlig anderen Kontext mit in die Beurteilungssituation hineingetragen werden, beeinflussen sie mit großer Wahrscheinlichkeit die aktuelle Urteilsbildung. Empirische Untersuchungen zeigen denn auch, dass Menschen, die sich in einer momentan positiven Stimmung befinden, alle möglichen Sachverhalte auch besonders positiv deuten. Hierzu zählen nicht nur andere Menschen, sondern auch die eigene Person, die eigene Gesundheit oder politische Fragen (Fiske & Taylor, 1991). Personen, die gut gelaunt sind, geben gemeinhin positivere Zukunftsprognosen ab (Isen, 1984) und filtern die aktuellen Informationen derart, dass sie vor allem positiv bewertete Sachverhalte im Nachhinein besonders gut erinnern können (Bower, 1981). Insgesamt steht also die gesamte Informationsverarbeitung unter einem positiv verzerrenden Einfluss. Für das betroffene Individuum ist dies zumindest auf den ersten Blick betrachtet durchaus von Vorteil, hilft dieser Automatismus doch dabei, eine für den Organismus angenehme Situation aufrechtzuerhalten und zumindest tendenziell gegenüber unerwünschten Informationen zu verteidigen. Nun könnte man meinen, der genau entgegengesetzte Prozess ließe sich im Hinblick auf negative Emotionen beobachten. Negative Emotionen werden gemeinhin als unangenehm erlebt. Der Organismus sollte also interessiert sein, sie möglichst schnell abzubauen. Die Ergebnisse der empirischen Forschung sind hier nicht ganz eindeutig. Einerseits lassen sich Ergebnisse finden, die für das Prinzip des sog. „mood-repair" (Isen, 1984) sprechen, andererseits finden sich aber auch immer wieder Gegenbelege (z.B. Forgas, 1994). Betrachten wir die Auswirkungen negativer Stimmungslagen genauer, so fällt eine deutliche Asymmetrie im Vergleich zu den Konsequenzen positiver Stimmungen auf. Während eine positive Stimmung zu einer Simplifizierung der Urteilsprozesse beiträgt – der Beurteiler sieht die Welt gewissermaßen durch die rosarote Brille – fördern negative Stimmungen ein analytisches und elaboriertes Vorgehen (Schwarz, 1990). Dies gilt jedoch nur, wenn die Stimmungen moderat ausgeprägt sind. Je heftiger eine negative Stimmung wird, desto eher führt auch sie zu einer kurzschlussartigen Abwertung des Gegenübers und dies selbst dann, wenn die bewertete Person nicht einmal für die Entstehung der schlechten Stimmung verantwortlich ist.

Im Falle der professionellen Personenbeurteilung sind beide Formen der Verzerrung des Urteils, die positive wie auch die negative, weder im Sinne des Beurteilten noch im Interesse der Organisation. Die Organisation muss daran interessiert sein, ein möglichst objektives Urteil über den Kandidaten zu erhalten, um eine gute Passung zwischen den Anforderungen des Arbeitsplatzes und den Fähigkeiten des Arbeitsplatzinhabers zu erzielen. Umgekehrt wird sich auch der Bewerber, dessen Fähigkeiten überschätzt wurden, spätesten dann, wenn er an seinen Aufgaben permanent scheitert, eine realitätsangemessenere Beurteilung seiner Person wünschen.

Was ist nun aber zu tun, um derartigen Fehlereinflüssen zu entgehen? Zunächst sollte sich der jeweilige Entscheidungsträger selbst kritisch fragen, ob er dem Bewerber mit der nötigen Neutralität gegenübertreten kann. Ist dies nicht der Fall, sollte die Aufgabe wenn möglich an einen Kollegen übergeben werden. Diese Entscheidung kann auch schon im Vorhinein getroffen werden, wenn sich z.B. die Interviewer einer größeren Personalabteilung selbst einmal ehrlich fragen, mit welchen Kandidaten sie persönliche Schwierigkeiten haben. Dies setzt allerdings eine Offenheit gegenüber der eigenen Person und den eigenen Kollegen voraus, die in vielen Organisationen nicht realisierbar erscheint. Ist die Quelle bestimmter Emotionen gar nicht in der Person des Bewerbers anzusiedeln, so hilft es oftmals auch schon, sich dessen bewusst zu werden, um starke Verzerrungen zu vermeiden (Schwarz, 1990). Ein anderer Weg besteht darin, die Entscheidung von vornherein auf die Schulter mehrerer unterschiedlicher und voneinander unabhängiger Beobachter zu laden. Hierdurch gleichen sich die verzerrenden Einflüsse unterschiedlicher Emotionen im besten Falle gegenseitig aus. Darüber hinaus ist der Einsatz standardisierter Diagnostika zu empfehlen, insbesondere dann, wenn sie weder bei der eigentlichen Messung noch bei der Interpretation der resultierenden Daten dem Entscheidungsträger einen großen Einflussrahmen lassen.

1.8 Fehler des Erinnerns

Eine letzte Quelle systematischer Verzerrungen der Personenbeurteilung, die hier diskutiert werden soll, liegt in der Funktion des menschlichen Gedächtnisses begründet. Eines der vielleicht schmerzlichsten Defizite unseres kognitiven Systems ist darin zu sehen, dass wir die meisten Informationen, die einmal bewusst verarbeitet wurden, später nicht mehr erinnern können. Man stelle sich nur einmal vor, wie leistungsfähig ein jeder von uns wäre, wenn er jeden gelesenen Text auch nach Jahren noch detailliert wiedergeben oder jede Begebenheit mit einem anderen Menschen vollständig nacherzählen könnte. Gerade bei der Personenbeurteilung machen sich die Prozesse des Vergessens besonders negativ bemerkbar. Dies gilt z.B. für einen Vorgesetzten, der am Ende eines zuvor festgelegten Zeitraums die Regelbeurteilung seiner Mitarbeiter vornehmen muss und dabei aller Wahrscheinlichkeit nach die meisten Informationen, die er in den zurückliegenden Monaten aufgenommen hat, gar nicht mehr oder nicht mehr korrekt erinnern kann. Gedächtnisprobleme entstehen jedoch nicht nur im Hinblick auf weit zurückliegende Ereignisse. Selbst innerhalb der vergleichsweise kurzen Spanne eines einzigen Arbeitstages können sie störend in Erscheinung treten – ein Phänomen, das z.B. Beobachtern im Assessment Center durchaus bekannt sein dürfte. Doch der Reihe nach. Fragen wir zunächst wieder einmal nach den grundlegenden Erkenntnissen der psychologischen Forschung zum Thema Vergessen und Erinnern.

Die Anfänge der psychologischen Gedächtnisforschung reichen weit zurück. Das wohl älteste Gesetz in diesem Forschungsbereich geht auf Herrmann Ebbinghaus (1885) zurück. Es wird in Abbildung 1-8 dargestellt. Bemühen wir uns darum, völlig sinnlose Wörter auswendig zu lernen, so lässt sich der bereits kurz nach dem Lernen einsetzende Verlauf des Vergessens in Form einer bestimmten Kurve beschreiben (vgl. Abbildung 1-8). Danach ist der Verlust vor allem in den ersten Tagen besonders drastisch und nimmt immer langsamer ab. Theoretisch würde irgendwann also gar nichts mehr übrig bleiben von dem, was einmal gelernt wurde. Wir alle wissen, dass die Realität jedoch anders aussieht. Manche Dinge vergessen wird sehr schnell, während andere über Jahre hinweg in unserem Gedächtnis haften bleiben. Wie kommt es zu diesem Phänomen?

Der entscheidende Punkt liegt in der Speicherung der neu aufgenommenen Information im Langzeitgedächtnis. Das Langzeitgedächtnis kann man sich vorstellen als ein riesiges Informationsnetzwerk, in dem die gespeicherten Informationen miteinander verbunden sind (Anderson, 1996). Wird eine neue Information im Gedächtnis gespeichert, so wird sie in das bestehende Netzwerk eingegliedert, indem neue Verbindungen zu bereits vorhandenen Gedächtnisinhalten geknüpft werden. Beim Erinnern durchsucht die Person dann das Netzwerk entlang der assoziativen Verbindungen zwischen den einzelnen Informationen. Die Menschen unterscheiden sich sowohl hinsichtlich der Inhalte ihres Gedächtnisses als auch in der Stärke und Anzahl der assoziativen Verbindungen zwischen diesen Inhalten. Je mehr assoziative Verbindungen zu einem spezifischen Inhalt vorliegen und je stärker sie ausgeprägt sind, desto größer ist auch die Wahrscheinlichkeit, dass eine bestimmte Information später beim Durchsuchen des Netzwerkes wieder aufgefunden, also erinnert wird. Stärke und Anzahl der assoziativen Verbindungen hängen von mehreren Faktoren ab.

Den bekanntesten Faktor stellt die *Wiederholung* dar. Je häufiger eine Information wahrgenommen wurde, desto stärker fällt die Verbindung zu anderen Inhalten aus und desto leichter kann sie auch erinnert werden. Ein Beobachter, der z.B. im Assessment Center bei einem Bewerber über zwei Tage hinweg mehrfach bestimmte Defizite beobachten konnte, wird dies später auch eher erinnern als ein Kollege, der den Bewerber vielleicht nur in einer einzigen Übung beobachtet hat. Neben der bloßen Wiedereinspeisung der Information spielt aber auch die *Verarbeitungstiefe* eine große Rolle (Craik & Lockhart, 1972). Die Verarbeitungstiefe bezieht sich auf das Ausmaß, in welchem sich der Beobachter gedanklich mit den aufgenommenen Informationen auseinandersetzt. Hat in unserem Beispiel der zweite AC-Beobachter lange über das einmal beobachtete Verhalten des Bewerbers nachgedacht, sich z.B. überlegt, warum der Bewerber sich gerade so und nicht anders verhält, so erhöht sich hierdurch die Wahrscheinlichkeit, das fragliche Verhalten später auch erinnern zu können. Mit gleichen Konsequenzen wäre zu rechnen, wenn der Beobachter das Verhalten zu älteren Erfahrungen, die er vielleicht in früheren Assessment Centern gesammelt hat, in Verbindung bringt. Letzteres führt dazu, dass die Menge der assoziativen Verbindungen, mit denen die neue Information in das bestehende Netzwerk eingebunden wird, ansteigt. Anlass für eine intensivere gedankliche Auseinandersetzung bieten dabei vor allem solche Informationen, die uns überraschen, also unsere Erwartungen nicht erfüllen (s.o.) oder uns emotional stark ansprechen.

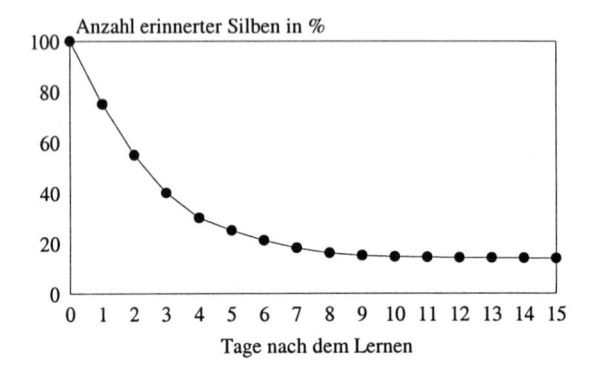

Abbildung 1-8: Verlauf des Vergessens nach Ebbinghaus

Festzuhalten bleibt an dieser Stelle zunächst, dass eine bewusst erlebte Information später vor allem dann nicht mehr erinnert wird, wenn der Beobachter sie entweder nur ein einziges Mal aufgenommen und/oder sich mit der Information nicht weiter gedanklich auseinandergesetzt hat. So lange es sich um unwichtige Informationen handelt, die vergessen werden, bzw. so lange nur die wirklich wichtigen Informationen im Gedächtnis bleiben, liegt hierin kein Problem. Im Zuge der unsystematischen Beobachtung und Bewertung von Personen besteht jedoch immer die Gefahr, dass wichtige und unwichtige Informationen nicht in der ihnen gebührenden Weise im Gedächtnis des Betrachters repräsentiert sind. So wird sich ein Vorgesetzter z.B. sehr viel intensiver mit einem Verhalten seines Mitarbeiters auseinandersetzen, das er für unangemessen hält. In der Konsequenz wird er dieses Verhalten auch eher erinnern als ein übliches, angemessenes Verhalten. Selbst dann, wenn es sich hierbei eigentlich nur um die Ausnahme einer Regel handeln sollte, besteht die große Gefahr, dass diesem einen Faktum eine entscheidende Rolle im Beurteilungsprozess zukommt – und dies, ohne dass der Beurteiler es selbst merkt oder gar beabsichtigt hätte. Analog verhält es sich mit positiven Informationen, also z.B. einer besonders originellen Äußerung, die ein Bewerber im Vorstellungsgespräch macht.

Neben dem *Vergessen objektiv wichtiger* und dem *Erinnern objektiv unwichtiger* Informationen geht noch eine weitere Gefahr der Urteilsverzerrung vom Gedächtnis aus. Die Rede ist hier von der *inhaltlich verzerrten Erinnerung*. Bei dieser Form der gedächtnisbasierten Urteilsverzerrung erinnert der Beobachter eine Informationen so, dass er sie nachträglich an seine eigenen Erwartungen und Erfahrungen anpasst. So kann z.B. jemand, der des Nachts auf offener Straße überfallen und ausgeraubt wurde, die Körpergröße und Kraft des Angreifers fehlerhaft erinnern. Er wird den Räuber überschätzen, weil er selbst – ohne es zu wissen – vielleicht die Erwartung hat, dass entsprechende Personen eigentlich immer groß und stark seien. Hinzu kommt, dass er möglicherweise auch sich selbst nicht eingestehen möchte, von einem kleinwüchsigen Schwächling überwältigt worden zu sein. Im Nachhinein wird somit das Ereignis in der Erinnerung solange „zurechtgerückt", bis der Betrachter zu einer ihm plausibel erscheinenden Erinnerung gelangt. De facto handelt es sich hierbei also um eine Interpretation und nicht um eine schlichte Erinnerung des Erlebten – wohlbemerkt: Dies geschieht nicht absichtlich zum Zwecke der Verfälschung, sondern automatisiert.

Wie könnte man nun im Rahmen der professionellen Personenbeurteilung entsprechenden Verzerrungen entgegentreten? Um dem einfachsten Problem, dem bloßen Vergessen, entgegenzuwirken, empfiehlt es sich, schlichtweg Notizen anzufertigen. Dies kann selbst dann, wenn es auf den ersten Blick störend wirkt, während eines Gespräches (z.B. Bewerbungsgespräch) geschehen. In diesem Falle sollte man sich dem Gesprächspartner jedoch zuvor erklären. Letztlich ist ein solches Vorgehen ja schließlich auch im Interesse des Bewerbers.

Da vor allen Dingen solche Informationen erinnert werden, denen eine besondere Bedeutung zugeschrieben wird, sollte schon im Vorfeld festgelegt werden, auf welche Inhalte besonders zu achten ist. Bei Stellenbesetzungen empfiehlt sich also die Durchführung einer sorgfältigen Anforderungsanalyse (vgl. Kapitel 3). Bei Bewerbungsgesprächen oder im Zuge von Assessment Centern müssen entsprechende Anforderungen darüber hinaus eindeutig operationalisiert sein, so dass der Beobachter auch genau weiß, worauf zu achten ist und welche Informationen unwichtig sind. Auch im Hinblick auf die skizzierten Gedächtnisverzerrungen kann der Einsatz von mehreren unabhängig urteilenden Beobachtern nützlich sein, da nicht zu erwarten ist, dass alle Beobachter in gleicher Weise die Realität verzerrt erinnern. Überdies ermöglicht natürlich auch der Einsatz standardisierter Messinstrumente ein Umgehen der beschriebenen Probleme, zumal die Ergebnisse immer in irgendeiner Form protokolliert werden und somit den Automatismen des Gedächtnisses entzogen sind.

1.9 Personenbeurteilung – ein Fazit

Unsere Ausführungen zur Psychologie der Personenbeurteilung beleuchten nur einen kleinen Ausschnitt der einschlägigen Forschung. Dennoch dürfte deutlich geworden sein, dass die menschliche Urteilsbildung in ganz erheblichem Maße systematischen Fehlern und Verzerrungen unterliegt. Diese Fehler sind keineswegs als Dummheit oder Nachlässigkeit des Einzelnen zu interpretieren. Sie sind vielmehr das Ergebnis von Automatismen des Informationsverarbeitungssystems, die im Prinzip durchaus ihre Berechtigung haben. Erst durch den Einsatz entsprechender Automatismen gelingt es dem Menschen, sich in einer komplexen Welt zurechtzufinden und schnell zu reagieren. Den Gewinn an Handlungsfähigkeit erkauft das Individuum allerdings mit einer erhöhten Fehleranfälligkeit. Zum Problem werden die Automatismen vor allem dann, wenn es darum geht, folgenschwere Entscheidungen zu treffen. In diesem Falle ist es ökonomischer, sich aktiv gegen die eigenen Routinen zur Wehr zu setzen.

Personalentscheidungen zur externen oder internen Personalauswahl, zur Bestimmung des Fortbildungsbedarfes, zur Evaluation von Trainingserfolgen, aber auch einfache Beurteilungen von Mitarbeitern und Kunden gehören in den engeren Kreis der folgenschweren Entscheidungen, die tagtäglich in Wirtschaft und Verwaltung getroffen werden. Darüber hinaus spielen die skizzierten Probleme auch eine wichtige Rolle bei allen möglichen Entscheidungsprozessen, denn immer dann, wenn es z.B. gilt, Investitionen zu tätigen oder Ressourcen effizient einzusetzen, kommt das menschliche Informationsverarbeitungssystem mit all seinen Vorzügen und Mängeln zum Einsatz. Jeder, der in verantwortlicher Position tätig ist, sollte sich mithin aufgerufen fühlen, seine eigenen Urteilsbildungsprozesse zu hinterfragen und zu optimieren. Ersteres ist besonders schwierig, da die meisten Menschen ihre eigenen Fähigkeiten zur Objektivität völlig überschätzen (Hoffrage, 1993). Wer glaubt, bei der professionellen Beurteilung anderer Menschen allein seiner Wahrnehmung, seinem Instinkt, seiner Nase oder schlicht seiner Erfahrung vertrauen zu können, der irrt. Wer diese Position vehement vertritt, sollte innerhalb einer Organisation besser nicht mit wichtigen Entscheidungen betraut werden. Wer hingegen bereit ist, die Unvollkommenheit der menschlichen Wahrnehmung und Personenbeurteilung – die nicht seiner Person, sondern vielmehr der menschlichen Natur zuzuschreiben ist – ernst zu nehmen, der wird auch nach Wegen suchen, diesem Missstand aktiv entgegenzutreten. Zwar unterliegt die Steuerung entsprechender Prinzipien keineswegs vollständig seiner willentlichen Kontrolle, dennoch lässt sich aber einiges bewegen. Vollständige Objektivität wird in der Personenbeurteilung wie auch in allen anderen Bereichen des Lebens letztlich eine Utopie bleiben. Der Mensch kann jedoch auf der Basis bewusster Reflexion und gezielter Anstrengungen immer weitere Schritte in Richtung auf das angestrebte Ziel unternehmen. Psychologisch fundierte Messinstrumente und Methoden leisten hierbei einen unverzichtbaren Beitrag.

1.10 Vertiefende Literatur

Dörner, D. (1996). Die Logik des Mißlingens. Strategisches Denken in komplexen Situationen. Reinbek: Rowohlt.

Frey, S. (1999). Die Macht des Bildes: Der Einfluss der nonverbalen Kommunikation auf Kultur und Politik. Bern: Huber.

Kanning, U.P. (1999). Die Psychologie der Personenbeurteilung. Göttingen: Hogrefe.

Kebeck, G. (1994). Wahrnehmung. Theorien, Methoden und Forschungsergebnisse der Wahrnehmungspsychologie. Weinheim: Juventa.

2. Grundlagen psychologischer Diagnostik

Uwe Peter Kanning

Die Ausführungen im ersten Kapitel haben verdeutlicht, wie unvollkommen die menschliche Informationsverarbeitung ist und dass wir gut daran tun, uns gegen ihre systematischen Fehler und Verzerrungen abzusichern. Dies gilt insbesondere dann, wenn es um Entscheidungen von weitreichender Bedeutung geht.

Personalfragen, wie sie z.B. im Rahmen der Neueinstellung oder der Beförderung eines Mitarbeiters in großen Unternehmen und Behörden nahezu tagtäglich anfallen, gehören ohne Zweifel zu diesen besonders wichtigen Entscheidungen. Jede Organisation kann nur so gut sein wie ihre Mitarbeiter, denn es sind letztlich die Menschen und nicht irgendwelche Maschinen oder Computer, die Produkte herstellen, Geschäfte abwickeln oder die strategische Planung übernehmen. Die möglichst objektive Erfassung der individuellen Fähigkeiten und Fertigkeiten sowie eine möglichst optimale Passung zwischen den Merkmalen einzelner Mitarbeiter und den Anforderungen des spezifischen Arbeitsplatzes werden somit zu einem Schlüsselproblem einer jeden Organisation. Effektivität und Effizienz hängen in entscheidendem Maße davon ab, inwieweit es gelingt, dieses Problem zu meistern. Die psychologische Diagnostik leistet in diesem Zusammenhang einen unverzichtbaren Beitrag. Seit mehr als 100 Jahren beschäftigt sich die moderne, naturwissenschaftliche Psychologie intensiv mit Fragen der Messung menschlichen Verhaltens und Erlebens. Von ihren Erfahrungen könnte jede Organisation profitieren, wenn es darum geht, auf dem Markt erhältliche Messinstrumente (z.B. Intelligenztests) auszuwählen oder selbst ein Instrument (z.B. ein Assessment Center) zu entwickeln. Nicht jedes Instrument, das auf dem Markt gehandelt wird, ist gleich gut und die Bandbreite möglicher Methoden recht groß. Für die richtige Entscheidung benötigen wir nicht nur Wissen über die Anfälligkeit der menschlichen Informationsverarbeitung, sondern auch Kenntnisse von grundlegenden Prinzipien der psychologischen Diagnostik. Im nun folgenden Kapitel werden wir uns daher mit den Grundlagen der psychologischen Diagnostik auseinandersetzen.

Wir beginnen mit einer Darstellung der unterschiedlichen Aufgaben, zu deren Bewältigung die psychologische Diagnostik in Organisationen eingesetzt wird. Anschließend beschreiben wir einen idealtypischen Prozess des diagnostischen Vorgehens, angefangen von der Definition einer Fragestellung bis hin zur Evaluation der letztlich getroffenen Entscheidung. Hieran schließt sich eine kurze Vorstellung diverser Untersuchungsmethoden an. Jedes psychologische Messinstrument wird auf der Grundlage einer bestimmen diagnostischen Theorie, der sog. „Testtheorie", entwickelt. Im vierten Abschnitt erläutern wir daher die Grundzüge der beiden gebräuchlichen Testtheorien, ehe in einem weiteren Schritt die zentralen Kriterien besprochen werden, nach denen wir die Qualität eines Messinstrumentes beurteilen können. Den Abschluss bildet eine Diskussion der ethischen und rechtlichen Grundlagen psychologischer Diagnostik.

2.1 Aufgaben psychologischer Diagnostik in Organisationen

Der Einsatzbereich psychologischer Messinstrumente ist sehr viel breiter, als es auf den ersten Blick den Anschein hat. Der bekannteste und auch historisch älteste Aufgabenbereich liegt in der Personalauswahl. Bereits im ersten Weltkrieg wurden in Deutschland Assessment Center zur Auswahl von Offiziersanwärtern durchgeführt. Bei der Amerikanischen Armee wurden zur gleichen Zeit standardisierte Leistungstests zur Auswahl der Rekruten eingesetzt (Greif, 1993). Inzwischen ist die psychologische Diagnostik aus dem modernen Personalmanagement in Wirtschaft und Behörden nicht mehr wegzudenken. Gleichzeitig hat sich ihr Aufgabenfeld erheblich ausdifferenziert.

Rosenstiel (2000) untergliedert das Aufgabenfeld der psychologischen Diagnostik in vier Teilbereiche (vgl. Abbildung 2-1). Auf einer Metaebene sind zunächst zwei Fragen zu beantworten. Zum einen ist zu fragen, welches Ziel mit Hilfe der diagnostischen Maßnahmen verfolgt werden soll. Geht es darum, einen Status quo zu verändern oder soll vielmehr unter mehreren Optionen die beste ausgewählt werden? Ersteres entspräche einer *Modifikationsabsicht*, Letzteres dem Prinzip der *Selektion*. Zum anderen ist zu fragen, wer oder was im Zentrum dieser Zielvorgaben steht. Geht es um *Personen* oder eher um *Arbeitsbedingungen*? Kombiniert man beide Fragen miteinander, so ergeben sich vier Aufgabenbereiche der psychologischen Diagnostik.

Der erste Fall betrifft die schon erwähnte *Personalselektion*. Im Regelfall gilt es, aus einer Vielzahl von Bewerbern diejenigen auszuwählen, welche die besten Voraussetzungen für eine erfolgreiche Mitarbeit in der Organisation mitbringen. Selektionsentscheidungen sind aber auch bei organisationsinternen Bewerbern zu treffen, wenn sich z.B. mehrere Teamleiter eines großen Unternehmens auf eine frei werdende Stelle als Abteilungsleiter bewerben. Handelt es sich um erfahrene Bewerber, die einen Arbeitsplatz übernehmen sollen, den sie auch schon zuvor in einer anderen Organisation ausgefüllt haben, so beschränkt sich die Diagnose auf den Selektionsprozess. Haben wir es hingegen mit Berufsanfängern oder Bewerbern zu tun, die zukünftig einen neuen Aufgabenbereich übernehmen, so ist die Selektionsentscheidung in aller Regel auch schon mit einer Modifikationsentscheidung verknüpft. So muss beispielsweise in vielen Großunternehmen, die Trainee-Programme für Berufsanfänger anbieten, nicht nur entschieden werden, welcher Bewerber zum Unternehmen passt, sondern auch, ob er den Anforderungen des Ausbildungsprogrammes gewachsen sein wird. Besonders problematisch wird die Personalselektion, wenn nicht genügend qualifizierte Bewerber zur Verfügung stehen. Während man im günstigsten Falle unter vielen Bewerbern diejenigen auswählen kann, die dem Anforderungsprofil optimal entsprechen, wird man im ungünstigsten Falle gezwungen sein, unter den an sich nicht besonders gut geeigneten Bewerbern solche herauszufinden, die den Anforderungen noch am ehesten entsprechen. In der ersten Situation sucht man das Optimum, während es in der zweiten nur noch darum geht, den potentiellen Schaden möglichst gering zu halten.

Ausgewählt werden jedoch nicht nur Personen, die anschließend einem Arbeitsplatz zugeordnet werden. Bei organisationsinternen Entscheidungen kommt es oft auch zum umgekehrten Fall. Im Zuge der *Bedingungsselektion* werden einer spezifischen Person diejenigen Arbeitsplatzbedingungen zugewiesen, die am besten zu ihrem Profil aus verschiedenen Fähigkeiten und Fertigkeiten passen. Konkret bedeutet dies, dass man innerhalb des Unternehmens schaut, welche Position für den Mitarbeiter X optimal wäre. Das klassische Beispiel für ein solches Vorgehen stellen Platzierungsentscheidungen nach erfolgtem Trainee-Programm dar. Aus der Sichtweise des Bewerbers ist die Bedingungsselektion im Allgemeinen sehr viel angenehmer als die Personalselektion, zumal wenn für jeden Bewerber auch tatsächlich ein für ihn geeigneter Arbeitsplatz zur Verfügung steht.

Die psychologische Diagnostik kommt jedoch nicht nur bei Selektionsentscheidungen zum Tragen. Grade in unseren schnelllebigen Zeiten, in denen sich Berufsfelder geschwind wandeln und immer wieder neue Technologien in die Arbeitswelt Einzug halten, kommt der Fort- und Weiterbildung der Mitarbeiter eine zentrale Funktion zu. Darüber hinaus spielen die sozialen Kompetenzen der Mitarbeiter eine zunehmend große Rolle. Entsprechende Fertigkeiten, die je nach Arbeitsplatz sehr spezifische Gestalt annehmen können, müssen ebenfalls durch Fort- und Weiterbildungsseminare vermittelt werden. In unserem Schema (Abbildung 2-1) entspricht dies der *Verhaltensmodifikation*. Mit Hilfe diagnostischer Instrumente muss festgestellt werden, welcher Mitarbeiter welche Bildungsmaßnahme durchlaufen sollte. Nach der Durchführung der Maßnahmen wird dann später mit Hilfe diagnostischer Instrumente ermittelt, inwieweit die gewünschten Lernerfolge eingetreten sind und ob das Gelernte auch tatsächlich in den Berufsalltag transferiert wurde.

Der vierte und letzte Aufgabenbereich der psychologischen Diagnostik liegt in der *Bedingungsmodifikation*. Während man im Zuge der Verhaltensmodifikation den Versuch unternimmt, die Menschen an die Anforderungen der Arbeit anzugleichen, geht man bei der Bedingungsmodifikation genau entgegengesetzt vor: Die Arbeitsbedingungen werden so weit wie möglich den Bedürfnissen der Arbeitsplatzinhaber angepasst. Hierbei handelt es sich zum einen um klassische Aufgaben der Arbeitspsychologie und Ergonomie, wenn z.B. Maschinen so umgestaltet werden, dass weniger Arbeitsunfälle resultieren. Zum anderen werden aber auch Entscheidungsprozesse innerhalb des Unternehmens optimiert oder neue Formen der Arbeitsorganisation (z.B. Gruppenarbeit) eingeführt. Auch bei derartigen Organisationsentwicklungsmaßnahmen, bei denen also letztlich die Arbeitsbedingungen eine Veränderung erfahren, helfen diagnostische Instrumente sowohl bei der Definition des Veränderungsbedarfs als auch bei der Evaluation der bereits durchgeführten Maßnahmen.

Wir sehen, die Einsatzgebiete der psychologischen Diagnostik sind sehr vielfältig. Ihr allgemeines Ziel ist es, unterschiedlichste Entscheidungsprozesse zu objektivieren. Überdies deckt sie in vielen Fällen einen spezifischen Veränderungsbedarf auf, der „mit bloßem Auge" im Alltagsgeschäft gar nicht zu erkennen wäre. Man denke hier nur einmal an ein Unternehmen, in dem besonders hohe Absentismusraten zu verzeichnen sind. Zwar kann man nun plausible Annahmen darüber ableiten, worauf der Missstand zurückzuführen ist, um anschließend Gegenmaßnahmen zu ergreifen. Erst eine fundierte Diagnostik ermöglicht es jedoch, Gewissheit über die Ursachen zu erlangen und dementsprechend auch effektiver intervenieren zu können. Hierdurch erweist sich die psychologische Diagnostik sowohl in monetärer Hinsicht für die jeweilige Organisation als auch für die betroffenen Menschen als überaus nützlich.

		Ziel	
		Selektion	Modifikation
Ansatzpunkt	Personen	Personalselektion	Verhaltensmodifikation
	Arbeitsbedingungen	Bedingungsselektion	Bedingungsmodifikation

Abbildung 2-1: Aufgabenfelder psychologischer Diagnostik in Organisationen (nach v. Rosenstiel, 2000)

2.2 Der diagnostische Prozess

Diagnostik stellt sich immer in Form eines Prozesses dar. Ausgehend von einer bestimmten Aufgabenstellung muss ein geeignetes Verfahren zur Untersuchung ausgewählt oder selbst entwickelt werden, ehe die eigentliche Datenerhebung – also z.B. die Messung der Merkmale eines Bewerbers – erfolgt. Nach der Datenauswertung ist eine Entscheidung zu treffen, deren Qualität im Nachhinein überprüft werden kann, um hieraus Erfahrungen zur Verbesserung der eingesetzten Methode ableiten zu können. Im Folgenden wollen wir diesen Prozess in seinen unterschiedlichen Phasen einmal genauer beleuchten (vgl. Abbildung 2-2). Jede der beschriebenen Phasen wird sich dabei als wichtig für den Erfolg des gesamten Vorhabens erweisen.

Am Anfang der diagnostischen Arbeit steht zunächst immer die *Definition einer konkreten Aufgabenstellung*. Welchem Zweck soll die geplante Aktion dienen? Geht es beispielsweise darum, aus einer Vielzahl von Bewerbern für ein Trainee-Programm die besten Köpfe auszuwählen oder soll für eine sehr spezifische Aufgabe ein Mitarbeiter mit entsprechend spezifischen Fertigkeiten eingestellt werden? Müssen für die Arbeiter einer stillgelegten Produktionsstätte neue Arbeitsplätze innerhalb des Unternehmens gefunden werden oder gilt es, nach einer Fusion zweier Aktiengesellschaften den doppelt besetzten Vorstand zu reduzieren? Sollen neue Auszubildende eingestellt werden oder liegt die Aufgabe vielmehr darin, den Fortbildungsbedarf einer Abteilung zu bestimmen? Wir sehen, die Aufgaben, die an einen Diagnostiker in einer Organisation herangetragen werden, können sehr unterschiedlich sein. Jede dieser Aufgaben verlangt nach einem gesonderten Vorgehen. So mag man sich z.B. bei der Auswahl von Auszubildenden vielleicht noch darauf beschränken, einfach die intelligentesten 10 % der Bewerber einzustellen, während die Auswahl eines Mitarbeiters mit sehr spezifischen Aufgaben auch eine detaillierte Analyse des fraglichen Arbeitsplatzes notwendig macht.

Grundlagen psychologischer Diagnostik

```
                    ┌─────────────────────────┐
                    │  Definition der Aufgaben │
                    │          (?)            │
                    │ → Planung des weiteren  │
                    │        Vorgehens        │
                    └─────────────────────────┘
                  Auswahl &         Analyse eines
                  Positionierung?   Problems?
          ↓                                        ↓
  ┌──────────────────┐                   ┌──────────────────┐
  │ Anforderungsanalyse│                 │ Entwicklung von  │
  │  a)              │                   │   Hypothesen     │
  │  b)              │                   │      (!)         │
  │  c)              │                   │                  │
  └──────────────────┘                   └──────────────────┘
                  ↘                       ↙
                    ┌─────────────────────┐
                    │     Auswahl von     │
                    │ Untersuchungsmethoden│
                    └─────────────────────┘
                              ↓
                    ┌─────────────────────┐
                    │ Auswahl/Konstruktion│
                    │  von Messinstrumenten│
                    └─────────────────────┘
                              ↓
                    ┌─────────────────────┐
                    │       Messung       │
                    └─────────────────────┘
                              ↓
                    ┌─────────────────────┐           ┌──────────────┐
                    │     Auswertung      │           │  Evaluation  │
                    └─────────────────────┘           └──────────────┘
                              ↓                              ↑
                    ┌─────────────────────┐                  │
                    │ Interpretation und  │──────────────────┘
                    │Integration aller Befunde│
                    │   → Entscheidung    │
                    └─────────────────────┘
```

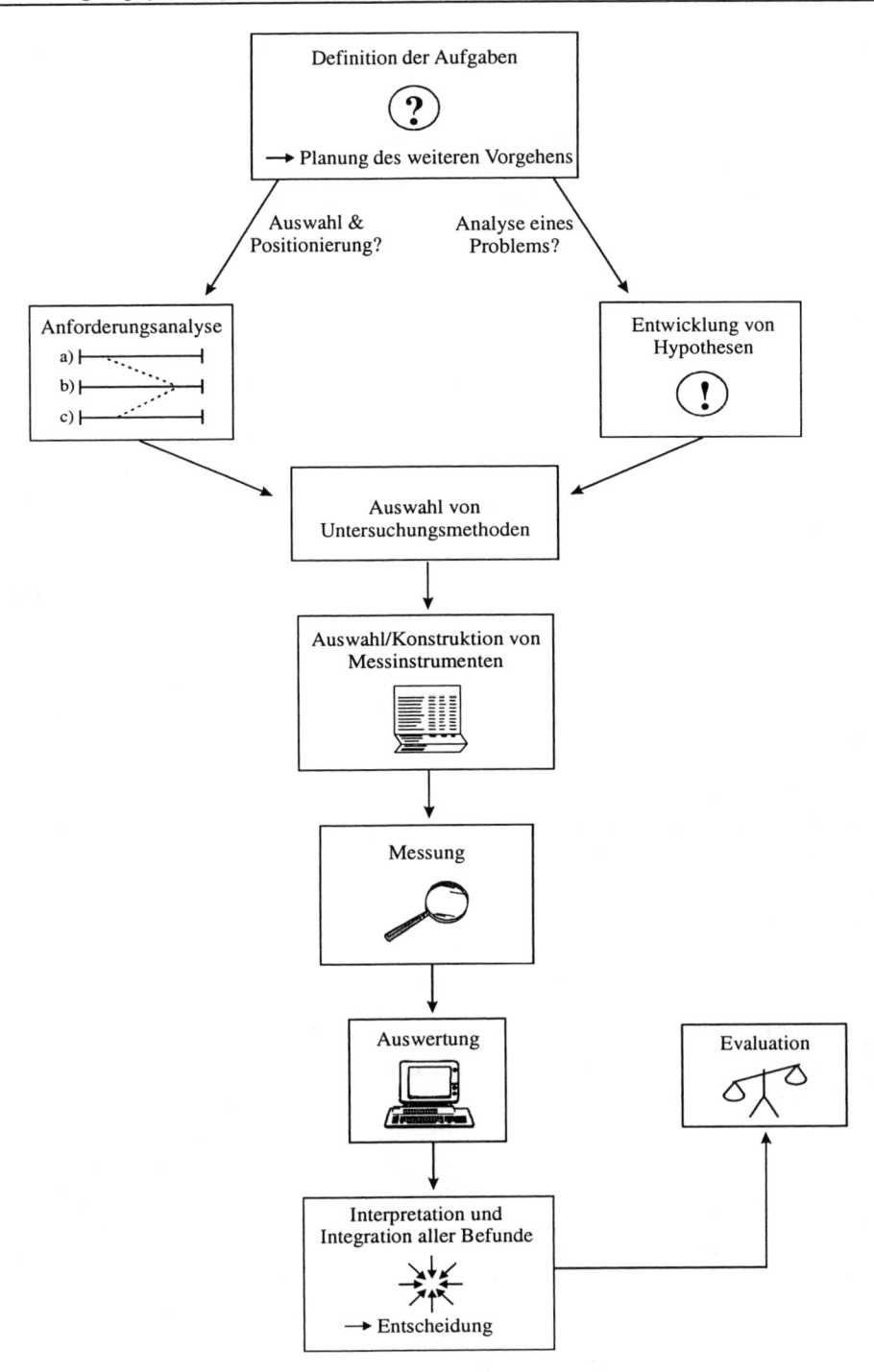

Abbildung 2-2: Der diagnostische Prozess im Überblick

Wurde die konkrete Aufgabe definiert, so kann auf dieser Basis die *Planung des weiteren Vorgehens* erfolgen. Zu berücksichtigen ist hierbei, welche zeitlichen, finanziellen und personellen Ressourcen zur Verfügung stehen. Muss innerhalb sehr kurzer Zeit eine Entscheidung getroffen werden, so wird man zwangsläufig auf die Entwicklung organisationsspezifischer Instrumente verzichten müssen und auf bestehende Verfahren zurückgreifen. Geht es um die Auswahl von Nachwuchsführungskräften, so kommen in aller Regel auch kostenintensivere Verfahren, wie etwa das Assessment Center, in Frage. Verfügt die eigene Organisation nicht über das nötige Fachpersonal, um ein eigenes Instrument entwickeln zu können, so muss externer Rat eingeholt werden. Kompetentes Personal ist allerdings nicht nur für die Entwicklung eines neuen Instrumentes, sondern auch für die Auswahl, Durchführung und Auswertung bestehender Verfahren notwendig. Die große Anwenderfreundlichkeit der meisten modernen Instrumente vermittelt allzu leicht den Eindruck, jedes Schulkind könne sie einsetzen. Dies ist allerdings nicht der Fall. So wenig es ausreicht, die Börsennachrichten lesen zu können, um erfolgreich ein Unternehmen zu führen, so wenig reicht das Lesen eines Testmanuals dazu, eine seriöse und damit auch erfolgversprechende Diagnostik durchführen zu können. All dies sind nur einige Beispiele für Rahmenbedingungen, die in der Planungsphase bedacht werden müssen. Es wird deutlich, dass in der Praxis zwangsläufig immer ein Abwägungsprozess zwischen den wissenschaftlichen Qualitätsanforderungen und den realen Umsetzungsmöglichkeiten stattfinden muss. Dabei unterstreicht die große Bedeutung, die der Diagnostik in Unternehmen zukommt, dass man nicht vorschnell aus scheinbaren Sachzwängen heraus den Umweltfaktoren mehr Einfluss zukommen lässt als ihnen von der Sache her zustehen darf.

In Abhängigkeit von der Aufgabenstellung setzt sich der Prozess in zwei unterschiedlichen Richtungen fort. Geht es um Fragen der Passung zwischen den Merkmalen eines (potentiellen) Mitarbeiters und den Merkmalen des Arbeitsplatzes, so muss als Nächstes eine Anforderungsanalyse durchgeführt werden. Steht hingegen die Lösung eines mehr oder minder diffusen Problems an, so steht stattdessen die Entwicklung von Hypothesen im Vordergrund.

Eine *Anforderungsanalyse* dient dazu, die notwendigen Merkmale aufzudecken, über die ein erfolgreicher Arbeitsplatzinhaber verfügen muss (vgl. Kannheiser, 1995; Maas, 1991; Schuler & Prochaska, 1999). Betrachten wir nur einmal den Arbeitsplatz eines Pressesprechers und den eines Sachbearbeiters im Finanzamt. Beide stellen den jeweiligen Mitarbeiter vor sehr unterschiedliche Aufgaben. Der Sachbearbeiter im Finanzamt muss vor allem konzentriert und sorgfältig arbeiten. Er sollte Spaß daran haben, für sich allein zu arbeiten und einen ausgeprägten Sinn für Ordnung mitbringen. Ganz anders der Pressesprecher: Er muss in hohem Maße über soziale Kompetenzen verfügen, gern mit Menschen zu tun haben und rhetorisch geschickt sein. Wie unser Beispiel verdeutlicht, fällt es leicht, die grundlegenden Anforderung recht global zu beschreiben. Dabei lassen wir uns von allgemeinen Vorstellungen über verschiedene Berufe leiten. Für eine konkrete Stellenbesetzung reicht dies jedoch im Regelfall nicht aus. Manche durchaus wichtigen Anforderungsmerkmale erschließen sich dem Betrachter vielleicht nicht so ohne weiteres, andere über- oder unterschätzen wir möglicherweise in ihrer tatsächlichen Bedeutung. Um eine wirklich fundierte Beschreibung der notwendigen Merkmale vornehmen zu können reicht der bloße Augenschein nicht aus. Gefragt ist hier vielmehr eine differenzierte, empirische Analyse. Im Kapitel 3 beschreiben wir mehrere konkrete Methoden, die zu diesem Zwecke eingesetzt werden können. Erst dann, wenn im Detail deutlich wurde, welches spezifische Anforderungsprofil ein bestimmter Arbeitsplatz erfordert, kann auch entschieden werden, welcher Bewerber die größte Erfolgswahrscheinlichkeit aufweist (Selektion) bzw. welcher Arbeitsplatz für einen bestimmten Mitarbeiter der beste ist (Platzierung).

Anders sieht es aus, wenn nicht die Passung zwischen Personenmerkmalen und Anforderungen eines Arbeitsplatzes, sondern andere organisationsbezogene Probleme im Vordergrund stehen. Sinkt z.B. die Produktivität einer bestimmten Abteilung ab, steigt die Absentismusrate in einer anderen Abteilung an oder kommt es häufig zu Konflikten zwischen den Mitarbeitern, so sind all dies Indikatoren für Missstände, deren Ursachen es mit Hilfe der psychologischen Diagnostik aufzuklären gilt. Am Anfang steht hier zunächst die *Bildung von Hypothesen* über mögliche Ursachen des Missstandes (Jäger, 1986, 1995). Psychologische Theorien und Forschungsergebnisse helfen ebenso wie die Erfahrungen des Diagnostikers dabei, den Bereich möglicher Ursachen weiter einzugrenzen. Vielleicht handelt es sich um ein Führungsproblem, eine ungünstige Organisation der Arbeitsprozesse oder ein Motivationsdefizit auf Seiten der Beschäftigten. Wie auch immer diese Frage im Einzelnen zu beantworten sein wird – meist ist es das Zusammenspiel mehrerer Faktoren –, die Aufstellung von Hypothesen stellt einen ersten Versuch dar, das Feld zu strukturieren. Sie hilft in einem zweiten Schritt dabei, aus der Vielzahl möglicher Diagnoseinstrumente die geeigneten auszuwählen. Hierbei folgt man gewissermaßen dem Vorbild der Wissenschaft: Am Anfang steht die Hypothese, die anschließend in einem systematischen Prozess empirischer Untersuchungen einem Realitätstest unterworfen wird. Am Ende des Verfahrens steht fest, ob die Hypothese Bestätigung finden konnte oder aber als widerlegt gelten muss. Konnte die Hypothese bestätigt werden, so verfügen wir nun auch über eine hinreichend legitimierte Basis, um auf der Grundlage der gefundenen Erklärung eine Intervention einleiten zu können. Dem Laien stellt sich hier natürlich die Frage, warum denn überhaupt eine Hypothese explizit formuliert werden muss. Weiß der erfahrene Praktiker nicht auch ohne diesen ganzen Aufwand, wo das Problem liegt? Und wenn – so fragt er sich weiter – die Psychologie so gute Erklärungen für menschliches Verhalten liefert, warum muss dann auch noch in der Praxis vor Ort geforscht werden? Beide Fragen lassen sich recht leicht beantworten. Der erfahrene Praktiker wird sicherlich auch über wertvolle Hypothesen verfügen. Ohne systematische Untersuchung wissen wir jedoch nicht, welche seiner Hypothesen anderen überlegen sind und in welchem Ausmaß dies der Fall ist. Wie erinnern uns in diesem Zusammenhang an die Hypothesentheorie der sozialen Wahrnehmung (s.o.; Lilli, 1984; Lilli & Frey, 1993). Menschen neigen dazu, ihre eigenen Hypothesen nicht systematisch zu hinterfragen, sondern sie durch verzerrte Interpretationen der Realität auch dann noch zu bestätigen, wenn sie objektiv falsch sind. Bedenken wir weiter, dass es in Unternehmen nicht selten um sehr große finanzielle Summen geht, die von der richtigen Realitätsinterpretation abhängen, so scheint der Aufwand, der mit einer empirischen Untersuchung der Hypothesen einhergeht, in den meisten Fällen mehr als gerechtfertigt. Die Psychologie liefert durch Theorien und Forschungsergebnisse wertvolle Anregungen zur Lösung vieler Probleme. Zuvor muss jedoch geklärt werden, ob eine bestimmte Interventionsstrategie bzw. die Anwendung einer Theorie im konkreten Fall gerechtfertigt ist. So wie ein Arzt zunächst ermitteln muss, welche Krankheit vorliegt, ehe er zur Therapie schreiten kann, muss auch der Diagnostiker in einer Organisation erst prüfen, ob die Rahmenbedingungen für eine bestimmte Intervention gegeben sind. Aus verständlichen Gründen macht es z.B. keinen Sinn, einzelne Mitarbeiter einer problembefrachteten Abteilung zu schulen, wenn die Probleme de facto auf die Arbeitsbedingungen zurückzuführen sind. Der Analyse des richtigen Ansatzpunktes dient die Formulierung von Hypothesen und ihre empirische Überprüfung. In der Organisation wird mithin nicht die wissenschaftliche Theorie, sondern die Voraussetzung ihrer Anwendung überprüft. Ist dies aus zeitlichen oder finanziellen Gründen nicht möglich, so ist das wissenschaftliche Wissen – auch ohne eine organisationsspezifische Prüfung der Voraussetzungen – dem Alltagswissen vorzuziehen, sofern Ersteres in nennenswertem Umfang in anderen Kontexten empirisch abgesichert wurde.

Auf der Grundlage der Anforderungsanalyse bzw. der aufgestellten Hypothesen geht es nun in einem dritten Schritt zunächst um die *Auswahl einer passenden Untersuchungsmethode*. In der Praxis sind sehr viele unterschiedliche Methoden anzutreffen, die auch häufig miteinander kombiniert werden. Mehrere Methoden können dabei entweder parallel nebeneinander oder sukzessive hintereinander eingesetzt werden. Im ersten Fall muss man später die Ergebnisse der verschiedenen Methoden miteinander verrechnen, um zu einer Entscheidung zu gelangen, während bei sukzessivem Vorgehen jede Methode für sich allein bereits zu einer Entscheidung führt. Den klassischen Praxisfall stellt hier das gestaffelte Auswahlverfahren dar, bei dem zunächst über die Bewerbungsunterlagen eine Grobauswahl der Bewerber vorgenommen wird, ehe in mehreren Schritten über Methoden wie z.B. Vorstellungsgespräch, Fragebogenuntersuchung und Assessment Center Schritt für Schritt die besten Kandidaten herausgefiltert werden. Ein Überblick über entsprechende Methoden und Entscheidungsprinzipien wird im Abschnitt 2.3 gegeben.

Nach der Wahl einer Methode muss diese gewissermaßen mit Leben erfüllt werden. Wir sprechen in diesem Zusammenhang von einem *Messinstrument* und meinen damit die spezifische Ausgestaltung einer allgemeinen Methode. Hat man sich beispielsweise für die Durchführung eines Vorstellungsgespräches entschieden, so ist im Vorfeld zu klären, welche Fragen den Bewerbern zu stellen sind, wie lange das Gespräch dauert, wie die Antworten des Bewerbers protokolliert werden sollen und welche Bewertung bestimmte Antworten später erfahren. Hat man sich für die Durchführung eines standardisierten Testverfahrens entschieden, so gilt es, unter den am Markt befindlichen Instrumenten das beste auszuwählen oder vielleicht sogar die Konstruktion eines organisationsspezifischen Testverfahrens in Angriff zu nehmen. Ähnlich offensichtlich ist der Unterschied zwischen Methode und Messinstrument beim Assessment Center. Die Methode legt lediglich fest, dass ein Bewerber vor einem Gremium verschiedene Aufgaben absolvieren muss und dabei auf zuvor festgelegten Dimensionen nach einem bestimmten Procedere beurteilt wird. Die genaue Definition der Dimensionen und Übungen, die Gestaltung der Beobachterbögen, die Festlegung der letztlich ausschlaggebenden Entscheidungskriterien u.Ä. sind dann eine Frage der Konstruktion eines spezifischen Messinstrumentes. In Abhängigkeit von der Definition der Methode können ggf. natürlich auch mehrere Messinstrumente ausgewählt bzw. konstruiert werden. Dies ist insbesondere dann vonnöten, wenn mehrere Methoden zum Einsatz kommen sollen.

Liegen die Messinstrumente vor, so folgt nun die eigentliche *Messung*. Formal ausgedrückt handelt es sich hierbei um die Abbildung eines „empirischen Relativs" auf einem „numerischen Relativ" (Bortz & Döring, 1995). Jeder Merkmalsausprägung einer Person (= empirisches Relativ) wird dabei ein Zahlenwert (= numerisches Relativ) zugeordnet. Abbildung 2-3 verdeutlicht diesen Prozess.

Den Ausgangspunkt der Messung bilden die verschiedenen Merkmale eines Menschen. In der Psychologie wird statt von Merkmalen allerdings von Dimensionen gesprochen, da der Begriff der Dimension deutlicher zum Ausdruck bringt, dass jedes dieser Merkmale mehr oder minder stark ausgeprägt sein kann. Ein Mensch ist nicht einfach extravertiert oder introvertiert, sondern eben mehr oder minder extravertiert bzw. introvertiert. Beispiele für Dimensionen, die in der psychologischen Diagnostik besonders häufig auftauchen, sind etwa die Intelligenz, verschiedene soziale Kompetenzen wie z.B. Durchsetzungsfähigkeit und Kommunikationsfähigkeit sowie unterschiedliche Persönlichkeitsmerkmale (Extraversion, Gewissenhaftigkeit u.Ä.). Da nun jeder Mensch über sehr viele Dimensionen beschrieben werden kann, auf denen er jeweils auch noch eine individuelle Ausprägung besitzt, ergibt sich für jede Person ein ganz individuelles Profil. Während man zu früheren Zeiten in der Wissenschaft und im Alltag auch noch heute gern „Typen" unterscheidet und Menschen dabei in drei oder vier verschiedene Schubladen steckt, bewahrt der dimensionsbezogene Ansatz der Diagnostik die Möglichkeit einer geordneten Beschreibung, ohne dass die Individualität des Einzelnen dabei verloren ginge. Statt beispielsweise nur grob zwischen einigen Typen von Bewerbern zu unterscheiden, wird beim dimensionsbezogenen Vorgehen jeder Bewerber durch ein individuelles Muster der Ausprägung diverser Dimensionen beschrieben. Natürlich wird man dabei in der Praxis nicht alle denkbaren Dimensionen zugrunde legen, sondern nur solche, die sich in Rahmen der Anforderungsanalyse (s.o.) als zweckdienlich erwiesen haben.

Die Aufgabe der Messung besteht nun darin, jedem Individuum auf den zugrunde gelegten Dimensionen möglichst genau eine bestimmte Position zuzuweisen. Um später möglichst exakt zwischen verschiedenen Personen differenzieren zu können, werden jeder Position auf der Dimension Zahlenwerte zugeschrieben. Im Idealfall kann man später dann z.B. nicht nur sagen, dass Bewerber A dem Bewerber B in einer bestimmten Fähigkeit überlegen ist, sondern man kann auch Aussagen über die Größe des Unterschiedes treffen. Falls es aus irgendeinem Grunde zu einem späteren Zeitpunkt einmal geboten erscheint, doch nur zwischen einzelnen Typen zu unterscheiden, so kann die differenzierte Betrachtung jederzeit in eine gröbere Kategorisierung überführt werden. Die Umkehrung gilt aber nicht: Wenn zu Beginn nur grob zwischen verschiedenen Typen unterschieden wurde, so ist eine differenzierte Betrachtung später nicht mehr möglich. Darüber hinaus bietet die Zuordnung von Zahlenwerten auch die Möglichkeit für weitergehende mathematische Analysen. Alles in allem ist eine Messung also in jedem Falle einer einfachen Kategorisierung vorzuziehen und dies gilt selbst dann, wenn nicht gleichzeitig mehrere Dimensionen, sondern auch nur eine Dimension betrachtet wird. Eine Messung ist unter anderem dann als erfolgreich zu werten, wenn die sog. Durchführungsobjektivität gewährleistet ist. Dies beinhaltet, dass die Ergebnisse durch die Person des Untersuchungsleiters gar nicht oder fast gar nicht beeinflusst werden können. Verschiedene Verfahren unterscheiden sich hinsichtlich der Durchführungsobjektivität. So ist z.B. die Messung der Intelligenz mit einem vollständig standardisierten Test naturgemäß durchführungsobjektiver als ein Einstellungsinterview.

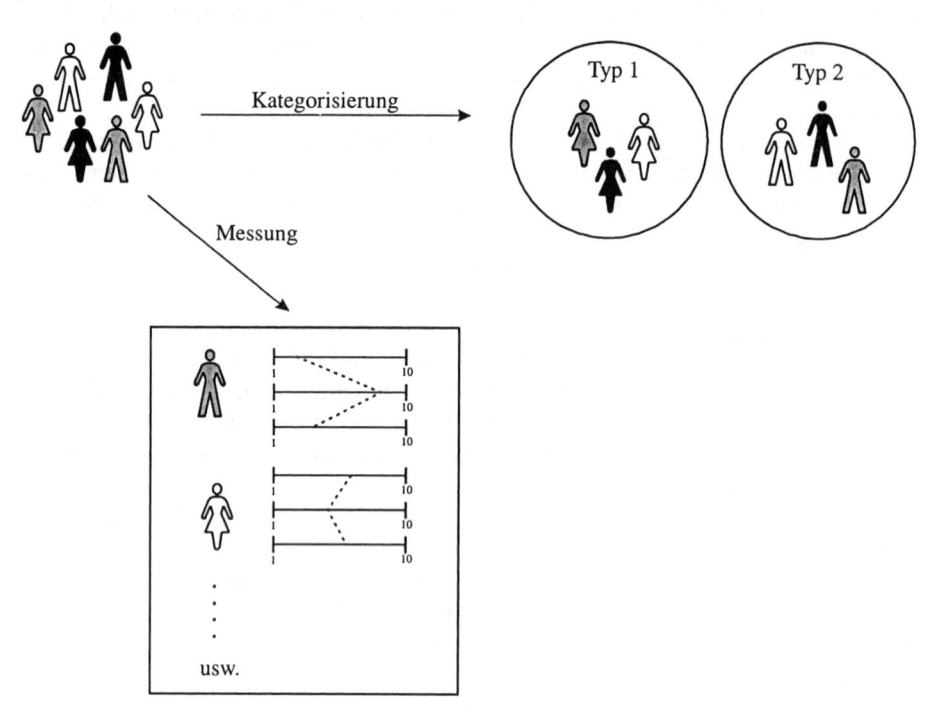

Abbildung 2-3: Prinzip einer Messung

Nach der Messung folgt die *Auswertung* der erhobenen Daten. Das entscheidende Qualitätskriterium ist dabei die Auswertungsobjektivität. Die Objektivität ist umso größer, je weniger Einfluss der Auswerter auf das Ergebnis nehmen kann. Bei modernen computergestützten Testverfahren erfolgt die Auswertung in aller Regel vollständig über den Rechner, so dass eine Einflussnahme praktisch nicht mehr möglich ist. Ähnlich positiv ist es um standardisierte Instrumente wie z.B. Intelligenz- oder Persönlichkeitstests bestellt. Der Auswertungsmodus wurde hier zuvor so weit festgelegt, dass nach der Testführung nur Punkte zusammengezählt werden müssen. Die Wahrscheinlichkeit einer fehlerhaften Auswertung wird somit gering gehalten. Bei allen übrigen Verfahren, insbesondere solchen, die innerhalb der Organisation selbst entwickelt werden, wie z.B. Interviews oder Assessment Center, ist es dringend geboten, den Auswertungsmodus im Vorhinein so exakt festzulegen, dass die Auswertung im Prinzip von jeder beliebigen Person durchgeführt werden könnte. Das Ziel ist dann erreicht, wenn mehrere Auswerter unabhängig voneinander zu dem gleichen Ergebnis gelangen.

An die Auswertung der einzelnen Messergebnisse schließt sich zunächst die Interpretation der Ergebnisse und ggf. auch eine Integration der Befunde zu einer zusammenfassenden Einschätzung an. Die *Interpretation* besteht darin, das Ergebnis der Messung zu bewerten. Gerade beim Einsatz standardisierter Testverfahren resultiert aus der Messung lediglich ein Zahlenwert. Im Zuge der Interpretation muss entschieden werden, wie positiv oder negativ dieser Wert des einzelnen Kandidaten zu beurteilen ist. Das Ideal ist eine möglichst hohe Interpretationsobjektivität. Sie ist gewährleistet, wenn die Interpretation möglichst unabhängig von der Person des Interpretierenden ausfällt. Im Zuge der Personaldiagnostik kann dies z.B. durch die vorherige Festlegung klarer Bewertungskriterien oder den Einsatz von Normierungen (s.u.) geschehen.

Eine *Integration der Befunde* wird notwendig, wenn nicht nur eine einzige Information, wie z.B. die Intelligenz, sondern mehrere Personenmerkmale erhoben wurden. Die Messung mehrerer Merkmale stellt in der Praxis eher den Regelfall denn die Ausnahme dar. Man denke hier z.B. an ein Assessment Center, in dem bekanntlich über mehrere Beobachtungen hinweg unterschiedliche Fähigkeiten und Fertigkeiten der Probanden untersucht werden. Gleiches gilt aber auch schon für jedes Vorstellungsgespräch oder für multidimensionale Testverfahren. Verdeutlichen wir uns die Problemlage einmal anhand eines einfachen Beispiels (vgl. Abbildung 2-4). Angenommen, wir haben im Rahmen eines Auswahlverfahrens über einen Bewerber vier Informationen erhoben. Wir wissen etwas über seine Intelligenz, seine Leistungsmotivation, die Berufserfahrung sowie seine Fähigkeit, auch in Belastungssituationen einen kühlen Kopf zu bewahren. In Abbildung 2-4a sind die Ausprägungen dieser vier Dimensionen graphisch dargestellt. Die Frage ist nun, wie wir zu einer Entscheidung über eine mögliche Einstellung des Bewerbers gelangen. Liegt kein differenziertes Anforderungsprofil vor, ist also im Vorfeld nicht eindeutig geklärt worden, wie hoch die Leistungsmotivation, die Berufserfahrung etc. des neuen Mitarbeiters sein soll, steht die Personalabteilung vor einem großen Problem. Im Grunde genommen weiß man gar nicht genau, welcher Bewerber der richtige ist. Es bleibt nun nicht viel mehr übrig, als den Bewerber mit den höchsten Ausprägungen auszuwählen. Dabei treten insbesondere dann Entscheidungsschwierigkeiten auf, wenn die Profile der Bewerber sehr unterschiedlich ausfallen, Bewerber A also z.B. eine sehr hohe Intelligenz, Bewerber B aber eine sehr große Berufserfahrung aufweist.

Leichter wird die Situation, wenn der Entscheidung ein Anforderungsprofil zugrunde gelegt werden kann. In diesem Fall können wir die Dimensionsausprägungen des Bewerbers direkt mit den Ergebnissen der Anforderungsanalyse vergleichen (Abbildung 2-4b). Beschreibt das Profil die Minimalanforderungen, so müssten wir unseren Kandidaten zurückweisen, da er auf zwei der vier Dimensionen unter den geforderten Werten liegt. Man würde hier also gewissermaßen nach einem K.O.-System vorgehen: Sobald eine Bedingung nicht erfüllt ist, ist der Bewerber insgesamt durchgefallen. Beschreibt das Profil hingegen einen idealen Mitarbeiter, so fällt die Entscheidung schon sehr viel schwerer. In diesem Fall könnten die Merkmale des Bewerbers durchaus hinreichend sein. Empfehlen würde sich nun ein Vergleich zwischen mehreren Bewerbern. Ausgewählt wird schließlich derjenige, der am ehesten dem Ideal entspricht. Dies müsste für jede einzelne Dimension entschieden werden. Vorausgesetzt, alle Dimensionen sind gleich wichtig, so wäre derjenige Bewerber der beste, der auf möglichst vielen Dimensionen eine möglichst geringe Abweichung vom Ideal aufweist. Möchte man über alle Dimensionen hinweg eine Aussage über die Passung zwischen den Anforderungen und den gemessenen Merkmalen des Bewerbers treffen, so kann man für jede Dimension die Differenz zwischen dem vorgegebenen Punktwert im Anforderungsprofil und dem gemessenen Wert des Kandidaten berechnen und anschließend über alle Differenzen pro Kandidat einen Mittelwert berechnen. Der beste Bewerber ist derjenige, der die geringste mittlere Differenz erzielt. Ein solches Vorgehen ist jedoch nur dann sinnvoll, wenn die Merkmale einander kompensieren können. So könnte es z.B. sein, dass eine mangelnde Berufserfahrung durch eine hohe Intelligenz ausgeglichen wird. Der besonders intelligente Kandidat wäre in der Lage, die höhere Berufserfahrung eines Mitbewerbers durch eine schnelle Auffassungsgabe und kritische Reflexion schnell „aufzuholen". Sind die Dimensionen untereinander kompensierbar, so führt die Bildung eines Mittelwertes leicht zu einer Fehlentscheidung, weil extreme Ausfälle auf einzelnen Dimensionen im Entscheidungsprozess nicht mehr gebührend ins Gewicht fallen.

Unabhängig von der Frage, ob ein differenziertes Anforderungsprofil vorliegt oder nicht, können die untersuchten Dimensionen mehr oder minder wichtig für den Berufserfolg sein. Die Gewichtungen der einzelnen Dimensionen hat man im Idealfall zuvor durch eine empirische Untersuchung ermittelt. Die Werte der Kandidaten auf den verschiedenen Dimensionen müssen im Entscheidungsprozess dementsprechend unterschiedlich gewichtet werden. Dies könnte auf mathematischem Wege geschehen, wie in Abbildung 2-4c dargestellt wird. Berechnet wird hier über vier Einzelwerte (Dimensionen) hinweg ein gewichteter Summenwert für die Gesamteignung des Bewerbers. Für jeden Bewerber wird dieser Wert berechnet, so dass anschließend die Bewerber untereinander verglichen oder jeder einzelne in Bezug zu einem zuvor definierten Anforderungsgesamtwert beurteilt werden kann. Analog ginge man vor, wenn statt des absoluten Wertes pro Dimension die Differenz zwischen gemessenem Wert des Bewerbers und Idealwert aus dem Anforderungsprofil eingesetzt würde. In jedem Falle ist all dies natürlich wieder nur dann sinnvoll, wenn die fraglichen Merkmale einander kompensieren können.

Am Ende der Integrationsbemühungen, die hier nur im Ansatz dargestellt werden konnten, wird eine *Entscheidung* getroffen. Im Falle einer Auswahlsituation wird man sich für einen oder mehrere Bewerber entscheiden und die übrigen zurückweisen. Möglicherweise schließt sich aber auch noch eine weitere Messung an, um verbleibende Zweifel ausräumen zu können. Ginge es hingegen um die Überprüfung einer Hypothese, so steht nun die Frage an, ob sie bestätigt werden konnte oder als falsifiziert gelten muss. Von dieser Entscheidung hängt das weitere Vorgehen ab, also z.B. die Auswahl einer bestimmten Interventionsstrategie zur Beseitigung eines Missstandes.

Der letzte Schritt des Prozesses wird häufig vernachlässigt, obwohl ihm eine große Bedeutung zukommt: Es geht um die *Evaluation* der getroffenen Entscheidung. Ging es um Fragen der Personalauswahl bzw. -platzierung, so dient die Evaluation dazu, die praktische Nützlichkeit der getroffenen Entscheidung zu überprüfen. Dazu könnte man z.B. nach einem Jahr schauen, ob sich tatsächlich alle Mitarbeiter auf dem Arbeitsplatz bewährt haben, der ihnen zugewiesen wurde. Das zweite große Einsatzgebiet der Evaluation liegt in der Überprüfung von Maßnahmen zur Personal- und/oder Organisationsentwicklung. In beiden Fällen sollten die Ergebnisse der Eva-

Grundlagen psychologischer Diagnostik   59

luation zur Optimierung der jeweiligen Maßnahme eingesetzt werden. Gerade bei selbst konstruierten Messinstrumenten, organisationsspezifisch zusammengestellten Testbatterien oder gestaffelten Verfahren (s.u.) ist dies unerlässlich, da man kaum schon beim ersten Wurf ein hervorragendes Verfahren schaffen wird. Viel realistischer ist die Annahme, dass es über mehrere Entwicklungsschritte hinweg jeweils Stück für Stück verbessert werden muss. Da die Evaluation ein solch wichtige Rolle spielt, haben wir diesem Thema ein eigenes Kapitel gewidmet (vgl. Kapitel 12).

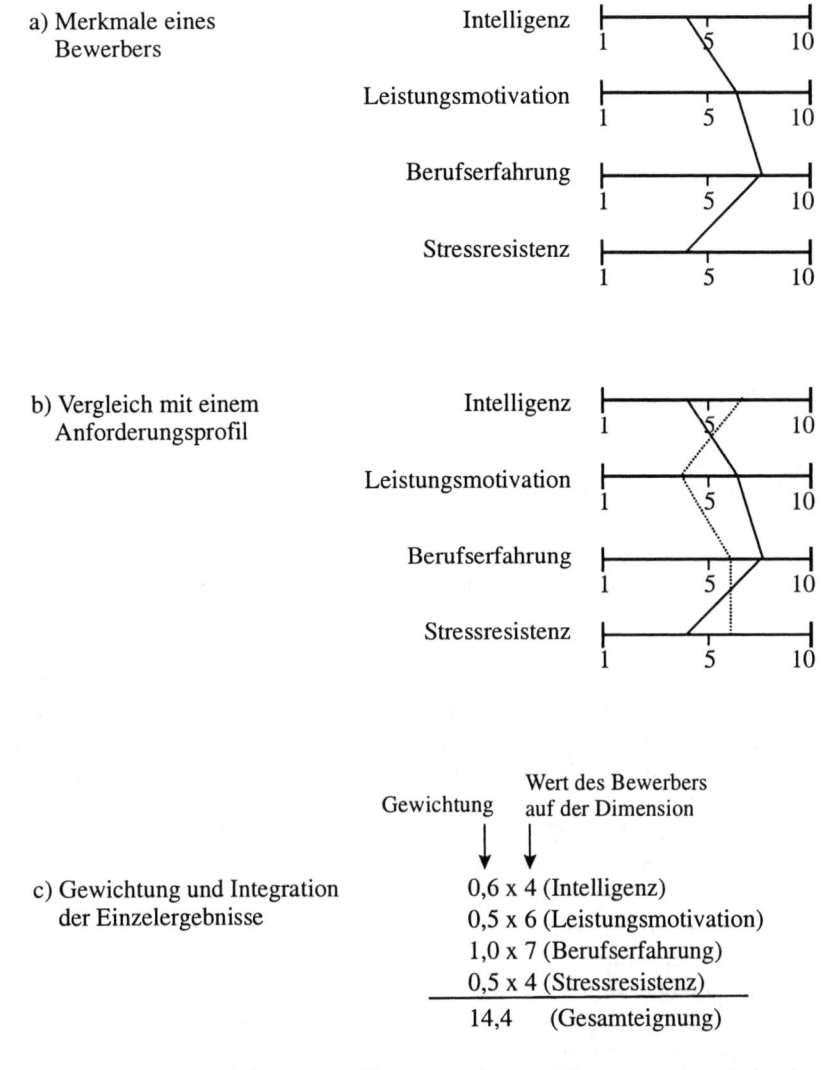

a) Merkmale eines Bewerbers

b) Vergleich mit einem Anforderungsprofil

c) Gewichtung und Integration der Einzelergebnisse

Gewichtung   Wert des Bewerbers auf der Dimension

0,6 x 4 (Intelligenz)
0,5 x 6 (Leistungsmotivation)
1,0 x 7 (Berufserfahrung)
0,5 x 4 (Stressresistenz)
―――――――――――――――――――
14,4   (Gesamteignung)

Abbildung 2-4: Beispiele für den Umgang mit multidimensionalen Befunden

2.3 Untersuchungsmethoden im Überblick

Die meisten der beschriebenen Methoden werden zum Zwecke der Personalauswahl eingesetzt. Wir beschränken uns im Folgenden auf eine kurze Darstellung der einzelnen Methoden anhand ihrer spezifischen Charakteristika (vgl. auch Schuler, 1996). Einige werden später im Kapitel 11 noch einmal aufgegriffen, wenn es darum geht, praktische Vorschläge zum Einsatz nicht standardisierter Methoden zu geben.

In aller Regel stehen am Beginn einer jeden Personalauswahl die *Bewerbungsunterlagen*. Bewerbungsunterlagen stellen an sich noch kein Messinstrument dar, da sie von jedem Bewerber individuell gestaltet werden. Zu einer Messung der Bewerbermerkmale kommt es erst dann, wenn alle eingegangenen Bewerbungen nach dem gleichen Prinzip analysiert werden. So bietet es sich z.B. an, alle Bewerbungen nach grundlegenden Fakten, die für eine Anstellung unumgänglich sind (Schulbildung, Universitätsabschluss, Führerschein etc.) zu durchforsten. Bewerber, die schon über die grundlegenden Merkmale nicht verfügen, fallen bereits an dieser Stelle der Auswahl anheim. Probleme bereitet in großen Organisationen vor allem die Anzahl der Bewerbungen. Wenn viele hundert oder gar tausend Bewerbungen eingehen, stellt sich die Frage, ob es sich lohnt, alle tatsächlich zu lesen. Schnell ist man dann versucht, nach Auswahlkriterien zu greifen, die mehr als fragwürdig sind, so z.B. die Farbe der Bewerbungsmappe oder die optische Gestaltung des Anschreibens. Solange man keine Mitarbeiter sucht, deren Aussehen objektiv wichtig ist oder deren Fähigkeiten zur künstlerischen Gestaltung bedeutsam sind, sollte man auf solche fragwürdigen Entscheidungskriterien verzichten. Da ist es schon eher sinnvoll und auch gegenüber dem Bewerber fairer, gleich nach einem Zufallsprinzip auszuwählen. Im Übrigen sollten aber auch große Bewerberzahlen für eine große Organisation mit entsprechend großer Personalabteilung kein wirkliches Problem darstellen. Wenn zuvor explizit festgelegt wird, auf welche wirklichen Fakten beim Lesen zu achten ist, können mehrere Personen, auch Sekretärinnen oder Praktikanten, die Unterlagen parallel lesen und klassifizieren.

Eng verwandt mit den Bewerbungsunterlagen ist der *Personalfragebogen*. Er wird entweder unmittelbar allen Bewerbern oder nach der Sichtung der Bewerbungsunterlagen nur denjenigen, die in die nähere Auswahl gerückt sind, zugesandt. Eine andere Möglichkeit wäre, den Personalfragebogen auch vor Ort, etwa vor oder nach einem Vorstellungsgespräch, ausfüllen zu lassen. Der Personalfragebogen erfasst Fakten zur Biographie des Bewerbers, die sich zumindest prinzipiell durch Zeugnisse, Urkunden u.Ä. objektivieren lassen. Hierzu zählen z.B. Informationen über den Familienstand, Bildungsabschlüsse, frühere Berufstätigkeit oder etwaige Behinderungen. Der Vorteil des Personalfragebogens gegenüber den Bewerbungsunterlagen liegt vor allem in der Standardisierung der Erhebung. Nachdem alle Bewerber – oder eine besonders interessierende Teilmenge von ihnen – den Fragebogen ausgefüllt haben, liegen über alle die gleichen Informationen vor. Die einzelnen Bewerber sind somit auch besonders gut untereinander vergleichbar. Erneut kann auf der Basis dieser Informationen eine Auswahl getroffen werden. Auch hier gilt allerdings, dass die Entscheidungen nur dann wirklich sinnvoll sind, wenn man sich sicher sein kann, dass ein bestimmtes Merkmal, das im Fragebogen erhoben wurde, auch tatsächlich wichtig ist. Nicht selten werden sich die Entscheidungsträger in der Praxis allein auf Plausibilitätsbetrachtungen stützen. Eine bessere Grundlage würden die Ergebnisse einer empirischen Untersuchung bilden, mit deren Hilfe man im eigenen Unternehmen untersucht hat, welche Bedeutung bestimmte Merkmalskonfigurationen für den beruflichen Erfolg besitzen. Liegen derartige Informationen vor, so kann der Personalfragebogen als ein vollwertiges Messinstrument gelten. Besonders hervorzuheben ist in diesem Zusammenhang auch sein kostengünstiger Einsatz.

Die Auswahlmethode mit der größten Verbreitung stellt ohne Zweifel das *Auswahlgespräch* dar (Synonyme: Vorstellungsgespräch, Einstellungsgespräch, Bewerbungsgespräch). Kaum ein Bewerber dürfte in irgendeiner Organisation eingestellt werden, ohne dass er zuvor an einem Auswahlgespräch teilgenommen hat. Die diagnostische Qualität eines solchen Gesprächs hängt davon ab, inwiefern es gut vorbereitet, nach zuvor festgelegten Prinzipien durchgeführt und anschließend nach festgelegten Entscheidungsregeln ausgewertet wurde. Der häufigste Fall wird auch heute in der Praxis allerdings immer noch das unstrukturierte Auswahlgespräch sein. Ein Mitarbeiter der Personalabteilung oder auch der zukünftige Vorgesetzte hat sich zuvor die Bewerbungsunterlagen seines Gesprächspartners durchgelesen und sich vielleicht einige Notizen für das bevorstehende Gespräch gemacht. Das Gespräch selbst wird später zwar durch seine Fragen ein wenig strukturiert. Im Grunde genommen läuft es aber wie viele andere Gespräche ab. Man lässt sich leiten von den Äußerungen des Gesprächsteilnehmers und stellt auf der Basis der erhaltenen Informationen neue Fragen. Am Ende verabschiedet man sich und der Gesprächsleiter steht nun vor der Aufgabe, die erhaltenen Informationen zu bewerten. Auch dies geschieht meist unsystematisch. Nicht selten hat der Gesprächsleiter schon während des Gesprächs eine Vorstellung davon entwickelt, ob der Bewerber geeignet ist. Dabei lässt er sich häufig von seiner Intuition oder Berufserfahrung leiten. Ein solches Vorgehen öffnet allen systematischen Beurteilungsfehlern, die wir im Kapitel 2 vorgestellt haben, Tür und Tor. Auch wenn man sicherlich auch auf diesem Wege nicht nur falsche Kandidaten auswählt, so ist dies jedoch eher dem Zufall zuzuschreiben und kein Ergebnis einer fundierten Methodik. Sehr viel objektivere Entscheidungen lassen sich hingegen mit dem sog. „Multimodalen Einstellungsinterview" treffen. Schon die Bezeichnung „Interview" verrät, dass es sich hierbei um eine überlegte Methode und nicht eben nur um ein Gespräch handelt, wie wir es in leicht abgewandelter Form auch im privaten Leben führen könnten. Beim multimodalen Einstellungsinterview begreift man das Gespräch mit dem Bewerber als ein professionelles Datenerhebungsinstrument, in dem es wie bei allen übrigen Instrumenten darum geht, gewisse methodische Standards einzuhalten. Im Kern bedeutet dies, dass im Vorfeld über eine Anforderungsanalyse festgelegt wurde, welche Informationen überhaupt von Belang sind. Das gesamte Interview ist weitgehend standardisiert, so dass alle Bewerber auch dem gleichen Verfahren unterzogen werden. Es werden allen Bewerbern die gleichen Fragen gestellt, wobei unterschiedliche Fragetypen zum Einsatz kommen. Darüber hinaus wird genau festgelegt, wie welche Informationen zu bewerten sind. Die Gesprächsleitung muss hierzu Punktwerte für unterschiedliche Merkmalsbereiche vergeben. Das multimodale Einstellungsinterview ist eine solch wichtige Methode, dass wir uns später noch ausführlicher mit ihr beschäftigen werden (Kapitel 11).

Seit vielen Jahren gehört das *Assessment Center* (AC) zu den wichtigsten Methoden der psychologischen Diagnostik in Organisationen. Da die Entwicklung und Durchführung des Assessment Centers vergleichsweise kostspielig ist, wird es vor allem für die Auswahl von (potentiellen) Führungskräften eingesetzt. Das AC ist ein simulierendes Verfahren: Man fragt den Bewerber nicht danach, wie er sich in bestimmten beruflichen Situationen verhalten würde oder versucht dies aus Zeugnissen, Referenzen o.Ä. zu erschließen, sondern setzt den Bewerber einer konkreten Situation aus und beobachtet dabei unmittelbar sein Verhalten. Beim klassischen AC kommen mehrere Bewerber über einen Zeitraum von ein bis drei Tagen zusammen und müssen teils allein, teils gemeinsam unterschiedlichste Aufgaben lösen. Zu den gängigsten Aufgaben gehören die Gruppendiskussion, die Präsentation einer zuvor vorbereiteten Problemlösung sowie das Rollenspiel. Bei allen Übungen wird jeder Bewerber von mehreren Beobachtern auf zuvor definierten Verhaltensdimensionen eingestuft. Typische Verhaltensdimensionen sind Durchsetzungsfähigkeit, Kommunikationsvermögen oder Konfliktlösungsfähigkeit. In jeder Übung wird eine Teilmenge der zugrunde gelegten Dimensionen beobachtet, so dass über die Dauer des Assessment Centers hinweg ein und derselbe Bewerber von verschiedenen Beobachtern in unterschiedlichen Situationen auf unterschiedlichen Dimensionen beurteilt wird. Das Ziel eines solchermaßen aufwändigen Vorgehens ist die Loslösung der Beurteilung sowohl von einer einzelnen Beobachtungssituation als auch von einem einzelnen Beobachter. Beides trägt zur Objektivierung der Urteilsbildung bei. Jedes AC muss für seine spezifische Aufgabe in einer Organisation eigens entwickelt und abgestimmt werden. Es macht wenig Sinn, einfach Aufgaben oder gar Beobachtungsdimensionen der Literatur zu entnehmen. Auch muss man davon ausgehen, dass ein AC nicht beim ersten Durchlauf bereits optimal funktioniert. Wichtig ist daher die Evaluation und Weiterentwicklung des Verfahrens nach den ersten Durchläufen. Bei korrekter Handhabung ist das AC eines der besten diagnostischen Verfahren, die uns heute zur Verfügung stehen. Damit das AC dieses Potential allerdings auch wirklich entfalten kann, sind zahlreiche methodische Dinge zu beachten (vgl. Kapitel 11).

Arbeitsproben stellen ein weiteres Beispiel eines simulierenden Vorgehens dar. Auch bei der Arbeitsprobe geht es darum, die Leistung der Bewerber in einer möglichst realistischen, d.h. der späteren Arbeitstätigkeit entsprechenden Situation überprüfen zu können. Die Aussagekraft einer Arbeitsprobe hängt dementsprechend von zwei Faktoren ab. Zum einen vom Realitätsbezug der Aufgabe, zum anderen von der Qualität des Beurteilungssystem, mit welchem die erbrachte Leistung bewertet wird. Die Qualität des Beurteilungssystems wird besonders groß sein, wenn im Vorfeld z.B. durch Experten festgelegt wurde, auf welche besonderen Kriterien zu achten ist und welche tatsächliche Relevanz diese Kriterien für den Erfolg im späteren Berufsleben besitzen. Eine Verbesserung der Aussagekraft könnte erreicht werden, wenn jeder Bewerber mehrere unterschiedliche Arbeitsproben absolvieren muss. Arbeitsproben werden vor allem bei handwerklichen Berufen eingesetzt. So könnte man z.B. einen Industrieschlosser vor die Aufgabe stellen, in einer bestimmten Zeit ein vorgegebenes Werkstück herzustellen. Im Prinzip lassen sie sich aber auch für alle anderen Berufsgruppen denken. Zum Teil wird dies bereits in Assessment Centern realisiert.

Eng verwandt mit der Arbeitsprobe ist die *Probezeit*. Für sie gilt all das, was bereits zur Arbeitsprobe gesagt wurde. Der Vorteil der Probezeit gegenüber der Arbeitsprobe liegt vor allem darin, dass wesentlich mehr Informationen über eine Person gesammelt werden können. Dieser Vorteil wird allerdings nur dann wirklich genutzt, wenn auch in diesem Fall ein spezifisches Beurteilungssystem entwickelt wurde und man sich nicht nur einfach auf globale Aussagen der Vorgesetzten verlässt. Der Nachteil der Probezeit ergibt sich aus den hohen Kosten, die entstehen, wenn ein Bewerber letztlich doch zurückgewiesen werden muss. Folglich ist es sehr wichtig, dass eine sorgfältige Vorauswahl der Bewerber erfolgt. In Frage kommen dabei alle übrigen Verfahren, die hier besprochen wurden. Die Probezeit entspricht dabei der letzten Stufe eines sukzessiven Auswahlverfahrens. Ähnlich verhält es sich mit Trainee-Programmen, die nicht nur der Ausbildung neuer Organisationsmitglieder dienen, sondern auch die Basis für weitergehende Personalentscheidungen legen.

Große Verbreitung finden in der Praxis auch *psychologische Tests und Fragebögen*. Dabei handelt es sich um standardisierte Messinstrumente, bei denen sowohl die Durchführung als auch die Auswertung und Interpretation der Ergebnisse festgelegt sind. Gebraucht man den Begriff „Test" im engeren Sinne, so werden damit Messinstrumente bezeichnet, in denen irgendwelche Leistungen, wie z.B. Intelligenz oder Konzentrationsfähigkeit, gemessen werden. Ein Leistungstest liegt dann vor, wenn es eine eindeutige Festlegung richtiger und falscher Antworten gibt. Der Begriff „Fragebogen" bezieht sich hingegen auf Beschreibungen einer Person bzw. ihres Verhaltens. Diese Beschreibungen können durch die betroffene Person selbst oder durch andere vorgenommen werden. Ein Beispiel für den ersten Fall wäre ein Persönlichkeitsfragebogen, während Fremdbeschreibungen z.B. bei Beurteilungen durch Vorgesetzte erfolgen. Nicht selten verwendet man die Bezeichnung Test aber auch als gemeinsamen Oberbegriff für Fragebögen und Tests im engeren Sinne.

Der Einsatz derartiger Tests erfolgt entweder mit Papier und Stift, sog. „paper-pencil-Tests", oder, in immer stärkerem Maße, auch computergestützt. Dabei gibt es sowohl Verfahren, die noch herkömmlich durchgeführt werden, deren Auswertung aber bereits der Computer übernimmt, als auch solche Verfahren, die vollständig über den Computer abgewickelt werden. Die computergestützte Messung weist mehrere Vorteile gegenüber dem klassischen Vorgehen auf. Die Durchführung und Auswertung unterliegt in weitaus geringerem Maße dem Einfluss des Diagnostikers, so dass insgesamt eine größere Objektivität der Messung vorliegt. Darüber hinaus ist die Auswertung sehr viel schneller und damit kostengünstiger als beim herkömmlichen Vorgehen. Ein weiterer Vorteil ergibt sich aus der Tatsache, dass gerade jüngere Menschen auch im privaten Bereich Computer häufig einsetzen, wodurch die Akzeptanz eines solchen Verfahrens in dieser Gruppe ansteigen dürfte. Schwieriger wird es hingegen, wenn ältere, computerunerfahrene Bewerber getestet werden sollen. Auch ist zu bedenken, dass ggf. durch die Anschaffung von Computern zusätzliche Kosten entstehen. Bei manchen Verfahren fällt überdies auch für jede einzelne Durchführung bzw. Auswertung eine Lizenzgebühr an.

Psychologische Tests und Fragebögen unterliegen einer ganzen Reihe von Gütekriterien und sind das Ergebnis eines aufwändigen Entwicklungsprozesses. Wir werden nachfolgend darüber im Detail berichten. Die Kapitel 3 bis 10 beschäftigen sich mit der Darstellung unterschiedlichster Verfahren, die im Handel erhältlich sind.

Neben dem Einsatz bereits bestehender Instrumente besteht natürlich auch die Möglichkeit, ein organisationsspezifisches Instrument zu entwickeln, was allerdings mit größerem Aufwand verbunden ist und entsprechend geschultes Personal voraussetzt.

2.4 Testtheorien

Jedem psychologischen Messinstrument liegt eine bestimmte Testtheorie zugrunde. Die Testtheorie bezieht sich auf mathematisch-messtheoretische Grundannahmen, auf denen die Testkonstruktion aufbaut. Unabhängig von der Frage, ob es sich um einen Intelligenztest, einen Persönlichkeitsfragebogen oder ein Instrument zur Messung sozialer Kompetenzen handelt, fußen fast alle heute gebräuchlichen Verfahren auf der sog. Klassischen Testtheorie. Alternativ hierzu hat sich in der Diagnostik ein zweiter Ansatz, die sogenannte Probabilistische Testtheorie etabliert, die allerdings bislang nur selten zum Einsatz kommt.

Die Grundgedanken der *Klassischen Testtheorie* sind sehr leicht nachzuvollziehen: Legt man einem Bewerber z.B. einen Intelligenztest vor, so ist die gemessene Leistung nur zum Teil das Ergebnis seiner tatsächlichen Intelligenz. Möglicherweise war der Bewerber bei einzelnen Aufgaben unkonzentriert und hat nur deshalb eine falsche Antwort gegeben. Ein anderer Kandidat hat sich während der Bearbeitung der Aufgaben vielleicht durch einen vorbeifahrenden Einsatzwagen der Polizei aus dem Konzept bringen lassen. Wieder ein anderer hat vielleicht nur nach dem Zufallsprinzip eine Aufgabenlösung angekreuzt und dabei zufällig die richtige Lösung gewählt. Wie auch immer das Ergebnis im Einzelfall zustande gekommen sein mag, in allen drei Beispielen wird das Ergebnis der Messung durch Einflussfaktoren verfälscht, die mit der tatsächlichen Intelligenz des Probanden oder dem Test nichts zu tun haben. Dies gilt sowohl für die Bearbeitung der einzelnen Testaufgaben als auch für das Gesamtergebnis. Derartige Störvariablen können bei jeder psychologischen Messung auftreten und sind durch die Testkonstrukteure nicht vollständig zu beherrschen. Die klassische Testtheorie geht mithin davon aus, dass sich ein jeder Messwert additiv zusammensetzt aus der tatsächlichen Merkmalsausprägung des Probanden (= „wahrer Wert") und einem zufällig auftretenden Messfehler (vgl. Abbildung 2-5).

Da nun das Ziel der Messung natürlich in einer möglichst unverfälschten Erfassung des wahren Wertes – also der tatsächlichen Intelligenz oder der tatsächlichen Persönlichkeitsmerkmale des Probanden – liegt, muss man nach Wegen suchen, sich gegen den Einfluss der Messfehler abzusichern. Wichtig ist in diesem Zusammenhang die Annahme der Zufälligkeit der Messfehler. Treten die Messfehler nach dem Zufallsprinzip auf, so werden sie sich bei der einen Aufgabe des Tests vielleicht zu Gunsten des Kandidaten, bei einer anderen zu seinen Ungunsten auswirken. Wir kommen dem wahren Wert mithin besonders nahe, wenn wir das Merkmal mit möglichst vielen einzelnen Aufgaben messen und über diese vielen Aufgaben hinweg ein Gesamturteil bilden. Je mehr Aufgaben eingesetzt werden, desto größer ist die Wahrscheinlichkeit, dass sich die verschiedenen Messfehler mit positivem bzw. negativem Vorzeichen (zu Gunsten bzw. zu Ungunsten des Kandidaten) gegenseitig neutralisieren. Testet man die Intelligenz eines Probanden beispielsweise mit 30 Aufgaben, so ist die Wahrscheinlichkeit, den wahren Wert zu messen, deutlich größer, als würde man nur fünf oder gar nur eine Aufgabe einsetzen. Ist der Bewerber aus unserem Beispiel bei einer einzigen Aufgabe unkonzentriert, so wird sich dies in einem Test mit weniger Aufgaben durchschlagend auf seine Gesamtbeurteilung auswirken. Bei einem Test mit vielen Aufgaben relativiert sich dieser Messfehler. Hierin liegt auch der tiefere Sinn, warum bei psychologischen Messungen ein bestimmtes Merkmal immer über viele einzelne Aufgaben erfasst wird. Die Anfälligkeit eines Testverfahrens für Messfehler wird im Rahmen der Testkonstruktion empirisch überprüft und in Form eines spezifischen Kennwertes, dem sog. Reliabilitätskoeffizienten (s.u.), ausgedrückt.

Messwert = (wahrer Wert des Probanden) + (Messfehler)

Abbildung 2-5: Grundannahme der klassischen Testtheorie

Die *Probabilistische Testtheorie* ist im Vergleich zur klassischen sehr viel komplizierter und kann hier nur in groben Zügen skizziert werden. Den Ausgangspunkt bildet die Annahme, dass menschliches Verhalten und Erleben einem probabilistischen Prinzip – also einem Wahrscheinlichkeitsprinzip – folgt.

Stellen wir uns zur Verdeutlichung dieses Sachverhaltes einmal einen Vorgesetzten vor, der auf die mangelnde Arbeitsqualität eines Mitarbeiters reagieren will. Hierzu stehen ihm unterschiedliche Verhaltensoptionen zur Auswahl. Er könnte den Mitarbeiter freundlich zu einem Gespräch bitten oder ihn lautstark vor dessen Kollegen zurechtweisen. Ebenso könnte er aber den Mitarbeiter auch schriftlich über mögliche arbeitsrechtliche Konsequenzen informieren. Der probabilistische Ansatz geht davon aus, dass wir immer nur mit einer bestimmten Wahrscheinlichkeit vorhersagen können, wie sich der Vorgesetzte verhalten wird – selbst dann, wenn alle nötigen Informationen zur Verfügung stehen, wird es nicht möglich sein, das Verhalten mit 100-prozentiger Trefferquote vorherzusagen. Oder anders ausgedrückt, würde der Vorgesetzte nicht nur einmal, sondern möglicherweise 50-mal vor exakt die gleiche Entscheidungssituation gestellt, so würde er sich keineswegs immer zur gleichen Reaktion entschließen. Wenn nun aber schon die Verhaltenssteuerung des Menschen an sich nicht vollständig determiniert ist, so kann man auf der Grundlage einer konkreten Leistungsprobe das tatsächliche Leistungspotential der Person nur mit einer bestimmten Wahrscheinlichkeit vorhersagen. Im Vergleich zur klassischen Testtheorie geht die probabilistische Theorie also davon aus, dass zwischen dem Antwortverhalten eines Probanden in einem psychologischen Test und seiner wahren Merkmalsausprägung lediglich ein Wahrscheinlichkeitszusammenhang besteht: Je intelligenter ein Kandidat z.B. ist, desto größer ist die Wahrscheinlichkeit, dass er eine konkrete Aufgabe aus einem Intelligenztest richtig lösen kann. Umgekehrt bedeutet dies natürlich auch, dass wir aus der Lösung einer bestimmten Intelligenzaufgabe nur mit einer bestimmten Wahrscheinlichkeit auf die tatsächliche Intelligenz des Probanden schließen können. Die wichtigsten Begriffe der probabilistischen Testtheorie sind der *Itemparameter* sowie der *Personenparameter*. Die Testkonstruktion geht dabei zunächst davon aus, dass es um die Messung eines menschlichen Merkmals geht, das einem direkten Zugang verschlossen ist. Solche sog. „latenten

Merkmale" sind z.B. alle Persönlichkeitsmerkmale oder auch die Intelligenz. Sie alle können nicht per Augenschein objektiv erschlossen werden. Im Rahmen der Testkonstruktion geht es nur darum, solche Items zu finden, die die latente Merkmalsdimension in unterschiedlichen Ausprägungen (Schwierigkeitsstufen) abdecken. Dabei muss jedem Item eine feste Position auf der latenten Dimension zugeordnet werden (Itemparameter). Für einen Intelligenztest bedeutet dies z.B., dass für jede Aufgabe berechnet wird, mit welcher Wahrscheinlichkeit eine Person mit einer bestimmten Intelligenz diese Aufgabe richtig lösen wird. Im Rahmen der Intelligenzmessung geht es nun darum, eine Person (z.B. einen Bewerber) auf der latenten Dimension zu positionieren, ihr den sog. Personenparameter zuzuordnen. Dies berechnet sich aus der Anzahl richtig gelöster Items, unter Berücksichtigung der jeweiligen Itemparameter. Dabei kann in Abhängigkeit von den gelösten Aufgaben angegeben werden, mit welcher Wahrscheinlichkeit der Proband eine bestimmte Intelligenz X aufweist.

In der probabilistischen Testtheorie gibt es nun mehrere verschiedene Ansätze, die mathematische Funktionen entwickelt haben, um dieser Wahrscheinlichkeitsbeziehung auf den Grund gehen zu können. Im Rahmen der Testkonstruktion werden auf empirischem Wege solche Aufgaben gesucht, die den zugrundegelegten mathematischen Funktionen entsprechen. Da die Aufgaben viel strengeren Anforderungen entsprechen müssen, als dies nach der klassischen Testtheorie der Fall wäre, ist die Entwicklung eines probabilistischen Testverfahrens sehr viel aufwändiger. In der Konsequenz führt dies dazu, dass bislang nur sehr wenige Instrumente existieren, die nach der probabilistischen Testtheorie konzipiert wurden. Fast alle der in den nachfolgenden Kapiteln vorgestellten Verfahren fußen auf der klassischen Testtheorie. Die wenigen Ausnahmen analysieren die Testitems sowohl nach der klassischen als auch nach der probabilistischen Testtheorie.

2.5 Qualitätsmerkmale

Naturgemäß ist nicht jedes Messinstrument gleich gut. In der Psychologie wurde eine ganze Reihe von Kriterien (sog. „Gütekriterien") entwickelt, die eine Aussage über die Qualität eines Messinstrumentes ermöglichen. Verschiedene Instrumente werden hierdurch miteinander vergleichbar, so dass eine Entscheidung für oder gegen ein bestimmtes Verfahren erleichtert wird. Im Wesentlichen handelt es sich um drei Kriterien: die Reliabilität, die Validität sowie die Objektivität. Jedes dieser Kriterien lässt sich wiederum in verschiedenen Unterkriterien differenzieren, die nun im weiteren Verlauf dieses Abschnittes erläutert werden. Häufig wird auch noch ein viertes Kriterium, die Normierung, als Qualitätsmerkmal genannt. In der Personalauswahl kommt der Normierung allerdings eine deutlich untergeordnete Bedeutung zu. Dennoch werden wir auch sie in unsere Darstellung einbeziehen.

2.5.1 Reliabilität

Die Reliabilität eines Messinstrumentes macht eine Aussage darüber, inwieweit das Verfahren *zuverlässig* ist. Verdeutlichen wir uns das Problem einmal an einem Beispiel: Von der Waage, die im Metzgerladen steht, erwarten wir ganz selbstverständlich, dass sie exakt misst. Wenn wir ein Kilo Fleisch auf die Waage legen, soll sie auch genau ein Kilo anzeigen und nicht etwa 1,25 oder 0,987 Kilogramm. Des Weiteren sollte die Waage keinen Unterschied zwischen den verschiedenen Fleischsorten machen, die wir auf die Waagschale legen. Ein Kilo Rindfleisch sollte zu dem gleichen Messergebnis führen wie ein Kilo Schweinefleisch. Die gleichen Ansprüche können wir auch an ein psychologisches Messinstrument stellen. Das Verfahren muss möglichst zuverlässig sein. So sollte beispielsweise ein Intelligenztest in der Lage sein, die tatsächliche Intelligenz einer Person möglichst genau zu bestimmen. Mehr noch, setzt man ein und dieselbe Person mehrmals dem gleichen Verfahren aus, so sollte sie auch stets das gleiche Testergebnis erzielen. Für das Instrument sollte es überdies keinen Unterschied machen, ob wir die Intelligenz einer Frau oder die eines Mannes bestimmen wollen. Ein Instrument mit einer optimalen Reliabilität misst unabhängig von der individuellen Person, die sich dem Verfahren aussetzt, immer gleich zuverlässig.

Unsere Ausführungen zur Testtheorie haben bereits gezeigt, dass dieses Ideal bei der Messung menschlicher Eigenschaften und Verhaltensweisen niemals vollständig erfüllt werden kann. Jede Messung ist mit mehr oder minder großen Fehlern behaftet, die sich aus den aktuellen Rahmenbedingungen der Untersuchungssituation oder den individuellen Eigenheiten der beteiligten Personen ergeben können. Mit Hilfe des Kriteriums der Reliabilität können wir jedoch das Ausmaß bestimmen, in welchem ein bestimmtes Testverfahren derartigen Messfehlern unterliegt. Die Reliabilität wird im Zuge der Entwicklung eines Messinstrumentes empirisch untersucht und durch einen Zahlenwert ausgedrückt. Dieser Zahlenwert, der sog. *Reliabilitätskoeffizient*, kann einen Wert zwischen 0 und 1 annehmen. Ein Test mit einer Reliabilität von 0 wäre demzufolge der denkbar schlimmste Fall. Ein solches Instrument wäre maximal unzuverlässig und gänzlich sinnlos. Würde ein Test hingegen eine Reliabilität von 1 aufweisen, so wäre es maximal zuverlässig, ein Ideal, das in der Realität nicht erreicht werden kann. Handelsübliche Testverfahren weisen demgegenüber meist eine Reliabilität auf, die ungefähr zwischen Werten von .7 und .9 schwankt. Solche Werte sind durchaus zufriedenstellend und rechtfertigen die Anwendung des Verfahrens in Forschung und Praxis.

Der Reliabilitätskoeffizient kann jedoch nicht nur zur Entscheidung für oder gegen den Einsatz eines bestimmten Verfahrens in der Praxis herangezogen werden, er hilft auch bei der Auswertung und Interpretation einer konkreten Messung. Je höher der Reliabilitätskoeffizient, desto zuverlässiger ist die Messung und desto weniger Gedanken muss sich ein Auswerter darüber machen, wie „ernst" er das Messergebnis nehmen soll. Gesetzt den Fall, ein Bewerber erzielt in einem Intelligenztest einen Wert von 113, so wissen wir aufgrund unserer Ausführungen zur Testtheorie, dass die tatsächliche Intelligenz der Person nur ungefähr bei 113 liegt. Nur dann, wenn die Reliabilität bei 1.0 liegen würde, könnten wir sicher sein, dass der gemessene Wert identisch ist mit der tatsächlichen Intelligenz. Je geringer die Reliabilität des eingesetzten Tests ausfällt, desto größer ist der Spielraum, in dem sich der tatsächliche Wert befindet. Bei einer besonders niedrigen Reliabilität liefert der Messwert daher auch nur eine sehr ungefähre Einschätzung des Bewerbers. Man könnte beispielsweise feststellen, ob er ungefähr eine durchschnittliche oder eine unterdurchschnittliche Intelligenz aufweist. Mit Hilfe des Reliabilitätskoeffizienten kann der Bereich, in dem der tatsächliche Wert liegt, berechnet werden. Dieser Bereich wird auch als

Konfidenzintervall (oder „Vertrauensintervall") bezeichnet. In Abbildung 2-6 haben wir einmal ein solches Intervall für unseren hypothetischen Fall berechnet. Angenommen, das eingesetzte Testverfahren würde eine sehr hohe Reliabilität (.95) besitzen, so läge der tatsächliche Intelligenzwert des Bewerbers mit 95-prozentiger Sicherheit in einem Bereich von 106 bis 119. Wir sehen, er weicht nur geringfügig vom Testergebnis ab. Hätte unser Intelligenztest hingegen nur eine Reliabilität von .7, so wäre das Intervall gleich sehr viel größer. In diesem Falle könnte man den tatsächlichen Intelligenzwert des Bewerbers nur deutlich ungenauer angeben. Er läge mit 95-prozentiger Wahrscheinlichkeit im Bereich zwischen 97 und 129. Begnügt man sich mit einer geringeren Trefferwahrscheinlichkeit, wenn der Intelligenz z.B. keine besonders große Bedeutung für den Arbeitsplatz zukommt, so wird das Intervall in beiden Fällen enger.

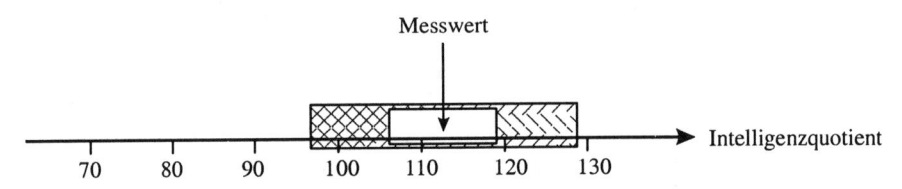

Abbildung 2-6: Bedeutung der Reliabilität für die Auswertung eines Testergebnisses

Je nach Berechnungsgrundlage können verschiedene Formen der Reliabilität unterschieden werden. Die gängigste Form der Reliabilität, die quasi bei jedem Test angegeben wird, ist die *innere Konsistenz* (Synonym: interne Konsistenz). Um das Prinzip der inneren Konsistenz verstehen zu können, muss man sich ins Gedächtnis rufen, dass in psychologischen Messinstrumenten ein bestimmtes Merkmal wie z.B. die Intelligenz niemals mit nur einer einzigen Aufgabe gemessen wird. Stattdessen legt man dem Probanden mehrere Aufgaben zum gleichen Merkmalsbereich vor und reduziert somit den Einfluss von unerwünschten Fehlern. Solche Fehler könnten z.B. durch Unaufmerksamkeit des Probanden oder durch eine sprachliche Uneindeutigkeit bei der Formulierung der Aufgabe entstanden sein. Die innere Konsistenz gibt Aufschluss über den Zusammenhang der eingesetzten Aufgaben (vgl. Abbildung 2-7a). Natürlich sollte dieser Zusammenhang möglichst groß sein, denn die Aufgaben sollten der Theorie zufolge ja alle das gleiche Merkmal (z.B. Intelligenz) messen.

In die gleiche Richtung läuft die weitere Form der Reliabilität, die als eine besondere Form der inneren Konsistenz aufgefasst werden kann: die *Split-Half-Reliabilität*. Auch hierbei geht es um den Zusammenhang der einzelnen Aufgaben untereinander. Zur Berechnung des Reliabilitätskoeffizienten wird die Anzahl aller Aufgaben in zwei Teile geteilt („split half") und dann der Zusammenhang zwischen

Grundlagen psychologischer Diagnostik 69

diesen beiden Testhälften ermittelt (vgl. Abbildung 2-7b). Auch hier sollte ein möglichst hoher Wert resultieren, da alle Aufgaben ja das Gleiche messen sollen.

Eine dritte Form der Reliabilität, die seltener berechnet wird, ist die *Retest-Reliabilität*. Sie ist besonders bei solchen Merkmalen von Bedeutung, die über einen langen Zeitraum konstant bleiben und sich nicht von Tag zu Tag ändern können. Dies gilt z.B. für Persönlichkeitsmerkmale oder eben auch für die Intelligenz. Die Retest-Reliabilität wird ermittelt, indem einer Gruppe von Probanden ein und derselbe Test im Abstand von mehreren Wochen zweimal vorgelegt wird. Anschließend berechnet man den Zusammenhang zwischen der ersten und der zweiten Messung. Erneut erwartet man einen möglichst hohen Wert (vgl. Abbildung 2-7c).

Insgesamt betrachtet kommt der Reliabilität eine große Bedeutung für die Beurteilung eines Messinstrumentes zu. Fällt die Reliabilität besonders gering aus, so kann der Test auch im Hinblick auf das zweite Qualitätskriterium, die Validität, nur mäßige Werte erzielen.

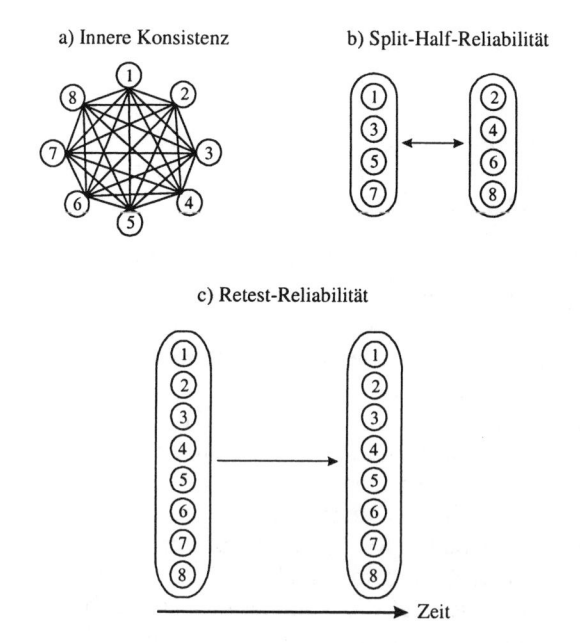

Abbildung 2-7: Verschiedene Formen der Reliabilität

2.5.2 Validität

Neben der Frage, inwieweit das Verfahren zuverlässige Werte liefert, ist eine zweite Frage für die Beurteilung der Qualität eines Messinstrumentes von entscheidender Bedeutung: Erfasst das Instrument tatsächlich diejenigen Merkmale des menschlichen Verhaltens, die es vorgibt messen zu können? Auf den ersten Blick erscheint diese Frage banal. Spontan wird man geneigt sein zu behaupten, dass beispielsweise ein Intelligenztest selbstverständlich kognitive Leistungsfähigkeit misst. Bei genauerer Betrachtung wird jedoch das eigentliche Problem deutlich. Betrachten wir z.B. eine konkrete Kopfrechenaufgabe, die in einem solchen Test enthalten sein könnte. Erfassen Aufgaben wie etwa $2 + 4 = x$ oder $10 - 7 = x$ bei einem erwachsenen Menschen tatsächlich seine allgemeine intellektuelle Leistungsfähigkeit oder geht es bei der Lösung dieser Aufgaben vielmehr um die Konzentrationsfähigkeit? Wir können wohl davon ausgehen, dass die meisten Erwachsenen derartige Aufgaben zur Addition und Subtraktion im Zahlenraum bis 10 im Prinzip ohne Fehler bewältigen können. Problematischer wird es hingegen, wenn die Aufgaben unter großem Zeitdruck zu lösen sind. Würde man unseren kleinen Test mit vielleicht 50 Kopfrechenaufgaben ohne Zeitdruck durchführen, so könnte man wahrscheinlich gar nichts messen, da fast alle Erwachsenen alle Aufgaben richtig lösen. Mit dem gleichen Test – allerdings unter großem Zeitdruck durchgeführt – erfassen wir hingegen die Konzentrationsfähigkeit der Probanden. Wir sehen, es ist oftmals gar nicht so leicht, auf den ersten Blick zu bestimmen, welche Fähigkeiten mit einem bestimmten Item gemessen werden. Besonders schwierig wird es, wenn wir den Bereich der kognitiven Leistungsfähigkeit verlassen und stattdessen Fragen zur Persönlichkeit betrachten. Erheben wir beispielsweise mit der Frage „Mit wie vielen Freunden treffen sie sich pro Woche?" die Extraversion des Probanden, seine Gedächtnisleistung oder sein Wortverständnis? Dies zu klären ist eine Aufgabe der Validierung eines Messverfahrens. Hierunter werden unterschiedliche empirische Vorgehensweisen zusammengefasst, die wir nachfolgend kurz vorstellen wollen.

Die einfachste Form der Validitätsprüfung besteht allein darin, per Augenschein zu prüfen, ob ein bestimmter Test bzw. die einzelnen Aufgaben in etwa das erfassen können, was sie zu messen vorgeben. So wird z.B. kaum jemand leugnen, dass die klassischen Aufgaben in Intelligenztests sehr wohl kognitive Leistungsfähigkeit, keineswegs aber Depressivität oder Soziale Kompetenz messen. Diese Form der Validität, die sog. *Augenscheinvalidität* (oder „face validity"; vgl. Abbildung 2-8a), bildet gewissermaßen die Voraussetzung für alle weiteren Validitätsuntersuchungen. Wenn ein Test schon per Augenschein nicht in der Lage ist, ein bestimmtes Merkmal zu erfassen, so wird man sich in aller Regel auch gar nicht weiter mit ihm beschäftigen. Manche Autoren (z.B. Lienert & Raatz, 1998) unterscheiden zwischen Augenscheinvalidität und *Inhaltsvalidität*. In beiden Fällen geht es um das subjektive Urteil einzelner Personen im Hinblick auf die Validität des Testverfahrens. Bei der Augenscheinvalidität stammen diese Urteile von Laien, wie z.B. Testanwendern oder Probanden, während im Falle der Inhaltsvalidität das Urteil fachlicher Experten herangezogen wird. Da beide Formen letztlich auf eine fundierte wissenschaftliche Analyse der Testgüte verzichten, erscheinen sie jedoch recht synonym und insgesamt wenig anspruchsvoll. Eine Ausnahme liegt vor, wenn der Test das zu messende Kriterium unmittelbar abbildet. Dies wäre z.B. gegeben, wenn man – im Sinne einer Arbeitsprobe (vgl. Kapitel 11) – eine Sekretärin eine Schreibmaschinenübung absolvieren lässt, um zu erfahren, wie viele Anschläge sie pro Minute schafft. In diesem Fall ist die Inhaltsvalidität völlig ausreichend. Die Bestimmung der Validität ist nun allerdings trivial, weshalb hier auch gelegentlich der Begriff der „trivialen Validität" verwendet wird. Der genannte Fall kommt im Rahmen standardisierter Tests jedoch so gut wie nie vor. Im Gegensatz zu fast allen anderen Formen der Validität werden wir in der Beschreibung eines Testverfahrens keine spezifischen Angaben zur Augenscheinvalidität finden. Die Inhaltsvalidität könnte jedoch über den mathematischen Zusammenhang (Korrelation) verschiedener Expertenurteile ausgedrückt werden.

Ähnlich wie mit der Augenscheinvalidität verhält es sich mit einer weiteren Form der Validität, die mit der Augenscheinvalidität eng verwandt ist. Ein Testverfahren sollte nicht nur aus der Perspektive der Testentwickler und der Testanwender sinnvoll erscheinen. Nicht zu unterschätzen ist auch die Meinung derjenigen, die das Verfahren durchlaufen müssen, also beispielsweise Bewerber, die einem bestimmten Procedere unterworfen werden. Sind Bewerber der Meinung, dass ein bestimmtes Auswahlinstrument keine geeigneten Informationen über sie erfassen kann, so wird so mancher wohl auch nicht motiviert bei der Sache sein. Hierin liegt zunächst eher ein Problem für den Bewerber, der aufgrund mangelnder Anstrengung eine bestimmte Stelle nicht bekommt. Indirekt kann dies allerdings auch zu einem Problem für den Arbeitgeber werden, wenn er nur deshalb viele objektiv geeignete Bewerber zurückweist, weil sie aufgrund mangelnder Motivation schlechte Leistungen erbringen. Schuler und Stehle (1983) bezeichnen den Nutzen, den ein Messinstrument in den Augen derjenigen besitzt, die ein solchen Verfahren durchlaufen, als *soziale Validität*. Im Gegensatz zu allen übrigen Formen der Validität, die nachfolgend besprochen werden, kann man auf die soziale Validität auch noch nach der Entwicklung des Instrumentes Einfluss nehmen. Dies geschieht z.B., indem man den Bewerbern vor der eigentlichen Messung erläutert, in welcher Weise anschließend vorgegangen wird und warum dies wichtig ist. So könnte man beispielsweise die Akzeptanz für ein Assessment Center dadurch erhöhen, dass man den Kandidaten zuvor erklärt, nach welchen Kriterien die relevanten Dimensionen ausgewählt wurden (Hinweis auf Anforderungsanalyse) und dass die Beobachter für ihre Aufgabe zuvor eigens geschult wurden.

Diejenige Form der Validität, die am häufigsten für standardisierte Messinstrumente berechnet wird, ist die *kriterienbezogene Validität*. Stellen wir uns zur Verdeutlichung der Vorgehensweise einmal vor, wir hätten einen neuen Intelligenztest entwickelt und wollten nur überprüfen, inwieweit dieser Test tatsächlich die allgemeine kognitive Leistungsfähigkeit der Untersuchten misst. In diesem Falle müssten wir zunächst Kriterien definieren, an denen sich die Intelligenz eines Menschen messen ließe. Dies können zum einen bereits bestehende Intelligenztests sein, zum anderen kann man aber auch spezielle Schul- und Studienleistungen heranziehen. Wählt man einen bereits vorliegenden Intelligenztest als Kriterium, so würde man im Rahmen einer Studie zur Ermittlung der kriterienbezogenen Validität einer großen Stichprobe von Probanden sowohl den eigenen, neu entwickelten Test sowie auch das bereits etablierte Verfahren zur Bearbeitung vorlegen. Anschließend berechnet man den mathematischen Zusammenhang zwischen den Ergebnissen beider Tests. Je höher der Zusammenhang ausfällt, desto größer ist auch die Bestätigung für den neu entwickelten Test, dass er das gleiche erfasst wie das ältere Verfahren. Nun könnte man sagen, dass ein solches Ergebnis letztlich nicht sehr viel weiter hilft. Stellt man einen besonders hohen Zusammenhang fest, so könnte man ja gleich den alten Test einsetzen. Dies gilt nur bedingt. Zum einen mag der neue Test ökonomischer arbeiten als der alte, also mit geringerem Aufwand zu einer ebenso gut abgesicherten Aussage über die Intelligenz des Kandidaten führen. Zum anderen gibt es viele Situationen, in denen man zwei verschiedene Instrumente benötigt, die beide das Gleiche messen. Legt man beispielsweise beide Instrumente ein und demselben Kandidaten zu zwei unterschiedlichen Zeitpunkten vor, so erhöht sich die Sicherheit des Urteils. Schneidet er in beiden Messungen gleich ab, so kann man sich sicher sein, dass dies nicht nur auf die aktuelle Tagesform des Probanden oder die Spezifität der eingesetzten Aufgaben zurückzuführen ist.

a) Augenscheinvalidität

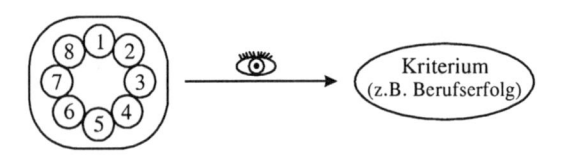

b) Innere kriterienbezogene Validität

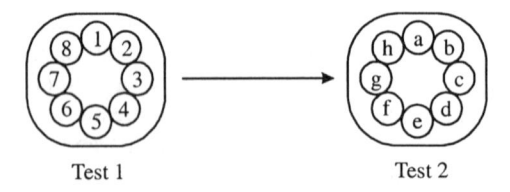

Test 1   Test 2

c) Äußere kriterienbezogene Validität

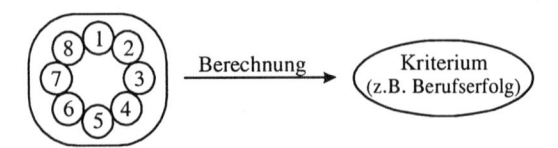

d) Prognostische Validität

Zeit

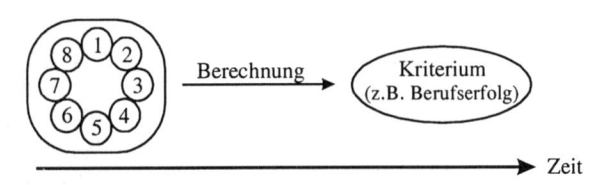

Abbildung 2-8: Grundlegende Formen der Validität

Setzt man zur Validierung eines neuen Testverfahrens ein bereits bestehendes Verfahren ein, so wird anschließend die *innere kriterienbezogene Validität* des neuen Instruments berechnet (vgl. Abbildung 2-8b). Entscheidet man sich hingegen für ein Kriterium, das nichts mit psychologischen Testverfahren zu tun hat, so wird in diesem Fall die berechnete Form der Validität als *äußere kriterienbezogene Validität* bezeichnet (vgl. Abbildung 2-8c). Im Falle des Intelligenztests könnte man z.B. Schülern unterschiedlicher Schulen den Test vorlegen und würde anschließend berechnen, ob die Absolventen einer Hochbegabtenschule oder eines Gymnasiums bessere Werte erzielen als Schüler von Real- oder Hauptschulen. Ebenso könnte man den Zusammenhang zwischen dem Testergebnis und den Schulnoten analysieren.

Bei der Berechnung der kriterienbezogenen Validität muss man jedoch nicht nur solche Kriterien einsetzen, bei denen ein positiver Zusammenhang zum neuen Testverfahren zu erwarten ist. Denkbar ist auch ein Kriterium, bei dem von vornherein kein Zusammenhang erwartet wird. Entwickelt man beispielsweise einen neuen Test zur Messung sozialer Kompetenzen, so sollte dieser positiv mit verwandten Verfahren korrelieren, aber keinerlei Zusammenhänge zur Intelligenz der Probanden aufweisen. Hierdurch gewährleistet man, dass das interessierende Merkmal (soziale Kompetenz) später in der Praxis möglichst unverfälscht von anderen, störenden Merkmalen (z.B. Intelligenz) des Probanden erfasst werden kann. Belegt man mit entsprechenden Studien, dass ein Messinstrument positive Zusammenhänge zu verwandten Messinstrumenten aufweist, so wird dies auch als *konvergente Validität* bezeichnet. Der Nachweis fehlender Zusammenhänge zu fremden Testverfahren ist Ausdruck der *diskriminanten Validität* des Instrumentes (Campbell & Fiske, 1959).

Eine Form der Validität, der in der organisationspsychologischen Praxis eine besonders große Bedeutung zukommt, ist die *prognostische Validität*. Die prognostische Validität macht eine Aussage darüber, inwieweit ein Testverfahren in der Lage ist, eine bestimmte Entwicklung des untersuchten Probanden vorherzusagen. Im organisationspsychologischen Kontext geht es dabei meist um die Prognose des beruflichen Erfolgs, während man bei Hochschuleingangstests z.B. vorhersagen möchte, ob ein Bewerber später auch das Examen bestehen wird. Die Untersuchung der prognostischen Validität ist vergleichsweise aufwändig, woraus sich erklärt, dass sie nur bei wenigen Verfahren explizit angegeben wird. Im Idealfall würde man bei einer Gruppe von Bewerbern den Test durchführen und dann nach mehreren Jahren schauen, wie sich die untersuchten Personen im Berufsleben bewährt haben (vgl. Abbildung 2-8d). Dies zu realisieren ist mitunter recht schwierig, weil die abgewiesenen Bewerber kaum noch zu greifen sind und auch von den eingestellten Bewerbern manche vielleicht bereits das Unternehmen verlassen haben. Hinzu kommt das Problem, wie der berufliche Erfolg zu definieren ist. Sollte man die Gehaltshöhe, die Arbeitszufriedenheit oder vielleicht die Anzahl der unterstellten Mitarbeiter als Indikator heranziehen? Generell ist damit zu rechnen, dass die prognostische Validität eines Verfahrens umso geringer wird, je größer der Zeitraum ist, über den hinweg eine Prognose aufgestellt werden soll. Angesichts der vielfältigen Einflüsse, die über einen Zeitraum von vielleicht 5 oder 10 Jahren unser Leben und Handeln beeinflussen können, ist dies nicht verwunderlich.

Weniger aufwändig, gleichzeitig aber auch weniger aussagekräftig wäre der Versuch, die Prognose über eine querschnittliche Betrachtung gewissermaßen zu simulieren. In diesem Fall würde man den Test, der später zur Bewerberauswahl eingesetzt wird, zunächst mehreren mehr oder minder erfolgreichen Mitarbeitern des Unternehmens vorlegen. Anschließend wird berechnet, inwieweit das Testergebnis mit dem beruflichen Erfolg der Mitarbeit zusammenhängt. Je höher der Zusammenhang ausfällt, desto wertvoller ist der Einsatz dieses Instrumentes auch für die fragliche Organisation. Streng genommen wird bei diesem Vorgehen aber keine prognostische Validität, sondern eher eine äußere kriterienbezogene Validität berechnet, da die Messung des Kriteriums (beruflicher Erfolg) zum gleichen Zeitpunkt erfolgt, wie die Messung mit Hilfe des zu validierenden Testverfahrens.

Die prognostische Validität kann – ebenso wie die äußere kriterienbezogene Validität – auf den skizzierten Wegen auch für ein bereits auf dem Markt befindliches Instrument bestimmt werden. Der zu betreibende Aufwand wird dabei in der Regel durch den zu erwartenden Nutzen gerechtfertigt sein. Da in den allermeisten Fällen die Testentwickler ihren Test wohl kaum für genau die berufliche Tätigkeit validiert haben dürften, für die sich der Testanwender interessiert, kann der Testanwender selbst im Rahmen einer Studie den genauen Nutzen des Verfahrens für sein Unternehmen ermitteln. Hierzu muss er allerdings über das notwendige methodische Know-how verfügen oder die nötige Fachkompetenz einkaufen. Obwohl eine solch unternehmensinterne Validierung von Messinstrumenten sehr hilfreich ist, wird sie in der Praxis doch nur selten realisiert. Hier wird eindeutig an der falschen Stelle gespart, denn was nützt es dem Anwender letztlich, wenn er ein Verfahren einsetzt, über dessen spezifischen Nutzen für seine konkrete Fragestellung er nichts weiß? Gerade dann, wenn ein Instrument häufig eingesetzt werden soll und/oder folgenreiche Entscheidungen mit dem Ergebnis der Messung verbunden sind, empfiehlt sich eine organisationsinterne Validierung.

Eine weitere Form der Validität steht eher im Hintergrund der praktischen Anwendung. Die Rede ist von der sog. *Konstruktvalidität*. Sie macht eine Aussage darüber, inwieweit ein Testverfahren die psychologische Theorie, die hinter den zu messenden Merkmalen steht, widerspiegelt. So könnte beispielsweise der Testkonstrukteur erwarten, dass die Persönlichkeitsmerkmale „Gewissenhaftigkeit", „Emotionale Stabilität" und „Extraversion" weitestgehend unabhängig voneinander sind. Dies überprüft er, indem er den Test in der Erprobungsphase vielen Personen vorlegt und schaut, ob z.B. eine hohe Ausprägung des Persönlichkeitsmerkmals A überzufällig mit einer bestimmten Ausprägung der beiden anderen Merkmale einhergeht. Analog verfährt er mit jedem der verbleibenden Persönlichkeitsmerkmale. Kann er nachweisen, dass zwischen den Merkmalen keine enge Beziehung besteht, so ist der Test in der Lage, das theoretische Konzept des Forschers (konstrukt-)valide zu erfassen. Da die psychologische Theorie, die einem Test zugrunde liegt, mitunter sehr komplex sein kann, gibt es auch viele verschiedene Wege, die Konstruktvalidität des Messinstrumentes zu überprüfen. Wird im Rahmen derartiger Berechnungen beispielsweise mit Hilfe des mathematischen Verfahrens der Faktorenanalyse überprüft, ob sich die Items des Testverfahrens auf eine zuvor theoretisch hergeleitete Anzahl von Faktoren verteilen, so spricht man auch von *faktorieller Validität* als einer spezifischen Form der Konstruktvalidität.

Wie wird nun aber die Validität eines Testverfahrens für den Anwender ersichtlich? Hier ist zunächst zwischen solchen Instrumenten zu unterscheiden, die als vollständig standardisierte Verfahren im Handel erhältlich sind (siehe Kapitel 3 bis 10) und solchen, die für jede Organisation neu entwickelt oder doch zumindest angepasst werden (Kapitel 11). Gütekriterien können für alle Verfahren ermittelt werden, in aller Regel liegen explizite Werte jedoch nur für vollständig standardisierte Verfahren vor. Dies ergibt sich zwangsläufig aus der Tatsache, dass organisationsspezifisch entwickelte Instrumente, wie z.B. das Assessment Center oder der Biographische Fragebogen je nachdem wie sie konstruiert und wie gut sie auf die jeweilige Organisation abgestimmt wurden, eine unterschiedliche Validität aufweisen. Dies gilt natürlich auch für die Reliabilität der entsprechenden Verfahren. Dennoch ist es möglich, ungefähre Angaben zur Validität zu machen, die man in der Forschung über mehrere spezifische Instrumente hinweg ermittelt hat. Hieraus ergibt sich dann die Möglichkeit, verschiedene Methoden (z.B. Assessment Center vs. Biographischer Fragebogen) untereinander zu vergleichen. So zeigt sich etwa, dass dem Assessment Center in der Regel eine extrem bessere prognostische Validität zukommt als dem unstrukturierten Einstellungsinterview. Wie werden hierauf noch im Kapitel 11 ausführlich zu sprechen kommen.

Bleiben wir einstweilen bei den vollständig standardisierten Verfahren, die im Zentrum unserer Analyse stehen. In den Handbüchern derartiger Messinstrumente wird man Angaben zur Augenschein- oder auch zur Sozialen Validität meist vergeblich suchen. Bei der Augenscheinvalidität ergibt sich dies aus der Sache selbst, da hier kein Zahlenwert berechnet wird. Die soziale Validität hat sich als Gütekriterium in der Psychologie noch nicht so weit durchgesetzt, als dass sie auch für jeden Test berechnet werden würde. Als etwas schwierig erweisen sich für den Laien möglicherweise auch die Berechnungen zur Konstruktvalidität. Da es sehr viele Wege gibt, die Passung zwischen einem Messinstrument und der zugrunde liegenden Theorie zu überprüfen, kann an dieser Stelle auch keine einfach zu interpretierende Kenngröße benannt werden. Ganz anders sieht es hingegen mit der Kriterienbezogenen sowie der prognostischen Validität aus. Ähnlich wie bei der Reliabilität wird hier mit einem einheitlichen Koeffizienten, dem sog. *Validitätskoeffizienten* operiert. Auch hier bewegen sich die Werte zwischen .0 und 1.0, wobei die Güte des Testverfahrens umso größer ist, je höher der Zahlenwert ausfällt. Ideal wäre also z.B. ein Messinstrument mit einer prognostischen Validität von 1.0, weil es den beruflichen Erfolg eines Bewerbers zu 100 % vorhersagen könnte. Solche Verfahren gibt es selbstverständlich nicht und sie werden auch auf ewig eine Utopie bleiben, weil sich menschliches Verhalten prinzipiell nicht derart „perfekt" vorhersagen lässt. Das liegt vor allem daran, dass das Verhalten des Menschen nie durch ihn allein, also durch seine Fähigkeiten und Fertigkeiten oder seine Motive, bestimmt wird. Verhalten ist vielmehr immer das Ergebnis eines sehr komplexen Zusammenspiels von Merkmalen der Person und Merkmalen ihrer aktuellen Umgebung (Einflüsse von Kollegen, aktuelle Arbeitsbelastung, private Probleme etc.). Hinzu kommt, dass sich auch erwachsene Menschen über die Zeit hinweg verändern, so dass vor allem langfristige Prognosen mit größeren Fehlern behaftet sind. Im Hinblick auf die prognostische Validität sind Wert, die bei .4 oder darüber liegen als besonders hohe Validitätskoeffizienten zu bewerten. Bei der Kriterienbezogenen Validität lassen sich durchaus auch höhere Werte erzielen.

Auf den ersten Blick scheint ein Wert von .4 eher ernüchternd. Man darf sich hier allerdings nicht von der absoluten Größe der Zahl verwirren lassen. So könnte man ja auch alle Koeffizienten mit 100 multiplizieren und schon sähe der Wert gleich viel beeindruckender aus. Der Nutzen eines Messinstrumentes erschließt sich jedoch erst dann, wenn man den Validitätskoeffizienten in ein geeignetes Bezugssystem einordnet und beispielsweise einmal ausrechnet, wie groß der finanzielle Nutzen eines Testverfahrens mit zuvor bestimmter Validität ist. Wir werden diese wichtige Frage im Abschnitt 2.7 gesondert diskutieren.

2.5.3 Objektivität

Jede Organisation, die zu welchem Zwecke auch immer psychologische Messinstrumente einsetzt, wird ganz selbstverständlich daran interessiert sein, eine möglichst objektive Einschätzung der untersuchten Kandidaten zu erhalten. Das Qualitätskriterium der Objektivität bezieht sich dabei auf die Frage, inwieweit die Ergebnisse der Messung durch diejenige Person, welche die Messung durchführt, beeinflusst und damit möglicherweise verfälscht werden kann. Stellen wir uns zur Verdeutlichung des Problems einmal eine Personalauswahlsituation vor. In alten amerikanischen Spielfilmen sieht man manchmal noch, dass im Rahmen des Auswahlgespräches dem Bewerber Blätter mit verschiedenen Tintenklecksen vorgelegt werden. Der Bewerber wird dann gebeten anzugeben, was er in dem gezeigten Bild zu erkennen glaubt. Dieser nach seinem Erfinder benannte Rorschach-Test (Rorschach, 1962) ist ein abschreckendes Beispiel für ein Messinstrument ohne jede Objektivität. Der Gesprächsführer kann durch sein Verhalten in starkem Maße Einfluss auf die Äußerungen des Probanden nehmen. Überdies bleibt völlig offen, wie die Äußerungen des Kandidaten zu interpretieren sind. Würde man dasselbe Gespräch von verschiedenen Gesprächsleitern führen lassen, so käme man wahrscheinlich zu völlig unterschiedlichen Ergebnissen. Das Ergebnis der „Messung" hat daher nur sehr wenig mit den Eigenschaften des Bewerbers und unverhältnismäßig viel mit der Person des Gesprächsleiters zu tun. Das Beispiel des Rorschach-Tests ist sicherlich ein Extrembeispiel für fehlende Objektivität. Das Problem stellt sich aber – wenn auch wohl in geringerem Maße – bei jedem einfachen Einstellungsgespräch, wenn nicht zuvor das Vorgehen standardisiert wurde. Die Objektivität des Verfahrens ließe sich z.B. durch eine genaue Festlegung der Fragen und Regeln zur Bewertung des Bewerbers deutlich erhöhen.

Messinstrumente mit einer hohen Objektivität lassen dem Untersuchungsleiter mithin nur wenig Spielraum für subjektive Entscheidungen. Dabei unterscheiden wir drei Formen der Objektivität. Die *Durchführungsobjektivität* bezieht sich – wie der Name bereits verrät – allein auf die Situation der Datenerhebung. Eine hohe Durchführungsobjektivität ist gewährleistet, wenn für jeden Bewerber die Untersuchungsbedingungen völlig identisch sind. Dies ist bei den allermeisten Testverfahren, insbesondere bei computergestützten Erhebungen, gegeben. Der Bewerber erhält eine standardisierte Instruktion und bearbeitet dann selbständig einen Fragebogen zur Selbstbeschreibung oder unterschiedliche Leistungsaufgaben. Darüber hinaus sind mögliche Zeitvorgaben oder der Einsatz von Hilfsmitteln für alle Messungen verbindlich geregelt. Ausgenommen vom Konzept der Durchführungsobjektivität ist das subjektive Erleben des Bewerbers. Natürlich kann man nicht gewährleisten, dass sich jeder Kandidat am Tage der Bewerbung gleich gut fühlt oder in gleichem Maße leistungsfähig ist. Die Aufgabe der Entwickler und Nutzer eines diagnostischen Instrumentes ist es jedoch, so weit wie möglich die eigentliche Prozedur der Untersuchung konstant zu halten.

Ist die Datenerhebung abgeschlossen, geht es in einem zweiten Schritt an die Auswertung der Ergebnisse. Auch hierbei kann dem durchführenden Personal mehr oder weniger Spielraum gelassen werden. Die *Auswertungsobjektivität* ist umso höher, je kleiner dieser Spielraum ist. Vergleichen wir zur Verdeutlichung einmal zwei sehr unterschiedliche Personalauswahlverfahren miteinander. Bei Assessment Centern muss jeder Beobachter nach einer Übung das Gesehene auf einer Beurteilungsskala abtragen. Nehmen wir einmal an, die Skala besitzt fünf Punkte. Wenn nun lediglich festgelegt wurde, dass ein Punktwert von 1 einer geringen, ein Punktwert von 5 hingegen einer hohen Ausprägung des beobachteten Verhaltensmerkmals entspricht, so ist der Auswertungsspielraum sehr groß. Von zwei Beobachtern, die exakt das gleiche Verhalten des Bewerbers betrachtet haben, mag der eine nun 3, der andere aber 4 Punkte vergeben. Beide handeln „richtig" im Sinne der zuvor festgelegten Spielregeln, dennoch ist es um die Auswertungsobjektivität des Assessment Centers eher schlecht bestellt. Abhilfe schafft hier der Einsatz verhaltensverankerter Ratingskalen, bei dem jede der fünf Stufen auf der Einschätzungsskala genau definiert ist. Besonders hoch ist die Auswertungsobjektivität grundsätzlich bei computergestützten Verfahren, bei denen nicht nur die Bearbeitung des Tests direkt am Computer erfolgt, sondern auch die Auswertung durch den Rechner vorgenommen wird. Bei diesem Vorgehen sind die Auswertungsregeln einmal definiert worden und kommen immer wieder in gleicher Weise zur Anwendung. Dies gilt mit Abstrichen auch für computergestützte Auswertungsprogramme, bei denen der Testleiter die Ergebnisse einer schriftlichen Befragung erst noch selbständig in den Rechner eingeben muss. Die Auswertungsobjektivität ist nur dann vollständig gegeben, wenn dem Testleiter bei der Dateneingabe kein Fehler unterläuft. Ähnlich verhält es sich mit Testverfahren, bei denen der Auswerter mit einer Schablone die Punktzahl in einem Fragebogen ermitteln muss. Generell gilt, dass Testverfahren und insbesondere computergestützte Instrumente meist eine höhere Auswertungsobjektivität erreichen als Interviews oder auch die Auswertung von Bewerberunterlagen.

Nach der Datenerfassung und -auswertung folgt schließlich noch die Interpretation der Ergebnisse. Hierbei muss entschieden werden, welche inhaltliche Bedeutung einem bestimmten Zahlenwert zukommt. Besonders leicht ist dies bei Intelligenztests, denen immer eine Normierung zugrunde liegt. So weiß man beispielsweise, dass ein IQ zwischen 85 und 115 Punkten als durchschnittliche Leistung gelten kann. Bei vielen anderen Instrumenten, wie z.B. Persönlichkeitstests, ist man aber an einer weiterreichenden, inhaltlichen Interpretation interessiert. Die *Interpretationsobjektivität* eines Verfahrens ist besonders groß, wenn dem Auswerter hierbei kein großer Spielraum eingeräumt wird, sondern sich die Interpretation geradezu automatisch aus dem Zahlenwert ergibt. Hierzu können in den Manualen, die jedem Test beiliegen, Interpretationsbeispiele vorgegeben werden. Auch ist es möglich, jeden Punkt auf der Ergebnisskala mit einer verbalen Umschreibung zu versehen. Betrachten wir eine konkrete Personalentscheidung, so wird die Interpretationsobjektivität der eingesetzten Verfahren aber nicht allein durch die Instrumente selbst bestimmt. Selbst wenn man weiß, dass ein Zahlenwert von 5 auf einer Skala zur Messung der Durchsetzungsfähigkeit zu interpretieren ist, weiß man noch immer nicht, ob für die fragliche Stelle ein Bewerber mit einem Zahlenwert von 5 oder eher einer mit einem Wert von 8 einzustellen ist. Der Entscheidungsspielraum wird an dieser Stelle also wieder sehr groß. Abhilfe verschafft in diesem Falle eine detaillierte Anforderungsanalyse, die genau festlegt, welche Mindestanforderungen oder optimalen Werte ein Bewerber aufweisen muss. Der unverzichtbare Nutzen der Anforderungsanalyse für die Interpretation der Ergebnisse wird z.B. bei der Durchführung von Assessment Centern deutlich: Liegt ein konkretes Anforderungsprofil vor, so müssen die Ergebnisse der Beobachtungen nur noch mit den vorgegebenen Richtwerten verglichen werden. Die Entscheidung ergibt sich dann fast schon von allein. Ihre Qualität hängt dabei natürlich nicht nur von den Kennwerten des eingesetzten Verfahrens, sondern auch von der Qualität der Anforderungsanalyse ab.

Im Unterschied zur Reliabilität sowie den meisten Formen der Validität werden die unterschiedlichen Formen der Objektivität nicht durch einen Zahlenwert ausgedrückt, sondern rein verbal beschrieben. Oft werden sie in Testmanualen nicht einmal explizit erwähnt, so dass der Anwender selbst darauf angewiesen ist, sich ein entsprechendes Urteil zu bilden.

2.5.4 Normierung

Die Interpretationsobjektivität eines Messinstrumentes hängt z.T. auch von der Frage ab, inwieweit der Auswertung eine Normierung zugrunde liegt. Normierungen erfüllen den Zweck, ein individuelles Messergebnis in ein breiteres Bezugssystem einzuordnen, um hierdurch die Interpretation der Ergebnisse zu erleichtern. Die wahrscheinlich bekannteste Normierung, die in der Psychologie eingesetzt wird, liegt fast allen Intelligenzmessungen zugrunde. Die Rede ist hier vom Intelligenzquotienten (IQ). Eine durchschnittliche Leistung entspricht einem IQ zwischen 85 und 115 Punkten. Die durchschnittliche Leistung ist so definiert, dass ca. 68 % der Bevölkerung ein Ergebnis in diesem Bereich erzielen werden, wenn man ihnen den Test vorlegen würde. Eine überdurchschnittliche Leistung liegt bei einem IQ zwischen 115 und 130 vor. Jenseits der oberen Grenze spricht man im Allgemeinen von Hochbegabung. Im unteren Leistungsbereich findet sich die spiegelbildliche Aussage. Ein Wert zwischen 70 und 85 kann als unterdurchschnittlich, ein Wert unter 70 als weit unterdurchschnittlich bezeichnet werden. Abbildung 2-9 verdeutlicht die Zusammenhänge. Die IQ-Norm folgt einem symmetrischen Verlaufsmuster der Häufigkeit gelöster Aufgaben. Der Intelligenztest wird so konstruiert, dass jeweils genau gleich viele Menschen innerhalb der Bevölkerung ein Ergebnis oberhalb und unterhalb des Skalenmittelwertes (IQ von 100) erzielen. Aus dem IQ lässt sich daher ablesen, wieviel Prozent der Bevölkerung ein besseres oder schlechteres Ergebnis erzielen als eine bestimmte Person, die den Test bearbeitet hat. Erzielt z.B. ein Bewerber einen IQ von 70, so würden z.B. nur noch ca. 2 % der Menschen innerhalb der Bevölkerung der BRD ein schlechteres Ergebnis erzielen. Ein Intelligenztest ermöglicht mithin auf der Basis einer entsprechenden Normierung weitreichende Aussagen. Alle Personen, die sich dem Test unterziehen, werden nach dem gleichen Maßstab beur-

Grundlagen psychologischer Diagnostik 79

teilt und darüber hinaus in ein definiertes und noch dazu sehr weitreichendes Bezugssystem eingeordnet.

Die Normierung ist das Ergebnis der Testkonstruktion. Die Testaufgaben werden im Rahmen empirischer Studien so zusammengestellt, dass sie den Bedingungen der Normierung entsprechen. Das heißt vor allem, dass die Lösungshäufigkeiten innerhalb der ausgewählten Bezugspopulation eine symmetrische Verteilung aufweisen, wie sie in Abbildung 2-9 dargestellt ist. Im Rahmen der Testkonstruktion wird dabei entschieden, welche Bezugsstichprobe herangezogen werden soll. So mag es z.B. für einen Schulreifetest sinnvoll sein, sich in der Norm auf alle Kinder der BRD im Alter zwischen fünf und acht Jahren zu beziehen, während ein Test zur Messung der Studierfähigkeit ausschließlich Abiturienten zur Grundlage der Normierung heranzieht. Darüber hinaus ist es in vielen Tests möglich, zwischen verschiedenen Alters-, Geschlechts- und Bildungsgruppen zu differenzieren, so dass z.B. die Leistungen eines Bewerbers in Relation zur Leistung der 30- bis 40-jährigen Männer mit Realschulabschluss gesetzt wird.

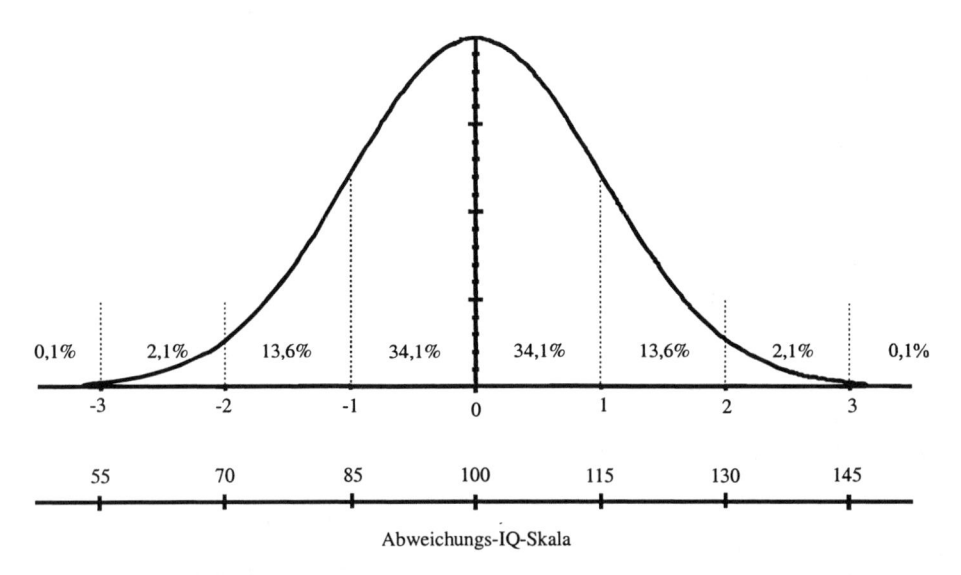

Abweichungs-IQ-Skala

Abbildung 2-9: Intelligenznorm-Skala

Die Intelligenznorm wird ausschließlich bei allgemeinen Leistungstests eingesetzt. Überdies gibt es eine ganze Reihe weiterer Normierungen, die nach dem gleichen Prinzip funktionieren. In Abbildung 2-10 haben wir die gängigsten Normierungen zusammengestellt. Wir sehen hierin auch, dass man recht einfach die verschiedenen Normen ineinander überführen kann. So entspricht z.B. ein IQ von 115 einem „Z-Wert" von 110 oder einem „T-Wert" von 60. Im Prinzip kann man für jeden Test eine Normierung berechnen und selbständig entscheiden, welche Norm sinnvoll wäre. Die Wahl der Normierung hängt dabei vor allem von der Differenzierungsfähigkeit des Tests zusammen. So ermöglicht z.B. die IQ-Skala sehr feine Unterscheidungen, während die Stanine-Skala nur die Möglichkeit einer groben Kategorisierung in

9 Gruppen vorsieht. Im Einzelfall muss der Testkonstrukteur also überlegen, ob sein Test überhaupt in der Lage ist, entsprechend feingliedrige Unterscheidungen zu treffen oder ob hier eine gröbere Skala angemessen ist. Dies ist nicht zuletzt eine Frage der Reliabilität (s.o.).

Eine Ausnahme unter den verschiedenen Normen bildet die *Prozentrangskala*. Während alle übrigen Normierungen nur dann berechnet werden dürfen, wenn bestimmte mathematische Grundvoraussetzungen erfüllt sind – die Ergebnisse der Population müssen sich symmetrisch in Form der in Abbildung 2-10 dargestellten „Glockenkurve" verteilen –, kann die Prozentrangskala in jedem Falle berechnet werden. Überdies ist die Skala leicht zu interpretieren. Ein Prozentrang von 70 bedeutet, dass 70 % der Bezugspopulation (z.B. Bevölkerung der BRD) ein schlechteres oder gleich gutes Ergebnis erzielen würden wie der Bewerber. Bei der Interpretation der Prozentrangskala tauchen jedoch leicht Missverständnisse auf. Der Prozentrang sagt lediglich etwas über die Rangordnung der Bewerber aus, nicht aber über die genaue Größe des Abstandes zwischen den Bewerbern. Betrachten wir zur Verdeutlichung des Problems einmal drei Bewerber, die jeweils unterschiedliche Prozentränge (A = 60, B = 70 und C = 80) haben. Bewerber C hat die stärkste Leistungsausprägung, Bewerber A die geringste. Auch wenn die Zahlenwerte den gegenteiligen Eindruck erzeugen, wissen wir aber nichts darüber, ob Bewerber B in seiner Leistung gleich weit von seinen beiden Konkurrenten entfernt ist. Bei der Interpretation von Prozenträngen ist mithin Vorsicht angebracht.

Wird in einer Organisation, z.B. im Rahmen der Personalauswahl, ein normierter Test eingesetzt, so wird sich die zugrunde gelegte Norm immer auf eine Population beziehen, die der eigenen Organisation mehr oder weniger fremd ist. Das Ergebnis der Bewerber kann beispielsweise zur Gesamtbevölkerung der BRD in Beziehung gesetzt werden. Ist diese Information aber wirklich wichtig? Was fängt ein Personalchef mit der Information an, dass ein Bewerber, bezogen auf die Gruppe der Erwachsenen im Alter zwischen 20 und 40, eine durchschnittliche Extraversion aufweist? Viel entscheidender dürfte für ihn in aller Regel jedoch die Frage sein, ob der Bewerber hinreichend extravertiert ist, um beispielsweise den Aufgaben eines Außendienstmitarbeiters gerecht zu werden. Allgemeine Normierungen sind hier also gar nicht so bedeutsam. Neben der unmittelbaren Orientierung an den Berufsanforderungen könnte vielleicht aber auch ein Interesse bestehen, die Mitarbeiter untereinander besser vergleichen zu können. In diesem Fall wäre eine Normierung für die eigene Organisation zu entwickeln. Auf dieser Basis kann die Leistung des Einzelnen sowie die Leistung von Bewerbern in Bezug gesetzt werden zur Leistung anderer Mitarbeiter der Organisation. Die Entwicklung einer eigenen Normierung erfordert jedoch einschlägiges Methodenwissen und wird sich finanziell nur für größere Organisationen lohnen.

Grundlagen psychologischer Diagnostik

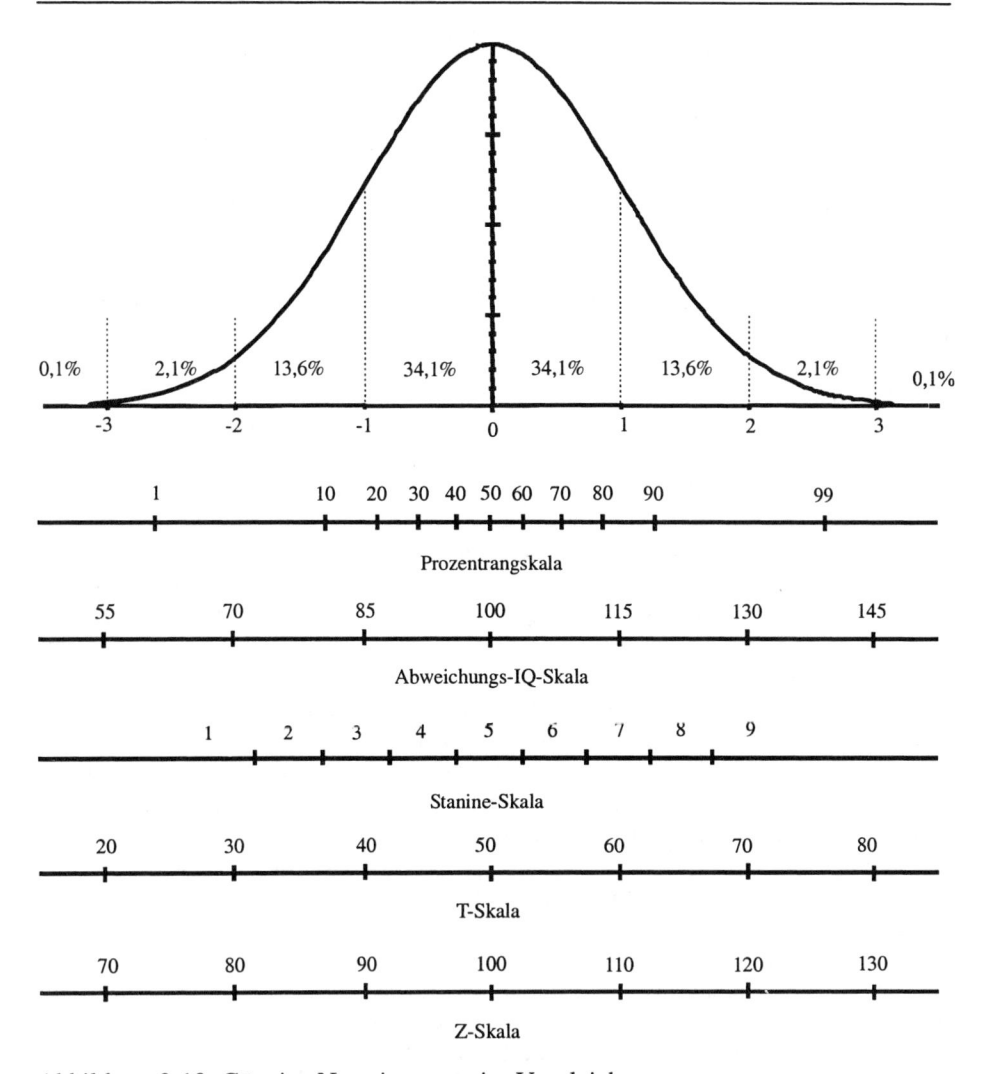

Abbildung 2-10: Gängige Normierungen im Vergleich

2.6 Entwicklung eines psychologischen Messinstrumentes

Die Entwicklung eines psychologischen Messinstrumentes ist ein aufwändiger Prozess. Es ist keineswegs so, dass sich der Testentwickler einfach nur einige Fragen zum Führungsverhalten oder zur Persönlichkeit einer Person einfallen lassen müsste, um damit schon ein wertvolles Verfahren in Händen halten zu können. Die Qualität muss sich erst in einer Reihe empirischer Studien beweisen. Nachfolgend wollen wir diesen Prozess prototypisch kurz am Beispiel der Entwicklung eines Fragebogens zur Messung von Persönlichkeitsmerkmalen skizzieren. Unsere knappe Darstellung kann dabei unmöglich den Anspruch einer vollständigen Beschreibung aller Optionen und

Vorgehensweisen liefern. Sie dient lediglich dem Zweck, das grundlegende Vorgehen zu verdeutlichen.

Zu Beginn der Testkonstruktion gilt es zunächst, die unterschiedlichen Persönlichkeitsmerkmale, die mit Hilfe des Fragebogens später erfasst werden sollen, festzulegen. Eine Basis hierfür kann z.B. eine bestimmte Persönlichkeitstheorie sein, die aus der Grundlagenforschung hervorgegangen ist. Ebenso könnte man aber auch auf eine Sammlung spezifischer Merkmale zurückgreifen, die sich in der Praxis – z.B. im Rahmen einer Anforderungsanalyse – als besonders relevant erwiesen haben.

In einem zweiten Schritt formuliert der Testkonstrukteur, allein oder gemeinsam mit anderen, zu jedem der ausgewählten Persönlichkeitsmerkmale viele Items, die per Augenschein in der Lage sind, das fragliche Merkmal zu erfassen. Meist handelt es sich in der Psychologie dabei nicht um Fragen im engeren Sinne, sondern um Statements, die ein bestimmtes Verhalten beschreiben. Der Proband (z.B. ein Bewerber) muss später dann einschätzen, inwieweit er jedem einzelnen der zahlreichen Statements zustimmen kann. Ein Item zur Messung von „Extraversion" könnte beispielsweise lauten: „Es fällt mir leicht, auf einer Party fremde Menschen anzusprechen". Insgesamt werden deutlich mehr Items formuliert, als später in der endgültigen Version des Messinstrumentes übrig bleiben. Dies ist notwendig, da sich im Laufe der Testkonstruktion viele Items als wenig brauchbar erweisen werden und daher der Selektion anheim fallen. Wer also zu Beginn mit sehr wenigen Items startet, könnte später das Problem haben, dass nicht genügend geeignete übrig bleiben.

Alle Items werden nun in Form eines traditionellen Fragebogens oder in einer Computerversion einer großen Stichprobe von Personen vorgelegt. Diese Stichprobe sowie alle weiteren, die im Laufe der Testkonstruktion noch zu ziehen sind, sollten derjenigen Population, in der der Test später eingesetzt wird, möglichst ähnlich sein. Dies ist notwendig, da die Selektion der Items sowie die Gütekriterien des Testverfahrens immer stichprobenabhängig sind. Ein Intelligenztest, der beispielsweise auf der Basis von Hauptschülern konstruiert wurde, später aber zur Auswahl von Hochschulabsolventen eingesetzt werden soll, wird in der Praxis sicherlich einige Probleme bereiten. Zu erwarten ist beispielsweise, dass die letztlich ausgewählten Aufgaben für die Hochschulabsolventen schlichtweg zu leicht sind. Wenn aber fast alle Bewerber nahezu alle Aufgaben lösen, so ermöglicht der Test keine Differenzierung zwischen den Bewerbern. Er ist für diese Population nicht sinnvoll einsetzbar. Im Rahmen der ersten empirischen Studie geht es nun um die Überprüfung der Zugehörigkeit der Items zu den zugrunde gelegten Persönlichkeitsmerkmalen. Mit Hilfe mathematischer Verfahren (Faktorenanalysen) wird überprüft, welche Items zusammengehören, also weitestgehend das gleiche Merkmal erfassen. Diejenigen Items, die isoliert für sich stehen, werden aus dem Test herausgenommen: Nehmen wir einmal an, wir hätten der Testkonstruktion sieben Persönlichkeitsmerkmale zugrunde gelegt. Überprüft wird nun, ob sich die Items tatsächlich zu sieben voneinander weitgehend unabhängigen Gruppen sortieren lassen. Nehmen wir weiterhin einmal an, dass dies der Fall ist, so wird es mit sehr hoher Wahrscheinlichkeit solche Items geben, die mathematisch nicht eindeutig einer der Itemgruppen zuzuordnen sind. Sie sind es, die nun eliminiert werden. Darüber hinaus werden alle Items aus dem Test entfernt, die von sehr vielen Probanden in der gleichen Weise bearbeitet wurden. Hier verhält es sich wie in unserem Beispiel zur Intelligenzmessung. Wenn fast alle Bewerber die gleiche Antwort geben, so ist ein solches Item nahezu wertlos, es vermag nicht mehr zwischen den (meisten) Bewerbern zu differenzieren. Überdies kann auf der Basis der gewonnenen Daten eine Analyse der Reliabilität (innere Konsistenz) der einzelnen Skalen erfolgen. Auch hierbei kommt es zu einer weiteren Reduzierung der Items. Ausgesondert werden all diejenigen von ihnen, die keinen wertvollen Beitrag zur Reliabilität des Verfahrens leisten.

Das somit in seinem Umfang deutlich reduzierte Verfahren wird nun in einem weiteren Schritt verschiedenen Untersuchungen zur Überprüfung der Validität ausgesetzt. So vielfältig die Möglichkeiten zur Bestimmung der Validität ausfallen, so vielfältig sind auch die denkbaren Studien, die man durchführen könnte (s.o.). In aller Regel wird man Studien zur inneren kriterienbezogenen Validität durchführen, also die Ergebnisse des neuen Persönlichkeitstests mit den Ergebnissen anderer Testverfahren vergleichen, die vorgeben die gleichen Merkmale zu messen. Aufwändiger sind im Vergleich hierzu Studien zur äußeren kriterienbezogenen Validität, bei denen ein testunabhängiges Kriterium als Indikator für die Ausprägung der verschiedenen Persönlichkeitsdimensionen herangezogen wird. Das für Fragen der Personalauswahl interessanteste Kriterium – das der prognostischen Validität – wird aufgrund des großen Aufwandes nur selten tatsächlich berechnet.

Erst jetzt, nachdem sich unser neues Testverfahren sowohl im Hinblick auf die Reliabilität als auch im Hinblick auf die Validität bewährt hat, ist an eine Normierung zu denken. Dabei muss zunächst entschieden werden, ob eine Normierung überhaupt sinnvoll ist. Dies ist nur dann der Fall, wenn wir später einen Bewerber in Relation zu anderen Personengruppen betrachten möchten. In aller Regel reicht es im Rahmen der organisationspsychologischen Diagnostik jedoch aus zu wissen, inwieweit ein Bewerber, absolut betrachtet, ein zuvor definiertes Anforderungskriterium erfüllt. Ob es sich hierbei um eine für Bewerber mehr oder minder durchschnittliche Leistung handelt, ist meist von sekundärer Bedeutung.

Alle wichtigen Schritte zur Testkonstruktion sind somit absolviert. Darüber hinaus gibt es viele Möglichkeiten noch weitere Studien, z.B. zur Messung der Retest-Reliabilität, zu unternehmen. Welche Untersuchungen hier sinnvoll oder gar zwingend notwendig sind und welche nicht, muss im Einzelfall entschieden werden. Wir sehen, die Konstruktion eines nachweislich guten Testverfahrens ist sehr aufwändig. Wer immer in der Praxis ein Messinstrument einsetzen möchte, tut gut daran, sich über das genaue Vorgehen der Konstruktion sowie die damit einhergehenden Gütekriterien sorgfältig zu informieren. Dies gilt insbesondere für Instrumente, die auf dem freien Markt entwickelt wurden und hier zu rein kommerziellen Zwecken angeboten werden. Nicht selten wird es schwierig sein, hier überhaupt an die entscheidenden Informationen heranzukommen. In der Regel wird man zur vollständigen Einschätzung des Verfahrens auf das Know-how eines ausgebildeten Diagnostikers angewiesen sein.

2.7 Kosten und Nutzen

Insbesondere im Wirtschaftskontext stellt sich natürlich schnell die Frage nach dem Nutzen, der mit dem Einsatz psychologischer Messinstrumente einhergeht. Soll ein neues auf die eigene Organisation zugeschnittenes Messinstrument entwickelt werden, so ist dies mit z.T. erheblichen Kosten verbunden – insbesondere, wenn man hierzu die Dienste von Unternehmensberatungen in Anspruch nimmt. Der Einsatz bereits auf dem Markt befindlicher Instrumente ist im Vergleich hierzu meist weniger kostspielig, leidet aber ggf. unter einer mangelnden Passung zwischen den spezifischen Bedürfnissen der Organisation und den Merkmalen der angebotenen Verfahren. Unabhängig von der Frage, ob man nun die Entwicklung eines organisationsspezifischen Verfahrens in Angriff nimmt oder auf bestehende Instrumente zurückgreift – eine Kombination beider Herangehensweisen ist natürlich ebenso möglich, und oftmals vielleicht die sinnvollste – gilt, dass immer auf die Gütekriterien der eingesetzten Instrumente zu achten ist. Man muss sich fragen, wie es um Reliabilität, Validität und Objektivität der Instrumente bestellt ist und ob eine geeignete Normierung vorliegt, sofern dies für wichtig erachtet wird. Neben den reinen Zahlenwerten stellt sich dabei auch die Frage nach den Stichproben, anhand derer die Gütekriterien ermittelt wurden. Als Faustformel gilt: Je größer die Ähnlichkeit zwischen den untersuchten Stichproben und der Population, die in der Praxis dem Messinstrument ausgesetzt wird, desto leichter sind die Angaben zu den Gütekriterien zu interpretieren. Auch ist in diesem Zusammenhang immer die Möglichkeit zu bedenken, dass eine Organisation selbständig Untersuchungen zur Überprüfung der Qualität eines bereits bestehenden Verfahrens durchführen kann. Liegt etwa ein Instrument vor, dessen Reliabilität und Objektivität überzeugt, dessen prognostische Validität für den anvisierten Zweck jedoch fraglich erscheint – und dies wird eher häufig denn selten der Fall sein –, so lohnt sich wahrscheinlich eine entsprechende Überprüfung mehr als die Entwicklung eines völlig neuen Verfahrens.

Bei der Frage nach Kosten und Nutzen kommt der Validität eine besonders große Bedeutung zu, da sie eine Aussage darüber erlaubt, inwieweit das Instrument tatsächlich in der Lage ist, ein fragliches Merkmal zu erfassen. Betrachtet man die Höhe üblicher Validitätskoeffizienten, so ist man jedoch allzu leicht geneigt, den tatsächlichen Nutzen zu unterschätzen. Absolut betrachtet sind die Zahlenwerte meist gering. Eine inhaltlich aussagekräftige Beurteilung ist jedoch erst durch die Einordnung der Zahlenwerte in ein Bezugssystem möglich. Zwei solcher Bezugssysteme wollen wir einmal kurz vorstellen.

Das erste Bezugssystem geht von der Situation einer Personalauswahl in einer beliebigen Organisation aus. Der praktische Nutzen eines psychologischen Messinstrumentes hängt keineswegs ausschließlich von der Höhe des Validitätskoeffizienten ab. Vielmehr ist ein und derselbe Test unter verschiedenen Rahmenbedingungen trotz absolut niedrigem Zahlenwert einmal sehr wertvoll, ein andermal überflüssig. Zwei Aspekte dieser „Rahmenbedingungen" werden von Taylor und Russel (1939) berücksichtigt: Zum einen geht es um die Quote der tatsächlich geeigneten Personen unter den Bewerbern, zum anderen um die Selektionsquote, also den Anteil derjenigen Personen, die später aus der Bewerberpopulation ausgewählt und eingestellt werden. Zunächst zur *Quote der geeigneten Personen*: Stellen wir uns einmal vor, es ginge darum, einen Büroboten auszuwählen. Ohne dieser Berufsgruppe zu nahe treten zu wollen, können wir wohl davon ausgehen, dass ein extrem großer Anteil der Bevölkerung in der Lage wäre, entsprechende Aufgaben zufriedenstellend zu erfüllen. Im Vergleich hierzu lassen sich nur sehr wenige Menschen finden, die die Aufgaben einer Nachwuchsführungskraft erfolgreich übernehmen könnten. Wenn unter den Bewerbern für eine spezifische Stelle sehr viele prinzipiell geeignete Personen zu finden sind, so verliert die Validität des Testverfahrens stark an Bedeutung. Das Beispiel des Büroboten ist dabei als ein Extremfall anzusehen, bei dem man von vornherein auf eine aufwändige Diagnostik verzichten würde. Je weniger geeignete sich aber unter den Bewerbern befinden, desto wichtiger wird der Tendenz nach die Validität des Instrumentes. Die tatsächliche Relevanz wird jedoch erst deutlich, wenn wir auch noch die *Selektionsquote* berücksichtigen. Sie bezieht sich auf den Anteil derjenigen Bewerber, die letztlich eingestellt werden müssen. Bewerben sich also beispielsweise in einem Handwerksbetrieb 6 Personen auf zwei offene Stellen, beträgt die Selektionsquote 33 %. Bei einem großen Automobilhersteller, bei dem sich vielleicht 2000 Personen auf 20 offene Stellen bewerben, ergibt sich eine Selektionsquote von 1 %. Tabelle 2-1 gibt einen Ausschnitt aus den sog. „Taylor-Russel-Tafeln" wieder, die alle drei relevanten Kenngrößen, den Validitätskoeffizienten, die Selektionsrate und den Anteil der geeigneten unter den Bewerbern, zueinander in Beziehung setzen. Die Frage ist dabei immer, wie groß der zu *erwartende Anteil tatsächlich geeigneter* Mitarbeiter in der Gruppe der eingestellten Bewerber ausfällt. An zwei Beispielen wollen wir die komplexen Beziehungen verdeutlichen. Im ersten Fall haben wir es mit einem recht hohen Anteil geeigneter Bewerber zu tun: 80 % der Bewerber wären prinzipiell für die Aufgabe geeignet. Gleichzeitig ist die Selektionsquote aber recht hoch: Jeder zweite Bewerber muss eingestellt werden, da sich nur verhältnismäßig wenige Personen für eine Anstellung in unserem Unternehmen interessieren. Setzen wir nun einen Test mit einem Validitätskoeffizienten von .15 ein, so ist damit zu rechnen, dass wir bei 83 % unserer Auswahlentscheidungen richtig liegen. Im Vergleich dazu würde ein Test mit einer Validität von .45 nur eine Verbesserung um 7 % erbringen (jeweils unterstrichene Zahlen in Tabelle 2-1). Ganz anders stellt sich die Situation dar, wenn unter den Bewerbern nur 10 % geeignet sind und gleichzeitig aber auch nur 10 % der Bewerber eingestellt werden müssen, weil sich zehnmal so viele Personen beworben haben, wie offene Stellen zur Verfügung stehen. In diesem Fall würde der Test mit einer Validität von .15 zu einer Trefferquote von 15 % beitragen, während ein Test mit einer Validität von .45 fast zu einer Verdoppelung der Quote auf 29 % führt (siehe fett gedruckte Zahlenwerte in Tabelle 2-1). Ein und derselbe Validitätskoeffizient hat mithin sehr unterschiedliche Konsequenzen für die Praxis der Personalauswahl, je nachdem, welche Rahmenbedingungen vorliegen. Die Qualität der Personalauswahl kann daher nicht nur durch die Güte der eingesetzten Messinstrumente, sondern auch durch eine Veränderung der Rahmenbedingungen mitgestaltet werden. Will man die Rahmenbedingungen für die Personalauswahl möglichst günstig gestalten, so sollte man z.B. durch Anzeigen u.Ä. dafür sorgen, dass sich möglichst viele Personen bewerben, sofern es sich um eine Tätigkeit handelt, die nur von vergleichsweise wenigen Personen beherrscht wird. Hierdurch kann die Wahrscheinlichkeit, eine gute Einstellungsentscheidung zu treffen, deutlich gesteigert werden.

Tabelle 2-1: Auszüge aus den Taylor-Russel-Tafeln

Validität des Tests	Selektionsrate in %					Selektionsrate in %				
	90	70	50	30	10	90	70	50	30	10
	Anteil geeigneter Bewerber 10 %					Anteil geeigneter Bewerber 80 %				
.95	11	14	20	33	78	89	99	100	100	100
.85	11	14	20	31	62	87	96	99	100	100
.75	11	14	19	29	51	86	93	97	99	100
.65	11	14	18	26	43	85	91	95	97	99
.55	11	14	17	23	36	84	89	92	95	98
.45	11	13	16	20	**29**	83	87	<u>90</u>	93	96
.35	11	13	15	18	24	82	85	89	90	94
.25	11	12	13	16	19	82	84	86	88	91
.15	10	11	12	13	**15**	81	82	<u>83</u>	85	87
.05	10	10	11	11	12	80	81	81	82	82

erwarteter Anteil geeigneter unter
den eingestellten Bewerbern (in Prozent)

Neben den Taylor-Russel-Tafeln kann die praktische Bedeutung eines Validitätskoeffizienten auch durch Berechnungen zur Wirtschaftlichkeit bestimmt werden. Hierbei geht es weniger um die Frage, mit welcher Wahrscheinlichkeit eine richtige Personalentscheidung getroffen wird, als vielmehr darum, den monetären Gewinn einer bestimmten Auswahlprozedur zu berechnen. Derartige Berechnungen sind sehr viel differenzierter als die Erkenntnisse, die sich aus den Taylor-Russel-Tafeln ableiten lassen und entsprechen eher den Fragen, die in der Praxis gestellt werden. Gleichzeitig ist ihre Berechnung jedoch vergleichsweise aufwändig. Viele Variablen gilt es in der Analyse zu berechnen. Hierzu zählen neben der Validität des Instrumentes die Sektionsrate, die Einschätzung der Leistung der Mitarbeiter in Geldeinheiten, die Kosten, die durch höhere Löhne bei gestiegener Leistung anfallen, die Kosten, die bei der Entwicklung und Durchführung des neuen Auswahlinstrumentes entstehen u.v.m. Alles in allem belegen entsprechende Studien immer wieder die wirtschaftliche Effizienz psychologischer Auswahlverfahren, selbst dann, wenn der Validitätskoeffizient absolut betrachtet gering ist. Ein Beispiel hierfür liefern Barthel und Schuler (1989). In einem mittelständischen Unternehmen berechnen sie einen monetären Gewinn von ca. 235.000 Euro, wenn das zugrunde gelegte Personalauswahlverfahren durch die Hinzunahme eines weiteren Messinstrumentes um lediglich .18 gesteigert wird. Solch hohe Werte ergeben sich weniger aus der Tatsache, dass durch das neue Messinstrument besonders hervorragende Leistungsträger eingestellt würden, vielmehr steigt die Produktivität auf breiter Ebene der neu eingestellten Mitarbeiter geringfügig an, was sich in der Summe zu entsprechend hohen Werten addiert. Aber auch dann, wenn es nur um die Einstellung weniger Mitarbeiter geht, die gleichzeitig aber eine hohe Wertschöpfung repräsentieren, rechnet sich der Aufwand wissenschaftlich fundierter Instrumente (vgl. Funke, Schuler & Moser, 1995). Berechnungen von Herrnstein und Murray (1994) verdeutlichen, dass schon Messinstrumente mit einer Validität von .2 bei einer Selektionsquote von 20 % zu einer Produktivitätssteigerung von 25 % beitragen können. Sinkt die Selektionsquote zugunsten des Unternehmens, so dass beispielsweise nur jeder 50. Bewerber eingestellt werden muss, was für Großunternehmen durchaus eine realistische Größenordnung ist, so kann sogar mit einer Produktivitätssteigerung von nahezu 50 % gerechnet werden.

Alles in allem unterstreichen die einschlägigen Studien die hohe Wirtschaftlichkeit auch aufwändiger Auswahlprozeduren. Es zeigt sich recht deutlich, dass die absolute Größe des Zahlenwertes nur wenig über das wahre Ausmaß des praktischen Nutzens eines entsprechenden Verfahrens verrät. Allzu leicht neigen wir dazu, den Nutzen psychologischer Messinstrumente zu unterschätzen, wenn wir lediglich die Höhe eine Zahl betrachten, die sich irgendwo zwischen null und eins bewegt. Darüber hinaus sollten die möglichen Alternativen bedacht werden. Wer den Einsatz überprüfter Messinstrumente – aus welchen Gründen auch immer – ablehnt, der muss sich die Frage nach der Qualität der Alternativen gefallen lassen. Denn eins ist wohl unbestritten: Es werden immer diagnostische Entscheidungen in einer Organisation zu treffen sein. Die entscheidende Frage ist, ob und inwieweit selbst ein suboptimales Messinstrument trotz aller Defizite einem nicht weiter hinterfragten Einstellungsgespräch o.Ä. überlegen ist.

2.8 Das Problem der sozial erwünschten Selbstdarstellung

Gerade bei der Personalauswahl stellt sich immer auch die Frage nach dem Wahrheitsgehalt der erhobenen Daten. Es liegt in der Natur der Sache, dass Bewerber sich möglichst positiv darzustellen suchen. Nicht wenige Bewerber – so denkt man – werden zu ihren Gunsten ggf. auch schlichtweg lügen. In der Psychologie wird dieses Problem mit dem Begriff *sozial erwünschte Selbstdarstellung* oder auch *sozial erwünschtes Antwortverhalten* bezeichnet (vgl. Mummendey, 1995). „Sozial erwünscht" bedeutet in diesem Zusammenhang, dass der Bewerber sich zunächst Gedanken darüber macht, welches Verhalten bei den für ihn momentan relevanten Entscheidungsträgern – also den Vertretern der Organisation – als wünschenswert gilt. Entsprechend dieser Annahmen versucht er sich dann möglichst vorteilhaft zu verhalten, um einen guten Eindruck beim Gegenüber zu erzeugen. Wollen wir die praktische Relevanz dieses Problems ergründen, so empfiehlt es sich zunächst einmal zwischen Leistungstests, Selbstbeschreibungsinstrumenten und direkten Verhaltensmessungen zu unterscheiden.

Verfälschungstendenzen im Sinne einer sozial erwünschten Selbstdarstellung spielen bei professionellen *Leistungstests* keine Rolle, da die Aufgaben so konzipiert sind, dass durch bloßes Raten nur mit einer sehr geringen Wahrscheinlichkeit ein Treffer erzielt werden kann. Da das fragliche Merkmal noch dazu über viele Items erhoben wird, ist kaum mit einer durchschlagenden Wirkung des Rateverhaltens auf das Gesamtergebnis zu rechnen. Natürlich ist allen Bewerbern klar, dass eine große Leistung in diesem Falle vorteilhaft wäre. Diese Erkenntnis hilft letztlich jedoch nicht viel bei dem Versuch, tatsächlich ein gutes Testergebnis zu erzielen.

Deutlich anders sieht es da schon bei *Fragebögen zur Selbstbeschreibung* (z.B. Persönlichkeitsfragebögen) aus. Hier kann der Bewerber oftmals leicht erraten, welches Verhalten vom Arbeitgeber gewünscht wird. Zu einer vorteilhaften Selbstdarstellung ist in diesem Falle eigentlich nicht viel mehr notwendig, als die Kreuzchen im Fragebogen entsprechend zu setzen.

Bei der dritten Möglichkeit der *direkten Verhaltensmessung*, wie sie vor allem im Assessment Center, aber auch in manchen Einstellungsgesprächen praktiziert wird, stellt sich der Sachverhalt wiederum schwieriger für den Bewerber dar. Zwar könnte er auch hier erraten, was man von ihm verlangt, die Umsetzung einer erwünschten Selbstdarstellung in die Tat ist jedoch weitaus schwerer. Der Bewerber müsste hierzu eben nicht nur sein Kreuz an einer anderen Stelle der Antwortskala platzieren, er müsste das fragliche Verhalten auch schauspielerisch umsetzen können. Bedenken wir zum einen, dass nur die wenigsten von uns überzeugende Schauspieler sind und zum anderen diese Leistung noch dazu in einer Stresssituation erbracht werden muss, so offenbart sich das Problem. Viele werden an dem Versuch einer wirklich guten Selbstdarstellung scheitern.

Auch wenn sich das Problem für unterschiedliche Instrumente der Personaldiagnostik verschieden darstellt, so ist es doch sinnvoll, auch auf empirischem Wege nach dem Ausmaß des zu erwartenden Schadens zu fahnden. Empirische Untersuchungen belegen, dass die Bedenken, die auch in der Praxis immer wieder gegen entsprechende Instrumente vorgebracht werden, eher überzogen sind. Zwar zeigt sich im Einzelfall sicherlich immer mal wieder ein durchschlagender Effekt dergestalt, dass man einen Bewerber nur deshalb einstellt, weil er sich besonders vorteilhaft präsentiert hat. In größeren Stichproben lässt sich ein durchschlagender Effekt jedoch kaum belegen (zusammenfassend Schuler & Höft, 2001). Warum dies entgegen unseren Alltagserwartungen so ist, hängt wahrscheinlich von vielen Faktoren ab.

Da ist zunächst die Frage, ob die Bewerber tatsächlich immer die richtigen Hypothesen aufstellen. Untersuchungen unter Kandidaten im Assessment Center zeigen, dass die Bewerber sehr unterschiedliche Angaben zu den vermuteten Anforderungsdimensionen machen (Kleinmann, 1997). Keiner ist in der Lage alle Dimensionen richtig zu erraten. Stattdessen werden viele Anforderungsdimensionen vermutet, die de facto gar nicht vorliegen. Aber selbst wenn die Anforderungsdimensionen (in groben Zügen) bekannt gegeben wurden – und dies ist aus verschiedenen Gründen sogar zu empfehlen (vgl. Abschnitt 2.9 und 11.6) –, so stellt sich immer noch das Problem der Intensität des zu zeigenden Verhaltens. Liegt dem Auswahlverfahren ein Anforderungsprofil zugrunde, welches den idealen Bewerber beschreibt (vgl. Abbildung 2-4), so bedeutet dies in aller Regel, dass nicht einfach gilt: „Je mehr desto besser". So wird man beispielsweise von einer Nachwuchsführungskraft eine gewisse Durchsetzungsfähigkeit erwarten. Diese steht aber gewissermaßen im Konflikt zu einer ebenso geforderten Kompromissbereitschaft. Der Bewerber muss mithin nicht nur die Dimension, sondern auch noch die gewünschte Position auf der Anforderungsdimension erfassen und gleichzeitig sein Verhalten darauf abstimmen. Liegt ein Fragebogen vor, so muss er überdies bei den einzelnen Fragen erkennen, welches Item zu welcher Dimension gehört und zusätzlich auch noch konsistent antworten, da jedes Merkmal mit vielen Items erfasst wird. Die Aufgabe ist also immens kompliziert. Die Bemühungen um ein sozial erwünschtes Antwortverhalten führen daher aufgrund allzu vieler „Fehler" in den meisten Fällen wohl nur zu einer sehr moderaten Verbesserung des Urteils. Dies gilt umso mehr, wenn – wie in Assessment Centern – das Verhalten auch noch live und über viele Übungen hinweg konsistent gespielt werden muss.

Ein wenig ausgeglichen wird die Verzerrung zusätzlich durch den Einsatz mehrerer Informationsquellen. Die Auswahlentscheidung wird letztlich wohl nie auf der Basis eines einzelnen Testergebnisses getroffen. Realistisch und in jedem Falle anzuraten ist vielmehr eine Entscheidung, bei der die Erkenntnisse aus Bewerbungsunterlagen, einem strukturierten Einstellungsgespräch und weiteren Instrumenten (Testdiagnostik, Arbeitsprobe, Assessment Center usw.) integriert werden. Setzt man Instrumente ein, deren prognostische Validität anhand richtiger Bewerber überprüft wurde, ist der Effekt, der auf die sozial erwünschte Selbstdarstellung der Kandidaten zurückzuführen ist, ohnehin schon berücksichtigt. Sollte er tatsächlich gravierend sein, so fällt die Validität des Instrumentes eben gering aus, was möglicherweise dazu führt, dass das fragliche Instrument überarbeitet oder gar nicht eingesetzt wird.

Einen ganz anderen Gedanken bringt Schuler (1996) in die Diskussion ein, wenn er verdeutlicht, dass sozial erwünschtes Antwortverhalten auch eine Qualifikation der Bewerbers dokumentiert. Wer es versteht, sich besonders vorteilhaft zu präsentieren, der zeigt auch zwangsläufig ein hohes Maß an sozialer Sensitivität. Gelingt ihm dies im Assessment Center, so zeigt er darüber hinaus auch seine Fähigkeit ein sozial erwünschtes und damit auch verträgliches Verhalten in die Tat umsetzen zu können. Denken wir in diesem Zusammenhang z.B. nur einmal an einen Pressesprecher, einen Verkäufer oder auch eine Führungskraft, so wird leicht verständlich, wie bedeutsam die Fähigkeit zur sozial erwünschten Selbstdarstellung für den Erfolg im Beruf bzw. den Erfolg des Unternehmens sein kann.

Alles in allem wird die schädigende Wirkung der Tendenz sich in personaldiagnostischen Situationen vorteilhaft zu präsentieren eher überschätzt. Zum einen ist der Effekt meist nur moderat, zum anderen kann er zumindest in manchen Berufen als ein Aspekt der sozialen Kompetenz des Kandidaten interpretiert werden.

2.9 Ethische und rechtliche Grundlagen

Die Personaldiagnostik dient nicht nur den Interessen der Organisation, indem sie z.B. dabei hilft, den geeignetsten Kandidaten für eine bestimmte Aufgabe zu finden. Eine seriöse Personaldiagnostik steht auch im Interesse der untersuchten Person, denn im günstigsten Falle hilft sie, Wachstumspotentiale zu entdecken und Über- bzw. Unterforderungssituationen, die durch falsche Platzierungsentscheidungen entstehen würden, zu vermeiden.

Abhandlungen zu ethischen und rechtlichen Grundlagen der Diagnostik (z.B. Häcker, Leutner & Amelang, 1998; Lowman, 1998; Püttner, 1999; Pulverich, 1996) nehmen in aller Regel die zweite Perspektive ein, da in den meisten Fällen damit zu rechnen ist, dass die Organisation schon genügend Sorge für ihre eigenen Anliegen trägt. Auch wenn die Interessen beider Seiten im Grundsatz durchaus kompatibel sein sollten, so stellt sich doch beispielsweise eine Auswahlsituation für den Bewerber und die Organisation sehr unterschiedlich dar. Die Vertreter der Organisation sind in der weitaus besseren Position. Meist können sie sich aus einer Vielzahl von

Interessenten diejenigen aussuchen, die am besten zu ihnen passen. Für die Vertreter der Personalabteilung ist die Auswahl der Bewerber eher unspektakulär, während für die Bewerber selbst mitunter Entscheidungen getroffen werden, die ihr weiteres Leben massiv beeinflussen. Ähnlich verhält es sich mit diagnostischen Entscheidungen im Rahmen der Personal- und Organisationsentwicklung. Für eine seriöse Organisation versteht es sich von selbst, dass sie dies in ihrem Handeln berücksichtigt und eine für beide Seiten faire Situation schafft. Solchen Organisationen, die hier eher Schwierigkeiten haben, leistet der Gesetzgeber durch formale Regelungen Hilfestellung. Nachfolgend wollen wir die wichtigsten ethischen und rechtlichen Prinzipien der psychologischen Diagnostik skizzieren.

Oberstes Gebot der Personaldiagnostik ist die *Verhältnismäßigkeit der Mittel*. Es ist weder notwendig noch rechtlich erlaubt, tief in die Privatsphäre der Probanden vorzudringen. Die Diagnostik muss sich vielmehr an den konkreten Erfordernissen der konkreten beruflichen Tätigkeit orientieren. Sie dient dazu, die Eignung eines Kandidaten für eine umgrenzte Tätigkeit festzustellen. Ihr Auftrag ist es nicht, ein umfassendes und tiefschürfendes Bild des Kandidaten zu zeichnen. Im Auswahlgespräch sind von vornherein bestimmte persönliche Fragen rechtlich untersagt. So darf z.B. nicht nach Heiratsabsichten oder intimen Beziehungen gefragt werden. Manche dieser Einschränkungen sind für bestimmte Tätigkeitsfelder jedoch aufgehoben. So dürfen leitende Angestellte, die eine besondere Vertrauensposition besitzen, durchaus auch nach ihren Vermögensverhältnissen gefragt werden (Schuler, 1998). Generell gilt, dass die Diagnostik umso weitreichender sein darf, je komplexer und verantwortungsvoller die fragliche Tätigkeit ist (vgl. Pulverich, 1996). Führungskräfte müssen daher auch eine sehr viel umfangreichere Begutachtung akzeptieren als beispielsweise Lehrlinge.

Jede diagnostische Maßnahme muss *sachlich begründet* werden. Die eigenen Mitarbeiter dürfen z.B. nicht einfach nur so, aus einem allgemeinen Interesse der Geschäftsleitung, untersucht werden. Grundlage einer jeden Auswahlentscheidung ist die *Anforderungsanalyse*, mit der im Vorfeld die relevanten Merkmale von den irrelevanten zu trennen sind.

Bei jedem eingesetzten Diagnostikum (Interview, Test, Assessment Center etc.) ist zu fragen, ob es wirklich geeignet ist, die fraglichen Kriterien *reliabel und valide* zu erfassen. Ggf. muss auf Alternativen ausgewichen werden oder eine Weiterentwicklung der eingesetzten Verfahren erfolgen.

Vor einer diagnostischen Situation müssen die Kandidaten umfassend *aufgeklärt* werden. Dies betrifft sowohl die an sie gestellten Anforderungen als auch die eingesetzten Mittel sowie die Prozedur der Entscheidungsfindung (Pulverich, 1996). Diagnostische Verfahren – und hierzu zählen selbst unsystematische Verhaltensbeobachtungen – dürfen immer nur dann eingesetzt werden, wenn der Kandidat sich hiermit einverstanden erklärt. Dem Arbeitgeber obliegt dabei die Nachweispflicht. Eine schriftliche Fixierung der Einwilligung ist allerdings nicht vonnöten. Kandidaten, die eine Teilnahme an psychodiagnostischen Untersuchungen ablehnen, dürfen aus dem weiteren Bewerbungsverfahren ausgeschlossen werden (Püttner, 1999).

Nach der Entscheidungsfindung haben die Bewerber in privatrechtlichen Organisationen kein Recht auf eine *Mitteilung und Erläuterung der Ergebnisse* (Püttner, 1999; siehe aber auch Pulverich, 1996). Man wird sich im Regelfall jedoch darum bemühen, die eigene Entscheidungsfindung nachvollziehbar darzustellen und – das Interesse des Kandidaten vorausgesetzt – mögliche Konsequenzen für die Zukunft (z.B. Weiterbildungsmaßnahmen, alternative Betätigungsfelder) diskutieren. Unterlagen über abgewiesene Bewerber müssen vernichtet werden.

Die *Mitwirkungsrechte der Arbeitnehmervertretung* sind nicht ganz eindeutig geklärt, zumal die eingesetzten Messinstrumente unterschiedlich definiert werden können. Generell gilt aber, dass der Betriebsrat im Hinblick auf die Gestaltung der Auswahlprozedur (Grundprinzipien, Entscheidungsregeln) gefragt werden muss, aber kein Recht besitzt, selbständig Instrumente zu implementieren oder gar Gutachten einzusehen (Pulverich, 1996). Hierbei ist zu differenzieren, ob die Diagnose von einem beauftragten Psychologen oder durch den Arbeitgeber selbst durchgeführt wird (Püttner, 1999). Im zweiten Falle reichen die Einflussmöglichkeiten des Betriebsrates weiter als im ersten Fall, da der Psychologe – vergleichbar zu ärztlichen Gutachten – dem Arbeitgeber lediglich eine abschließende Diagnose in Form eines Gutachtens aushändigt, nicht aber die Originaldaten mit allen Details der Untersuchung mitteilt.

Damit die Chancen der Personaldiagnostik sowohl für die Organisation als auch für die zu untersuchenden Personen wirklich genutzt werden können, muss sich die Organisation bei der Auswahl und Konstruktion der eingesetzten Instrumente um einen *möglichst hohen wissenschaftlichen Standard* bemühen. Es reicht also bei weitem nicht aus, sich allein auf „die Nase" erfahrener Mitarbeiter der Personalabteilung zu verlassen. Ebensowenig ist es seriös, einfach irgendeinen Test, der auf dem Markt verfügbar ist und sinnvoll erscheint, heranzuziehen. Die wichtigsten Kriterien, die eine wissenschaftlich fundierte Diagnostik ausmachen, haben wir in den vorangestellten Abschnitten vorgestellt. Sie helfen nicht nur dabei, das Vorgehen innerhalb der eigenen Organisation zu steuern, sondern können auch zur Evaluation externer Auftragnehmer, die z.B. mit der Entwicklung und Durchführung diagnostischer Entscheidungen betraut wurden, herangezogen werden. Wichtig erscheint in diesem Zusammenhang der Hinweis, dass die „Modernität" eines Verfahrens ebensowenig einen Indikator für Qualität darstellt wie der Hinweis auf seine breite Anwendung. Die neuen Verfahren haben häufig den Nachteil, dass sie noch nicht hinreichend untersucht sind und von manchen Unternehmensberatungen vor allem deshalb eingesetzt werden, weil sich mit (vermeintlichen) Neuerungen immer besonders leicht Geld verdienen läßt. Die tradierten Verfahren unterliegen demgegenüber der Gefahr, nur deshalb eingesetzt zu werden, weil alle anderen dies ja auch tun oder weil bislang keine gravierend schlechten Erfahrungen bekannt geworden sind.

Alles in allem ist die Personaldiagnostik mithin kein banales Betätigungsfeld, mit dem man Leute betrauen sollte, die aus anderen Abteilungen einer Organisation ausgemustert wurden. Die Bedeutung der Diagnostik ist für beide Seiten, für die Organisation ebenso wie für die zu beurteilenden Personen, viel zu groß, als dass man es sich leisten könnte, auf wissenschaftliches Know-how zu verzichten. Die für den Sommer 2002 angekündigte Norm für Eignungsdiagnostik (DIN 33430) wird hierzu hoffentlich einen gewichtigen Beitrag leisten. Zum einen definiert sie wissenschaftlich fundierte Anforderungen, die an eignungsdiagnostische Verfahren zu stellen sind, zum anderen liefert sie einen Bezugsrahmen für den Einsatz derartiger Instrumente in der Praxis.

2.10 Vertiefende Literatur

Fisseni, H.J. (1997). Lehrbuch der psychologischen Diagnostik. Göttingen: Hogrefe.

Jäger, R.S. & Petermann, F. (1995). Psychologische Diagnostik: Ein Lehrbuch (3., korrigierte Aufl.). Weinheim: Beltz.

Kubinger, K.D. (1996). Einführung in die Psychologische Diagnostik (2., korrigierte Aufl.). Weinheim: Beltz.

Schuler, H. (1996). Psychologische Personalauswahl. Göttingen: Verlag für Angewandte Psychologie.

3. Anforderungsanalyse

Der Anforderungsanalyse kommt im Prozess der Personaldiagnostik eine zentrale Rolle zu (vgl. Kapitel 2). Immer dann, wenn es darum geht, einen Abgleich zwischen den Eigenschaften einer Person und den Merkmalen eines Arbeitsplatzes vorzunehmen, tritt die Bedeutung der Anforderungsanalyse zu Tage. Nur dann, wenn bekannt ist, welche Anforderungen ein bestimmter Arbeitsplatz an einen Mitarbeiter stellt, wird man in der Lage sein, einen geeigneten Mitarbeiter gezielt auszuwählen. Nur dann, wenn Aussagen über die Passgenauigkeit zwischen den Anforderungen eines Arbeitsplatzes und den Merkmalen der Stelleninhaber vorliegen, lassen sich Maßnahmen zur Personalentwicklung gezielt planen, durchführen und evaluieren. Die Anforderungsanalyse steht somit im Zentrum unterschiedlicher Personalfragen. Gleichwohl wird sie in der Praxis häufig vernachlässigt. Hier wird eindeutig am falschen Ende gespart, denn die aufwändigsten Bemühungen zur Personalauswahl und Personalentwicklung nützen wenig, wenn sie an der Realität vorbeilaufen. Das häufiger vorgebrachte Argument, man könne gerade in Zeiten des raschen Wandels die Anforderungen eines Arbeitsplatzes nicht sinnvoll bestimmen, da sich die Merkmale in wenigen Jahren schon wieder verändert hätten, erscheint nicht sehr überzeugend. Zum einen werden bei weitem nicht alle Arbeitsplätze schnellen und tiefgreifenden Veränderungen unterworfen sein, zum anderen lassen sich die Entwicklungen meist zumindest ansatzweise antizipieren. Im Zweifelsfall stellt eben gerade die Lernfähigkeit und Veränderungsbereitschaft des Stellenplatzinhabers eine zentrale Variable des Anforderungsprofils dar. In jedem Falle ist eine Anforderungsanalyse anzuraten, auch wenn sie ggf. mit einigen Unsicherheiten behaftet ist oder aufgrund mangelnder Informationen eher globalere Merkmalsdimensionen zu Tage fördert. Nicht zuletzt hilft sie dabei, den Prozess der Entscheidungsfindung bewusst zu reflektieren und nachvollziehbar zu gestalten.

In der Forschung werden recht viele unterschiedliche Verfahren diskutiert (vgl. Schuler, 2001; Sonntag, 1999). Im Folgenden unterscheiden wir zwei methodische Herangehensweisen der Durchführung einer Anforderungsanalyse. Beim *standardisierten Vorgehen* kommen Messinstrumente zum Einsatz, die als fertiges Konzept im Handel zu erwerben sind und unabhängig vom spezifischen Arbeitsplatz in immer gleicher Weise nach den Vorgaben der Konstrukteure des jeweiligen Verfahrens eingesetzt werden. *Nicht-standardisierte Methoden* lassen dem Anwender im Vergleich hierzu sehr große Freiheiten. Es werden lediglich die grundlegenden Prinzipien des Vorgehens skizziert, die in jedem konkreten Einzelfall dann mit Leben zu füllen sind. Nicht-standardisierte Methoden lassen sich mithin weitaus flexibler auf die konkrete Fragestellung und die organisationalen Rahmenbedingungen zuschneiden.

3.1 Standardisierte Instrumente

Aus der Vielzahl standardisierter Instrumente zur Anforderungsanalyse (Überblick: Frieling & Sonntag, 1999) werden nachfolgend einige etablierte Verfahren herausgegriffen. Ein vollständiger Überblick findet sich bei Dunckel (1999).

3.1.1 Analyse psychischer Anforderungen und Belastungen in der Produktionsarbeit – Das Verfahren RHIA/VERA-Produktion

Marcus Schmitz

Konzeption

Das *RHIA/VERA-Verfahren* wurde konzipiert, um sowohl die Denk- u. Planungsanforderungen als auch die Belastungen zu analysieren, die ein Arbeitsplatz im Produktionsbereich an den jeweiligen Arbeitnehmer stellt. Die gemeinsame Analyse, so die Autoren, sei empfehlenswert, um zu vermeiden, dass mit der Erhöhung der Anforderungen gleichzeitig die Belastung ansteigt. Die Abkürzung VERA steht dabei für „Verfahren zur Ermittlung von Regulationserfordernissen in der Arbeitstätigkeit"; RHIA steht für „Verfahren zur Ermittlung von Regulationshindernissen in der Arbeitstätigkeit".

Die Analyseeinheiten bilden konkrete Arbeitsaufgaben. RHIA/VERA ist somit kein personenbezogenes, sondern ein bedingungsbezogenes Verfahren. Als Anwendungsgebiet kommen sämtliche Tätigkeiten im Produktionsbereich in Frage. Zum Anwenderkreis zählen neben Sozialwissenschaftlern, Betriebspsychologen und Betriebsärzten auch Arbeitspädagogen und Betriebswirtschaftler.

Die Konzepte *Anforderung* und *Belastung* stützen sich auf den theoretischen Hintergrund der Handlungsregulationstheorie nach Volpert (1987). Dabei werden zur Bewertung eines „menschengerechten" Arbeitsplatzes folgende Kriterien benannt: (a) Setzung eigenständiger Ziele, (b) Verfolgung eigenständiger Wege zur Zielerreichung, (c) eigenständige Veränderung der Arbeitsbedingungen, (d) bewusste Kooperation mit anderen Arbeitenden. Die damit verbundenen psychischen Anforderungen seien wünschenswert, „da sie ermöglichen, Fähigkeiten, Kenntnisse und Fertigkeiten in der Arbeit anzuwenden und zu erweitern" (Oesterreich, Leitner & Resch, 2000). Belastungen entstünden demgegenüber durch alle Durchführungsbedingungen, die der Zielerreichung im Wege stehen, und seien zu vermeiden, „weil sie den Arbeitsablauf behindern und negative Auswirkungen auf die Gesundheit des Arbeitenden haben" (Oesterreicher et al., 2000). Zur Bewertung der Regulationserfordernisse ordnet das *RHIA/VERA-Verfahren* die konkreten Arbeitstätigkeiten einer von fünf Ebenen zu, die sich wiederum in zehn Stufen aufgliedern (s. Tabelle 3-1).

Tabelle 3-1: Kurzdefinition des VERA-Modells für Produktionsarbeit

Ebene 5	**Einrichtung neuer Arbeitsprozesse**
Stufe 5	Neu einzuführende, ineinandergreifende Arbeitsprozesse, ihre Koordination und materielle Bedingungen sind zu planen.
Stufe 5R	Wie Stufe 5, die neuen Arbeitsprozesse sind Ergänzungen zu bereits bestehenden Arbeitsprozessen, welche möglichst wenig verändert werden sollen.
Ebene 4	**Koordination von Bereichen**
Stufe 4	Mehrere Teilzielplanungen (im Sinne der Stufe 3) von sich gegenseitig bedingten Teilen des Arbeitsprozesses sind miteinander zu koordinieren.
Stufe 4R	Zwar ist nur eine Teilzielplanung erforderlich, hierbei sind jedoch Bedingungen für andere (nicht selbst zu leistende) Teilzielplanungen zu beachten.
Ebene 3	**Teilzielplanung**
Stufe 3	Es kann vorab nur eine grob bestimmte Abfolge von Teiltätigkeiten geplant werden. Jede Teiltätigkeit erfordert eine eigene Planung (im Sinne der Stufe 2).
Stufe 3R	Nach Abschluss einer Teiltätigkeit muss erneut das Vorgehen durchdacht werden. Vorab liegt eine Abfolge von Teiltätigkeiten fest. Jede Teiltätigkeit erfordert eine eigene Planung.
Ebene 2	**Handlungsplanung**
Stufe 2	Die Abfolge der Arbeitsschritte muss vorab geplant werden, die Planung reicht jedoch bis hin zum Arbeitsergebnis.
Stufe 2R	Die Abfolge der Arbeitsschritte ist festgelegt. Sie ist jedoch immer wieder so unterschiedlich, dass sie vorab gedanklich vergegenwärtigt werden muss.
Ebene 1	**Sensumotorische Regulation**
Stufe 1	Variationen in der Abfolge von Arbeitsbewegungen sind automatisch zu berücksichtigen, es bedarf keiner bewussten Planung.
Stufe 1R	Die Abfolge der Arbeitsbewegungen ist immer gleich und bedarf keiner bewussten Planung.

Das Belastungskonzept unterscheidet zwei Konsequenzen, die sich aus der Behinderung der Zielerreichung ergeben. Zum einen erzwingt die Behinderung zusätzlichen Aufwand oder riskantes Handeln, zum zweiten überfordert sie die allgemeinen Leistungsvoraussetzungen im Hinblick auf die Regulationsfähigkeit des Arbeitenden. Der erste Fall wird als Regulationshindernis bezeichnet, der zweite als Regulationsüberforderung. Aus Abbildung 3-1 sind die Regulationsbehinderungen aus dem RHIA/VERA-Verfahren zu entnehmen.

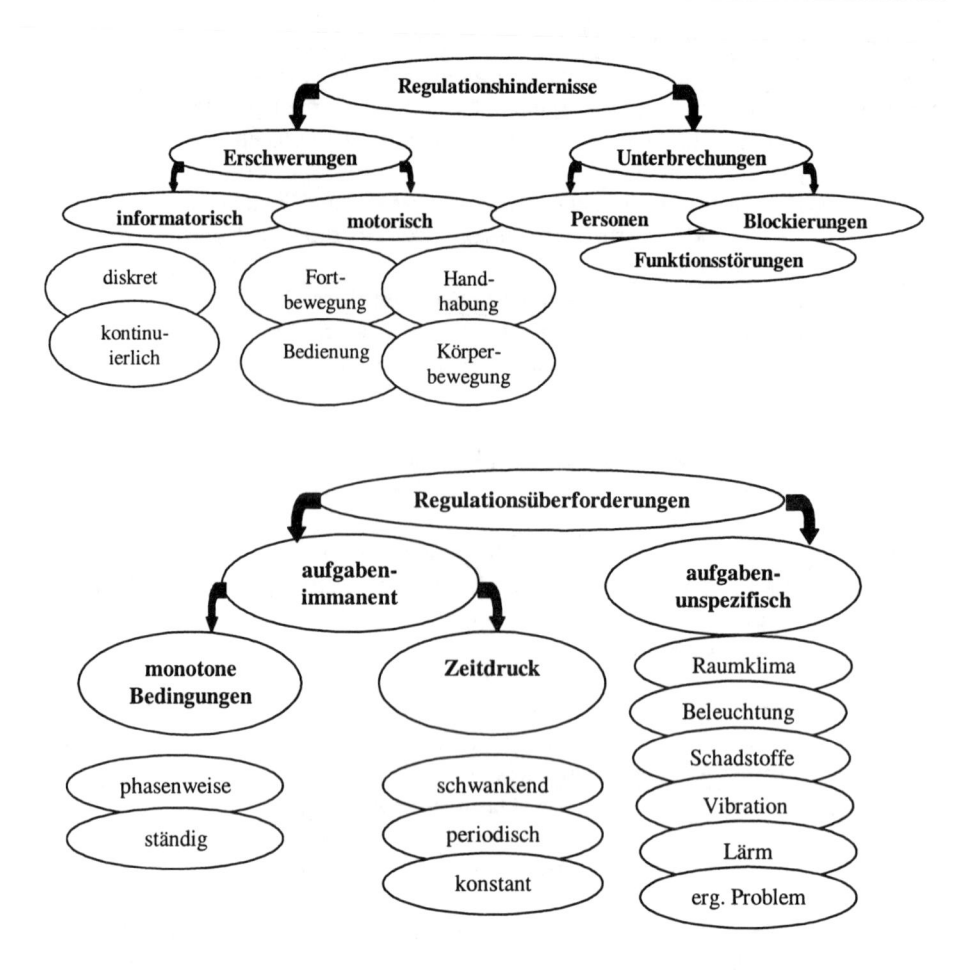

Abbildung 3-1: Klassifikationsschema der Regulationsbehinderungen

Regulationshindernisse
- Erschwerungen
  - informatorisch
    - diskret
    - kontinuierlich
  - motorisch
    - Fortbewegung
    - Bedienung
    - Handhabung
    - Körperbewegung
- Unterbrechungen
  - Personen
  - Funktionsstörungen
  - Blockierungen

Regulationsüberforderungen
- aufgabenimmanent
  - monotone Bedingungen
    - phasenweise
    - ständig
  - Zeitdruck
    - schwankend
    - periodisch
    - konstant
- aufgabenunspezifisch
  - Raumklima
  - Beleuchtung
  - Schadstoffe
  - Vibration
  - Lärm
  - erg. Problem

Gütekriterien und empirische Fundierung

Reliabilität
Zur Prüfung der Reliabilität des Verfahrens wurden insgesamt 150 Arbeitende zur Messung herangezogen. Dabei hatten mindestens zwei Arbeitende die gleiche Arbeitsaufgabe zu erledigen und wurden von zwei Untersuchern unabhängig voneinander beobachtet bzw. befragt. Es handelt sich also um 75 Doppelanalysen, die hauptsächlich von vorher geschulten Studierenden der Psychologie durchgeführt wurden. Zur Berechnung der Reliabilitätskoeffizienten wurde das quadratisch gewichtete Kappa herangezogen, das hier als Pearson-Korrelationskoeffizient interpretiert werden kann. Es handelt sich also um eine bedingungsbezogene Paralleltestung. Die einzelnen Koeffizienten können Tabelle 3-2 entnommen werden.

Tabelle 3-2: Ergebnisse der Reliabilitätsprüfung

	VERA-Stufe	Zusatzaufwand durch Regulationshindernisse	monotone Arbeitsbedingungen	Zeitdruck
Reliabilität (N = 75)	.80	.79	.74	.62

Objektivität
Nach Angabe der Autoren ist eine von der Reliabilitätsberechnung getrennte Erhebung der Objektivität bei bedingungsbezogenen Verfahren wie dem RHIA/VERA-Produktion nicht sinnvoll. Das Maß der Reliabilität soll hier gleichzeitig als untere Grenze der Objektivität gelten (Näheres im Abschnitt *Bewertung*).

Validität
Aufgrund der teilweise unabhängigen Entwicklung der beiden Verfahrensteile wurde die Prüfung der Validität auch für VERA und RHIA getrennt durchgeführt.

Um der Frage nach der inhaltlichen Validität des Verfahrensteils VERA nachzugehen, also der Frage nach der inhaltlichen Angemessenheit der Erhebung und der Zuordnung zu den VERA-Stufen, wurden 125 Experten (Arbeits- und Organisationspsychologen/kognitive Psychologen) gebeten, die Antwortalternativen des Fragenalgorithmus aus Teil C (s.u.) auf den Begriff „Regulationserfordernis" hin zu überprüfen und auf einer neunstufigen Skala einzuordnen. Diese Antworten wurden mit den theoretisch erarbeiteten VERA-Stufen in Zusammenhang gesetzt. Für diesen Zusammenhang ergab sich eine Korrelation von r = .91.

Um ein äußeres Kriterium zur Validierung heranzuziehen, befragten die Autoren Beschäftigte der Produktion, die an einer Arbeitsanalyse beteiligt waren, mittels eines eigens konstruierten Fragebogens. Auf die Arbeitsbedingungen zugeschnittene Aussagen sollten nach der Beendigung jeder einzelnen Arbeitsanalyse durch die Antwortalternativen „eher richtig – eher falsch" eingeschätzt werden (z.B.: „Um meine Arbeitsaufträge zu erfüllen, muss man sich oft ein neues Vorgehen einfallen lassen"). Die Summenscores aus diesem Fragebogen, die als Kriterium angesehen werden, wurden mit den Ergebnissen der Beobachtungsinterviews verglichen. Eine Korrelation von r = .47 wird von den Autoren als befriedigend eingeschätzt.

Die Validitätsüberprüfung des Verfahrensteils RHIA wurde nicht gänzlich getrennt vorgenommen, sondern im Zuge der Erprobung des kombinierten Analyseinstruments RHIA/VERA an 162 Arbeitsplätzen in sechs industriellen Betrieben. Es wird betont, dass RHIA und VERA mit Ausnahme des Merkmals „Monotone Bedingung" konzeptuell unterschiedlich sind, also auch unterschiedliche Dimensionen messen. Die im Manual angegebenen Interkorrelationen der VERA-Stufen mit den beiden Belastungsmerkmalen „Zeitdruck" und „Zusatzaufwand" zeigen die erwartet niedrigen Koeffizienten.
Zur Validierung der Belastungsmerkmale wurden drei Außenkriterien herangezogen. Für das Konzept des Zusatzaufwandes entwickelten die Autoren einen Fragebogen zur „Wahrgenommenen Belastung". Sechs Items, wie z.B. „Man muss bei meiner

Aufgabe oft umständlicher arbeiten, als dies eigentlich nötig wäre", sollen auf einer vierstufigen Skala eingeschätzt werden und als hinreichend ähnliches Merkmal gelten.

Das zweite Kriterium wird mit „Psychosomatischen Beschwerden" bezeichnet und wurde als eine überarbeitete Fassung der „Freiburger Beschwerdeliste" (Fahrenberg, 1975) erhoben. Hierbei handelt es sich um 20 Items („Wie oft haben Sie Kopfschmerzen?", „Wie oft sind Sie nervös?"), die auf einer fünfstufigen Häufigkeitsskala beantwortet werden. Als drittes Außenkriterium wird die „Gereiztheit/Belastetheit" der Probanden erfasst. Hierzu dient eine Liste von acht Fragen, die auf einer siebenstufigen Skala das Ausmaß der Erschöpfung psychischer Ressourcen erfasst.

Die beiden letzten Außenkriterien sollen mit allen RHIA-Belastungsmerkmalen zusammenhängen. Um die konzeptuelle Unabhängigkeit zu VERA zu unterstreichen, erwarten die Autoren keine Zusammenhänge zwischen den VERA-Stufen und diesen Außenkriterien.

Die Ergebnisse der Validitätsuntersuchungen zu RHIA sind in Tabelle 3-3 wiedergegeben. Die Korrelationen mit den VERA-Stufen fallen erwartungskonform niedrig aus. Auch die anderen Zusammenhänge entsprechen in Höhe und Richtung den Forderungen der Autoren. Lediglich das Belastungsmerkmal „Monotone Bedingungen" scheint nicht in Richtung höherer Gereiztheit bzw. Belastetheit auszuschlagen.

Tabelle 3-3: Zusammenhänge der Verfahrensergebnisse Validierungskriterien

	VERA-Stufe	**Zusatz-aufwand**	**monotone Bedingungen**	**Zeitdruck**
wahrgenommene Belastung	.09	.21*	-.08	.00
psychosomatische Beschwerden	.07	.23*	.07	.27**
Gereiztheit/ Belastetheit	.06	.19*	.30*	.20*

Anmerkungen: N = 156   * p<.05   **p<.01

Durchführung und Auswertung

Für die Analyse der Arbeitstätigkeit wird vom Untersucher ein sogenanntes „Beobachtungsinterview" durchgeführt. Er beobachtet und befragt den Arbeitenden bei der Durchführung seiner Tätigkeit nach einem festgelegten Verfahren und vermerkt die entsprechenden Antworten auf standardisierten Antwortblättern.

Zunächst verschafft sich der Untersucher eine allgemeine Orientierung über den Arbeitenden und seinen Arbeitsplatz (Teil A). Hierzu gehört auch festzustellen, wie viele unterschiedliche Arbeitsaufgaben ausgeführt werden. In einem zweiten Schritt wird dann jede Arbeitsaufgabe detailliert anhand inhaltlicher und struktureller Kriterien beschrieben und zusätzlich der Zeitrahmen erhoben, den eine Aufgabe bindet (Teil B).

Im dritten Teil (Teil C) werden die Arbeitsaufgaben anhand der oben genannten Stufenkriterien und den damit verbundenen Regulationserfordernissen beschrieben (s. Tabelle 3-4) und einer spezifischen VERA-Stufe zugeteilt. Hierzu dient ein Fragenalgorithmus, der bei entsprechender Antwort durch einen sogenannten Sprungbefehl automatisch zu einer VERA-Stufe gelangt.

Der vierte Verfahrensteil (Teil D) widmet sich der Analyse der Regulationsbehinderungen, aufgeschlüsselt nach Regulationshindernissen und Regulationsüberforderungen (s. Abbildung 3-1). Der fünfte und letzte Teil (Teil E) fasst alle bis hierher gewonnen Ergebnisse systematisch zusammen. Hierzu dienen wiederum die standardisierten Antwortbögen, die sich in Papierform am Ende des Manuals befinden, als elektronische Dateien aber auch von der Homepage der Verfasser geladen werden können.

In dem letzten Verfahrensteil werden dann auch die quantifizierten Maße zur Beurteilung der Arbeitsbedingungen angegeben. Folgende vier Maße werden von dem Verfahren erhoben:

    1. VERA-Stufe
    2. Gesamtsumme Zusatzaufwand in Stunden/Woche
    3. Dauer monotoner Bedingungen in Stunden/Monat
    4. Zeitdruck: Anteil des Ruhenlassens von einzelnen Arbeiten.

Während sich das erste Maß aus dem Verfahrensteil C ergibt, werden die übrigen drei Maße durch Teil D erhoben. Der vollständige Ablauf des RHIA/VERA-Verfahrens besteht somit aus einer Vorbereitungsphase (Teil A+B), einer ersten Beobachtungs- und Befragungsphase (Teil C+D), der Systematisierungsphase (Teil E), einer zweiten Beobachtungs- und Befragungsphase, in der noch ausstehende Fragen gestellt werden können, sowie der Ausarbeitungsphase. Der Zeitaufwand für einen externen Untersucher wird mit durchschnittlich vier Stunden Analysezeit und drei Stunden Ergebnisdokumentation angegeben.

Bewertung

In der Neuauflage dieser Anforderungsanalyse wurden die getrennt entwickelten Verfahrensteile RHIA und VERA integriert, so dass nun die nah beieinander liegenden Konstrukte *Anforderung* und *Belastung* gemeinsam erhoben werden können. Die Konzeption beider Verfahrensteile basiert auf einer fundierten theoretischen Grundlage. Insgesamt wurde die Konzeption so offen gehalten, dass RHIA/VERA im Produktionsbereich nahezu jeder Branche eingesetzt werden kann. Darüber hinaus lässt sich das Verfahren auch einfacher auf andere Tätigkeitsbereiche adaptieren (s. 3.1.2 Analyse psychischer Anforderung und Belastung in der Büroarbeit).

Bei der Bewertung der Testgüte muss dem Umstand Rechnung getragen werden, dass RHIA/VERA ein bedingungsbezogenes Verfahren ist. Es werden also keine Fähigkeiten, Kenntnisse oder Einstellungen erhoben, sondern Bedingungen von Arbeitstätigkeiten. So sind hier nicht alle sonst üblichen Kriterien zur Bewertung eines Testverfahrens sinnvoll. Trotzdem lassen sich die Interpretations-, Auswertungs- und vor allen Dingen die Durchführungsobjektivität bewerten. Für die Auswertung stehen dem Untersucher umfangreiche Antwortblätter zur Verfügung, auf denen viele Fragen standardisiert sind. Das Manual enthält zusätzlich detaillierte Instruktionen und Erklärungen. Des Weiteren ist vorgesehen, dass es nach einem ersten Auswertungsschritt noch die Gelegenheit gibt, z.B. fehlende oder ungenaue Angaben zu erfragen und ggf. zu ergänzen. Die Durchführungsobjektivität steht und fällt mit der Schulung der Interviewer, auch wenn das Manual in punkto Übersichtlichkeit, Gestaltung und Inhalt eine große Hilfe darstellt. Bei der Frage nach der Interpretation der Ergebnisse sollte man sich auf jeden Fall Gedanken über den Versuchsleitereffekt machen, da ein Arbeitsplatz in der Regel nur einmalig analysiert wird und das Arbeiten unter ständiger Beobachtung stattfindet.

Die Kennwerte der Reliabilitätsberechnungen liegen in einem guten bis sehr guten Bereich, gerade wenn man bedenkt, dass hier Beobachterübereinstimmung gemessen wurde. Die quantitativen Maße können als hinreichend reliabel bezeichnet werden. Schätzungen mit Hilfe der Testhalbierung oder Berechnungen der inneren Konsistenz erscheinen bei RHIA/VERA nicht sinnvoll (s.o.). Neben der Paralleltestung hätte man allerdings noch eine Testwiederholung durchführen können, um noch eine andere Art der Reliabilitätsschätzung zur Sicherung der Testgüte nutzen zu können.

Die Überprüfung der inhaltlichen Angemessenheit zeigt eine hinreichende Inhaltsvalidität. Die Kennwerte der kriterienbezogenen Validitätsprüfung erfüllen in den meisten Fällen die Kriterien zur Bewertung der Testgüte. Die Prognostische Validität wurde nicht überprüft. Neben den quantitative Daten und ihrer Überprüfung erfasst RHIA/VERA aber noch umfangreiche qualitative Daten, wie z.B. differenzierte Aufgabenbeschreibungen, konkrete Beschreibung psychischer Belastungen und Vorschläge zur Beseitigung dieser.

Der Zeitaufwand, den die Analyse in Anspruch nimmt, wird im Handbuch mit etwa sieben Stunden beziffert, aber gerade bei mehreren Arbeitsaufgaben je Tätigkeit wird mitunter deutlich mehr Zeit notwendig sein, auch wenn die einzelnen Arbeitsaufgaben getrennt voneinander analysiert werden. Wie schon oben kurz erwähnt, lassen das Manual und das Handbuch keine Fragen offen. Neben den genauen Instruktionen ist vor allen Dingen die Beispielanalyse am Ende des Handbuches informativ und hilfreich. Da beide Verfahrensteile schon des öfteren in unterschiedlichen Betrieben zum Einsatz gekommen sind, kann das kombinierte Instrument auch hinsichtlich der Praxis bereits als erprobt gelten.

3.1.2 Analyse psychischer Anforderungen und Belastungen in der Büroarbeit – Das RHIA/VERA-Büro-Verfahren

Marcus Schmitz

Das *RHIA/VERA-Büro-Verfahren* wurde auf Grundlage des Verfahrens *RHIA/VERA-Produktion (s. 3.1.1)* konzipiert, um dem Umstand Rechnung zu tragen, dass sich viele der Büroangestellten in den Industriebetrieben, in denen *RHIA/VERA-Produktion* erprobt und angewendet wurde, fragten, warum solch eine Arbeitsanalyse nicht auch bei ihnen im Büro durchgeführt werde. Somit entsprechen sich die Verfahren in vielen Punkten. RHIA/VERA-Büro wird daher nur in den sich unterscheidenden Aspekten besprochen.

Konzeption

Die Konzeption von RHIA/VERA-Büro entspricht 1:1 der Konzeption von RHIA/VERA-Produktion. Das Verfahren wurde im Rahmen des Forschungsprojekts „Anforderungen und Belastungskonstellationen in der Büroarbeit und psychosoziale Gesundheit (AIDA)" in einer Längsschnittuntersuchung mit insgesamt drei Erhebungszeitpunkten erprobt und auf die Gütekriterien hin überprüft. Die Autoren weisen darauf hin, dass Büroangestellte in Tätigkeitsbereichen wie z.B. der persönlichen Beratung, Betreuung oder Ausbildung, ebenso wie Vorgesetzte, die vorwiegend für persönliche Anleitung oder andere Personalangelegenheiten zuständig sind, aufgrund der Konzeption von der Analyse ausgenommen sind. Doch obwohl die Erprobung nur in Industriebetrieben erfolgte, sei eine Ausweitung des Einsatzfeldes auf typische Bürotätigkeiten in Banken, Versicherungen oder öffentlichen Verwaltungen denkbar und sinnvoll.

Gütekriterien und empirische Fundierung

Objektivität
Auch für RHIA/VERA-Büro wird eine getrennte Erhebung der Verfahrensobjektivität für nicht sinnvoll erachtet. So gelte die Reliabilität als unterste Objektivitätsgrenze.

Reliabilität
Für RHIA/VERA-Büro konnten keine Doppelanalysen durchgeführt werden, weil zu wenig gleiche Arbeitsaufgaben vorhanden waren. Daher entschied man sich im Rahmen von AIDA für die Retest-Methode. Im Abstand von einem Jahr führten jeweils zwei unterschiedliche Untersucher ein Beobachtungsinterview an jeweils einem von 228 Arbeitsplätzen in insgesamt 12 Industriebetrieben durch. Um mögliche Veränderungen innerhalb des einen Jahres zwischen dem ersten und zweiten Erhebungszeitpunkt zu überprüfen und betroffene Arbeitsaufgaben ggf. aus der Analyse auszuschließen, wurden mögliche Veränderungen zum einen mit Hilfe eines Kurz-

fragebogens vor der zweiten Messung erhoben. Zum anderen fand nach dem Retest eine zweite Überprüfung durch den Versuchsleiter statt. So standen letztendlich N = 71 Arbeitsplätze für den Retest zur Verfügung. Die Reliabilitätskennwerte liegen in Form von Pearson-Korrelationen in Tabelle 3-4 vor.

Tabelle 3-4: Ergebnisse der Reliabilitätsprüfung

	r	p	N
VERA-Stufe	.84	.0000	71
Zusatzaufwand	.74	.0000	66
monotone Arbeitsbedingungen	.80	.0000	67
Zeitdruck	.67	.0000	47

Validität
Da RHIA/VERA-Büro auf der gleichen Konzeption wie RHIA/VERA-Produktion basiert, ist die Frage nach der inhaltlichen Angemessenheit entsprechend zu beantworten. Tabelle 3-5 geht der Frage der Unabhängigkeit der Konzepte Anforderung (quantifiziert durch die VERA-Stufen) und Belastung (Zeitaufwand, monotone Bedingungen, Zeitdruck) nach. Die Autoren nehmen vorweg, dass sich für den Bereich *Monotone Bedingungen* keine konzeptionsgemäße Unabhängigkeit zu den VERA-Stufen fordern lässt. Das lässt sich soweit bestätigen.

Tabelle 3-5: Interkorrelationen der Aufgabenmerkmale

	VERA-Stufe	**Zusatzaufwand**	**monotone Bedingungen**
Zeitdruck	.06	.22***	.02
monotone Bedingungen	-.32***	.04	
Zusatzaufwand	.12*		

Anmerkungen: N = 228   * p<.05   **p<.01   ***p<.001

Zur äußeren Kriteriumsvalidierung ziehen die Autoren vier Außenkriterien heran: Psychosomatische Beschwerden (Psychosomatik), Gereiztheit/Belastetheit (Gereiztheit), Freizeittätigkeiten mit langfristigen Zielstellungen (Freizeit) und Selbstwirksamkeit. Die ersten beiden Kriterien sind mit RHIA/VERA-Produktion identisch und gelten in diesem Falle als die beiden negativen Indikatoren. „Freizeit" wird mit Hilfe eines teilstrukturierten Interviews erhoben und gilt als positiver Indikator der Gesundheit. Dahinter steckt die Idee, dass eine Person, die im Arbeitsalltag Aufgaben mit hoher Planungs- und Handlungsanforderung erledigt, auch zugleich fähig zu und interessiert an entsprechenden Freizeitaktivitäten ist. Gleiches gilt für den zweiten positiven Indikator „Selbstwirksamkeit", der als Kurzversion der Skala „Allgemeine Selbstwirksamkeit" (nach Schwarzer & Jerusalem, 1989) mit zehn 4-stufigen Items erfasst wurde. Die Ergebnisse der Validierung sind in Tabelle 3-6 zusammengefasst. In den Klammern hinter den Koeffizienten steht die von den Autoren erwartete Richtung des Zusammenhangs.

Tabelle 3-6: Zusammenhänge der Verfahrensergebnisse Validierungskriterien

	VERA- Stufe	Zusatzaufwand	Zeitdruck	monotone Bedingungen
Psychosomatik	-.13*	.35*** (+)	.11* (+)	.12* (+)
Gereiztheit	.06	.30*** (+)	.11* (+)	.08
Freizeit	.37*** (+)	.00	.07	-.15* (-)
Selbstwirksamkeit	.17** (+)	.10	.03	-.22** (-)

Anmerkungen: N = 227   * p<.05   **p<.01   ***p<.001

Durchführung und Auswertung

Analog zu RHIA/VERA-Produktion (siehe Kap. 3.1.1).

Bewertung

Wegen der großen Übereinstimmung dieses Analyseverfahrens mit dem Verfahren RHIA/VERA-Produktion sei nur kurz auf die Gütekriterien und hier auch nur auf die Koeffizienten von Reliabilität und Validität eingegangen.

Trotz des recht großen Retest-Intervalls von einem Jahr fielen die Korrelationen sehr hoch aus, auch wenn teilweise nur an 47 Arbeitsplätzen (Zeitdruck) ein Retest durchgeführt wurde. Das Verfahren kann als hinreichend reliabel gelten.

Die Kennwerte der kriteriumsbezogenen Validität fielen bis auf eine Ausnahme (VERA-Stufe/Psychosomatik) in erwarteter Richtung aus, allerdings nicht immer in überzeugender Höhe. Trotzdem kann RHIA/VERA-Büro als valides Verfahren angesehen werden.

3.1.3 Fragebogen zur Arbeitsanalyse (FAA)

Frauke Poganatz

Der *Fragebogen zur Arbeitsanalyse (FAA)* ist die deutsche Bearbeitung durch Ekkehart Frieling und Carl Graf Hoyos des amerikanischen „Position Analysis Questionnaire (PAQ)" von McCormick, Jeanneret und Mecham (1969). Durch den FAA besteht die Möglichkeit mit Hilfe eines quantifizierenden Fragebogens Arbeitsplätze aller Art in Hinblick auf Arbeitsanforderungen zu analysieren. Die individuellen Eigenarten des einzelnen Arbeitsplatzinhabers werden nicht berücksichtigt. Besonders interessant sind die Ergebnisse des FAA, wenn man einen Vergleich zwischen unterschiedlichen Arbeitsplätzen ziehen möchte. Weitere Anwendungsfelder sind Berufsklassifikationen oder auch Berufsberatungen. Insgesamt ist der FAA somit universell anwendbar. Während der PAQ schon seit dem Jahr 1969 auf dem Markt ist, gibt es die deutschsprachige Ausgabe erst seit 1978.

Konzeption

Normalerweise erfassen Arbeitsanalysen die jeweilige Tätigkeit in ihrem technologisch-organisatorischen Kontext, deshalb bezeichnet man sie als „verrichtungs- bzw. job-orientiert". Der PAQ (bzw. der FAA) ist insofern anders, als dass er sich auf das Arbeitsverhalten selbst richtet und somit „handlungs-orientiert" ist. Bei der Erstellung des PAQ gingen McCormick und seine Mitarbeiter von drei Annahmen aus:

1. Ein bestimmtes Arbeitsverhalten wird immer durch die gleiche Arbeitsaufgabe oder Berufsanforderung ausgelöst. „Immer" heißt in diesem Fall, dass dieses bestimmte Arbeitsverhalten durch eine bestimmte berufliche Anforderung unabhängig von einem bestimmten Arbeitsplatz oder einer bestimmten Situation ausgelöst wird.
2. Arbeitsverhalten und Arbeitssituationen werden durch sogenannte „Grundeinheiten" bzw. „Arbeitselemente" beschrieben. Diese Arbeitselemente ergeben sich aus einer vertikalen Gliederung von Tätigkeiten und können durch Expertenurteile erfasst werden. Sie werden durch „handlungsorientierte" Begriffe bzw. durch Begriffe des Arbeitsverhaltens und nicht durch „verrichtungsorientierte" Begriffe bzw. durch Arbeitsergebnisse beschrieben. Weiterhin werden sie als „Stimulus-Organismus-Response (SOR)"-Verknüpfungen verstanden, wobei die einzelnen Arbeitselemente jeweils einen S-, O- oder R-Anteil betonen. So betont das Arbeitselement „Umgebungseinflüsse und besondere Arbeitsbedingungen" besonders die Stimuluskomponente.
3. Der menschlichen Arbeit wird eine Struktur unterstellt, die sich aus Arbeitselementen und ihrer Einstufung statistisch analysieren lassen müsste.

Da nach der ersten Annahme das Arbeitsverhalten durch Arbeitsaufgaben angeregt wird, muss sich eine Arbeitsanalyse an den Komponenten und Aspekten von Arbeitsaufgaben wie Reizkonfigurationen und Instruktionen über Ziele und Methoden,

"Reaktion" (Angaben über die Art und Weise der Erledigung) und "Reiz-Reaktions-Beziehungen" orientieren.

Der FAA erfasst diese Komponenten durch Abfrage von Arbeitselementen. Des Weiteren werden die im Zuge der Aufgabenerledigung in Anspruch genommenen Prozesse der Informationsverarbeitung erfasst. In einem eigenen Abschnitt wird auch die Einbettung einer Tätigkeit in ein Netz "arbeitsrelevanter Beziehungen" beleuchtet. Zusätzlich werden materielle und soziale Umweltfaktoren betrachtet.

Eignungsvorrausetzungen für eine Tätigkeit werden mit Hilfe einer Attributenliste in Bezug auf die Arbeitselemente beschrieben. Der FAA wird der Klasse "molecular job measurement" zugeordnet, da er die Absicht verfolgt, das Arbeitsverhalten und seine Bedingtheit durch Fähigkeiten, Interessen und andere Persönlichkeitsmerkmale auf einer "molekularen", in kleinste Elemente aufgeteilten, Ebene zu beschreiben und das Gesamtbild eines Berufes aus Tätigkeitskomponenten zusammenzufügen.

Der FAA ist die Übertragung der Form B des PAQ ins Deutsche. Zunächst wurden zwei Items, die für deutsche Verhältnisse erforderlich waren, ergänzt. Bedingt durch Zuverlässigkeitsuntersuchungen unterlag die deutsche Fassung weiteren Revisionen. Bei der Veröffentlichung des FAA enthält er nunmehr 221 Arbeitselemente, die sich in vier Hauptgruppen gliedern lassen (siehe Abbildung 3-2).

Es wurden einige empirische Studien mit dem FAA durchgeführt, um die Anwendungsbereiche des FAA genauer zu beleuchten: Drei der Studien behandeln die Analyse und Klassifizierung von Tätigkeits- und Berufsgruppen (z.B.: Inwiefern können Führungsgruppen differenziert und klassifiziert werden?). Eine andere Studie gibt eine Untersuchung zu einem bestimmten Tätigkeitsmerkmal wieder (Arbeitsanalytische Untersuchungen zum Risikoverhalten). Schließlich werden zwei Studien zu Problemen von Anforderung und Eignung bei besonderen Tätigkeitsgruppen dargestellt (z.B.: Ermittlung von Eignungsvoraussetzungen).

---

1. **Informationsaufnahme und Informationsverarbeitung**
   Wo und wie gewinnt der Beschäftigte die Information, die er bei der Ausübung seiner Tätigkeit verwendet? Welche Denkvorgänge, Entscheidungsprozesse, Planungsvorgänge und Informationsverarbeitungsprozesse sind für die Durchführung der Tätigkeit notwendig?
   (66 Arbeitselemente)

2. **Arbeitsausführung**
   Welche Verhaltensweisen sind an dem analysierten Stelleninhaber beobachtbar und welche Werkzeuge und Geräte verwendet er? (51 Arbeitselemente)

3. **Arbeitsrelevante Beziehungen**
   Welche Beziehungen zu anderen Personen sind bei der Ausführung der Tätigkeit erforderlich? (50 Arbeitselemente)

4. **Umgebungseinflüsse und zusätzliche Arbeitsbedingungen**
   In welchem physischen und sozialen Milieu wird die Arbeit durchgeführt? Wie ist die Arbeit strukturiert? Welche Gefährdungen bestehen und welche Sicherheitsmaßnahmen können getroffen werden? Welche besonderen Bedingungen sind neben den oben angeführten für die Tätigkeit noch relevant? (54 Arbeitselemente)

Abbildung 3-2: Testaufbau

Gütekriterien und empirische Fundierung

Bevor nun die Gütekriterien des FAA besprochen werden, muss gesagt werden, dass man mit dem FAA keine Personen messen möchte, sondern einen Arbeitsplatz. Der FAA ist dabei behilflich eine Anforderungsanalyse zu erstellen und nicht einen bestimmten Wert für eine Person wie z.B. den Intelligenzquotienten zu ermitteln.

Reliabilität
Der Auffassung der Autoren zufolge sind bei Beurteilungsprozessen der vorliegenden Art Zuverlässigkeit und Gültigkeit weitgehend identisch (siehe Validität).
    Es wurde überprüft, ob mit dem FAA genauso zuverlässige Daten erhoben werden können wie mit der amerikanischen Version. Daher wurden folgende Reliabilitäten überprüft:
1. *Beurteilerreliabilität*: In welchem Ausmaß streuen („variieren") die Einstufungen der Arbeitselemente von Beurteiler zu Beurteiler? Jeweils zwei Beurteiler stufen verschiedene Arbeitsplätze ein. Die Übereinstimmung wird korrelationsstatistisch ermittelt.
2. *Item(Arbeitselement)reliabilität*: Berechnet aus den Einstufungen, die sich bei der Bestimmung der Beurteilerzuverlässigkeit ergeben. Es werden die Einstufungen eines Items über mehrere Arbeitsplätze verglichen.

30 trainierte Psychologiestudenten mit Diplomvorprüfung beurteilten im ersten Untersuchungsabschnitt 61 Personen in 33 verschiedenen Positionen (vorwiegend Lehrpositionen), d.h. im Durchschnitt zwei Positionen gleicher Berufsbezeichnung. Die 61 Positionen bildeten keine repräsentative Stichprobe. Jeweils zwei der Beurteiler wurden an bestimmte Arbeitsplätze entsandt, um für die verschiedenen Positionen auch unterschiedliche Beurteilerpaare zusammenzustellen. Die Beurteiler stuften jeweils unabhängig ein. Die *Beurteilerreliabilität* wurde durch die Produkt-Moment-Korrelation der Beurteilerpaare bestimmt. Es ergab sich ein durchschnittlicher Reliabilitätskoeffizient von $r = .79$ (im Folgenden steht der Kleinbuchstabe „r" für den durchschnittlichen Reliabilitätskoeffizienten).
    Die *Itemreliabilität* wurde durch Korrelationen der beiden ermittelten Einstufungen eines Items über die 61 Positionen erhoben. Die durchschnittliche Zuverlässigkeit der Items für 180 Arbeitselemente lag bei $r = .61$. Im Vergleich dazu erzielte McCormick eine durchschnittliche Zuverlässigkeit für 179 Items von $r = .80$, wobei er die dichotomen Antwortskalen (siehe Tabelle 3-8) mit einbezog. Werden nun in dieser Untersuchung ebenfalls die dichotomen Antwortskalen miteinbezogen, erhöht sich die durchschnittliche Zuverlässigkeit auf $r = .65$. In Abhängigkeit vom Einstufungsschlüssel ergaben sich keine Unterschiede bezüglich der Zuverlässigkeiten.
    Da eine Anzahl von Items ungenügende Zuverlässigkeit zeigte, wurden sie umformuliert oder eliminiert. Eine *nachfolgende Zuverlässigkeitsuntersuchung,* bei der 32 Tätigkeiten von jeweils zwei unabhängigen Beurteilern mit dem nun revidierten Test, umbenannt zum PAQ B/F (insgesamt 192 Items), eingestuft wurden, erzielte eine durchschnittliche Beurteilerzuverlässigkeit von .90 und eine durchschnittliche Itemzuverlässigkeit von .79.

Validität
Wie oben bereits erwähnt behaupten die Autoren, dass bei Beurteilungsprozessen vorliegender Art Zuverlässigkeit und Validität identisch sind (Handbuch S.16). Unterschiede von Arbeitsplätzen können nur dann als wahre Unterschiede interpretiert werden, wenn sie zuverlässig erhoben wurden. Zudem wird argumentiert, dass, wenn eine gute Beurteilerreliabilität vorliegt, man zwar eigentlich nicht automatisch auf eine hohe Validität schließen könne – also, ob die Beurteiler nicht nur übereinstimmend, sondern auch richtig beurteilen –, aber man hier in diesem Falle davon ausgehen könne, dass dem übereinstimmenden Urteil von Arbeitsanalytikern auch Gültigkeit zugesprochen werden kann. Gerade in der Praxis würde man so verfahren, da für diese Einschätzung aufwendige Kontrolluntersuchungen durchgeführt werden müssten.

Objektivität
Auswertungsobjektivität ist bedingt gegeben, da es sich bei der ins Deutsche übertragenen Fassung des PAQ um die neuere Form B handelt. Die Form B ist insofern objektiver auszuwerten, als dass sie im Vergleich zur älteren Form A weniger Fragen mit freier Antwortmöglichkeit enthält. Die Antwortmöglichkeiten der Form B sind durch vorgeschriebene Ratingskalen für die jeweiligen Fragen standardisiert. Diese Ratingskalen und auch eine klar vorgegebene Reihenfolge der Fragen gewährleisten eine hohe *Durchführungsobjektivität*.

Interpretationsobjektivität besteht kaum, da es sich bei dem Ergebnis eigentlich nur um eine Übersicht der Arbeitselemente handelt, die für den jeweiligen Beruf notwendig sind. Man vergleicht die Arbeitsplätze, indem man sich die unterschiedlichen Arbeitselemente inhaltlich anschaut. Der Schritt von einer sehr differenzierten Beschreibung des Arbeitsplatzes zu globalen Anforderungsdimensionen bleibt offen. Letztlich stehen dem Auswerter große Interpretationsspielräume zur Verfügung.

Durchführung und Auswertung

Grundsätzlich erfasst der FAA nur, was beobachtet und erfragt werden kann. Die Ergebnisse sind von den individuellen Leistungen des Stelleninhabers weitgehend unabhängig. Der Fragebogen besteht aus 4 Hauptteilen. Diese Hauptteile untergliedern sich wiederum in Abschnitte und Unterabschnitte, welche eine Anzahl zusammengehöriger Arbeitselemente beinhalten. Jedes Arbeitselement beschreibt einen Aspekt der Arbeitstätigkeit oder eine Arbeitsbedingung. Insgesamt besteht der Fragebogen aus 48 Seiten mit insgesamt 221 Arbeitselementen (Items). Die Grundidee des betreffenden Arbeitselements wird meistens durch Beispiele verdeutlicht. Diese Beispiele werden aber nicht komplett dargestellt, sondern je nach Bedarf als Anschauungshilfe genutzt.

Jedes Arbeitselement bzw. Item wird anhand eines Schlüssels eingestuft. Es werden folgende fünf Einstufungsschlüssel verwendet: *Häufigkeit*, *Zeitdauer*, *Wichtigkeit/Bedeutung* für die Arbeit, trifft das Arbeitselement zu oder nicht (*Alternativ*) und *Spezieller Schlüssel*, der sich nur auf das Arbeitselement bezieht, bei dem er angegeben ist. Diese Einstufungsschlüssel werden durch ihre Anfangsbuchstaben in Großschrift dargestellt und auf jeder Seite des Fragebogens oben aufgeführt (siehe Tabellen 3-7 und 3-8). Je nach Einstufungsschlüssel handelt es sich um zwei-, drei-, fünf- oder sechsstufige Antwortskalierungen.

Tabelle 3-7: Einstufungsschlüssel: Häufigkeit

Schlüssel H	Häufigkeit
0	trifft nicht zu
1	sehr selten
2	selten
3	mittel
4	häufig
5	sehr häufig

Tabelle 3-8: Einstufungsschlüssel: Alternativ

Schlüssel A	Trifft das Arbeitselement zu oder nicht?
0	trifft nicht zu
1	trifft zu

Die Einstufungen der Arbeitselemente können in vorgefertigte, fünfseitige Datenblätter eingetragen werden. Für jeden Hauptteil stehen zehn Spalten für Identifizierungszwecke und allgemeine Angaben zur Verfügung (10-stufige Antwortskalierung). Ebenso stehen am Ende des Datenblatts noch einige Itemnummern (5.01 - 5.10.) zur Verfügung (sechsstufige Antwortskalierung), um den FAA für bestimmte Untersuchungszwecke ergänzen zu können. Maschinenlesbare Datenblätter sind erhältlich. Zudem gibt es ein Protokollblatt für eine standardisierte Erhebung der Berufsbeschreibung und der sonstigen Rahmenbedingungen. Die Testdauer beträgt ca. vier Stunden (Frieling & Sonntag, 1999).

Bewertung

Wie bereits erwähnt misst der FAA nicht Personen, sondern vielmehr Arbeitsplätze und ermittelt deren Anforderungen. Daher bereitet eine Bewertung nach den klassischen Gütekriterien mitunter Schwierigkeiten. Bezüglich der Objektivität lässt sich abschließend sagen, dass sie zwar nicht sehr hoch eingestuft werden kann, dass aber eben dieser Tatbestand eine einfachere Adaptation des Tests an den jeweiligen Arbeitsplatz ermöglicht.

Nach Meinung der Autoren waren die bisherigen Versuche, Dimensionen menschlicher Arbeit mit Hilfe des PAQ zu erfassen, sehr stichprobenabhängig. Daher wurden bereits Dimensionsanalysen und Klassifikationsversuche wiederholt. Diese Aufgabe besteht auch weiterhin.

Ein weiterer Kritikpunkt, der durch die Autoren selbst geäußert wurde, ist die Vermutung, dass der FAA, um ihn für betriebliche Zwecke einzusetzen, einerseits zu lang und andererseits zu generell ist. Wie durch eine Studie ersichtlich wurde, ist es zudem oft möglich, bei bestimmten Berufen viele Arbeitselemente bei der Bearbeitung zu überspringen. Die Attributenliste muss laut Verfasser überarbeitet werden. Hierzu werden aber keine genauen Angaben gemacht.

Der Hinweis der Autoren, dass die Validität im Falle des FAA mit der Reliabilität gleichzusetzen ist, erscheint fragwürdig. Eventuell nachvollziehbar wäre diese Argumentation bezüglich der Inhaltsvalidität, jedoch in keinem Falle bezüglich der Konstruktvalidität oder der kriterienbezogenen Validität. Die Verfasser merken jedoch auch selbst an, dass Validierungsstudien in Angriff genommen werden müssen. Daher wäre zum Beispiel ein Vergleich verschiedener Instrumente zur Anforderungsanalyse eines Arbeitsplatzes möglich. Der Hauptvorteil des FAA ist die Möglichkeit zum Vergleich von Tätigkeiten über Branchen und Berufe hinweg.

3.1.4 Tätigkeits-Bewertungssystem (TBS)

Helge Thiemann

Konzeption

Das TBS wurde konzipiert, um die objektiven und subjektiven Bedingungen von Arbeitstätigkeiten und deren objektive und subjektive Aus- und Rückwirkungen zu untersuchen, zu bewerten und Gestaltungsmöglichkeiten aufzuzeigen. Im Fokus der Aufmerksamkeit steht dabei die Persönlichkeitsförderlichkeit der Arbeitstätigkeit. Die Autoren nehmen hierbei explizit Bezug auf bestehende EU-Rahmenrichtlinien, die eine Beeinträchtigungsfreiheit, Gesundheitsförderlichkeit und Lernförderlichkeit vorschreiben. Das TBS ist ein arbeitsanalytisches Verfahren, die Ergebnisse können jedoch zudem zur Anforderungsanalyse genutzt werden.

Das Verfahren ist auftrags- und bedingungsbezogen, d.h. es ist unabhängig von der individuellen Arbeitsausführung. Das TBS ist für Arbeitstätigkeiten aus dem Bedien-, Montage- und Überwachungsbereich konzipiert. Als Anwenderkreis kommen nach Ansicht der Autoren Arbeitsgestalter wie z.B. Ingenieure, Informatiker, Psychologen oder Sozialwissenschaftler sowie der Arbeitsplatzinhaber selbst in Frage.

Die Persönlichkeitsförderlichkeit der Arbeitstätigkeit steht im hierarchischen System von Hacker (1980) zur Bewertung von Arbeitsgestaltungsmaßnahmen an der Spitze der Konzeption (siehe Abbildung 3-3). Hierbei sollen vor einer Realisierung eines Arbeitsplatzes die Teilaspekte der Ausführbarkeit, der Schädigungsfreiheit, der Beeinträchtigungsfreiheit und der Persönlichkeitsförderlichkeit geprüft werden. Persönlichkeitsförderlich sind „arbeitsgestalterische Lösungen, die es den Beschäftigten gestatten, persönlichkeitszentrale Leistungsvoraussetzungen (...) zu erhalten und zu erweitern" (Hacker, Fritsche, Richter & Iwanowa, 1995, Seite 94). Grundbedingungen hierfür sind nach Hacker et al. (1995):
(a) Möglichkeiten zu ausreichender Aktivität,
(b) Möglichkeiten für eine sozial nützliche Anwendung erworbener, auch geistiger Leistungsvoraussetzungen,
(c) Erkennbarkeit des individuellen Beitrages zum Gesamtanliegen der Organisation,
(d) Gewährleistung von Kooperations- und Kommunikationsmöglichkeiten,
(e) Leistungsbewertung auch in Form der Anerkennung und Bestätigung der Persönlichkeit und der von ihr übernommenen Verantwortung.

Zur Erfassung der Persönlichkeitsförderlichkeit der Arbeitstätigkeit stehen das TBS-O (Objektiv) sowie das TBS-S (Subjektiv) zur Verfügung. Das TBS-O prüft, „ob und gegebenenfalls in welchem Ausmaße *objektive* Behinderungen für die Förderung psychischer Gesundheit (...) vorliegen" (Hacker et al., 1995, Seite 14). Das TBS-S dagegen untersucht den Prozess der Auffassung und Bewertung der Arbeit *durch den Arbeitenden*. Ausgangspunkt ist hierbei die subjektiv erlebte Diskrepanz zwischen dem wahrgenommenen und dem wünschenswerten Zustand einer Tätigkeit.

Anforderungsanalyse 111

Im TBS werden die durch eine Auftrags- und Bedingungsanalyse sowie eine Tätigkeitsanalyse ermittelten Teiltätigkeiten durch 52 (TBS-O) bzw. 50 (TBS-S) Skalen hinsichtlich der in Abbildung 3-4 dargestellten fünf Hauptkategorien eingestuft.

Bewertungsebenen	Unterebenen	
Realisierung ↑		
4. Persönlichkeitsförderlichkeit ↑	a) Weiterentwicklung b) Erhaltung c) Rückbildung	ausgewählter Fähigkeiten und Einstellungen
3. Beeinträchtigungsfreiheit ↑	a) ohne bzw. mit zumutbaren Beeinträchtigungen b) bedingt zumutbare Beeinträchtigung c) nicht zumutbare Beeinträchtigung (funktionelle psychosomatische Störung)	
2. Schädigungsfreiheit ↑	a) Gesundheitsschäden ausgeschlossen b) Gesundheitsschäden möglich c) Gesundheitsschäden hochwahrscheinlich	
1. Ausführbarkeit ↑	a) uneingeschränkte Ausführbarkeit b) bedingte, eingeschränkte Ausführbarkeit c) zuverlässige Ausführbarkeit nicht gewährleistet	

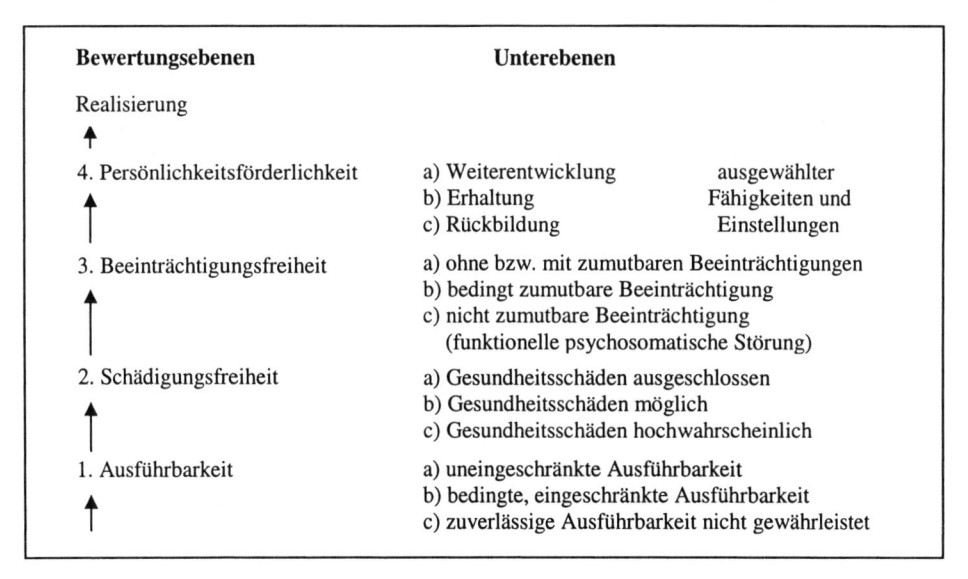

Abbildung 3-3: Hierarchisches System zur Bewertung von Arbeitsgestaltungsmaßnahmen nach Hacker (1980)

(A) Organisatorische und technische Bedingungen, die die Vollständigkeit bzw. Unvollständigkeit von Tätigkeiten determinieren
(B) Kooperation und Kommunikation
(C) Verantwortung, die aus dem Arbeitsauftrag folgt
(D) Erforderliche geistige (kognitive) Leistungen
(E) Qualifikations- und Lernerfordernisse

Abbildung 3-4: Hauptkategorien des TBS

Gütekriterien und empirische Fundierung

Da von den Autoren ausschließlich Gütekriterien für das TBS-O dargestellt werden, beziehen sich die nachfolgenden Darstellungen lediglich auf dieses Verfahren.

Interpersonelle Untersucherübereinstimmung des TBS-O
Bei der interpersonellen Übereinstimmung wird untersucht, inwiefern verschiedene unabhängige Untersucher zur gleichen Tätigkeit unter vergleichbaren Bedingungen zu einer einheitlichen Skaleneinschätzung kommen. Hierbei wurde das Redundanzmaß R herangezogen. Eine Redundanz von R = 1.0 bedeutet eine völlige Übereinstimmung der Einschätzung der Skalenstufen durch die Untersucher.

Die Prüfung erfolgte durch sechs Studien mit insgesamt 67 unabhängigen Untersuchern, die sich aus Arbeitsingenieuren, Psychologiestudenten und praktisch tätigen Psychologen zusammensetzten. In fünf von sechs Fällen wurde das TBS-O auf ein bereits aufbereitetes Fallbeispiel angewendet. In einem weiteren Fall wurde durch fünf Psychologiestudenten eine differenzierte Arbeitsstudie mit anschließender Einstufung durch das TBS-O vorgenommen.

Die Autoren sehen ein Redundanzmaß von mindestens R = .35 für eine Skala als ausreichend an. Eine Skala (Skala 4.1; „Erforderliche Informationen über die Organisation") weicht von diesem Mindestkriterium ab. Bei dieser Skala wurden anschließend Modifikationen der Skalenerläuterungen vorgenommen. Bei allen anderen Skalen werden Werte zwischen R = .42 und R = 1.0 erreicht.

Intraindividuelle Untersucherübereinstimmung des TBS-O
Die intraindividuelle Untersucherübereinstimmung prüft, inwiefern zu verschiedenen Messzeitpunkten eine übereinstimmende Skaleneinschätzung durch denselben Untersucher vorgenommen wird. Zur Prüfung dieser Annahme schätzten 16 Psychologiestudenten eine aufbereitetet Fallstudie zwei Mal innerhalb eines Zeitintervalls von 15 Monaten auf den TBS-O-Skalen ein. Als gemeinsamer Korrelationskoeffizient über alle Skalen ergibt sich ein Wert von r = .87. Bei neun Skalen wurde ein Wert unter r = .73 festgestellt, der die Autoren zu Modifikationen der Untersuchungsanweisung und Skalenerläuterung veranlasste.

Konstruktvalidität des TBS-O
Die Autoren betonen, dass es nicht Gegenstand einer Validierung sein kann, nachzuweisen, welche Tätigkeitsmerkmale die psychische Gesundheit fördern oder hemmen. Zum Nachweis der inhaltlich-logischen Gültigkeit stellen die Autoren deshalb heraus, dass das Verfahren Ergebnis übereinstimmenden Expertenwissens und empirischer Untersuchungen ist.

Zur Überprüfung der strukturellen Gültigkeit wurde eine Faktorenanalyse durchgeführt. Diese konnte 49,82 % der Varianz durch eine vier-Faktoren-Lösung aufklären. Die Autoren sehen damit die von ihnen vorgenommene sach-logische Unterscheidung in fünf Faktoren größtenteils bestätigt. Es wird jedoch eingeräumt, dass aufgrund der heterogenen Stichprobe aus mathematisch-statistischer Sicht kein befriedigender Betrag der Varianz aufgeklärt werden konnte. Nach einer zusätzlichen Betrachtung der Interkorrelationen der Skalen sowie einer Clusteranalyse wurde eine starke Abhängigkeit der Skalen A („Organisatorische Bedingungen, die die Vollständigkeit determinieren"), D („erforderliche geistige Leistung") und E („Qualifikations- und Lernerfordernisse") auf der einen und den Skalen B („Kooperation und Kommunikation") und C („Verantwortung") auf der anderen Seite festgestellt.

Innere Kriterienvalidität des TBS-O
Zur Überprüfung der inneren Kriterienvalidität wurde die Korrelation zwischen den TBS-O-Skalen und dem „Verfahren zur Ermittlung von Regulationserfordernissen in der Arbeitstätigkeit – VERA" (Volpert, Oesterreich, Gablenz-Kolakovic, Krogoll & Resch, 1982) errechnet (zu weiteren Informationen über das Verfahren siehe auch das Kapitel 3.1.1). Die Korrelation der TBS-Gesamtkennzahl und der VERA-Skala ist mit r = .74 statistisch bedeutsam. Zusätzlich wurden die Zusammenhänge der

TBS-O-Skalen mit kurz- und langfristigen Belastungsfolgen wie z.B. Ermüdung, Monotonie, Sättigung oder Stress berechnet. Die große Anzahl signifikanter Korrelationen bestätigt nach Ansicht der Autoren die Validität des Verfahrens.

Durchführung und Auswertung

Das TBS-O
Die Durchführung des TBS-O erfolgt in mehreren Phasen (s. Abbildung 3-5). Diese Phasen lassen sich grob in die Vorbereitungsphase, die Durchführungsphase und in die Aufbereitungs- und Auswertungsphase unterteilen.

Vorbereitungsphase:	- Klärung des Untersuchungsanliegens - Studium des TBS-O - Planung und Vorbereitung der Untersuchung
Durchführungsphase:	- Erstellen eines hypothetischen Tätigkeitsablaufes für die Gesamttätigkeit und die Teiltätigkeiten - TBS-O-Einstufung - „Schichtaufnahmen" zur Präzisierung der Daten - Präzisierung des Tätigkeitsablaufs einschließlich der Zeitanteile - TBS-O-Einstufung - Falls durch Informationsmangel nötig: Tätigkeitsfeinanalysen - Präzisierung des Tätigkeitsablaufs - TBS-O-Einstufung
Aufbereitung und Auswertungsphase:	- Zusammenfassung und Aufbereitung der Daten - Transformation und Auftragen in einen Antwortbogen

Abbildung 3-5: Durchführungsablauf des TBS-O

In der Vorbereitungsphase wird das Untersuchungsanliegen geklärt, das TBS-O-Handbuch studiert und eine Planung und Vorbereitung der Untersuchung vorgenommen. Die Durchführungsphase umfasst eine schrittweise Verfeinerung der gewonnenen Informationen mit jeweils anschließender Einstufung der Teiltätigkeiten auf den TBS-O Skalen.

Auf der ersten Stufe der Durchführungsphase soll durch die Analyse betrieblicher Unterlagen sowie der Befragung von betrieblichen Experten eine Analyse der organisationalen Einheit, die Erfassung der Grobstruktur des Arbeitsauftrages und eine Differenzierung des Arbeitsauftrages in Tätigkeiten und Teiltätigkeiten inklusive der Zeitanteile jeder Teiltätigkeit erfolgen. Abbildung 3-6 verdeutlicht die Differenzierung des Arbeitsauftrages in Tätigkeiten und Teiltätigkeiten anhand des Arbeitsauftrages „Schären von Kupferseide".

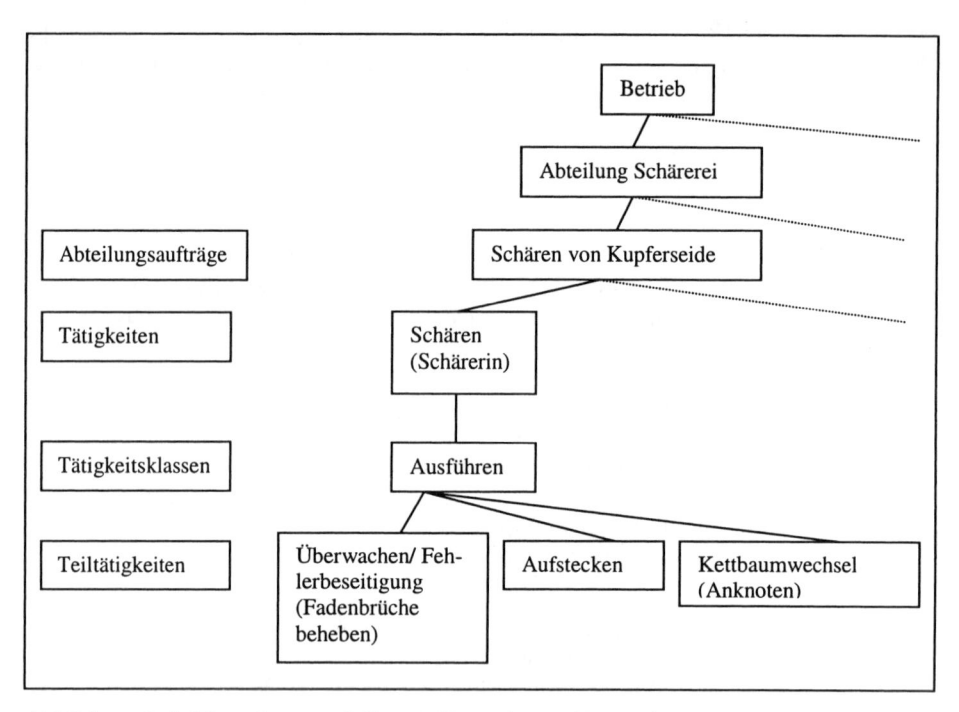

```
                              Betrieb
                                 |
                         Abteilung Schärerei
                                 /
  Abteilungsaufträge      Schären von Kupferseide

  Tätigkeiten             Schären
                          (Schärerin)

  Tätigkeitsklassen       Ausführen

  Teiltätigkeiten    Überwachen/ Feh-    Aufstecken    Kettbaumwechsel
                     lerbeseitigung                   (Anknoten)
                     (Fadenbrüche
                     beheben)
```

Abbildung 3-6: Einordnen und Unterteilung des Arbeitsauftrages „Schären von Kupferseide" (nach Hacker et al., 1995)

Nachfolgend findet eine erste Einschätzung jeder Teiltätigkeit auf den TBS-O-Skalen statt. Für jede Skala liegen abgestufte, inhaltliche Umschreibungen vor. Als Beispiel dient hier die Skala C 2.2 „Umfang individueller Verantwortung für Ergebnisse" aus der Kategorie C „Verantwortung, die aus dem Arbeitsauftrag folgt" (siehe Abbildung 3-7).

Stufe 0: keine eindeutig individuell zugeordnete Verantwortung für Ergebnisse
Stufe 1: Verantwortung für Zwischenergebnisse ohne selbständige Funktion
Stufe 2: Verantwortung für Zwischenergebnisse mit abgeschlossener Teilfunktion
Stufe 3: Verantwortung für Endergebnisse mit selbständiger Funktion

Abbildung 3-7: Skala C. 2.2 „Umfang individueller Verantwortung für Ergebnisse"

In der zweiten Stufe der Durchführungsphase werden je nach Komplexität der Tätigkeit ein bis zwei Schichtaufnahmen unter Einschluss von Beobachtungsinterviews durchgeführt. Hierbei werden Arbeitsablauf und benötigte Zeit pro Teiltätigkeit präzisiert und jede Teiltätigkeit erneut durch das TBS-O eingestuft.

In der dritten Stufe der Durchführungsphase, der Tätigkeitsfeinanalyse, können im Bedarfsfall quasiexperimentelle und experimentelle Eingriffe die speziellen geistigen Anforderungen relevanter Teiltätigkeiten einschätzen. Zu diesen Eingriffen gehört z.B. der Vergleich leistungsstarker und leistungsschwacher Arbeitskräfte oder eine systematische Variation des Informationsangebots. Ergänzend können Gruppendiskussionen mit den Beschäftigten durchgeführt werden. Zum Abschluss der Durchführungsphase erfolgt im Anschluss an die Feinanalyse eine dritte Merkmalseinschätzung jeder Teiltätigkeit.

In der abschließenden Aufbereitungs- und Auswertungsphase werden die gewonnenen Daten zusammengefasst, transformiert und in einen standardisierten Antwortbogen eingetragen. Durch einen Vergleich mit bereits durch Experteneinschätzungen vordefinierten Soll-Werten ergeben sich Hinweise zur Bewertung und auf einen möglichen Gestaltungsbedarf der Tätigkeit. Konkrete Gestaltungsvorschläge sind dem Handbuch beigefügt.

Das TBS-S
Das TBS-S wird in drei Schritten durchgeführt. Im ersten Schritt werden mittels der Strukturlegetechnik die Dauer und die Häufigkeit einzelner Teilaufgaben und deren erlebte Bedeutsamkeit und Schwierigkeit erfasst. Konkret bittet der Untersucher den Befragten zunächst nach Angaben zu Tätigkeiten und zur Reihenfolge dieser Tätigkeiten. Jede Angabe wird auf einem Kärtchen notiert und den Kategorien „Vor-/Nachbereiten", „Be-/Verarbeiten", „Kontrollieren eigener Ergebnisse", „Organisieren" sowie „Sonstiges" zugeordnet. Zum Abschluss des ersten Schrittes wird im Dialog mit dem Arbeitenden die Dauer, die Frequenz, die Schwierigkeit und die Bedeutsamkeit jeder Teiltätigkeit ermittelt.

Im zweiten Teil des Verfahrens wird dem Arbeitenden ein Fragebogen mit insgesamt 50 Merkmalsbeschreibungen der Arbeitstätigkeit vorgelegt. Als Beispiel ist in Abbildung 3-8 die Frage 39 des TBS-S abgebildet.

Frage 39: Bei meiner Arbeit

    Stufe 0: habe ich keine Verantwortung

bin ich verantwortlich
    Stufe 1: für meine eigene Arbeit
    Stufe 2: für eine Arbeitsgruppe
    Stufe 3: für mehrere Arbeitsgruppen/für eine Abteilung
    Stufe 4: für mehrere Abteilungen

Abbildung 3-8: Frage 39 des TBS-S-Fragebogens

Der Arbeitende hat die Aufgabe, den Ist-Zustand sowie den erwünschten Soll-Zustand seiner Arbeit einer entsprechenden Stufe zuzuordnen und auf einer siebenstufigen Skala (von „völlig unwichtig" bis „äußerst wichtig") die Wichtigkeit der Erreichung dieses Soll-Zustandes zu benennen.

Im dritten Teil des Verfahrens werden dem Arbeitenden 17 Fragen zu sozialen Aspekten seiner Arbeitstätigkeit vorgelegt (z.B. „Man hält in der Abteilung gut zusammen"). Der Arbeitende hat die Aufgabe, das Zutreffen dieser 17 Fragen auf einer siebenstufigen Skala von „völlig unzufrieden" bis „völlig zufrieden" zu bewerten.

Anschließend werden die Daten vom Untersuchenden zusammengefasst, transformiert und in einem standardisierten Auswertungsbogen festgehalten.

Nachfolgende Schritte
Nachdem das TBS-O und/oder das TBS-S durchgeführt und die Daten auf dem Auswertungsbogen aufgetragen wurden, ergeben sich mögliche Hinweise auf einen Gestaltungsbedarf. Durch eine Präsentation der Ergebnisse inklusive einer Darlegung von Veränderungsmöglichkeiten vor allen Beteiligten und Entscheidungsträgern mit anschließender Gruppendiskussion soll eine Veränderung der Arbeitstätigkeit im Sinne einer Persönlichkeitsförderlichkeit herbeigeführt werden.

Bewertung

Das TBS, bestehend aus den Verfahrensteilen TBS-O und TBS-S, hat den Anspruch, die Persönlichkeitsförderlichkeit einer Arbeitstätigkeit im Produktionsbereich zu analysieren, zu bewerten und Gestaltungsmöglichkeiten aufzuzeigen. Diesem Anspruch wird das Verfahren gerecht. Bei fachgerechter Anwendung ermöglicht das TBS einen umfassenden Überblick über die Arbeitstätigkeit und der sich daraus ergebenden Persönlichkeitsförderlichkeit für den Arbeitstätigen. Die Ergebnisse können zudem als Basis einer Anforderungsanalyse genutzt werden, indem einzelne Persönlichkeitseigenschaften aus den Skalen extrahiert werden. Diese Anforderungsdimensionen können z.B. Eigenschaften wie „Verantwortungsbewusstsein", „Offenheit für Erfahrungen" oder „Gewissenhaftigkeit" sein.

Das TBS ist ein arbeitsanalytisches Verfahren, welches eine Arbeitsanalyse, d.h. eine genaue Differenzierung der Arbeitstätigkeit in Tätigkeiten und Teiltätigkeiten, voraussetzt. Die Durchführung einer Arbeitsanalyse wird im Handbuch erläutert. Bei der anschließenden Analyse durch das TBS werden nicht nur die objektiven Gegebenheiten betrachtet, sondern auch die subjektiven Bewertungen der Arbeit durch die Arbeitenden berücksichtigt.

Bei der Bewertung der Testgüte des Verfahrens muss berücksichtigt werden, dass bei einem arbeitsanalytischen Verfahren nicht alle üblichen Kennziffern sinnvoll sind. Die Autoren bemühen sich dennoch, viele der anerkannten Kennziffern nachzuweisen. Durch die gute inhaltsorientierte Beschreibung der einzelnen Skalenstufen und das iterative Vorgehen bei der Datenerhebung konnte eine ausreichende Durchführungsobjektivität nachgewiesen werden. Der Vergleich der gewonnenen Daten mit durch Experteneinschätzung vorgegebenen Soll-Werten erleichtert die Bewertung enorm. Wünschenswert wäre es jedoch gewesen, den Erfolg der in diesem Zusammenhang durchgeführten Modifikationen einiger Skalen (s.o.) durch eine weitere Studie zu überprüfen.

Die strukturelle Gültigkeit konnte demgegenüber nur in abgeschwächter Form nachgewiesen werden. Die hohen Interkorrelationen zwischen den Skalen und die Faktorenanalyse lassen erkennen, dass andere Zusammenfassungen der Skalen den statistischen Gegebenheiten besser entsprochen hätten. Trotz dieser methodischen Schönheitsfehler weisen die hohen Korrelationen mit dem VERA-Verfahren und die statistisch bedeutsamen Zusammenhänge mit kurz- und langfristigen Belastungsfaktoren die Validität und die Nützlichkeit des Verfahrens nach.

Leider liegen keine Kennwerte für das TBS-S vor, sondern lediglich kurz abgehandelte „Erprobungsergebnisse". Dies verwundert, da das Verfahren drei Mal überarbeitet wurde und insofern Informationen über die Kennwerte vorhanden sein sollten. Gründe für das Fehlen der Kennziffern werden nicht genannt.

Zum Lieferumfang des TBS gehört ein Handbuch und eine Diskette. Das sehr umfangreiche Handbuch erläutert auf 330 Seiten das Verfahren und alle relevanten Zusammenhänge. Ungewöhnlich ist das gelegentliche Verweisen auf einen kostenpflichtig zu erstehenden Anhang, der einige konkrete Nachweise zur Validität des Verfahrens enthält. Das Handbuch stellt sehr umfangreiche Informationen und genaue Anleitungen zur Durchführung des Verfahrens zur Verfügung. Aufgrund der Komplexität des Verfahrens und des teilweise umständlichen Schreibstils der Autoren sollte jedoch von einer einmaligen Einarbeitungszeit von mindestens 16 Stunden ausgegangen werden. Nützlicherweise werden hierfür laut Handbuch zweitägige Einführungsseminare angeboten. Nach erfolgter Einarbeitung geben die Autoren die benötigte Zeit zur Analyse einer Arbeitstätigkeit mit ein bis zwei Stunden an.

Die beiliegende Diskette enthält das Tätigkeitsbewertungsprogramm „REBA 3.0", welches eine schnelle Einschätzung hinsichtlich des Risikos einer Ermüdung, Monotonie, Sättigung und des Stresses bei der Arbeitstätigkeit ermöglicht. Durch dieses sinnvolle Programm können geplante Modifikationen am Computer simuliert und deren mögliche Auswirkungen im Vorhinein beurteilt werden. Da das Verfahren auf eine Entwicklungs- und Anwendungszeit von über 15 Jahren zurückblickt, kann es als erprobt gelten.

3.2 Nicht-standardisierte Methoden

Uwe Peter Kanning

Vor allem dann, wenn wir den Bereich einfacher handwerklicher Tätigkeiten verlassen und Berufsfelder betrachten, in denen komplexe zwischenmenschliche Interaktionen den Arbeitsalltag bestimmen, stoßen standardisierte Instrumente schnell an ihre Grenzen. Gerade die Vielfalt der unterschiedlichen Anforderungen, denen beispielsweise eine Führungskraft ausgesetzt ist, lässt es notwendig erscheinen, auch bei der Arbeitsplatzanalyse eine möglichst offene Herangehensweise zu realisieren. Die nachfolgend beschriebenen Vorgehensweisen erfüllen diese Forderung auf recht unterschiedliche Weise. Dabei beschränken wir uns auf die Darstellung von drei grundlegenden Methoden. Die erste Methode, die Setzung durch Experten, dürfte in der Praxis besonders häufig eingesetzt werden, weil sie sehr schnell zu Ergebnissen führt. Ihr Nachteil liegt in der großen Unsicherheit im Hinblick auf die tatsächliche Qualität der Resultate. Die zweite Technik ist weitaus aufwändiger, verspricht gleichzeitig aber auch fundiertere Schlussfolgerungen. Die dritte Methode ist noch stärker als die beiden ersten durch wissenschaftliches Methodendenken geprägt und versucht den Analyseprozess möglichst weitgehend zu objektivieren. Einen breiteren Überblick über alternative Herangehensweisen liefern Kannheiser (1995), Schuler (2001) oder auch Sonntag (1999).

3.2.1 Setzung durch Experten

Die einfachste Möglichkeit, Anforderungsdimensionen zu bestimmen, besteht darin, erfahrene Führungskräfte oder sonstige Experten für den Arbeitsplatz zu befragen. Die Experten können dabei sowohl die Anforderungsdimensionen als auch die Soll-Werte definieren. Letztere legen über mehrere Dimensionen hinweg das eigentliche Anforderungsprofil fest. Auf dieser Basis können sowohl Minimalanforderungen als auch Profile optimal geeigneter Stellenplatzinhaber beschrieben werden.

Das zentrale Problem eines solchen Vorgehens liegt in der Qualität der resultierenden Ergebnisse. Wer ist eigentlich ein Experte? Woher weiß der Experte, welche Dimensionen wichtig sind? Sind seinem Urteil überhaupt alle wichtigen Dimensionen zugänglich? Ist er in der Lage, die Dimensionen präzise zu definieren? In aller Regel wird man diese und ähnliche wichtige Fragen nicht beantworten können. Man weiß schlichtweg nicht, wie gut das Expertenurteil wirklich ist. In jedem Falle ist mithin eine empirische Überprüfung der Expertensetzung zu empfehlen. Hier muss sich dann zeigen, ob Personen, die die postulierten Anforderungen erfüllen, tatsächlich bessere Arbeitsplatzinhaber sind als jene, die hinter den Anforderungen zurückbleiben.

Bislang haben wir immer den Fall betrachtet, dass für eine bereits bestehende Tätigkeit ein Anforderungsprofil formuliert werden soll. Dies wird in der Praxis der Regelfall sein. Denkbar ist aber auch ein völlig anderes Szenario: Möglicherweise befindet sich eine Organisation in einer Phase des Umbruchs. Neue Arbeitsplätze werden eingerichtet oder alte Arbeitsplätze werden sich verändern. In diesem Fall kann man nicht schon im Vorhinein auf empirischem Wege die genauen Anforderungsdimensionen festlegen. Oftmals spielen hier auch Wertentscheidungen eine wichtige Rolle, wenn beispielsweise von Außendienstmitarbeitern oder Führungskräften der Zukunft ein höheres Maß an sozialer Kompetenz verlangt wird. Stehen keine Erfahrungen aus anderen, vergleichbaren Organisationen zur Verfügung, so kann die Setzung der Anforderungsdimensionen und -profile durch Experten ein taugliches Mittel sein. So wie auch andere z.b. ökonomische Entscheidungen ganz selbstverständlich durch das Management getroffen werden, können auch diese Wertentscheidungen zur längerfristigen Veränderung der Organisation der Verantwortung legitimierter Entscheidungsträger überantwortet werden. Sinnvoll wäre hier allerdings die Zusammenstellung einer Gruppe von Entscheidungsträgern, in der die verschiedenen Interessengruppen der Organisation (z.B. Aktionäre, Management, Arbeitnehmer) vertreten sind. Auf diesem Wege ließe sich ggf. eine einvernehmliche und somit auch tragfähige Wertentscheidung finden, die nicht schon gleich in Frage gestellt wird, wenn die ersten Schwierigkeiten bei der Realisation auftreten.

3.2.2 Methode der kritischen Ereignisse

Auch die Methode der kritischen Ereignisse bedient sich der Befragung von Experten. Im Gegensatz zum zuvor beschriebenen Vorgehen nähert man sich dem Problem jedoch sehr viel vorsichtiger. Statt die Anforderungsdimensionen gleich „aus dem Nichts heraus" zu definieren, steht hier zunächst die genauere Analyse der geforderten Einzeltätigkeiten an. Die Methode der kritischen Ereignisse („critical incident technique") geht auf Flanagan (1954) zurück und wird heute als Oberbegriff für diverse Vorgehensweisen verwendet, denen allen eines gemein ist: Den Ausgangspunkt der Anforderungsanalyse bildet die Definition wichtiger bzw. häufig auftretender (sog. „kritischer") Ereignisse der jeweiligen Arbeitstätigkeit.

Betrachten wir zur Verdeutlichung dieses Prinzips einmal die Aufgaben einer Führungskraft im mittleren Management. Angesichts der großen Vielfalt der zu bewältigenden Aufgaben ist es kaum möglich, jede einzelne Tätigkeit des Managers gesondert zu betrachten und noch dazu bis in ihre kleinsten Elemente zu analysieren, wie dies z.B. beim Einsatz des Fragebogens zur Arbeitsanalyse (Frieling & Hoyos, 1978; s.o.) der Fall wäre. Überdies ist nicht zu erwarten, dass jede spezifische Tätigkeit völlig unterschiedliche Anforderungen an den Manager stellt. Sehr viel wahrscheinlicher ist hingegen eine große Überschneidung der Anforderungen. So sind beispielsweise bestimmte soziale Kompetenzen sicherlich ebenso notwendig, wenn es gilt, ein Verkaufsgespräch mit einem Kunden, ein Mitarbeitergespräch oder eine Präsentation vor dem Vorstand erfolgreich umzusetzen. Dennoch dürfte beispielsweise eine brillante Präsentation rhetorische Fertigkeiten voraussetzen, die beim Mitarbeitergespräch eher unbedeutend sind. Die Methode der kritischen Ereignisse begegnet dem Problem der Anforderungsvielfalt mit einer ökonomischen Perspektive: Es werden nur solche Anforderungssituationen untersucht, denen eine große Bedeutung für das erfolgreiche Wirken am Arbeitsplatz zukommt. Dies sind zum einen Situationen, die häufig auftreten, zum anderen solche, die vielleicht nur selten vorliegen, von deren erfolgreicher Bewältigung aber viel abhängt. So wird es für den beruflichen Erfolg des Managers z.B. sehr wichtig sein, dass er seine Ideen vor dem

Vorstand überzeugend präsentieren kann, wenngleich dies nur recht selten vorkommt. Nicht minder bedeutsam ist die Gestaltung einer offenen und motivierenden Arbeitsatmosphäre im Umgang mit seinen direkten Mitarbeitern, was gewissermaßen „zum täglichen Geschäft" des Managers gehört.

Die genaue Ausgestaltung der Anforderungsanalyse nach der Methode der kritischen Ereignisse ist jeweils fallspezifisch festzulegen. Dabei spielt nicht zuletzt eine wichtige Rolle, welche Ressourcen (Zeit, Personen, Geld, methodisches Know-how) zur Verfügung stehen. Abbildung 3-9 skizziert die grundlegenden Prinzipien. Zum besseren Verständnis stellen wir ein prototypisches Vorgehen dar, so wie wir es in einem konkreten Anwendungsfall vor einiger Zeit realisiert haben. Dabei ging es um die Frage, welche zentralen Anforderungen der Beruf des Kommissars an seinen Arbeitsplatzinhaber stellt.

In *Phase 1* geht es zunächst darum, die kritischen Ereignisse zu definieren. Dazu werden ca. 20 Experten befragt, die sich mit dem fraglichen Arbeitsplatz besonders auskennen. Als Experten gelten sowohl derzeitige Arbeitsplatzinhaber (Kommissare) als auch ehemalige Arbeitsplatzinhaber, die in der Hierarchie der Organisation inzwischen weiter aufgestiegen sind und daher noch einmal eine etwas andere Perspektive vertreten können (Beamte aus dem höheren Dienst). Die Aufgabe der Experten besteht zunächst darin, etwa 10 wichtige und/oder häufig vorkommende Ereignisse aus dem Berufsalltag eines Kommissars zu schildern. Die Beschreibungen werden durch den Interviewer schriftlich kurz fixiert und zusätzlich per Tonband festgehalten.

Anschließend bespricht der Interviewer die einzelnen Situationen nacheinander noch einmal mit dem Experten (*Phase 2*; siehe Abbildung 3-9). Der Experte wird dabei gebeten, möglichst konkret zu beschreiben, wie sich ein Kommissar in der jeweiligen Situation verhalten würde, wenn er die Situation sehr gut oder sehr schlecht meistern würde. Wichtig ist dabei der Hinweis, dass es sich um realistische Schilderungen handeln soll, die im Alltag tatsächlich vorkommen können. So wäre es z.B. eine „unzulässige" Beschreibung eines schlechten Verhaltens, wenn der Experte angibt, der Kommissar würde ein Wortgefecht mit einem betrunkenen Randalierer dadurch lösen, dass er den Betrunkenen niederschießt. Ein solches Verhalten ist zwar ohne Zweifel ein Beispiel für eine schlechte Problemlösung, gleichzeitig aber auch eine höchst unrealistische Handlungsalternative.

Da für jede der Situationen mehrere positive und negative Verhaltensweisen gesammelt werden, resultiert bei diesem Vorgehen schnell eine sehr große Anzahl konkreter Verhaltensbeschreibungen. In unserem Beispiel waren es mehrere Hundert. In *Phase 3* geht es nun darum, aus den Verhaltensbeschreibungen die eigentlichen Anforderungsdimensionen, die dem Verhalten zugrunde liegen, zu destillieren. Hierzu stehen mehrere Methoden zur Verfügung. In jedem Falle geht es darum, die unterschiedlichen Verhaltensweisen zu bündeln und anschließend zu interpretieren, welche Fähigkeiten und Fertigkeiten den jeweiligen Verhaltensbündeln zugrunde liegen. Diese Fähigkeiten und Fertigkeiten stellen dann die gesuchten Anforderungsdimensionen dar. Eine Möglichkeit des Vorgehens wäre die Bildung einer Expertenrunde, die auf dem Wege der Diskussion zu einer Lösung kommt (z.B. Maas, 1991). Problematisch wird ein solches Vorgehen, wenn sehr viele Verhaltensbeschreibungen vorliegen. Bei mehr als 100 Verhaltensbeschreibungen dürfte es mehr als schwierig sein, den Überblick zu wahren. Einen Ausweg liefert das folgende Vorgehen: Aus den Verhaltensbeschreibungen wird ein Fragebogen zusammengestellt, der unter mehreren hundert Kommissaren verteilt wird. Die Aufgabe der Probanden ist es, einen beliebigen Kollegen, den sie besonders gut kennen, anhand des Fragebogens zu beschreiben. Beide, sowohl die Person, die den Fragebogen ausfüllt als auch diejenige, die beschrieben wird, bleiben dabei völlig anonym. Die gewonnenen Daten werden anschließend mit Hilfe mathematischer Verfahren (Faktorenanalyse, Reliabilitätsanalyse) analysiert. Im Ergebnis erhält man die erwünschte Bündelung der Verhaltensweisen, sog. „Faktoren". Diese müssen jetzt lediglich in einem letzten Schritt inhaltlich interpretiert werden, was der Definition der Anforderungsdimensionen gleich kommt. Ein wesentlicher Vorteil der eingesetzten Fragemethode besteht darin, dass der Prozess der Bündelung durch den Einsatz mathematischer Verfahren eine Objektivierung erfährt. Nachteilig erscheint demgegenüber der größere Aufwand, der mit der zusätzlichen Datenerhebung und -auswertung einhergeht. Angesichts der großen Bedeutung, die der Anforderungsanalyse zukommt, dürfte sich dieser Aufwand in den allermeisten Fällen allerdings schnell bezahlt machen.

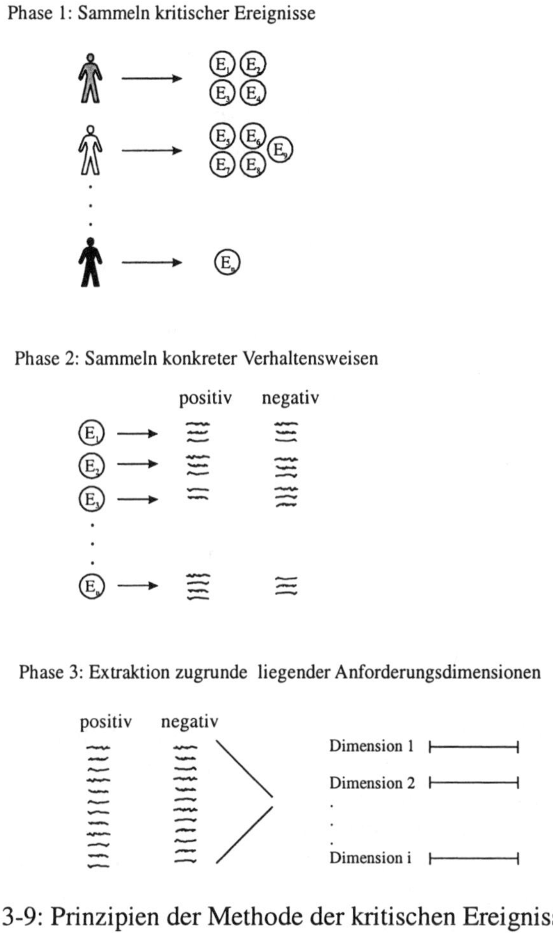

Abbildung 3-9: Prinzipien der Methode der kritischen Ereignisse

An dieser Stelle ist die Anforderungsanalyse nach der Methode der kritischen Ereignisse beendet. Zwar kennen wir nun die einzelnen Anforderungsdimensionen, wissen aber noch nicht, bei welchen konkreten Werten z.B. ein Bewerber angenommen oder zurückgewiesen werden soll. Unbeantwortet blieb bislang also die Frage nach dem eigentlichen Anforderungsprofil. Unabhängig von der Methode, mit deren Hilfe die Anforderungsdimensionen ermittelt werden (Expertenrating, Methode der kritischen Ereignisse etc.), können die „Soll-Werte" jeder einzelnen Dimension auf verschiedenen Wegen bestimmt werden.

Auch hier bietet sich zunächst die Festlegung durch einzelne erfahrene Experten oder ein größeres Entscheidungsgremium an. Ein solches Vorgehen ist vergleichsweise kostengünstig, da es in kurzer Zeit und mit geringem Aufwand zu realisieren ist. Wirkliche Gewissheit, ein zutreffendes Anforderungsprofil erhalten zu haben, erlangt man dabei jedoch nicht. Letztlich handelt es sich lediglich um Meinungsäußerungen. Würde man z.B. einzelne Experten durch andere ersetzen, könnte ein verändertes Profil resultieren. Wichtig wäre in jedem Fall, die Übereinstimmung der Entscheidungsträger zu überprüfen. Je geringer die Übereinstimmung ausfällt, desto größere Skepsis ist geboten. Doch selbst wenn die Experten gut übereinstimmen, sollte man nicht auf eine empirische Studie zur Überprüfung des Anforderungsprofils verzichten. Dies kann jedoch erst geschehen, wenn ein Messinstrument zur Erfassung der fraglichen Merkmale entwickelt wurde. Hier sollte sich z.B. zeigen, dass Personen, die dem Anforderungsprofil entsprechen (oder gar bessere Werte aufweisen), auch tatsächlich mehr Leistung am Arbeitsplatz erbringen als Personen, deren Merkmalsausprägungen („Ist-Werte") unterhalb der geforderten Standards („Soll-Werte") liegen.

Da eine empirische Überprüfung letztlich nicht durch einen Expertenentscheid ersetzt werden kann, bietet es sich auch an, die Definition der Soll-Werte (auch „Cut-off-Werte" genannt) vollständig im Rahmen einer empirischen Studie zu ermitteln. Hierzu könnte man z.B. das fertige Testverfahren innerhalb einer größeren Organisation besonders erfolgreichen und nachweislich weniger leistungsfähigen Mitarbeitern vorlegen. Im Rahmen der mathematischen Analyse (z.B. logistische Regression) sucht man dann nach denjenigen Soll-Werten, mit denen beide Gruppen möglichst fehlerfrei voneinander differenziert werden können. Anders ausgedrückt bedeutet dies im Idealfall, dass nach der mathematischen Festlegung der Soll-Werte alle leistungsstarken Mitarbeiter das neue Personalauswahlverfahren eindeutig positiv absolvieren, während alle leistungsschwachen Mitarbeiter unterhalb des Anforderungsprofils liegen.

3.2.3 Explorativ-statistisches Vorgehen

Sowohl die Methode der Setzung durch Experten als auch die Methode der kritischen Ereignisse basieren auf den Erfahrungen und Meinungen von Organisationsmitgliedern. Die Qualität der jeweiligen Analyse steht und fällt dabei mit der Qualifikation sowie der Motivation der befragten Personen. Im günstigsten Falle fließen viele bedeutsame Informationen in die Analyse ein, die ohne den Beitrag der erfahrenen Mitarbeiter bzw. der Experten im Verborgenen geblieben wären. Auf der anderen Seite stellt sich aber auch das Problem, dass die der Analyse zugrunde liegenden Informationen letztlich auf subjektiven Urteilen fußen, was in besonders starkem Maße für die erste Methode gilt. Diesem Problem begegnet das explorativ-statistische Vorgehen, indem die Analyse so weit wie möglich auf mathematischem Wege erfolgt. Die wichtigste Voraussetzung hierfür ist die Verfügbarkeit einer größeren Stichprobe von Mitarbeitern, die in dem interessierenden Arbeitsfeld oder einem sehr ähnlichen Feld tätig sind. Bei allen Probanden dieser Stichprobe werden möglichst breit angelegt Daten erhoben. Hierzu zählen biographische Informationen wie z.B. Alter, Ausbildungsweg und Berufserfahrung sowie vielfältige Informationen über Persönlichkeitsmerkmale, intellektuelle Fähigkeiten u.Ä. Letzteres lässt sich vergleichsweise einfach über standardisierte Instrumente der Personaldiagnostik messen. Anschließend werden die gewonnenen Daten zu einem oder mehreren berufsspezifischen Leistungskriterien in Beziehung gesetzt. Das Ziel der Analyse besteht darin, die Leistungsfähigkeit mit Hilfe der erhobenen Personenmerkmale zu prognostizieren. In der Regel werden nur wenige Variablen eine signifikante Vorhersage ermöglichen. Da man jedoch nicht im Vorhinein weiß, für welche Variablen dies gilt, müssen zunächst viele Merkmale erhoben werden. Aus den gewonnenen Ergebnissen lassen sich die Anforderungen an zukünftige Stellenplatzinhaber unmittelbar ableiten.

Wie jede Methode, so ist auch das explorativ-statistische Vorgehen mit spezifischen Problemen verbunden. Es ist offensichtlich, dass die Umsetzung des skizzierten Vorgehens Rahmenbedingungen sowie methodisches Know-how voraussetzen, die in vielen Organisationen nicht vorhanden sind. Lässt sich das methodische Know-how noch durch einen externen Berater abdecken, so stellt das Fehlen einer geeigneten Stichprobe eine nahezu unüberwindliche Hürde da. Auch ist zu bedenken, dass die berufliche Leistung der Mitarbeiter sehr unterschiedlich definiert werden kann und daher – je nach Definition – unterschiedliche Ergebnisse bzw. Anforderungsdimensionen zu erwarten sind. Auch reflektieren die Ergebnisse nur unzureichend zukünftige Entwicklungen des Arbeitsfeldes, wenn große Veränderungen zu erwarten sind. Mitarbeiter, die heute an einem spezifischen Arbeitsplatz gute Leistungen bringen und zufrieden sind, könnten morgen an einem stark veränderten Arbeitsplatz möglicherweise scheitern.

Der Vorteil der explorativ-statistischen Methode liegt demgegenüber in einem vergleichsweise hohen Maß der Objektivierung. Einzelne Personenmerkmale, die aufgrund von Plausibilitätsbetrachtungen für relevant erachtet werden, müssen sich dem empirischen Test stellen. Umgekehrt werden Merkmale, die bislang übersehen wurden, weil sie sich beispielsweise kaum im Alltag direkt beobachten lassen, vielleicht erst durch dieses Vorgehen in ihrer wahren Bedeutung erkannt.

3.2.4 Fazit

Die skizzierten Methoden widmen sich auf sehr unterschiedliche Weise dem Problem der Anforderungsanalyse. Während die „Setzung durch Experten" allein auf die Erfahrung und Analysefähigkeit eines Entscheidungsträgers vertraut, stellt die Methode der kritischen Ereignisse die Analyse auf ein breites Fundament. Ausgehend von ganz konkreten Arbeitsinhalten gelangt man hier durch Gruppendiskussionen oder durch mathematische Analysen zu globaleren Anforderungsdimensionen. Hierin ähnelt die zweite Methode dem Einsatz standardisierter Instrumente. Die explorativ-statistische Methode löst sich demgegenüber weitgehend von den Erfahrungen der Organisationsmitglieder und sucht auf der Basis mathematischer Entscheidungsprinzipien nach relevanten Prädiktoren beruflichen Erfolgs. Jede Methode hat Vorteile und Nachteile sowohl im Bereich der Ökonomie als auch hinsichtlich der Qualität der resultierenden Erkenntnisse, wobei jedoch eine vordergründig günstige Methode leicht mit mangelnder Aussagekraft bezahlt werden muss. Letztlich nützt eine finanziell günstige Methode, die zu schlechten Ergebnissen führt, wenig. Dennoch kann man auch die Setzungsmethode nicht grundlegend ablehnen, sofern sie durch die Berücksichtigung grundlegender methodischer Prinzipien deutlich verbessert wird (z.B. Einsatz mehrerer Experten; empirische Überprüfung der tatsächlichen Relevanz der genannten Dimensionen). Letztlich kommt es bei allen Methoden darauf an, die genannten Prinzipien im Hinblick auf einen konkreten Anwendungsfall zu adaptieren, um so das Beste aus einer Methode – auch in Kombination mit anderen Methoden – herauszuholen. Eine „kochrezeptartige" Umsetzung eines bestimmten in der Literatur beschriebenen Vorgehens ist oft weder möglich noch sinnvoll.

4. Instrumente zur Messung allgemeiner kognitiver Leistung

Unter der Kategorie „Instrumente zur Messung allgemeiner kognitiver Leistung" fassen wir nachfolgend Intelligenztests sowie Konzentrations- und Aufmerksamkeitsinventare zusammen. Auch wenn der Intelligenzquotient vielen Menschen spontan wohl eher als ein wenig geeignetes Mittel zur Messung der beruflichen Eignung erscheinen mag, sprechen die Forschungsbefunde jedoch eine deutlich andere Sprache. Metaanalysen – also zusammenfassende Studien, in die die Ergebnisse vieler Einzeluntersuchungen einfließen – zeigen, dass die allgemeine kognitive Leistungsfähigkeit des Menschen zu den besten Prädiktoren seiner Leistung am spezifischen Arbeitsplatz zählen (vgl. Schmidt & Hunter, 1998). Der große Abstraktionsgrad der Leistungsmessung, der mit den einschlägigen Verfahren verbunden ist, erweist sich mithin – anders als bei Persönlichkeitstests – keineswegs als ein Handikap. Wahrscheinlich hat dies damit zu tun, dass nahezu alle beruflichen Handlungen in mehr oder minder starkem Maße auf das kognitive Potential des Menschen zurückgreifen. Dies gilt für die Bedienung einer komplizierten Maschine oder das erfolgreiche Absolvieren einer Fortbildung ebenso wie für den Umgang mit zwischenmenschlichen Problemen am Arbeitsplatz. Insofern scheint sich die Sichtweise von David Wechsler (1955), dem Begründer der modernen Intelligenzmessung, zu bewahrheiten, der die Intelligenz als die Fähigkeit des Individuums zweckvoll zu handeln, vernünftig zu denken und sich mit seiner Umgebung wirkungsvoll auseinanderzusetzen definiert.

Dennoch sollten wir nicht den Blick davor verschließen, dass die allgemeinen kognitiven Fähigkeiten für sich allein genommen die berufliche Leistung nicht vollständig determinieren können. Die große Bedeutung der Intelligenz sollte vielmehr als eine Anregung verstanden werden, entsprechende Instrumente zusätzlich in den Prozess der Personaldiagnostik einzubeziehen. Die Forschungsbefunde befreien den Personaldiagnostiker nicht davon, immer wieder aufs Neue bei jedem Arbeitsplatz zu hinterfragen, welche Kriterien sinnvoll sind. Dabei werden sich durchaus auch Arbeitsplätze finden lassen, bei denen der Intelligenzquotient keine große Entscheidungshilfe darstellt.

4.1 Berliner Intelligenzstruktur-Test (BIS-4)

Julia Hüttemann

Der 1997 auf den Markt gebrachte Berliner Intelligenzstruktur-Test (BIS-4) von Jäger, Süß und Beaducel erlaubt die Erfassung einer großen Bandbreite von Intelligenzleistungen bei Jugendlichen und jungen Erwachsenen mit mittlerer und höherer Schulbildung. Als Ergebnis langjähriger Forschungs- und Entwicklungsarbeit entspricht der BIS-4, dem drei unveröffentlichte Vorformen (BIS-1, -2, -3) vorangingen, dem aktuellen Erkenntnisstand der Intelligenzstrukturforschung. Der Test besteht aus drei Testheften, die zusammen 45 Aufgaben beinhalten. Testheft zwei kann als Kurzform verwendet werden, wobei jedoch Informations-, Reliabilitäts- und Validitätsverluste in Kauf genommen werden müssen.

Konzeption

Der Test erfasst anhand von 45 Aufgaben vier operative und drei inhaltsgebundene Fähigkeiten, die zusammen das Integral allgemeine Intelligenz bilden. Die Fähigkeiten werden wie folgt beschrieben (nach Jäger et al., 1997).

Operative Fähigkeiten
- *Verarbeitungskapazität (K):* Verarbeitung komplexer Informationen bei Aufgaben, die nicht auf Anhieb zu lösen sind, sondern Heranziehen, vielfältiges Beziehungsstiften, formallogisch exaktes Denken und sachgerechtes Beurteilen von Informationen erfordern.
- *Einfallsreichtum (E):* Flexible Ideenproduktion, welche die Verfügbarkeit vielfältiger Informationen, Reichtum an Vorstellungen und das Sehen vieler verschiedener Seiten, Varianten, Gründe und Möglichkeiten von Gegenständen und Problemen voraussetzt, wobei es um problemorientierte Lösungen geht, nicht um ein ungesteuertes Luxurieren der Phantasie.
- *Merkfähigkeit (M):* Aktives Einprägen und kurzfristiges Wiedererkennen oder Reproduktion von verschiedenartigem Material.
- *Bearbeitungsgeschwindigkeit (B):* Arbeitstempo, Auffassungsleichtigkeit und Konzentrationskraft beim Lösen einfach strukturierter Aufgaben von geringem Schwierigkeitsniveau.

Inhaltsgebundene Fähigkeiten
- *Sprachgebundenes Denken (V):* Grad der Aneignung und der Verfügbarkeit des Beziehungssystems Sprache.
- *Zahlengebundenes Denken (N):* Grad der Aneignung und der Verfügbarkeit des Beziehungssystems Zahlen.
- *Figural-bildhaftes Denken (F):* Einheitstiftendes Merkmal scheint hier die Eigenart des Aufgabenmaterials zu sein, dessen Bearbeitung figural-bildhaftes und/oder räumliches Vorstellen erfordert.

Der BIS-4 basiert auf dem Berliner Intelligenzstrukturmodell von Jäger (1984), dem es gelang bisher konkurrierende Strukturmodelle der Intelligenz in ein Modell zu integrieren. Wesentliche Kernannahmen des Modells sind (nach Jäger et al., 1997, S. 4):
1. An jeder Intelligenzleistung sind alle intellektuellen Fähigkeiten – mit jeweils unterschiedlichem Gewicht – beteiligt.
2. Intelligenzleistungen und Fähigkeitskonstrukte lassen sich unter verschiedenen Modalitäten klassifizieren.
3. Die Fähigkeitskonstrukte sind hierarchisch strukturiert, wobei sich die Hierarchieebenen im Ausmaß der Differenzierung der Intelligenz unterscheiden.

Zur Entwicklung des Modells wurden zunächst alle in der Literatur vorfindbaren Aufgabentypen der Intelligenz- und Kreativitätsmessung identifiziert. Ziel dieses Vorgehens war es, eine konstruktionsbedingte Begrenzung des Modells zu vermeiden, da bestehende Modelldivergenzen auch ein Effekt der jeweiligen Aufgabenauswahl sein können, die ihrer Konstruktion zugrunde gelegt worden sind (Jäger et al., 1997). Das ermittelte Aufgabeninventar (mehr als 2000 Aufgaben) wurde daraufhin auf 191 Aufgaben (98 Aufgabentypen) reduziert und 545 Abiturienten zur Bearbeitung vorgelegt. Bei der Reduktion wurde darauf geachtet, dass die Vielfalt der Aufgaben erhalten blieb und bestehende Strukturmodelle ausreichend repräsentiert wurden. Mit Hilfe von explorativen Faktoren- und Clusteranalysen wurden auf der Grundlage des ermittelten Datenmaterials zunächst die vier oben genannten operativen Fähigkeiten isoliert. Anknüpfend an die Kernannahme, dass jede Leistung nach verschiedenen Modalitäten klassifiziert werden kann (z.B. erfordert das Erinnern von Zahlen sowohl eine gewisse Merkfähigkeit als auch zahlengebundenes Denken), konnten in einem weiteren Schritt auch die drei oben beschriebenen inhaltsgebundenen Einheiten identifiziert werden. Dies gelang, indem die identischen Aufgaben des BIS einmal zu operationshomogenen und einmal zu inhaltshomogenen Aufgabenbündeln zusammengefaßt und getrennten Strukturanalysen unterzogen wurden. Daneben konnte auch die Einheit allgemeine Intelligenz ermittelt werden, indem bei einer Strukturanalyse alle Aufgaben zu einem einzigen Bündel zusammengefasst wurden. Eine schematische Darstellung des Berliner Intelligenzmodells gibt Abbildung 4-1.

Gütekriterien und empirische Fundierung

Reliabilität
Die Werte für die interne Konsistenz (Cronbachs α) der Skalen der Standardform des Berliner Intelligenzstruktur-Tests liegen zwischen $\alpha = .75$ und $\alpha = .89$. Da die Skalen entsprechend der Modellannahmen ein gewisses Maß an Heterogenität verlangen, ist es allerdings sinnvoller, die Reliabilitäten anhand operations- und inhaltshomogener Variablenbündel zu berechnen, da so die jeweils nicht erwünschten Varianzanteile unterdrückt werden. Die so ermittelten internen Konsistenzen liegen zwischen $\alpha = .87$ und $\alpha = .95$ und sind somit akzeptabel. Die internen Konsistenzen der Skalen der Kurzform des BIS-4 liegen dagegen mit $\alpha = .46$ (Skala „Allgemeine Intelligenz") und $\alpha = .51$ (Skala „Verarbeitungskapazität") deutlich niedriger und können als

mangelhaft bewertet werden. Aktuelle Befunde zur Kurzform des BIS-4 ergaben jedoch mit $\alpha = .75$ für die Skala „Verarbeitungskapazität" und $\alpha = .79$ für die Skala „Allgemeine Intelligenz" ebenfalls zufrieden stellende Werte (Hüttemann, 2000). Die Split-half Reliabilitäten liegen zwischen $r = .75$ (Skala „Merkfähigkeit") und $r = .90$ (Skala „allgemeine Intelligenz"). Retest-Messungen bestehen bislang nur für die beiden Vorformen BIS-2 und BIS-3. Süß, Kersting und Oberauer (1991) ermittelten bei einen Abstand von einem Jahr Koeffizienten von $r = .65$ für die Skala „Einfallsreichtum" bis $r = .90$ für die Skala „Verarbeitungskapazität".

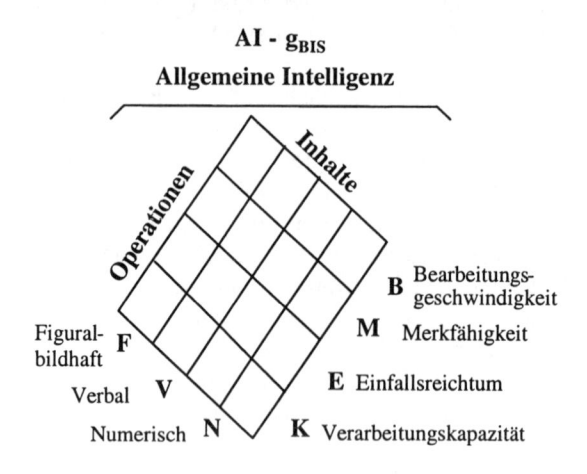

Abbildung 4-1: Berliner Intelligenzstrukturmodell (nach Jäger et al., 1997)

Validität
Die strukturelle Übereinstimmung des Tests mit dem BIS-Modell wurde in mehreren Untersuchungen nachgewiesen. Die konvergente Validität des Verfahrens wurde durch bedeutsame Korrelationen zu Testindikatoren der mentalen Geschwindigkeit, der Arbeitsgedächtniskapazität und des logischen Denkens sichergestellt. Gleiches gilt für die kriteriumsbezogene Validität, die u.a. für Schulnoten und Leistungen in Hochschuleingangsprüfungen belegt wurde (Kleine & Jäger, 1989; Wittmann & Matt, 1986). Die Korrelationen der Schulnoten zu den BIS-4 Skalenwerten liegen zwischen $r = .40$ und $r = .60$, wobei sich für naturwissenschaftliche Fächer die Skalen „Verarbeitungskapazität" und „zahlengebundenes Denken" als beste Einzelprädiktoren erwiesen. Die Leistungen in sprachlichen Fächern ließen sich dagegen am besten durch die Skala „sprachgebundenes Denken" vorhersagen. Die Ergebnisse zum Zusammenhang der BIS-Skalen mit Aufgaben zum komplexen Problemlösen sind heterogen. Es ist jedoch anzunehmen, dass mangelnde Validitätsnachweise im Wesentlichen auf konzeptuelle und methodische Defizite zurückzuführen sind (Jäger et al., 1997).

Objektivität

Zur Durchführungs- und Auswertungsobjektivität liegen bislang noch keine empirischen Befunde vor. Aufgrund des hohen Standardisierungsgrades des Verfahrens können sie jedoch generell angenommen werden. Eine Ausnahme bilden die Aufgaben der Skala „Einfallsreichtum". Werden diese Aufgaben hinsichtlich ihrer Verschiedenartigkeit ausgewertet („X-Modus"), ist die Klassifikation der Lösungen nicht immer eindeutig. Eine deutliche Verbesserung der Auswertungsobjektivität dieser Aufgaben kann jedoch durch das bestellbare PC-Auswertungsprogramm (BIS-E) erzielt werden. In jedem Fall sollte die Auswertung der E-Aufgaben von zwei unabhängigen Auswertern erfolgen. Allgemeine Auswertungsfehler (z.B. fehlerhaftes Umlesen der Rohwerte in Standardwerte) können durch Verwendung des Auswertungsprogramms BIS-PC vermieden werden. Zur Interpretation und Rückmeldung der Ergebnisse liegt im Begleitheft zur Auswertung ein Beispiel vor.

Durchführung und Auswertung

Testmaterialien

Zu den Testmaterialien gehören Handanweisungen, Aufgabenhefte 1 bis 3, Instruktionshefte 1 bis 3 sowie eine Auswertungsmappe mit (a) einem Begleitheft zur Auswertung, (b) einer Lösungsmappe (Schablonen, Lösungsblätter und Kategorienlisten) und (c) optional den PC-Programmen BIS-PC und BIS-E (manuelle Auswertung ist ebenfalls möglich). Darüber hinaus sind erforderlich: zwei Untersuchungsleiter, zwei Stoppuhren und Stifte für die Probanden (rote Stifte erleichtern die Auswertung beim Auflegen der Schablonen).

Durchführung

Die 45 Aufgaben sind auf drei Testhefte verteilt, deren Bearbeitung insgesamt ca. 130 Minuten plus insgesamt 20 Minuten Pause zwischen den Testheften erfordert. Testheft 2 kann als Kurzform verwendet werden, dann sind aber nur Aussagen über die allgemeine Intelligenz und die Verarbeitungskapazität zulässig. Die Durchführungszeit verkürzt sich so auf ca. 47 Minuten. Der Test kann als Gruppentest mit maximal 30 Probanden an Einzeltischen durchgeführt werden. Für einen reibungslosen Ablauf sollten nach Möglichkeit zwei Untersuchungsleiter zur Verfügung stehen, wobei einer die im Instruktionsheft enthaltenen Instruktionen gibt und ein anderer mittels einer Stoppuhr die Bearbeitungszeiten ansagt und kontrolliert.

Auswertung

Die für die Auswertung notwendigen Materialien finden sich in der Auswertungsmappe. Die Auswertung kann in Skalen- oder Faktorenwerten erfolgen und ermöglicht neben einem allgemeinen Wert der Intelligenz die Erstellung eines umfassenden Profils über die oben beschriebenen inhaltlichen und operativen Fähigkeiten. Bei der BIS-Kurzform ist nur die Auswertung der beiden Skalen „Verarbeitungskapazität" und „allgemeine Intelligenz" zulässig. Das Fähigkeitsprofil kann sowohl manuell auf der Basis der normierten Skalenwerte als auch computergestützt auf der Basis von Faktorenwerten der Skalen ermittelt werden. Letztere haben den Vorteil, dass sie aufgrund ihrer Berechnungsart niedrigere Interkorrelationen aufweisen ($r = .02$ bis r = .40) und somit diskreter zu interpretieren sind. Die Interkorrelationen der Skalenwerte liegen dagegen zwischen r = .40 und r = .65 und müssen daher bei der Interpretation stärker berücksichtigt werden. Jede Aufgabe geht in drei verschiedene Skalen ein: in die Skala „allgemeine Intelligenz", in eine Operations- und in eine Inhaltsklasse. Tabelle 4-1 gibt eine Zuordnung der einzelnen Aufgaben zu den verschiedenen Skalen.

Tabelle 4-1: Verteilung der Aufgaben auf die Skalen und Zellen
(nach Jäger et al., 1997)

AI	F	V	N
B	Buchstaben-Durchstreichen Old English Zahlen-Symbol-Test	Teil-Ganzes Klassifizieren von Wörtern Unvollständige Wörter	X-Größer Sieben-Teilbar Rechen-Zeichen
M	Orientierungs-gedächtnis Firmen-Zeichen Wege-Erinnern	Sinnvoller Text Worte Merken Phantasiesprache	Zahlen-Paare Zweistellige Zahlen Zahlen-Wiedererkennen
E	Layout Zeichen-Fortsetzen Objekt-Gestaltung Zeichen-Kombinieren	Eigenschaften Fähigkeiten Masselon Insight-Test Anwendungs-Möglichkeiten	Divergentes Rechnen Telefon-Nummern Zahlen-Gleichungen Zahlenrätsel
K	Analogie Charkow Bongard Figuren-Auswahl Abwicklungen	Wortanalogien Tatsache-Meinung Schlüsse-Vergleichen Wortschatz Schlüsse	Zahlenreihen Schätzen Tabellen-Lesen Rechnerisches Denken Buchstabenreihen

Anmerkung: In der Randspalte und -zeile stehen die BIS-Fähigkeiten. AI = allgemeine Intelligenz; K = Verarbeitungskapazität; E = Einfallsreichtum; M = Merkfähigkeit; B = Bearbeitungsgeschwindigkeit; V = sprachgebundenes Denken; N = zahlengebundenes Denken; F = figural-bildhaftes Denken.

Die Auswertungszeit beläuft sich pro Proband auf etwa 30 Minuten. Durch die computergestützte Auswertung mit Hilfe spezieller PC-Programme (BIS-PC und BIS-E) kann die Auswertungszeit verkürzt und die Gefahr von Auswertungsfehlern reduziert werden. Die einzelnen Aufgaben werden anhand von Schablonen bzw. Lösungsblättern ausgewertet. Die so ermittelten Rohwerte werden je Proband zunächst in einen Leistungsprotokollbogen eingetragen. In einem weiteren Schritt werden dann anhand der Auswertungsvorgaben die jeweiligen Standardwerte ermittelt. Die Auswertung der Aufgaben der Skala „Einfallsreichtum" erfolgt nach zwei Modi: Während bei einigen Aufgaben einzig die Menge der Lösungen zählt (U-Modus: Ideenflüssigkeit) kommt es bei anderen Aufgaben auf die Vielfalt der Lösungen (X-Modus: Ideenflexibilität) an. Detaillierte Vorschriften zum Vorgehen bei der Bewertung finden sich im Testhandbuch und der Auswertungsmappe.

Für die Auswertung liegen vorläufige Normen für 16 bis 19-jährige Schüler gehobener Schulbildung vor. Für eine Standardbewertung ist erforderlich, dass die Probanden die deutsche Sprache beherrschen. Es empfiehlt sich daher im Vorfeld die Dauer der Beherrschung der Sprache zu erheben.

Zur Dokumentation und Rückmeldung der Ergebnisse liegen übersichtliche Formblätter vor. Die Rückmeldung an den Probanden erfolgt in ipsativer Form, das heißt es werden ausschließlich die individuellen Leistungsstärken und -schwächen in Form einer intraindividuellen Rangordnung berichtet. Auf die Gruppennormen wird dabei nicht Bezug genommen.

Bewertung

Insgesamt erlaubt der Berliner Intelligenzstruktur-Test eine valide Erfassung intellektueller Leistungsfähigkeit und zeichnet sich insbesondere durch seine gleichermaßen hypothesengeleitete und methodenkritische Konstruktion aus (Amelang & Bartusek, 1997). Durch seine abwechslungsreiche Gestaltung fördert der Test die Aufrechterhaltung der Aufmerksamkeit und Leistungsmotivation. „Intelligenz kann sich im BIS-4 als erfolgreiche Bewältigung einer Vielfalt wechselnder Probleme und Aufgaben manifestieren" (Jäger et al., 1997, S. 21).

Im besonderen Maße positiv zu bewerten ist, dass das zugrundeliegende Berliner Intelligenzstrukturmodell explizit als erweiterungsfähig konzipiert wurde. Eine Testerweiterung für zusätzliche oder noch ausdifferenziertere operative und inhaltsgebundene Komponenten ist somit prinzipiell möglich. Auch ist die Ansiedlung von weiteren Hierarchieebenen oder die Ergänzung durch weitere Modalitäten denkbar (Jäger, 1984). Wesentlicher Unterschied zu anderen Intelligenztests ist, dass mit der Komponente „Einfallsreichtum" ein zentraler Bestandteil der Kreativität erfasst wird.

Zur Handhabung des Verfahrens bleibt anzumerken, dass seine Durchführung und Auswertung recht aufwändig ist. Die Verwendung der beziehbaren PC-Auswertungsprogramme ist daher sehr zu empfehlen. Zu kritisieren ist, dass bislang nur vorläufige Normen bestehen. Eine altersmäßige und regionale Erweiterung der Normierungsstichprobe wird als absolut dringlich erachtet (die Normen wurden ausschließlich an Schweizer Schülern ermittelt). Nichtsdestotrotz überzeugt das Verfahren durch seine fundierte theoriegeleitete und empirisch abgesicherte Konzeption.

4.2 Bochumer Matrizentest (BOMAT)

Meike Rosien

Der Bochumer Matrizentest ist ein Verfahren, das Intelligenzkapazität misst. Es handelt sich beim BOMAT um einen sprachfreien kognitiven Leistungstest. Eingesetzt werden kann er zur Personalauswahl im mittleren und gehobenen Management. Er liegt in zwei parallelen Formen (Form A und Form B) vor. Entwickelt wurde das Verfahren von Hossiep, Turck und Hasella. Der BOMAT ist in der Langversion seit 1999 auf dem Markt, im Oktober 2000 erschien eine Kurzversion.

Konzeption

Der BOMAT beruht auf der Intelligenztheorie nach Spearman (1904). Spearman formulierte ein einflussreiches Intelligenzmodell: die sog. Zwei-Faktoren-Theorie der Intelligenz. Dieses Modell geht davon aus, dass Intelligenzleistung immer auf zwei unterschiedliche Faktoren zurückzuführen ist. Zum einen ist Intelligenz zurückzuführen auf einen gemeinsamen Faktor – den sogenannten g-Faktor. Dieser g-Faktor ist an allen kognitiven Leistungen beteiligt (s. Abbildung 4-2). Zum anderen ist Intelligenz zurückzuführen auf mehrere spezielle Faktoren, die so genannten s-Faktoren (z.B. sprachliche Intelligenz, räumliche Intelligenz, etc.), die Überschneidungen mit dem g-Faktor aufweisen. Der BOMAT erfasst ausschließlich den g-Faktor nach Spearman. Empirisch ließ sich dieses strikte Modell insofern bestätigen, als dass sich zwischen verschiedenen Intelligenzmessverfahren durchweg positive Korrelationen finden. Dieses Ergebnis spricht für die Existenz eines g-Faktors.

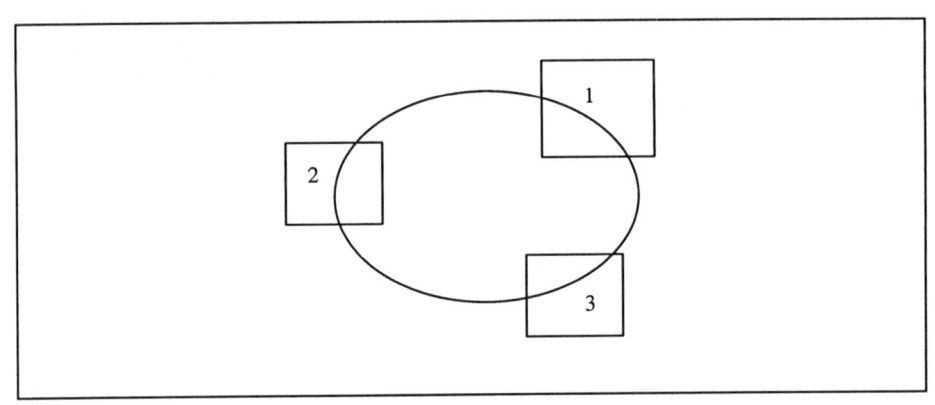

Abbildung 4-2: Illustration von Spearmans Zwei-Faktoren-Theorie der Intelligenz

Gütekriterien und empirische Forschung

Der BOMAT ist konzipiert als kognitiver Leistungstest für den höheren Leistungsbereich. Aus diesem Grunde setzt sich die Normierungsstichprobe des BOMAT ausschließlich aus Hochschülern und Hochschulabsolventen zusammen. Insgesamt wurde die Langversion des BOMAT an 303 Probanden normiert. Dabei wurden 151 Personen mit der Form A und 152 Personen mit der Form B getestet. Die Normstichprobe der Kurzversion umfasst 668 Hochschüler und Absolventen, 369 Probanden entfielen auf Form A und 299 auf Form B.

In den Testheften findet sich die prozentuale Verteilung der Normstichprobe auf zehn unterschiedliche Studienbereiche. Die vorliegenden Reliabilitäten des BOMAT sind Angaben zur internen Konsistenz und zur Testhalbierung.

Reliabilität
Wie aus Tabelle 4-2 ersichtlich, liegen sämtliche Angaben für die Reliabilitäten über $r_{tt} = .90$. Das bedeutet, das Gütekriterium „Reliabilität" ist – soweit angegeben – sehr gut erfüllt. Allerdings liegen bisher noch keine Angaben zur Retest-Reliabilität vor. Man muss darauf verweisen, dass die Autoren diese Angaben nicht unerwähnt lassen, sondern im Testmanual bemerken, dass Studien zur Retest-Reliabilität in Zukunft noch vorzunehmen sind. Die Paralleltestreliabilität des BOMAT liegt bei $r_{tt} = .87$. Form A und Form B des BOMAT dürfen somit als parallel angesehen werden, d.h. beide Formen können gleichberechtigt zum Einsatz kommen.

Tabelle 4-2: Reliabilität der BOMAT-Langversion

	Reliabilitäten	
	Form A (N = 151)	Form B (N = 152)
Spearman Brown (split half)	.93	.95
Guttmann (split half)	.92	.94
Cronbachs α (interne Konsistenz)	.91	.90

Tabelle 4-3 zeigt die Reliabilitätsangaben der Kurzversion des BOMAT. Sie liegen nur geringfügig unter den Angaben für die Langversion und können ebenfalls als sehr gut bezeichnet werden. Die Paralleltestreliabilität der Kurzversion liegt bei $r_{tt} = .86$. Als Stichprobe dient offenbar immer die Normierungsstichprobe.

Validität
Angaben zur Validität finden sich ebenfalls im Testheft (s. Tabelle 4-4). Zur inneren kriterienbezogenen Validierung der Langversion wurde von den Autoren der Zahlen-Verbindungs-Test herangezogen. Dieser Test wurde allerdings nicht als Intelligenztest konzipiert. Die Autoren argumentieren dennoch für die Verwendung des ZVT, da sich Intelligenz durch dieses Verfahren relativ sicher vorhersagen lässt. Die Werte zur inneren Validität können als hinreichend bezeichnet werden.

Zur äußeren kriterienbezogenen Validierung des BOMAT wurde die Abiturnote herangezogen. Die negativen Vorzeichen entstehen dadurch, dass bei Abiturnoten niedrige Werte gute Leistung indizieren. Im Gegensatz dazu bedeutet ein hoher Zahlenwert beim BOMAT, dass viele Matrizen richtig gelöst wurden. Eine hohe Zahl induziert somit ein gutes Abschneiden. Das Kriterium der äußeren Validität ist beim BOMAT gering ausgeprägt.

Tabelle 4-3: Reliabilität der BOMAT-Kurzversion

	Reliabilitäten	
	Form A (N = 396)	Form B (N = 299)
Spearman Brown (split half)	.89	.89
Guttmann (split half)	.89	.89
Cronbachs α (interne Konsistenz)	.92	.92

Angaben zur prognostischen Validität liegen nicht vor. Allerdings verweisen die Autoren im Testmanual darauf, dass auf diesem Gebiet noch Forschungsarbeit zu leisten sei.

Tabelle 4-4: Validität der BOMAT-Langversion

	innere kriterienbezogene Validität	
	Form A (N = 126)	Form B (N = 108)
R (zvt/BOMAT)	.56	.51
	äußere kriterienbezogene Validität	
	Form A (N = 130)	Form B (N = 126)
R (Abitur/BOMAT)	-.38	-.38

Für die Validierung der Kurzversion zogen die Autoren ebenfalls den Zahlenverbindungstest sowie die Abiturnote heran (s. Tabelle 4-5). Bei der Korrelation mit der Abiturnote fehlen die Angaben zur Stichprobengröße. Als weitere Methode zur Feststellung der inneren kriterienbezogenen Validität korrelierten die Autoren die Ergebnisse des BOMAT mit verschiedenen Dimensionen eines Assessment Centers (s. Tabelle 4-6). Die Validitäten der Kurzversion unterscheiden sich ebenfalls nur gering von denen der Langversion und können als hinreichend bzw. gering beurteilt werden.

Die Korrelationen mit den Dimensionen des Assessment Centers sind ebenfalls hinreichend im Bezug auf die Dimensionen „Analysevermögen" und „Schlussfolgern", im Bezug auf die Dimension „Schlussfolgern und Planen" kann nur von einer geringen Korrelation gesprochen werden.

Tabelle 4-5: Validität der BOMAT-Kurzversion

	innere kriterienbezogene Validität	
	Form A (N = 102)	Form B (N = 102)
R (zvt/BOMAT)	.58	.51
	äußere kriterienbezogene Validität	
	Form A	Form B
R (Abitur/BOMAT)	-.33	-.35

Tabelle 4-6: Korrelation der BOMAT-Kurzversion mit einem Assessment Center

	innere kriterienbezogene Validität		
	Analysevermögen	Schlussfolgern	Organisation und Planung
BOMAT	r = .59	r = .59	r = .59

Objektivität
Die Durchführungsobjektivität des BOMAT ist hinreichend, es liegen standardisierte Instruktionen vor. Für die Auswertung gibt es für beide Formen Schablonen, somit kann die Auswertungsobjektivität ebenfalls als hinreichend beurteilt werden. Das Kriterium der Interpretationsobjektivität ist sehr gut erfüllt, eine Tabelle im Testheft ermöglicht eine leichte und übersichtliche Zuordnung von jedem möglichen Rohwert des BOMAT zu den Sten-Werten, Prozenträngen und Dezilen.

Die Normierungsstichprobe der Langversion setzt sich zusammen aus N = 303 Hochschülern bzw. Hochschulabsolventen, die der Kurzversion aus N = 668 Probanden. Da für beide Parallelformen eine hohe Paralleltestreliabilität vorliegt (s.o.) liegt eine gemeinsame Normentabelle vor.

Die Normalverteilung des BOMAT ist belegt, dies wird aus der in den Testheften dargestellten Rohwerte-Verteilung ersichtlich. Umgerechnet werden die Rohwerte in Sten-Werte (Skala von 1 bis 10, Mittelwert 5,5). Angegeben sind weiterhin die Prozentrangwerte sowie die Dezile. In den Testheften findet sich die Darstellung der Prozentrangwerte sowie eine übersichtliche Umrechnungstabelle. Der BOMAT kann somit als sehr gut normiert betrachtet werden.

Das Testmanual des BOMAT ist übersichtlich und in den meisten Punkten auch für Fachfremde verständlich. Die Autoren geben einen kurzen Überblick über die Geschichte der Intelligenzforschung und ermöglichen es so, den BOMAT einzuordnen. Des Weiteren werden die Grundbegriffe der klassischen Testtheorie erläutert, wie Reliabilität, Validität und Objektivität. Es finden sich Angaben über Schwierigkeitsindex und Trennschärfe für jedes einzelne Item beider Testformen. Übersichtliche Graphiken erhöhen die Verständlichkeit der zahlreichen Angaben, daher lassen sich gesuchte Informationen ohne Schwierigkeiten finden. Das Testmanual des BOMAT kann als sehr gut bezeichnet werden.

Durchführung und Auswertung

Form A und Form B des BOMAT sind exakt gleich aufgebaut. Der Test besteht aus zwei Teilen, einem „Aufwärm-Teil" und dem eigentlichen Test. Der „Aufwärm-Teil" besteht aus zehn Übungs-Matrizen (vgl. Abbildung 4-3). Diese Matrizen sind nach demselben Prinzip aufgebaut und unterscheiden sich in ihren Schwierigkeitsgraden.

Der BOMAT besteht in seiner Langversion aus 40 Aufgaben, die Kurzversion setzt sich aus 29 Aufgaben zusammen. Abgesehen von ihrer unterschiedlichen Länge sind beide Testversionen exakt gleich aufgebaut. Jede der Aufgaben des BOMAT besteht aus 15 Feldern, von denen jeweils eins freigelassen ist. Die fehlende Figur ist durch die logischen Regeln aus den Einzelkomponenten (Form, Farbe, Muster, Anzahl, räumliche Anordnung der Figurenelemente) eindeutig zu bestimmen. Die Aufgabe der Testperson besteht darin, die Binnenstruktur der Items zu erkennen und von den zur Verfügung stehenden sechs Antwortalternativen diejenige auszuwählen, die das Muster logisch sinnvoll ergänzt. Die korrekte Lösung wird unterhalb der Matrix zusammen mit fünf Alternativen präsentiert. In Abbildung 4-3 handelt es sich um Lösung B. Die Logik findet sich hier in den einzelnen Zeilen: In jeder Zeile wird ein bestimmtes Symbol von links nach rechts größer.

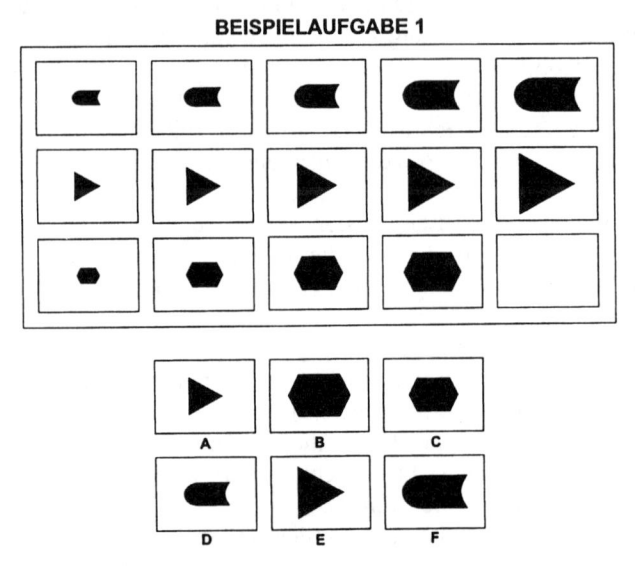

Abbildung 4-3: Beispielaufgabe des BOMAT

Im Aufwärm-Teil werden die Probanden mit dem Prinzip der Matrizen und den später benötigten Lösungsstrategien vertraut gemacht. Sie sind – wie die Matrizen im

Testheft – nach aufsteigendem Schwierigkeitsgrad geordnet, erreichen aber nicht die Komplexität der eigentlichen Testaufgaben. Nach der Matrix mit der eigentlichen Aufgabe blättern die Probanden um und lesen auf der nächsten Seite die Erklärung des Lösungsprinzips. Nach diesem Muster sind alle zehn Übungsaufgaben strukturiert. Der Aufwärmteil dient folgenden Zwecken:
- Die Probanden sollen die Aufgaben verstehen und subjektiv sicherer werden beim Lösen der Testaufgaben.
- Die Testfairness soll erhöht werden. Da allen Kandidaten eine Übungsmöglichkeit geboten wird, haben Probanden, die bereits zuvor Matrizenaufgaben bearbeitet haben, keine Vorteile mehr.
- Die Validität des Verfahrens wird erhöht.

Nachdem die Probanden die Übungsaufgaben gelöst haben, gibt es noch einmal eine Möglichkeit, Fragen zu stellen. Anschließend beginnt der eigentliche Test. Der Test besteht aus der Bearbeitung von 40 bzw. 29 Matrizen. Die Matrizen sind nach aufsteigender Schwierigkeit geordnet, die Probanden haben 80 bzw. 45 Minuten Zeit. Der BOMAT besitzt somit eine Speed- und eine Power-Komponente.

Die Antworten werden von den Probanden auf einem Antwortbogen angekreuzt. Dieser wird nach 80 bzw. 45 Minuten eingesammelt und mittels einer Auswertungsschablone ausgewertet. Da es sich beim BOMAT um ein „Paper-Pencil-Verfahren" handelt, benötigen die Probanden als Hilfsmittel nur einen Stift. Der BOMAT ist zur Einzel- und Gruppentestung einsetzbar.

Bewertung

Der BOMAT stellt sicherlich ein interessantes Instrument dar, Intelligenz zu testen. Seine Sprachfreiheit ist Vor- und Nachteil zugleich. Sie ist ein Vorteil deshalb, weil Fehler durch Sprachbarrieren oder fehlerhafte bzw. ungleiche sprachliche Übersetzungen wegfallen. Einen Nachteil stellt die Sprachfreiheit dar, weil es fraglich ist, ob Sprache bzw. Kommunikationsfähigkeit im mittleren bis gehobenen Management nicht eine wichtige Rolle spielen. Man müsste deshalb zur Abdeckung dieser Faktoren zusätzliche Tests einsetzen.

Hervorzuheben sind des Weiteren die guten Reliabilitäten und die interessante Form der Normierung ausschließlich an Hochschülern bzw. Hochschulabsolventen. Der BOMAT stellt somit eine Normierungsstichprobe zur Verfügung, die den praktischen Zwecken adäquat ist. Positiv zu bewerten ist sicherlich auch das Testheft. Es ist äußerst übersichtlich und verständlich geschrieben. Außerdem lassen die Autoren fehlende Angaben zu Gütekriterien (Retest-Reliabilität, prädiktive Validität) nicht unerwähnt, sondern erläutern das Fehlen dieser Angaben.

Besonders im Bereich der prädiktiven Validität besteht sicherlich weiterer Forschungsbedarf. In einem Instrument, das in der Berufseignungsdiagnostik eingesetzt werden soll, sollten Angaben zur prognostischen Validität nicht fehlen. Dasselbe gilt für Angaben zur Retest-Reliabilität. Als Entschuldigung mag hier vielleicht gelten, dass das Testverfahren erst seit anderthalb Jahren bzw. einem halben Jahr auf dem Markt ist. Dennoch besteht hier auf jeden Fall weiterer Forschungsbedarf.

Ein weiterer Nachteil ist außerdem die Größe der Normstichprobe, vor allem in der Langversion. Eine Normstichprobe von N = 303 ist sicherlich zu klein. Dies spielt vor allem bei der Aufteilung der Normstichprobe in die zehn unterschiedlichen Fachrichtungen eine Rolle. In der Gruppe 4 (Fachrichtung Anglistik, Romanistik, Japanologie, Slawistik) befinden sich gerade mal neun Probanden, in der Gruppe 8 (Theater- Film- und Fernsehwissenschaft, Publizistik, Kommunikationswissenschaft) ebenfalls. Die Mittelwerte nicht nur dieser beiden Fachrichtungen dürfen aufgrund der viel zu geringen Stichprobenzahl höchstens als ungefähre Richtwerte angesehen werden. Die Normstichprobe in der Kurzversion ist mit 668 zwar mehr als doppelt so hoch, hier ergibt sich dennoch dasselbe Problem wie in der Langversion, da die jeweilige Gruppengröße erheblich differiert.

4.3 Dreidimensionaler Würfeltest (3 DW)

Dagmar Maria Jenko

Der Dreidimensionale Würfeltest von Georg Gittler ist ein Test zur Erfassung des räumlichen Vorstellungsvermögens unter Verwendung dreidimensionaler Würfelaufgaben. Der Test ist seit 1990 auf dem Markt und neben der Langform in verschiedenen Kurzformen einsetzbar.

Konzeption

Der Test basiert auf der probabilistischen Testtheorie. Diese Theorie geht davon aus, dass jeder Person ein spezifischer Personenparameter zugeordnet werden kann, der darüber Auskunft gibt, mit welcher Wahrscheinlichkeit diese Person Items, die einen spezifischen Itemparameter besitzen, lösen kann. Der Personenparameter gibt Auskunft über die Fähigkeit von Probanden, der Itemparameter gibt Auskunft über die Schwierigkeit des Items. Ist der Personenparameter gleich dem Itemparameter, dann hat diese Person eine Antwortwahrscheinlichkeit von 0,5, d.h. 50 % der Probanden mit dieser Parameterausprägung werden das Item richtig beantworten. Da eine Voraussetzung des Modells ist, dass Items unabhängig von der Eichstichprobe eine bestimmte Schwierigkeit besitzen, kann die Anzahl gelöster Aufgaben einer Person dazu benutzt werden eine Einschätzung der Fähigkeit der Person vorzunehmen ohne dass Normtabellen benutzt werden. Eine Spezialform der probabilistischen Testtheorie stellt das dichotome logistische Modell von Rasch (1960) dar, nach welchem der 3 DW konzipiert ist. Diesem Modell liegt die Annahme einer latenten Fähigkeitsdimension zugrunde, d.h. der Test ist eindimensional. Außerdem sind die Items von Rasch-skalierten Tests dichotom, d.h. die Aufgabenantworten sind den Kategorien „Richtig" oder „Falsch" zuzuordnen.

Der dreidimensionale Würfeltest basiert auf der Ansicht, dass räumliches Vorstellungsvermögen ein Primärfaktor der Intelligenz ist. Er soll als Niveau- (Power-) Test durchgeführt werden, das heißt, es gibt keine zeitliche Einschränkung und es wird aufgrund der richtig gelösten Aufgaben zwischen der Fähigkeitsausprägung von Personen differenziert. Der 3 DW soll vornehmlich in der Eignungsdiagnostik im Bereich der Berufs-, Studien-, und Bildungsberatung, in der Personalauslese und der Fähigkeitsdiagnostik in der psychologischen Praxis und im klinischen Bereich anwendet werden. Der Einsatz für Forschungszwecke, zum Beispiel in der Geschlechtsunterschiedsforschung oder Lateralisationsforschung, ergibt ein weiteres Anwendungsfeld.

Gütekriterien und empirische Fundierung

Reliabilität
Die Retest-Reliabilität bei 231 Schülern aus Allgemeinbildenden Höheren Schulen betrug nach ca. 21 Monaten einen Wert von r = .61. Aufgrund der Konzeption auf

Basis der probabilistischen Testtheorie ist die Genauigkeit der Messung entlang der latenten Fähigkeitsdimension bestimmbar, so dass für jede Merkmalsausprägung auf der Dimension des räumlichen Vorstellungsvermögens die Messgenauigkeit angegeben werden kann. Für alle Anwendungsformen des Dreidimensionalen Würfeltests ist die Personenparameterschätzung im mittleren Fähigkeitsbereich am genauesten und nimmt zu den Randbereichen ab. Dies bedeutet, dass bei Personen mit stark über- oder stark unterdurchschnittlichen Fähigkeiten mit einer ungenaueren Fähigkeitsbestimmung als bei Personen mit mittleren Fähigkeiten zu rechnen ist. Es ergibt sich ferner, dass der Informationsverlust sowohl im überdurchschnittlichen als auch im unterdurchschnittlichen Fähigkeitsbereich annähernd gleich ist. Bei der Kurzform mit 13 Items besteht der Ausnahmefall darin, dass die Messgenauigkeit im oberen Leistungsbereich größer als im unteren Leistungsbereich ist. Bei der Langform finden sich die genauesten Personenparameterschätzungen. Sie wurde an einem Datensatz von 5423 Personen ermittelt. Die Probanden stammen aus dem Österreichischen Bundesheer, den Österreichischen Bundesbahnen, Personalberatungs- und Personalauslese-Institutionen, österreichischen Schulen und einigen anderen Quellen.

Validität
Zur Bestimmung der inneren Kriteriumsvalidität wurden Korrelationen mit anderen, in verschiedenen Graden ähnlichen, Vorstellungstests berechnet. Von der Struktur her eher unähnliche Tests sind die Würfelaufgaben (WÜ) des I-S-T (vgl. Kapitel 4.6), und der Form-Lege-Tests (FLT) von Lienert (1958), da diese lediglich eine zweidimensionale Vorstellungskraft bei den Probanden voraussetzen. Gemäß der Erwartung fallen die Korrelationen zwischen 3 DW und FLT bzw. WÜ eher niedrig aus. Die Korrelation von 3 DW und FLT beträgt .01, gemessen an 110 Probanden; die Korrelationen von 3 DW und WÜ beträgt .20, gemessen an 193 Probanden und .32, gemessen an 246 Probanden. Zudem wurden Korrelationen mit strukturähnlichen Tests berechnet, die wie der 3 DW dreidimensionale, räumliche Vorstellungsfähigkeiten beanspruchen. Diese Tests sind die „Schlauchfiguren" von Stumpf und Fay (1983; SFA und SFB für die Formen A und B) und der Mechanical Comprehension Test (1969; MCT) von Bennett. Die Korrelation von 3 DW und SFA beträgt .50, gemessen an 161 Probanden, bzw. .55, gemessen an 86 Probanden. Die Korrelation von 3 DW und SFB beträgt .45, gemessen an 67 Probanden, bzw. .44, gemessen an 325 Probanden. Die Korrelation von 3 DW und MCT beträgt .46, gemessen an 90 Probanden.

Die Übereinstimmungsvalidität mit dem Außenkriterium Schulnoten, erhoben an 231 Schülern aus Allgemeinbildenden Höheren Schulen der 6. und 8. Klasse beträgt maximal r = -.37, wobei es sich um das Fach Darstellende Geometrie handelt. Die prognostische Validität bei demselben Außenkriterium und der gleichen Stichprobe beträgt bei einem Zeitintervall von ca. 18 Monaten zwischen den beiden Testzeitpunkten maximal r = -.32, wobei es sich um das Fach Darstellende Geometrie handelt. Die Übereinstimmungsvalidität mit Mapping-Leistung – dabei wurden die Personen aufgefordert, auf Stadtplänen fehlende Objekte einzuzeichnen – ergab Werte von r = -.50 und r = -.32, erhoben an 41 Personen.

Objektivität
Aufgrund standardisierter Instruktion und Auswertung über die Auszählung richtiger Antworten, die mit Hilfe eines Durchschreibbogens möglich ist, kann sowohl von Durchführungs- als auch von Auswertungsobjektivität ausgegangen werden.
Die Interpretationsobjektivität ist dadurch gegeben, dass über Normtabellen der Personenparameter ermittelt werden kann sowie eine Kategorisierung nach weit unterdurchschnittlich, unterdurchschnittlich, durchschnittlich, überdurchschnittlich und weit überdurchschnittlich.

Normen
Es wurden N = 5423 Probanden getestet, wobei es sich bei den Personen um Schüler, Studenten und Berufstätige aus verschiedenen Tätigkeitsbereichen handelte. Es sind im Testheft T-Werte und Prozentränge für bestimmte Normstichproben sowohl nach Alter und Schultyp als auch technischem versus nicht-technischem Studiengang bestimmbar. Eine Rangordnung lässt sich auch ohne Normstichprobe aufgrund der Rasch-Homogenität herstellen, die besagt, dass die Anzahl gelöster Aufgaben zur Einordnung der Fähigkeit der Personen ausreichend ist. Durch Verteilungsprüfungen kann die Normalverteilung als zugrunde liegende Verteilung ausgeschlossen werden, deswegen werden über Umformungen T-Werte für quasi-normalverteilte Daten ermittelt.

Durchführung und Auswertung

Der 3DW ist ab einem Alter von 13 Jahren als Einzel- oder Gruppenmessung in einer Langform von 17 Items zuzüglich eines Probeitems oder in verschiedenen Kurzformen einsetzbar. Die Kurzformen enthalten Items der Langform, wobei jedoch die Anzahl auf 7 bis 16 Items zuzüglich des Probeitems reduziert wurde. Durch die verschiedenen Kurzformen sollen ökonomische Varianten geschaffen werden, da sich dadurch die Bearbeitungszeit verkürzt. Zudem besteht die Möglichkeit des vorzeitigen Abbruchs, indem der Testleiter nach einem bestimmten Zeitlimit oder sobald alle Probanden mindestens acht Items bearbeitet haben die Testung beendet. Dabei ist zu beachten, dass leistungsstarke Personen beim Einsatz von Zeitverkürzungsmethoden möglicherweise nicht entdeckt werden, wenn sie gewissenhafter und überlegter arbeiten als im Vergleich zu ihnen leistungsschwächere Probanden, da sie dadurch mehr Zeit beanspruchen. Bei der Zeitverkürzungsmethode haben diese Probanden folglich nicht die Gelegenheit alle Aufgaben zu bearbeiten, obwohl sie diese unter einer längeren Bearbeitungszeit eventuell richtig gelöst hätten. Die Items stellen Würfelaufgaben dar, bei denen der Proband aus sechs Antwortwürfeln denjenigen heraussuchen soll, der aus dem Vorgabewürfel durch Kippung und/oder Rotation entstanden ist. Dabei ist auch die Antwortmöglichkeit „Kein Würfel richtig" und „Ich weiß die Lösung nicht" möglich. Die Testdauer beträgt bei der Langform im Durchschnitt 23 Minuten. Der Test ist aber als Power-Test zeitlich nicht begrenzt. Die Auswertung erfolgt nach den zwei Kategorien „Richtig" oder „Falsch". Über den Rohwert richtiger Antworten ist eine Fähigkeitsparameter-Schätzung des Probanden möglich. Außerdem kann der Proband aufgrund bestimmter Normtabellen einem

T-Wert und einer Leistungskategorie von weit unterdurchschnittlich bis weit überdurchschnittlich zugeordnet werden.

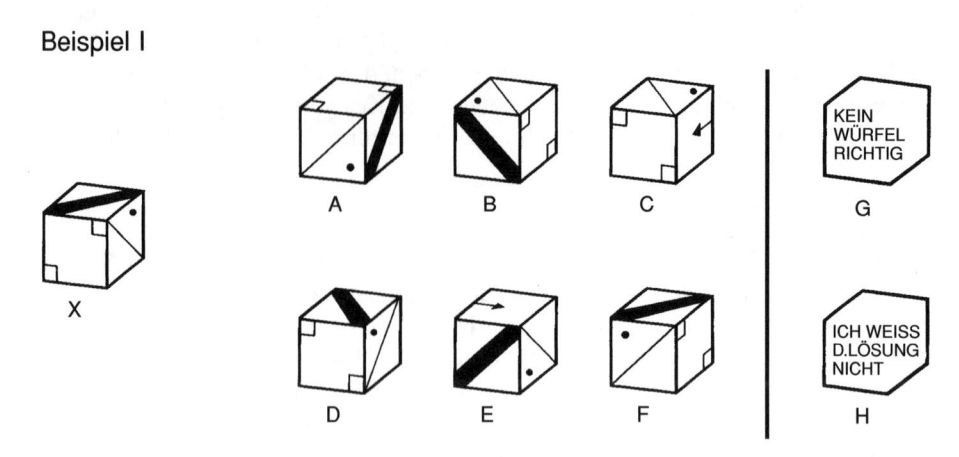

Beispiel I

Abbildung 4-4: Beispielaufgabe 1 des 3 DW

Bewertung

Der dreidimensionale Würfeltest ist ein flexibles Messinstrument, das durch verschiedene Kurzformen ökonomisch einsetzbar ist und seine praktische Relevanz als nachgewiesener Primärfaktor räumlichen Vorstellungsvermögens von Intelligenz erfährt. Kritisch muss jedoch darauf hingewiesen werden, dass bei den Validitätsuntersuchungen nicht die Übereinstimmungsvalidität mit Intelligenz und auch nur unzureichende Untersuchungen zur prognostischen Validität durchgeführt wurden. Die Stichprobengröße bei einigen Korrelationsberechnungen zur Kriteriumsvalidität ist zudem sehr gering. Günstigerweise kann dieser Test bei Einstellungsentscheidungen eingesetzt werden, wenn ein sprachfreier Test vorzuziehen ist. Ob der Einsatz des 3DW bei einer spezifischen Personalentscheidung anzuraten ist, sollte mit Hilfe des Anforderungsprofils der Tätigkeit entschieden werden. Als Test der modernen Testtheorie ist über den Rohwert ein Rückschluss auf die zugrundeliegende latente Fähigkeit möglich und im Vergleich zu anderen Raumvorstellungstests wird dieser Test von seinem Autor als eindimensional angesehen. Da die Gütekriterien bislang unzureichende Ergebnisse liefern, wären weitere Untersuchungen zur Bestimmung der Gütekriterien wünschenswert.

4.4 Frankfurter Adaptiver Konzentrationsleistungs-Test (FAKT)

Stefan Hofer

Der Frankfurter Adaptive Konzentrationsleistungs-Test von Moosbrugger und Heyden ist seit 1997 erhältlich. Es handelt sich um ein wissenschaftlich durchdachtes Testkonzept, das im Gegensatz zu den gängigen Testverfahren (z.B. d2, Brickenkamp, 1994) die Konzentration durch adaptives computergestütztes Testen erfasst.

Durch die adaptive Konzentrationsmessung werden bekannte Probleme der Konzentrationstestung vermieden. So sind bspw. die Länge des Tests und die Schwierigkeit der einzelnen Items an die Leistungsfähigkeit der Testperson anpassbar. Als Kennwerte werden die Konzentrationsleistung, die Arbeitsgenauigkeit und die Arbeitsgleichmäßigkeit berechnet.

Konzeption

Bei der klassischen Erfassung der Konzentrationsleistung wird die erbrachte Leistung entweder als Menge der bearbeiteten Items pro festgelegter Zeiteinheit oder als benötigte Zeit pro festgelegter Menge der Items erfasst.

$$\text{Leistung } L = \frac{\text{Arbeit } A}{\text{Zeit } t}$$

Im Frankfurter Adaptiven Konzentrationsleistungs-Test (FAKT) ist durch die Computerunterstützung dagegen ein adaptives Vorgehen realisiert worden. Die Konzentrationsleistung wird hier abweichend als bearbeitete Itemmenge pro (variabler) Zeiteinheit erfasst.

$$\text{Leistung } L = \frac{\text{Arbeit } \Delta A}{\text{Zeit } \Delta t}$$

Das Prinzip des adaptiven Testens besteht darin, dass während der Messung die zu bearbeitenden Items in Abhängigkeit von der individuellen Leistungsfähigkeit des Probanden aus einer größeren Gruppe von Aufgaben ausgewählt werden. Der Vorteil einer adaptiven Vorgehensweise liegt zum einen in der Möglichkeit, eine Testung so lange durchzuführen, bis vom diagnostischen Standpunkt aus ausreichende Sicherheit über die Testleistung erhalten ist (Veränderung der Zeit Δt), zum anderen in der Möglichkeit, die Schwierigkeit der einzelnen Items so auf die Fähigkeit der Testperson abzustimmen, dass diese weder unter- noch überfordert wird (Veränderung der Arbeit ΔA).

Die Autoren nutzen im FAKT leicht erfassbare visuelle Zeichen als Stimulusmaterial, die durch eine variable Darbietungszeit auf dem Bildschirm in ihrer Schwierigkeit variiert werden können. Die Zeichen variieren in ihrer Gestalt auf zwei Dimensionen (vgl. Abbildung 4-5): zum einen auf der Dimension äußere Gestalt (Kreis oder Quadrat), zum anderen auf der Dimension Anzahl der Punkte (zwei oder drei). Die Anordnung der Punkte innerhalb der äußeren Gestalt verändert sich dabei, um Serien identischer Items zu verhindern.

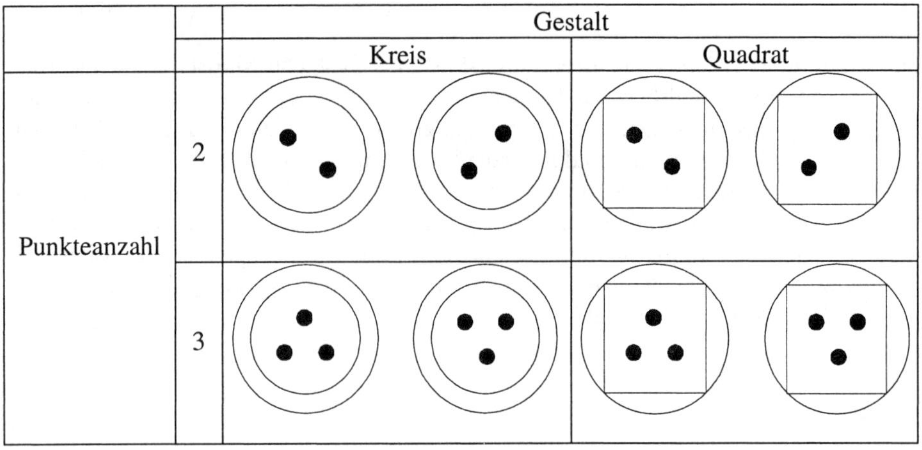

		Gestalt	
		Kreis	Quadrat
Punkteanzahl	2	⊙ ⊙	⊡ ⊡
	3	⊙ ⊙	⊡ ⊡

Abbildung 4-5: Stimulusmaterial im FAKT

Die Aufgabe der Testpersonen besteht darin, bestimmte Items als „Zielitems" und andere als „Nicht-Zielitems" zu erkennen und über eine Tastatur innerhalb eines festgelegten Zeitraums zurückzumelden. Dabei sind für die Erkennung als Zielitem beide Stimulusdimensionen wichtig, als Zielitem definiert sind die Items mit der Anordnung „Kreis mit 3 Punkten" und „Quadrat mit zwei Punkten". Die Antworten sollen möglichst schnell gegeben werden.

Wie bereits erläutert bietet die adaptive computergestützte Messung die Möglichkeit, die Schwierigkeit der einzelnen Items an die Fähigkeit der Testpersonen anzupassen. So wird bei richtiger Beantwortung eines Items die Bearbeitungszeit pro Item verkürzt, bei falscher oder fehlender Bearbeitung dagegen verlängert. Ziel der Zeitanpassung ist es, eine Darbietungslänge pro Item zu ermitteln, bei der genau 50 % der Items richtig und 50 % falsch oder nicht beantwortet werden. Diese ermittelte Darbietungslänge dient als Indikator für die Konzentrationsleistung (KW) der Testperson, wobei folgende Formel angewendet wird:

$$\textit{Konzentrationsleistung } KW = 100 \times \frac{1}{\textit{mittlere Itemdarbietungszeit}}$$

Neben der Konzentrationsleistung werden noch zwei weitere Kennwerte im FAKT ermittelt: der Arbeitsgenauigkeitswert F% und der Arbeitsgleichmäßigkeitswert V. Der Arbeitsgenauigkeitswert F% ist der prozentuale Fehleranteil bei der Testdurchführung, wird also genau so ermittelt wie z.B. im d2 (Brickenkamp, 1994). Der Arbeitsgleichmäßigkeitswert V geht von dem Grundgedanken aus, dass bei hoher Arbeitsgleichmäßigkeit die durchschnittlichen Itemdarbietungszeiten (bzw. die durchschnittlichen Reaktionszeiten, abhängig von der Testform, s.u.) nur eine geringe Variation aufweisen, bei niedriger Arbeitsgleichmäßigkeit dagegen eine hohe Variation.

Der FAKT kann in drei unterschiedlichen Testformen durchgeführt werden. Bei der Testform FAKT-E werden die Items nacheinander für die ermittelte Darbietungszeit auf dem Bildschirm dargeboten. Diese Testform eignet sich vor allem zur Erfassung von Konzentrationsleistungen unter hoher situativer Belastung. Bei der Testform FAKT-S werden gleichzeitig zehn Items auf dem Bildschirm dargeboten, die die Testperson möglichst zügig bearbeiten soll. Die Bearbeitungszeit für jede Gruppe von 10 Items wird hier so gewählt, dass die Items bereits wieder verschwinden, nachdem die Testperson durchschnittlich die Hälfte der Items bearbeitet hat. Diese Testform eignet sich am besten zur Erfassung von Konzentrationsleistungen bei mittlerer situativer Belastung. Bei der Testform FAKT-SR werden ebenfalls jeweils 10 Items gleichzeitig auf dem Bildschirm dargeboten. Allerdings wird hier nicht die Darbietungszeit adaptiv an die Leistungsfähigkeit der Testperson angepasst, sondern die Testperson bearbeitet die Items bis zum Ende durch, wobei jeweils die Reaktionszeiten erfasst werden. Diese Testdurchführung ähnelt somit am stärksten einer computergestützten Version eines klassischen Konzentrationstests (z.B. d2, Brickenkamp, 1994).

Der FAKT bietet zwei weitere Möglichkeiten der adaptiven Testung. Einerseits ist eine adaptive Anpassung der Testlänge, andererseits der Einbezug von initialen Übungseffekten möglich. Die Testlänge kann variiert werden zwischen drei Möglichkeiten: einer Standardtestzeit von 6 Minuten, einer vom Testleiter frei wählbaren Testzeit zwischen 2 und 90 Minuten und einer adaptiven Testzeit bei maximaler Testzeit von 6 Minuten. Bei der Variante mit adaptiver Testzeit hängt die Testzeit von folgenden Bestimmungsgrößen ab: der Arbeitsgleichmäßigkeit der Testperson, der bereits bearbeiteten Anzahl an Items, der mittleren Itemdarbietungszeit und einem vorgegebenen Genauigkeitsrahmen. Aus der Arbeitsgleichmäßigkeit und der bereits bearbeiteten Anzahl an Items lässt sich mit Hilfe der Standardnormalverteilung ein Intervall bestimmen, innerhalb dessen mit 95-prozentiger Sicherheit der wahre Wert der mittleren Itemdarbietungszeit liegt. Aus der mittleren Itemdarbietungszeit der Testperson und einem vorgegebenen Genauigkeitsrahmen (6 % der Itemdarbietungszeit bei FAKT-E und 7 % bei FAKT-S) wird ebenfalls ein Intervall ermittelt, das mit dem obigen verglichen wird. Wenn es sich als kleiner erweist, dann ist die mittlere Itemdarbietungszeit mit hinreichender Genauigkeit bestimmt und der Test wird beendet.

Werden Leistungsanstiege bei der Ermittlung der Konzentrationsleistung mit erfasst, die durch Übungseffekte zu Beginn der Testung zustande kommen, so kommt es zu einer Fehleinschätzung der Konzentrationsfähigkeit der Testperson. Zu Beginn einer erstmaligen Testung kommt es zu relativ starken Leistungsanstiegen aufgrund der Gewöhnung an die Art der Testung, das Reizmaterial etc. Der Einbezug dieser initialen Übungseffekte ist wichtig, weil so die Stabilität der Diagnose erhöht werden kann. Im FAKT können initiale Übungseffekte auf zwei Arten erfasst werden: Erstens mit konstanter Übungsphase, was eine gute Vergleichbarkeit zwischen Testpersonen ermöglicht, und zweitens mit adaptiver Übungsphase, die bei individueller Testung eine genaue Diagnose der Dauer der Übungsphase und des Beginns der eigentlichen „Konzentrationsphase" ermöglicht. Die Erfassung der Übungsphase einer

Testperson erfolgt über ihre Leistung. Dabei kann der Anstieg der Leistung, der zu Beginn recht groß ist, durch eine Gerade approximiert werden. Wenn die Steigung dieser Gerade verschwindet, dann ist ebenfalls die initiale Übungsphase beendet.

Für die Durchführung des FAKT stehen insgesamt neun Modalitäten zur Verfügung: FAKT-E, FAKT-S und FAKT-SR können jeweils gekoppelt werden mit den Modi „adaptive Testzeit und adaptive Übungsphase", „sechsminütige Standardtestzeit und konstante Übungsphase" oder „frei wählbare Testzeit und konstante Übungsphase".

Gütekriterien und empirische Fundierung

Objektivität
Durchführungs-, Auswertungs- und Interpretationsobjektivität können als gegeben angesehen werden. Die Durchführungsobjektivität ist aufgrund der computergestützten Durchführung gegeben, weiterhin haben die Autoren eine Überprüfung des Instruktionsverständnisses durchgeführt. Die Auswertungsobjektivität ist durch die computergestützte Zuordnung von Testleistungen und Normen erreicht und die Interpretationsobjektivität, da die Ergebnisdarstellung anhand von Normen erfolgt.

Reliabilität
Zur Reliabilität haben die Autoren zum einen Werte für die innere Konsistenz nach Cronbachs α und zum anderen Werte für Retest-Reliabilitäten vorgelegt. Cronbachs α wurde für alle drei Testformen bei „Standardtestzeit und konstante Übungsphase" und bei „adaptive Testzeit und adaptive Übungsphase" ermittelt. Die Werte liegen zwischen 0.91 und 0.97 (N = 1164) für die Konzentrationsleistungswerte, was allerdings zu erwarten war, da es sich bei den Testitems um einfach strukturierte Aufgaben handelt (Lienert & Raatz, 1998, S. 214). Cronbachs α für die Arbeitsgenauigkeit liegt zwischen 0.68 und 0.91 (N = 1164), insgesamt sind die Reliabilitätswerte noch brauchbar. Cronbachs α für die Arbeitsgleichmäßigkeit liegt zwischen 0.39 und 0.80 (N = 1164), wobei insbesondere der FAKT-S (höchster Wert 0.62) nicht ausreichend hohe Werte erreicht.

Interessanter für die Testdurchführung sind Angaben zur Retest-Reliabilität, da diese eher Aussagen über die praktische Testanwendung erlauben (Lienert, Raatz, 1998, S. 201). Die Retest-Reliabilität für Konzentrationsleistungswerte bei der Option „Standardtestzeit und konstante Übungsphase" liegt zwischen 0.70 und 0.91 (N = 72 bis 295) zwischen erster und zweiter Testung und 0.89 und 0.96 (N = 72 bis 295) zwischen zweiter und dritter Testung, wobei allerdings das Intervall zwischen den Testungen bei FAKT-E und FAKT-S lediglich 5 bis 60 Minuten beträgt. Deutlich positiv ist der Koeffizient von 0.81 bei FAKT-SR, wobei das Retest-Intervall zwischen drei und 24 Tagen lag.

Validität
Bezüglich der Inhaltsvalidität sprechen die Autoren den Reizen Quadrat/Kreis und 2 bzw. 3 Punkte deutliche Praxisnähe zu. Die Maskierung durch den äußeren Kreis (s. Abbildung 4-5) diene der Trennung intentional gesteuerter kognitiver Prozesse von einfachen selektiven Aufmerksamkeitsprozessen. Der experimentell erzeugte Zeit-

druck, vor allem in FAKT-E und FAKT-S, entspräche täglichen Arbeitsanforderungen.

Bezüglich der Konstruktvalidierung beziehen sich die Autoren auf ein Konzept, das einem Test Konstruktvalidität zuspricht, wenn alle Items ausschließlich dasselbe Merkmal messen. Damit ist allerdings nicht geklärt, welches Konstrukt gemessen werden soll. Dennoch legen die Autoren eine Konstruktvalidierung anhand der Überprüfung konvergenter Validität mittels d2 (Brickenkamp, 1994) und FAIR (Moosbrugger & Oehlschlägel, 1996) vor. Die Korrelationen für die drei Testformen mit dem d2 liegen zwischen 0.40 und 0.61, mit dem FAIR zwischen 0.44 und 0.55. Damit ist eine deutliche konvergente Validität zu anderen Konzentrations- und Aufmerksamkeitstests gegeben. Im Sinne der diskriminanten Validität ist eine Überprüfung mit Teilen verschiedener Intelligenzverfahren erfolgt. Es zeigen sich Korrelationen zum „Zahlen-Symbol-Test" aus dem HAWIE (Wechsler, 1964) von 0.29, zum „Zahlen-Verbindungs-Test" (Oswald & Roth, 1978) von 0.36 und zum „Verbalen Denken" aus dem Mannheimer Intelligenztest (Conrad u.a., 1971) von 0.11. Damit ist eingeschränkt gezeigt, dass die erfassten Leistungen im FAKT unabhängig von Intelligenz im Sinne diskriminanter Validität sind. Zusammenhänge mit Persönlichkeitsfaktoren (erfasst mit dem NEO-FFI, Costa & McCrae, 1985, 1989, deutsche Version von Borkenau & Ostendorff, 1991) liegen zwischen 0.00 und 0.19, womit ebenfalls eine diskriminante Validität gezeigt ist.

Zu erwähnen ist weiterhin, dass die Autoren die Testitems nach der Probabilistischen Testtheorie entwickelt haben. Dabei haben alle Items der Überprüfung standgehalten. Auch Amelang und Zielinski (1997) bemerken, dass der FAKT zu den bewährten Verfahren im Rahmen der Probabilistischen Testtheorie gehört.

Normierung
Bezüglich der Normen ist anzumerken, dass aufgrund der relativen Neuigkeit des Verfahrens bisher nur generelle, nicht altersspezifische Normen erstellt wurden. Weiterhin ist anzumerken, dass der FAKT aufgrund unterschiedlicher Durchführungsmodalitäten (Tastaturen, s.u.) evtl. unterschiedliche Normen benötigt. Angaben hierzu sind jedoch nicht veröffentlicht.

Durchführung und Auswertung

Die Durchführung des FAKT ist entweder gebunden an das Hogrefe TestSystem (HTS, vgl. Kapitel 10.2) oder als Stand-alone Computerversion möglich. Mit der Anbindung an das HTS ist eine Speicherung und Auswertung im Zusammenhang mit anderen, ebenfalls in dieses System eingebundenen Testverfahren möglich. Der Nachteil ist, dass zur Durchführung zunächst das HTS angeschafft werden muss. Die Durchführung des FAKT ist mit einer gewöhnlichen Computertastatur, mit der HTS-Tastatur oder mit einer FAKT-spezifischen Reaktionstastatur mit zwei Tasten vorgesehen. Die Auswertung unterscheidet sich nicht, egal ob HTS oder Stand-alone Version.

Die wichtigste Entscheidung zur Durchführung betrifft die Wahl des Testmodus. Dabei sollte Folgendes beachtet werden: FAKT-E, FAKT-S und FAKT-SR induzieren abgestufte situative Belastungen, die „adaptive Testzeit mit adaptiver Übungsphase" dient der raschen und reliablen Statusdiagnostik, die „Standardtestzeit mit konstanter Übungsphase" ermöglicht neben der Statusdiagnostik vor allem auch eine Verlaufsdiagnostik über die gewählten sechs Minuten und die „wählbare Testzeit und konstante Übungsphase" dient vor allem der Prozessdiagnostik.

Nach der Auswahl des Testmodus erhält die Testperson zunächst die Instruktion, worauf ein Probedurchgang folgt. Macht eine Testperson im Probedurchgang zu viele Fehler, so erhält sie die Aufforderung, die Instruktion noch einmal durchzulesen. Die Durchführung und Auswertung einschließlich der Auswahl relevanter Normen erfolgt schließlich automatisiert. Im Anschluss an die Durchführung ist ein Ergebnisbogen erhältlich, der alle bisher erwähnten Kennzahlen enthält und die dazugehörigen Normwerte als Prozentränge darstellt.

Bewertung

Der FAKT ist ein grundlagenwissenschaftlich fundiertes Verfahren, das positiv durch seine aufwändige Konstruktion auffällt. Alle aus der Konzentrationsmessung bekannten Variablen werden erfasst, wobei zusätzlich durch die computergestützte adaptive Messung einige Probleme der Konzentrationsmessung mittels paper-and-pencil-Verfahren (Anforderungsniveau, initiale Übungseffekte) gelöst werden.

Die empirische Überprüfung ist derzeit noch relativ dünn. Im Bereich der Retest-Reliabilität sind die ermittelten Werte teilweise nicht hoch genug, teilweise sind auch die verwendeten Intervalle zu kurz. Im Bereich der Validität ist der Bereich der diskriminanten Validierung nicht ausreichend abgedeckt, es fehlen noch ausführlichere Daten zur Abgrenzung von Intelligenz. Vollständig fehlen derzeit Daten zur prognostischen Validität. Insbesondere für den Einsatz in Unternehmen wäre es hier aber leicht möglich eigene Überprüfungen durchzuführen, da insbesondere der Einsatz als computergestütztes Messverfahren eine ökonomische Testung und Auswertung der Ergebnisse ermöglicht.

4.5 Frankfurter Aufmerksamkeits-Inventar (FAIR)

Michaela Turß

Das Frankfurter Aufmerksamkeitsinventar von Helfried Moosbrugger und Jens Oehlschlägel ist seit 1996 auf dem Markt und stellt ein theoretisch gut fundiertes Verfahren dar, Aufmerksamkeit im grundlagenwissenschaftlichen Sinn zu erfassen. Mögliche Verzerrungen, wie sie beim d2 (das bekannteste Verfahren zur Aufmerksamkeitserfassung, Brickenkamp, 1994) vorkommen können, werden durch das FAIR verhindert. Es existieren zwei Parallelformen A und B, die sich hinsichtlich der instruierten Zielitems (s.u.) unterscheiden.

Es ist sehr ökonomisch durchzuführen und bietet die Möglichkeit neben der *Leistung* – als Menge der bearbeiteten Items – auch Kennwerte für die *Qualität* und *Kontinuität* der Bearbeitung zu berechnen. Man kann sich leicht Berufe vorstellen, in denen gerade diese Aspekte von Bedeutung sind, aber leider fehlen bisher empirischen Studien, die das FAIR zur Prognose berufsrelevanter Kriterien verwendet haben.

Konzeption

Das FAIR erfasst Aufmerksamkeit anhand von vier Kennwerten. Der *Markierungswert M* misst das Instruktionsverständnis und gibt, ähnlich der sozialen Erwünschtheit bei einem Persönlichkeitstest, Aufschluss darüber, inwieweit man die Ergebnisse interpretieren sollte. Der *Leistungswert L* steht für die Menge der bearbeiteten Items, während der *Qualitätswert Q* etwas über die Anzahl der Fehler aussagt, die in der Bearbeitung gemacht wurden. Der *Kontinuitätswert K* schließlich gibt an, wie viele Items aufmerksam bearbeitet wurden.

Die Autoren benennen aufgrund theoretischer Vorüberlegungen 10 Postulate, die bei der Konstruktion des Verfahrens berücksichtigt werden müssen, um Aufmerksamkeit im Sinne des Konstrukts zu erfassen. Die grundlegenste Forderung ist die Zeitlimitierung (1), da die Aufmerksamkeitsleistung als Arbeit pro Zeiteinheit definiert werden soll. Außerdem sei es wichtig, die verwendeten Reize so zu gestalten, dass sie allen Personen gleich geläufig sind (2), um niemanden zu bevorzugen oder zu benachteiligen. Aufmerksamkeit läge des Weiteren nur vor, wenn die daraufhin getroffene Entscheidung auf der Diskrimination mindestens zweier Dimensionen beruhe (3) und auch weitere entscheidungsirrelevante Dimensionen vorliegen, die man ausblenden muss (4). In Abbildung 4-6 ist das von Moosbrugger und Oehlschlägel verwendete Reizmaterial dargestellt, um zu verdeutlichen, wie sie die Postulate umgesetzt haben.

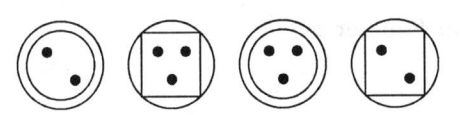

Abbildung 4-6: Beispiele der im FAIR dargebotenen Reize

Da die Reize in dieser Form nicht in unserer Umwelt vorkommen und trotzdem aus sehr einfachen Einzelelementen bestehen, gehen die Autoren davon aus, dass sie für alle Probanden gleich geläufig sind (entsprechend Postulat 2). Wenn die Probanden also die Aufgabe erhalten, alle Reize zu markieren, die einen Kreis mit zwei Punkten beziehungsweise ein Quadrat mit drei Punkten enthalten, müssen sie zwei Dimensionen, nämlich *Form des Innensegments* und *Anzahl der Punkte* für ihre Entscheidung heranziehen (entsprechend Postulat 3). Eine weitere Dimension, nämlich die Anordnung der Punkte, ist für die Entscheidung irrelevant und muss ausgeblendet werden (entsprechend Postulat 4).

Das nächste Postulat verlangt, dass die Itemverteilung kontrolliert sein müsse, um die durch den Probanden zufällig gelösten Items schätzen zu können (5). Das FAIR ist so konstruiert, dass die Übergangswahrscheinlichkeiten annähernd gleich sind, das heißt, zu jedem Zeitpunkt ist jedes Item gleichwahrscheinlich. Dies ist die Voraussetzung für die vorgenommene Ratekorrektur (vgl. Postulat 9). Die nächste Forderung steht in engem Zusammenhang zu Postulat 3 und bestimmt, dass bei jeder Entscheidung alle Dimensionen betrachtet werden müssen (6). Durch die Tatsache, dass der Proband zwei gegenläufige Zielitems erkennen soll, wird genau dies erreicht. Er kann seine Entscheidung nicht nur auf der Grundlage einer bestimmten Form oder einer bestimmten Anzahl von Punkten treffen, sondern er muss nach der relevanten Kombination beider Dimensionen suchen.

Bei jedem Item soll außerdem entscheidbar sein, ob der Proband es bearbeitet hat oder nicht (7). Hier liegt ein bedeutender Unterschied zum d2. Während dort nur die Zielitems markiert werden, wird beim FAIR auch markiert, dass ein bestimmtes Item kein Zielitem darstellt. Die Autoren nennen dies das *vollständige Markierungsprinzip*. Dadurch wird genau erkennbar, welche Items bearbeitet wurden und welche nicht. Außerdem bekommt eine Ausschlussentscheidung im Sinne des Zielitems genauso großes Gewicht wie das Entdecken eines Zielitems.

Die Reihenfolge der Bearbeitung muss eingehalten werden (8). Nur in diesem Fall kann man verhindern, dass Strategien eingesetzt werden, die nur scheinbar Aufmerksamkeit vortäuschen, beispielsweise den Test zweimal auf jeweils ein Zielitem hin zu bearbeiten. Im FAIR wird dies durch das vollständige Markierungsprinzip kontrolliert.

Die Autoren wollen außerdem eine Mindestschätzung der Aufmerksamkeit leisten (9). Unkonzentrierte Bearbeitung soll sich nicht lohnen, daher wird aufgrund der gemachten Fehler eine Ratekorrektur eingeführt, um die Qualität der Aufmerksamkeitsleistung zu bewerten. Diese Tatsache wird in der Instruktion erwähnt.

Als letztes Postulat geben die Autoren an, dass Aufmerksamkeit einerseits für die Arbeit selbst verwendet wird, andererseits für die Kontrolle dieser Arbeit (10). Diese beiden Komponenten sollten in einem Testwert integriert werden, so wie es durch dem Qualitätswert beziehungsweise den Kontinuitätswert im FAIR geschieht.

Gütekriterien und empirische Fundierung

Objektivität
Die Durchführungsobjektivität kann in Anbetracht der standardisierten Instruktion als gegeben angesehen werden. Auch die Auswertung erfolgt objektiv, da zuerst mit

Schablonen und anschließend anhand klar definierter Rechenregeln gearbeitet wird. Als normierter Test ist das FAIR zudem interpretationsobjektiv. Hinweise dazu, wie die ermittelten Standardwerte generell zu interpretieren sind, finden sich ebenfalls.

Reliabilität
Zu der Messgenauigkeit des FAIR ist zu sagen, dass die Split-half-Reliabilitäten der Kennwerte nach der Zeitfraktionierungsmethode[1] recht hoch sind. Abgesehen von dem Markierungswert M, dessen Reliabilität aber auch von geringer Bedeutung erscheint, liegen alle Reliabilitätskoeffizienten der Kennwerte der Testform A über .81 (N = 573) und alle der Testform B über .78 (N = 689).

Die Autoren berichten außerdem Retest-Reliabilitäten für den Leistungswert L, die bei .85 und .90 liegen. Man sollte diese Angaben aber nicht überbewerten, da es sich um sehr ungewöhnlich kleine Retestintervalle von 5, 10 und 20 Minuten handelte und die Stichprobe lediglich aus 18 Probanden bestand. Bei Berechnungen zur Paralleltestreliabilität, wobei die beiden Testformen A und B zugrunde gelegt wurden, fanden die Autoren in ebenfalls kleinen Stichproben von N = 38 für L eine Reliabilität von .76 und für N = 22 Reliabilitätskoeffizienten zwischen .81 und .83.

Validität
Die Autoren gestehen dem Test Inhaltsvalidität zu, weil die Relevanz der Dimensionen *Form* und *Anzahl* für die Realität unmittelbar evident sei. Außerdem spreche für die Konstruktvalidität, dass die Items hinreichend homogen seien und durch das systematisch gleiche Konstruktionsprinzip davon ausgegangen werden könne, dass der Test *ein* Konstrukt erfasse. In einem zweiten Schritt betrachten sie den Test in Hinblick auf konvergente und diskriminante Validitäten.

Es liegt nahe, die Beziehung zum d2 zu untersuchen, da er das bisher etablierteste Verfahren zur Messung der Aufmerksamkeit darstellt. Der Leistungswert L und der Kontinuitätswert K korrelieren mit dem d2 zu .37 bzw. .39. Diese Werte sind niedriger als man erwarten könnte, allerdings steht der Konstruktionsprozeß des FAIR ja schon in Abgrenzung zum d2. Hinzu kommt, dass die konvergente Validität auf Werte zwischen .44 und .50 steigt, wenn der d2-Wert ähnlich dem FAIR ratekorrigiert wird.

Für eine diskriminante Validierung sollte gezeigt werden, dass Aufmerksamkeit im Sinne des FAIR unabhängig von Intelligenz, gemessen mit den I-S-T 70 (Amthauer, 1970), ist. Die Korrelationen von L und K mit dem I-S-T-Gesamtwert liegen allerdings in sehr substantieller Höhe von .43 und .44. Diese Korrelationen ähneln in ihrer Höhe denen zum d2. Das erklären die Autoren durch die Hypothese, für das FAIR sei eine gewisse Mindestintelligenz nötig. Tatsächlich zeigen sie, dass für die Personen, die einen I-S-T-Wert größer 90 haben, die Korrelation der Intelligenz mit dem FAIR auf .20 bzw. 19 sinkt.

---

[1] Das FAIR ist ein Verfahren, das aus sehr vielen für sich genommen sehr einfachen Aufgaben besteht. Unterschiedliche Leistungen von Probanden äußern sich demnach nicht durch die Lösung konkreter Items, sondern durch die Anzahl richtig bearbeiteter Items. Wenn man nun den Test, wie sonst üblich, in gleich große Hälften von Items teilen würde, würde man die Reliabilität überschätzen, da kaum Fehler auftreten. Man behilft sich, indem das Verfahren in Hälften gleicher Testzeit geteilt wird, man also die Anzahl der gelösten Items im ersten Zeitintervall mit der des zweiten Zeitintervalls vergleicht (zur Problematik der Halbierungsreliabilität bei Speedtests vgl. Lienert & Raatz, 1994).

In einer anschließenden Faktorenanalyse, in die neben den FAIR-Kennwerten auch der I-S-T-Gesamtwert, deren Untertests und die d2-Werte eingingen, zeigte sich, dass die FAIR-Werte auf einem gemeinsamen Faktor geladen haben, der unabhängig von der Intelligenz, aber auch unabhängig von dem d2-Faktor war. Dieses Ergebnis überrascht zwar, aber wieder kann man hier das Argument anbringen, das FAIR erfasse Aufmerksamkeit grundsätzlich auf eine andere Art und Weise als der d2.

Durchführung und Auswertung

Das FAIR liegt in zwei Formen vor, einer A- und einer B-Form. Sie sind vollständig identisch, bis auf die Tatsache, dass die Probanden verschiedene Zielitems markieren sollen. Das Verfahren ist sehr gut für Gruppentestung geeignet. Der Versuchsleiter liest die standardisierte Instruktion laut vor und die Probanden sind angehalten mitzulesen und das Markierungsprinzip des FAIR an einer Beispielzeile zu üben. In die Zielitems soll der Proband einen Zacken zeichnen, unter den anderen Items soll die Linie einfach vorbeigezogen werden (siehe Abbildung 4-7).

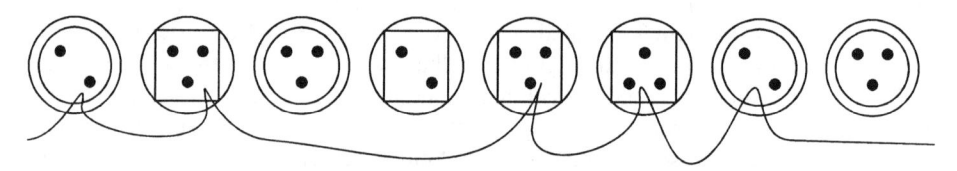

Abbildung 4-7: Bearbeitungsbeispiel für die Zielitems *Kreis mit zwei Punkten* und *Quadrat mit drei Punkten* nach dem vollständigen Markierungsprinzip

Auf Aufforderung des Versuchsleiters blättern die Probanden um und haben 3 Minuten Zeit, 320 Items zu bearbeiten. Danach werden sie aufgefordert nochmals umzublättern und haben für weitere 320 Items nochmals 3 Minuten. Insgesamt sollte man für die Durchführung des FAIR ungefähr 10 bis 15 Minuten veranschlagen.

Im Anschluss an die Durchführung werden die Leistungen des Probanden mit Hilfe von Schablonen protokolliert. Zuerst wird die *Gesamtmenge (G)* der bearbeiteten Items bestimmt, indem man protokolliert, bis wohin der Proband die Linie gezogen hat. Danach zählt man die *Linienfehler(F_L)*, also die Stellen, an denen die Linie unterbrochen ist beziehungsweise der Proband vom vollständigen Markierungsprinzip abgewichen ist. Im Anschluss werden getrennt voneinander die *Verpasser-Fehler (F_V)* und die *Falscher Alarm-Fehler (F_A)* ausgezählt, also die nicht erkannten Zielitems bzw. die fälschlicherweise als Zielitems gekennzeichneten Items. Wenn der Versuchsleiter den Verdacht hat, der Proband habe eine Strategie angewendet, streckenweise nur nach einem Zielitem zu suchen, kann man *Zusatzfehler* vergeben. Diese kommen nur in Frage, wenn viele Verpasser-Fehler gemacht wurden und werden angerechnet, wenn das gleiche Zielitem mindestens fünfmal hintereinander nicht erkannt wurde. Für diesen Spezialfall läuft die Auswertung etwas abgewandelt ab, indem man diese Zusatzfehler härter gewichtet.

Wenn man die Fehlerarten für die beiden Testteile protokolliert und aufsummiert hat, kann man mit der eigentlichen Auswertung beginnen. Obwohl es sich hier um eine kompliziert erscheinende und relativ anspruchsvolle Testauswertung handelt, ist sie doch verhältnismäßig leicht durchzuführen, da die Rückseite des Testhefts entsprechend gestaltet ist, den Testleiter durch die Berechnungen zu leiten.

In der Auswertung erhält man vier verschiedene Kennwerte, die je nach Fragestellung interessieren können. Zuerst sollte man den *Markierungswert M* betrachten. Hier kann man das Instruktionsverständnis einschätzen und Hinweise erhalten, ob man das Testergebnis sinnvoll interpretieren sollte. M meint den Anteil der ohne Linienfehler bearbeiteten Items an den insgesamt bearbeiteten Items ($M = (G - F_L) : G$). Die Autoren raten bei einem Markierungswert unter .95 davon ab, das FAIR zu interpretieren.

Für den Leistungswert L zieht man von den instruktionsgemäß beantworteten Items die geschätzten Fehler ab ($L = (G - F_L) - 2 \cdot (F_V + F_A)$). Da man davon ausgehen kann, dass unkonzentriert bearbeitete Items in der Hälfte der Fälle nicht zu Fehlern führen, wird die doppelte Anzahl der gemachten Fehler als geschätzter Fehler abgezogen. Dieses strenge Vorgehen wird gewählt, da man eine Mindestschätzung der Aufmerksamkeitsleitung vorgenommen will.

An dem Leistungswert lässt sich noch nicht ablesen, ob jemand eher langsamer und genauer oder schneller und ungenauer gearbeitet hat. Aus diesem Grund berechnet man den *Qualitätswert Q*, der die Leistung in Beziehung zu den bearbeiteten Items stellt ($Q = L : G$). Das Problem an diesem Wert ist allerdings, dass hier die Information über die Anzahl der bearbeiteten Items verloren geht. Jemand, der nur ein Item bearbeitet hat, dieses aber richtig, hat den höchstmöglichen Qualitätswert 1. Aus diesem Grund kann man abschließend den *Kontinuitätswert K* berechnen, der ein Maß ist für das Ausmaß an kontinuierlich aufrechterhaltener Konzentration ($K = Q \cdot L$).

Die berechneten Kennwerte können nun mit Hilfe von Normtabellen in Prozentränge und Stanine-Werte transformiert werden, wobei die Normen für die beiden Testformen und verschiedene Altersstufen differenziert sind. Es fällt positiv auf, dass man im Manual Hinweise zu den Verteilungseigenschaften der Kennwerte findet. Während L und K die Normalverteilungsannahme erfüllen, sind M und Q deutlich rechtssteil verteilt. Die Angabe von Standardnormen für diese Werte wird allerdings über die McCall-Transformation nach Lienert und Raatz (1994) gerechtfertigt.

Bewertung

Das FAIR ist ein grundlagenwissenschaftlich sehr fundiertes Verfahren, das durch seine aufwändige und überlegte Konstruktion positiv auffällt. So kann man Werte sowohl im Sinne einer vorwiegend schnellen Bearbeitung (L) als auch im Sinne von sorgfältiger Bearbeitung (Q und K) berechnen. In zahlreichen Berufen werden solche Fähigkeiten von Vorteil sein. Im Gegensatz dazu überzeugt die bisherige empirische Fundierung des FAIR nicht. Die Reliabilitäten sind für kurze Zeitintervalle gut, müssen aber noch für die in der Praxis relevanteren größeren Retestintervalle bestätigt werden. Ähnliches lässt sich zur Validierung sagen. Die berichteten Erkenntnisse lassen keineswegs Zweifel an der Güte des FAIR aufkommen, allerdings belegen sie auch nicht dessen Nützlichkeit in der Praxis. Was fehlt sind prognostische Validitäten. Gerade aufgrund der Ökonomie könnte es sich anbieten, den FAIR durchzuführen und selbst innerhalb eines Unternehmens an relevanten Kriterien zu validieren. Hier könnte sich prognostisches Potential eröffnen, dass zumindest für Personen mit höherer Intelligenz von der Intelligenz unabhängig ist.

4.6 Intelligenz-Struktur-Test 2000 (I-S-T 2000)

Anna Julia Wittmann

Der I-S-T 2000 ist ein Intelligenztest, bei dem es sich um die revidierte und erweiterte Fassung des I-S-T 70 von Rudolf Amthauer handelt. Als verantwortliche Autoren zeichnen neben Amthauer für diesen neuen Test, der seit 1999 auf dem Markt ist, Burkhard Brocke, Detlev Liepmann und André Beauducel. Der I-S-T 2000 beansprucht, sieben verschiedene Intelligenzmaße zu erheben, die wie folgt beschrieben werden (Amthauer, Brocke, Liepmann & Beauducel, 1999; siehe schraffierte Kästchen in Abbildung 4-8):

- *Verbale Intelligenz*: Sie kennzeichnet den Umgang einer Person mit sprachlichem Material. Zur Ausprägung der verbalen Intelligenz tragen sowohl der Grad der Aneignung der Sprache, also der Umfang des Vokabulars, als auch die Fähigkeit, zwischen Begriffen Beziehungen herzustellen, bei.
- *Numerische Intelligenz*: Sie manifestiert sich im Umgang einer Person mit Zahlen. Die numerische Intelligenz beinhaltet zum einen die Rechenfähigkeit und zum anderen die Fähigkeit, logische Beziehungen zwischen Zahlen herzustellen.
- *Figurale Intelligenz*: Zur Diagnostik dieses Intelligenzbereichs wird der Umgang einer Person mit zwei- und dreidimensionalen Figuren erfasst. Bei der figuralen Intelligenz spielt sowohl die Fähigkeit, Proportionen von Flächen und Räumen zu erfassen als auch logische Beziehungen zwischen Figuren herzustellen, eine Rolle.
- *Merkfähigkeit:* Darunter werden im I-S-T 2000 kurzfristige Behaltensleistungen verstanden. Gemessen wird dazu die Fähigkeit zum aktiven Einprägen und anschließenden Wiedererkennen verbaler und figuraler Informationen.
- *Kristallisierte Intelligenz* (*wissensbezogene Intelligenz*): Sie soll sich im I-S-T 2000 in der Fähigkeit einer Person, Wissensfragen aus den Bereichen „Geographie/Geschichte", „Kunst/Kultur", „Mathematik", „Naturwissenschaften" und „Alltags-Symbole" zu beantworten, zeigen. Aus einer hohen Anzahl richtig beantworteter Fragen schließen die Autoren, dass die Person in der Lage war, in unserer Kultur ein umfangreiches Wissen zu erwerben.
- *Schlussfolgerndes Denken*: Schlussfolgerndes Denken kann im I-S-T 2000 zum einen in einer stärker kulturgebundenen Form („Reasoning") und zum anderen in einer weniger kulturgebundenen Form („fluide Intelligenz") erhoben werden.
    a) *Reasoning*: Der Summenwert für die verbale, numerische und figurale Intelligenz kann auf einer höheren Generalitätsebene als Indikator für schlussfolgerndes Denken interpretiert werden. Im I-S-T 2000 wird der so errechnete Reasoning-Faktor auch als allgemeine Intelligenz bezeichnet.
    b) *Fluide Intelligenz*: Den Ausführungen der Autoren zufolge stellt die fluide Intelligenz v.a. eine von Sozialisationseinflüssen weitgehend bereinigte Fähigkeit zum schlussfolgernden Denken dar. Personen mit einer hohen fluiden Intelligenz können gut Beziehungen zwischen Stimuli bzw. Informationen herstellen. Die hierzu erforderlichen Fähigkeiten gehen über das hinaus, was in den Bildungseinrichtungen unserer Gesellschaft vermittelt wird. Ihre Er-

fassung wird v.a. dann empfohlen, wenn es um die Diagnose des Entwicklungspotentials geht.

Da das Verfahren modular aufgebaut ist, können bestimmte Komponenten in Abhängigkeit von inhaltlichen und ökonomischen Anforderungen hinzugenommen oder weggelassen werden, so dass nicht immer alle der aufgeführten Intelligenzfähigkeiten erfasst werden. Das *Grundmodul*, das in jedem Fall vollständig durchgeführt wird, besteht aus je drei Aufgabengruppen zur verbalen, numerischen und figuralen Intelligenz (s. Abschnitt 4.4.3). Die erweiterte Fassung des Grundmoduls schließt die Messung der Merkfähigkeit durch die beiden dargestellten Gruppen an *Merkaufgaben* ein. Soll eine Differenzierung in kristallisierte und fluide Intelligenz vorgenommen werden, muss zusätzlich das Modul *Wissenstest* durchgeführt werden.

Konzeption

Das Ziel des I-S-T 2000 ist die differenzierte Erfassung intelligenter Fähigkeiten, bei der die Defizite des I-S-T 70 überwunden werden. Aufgrund psychometrischer Probleme wurde im I-S-T 2000 der Untertest „Wortauswahl" eliminiert. Die Untertests „Rechenaufgaben" und „Merkaufgaben" wurden stark überarbeitet. Neu aufgenommen wurden die Aufgabengruppen Rechenzeichen, Matrizen und Wissen. Sechs der ursprünglich neun Untertests des I-S-T 70 blieben erhalten: Satzergänzung, Analogien, Gemeinsamkeiten, Zahlenreihen, Figurenauswahl und Würfelaufgaben.

Während beim I-S-T 70 beklagt wurde, dass er theoretisch wenig fundiert sei (Brocke, Beauducel und Tasche, 1998), sollte der I-S-T 2000 auf den aktuellen Stand der Intelligenzstrukturforschung ausgerichtet werden. Zudem sollten die psychometrischen Probleme einiger Aufgabentypen des I-S-T 70 ausgeschaltet werden. So wurde als theoretischer Ausgangspunkt der Konstruktion des I-S-T 2000 ein „hierarchisches Rahmen- bzw. Protomodell der Intelligenzstrukturforschung" (HPI) formuliert. Dieses Modell stellt eine Synthese klassischer Intelligenzmodelle dar, da es von den Autoren aus den invarianten Merkmalen verschiedener Intelligenztheorien abgeleitet wurde. Deutliche inhaltliche Übereinstimmungen verschiedener Intelligenztheorien weisen nach Amthauer et al. (1999) die Fähigkeit zum schlussfolgernden Denken (Reasoning), verbale, numerische und räumlich-figurale Fähigkeiten, Ideenflüssigkeit bzw. Kreativität sowie mit Einschränkungen auch Merkfähigkeit und wahrnehmungsbezogene Fähigkeiten auf.

Mit dem I-S-T 2000 wird die Messung von fünf dieser sieben Fähigkeiten angestrebt: verbale, numerische und figurale Intelligenz, schlussfolgerndes Denken sowie Merkfähigkeit (s.o.). Auf die Erfassung des Einfallsreichtums wird aufgrund der geringen Auswertungsobjektivität verzichtet. Weshalb wahrnehmungsbezogene Fähigkeiten ebenfalls nicht erhoben werden, begründen die Autoren nicht.

Neben dieser Auswahl an Inhaltsbereichen, die der I-S-T 2000 erfassen soll, erfolgte die Testkonstruktion der Strukturannahme eines mehrdimensionalen Konzepts von Intelligenzleistungen. Nach dieser Auffassung können sich in den Leistungen, die eine Person bei der Bearbeitung einzelner Aufgaben zeigt, gleichzeitig verschiedene Fähigkeiten manifestieren (Fay, 1999). So kann eine Fähigkeit, die zur Ausprägung verschiedener anderer Fähigkeiten beiträgt, durch die Berücksichtigung einer höheren Generalitätsebene der Auswertung derselben Aufgabe identifiziert werden. Auf dieser Annahme fußt im I-S-T 2000 sowohl die Erfassung des schlussfolgernden Denkens (Reasoning) als Summenwert der verbalen, numerischen und figuralen Intelligenz als auch die Bildung von Faktorwerten für die fluide und kristallisierte Intelligenz aufgrund der Leistungen im Wissenstest und in allen neun Aufgabengruppen des Grundmoduls. Die oben genannte Bereinigung der fluiden Intelligenz von Sozialisationseinflüssen wird technisch realisiert, indem bestimmte Wissensanteile mit negativen Gewichten in den Faktorwert für die fluide Intelligenz eingehen. Abbildung 4-8 verdeutlicht das Strukturkonzept des I-S-T 2000. Die gestrichelt gezeichneten Linien zeigen, welche Leistungen mit negativen Gewichten in die Berechnung der Faktorwerte für die fluide und kristallisierte Intelligenz eingehen.

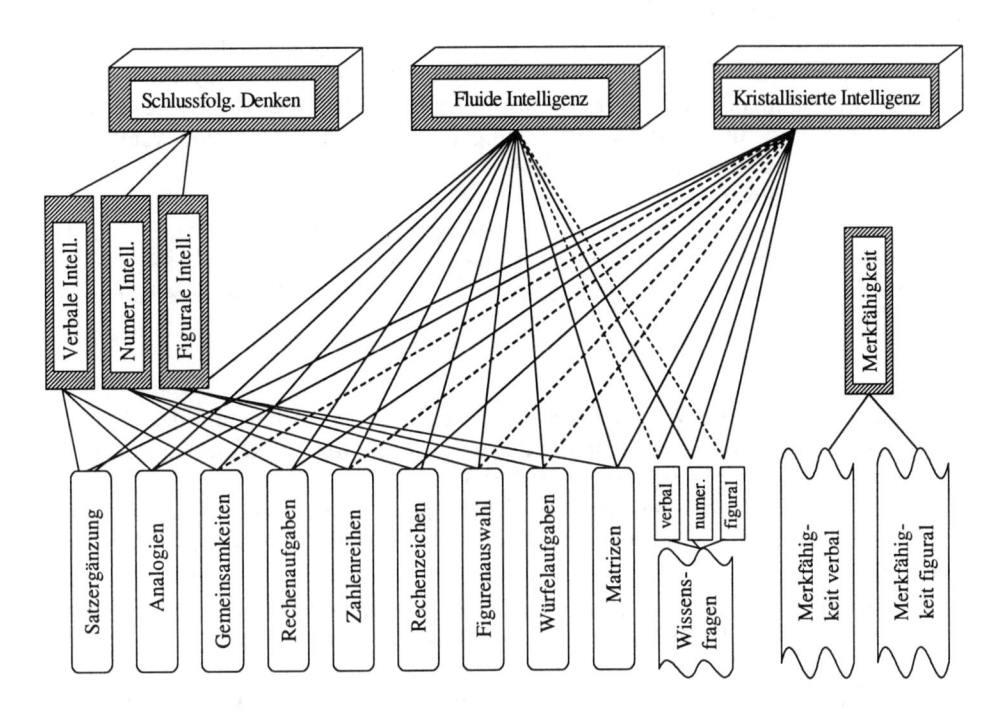

Abbildung 4-8: Darstellung der Struktur des I-S-T 2000 (nach Fay, 1999)

Während der I-S-T 2000 also teilweise verschiedene Intelligenzfähigkeiten durch ein und dieselbe Aufgabenstellung misst, erfasst er aber zugleich auch jede Intelligenzfähigkeit mit mehreren Aufgabentypen. Auf diese Weise wird eine Gleichsetzung einzelner Aufgabentypen mit interessierenden Fähigkeiten vermieden. Insbesondere wurde beim I-S-T 2000 darauf geachtet, fluide Intelligenz nicht wie in vielen bisherigen Ansätzen lediglich über figurale Aufgabeninhalte und kristallisierte Intelligenz ausschließlich über verbale Aufgaben zu operationalisieren (Fay, 1999).

Gütekriterien und empirische Fundierung

Reliabilität
Für die fünf Skalen verbale, numerische und figurale Intelligenz, Reasoning (Gesamtwert) und Merkfähigkeit wurden die innere Konsistenz und die Split-half-Reliabilität berechnet. Die Ergebnisse können mit Werten zwischen .82 und .97 als gut bis sehr gut bezeichnet werden. Für die einzelnen Aufgabengruppen wurden an einer Stichprobe von 1303 Probanden ebenfalls Cronbachs α und die Split-half-Reliabilität berechnet. Diese Reliabilitätsschätzungen fallen teilweise deutlich geringer aus. Da von den Autoren jedoch explizit vor einem separaten Einsatz und/oder einer separaten Interpretation der Aufgabengruppen gewarnt wird, stellen einzelne geringe Reliabilitätswerte kein Problem dar.

Die innere Konsistenz des Wissenstests beträgt .90. Da bislang mit dem I-S-T 2000 weder eine Wiederholungsstudie durchgeführt wurde noch eine Parallelform vorliegt, war es nicht möglich, die Retest- oder Paralleltest-Reliabilität der Faktorwerte für die fluide und kristallisierte Intelligenz zu berechnen. Deshalb wählten die Autoren folgendes Vorgehen zur Reliabilitätsschätzung: Sie berechneten die Faktorwerte zweimal – jeweils auf der Basis der Hälfte der Variablen – und korrelierten die so gebildeten Faktorwerte miteinander. Dabei ergaben sich für zwei unterschiedliche Datensätze Split-half-Reliabilitäten in Höhe von $r = .86$ und $r = .88$ für den Faktorwert der kristallisierten Intelligenz und $r = .90$ bzw. $r = .93$ für den Faktorwert der fluiden Intelligenz.

Validität
Es wurden verschiedene Maße für die Validität des Grundmoduls und des Erweiterungsmoduls berechnet. Aus nicht genannten Gründen werden keine Analysen zur Validität der Merkfähigkeitsaufgaben berichtet.

Zur *Konstruktvalidität des Grundmoduls* wurden Dimensionsanalysen mit den Ergebnissen von 1034 Probanden durchgeführt. Dabei konnten – wie theoretisch intendiert – drei Faktoren extrahiert werden, die sich als verbale, numerische und figurale Intelligenz interpretieren lassen. Diese dreifaktorielle Struktur ließ sich auch in allen vier untersuchten Altersgruppen „15-16 Jahre", „17-18 Jahre", „19-20 Jahre" und „ > 20 Jahre" replizieren.

Hinweise auf die *konvergente und diskriminante Validität des Grundmoduls* liefern Korrelationen der Skalen „verbal", „numerisch", „figural" und „Reasoning" (Gesamtwert) mit verschiedenen Intelligenzmaßen. Die an einer Stichprobe von 180 Schülern errechneten Daten zeigen eine relativ geringe Korrelation ($r = .22$) mit dem als Indikator für Speed eingesetzten Test-d2 (Brickenkamp, 1998), eine mittlere Korrelation ($r = .46$) zum Wissensteil des HAWIE-R (Tewes, 1985) und eine etwas höhere Korrelation ($r = .63$) zum CFT 20 (Weiss, 1987).

Zur Bestimmung der *faktoriellen Validität des erweiterten Tests* wurde an einer Stichprobe von 468 Probanden eine Parallelanalyse durchgeführt. Dabei zeigte sich, dass alle Wissensskalen auf dem einen der beiden extrahierten Faktoren hoch luden, den die Autoren als „kristallisierte Intelligenz" interpretieren. Die Untertests des Grundmoduls ordnen sich aufgrund ihrer Ladungen teilweise diesem und teilweise dem anderen Faktor zu, der von den Autoren als „fluide Intelligenz" interpretiert wird. Analysen mit weiteren Verfahren wie der Multidimensionalen Ähnlichkeitsstruktur-Analyse unterstreichen die zweifaktorielle Struktur. Insgesamt zeigt sich, dass es mit dem Erweiterungsmodul gelungen ist, einen nach Wissensbereichen und inhaltlichen Kodierungen (verbal, numerisch, figural) binnendifferenzierten Kenntnistest zu entwickeln (Fay, 1999).

Anhand der Ergebnisse von 173 Schülern wurde auch die *konvergente Validität der Faktorwerte für kristallisierte und fluide Intelligenz* überprüft. Die Korrelation des Faktorwerts für die kristallisierte Intelligenz erbrachte einen Koeffizienten von r = .68 zum Wissensteil des HAWIE-R. Mit den Matrizen des CFT 20 korrelierte der Faktorwert für die fluide Intelligenz zu r = .58.

Objektivität
Sofern der Testeinsatz regelgerecht erfolgt, weist der I-S-T 2000 eine hohe Durchführungs- und Interpretationsobjektivität auf. Für das Grund- und das Erweiterungsmodul kann auch die Auswertungsobjektivität als hoch eingeschätzt werden. Lediglich die Auswertung der Merkfähigkeitsaufgaben kann bei verschiedenen Auswertern zu geringfügig unterschiedlichen Ergebnissen führen, da von den Autoren zwei mögliche Verfahren zum Ablesen der Standardwerte angeboten werden.

Durchführung und Auswertung

Der I-S-T 2000 kann bei Jugendlichen ab 15 Jahren und Erwachsenen eingesetzt werden. Standardwert-Normen und Prozentränge liegen vorerst nur für Personen zwischen 15 und 25 Jahren vor. Mit dem I-S-T 2000 ist sowohl eine Einzel- als auch eine Gruppentestung möglich. Die Testmaterialien bestehen aus je einem Testheft für die Grundmodul-Kurzform, die Grundmodulerweiterung „Merkaufgaben" und das Erweiterungsmodul „Wissenstest". Außerdem gibt es je einen Antwortbogen für das gesamte Grundmodul und den Wissenstest, je ein Rohwertprotokoll für den Wissenstest sowie für kristallisierte und fluide Intelligenz, ein Ergebnisprofil und zwei Auswertungsschablonen für den ersten und zweiten Teil des Grundmoduls. Bis auf das Rohwertprotokoll für kristallisierte und fluide Intelligenz liegen alle Materialien in zwei Formen – A und B – vor. Die Formen A und B enthalten die gleichen Aufgaben und unterscheiden sich nur in deren Reihenfolge. Zu dem Test liegt außerdem eine computergestützte Fassung (s. Hogrefe TestSystem, Kapitel 10) sowie ein Auswerteprogramm vor. Für die Durchführung der Papier-Bleistift-Version des I-S-T 2000 werden ein Bleistift, ein Radiergummi und eine Stoppuhr benötigt. Außerdem erfordert sie einen Testleiter, der die allgemeine Einführung vornimmt und auf die Einhaltung der in der Handanweisung genannten Laufzeiten achtet. Die Durchführung dauert in Abhängigkeit der verwendeten Module zwischen eineinhalb und zweieinhalb Stunden.

Das *Grundmodul* nimmt 15 Minuten Instruktionszeit und 77 Minuten Bearbeitungszeit in Anspruch. Es besteht aus einem 24-seitigen Testheft, das neun Aufgabengruppen (s. alle Aufgaben zur verbalen, numerischen und figuralen Intelligenz in Abbildung 4-8) mit jeweils 20 Items umfasst:

- Die ersten drei Aufgabengruppen heißen „*Satzergänzung*" (SE), „*Analogien*" (AN) sowie „*Gemeinsamkeiten*" (GE) und dienen der Erfassung der verbalen Intelligenz. Im Untertest „Gemeinsamkeiten" sollen z.B. aus jeweils sechs Wörtern die beiden Wörter herausgefunden werden, für die es einen gemeinsamen Oberbegriff gibt (Beispiel s. Abbildung 4-9).

| a) Messer | b) Butter | c) Zeitung | d) Brot | e) Zigarre | f) Armband |

Abbildung 4-9: Beispiel für eine Aufgabe im Untertest „Gemeinsamkeiten"

- Weitere drei Untertests – „*Rechenaufgaben*" (RE), „*Zahlenreihen*" (ZR) und „*Rechenzeichen*" (RZ) – messen die numerische Intelligenz. In dem zuletzt genannten Subtest werden Aufgaben vorgegeben, in denen Zahlen auf der linken Seite einer Gleichung mit den richtigen Rechenzeichen verbunden werden müssen, damit das auf der rechten Seite hinter dem Gleichheitszeichen stehende Ergebnis stimmt (Beispiel s. Abbildung 4-10)

$$6 \; ? \; 2 \; ? \; 3 \; = \; 5$$

Abbildung 4-10: Beispiel für eine Aufgabe im Untertest „Rechenzeichen"

- Die letzten drei Untertests, die der Erfassung der figuralen Intelligenz dienen, heißen „*Figurenauswahl*" (FA), „*Würfelaufgaben*" (WÜ) und „*Matrizen*" (MA). Bei den Aufgaben zur Figurenauswahl muss beispielsweise herausgefunden werden, welche von jeweils fünf vorgegebenen Figuren sich durch Zusammenfügen mehrerer abgebildeter Stücke herstellen lässt, ohne dass Ecken überstehen oder Raum zwischen den Stücken bleibt (Beispiele s. Abbildung 4-11).

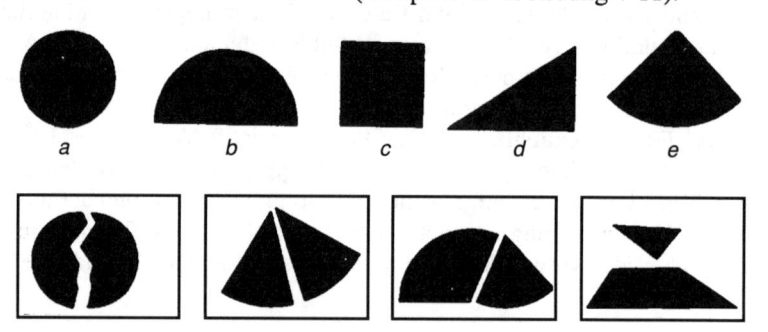

Abbildung 4-11: Beispielaufgaben für den Untertest „Figurenauswahl"

Der zusätzliche Einsatz der *Merkaufgaben* erfordert eine Pause von zehn Minuten. Die Instruktionszeit beansprucht vier Minuten, die Bearbeitungszeit acht Minuten.

Das Testheft mit den Merkaufgaben umfasst 13 Seiten. Im ersten Untertest „Text", der die verbale Merkfähigkeit misst (s. Abbildung 4-8), soll sich der Proband innerhalb einer Minute 13 Begriffe einprägen, die in fünf Kategorien – Sportarten, Nahrungsmittel, Städte, Berufe und Bauwerke – eingeordnet sind. Anschließend ist es seine Aufgabe, zehn Fragen zu beantworten (Beispiel s. Abbildung 4-12).

„Das Wort mit dem Anfangsbuchstaben - B - war ein(e) ...?
a) Sportart   b) Nahrungsmittel   c) Stadt   d) Beruf   e) Bauwerk

---

Abbildung 4-12: Beispiel für eine Aufgabe im Untertest „Text"

Im zweiten Untertest „Figurenpaare" muss sich der Proband 13 Symbolpaare einprägen. Anschließend wird ihm jeweils eines der beiden zusammengehörigen Symbole präsentiert und er muss aus fünf Auswahlmöglichkeiten diejenige angeben, welche das Paar richtig vervollständigt.

Der zusätzliche Einsatz des Erweiterungsmoduls „Wissenstest" dauert 35 Minuten. Das dazugehörige Testheft umfasst 12 Seiten mit 73 Fragen. Die Fragen werden als Multiple-Choice-Aufgaben mit jeweils fünf Antwortmöglichkeiten dargeboten. So soll der Proband z.B. aus fünf vorgegebenen Ländern auswählen, zu welchem Grönland gehört oder aus fünf dargestellten Symbolen dasjenige identifizieren, das für „Gepäckschließfächer" steht. Eine andere Frage lautet, wann die Stadt Rom gegründet wurde, wieder eine andere, wie viele Kohlenstoffatome ein Benzolring enthält.

Grundsätzlich sollen die Probanden ihre Antworten nicht im Testheft anstreichen, sondern auf einen Antwortbogen übertragen. Die Auswertung des Grundmoduls und der Merkaufgaben erfolgt mit Hilfe von Schablonen, die auf die Antwortbögen gelegt werden. Die Rohwerte werden zunächst pro Untertest, dann pro Skala – verbal, numerisch, figural, Reasoning (= Summe dieser drei Skalen) und Merkfähigkeit – zusammengefasst. Aus Tabellen im Anhang der Handanweisung können Standardwerte und Prozentränge für verschiedene Alters- und Bildungsgruppen abgelesen werden. Für den Gesamtwert („Reasoning") kann außerdem auch der IQ-Wert abgelesen werden, der an einer stratifizierten Gesamtgruppe mit 40 % Gymnasiasten ermittelt wurde.

Die Auswertung des Wissenstests erfolgt in mehreren Schritten. Zunächst kommt das „Rohwertprotokoll zum Wissenstest" zum Einsatz. In diesem Protokoll ist für jede Subskala – verbal 1 und 2, numerisch 1 und 2, figural 1 und 2 – eine Spalte vorgesehen, für jedes Item eine Zeile. Außerdem gibt es eine Spalte, in der für jedes Item die richtige Lösung angeben ist. Für richtige Lösungen trägt der Auswerter einen Punkt in die Spalte der zugehörigen Subskala ein. Welches die richtige Spalte ist, kann der Auswerter daran erkennen, dass diese weiß ist, während die übrigen Spalten in der entsprechenden Zeile grau hinterlegt sind. Die für die sechs Spalten ermittelten Rohwertsummen werden auf ein zweites Rohwertprotokoll („Rohwerteprotokoll für kristallisierte und fluide Intelligenz") übertragen. Außerdem werden in diesem Protokoll die Rohwerte der neun Aufgabengruppen des Grundmoduls eingetragen. Die insgesamt 15 Rohwerte werden dann anhand von Tabellen in Punktwerte für fluide und für kristallisierte Intelligenz umgelesen. Abschließend kann man für die beiden Punktwertesummen Standardwerte für die fluide und kristallisierte Intelligenz ablesen. Alle Ergebnisse können in das Formular „Ergebnisprofil" eingetragen werden.

Zu der für die Auswertung zu veranschlagenden Zeit werden im Handbuch keine Angaben gemacht. Während die Auswertung des Grundmoduls einschließlich Merkfähigkeit und der Erstellung des Ergebnisprofils ca. acht Minuten pro Proband dauert, nimmt die recht umständliche und ohne Schablonen durchzuführende Prozedur der Auswertung des Wissenstest erheblich mehr Zeit in Anspruch.

Bewertung

Der I-S-T 2000 stellt gegenüber dem I-S-T 70 eine deutliche Verbesserung dar. Gravierende Probleme des I-S-T 70, wie dessen veraltete Normen oder niedrige Reliabilitäten für den Untertest „Wortauswahl", konnten überwunden werden. Während die für den I-S-T 70 intendierte Struktur nicht nachgewiesen werden konnte, lässt sich die dem I-S-T 2000 zugrunde gelegte Struktur empirisch exakt aufzeigen. Einschränkend muss angemerkt werden, dass die Autoren für das Modul „Merkaufgaben" keine Strukturanalysen durchgeführt oder zumindest nicht davon berichtet haben, was nachgeholt werden sollte. Durch den Wissenstest, um den der I-S-T 2000 gegenüber dem I-S-T 70 erweitert wurde, ist es im deutschen Sprachraum erstmalig möglich, die fluide und kristallisierte Intelligenz von Erwachsenen weitgehend unabhängig von Inhaltskomponenten, d.h. verbalen, numerischen und figuralen Aufgaben, zu diagnostizieren.

Aufgrund seiner Neuheit sind beim I-S-T 2000 noch einige Ergänzungen vorzunehmen. Hierbei ist in erster Linie eine Ausdehnung des Normbereichs zu nennen, die von den Autoren auch selbst als eine weitere Aufgabe benannt wurde. Bislang liegen nur Normen für Probanden zwischen 15 und 25 Jahren vor. So müssen die Testanwender für höhere Altersgruppen noch auf die Bereitstellung entsprechender Normen warten oder können evtl., falls sie in großen Unternehmen arbeiten, eigene Normen zum I-S-T 2000 entwickeln.

Auch die Entwicklung einer echten Parallelform und die Ermittlung der Retest-Reliabilität stehen noch aus. Ebenfalls wünschenswert wäre eine genauere Spezifizierung der Auswahl der im I-S-T 2000 gemessenen Fähigkeitsbereiche aufgrund des HPI-Modells. So ist z.B. aufgrund der recht knapp gehaltenen Darstellung im Handbuch nicht ersichtlich, warum „Merkfähigkeit", die als eine mit Einschränkungen modellübergreifend bedeutsame Fähigkeit bewertet wurde, in den I-S-T 2000 übernommen wurde, während „wahrnehmungsbezogene Fähigkeiten", die ebenfalls als mit Einschränkungen modellübergreifend bedeutsam eingeschätzt wurden, im I-S-T 2000 nicht berücksichtigt werden (Fay, 1999).

Was die Handhabung anbelangt, ist kritisch anzumerken, dass für das Erweiterungsmodul „Wissenstest" keine Auswertungsschablonen vorgesehen sind. Die Auswertung über zwei verschiedene Rohwertprotokolle ist sehr aufwändig und auch deutlich fehleranfälliger als eine Auswertung per Schablone. Außerdem erweist sich der Vordruck des Ergebnisprofils als relativ unpraktisch. Der graphischen Darstellung der Standardwerte ist hierauf nur sehr wenig Platz eingeräumt.

Bei den beiden zuletzt genannten kleineren Schwächen kann aber jeder Testanwender, der den I-S-T 2000 häufig einsetzen möchte, selbst Abhilfe schaffen, indem er sich selbst eine Auswertungsschablone bastelt und einen eigenen Vordruck für das Ergebnisprofil entwirft. Insgesamt kann festgehalten werden, dass mit dem I-ST 2000 eine differenzierte und theoretisch gut begründete Erfassung intelligenter Fähigkeiten vorgenommen werden kann.

4.7 Konzentrations-Leistungs-Test (KLT)

Miriam Vock

Die erste Fassung des Konzentrations-Leistungs-Test (KLT) wurde bereits 1943 von Düker entwickelt. Anlass war damals die wissenschaftliche Fragestellung, wie sich die „allgemeine psychische Leistungsfähigkeit" durch Keimdrüsenhormone verändert. Zur Untersuchung dieser Fragestellung wurde ein Konzentrationstest konstruiert. Nach der praktischen Bewährung und Normierung wurde der KLT dann 1949 erstmalig veröffentlicht und etablierte sich in den darauffolgenden Jahren als eines der bekanntesten Testverfahren zur Erfassung der Konzentrationsfähigkeit. Der KLT soll die Konzentrationsleistung eines Probanden (Pb) unabhängig von dessen intellektuellen Voraussetzungen erfassen. Hierzu werden dem Pb einfache Rechenaufgaben (Addition und Subtraktion von Zahlenreihen) vorgelegt, bei denen er sich Zwischenergebnisse merken und die Endergebnisse in den Testbogen eintragen muss. Die Bezeichnung als Konzentrations-*Leistungs*-Test verdeutlicht, dass die Konzentrationsfähigkeit über eine Leistungsanforderung – in diesem Fall in Form von Rechenaufgaben – erfasst wird. Die im KLT ermittelte Konzentrationsfähigkeit soll laut den Angaben des Testautors eng mit der allgemeinen psychischen Leistungsfähigkeit, die in Arbeits- und Berufskontexten gefordert wird, zusammenhängen. Es handelt sich um ein in der Praxis gut etabliertes und altbewährtes psychologisches Testverfahren zur Messung der Konzentration, das inzwischen jedoch ein wenig in die Jahre gekommen ist – die vorliegenden Normen wurden bereits in den 50er Jahren erhoben.

Konzeption

Im KLT sollen Konzentrationsfähigkeit und psychische Leistungsfähigkeit im Sinne von Belastbarkeit, Ausdauer und Ermüdungsresistenz erfasst werden. Konzentrationsfähigkeit wird im Konzept von Düker als „Fähigkeit zur [psychischen] Anspannung zum Zwecke der Koordination" verstanden. Koordination ist nach Düker (1949) „das zu einer Gesamttätigkeit geordnete Zusammenwirken der Einzeltätigkeiten, die zur Erreichung eines bestimmten Zweckes erforderlich sind" (S. 10). Das Lösen der Rechenaufgaben des KLT erfordert die Koordination verschiedener Teiloperationen in diesem Sinne: Zunächst müssen die Ziffern und Zeichen erfasst werden, dann die Rechenoperationen durchgeführt werden und die Zwischenergebnisse im Kopf behalten werden. Im Anschluss muss der Pb eine Entscheidung darüber fällen, ob die Zwischenergebnisse addiert oder subtrahiert werden, dazu ist wiederum das geistige Vorstellen der Zwischenergebnisse erforderlich. Einer richtigen Lösung der Testitems geht somit stets die korrekte Koordination einer Reihe von Einzeltätigkeiten voraus, die als Konzentrationsfähigkeit verstanden werden kann. Das Ergebnis des KLT besteht stets aus zwei Maßen für die Konzentrationsfähigkeit: die Leistungsmenge (Anzahl insgesamt bearbeiteter Aufgaben) und die Leistungsgüte (Anzahl richtig gelöster Aufgaben). Erstere soll stärker die Antriebsfunktion der Konzentrationsfähigkeit abbilden, Letztere eher die Kontrollfunktion. Die Aufgaben liegen in zwei verschiedenen Schwierigkeitsgraden vor: Ein leichteres Aufgabenset (C, mit Parallelversion A) richtet sich an „Volksschüler", ein etwas schwierigeres an Jugendliche und Erwachsene (D, mit Parallelversion B).

Gütekriterien und empirische Fundierung

Objektivität
Die Durchführung des KLT ist als objektiv anzusehen, da die im Manual angegebenen Durchführungsvorschriften hinreichend genau sind und eine von Einflüssen des Testleiters weitgehend unabhängige Durchführung ermöglichen. Auch lässt sich der KLT weitgehend objektiv auswerten. Die Interpretationsobjektivität ist durch die klare Definition des Konstrukts der Konzentrationsleistung und durch die Normen gewährleistet. Zu berücksichtigen ist hier jedoch, dass die Normdaten in graphischer Form als Wahrscheinlichkeitsnetze dargestellt sind. Brickenkamp (1972) weist darauf hin, dass bei dieser Darstellungsform häufiger Ablesefehler auftreten. Die Angabe der Normen in tabellarischer Form dürfte die Objektivität somit erhöhen. Soll der KLT in einer Organisation häufiger eingesetzt werden, so empfiehlt es sich ggf., die Wahrscheinlichkeitsnetze für den eigenen Gebrauch in Normentabellen zu übertragen.

Reliabilität
Die Wiederholung des Tests an der gleichen Stichprobe (141 Oberschüler/innen) nach acht Wochen ergab eine Retest-Reliabilität der *Testleistung* (Anzahl der bearbeiteten Aufgaben) von $r = .86$ bis $.88$ (je nach Alter der Pbn). Diese Zuverlässigkeit der Messung ist als ausreichend hoch einzuschätzen. Die Berechnung der Retest-Reliabilität der *Fehleranzahl* (Anzahl der falsch gelösten Aufgaben) ergab für die Substichprobe der Unterstufenschülerinnen und -schüler zwar $r = .74$, für die Gruppe der Oberstufenschülerinnen und -schüler jedoch nur noch den sehr geringen Wert von $r = .05$. Weitere Testwiederholungen wurden an Studierendenstichproben durchgeführt. Hier erfolgte die zweite Durchführung direkt im Anschluss an die erste Durchführung, die Retest-Reliabilität der Leistung betrug $r = .92$, die der Fehler $r = .47$ ($N = 30$). In einem weiteren Versuch wurde den Studierenden ($N = 27$) vor der Testwiederholung LSD verabreicht um zu prüfen, ob auch bei einer Beeinträchtigung der Leistungsdisposition noch dieselbe psychische Funktion gemessen wird. Auch hier ergab sich – wider Erwarten des Testautors – noch eine relativ hohe Retest-Reliabilität der Testleistung und der Fehler ($r = .74$ bzw. $.31$). Diese Zusammenhänge zeigen, dass die Rangreihe der Pbn im KLT auch unter dem Einfluss der Droge erhalten blieb (auch wenn alle in ihrer Leistung nachließen). Offenbar kann der KLT auch leistungsmäßig beeinträchtigte Pbn in ihrer Konzentrationsfähigkeit differenzieren.

Zusätzlich zur Retest-Reliabilität wurde die Unterteilungs-Reliabilität berechnet. Hierbei wurde der KLT den Pbn nur einmal vorgelegt und jeweils die erzielten Rohwerte im ersten, zweiten und letzten Drittel der Testdurchführung zueinander in Beziehung gesetzt. Die Zuverlässigkeit der Testleistung betrug hier $r = .94$ für Oberschülerinnen und -schüler ($N = 122$) und $r = .96$ für Berufsschülerinnen und -schüler

(N = 122), die Zuverlässigkeit der Fehler fiel wieder deutlich geringer aus (r = .50 und r = .65).

Festzuhalten ist, dass die Testleistung mit dem KLT hinreichend zuverlässig erfasst wird, die Fehleranzahl hingegen bei Wiederholungsmessungen zu stark schwankt, als dass sie als ein zuverlässiges Maß angesehen werden könnte. Die Testleistung und die Fehleranzahl haben sich in Validitätsuntersuchungen als unabhängig voneinander erwiesen, dies ist die Voraussetzung dafür, dass sie einzeln interpretiert werden dürfen. Es ist daher empfehlenswert, bei der Interpretation der Ergebnisse nur die Leistung zu berücksichtigen und die Fehleranzahl zu vernachlässigen. Der Testautor merkt jedoch an, dass die Reliabilität des KLT für die Gesamtpopulation möglicherweise größer ist, da die untersuchten Stichproben in Bezug auf Alter und Bildungsstand sehr homogen waren. (Die Reliabilität einer Messung wird auch durch die Varianz des Merkmals beeinflusst.)

Validität
Äußere konvergente Validität: Lehrerurteil als Außenkriterium
Eine Möglichkeit, die Gültigkeit eines Testverfahrens zu überprüfen, besteht darin, das Testergebnis mit verschiedenen Außenkriterien in Beziehung zu setzen. Im Fall des KLT bietet sich hier eine Einschätzung des Arbeitsverhaltens der jugendlichen Pbn durch ihre jeweiligen Lehrerinnen und Lehrer an. Dazu wurden aus verschiedenen Klassen einer „Aufbauschule" von allen unterrichtenden Lehrkräften jeweils die 6 bis 7 Schülerinnen und Schüler ausgewählt, die als besonders „aktiv" (willensstark, ausdauernd, fleißig, eifrig, aufmerksam) auffielen. Zusätzlich benannten die Lehrkräfte die 6 bis 7 Schülerinnen und Schüler, die eher als „passiv" (willensschwach, temperamentlos, unsicher, vorsichtig) in Erscheinung traten. Aufgrund der KLT-Testung wurden im Folgenden diejenigen Schülerinnen und Schüler der Gruppe ausgewählt, deren Leistung um mehr als 15 % nach oben oder unten von der Altersnorm abwich (N = 66). In der statistischen Analyse wurde die Klassifikation als „passiv" bzw. „aktiv" mit der Klassifikation durch den KLT als über- oder unterdurchschnittlich leistungsfähig in Beziehung gesetzt und ergab einen Validitätskoeffizienten von r = .50. D.h. dass Pbn, die im KLT gut abschnitten, von ihren Lehrkräften meist auch als „aktiv" bewertet wurden und diejenigen mit niedrigen KLT-Leistungen als „passiv". Das Ergebnis des KLT stimmt somit im Großen und Ganzen mit der Beurteilung eines Schülers durch seine Lehrerinnen bzw. Lehrer als passiv oder aktiv überein.

Weiterhin wurde eine Gruppe von Schülerinnen und Schülern (N = 70) von ihren Lehrkräften im Hinblick auf die Eigenschaften „sorgfältig" und „oberflächlich" ausgewählt. Diese Einteilung wurde zu dem Fehleranteil der Pbn im KLT (>20 % über- bzw. unterdurchschnittlich) in Beziehung gesetzt. Es ergab sich eine tetrachorische Korrelation von r = -.42, d.h. dass Pbn mit vielen Fehlern im KLT meist auch in der Schule als „oberflächlich" auffallen und Pbn mit wenigen Fehlern als „sorgfältig" eingeschätzt werden.

In einem weiteren Versuch der Validierung durch ein Außenkriterium sollten 12- bis 14-jährige Volksschülerinnen und -schüler (N = 65-94) von ihren Lehrerinnen und Lehrern hinsichtlich einer Reihe von Eigenschaften auf einer dreistufigen Skala (Eigenschaft ist groß, mittelmäßig oder gering ausgeprägt) eingeschätzt werden. Die Extremurteile (groß/gering) wurden dann mit der Leistung und der Fehleranzahl im

KLT in Beziehung gesetzt. Für die Leistung im KLT schwankten die Validitätskoeffizienten je nach Eigenschaft zwischen r = .07 und .40, für den Fehleranteil zwischen r = .05 und -.59. Am deutlichsten scheint die Leistung im KLT mit der Bewertung der Eigenschaften „Ausdauer" und „Willenskraft" zusammenzuhängen (r = .40 bzw. .37). Die Korrelationen zwischen den Eigenschaften und dem Fehleranteil lassen keine eindeutige Interpretation zu. Erwartungswidrig korrelierte hier die Eigenschaft „Sorgfalt" nicht besonders hoch negativ mit dem Fehleranteil (r = -.30).

Äußere diskriminante Validität: Schulnoten als Außenkriterium
Die Zusammenhänge zwischen der KLT-Leistung und den Schulnoten in der Oberschule sind allesamt niedrig (r = .12 bis .39, N = 129, 197, 227). Dies lässt sich zum einen darauf zurückführen, dass Schulleistungen deutlicher durch die Intelligenz als durch die Konzentrationsfähigkeit beeinflusst werden, und zum anderen darauf, dass Schulnoten an sich kein zuverlässiges Maß darstellen (eine hohe Validität ist demnach auch nicht zu erwarten).

Innere diskriminante Validität: Relative Unabhängigkeit von Intelligenzmaßen
Um nachzuweisen, dass der KLT die Konzentrationsleistung als ein von Intelligenz weitgehend unabhängiges Konstrukt erfasst (also nicht dasselbe misst wie ein Intelligenztest), wurden die KLT-Ergebnisse einer Erwachsenen-Stichprobe (N = 53) zu deren Ergebnissen im Intelligenz-Struktur-Test (I-S-T, Amthauer, 1955) in Beziehung gesetzt. Die für alle I-S-T-Untertests durchweg niedrigen Koeffizienten (r = .21 bis .33) lassen den Schluss zu, dass die KLT-Leistung von der intellektuellen Leistungsfähigkeit relativ unabhängig ist. Das bedeutet, es gibt keinen systematischen Zusammenhang zwischen der Höhe der Intelligenz und der Leistung im KLT.

Durchführung und Auswertung

Durchführung
Der KLT besteht aus 250 Rechenaufgaben, die alle in etwa den gleichen Schwierigkeitsgrad besitzen und nach dem folgenden Prinzip aufgebaut sind: Zwei einfache Rechenaufgaben (Subtraktion und Addition von drei einstelligen Zahlen) stehen zweizeilig untereinander (s. Abbildung 4-13). Beide sollen im Kopf ausgerechnet und die jeweiligen Ergebnisse gemerkt werden.

Für das etwas schwierigere Aufgabenset D (für Jugendliche und Erwachsene) gilt folgende Aufgabenstellung: Ist das Ergebnis der oberen Zeile größer als das der unteren Zeile, so soll das untere Ergebnis von dem oberen subtrahiert werden. Ist hingegen das untere Ergebnis größer, so werden beide Ergebnisse addiert. Das Endergebnis wird in das Antwortkästchen auf dem Testbogen eingetragen. In der einfacheren Version für Volksschüler (Aufgabenset C) lautet die Instruktion, dass stets das kleinere von dem größeren Zwischenergebnis abgezogen werden muss – unabhängig davon, in welcher der beiden Zeilen das größere Ergebnis herauskommt. Die Schwierigkeit beider Sets unterscheidet sich somit darin, dass in der schwierigeren Variante je nach Zwischenergebnis verschiedene Rechenoperationen durchgeführt werden müssen, in der einfacheren Variante hingegen stets dieselbe.

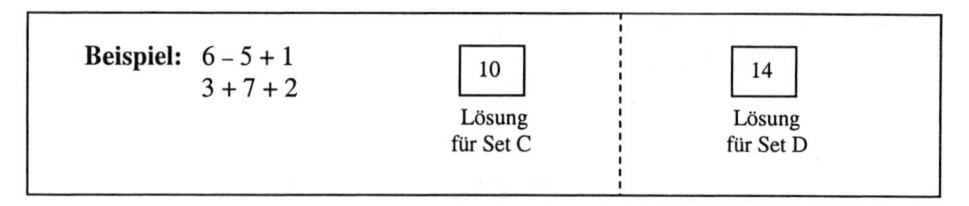

```
Beispiel:  6 – 5 + 1          [ 10 ]              [ 14 ]
           3 + 7 + 2
                             Lösung              Lösung
                             für Set C           für Set D
```

Abbildung 4-13: Beispielaufgabe aus dem KLT

Nach der schriftlich und mündlich gegebenen Instruktion rechnen alle Pbn zunächst vier Beispielaufgaben. Der Test kann sowohl einzeln als auch in Gruppen durchgeführt werden. Bei der Gruppendurchführung erhalten jeweils nebeneinandersitzende Pbn die Parallelversionen, damit „abschreiben" nicht möglich ist. Es ist wichtig, dass darauf geachtet wird, dass sich die Pbn keine Notizen machen, da es ja gerade darauf ankommt, die Zwischenergebnisse im Kopf zu behalten. Für die Bearbeitung des gesamten KLT haben die Pbn 30 Minuten Zeit.

Auswertung
Zunächst wird ausgezählt, wie viele Aufgaben der Pb insgesamt bearbeitet hat (Leistungs-Rohwert oder L-Wert). Zusätzlich wird mit Hilfe einer Schablone der Fehler-Rohwert (F-Wert) ausgezählt, d.h. alle Aufgaben, die falsch gelöst wurden. Aus dem Fehler-Rohwert wird das Fehlerprozent ermittelt (F% = 100 * F-Rohwert/L-Rohwert).

Normen
Es liegen für den Vergleich der L-Werte folgende geschlechtsspezifische Normen vor:
   a) Berufs- und Berufsfachschüler/innen der Altersstufen 14-18 (N = 30 bis 605)
   b) Oberschüler/innen, differenziert nach Klassenstufen (N = 75 bis 499)
   c) Volksschüler/innen, differenziert nach Klassenstufen (N = 67 bis 159)
   d) Auszubildende, differenziert nach verschiedenen Ausbildungsberufen (N = 36 bis 515)
   e) Erwachsene, sehr grob differenziert nach verschiedenen Berufen (N = 20 bis 81)

Die Normen sind im Handbuch graphisch in Form von Wahrscheinlichkeitsnetzen dargestellt. Aus ihnen kann für jeden L-Wert ein entsprechender Standardwert (SW, M = 100, Standardabweichung = 10) und Prozentrang (PR) entnommen werden.

Das Fehlerprozent wird mit dem mittleren F% der entsprechenden Normpopulation ($\overline{F\%}$) verglichen. Aufgrund der geringen Reliabilität des Fehlerwerts werden hier nur Grobnormen zur Verfügung gestellt (unterdurchschnittliche, durchschnittliche und überdurchschnittliche Fehlerhäufigkeit). Eine grobe Klassifikation ermöglicht zusätzlich die Ermittlung des Fehler-Quotienten FQ = F% / $\overline{F\%}$, der wie in Tabelle 4-7 dargestellt zu interpretieren ist.

Tabelle 4-7: Interpretation von FQ

FQ < 0,7	Unterdurchschnittlicher Fehleranteil	Obere 25 % der Population
0,7 < FQ < 1,3	Durchschnittlicher Fehleranteil	Mittlere 50 % der Population
FQ > 1,3	Überdurchschnittlicher Fehleranteil	Untere 25 % der Population

Zu beachten ist, dass die Normen bereits in den 50er Jahren erhoben wurden. Ihre heutige Gültigkeit ist daher als höchst zweifelhaft einzuschätzen. Für den dauerhaften Gebrauch in einer Organisation empfiehlt sich daher die Erstellung unternehmensinterner Normen. Bis zur Erreichung einer ausreichenden Normbasis sollten dann Urteile über die Konzentrationsfähigkeit eines Pb anhand des KLT nur mit großer Vorsicht getroffen werden.

Bei der Einschätzung eines Testergebnisses oder einem Vergleich der Leistung verschiedener Pbn in einem Test ist stets auch der *Standardmessfehler* in Betracht zu ziehen. Wenn die Zuverlässigkeit eines Verfahrens nicht perfekt ist, treffen die ermittelten Werte immer nur mit einer gewissen Wahrscheinlichkeit exakt zu. Es ist davon auszugehen, dass der sog. „wahre Wert" in einem Intervall um den gemessenen Wert herum anzusiedeln ist. Beim KLT beträgt der Standardmessfehler etwa 3,3 SW. Entsprechenden Umrechnungsformeln zufolge bedeutet dies, dass der „wahre Wert" eines Pb (bei einer Irrtumswahrscheinlichkeit von 5 %) maximal 6 Punkte über oder unter dem gemessenen Wert liegt. Die tatsächliche Leistung einer Person mit einem SW von beispielsweise 110 liegt somit im Intervall zwischen 104 und 116. Aus der nicht perfekten Reliabilität des Tests folgt auch, dass sich zwei Pbn erst dann in ihrer Leistung bedeutsam voneinander unterscheiden, wenn ihre SW um mindestens 9 Punkte auseinander liegen.

Weiterhin ist zu beachten, dass von einem beträchtlichen *Übungsgewinn* beim KLT auszugehen ist: Bei einer Testwiederholung innerhalb der ersten zwei Monate steigt die Leistung um durchschnittlich 25 %. Bei einem längeren Intervall sinkt der Übungsgewinn, bis er nach etwa zwei Jahren nicht mehr nachzuweisen ist. Für Pbn, die den KLT bereits kennen, ist die Gültigkeit der Normwerte somit zusätzlich deutlich eingeschränkt.

Bewertung

Der KLT ist mit einer Durchführungsdauer von insgesamt knapp 40 Minuten (inkl. Instruktion) und der Möglichkeit zur Gruppentestung ein relativ ökonomisches Verfahren zur Abschätzung der Konzentrationsfähigkeit. Die Aufgaben sind leicht verständlich (lediglich ein geringes Maß an Rechenfertigkeit wird vorausgesetzt), und die Testleistung kann als unabhängig von der Intelligenz eines Pb angesehen werden. Die Zuverlässigkeit des L-Werts ist hinreichend gesichert. Von der Auswertung der Leistungsgüte (F-Wert), die dem Testautor zufolge den Kontrollaspekt der Konzentrationsfähigkeit erfassen soll, wird aufgrund der geringen Zuverlässigkeit dieses Werts abgeraten.

Die Gültigkeit des Instruments für Leistungen im beruflichen Alltag wird vom Testautor zwar angenommen, jedoch nicht durch Validitätsuntersuchungen nachgewiesen. Die belegte Übereinstimmung zwischen Lehrerurteil und KLT-Leistung ist für die Anwendung in Wirtschaftsunternehmen nur wenig hilfreich. Vor der Anwendung sollten Diagnostikerinnen und Diagnostiker sich also bewusst machen, für welche spezifischen beruflichen Anforderungen der KLT eine sinnvolle Leistungsprognose erstellen könnte. Gegebenenfalls empfiehlt sich bei längerfristiger Anwendung die Validierung im eigenen Unternehmen.

Die Brauchbarkeit des Instruments wird zusätzlich deutlich durch die heute nur noch als unzureichend zu bewertenden Normen eingeschränkt. Zum einen beruhen die Normdaten teilweise nur auf sehr kleinen Stichproben, zum anderen liegen für das Erwachsenenalter lediglich sehr grobe bildungs- und berufsspezifische Normen vor. Die Daten stammen bereits aus den Jahren 1954 bis 1958, beeinträchtigt wird außerdem die Auswertungsobjektivität durch die graphische Darstellungsform. Für einen verantwortungsvollen Einsatz des KLT wird die Erstellung neuer (betriebseigener) Normen empfohlen.

4.8 Leistungsprüfsystem (LPS)

Thorsten Stumpp

Das Leistungsprüfsystem (LPS) ist ein Intelligenztest, der in seiner ersten Fassung von Horn 1962 veröffentlicht wurde. In einer überarbeiteten Auflage ist der Test seit 1983 auf dem Markt. Seit der Ersterscheinung des LPS wurden über 10.000 Handanweisungen und über fünf Millionen Testbögen abgesetzt. Ebenfalls erhältlich ist das *LPS 50+*, eine Weiterentwicklung des LPS zur Ermittlung eines differenzierten Leistungsprofils älterer Personen (>50 Jahre). Mittlerweile ist eine computergestützte Version der Untertests 1 bis 4 im Hogrefe TestSystem (vgl. Kapitel 10) erhältlich.

Das LPS wurde auf Basis der *sieben Primärfaktoren* von Thurstone (1938) konzipiert. Diese sieben Intelligenzfaktoren werden im LPS mittels insgesamt 14 Untertests und einem Rechentest ermittelt. Aufgrund der Konzeption der einzelnen Aufgaben wird trotz großer Itemanzahl pro Test eine akzeptable Durchführungszeit erzielt. Weiterhin differenziert das LPS gut in den Extrembereichen (+/−2 Standardabweichungen). Es kann sowohl eine individuelle als auch eine Gruppentestung durchgeführt werden, und es existieren zwei Parallelformen A und B, die eine wiederholte Messung zulassen.

Konzeption

Das Ziel des LPS ist eine möglichst genaue Erfassung der *Primärfähigkeiten (Primary Mental Abilities, PMA)* nach Thurstone (1938) mittels eines leicht handzuhabenden Testverfahrens. Nach Thurstone beruht die Fähigkeit, eine bestimmte Intelligenzaufgabe zu lösen, immer auf mehreren Intelligenzfaktoren. Durch Faktorenanalyse wurden diese Intelligenzfaktoren zu identifizieren versucht. Die Faktoren wurden so ausgewählt, dass wenige Aufgaben auf einem Faktor möglichst hoch und auf allen anderen möglichst niedrig laden. Somit konnten sieben Faktoren identifiziert werden. Tabelle 4-8 gibt einen Überblick über die Faktoren.

Tabelle 4-8: Primärfaktoren und Untertests im LPS

Primärfaktoren (Thurstone)	Untertests (LPS)	Primärfaktoren (LPS)
Verbal Comprehension (V)	1+2	Allgemeinbildung
Reasoning (R)	3+4	Denkfähigkeit
Word Fluency (W)	5+6	Wortflüssigkeit
Space 1 & 2 (S), Closure (C)	7-10	Technische Begabung
Closure (C)	11+12	Ratefähigkeit
Perceptual Speed (P)	13+14	Wahrnehmungstempo
Number (N)	Rechentest (Add)	Rechenfähigkeit

Um die Primärfähigkeiten zu erfassen, übernahm Horn die Tests von Thurstones *PMA*-Tests, die eine hohe Ladung auf den einzelnen Faktoren aufwiesen, wandelte sie teilweise ab, oder entwickelte neue Tests. Ziel war es, möglichst kompakte, zeitsparende Items zu entwickeln. Die einzelnen Untertests wurden so gestaltet, dass sie viele leichte und viele schwere Aufgaben enthalten, um in den Extrembereichen gut zwischen den Probanden zu differenzieren. Um zu aussagekräftigen Ergebnissen zu kommen, besteht jeder Untertest aus mindestens 40 Items. Jede Primärfähigkeit wird durch mindestens zwei Untertests erfasst. Insgesamt besteht das LPS aus 960 Items. Es liegt in den Parallelformen A und B vor, die sowohl bei einer Gruppentestung alternierend eingesetzt werden können, um ein Abschreiben zu verhindern als auch zur wiederholten Testung einer Person herangezogen werden können. Beispiele für die einzelnen Aufgaben sind in Tabelle 4-10 aufgeführt (siehe Abschnitt „Durchführung und Auswertung").

Gütekriterien und empirische Fundierung

Reliabilität
Zur Berechnung der Zuverlässigkeit des LPS werden zwei Reliabilitätskoeffizienten berichtet. Die Retest-Reliabilität ist mit r = .95 zufrieden stellend (getestet wurden N = 91 Männer „zum Teil Jahre später"). Es ist allerdings zu erwähnen, dass sich das Gesamtergebnis eines Durchschnittprobanden um durchschnittlich vier T-Werte erhöht, wenn der Test wiederholt durchgeführt wird. Die Korrelationen der einzelnen Untertests liegen zwischen r = .38 und r = .88. Die von Horn empfohlene Zusammenfassung der Untertests zu den sieben Primärfaktoren liefert wesentlich stabilere Werte (vgl. Tabelle 4-9).

Als zweiter Koeffizient wird die korrigierte Split-half-Reliabilität als Maß der internen Konsistenz angegeben. Sie beträgt für den Gesamttest r = .99. Die Koeffizienten für die Untertests liegen zwischen r = .90 und r = .99 (vgl. Tabelle 4-9).

Tabelle 4-9: Retest- und Split-half-Reliabilität (zusammengef. Untertests)

Untertests	Primärfaktoren (LPS)	Retest-Reliabilität	Split-half-Reliabilität[a]
1+2	Allgemeinbildung	.94	.96
3+4	Denkfähigkeit	.78	.90
5+6	Wordflüssigkeit	.86	.98
7-10	Technische Begabung	.83	.99
11+12	Ratefähigkeit	.86	.96
13+14	Wahrnehmungstempo	.71	.99
Add 1+2	Rechenfähigkeit	.63	-
1-14	Gesamtleistung	.95	.99

[a] Die Split-half-Reliabilität ist die nach der Spearman-Brown-Formel berechnete korrigierte Halbierungszuverlässigkeit (N = 200).

Validität
Kriteriumsvalidität. Zur Bestimmung der Kriteriumsvalidität wurde das LPS mit dem I-S-T von Amthauer (1955) verglichen. Die Korrelation der Gesamtergebnisse der beiden Tests beträgt für N = 48 Erwachsene r = .86. Korrelationen der zusammenge-

fassten Untertests des LPS mit dem Gesamtergebnis des I-S-T liegen zwischen r = .64 und r = .78. Groffmann und Schneevoigt (1964) verglichen ebenfalls das LPS mit dem I-S-T und fanden eine Korrelation der Gesamtleistung von r = .74 (N = 37 Studenten). Es werden weiterhin die Interkorrelationen zwischen den Untertests der beiden Testsystemen berichtet. Groffmann und Schneevoigt kommen zu dem Ergebnis, dass trotz Schwierigkeit der Verallgemeinerung wegen des geringen Stichprobenumfangs „auch das LPS von Horn als Messverfahren zur Bestimmung des allgemeinen Intelligenzniveaus herangezogen werden kann" (1964, S. 247).

Die Korrelation der Gesamtleistung im LPS und der Intelligenzeinschätzung durch Klassenlehrer beträgt lediglich r = .47 (N = 354 Volks- und Mittelschüler). Tent (1969, zitiert nach Horn, 1983) fand eine Korrelation von r = .56 (N = 102 Schüler der fünften Klasse) zwischen der Gesamtleistung im LPS und den durchschnittlichen Zeugnisnoten.

Konstruktvalidität
Zur Konstruktvalidierung führte Koopmann (1964, zitiert nach Horn, 1983) Faktorenanalysen an zwei Stichproben (Stichprobe 1: N = 159 Schüler der 4. Volksschulklasse, Stichprobe 2: N = 159 Pioniere der Bundeswehr) durch (die Additionsaufgabe wurde nicht mitberücksichtigt). Koopmann extrahierte fünf Faktoren, weswegen mehrere Faktoren auf zwei oder mehr von Thurstone gefundenen Primärfaktoren hoch laden. Die Primärfaktoren lassen sich allerdings in den beiden Ladungsmatrizen wiederfinden.

Objektivität
Die Durchführung des Tests kann als objektiv angesehen werden, sofern man sich an die Erklärung der Aufgaben aus dem Testheft hält. Im Testheft findet man eine detaillierte Durchführungsanweisung mit konkreten Verhaltensweisen. Absolut objektiv wird die Testdurchführung, wenn die Anweisung, wie vom Testautor empfohlen, auf Tonband gesprochen und bei der Durchführung abgespielt wird.

Die Auswertung kann aufgrund der ausführlichen Erklärungen im Manual und den mitgelieferten Schablonen zur Bestimmung der richtigen bzw. falschen Antworten als objektiv gelten.

Der Autor gibt weiterhin viele Interpretationsvorschläge für die Testergebnisse (vgl. Tabelle 3, Abschnitt „Durchführung und Auswertung"). Dort werden nicht nur Unterschiede zwischen einzelnen Untertests erklärt, sondern auch Handlungsvorschläge gegeben, wie bei verschiedenen Gesamtwerten des LPS verfahren werden könnte/sollte. Allerdings sollten diese Interpretationen mit Vorsicht betrachtet werden, da sich seit dem Erscheinen des LPS viel auf dem Gebiet der Intelligenzforschung getan hat (vgl. Brody, 2000).

Durchführung und Auswertung

Das LPS kann bei Kindern ab neun Jahren und Erwachsenen bis 50 Jahre eingesetzt werden. Seit 1993 ist für die Erfassung des Leistungsprofils älterer Personen eine Weiterentwicklung, das LPS 50+ (Sturm, Willmes & Horn, 1993), auf dem Markt.

Eine computergestützte Version der Untertests 1 bis 4 ist ebenfalls im Hogrefe Test-System erhältlich. Der Test kann sowohl als Gruppen- als auch als Individualtest durchgeführt werden. Er liegt in zwei Parallelformen vor. Das LPS besteht aus 14 Aufgaben, die in die Bestimmung des Intelligenzfaktors mit einfließen. Die Rechenaufgaben dienen der Erfassung des Zahlenfaktors (Add 1+2). Weiterhin hat man die Möglichkeit, eine Arbeitskurve des Probanden zu erstellen, die angibt, wie konzentriert der Proband über die Zeit arbeiten kann. Tabelle 4-10 gibt einen Überblick über die einzelnen Untertests mit jeweils einer Beispielaufgabe.

Tabelle 4-10: Überblick über die Aufgaben des LPS

Untertest	Beschreibung und Aufgabenbeispiel
1-2	Rechtschreibfehler erkennen In diesen Untertests geht es darum, Rechtschreibfehler in Substantiven zu entdecken. Die Substantive haben jeweils einen Rechtschreibfehler. Dieser ist zu identifizieren und dann durchzustreichen. (40 Items pro Test)
3	Aufbauprinzip von Zeichenreihen erkennen Hier wird eine Reihe von acht Zeichen dargeboten. Die Aufgabe besteht darin, das Zeichen, das nicht in die Reihe passt, durchzustreichen. Beispiel: O O O O ⌀ O O O (40 Items)
4	Aufbauprinzip von Buchstaben-/Zahlenreihen erkennen Diesem Test liegt die gleiche Idee wie Test 3 zugrunde, nur handelt es sich hier anstatt um Zeichen um neun Buchstaben oder Zahlen pro Reihe. Es soll ebenfalls der Buchstabe/die Zahl durchgestrichen werden, die am wenigsten in die Reihe passt. Beispiel: 2 2 2 2 2 ✗ 2 2 (40 Items)
5	Buchstaben in falsch gedruckten Wörtern umstellen Bei diesem Test sind die Buchstaben eines Substantivs in falscher Reihenfolge dargestellt. Aufgabe ist es, das Wort zu identifizieren und den Anfangsbuchstaben durchzustreichen. Beispiel: G ✗ W E R (40 Items)
6	Wörter mit gleichen Anfangsbuchstaben schreiben Die Aufgabe bei Untertest 6 besteht darin, möglichst viele Wörter mit einem bestimmten Anfangsbuchstaben aufzuschreiben. (keine feste Itemanzahl)

7	Spiegelbildlich verdrehte Zahlen erkennen Hier besteht die Aufgabe darin, aus einer Reihe Zahlen/Buchstaben dasjenige Element herauszusuchen, welches spiegelbildlich dargestellt ist. Die Elemente sind mehr oder weniger stark gedreht. Beispiel: (40 Items)
8	Flächen und Kanten zuordnen Bei diesen Faltaufgaben ist das Ziel, die Zahlen auf der ausgefalteten Figur den Buchstaben auf der zusammengefalteten Figur zuzuordnen. Der Buchstabe, der an der entsprechenden Stelle steht, ist durchzustreichen. Beispiel: (40 Items)
9	Flächen zählen Es sind dreidimensionale Objekte dargestellt und die Flächen dieser sollen gezählt werden. Die ermittelte Anzahl soll in der Zahlenreihe darunter durchgestrichen werden. Beispiel: Dieser Untertest ist von Horn ohne Vorbild entwickelt worden und soll wie Test 8 Thurstones „Space" erfassen. Er hat den Vorteil, dass er leichter zu verstehen ist. (40 Items)
10	Versteckte Muster erkennen In einem Muster soll jeweils eine von fünf Figuren identifiziert werden. Die Figur soll aus den nebenstehenden durchgestrichen werden. Beispiel: (40 Items)

11	**Bilder erkennen** Es wird ein unfertig gezeichnetes Bild dargestellt. Das darin dargestellte Objekt soll erkannt und der entsprechende Anfangsbuchstabe in der darunter stehenden Buchstabenreihe durchgestrichen werden. Beispiel: [Bild einer Skizze] Lösung links: Haus → H / rechts: Apfel → A T R R V W L N S T A (40 Items)
12	**Druckfehler erkennen** Bei diesem Test geht es darum, in verstümmelten Wörtern einen Druckfehler zu finden. Der falsche Buchstabe soll dann durchgestrichen werden. Beispiel: Lappen / Walter (40 Items)
13	**Zeichen auszählen** Die Aufgabe besteht darin, aus einer Zeichenreihe jede achte „0" herauszustreichen. Im Anschluss an die „0" muss dann jede achte „1", jede achte „2" usw. herausgestrichen werden. Beispiel: A 0 0 B 0 0 0 0 L 0 M 0 0 S 0 0 0 R 0 0 F 0 0 T Diesen Test entwickelte Horn ebenfalls ohne Anlehnung an andere Testverfahren. (40 Items)
14	**Übertragungsfehler finden** Hier sollen zwei Zeichenreihen miteinander verglichen werden. Die fehlerhaft übertragenen Zeichen aus der linken Zeile sollen in der rechten Zeile durchgestrichen werden. Als Vorlage dienen die Zeichenreihen aus Test 13. Beispiel: A 0 0 B 0 0 A 0 0 B 0 0 0 0 L 0 M 0 0 0 L 0 M 0 0 S 0 0 0 R 0 S 0 0 0 R 0 0 F 0 0 T 0 0 F 0 0 T (40 Items)

Add	Rechenfähigkeit Es sollen die zehn Ziffern einer Zeile aufaddiert werden. Die ermittelte Summe wird neben die Zeile geschrieben. Im Anschluss wird die Zahl in der Zeile durchgestrichen, die der letzten Ziffer der Summe entspricht. Beispiel: 2 4 2 6 2 4 2 6 2 5̸ 35 8 2 6̸ 4 4 2 6 4 2 6 43 Um den Faktor Rechnen zu ermitteln, reicht das Ausfüllen der ersten beiden Spalten. Aufgrund des geringen Vorhersagewertes des Rechenfaktors geht dieser nicht in die Berechnung der Gesamtleistung mit ein. Werden die weiteren Spalten bearbeitet, kann die Arbeitskurve der Probanden bestimmt werden. (10 mal 40 Items)

Ein Test besteht aus zwei beidseitig bedruckten DIN A4-Seiten, auf denen das Feld zur Erfassung der demographischen Daten, alle 14 Aufgaben, die Rechenaufgaben zur Bestimmung der Leistungskurve und das Leistungsprofil Platz finden. An weiteren Materialien werden Schreibmaterial für die Probanden und eine Stoppuhr oder ein besprochenes Tonband benötigt.

Die Durchführungszeit für die Aufgaben 1 bis 14 und die Rechenaufgaben 1+2 beträgt ca. 90 Minuten. Diese Art der Durchführung gibt ein umfassendes Bild der intellektuellen Gesamtleistung. Führt man den Test mit Bestimmung der Arbeitskurve durch, so erhöht sich die Durchführungszeit auf zwei Stunden. Man kann den Test auch in einer Kurzform (Tests 1+2, 4, 6, 9, 12, 14 und 1 der Arbeitskurve) durchführen. Die benötigte Zeit beträgt dann ca. 40 Minuten. Für Kurzdiagnosen kann man die Tests 1+2, 4 und 12 heranziehen. Diese korrelieren am höchsten mit dem IQ und die Durchführung dauert ca. 20 Minuten.

Bei der Konzeption des LPS wurde auf die Übertragung der Lösungen der Aufgaben in ein gesondertes Testheft verzichtet, da dabei Fehler auftreten können. Somit beantworten die Prüflinge die einzelnen Aufgaben direkt auf dem Testbogen.

Da es sich bei der Beantwortung der meisten Aufgaben lediglich um das Durchstreichen von Zahlen oder Buchstaben handelt (vgl. Tabelle 4-10; Ausnahme: Test 6), ist eine Auswertung leicht und schnell möglich. Die Auswertung ist in der Handanweisung detailliert beschrieben und erfolgt durch Auflegen der entsprechenden Schablone auf die Testseite und das Auszählen der richtigen Lösungen.

Die ermittelten Lösungszahlen (entsprechen den Rohwerten des Tests) werden in den Profilbogen, der sich auf dem Bogen A 2 bzw. B 2 befindet, eingetragen. Es erfolgt weiterhin eine den Primärfähigkeiten entsprechende Zusammenfassung (vgl. Tabelle 2) und die Bestimmung eines Rohwertes für die Gesamtleistung. Die Rohwerte werden dann anhand der in der Handanweisung enthaltenen Normen in Centil- und T-Werte umgerechnet. Es kann neben der Angabe der Werte auch die Zeichnung eines Leistungsprofils erfolgen, was die Interpretation erleichtert. Nach gleichem Schema werden auch die Ergebnisse aus der Arbeitskurve in Centil- und T-Werte umgerechnet und es kann auch hier das Leistungsprofil (die Arbeitskurve) erstellt werden.

Die Normierung des Tests erfolgte an einer vom Autor als repräsentativ angesehenen Stichprobe (N = 9227). Es liegen separate Normen für jede der Altersstufen 9-18 Jahre sowie die Altersgruppen 19-20, 21-29, 30-39, 40-49, 50 Jahre und älter vor. Zur Bestimmung der Gesamtleistung liegt eine gesonderte Tabelle vor, die eine genauere Abstufung bei den Centilwerten zulässt. Da das LPS vorrangig konzipiert wurde, um Empfehlungen bei Schul- und Berufswahl auszusprechen, gibt der Autor in diesem Zusammenhang viele Hinweise zur Interpretation der Gesamtleistung. Wenn man sich der Interpretation des Leistungsprofils zuwendet, sollte man sich auf die zusammengefassten Untertests beziehen. Konkrete Angaben helfen, einzelne Werte und Unterschiede zu interpretieren. Tabelle 4-11 gibt Beispiele der Interpretation einiger Untertestergebnisse aus der Handanweisung.

Zur weiteren Interpretation ist in der Handanweisung eine ausführliche Tabelle von 70 Schul- und Berufsgruppen (N = 9227) mit Angabe der Gesamtleistung, der Ergebnisse in den zusammengefassten Untertests und des durchschnittlichen Alters enthalten. Oft macht allerdings die zum Teil geringe Stichprobengröße (ab N = 13) eine Interpretation schwierig.

Tabelle 4-11: Beispiele zur Interpretation von einzelnen Untertestwerten

Untertest	Leistung im Untertest	Interpretation bzgl. Berufswahl
1+2	hoch	gute Schulbildung/vielseitiges Leseinteresse
3+4	hoch	hohe mathematische Begabung
1+2	niedrig	
1+2	hoch	Abbau geistiger Leistungsfähigkeit infolge Drogenmissbrauchs, Alkohols, Schlafmangel, Arterienverkalkung oder Gehirnverletzung
3+4, 10	niedrig	
5+6	hoch	schnelle verbale Reaktion, schnell verfügbarer Wortschatz
8, 9, 10	hoch	gute Voraussetzung für Architekten, Maschinenbauer
10, 11	hoch	gute Voraussetzung für Piloten, Artilleriebeobachter

Bewertung

Das LPS ist ein sehr kompakter und ökonomischer Intelligenztest, der sich breiter Anwendung erfreut. Die theoretische Fundierung des LPS (Anlehnung an Thurstones PMA-Test) bietet eine gute Basis für einen Intelligenztest, der ein differenziertes Leistungsprofil erfassen soll. Theorien, die wie Thurstones PMA-Theorie mehrere auf die Intelligenz Einfluss nehmende Faktoren postulieren, sind immer noch aktuell (Embretson und Schmidt McCollam, 2000). Durch die vielen Aufgaben pro Untertest (mindestens 40 pro Untertest, mindestens 80 pro *Primärfähigkeit*) werden die einzelnen Fähigkeiten gut erfasst. Trotz der hohen Aufgabenanzahl (960 Aufgaben) ist eine einfache und im Vergleich zu anderen Tests objektive und schnelle Auswertung möglich.

Ein Problem des LPS ist, dass Teile des Tests nicht mehr auf aktuellem Stand sind. Formulierungen in der Handanweisung, die Interpretationshilfen (vgl. Tabelle 4-11, Zeile 3 u. 6) und auch die Normierungsstichprobe sind nicht mehr aktuell. Will man die Leistungen von Schülern zwecks Planung der weiteren Schullaufbahn interpretieren, stellt dies mit dem LPS ein Problem da. Es ist jedoch möglich, in einem Unternehmen bei ausreichend großer Bewerberanzahl eine eigene *Normstichprobe* zu erstellen, an der man sich bei der Auswahl weiterer Bewerber orientiert.

Auch die vollgepackten und unübersichtlichen Testbögen sind ein Problem. Aus Gründen der Ökonomie wurde darauf verzichtet, jeden Untertest auf separaten Seiten zu präsentieren. Der Autor verweist darauf, dass „Der Spiegel" bei gleicher Texthöhe nicht 48 sondern 88 Zeilen auf eine Seite bringt (vgl. Handanweisung S. 6). Außerdem argumentiert er, dass Kinder besonders anpassungsfähige Augen haben (Handanweisung, S. 6) und führt Studien an, die die Frage nach der Druckgröße nicht als übermäßig wichtig erscheinen lassen. Nach Horn ist es auch nicht weiter schlimm, wenn „entgegen der Anweisung bei Prüflingen gelegentlich etwas nach- oder vorgearbeitet" (Handanweisung, S. 7) wird. Es würden nur intelligente Kinder davon profitieren und das Ergebnis würde so prognostisch nur zutreffender.

Der Reliabilitätskoeffizient weist eine zufrieden stellende Höhe auf und wurde auch in weiteren Studien bestätigt (Groffmann & Schneevoigt, 1964). Der LPS weist ebenfalls eine gute Vergleichbarkeit mit dem I-S-T auf, der als ein bedeutender Intelligenztest im deutschsprachigen Raum gilt. Auch die Validität des LPS ist nachgewiesen und zufrieden stellend. Abschließend kann festgehalten werden, dass die Gütekriterien den Ansprüchen an einen Test entsprechen.

4.9 Ravens Progressive Matrizen

Franzis Preckel

Die Progressiven Matrizen von John C. Raven stellen figurale Matrizentests zur Erfassung der Grundintelligenz dar. Es liegen Versionen unterschiedlicher Schwierigkeit vor. Die Standard Progressive Matrices (SPM) weisen eine mittlere Schwierigkeit auf, während die Advanced Progressive Matrices (APM) für die Testung von Personen mit überdurchschnittlichen Fähigkeiten konzipiert wurden.

Die SPM sind zuerst 1938 erschienen (Raven, 1938) und wurden 1947 und 1956 überarbeitet. Die APM wurden 1962 veröffentlicht (Raven, 1962). Heller, Kratzmeier und Lengfelder veröffentlichten 1998 für beide Testversionen Handbücher mit neuen deutschen Normen.

Konzeption

Grundkonzept und Ziel der Verfahren
Die Raven-Tests sind als Messverfahren für die allgemeine und fluide Intelligenz ausgewiesen (Marshalek, Lohman & Snow, 1983; Carroll, 1993). Nach Cattel (1971) kann das Ausmaß an fluider Intelligenz einer Person als Ausdruck des Komplexitätslevels verstanden werden, das diese Person wahrnehmen und verarbeiten kann, ohne sich dabei auf gespeichertes Vorwissen zu beziehen. Die Raven-Tests richten sich somit auf die Erfassung zentraler Prozesse der Intelligenz. Diese lassen sich auch als Verarbeitungskapazität beschreiben, welche Jäger (1984) definiert als „Verarbeitung komplexer Informationen, die nicht auf Anhieb zu lösen sind, sondern Heranziehen, Verfügbarhalten, vielfältiges Beziehungsstiften, formallogisch exaktes Denken und sachgerechtes Beurteilen von Informationen erfordern" (S. 30).

Die Raven-Tests sind als sprachfreie, rein figurale Verfahren konstruiert. In einigen Untersuchungen konnten Einflüsse der Kulturzugehörigkeit einer Testperson auf die Aufgabenbearbeitung nachgewiesen werden (z.B. Robinson, Bradley & Stanley, 1990; Heller, Kratzmeier & Lengfelder, 1998a). In der Regel finden sich keine differenziellen Einflüsse des Geschlechts auf die Aufgabenlösung (Mills & Tissot, 1995).

Die SPM erfassen nach Heller, Kratzmeier und Lengfelder (1998a) „neben der allgemeinen Intelligenz Unterscheidungsgenauigkeit – vor allem bei den einfacheren Items – sowie Analogieschlussdenken, Regelerkennung und Prinzipienanwendung bzw. induktives, räumliches Denken – bei den komplexeren Items" (S. 7). Die APM sollen als schwerere Testversion eine Unterscheidung zwischen Personen mit überdurchschnittlichen und durchschnittlichen kognitiven Fähigkeiten ermöglichen und richten sich daher auf die Erfassung von analytischen und integrierenden Operationen, die an höheren Denkprozessen beteiligt sind (Heller, Kratzmeier & Lengfelder, 1998b). Die SPM sind als reiner Niveautest, die APM als Leistungstest mit Zeitbegrenzung konzipiert.

Die Einsatzbereiche beider Verfahren sind Schulberatung, klinische Diagnostik, experimentelle Psychologie, Eignungsdiagnostik und Laufbahnberatung. Einsatzbereich der APM ist zudem die Testung überdurchschnittlich begabter Jugendlicher und Erwachsener in verschiedenen Kontexten.

Aufbau der Verfahren
Die SPM bestehen aus fünf Sets (A bis E), die jeweils zwölf Aufgaben enthalten. Die Anforderungen steigen innerhalb der Sets sowie zwischen den Sets. Die ersten beiden Items aus Set A nehmen die Funktion von Übungsaufgaben ein. Die Aufgaben aus Set A werden jeweils durch einen mit einem Muster gefüllten Rahmen gebildet, in dem ein Stück ausgespart ist. Die Items des Set B zeigen drei Figuren, zu denen die passende vierte gefunden werden muss. In Set A und B stehen jeweils sechs Antwortalternativen zur Verfügung. Die Grundstruktur der Items der Sets C bis E bildet eine 3x3-Anordnung von Figuren, bei der jeweils die neunte Figur fehlt. Diese ist von der Testperson aus acht Antwortalternativen im multiple-choice Format auszusuchen.

Die APM bestehen aus zwei Sets: Set I enthält zwölf Aufgaben und wird als Übungstest eingesetzt. Set II besteht aus 36 Aufgaben, die nach ihrer Schwierigkeit angeordnet sind. Die Grundstruktur der Aufgaben 1 bis 4 des Set I bildet ein mit einem Muster gefüllter Rahmen, bei dem jeweils ein Teil ausgespart ist (s. Abbildung 4-14). Die restlichen Aufgaben des Set I und die Aufgaben des Set II stellen jeweils eine 3x3-Felder-Matrix dar, bei der das neunte Feld leer ist. Die Felder enthalten Figuren, die nach einem bestimmten logischen Schema angeordnet sind. Bei allen Aufgaben muss die Testperson die richtige Lösung aus acht Antwortalternativen im Multiple-choice-Format auswählen.

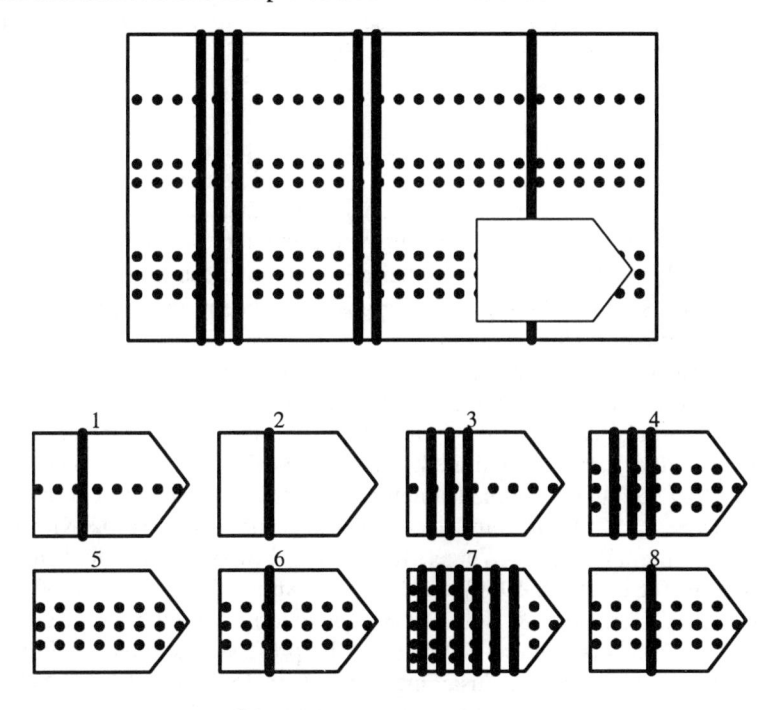

Abbildung 4-14: Sinngemäßer Nachbau der Aufgabe 1 aus Set I der APM

Gütekriterien und empirische Fundierung

Reliabilität
Für die SPM liegt die Split-half-Reliabilität (odd-even) nach Spearman-Brown für unterschiedliche Gruppen von Testpersonen zwischen r = .59 (für 832 Gymnasiasten) bis r = .82 (für 344 Grundschüler). In Konsistenzanalysen nach Cronbachs α wurden für den Gesamttestwert α-Werte zwischen .75 (391 Realschüler) und .94 (für die Grundschüler) bestimmt. Die Zuverlässigkeit der Ergebnisse in den einzelnen Sets fällt gegenüber der des Gesamttestergebnisses ab. Die Messzuverlässigkeit der SPM ist für Schülerstichproben ausreichend bis gut. Es ist zu beachten, dass aufgrund der nur mittleren Schwierigkeit der SPM die Zuverlässigkeit der Messung im oberen Fähigkeitsbereich für Studenten-Stichproben beeinträchtigt ist, inbesondere bei technisch-naturwissenschaftlichen Studiengängen. Die Retest-Reliabilität liegt bei einem dreimonatigen Zeitabstand zwischen den Messungen bei r = .90 (136 Schüler) und bei Zweittestungen nach einem Jahr zwischen r = .54 bis r = .66 (485 Grundschüler). Bei einer Zweitmessung nach zehn Wochen fanden sich Werte zwischen r = .81 bis .85 (156 14- bis 16-jährige Schüler einer Förderschule für Lernbehinderte).

Für die APM liegt die Split-half-Reliabilität (odd-even) nach Spearman-Brown zwischen r = .86 (445 Gymnasiasten) und r = .92 (227 Realschüler). Die interne Konsistenz nach Cronbachs α liegt für Set I bei einem α von .57 bis .68 und für Set II bei einem α von .82 bis .88 (Schülerstichproben). Für 518 Studierende liegt die interne Konsistenz für Set I bei α = .55 und für Set II bei α =.82. Für über 60-jährige Testpersonen liegt die interne Konsistenz bei einem α von .61 und .69 (N = 157). Die Retest-Reliabilität bei einer Zweitmessung nach drei Monaten liegt für eine Gruppe von Schülern verschiedener Schultypen bei r = .80 (N = 128).

Validität
Faktorenanalytische Untersuchungen sowie Ergebnisse mittels nicht-metrischer multidimensionaler Skalierung weisen darauf hin, dass die Raven-Tests zentrale Prozesse der analytischen Intelligenz erfassen (Marshalek, Lohman & Snow, 1983; Carroll, 1993). Die Testleistung ist nicht unabhängig von mentalen, verbalen Prozessen, da der Einsatz mentaler, verbaler Strategien bei der Aufgabenlösung – im Sinne eines handlungsleitenden Sprechens – die Leistung positiv zu beeinflussen scheint (Heller, Kratzmeier & Lengfelder, 1998a, 1998b).

Die SPM wurden zur Berechnung der inneren Validität mit verschiedenen Intelligenztests korreliert: Zu den nonverbalen Skalen des Kognitiven Fähigkeitstests (KFT; Heller, Gaedicke & Weinläder, 1985) fand sich ein Zusammenhang von r = .66 (112 Hauptschüler), zum Grundintelligenztest - Skala 2 (CFT 20; Weiß, 1971) von r = .55 (91 Schüler). Zum Hamburg-Wechsler-Intelligenztest für Kinder (HAWIK-R; Tewes, 1985) wird ein Zusammenhang von r = .67 (702 Kinder und Jugendliche) berichtet (Wilkes & Weigel, 1998). Zum Prüfsystem für die Schul- und Bildungsberatung (PSB; Horn, 1969) wurde ein Zusammenhang von r = .56 gefunden (1169 Schüler; Kratzmeier & Horn, 1988). Die externe Validität wurde durch die Korrelation von SPM-Leistung und Schulnoten überprüft. Bei zeitgleicher Erhebung fanden sich schwache bis mittlere Zusammenhänge (r = .18 bis r = .40; 116 Schüler). Der höchste Zusammenhang fand sich zur Mathematiknote.

Umfangreiche theoretische und empirische Analysen der Bearbeitung der APM-Aufgaben kamen zu dem Ergebnis, dass mit den APM vorwiegend Zielmanagementfähigkeiten und Abstraktionsfähigkeit erfasst werden (Carpenter, Just & Shell, 1990). Die interne Validität der APM wurde durch den Zusammenhang mit den einzelnen Skalen des KFT (Heller et al., 1985) berechnet. Für 98 hochbegabte Gymnasiasten liegen die Koeffizienten zwischen r = .28 (KFT verbal) bis r = .51 (KFT nonverbal), für 59 Gymnasiasten eines Regelgymnasiums bei r = .03 (KFT verbal) bis r = .44 (KFT quantitativ). Zu Schulnoten ergaben sich schwache bis mittlere Zusammenhänge bei zeitgleicher Erhebung. Der stärkste Zusammenhang fand sich zwischen der Set II - Leistung und der Mathematiknote (r = .35; N = 223).

Die Leistung bei den SPM und den APM korreliert positiv mit der Geschwindigkeit der Informationsverarbeitung, erfasst mit dem Zahlen-Verbindungs-Test (ZVT; Oswald & Roth, 1987) (r = .33 für SPM und ZVT, 96 Schüler sowie APM-Set II und ZVT, 114 Schüler).

Objektivität
Die Objektivität der Durchführung kann bei Einhaltung der standardisierten, schriftlichen Instruktion für beide Versionen als gegeben angesehen werden. Die Auswertungs- und Interpretationsobjektivität ist aufgrund der eindeutigen Zuordnung der Lösung, der Normwerttabellen und der fallbeispielbezogenen Interpretationshilfen gegeben.

Durchführung und Auswertung

Alter der Testpersonen
Die SPM können ab einem Alter von sechs Jahren eingesetzt werden, die APM ab einem Alter von zwölf Jahren.

Durchführung
Die Raven-Tests liegen als Papier-und-Bleistift-Version und als computergestützte Version im Wiener-Testsystem vor. Sie können mit einzelnen Testpersonen oder in Gruppen durchgeführt werden.

Für die Testung mit den SPM erhält jede Testperson ein Testheft, das die fünf Sets enthält, sowie einen Antwortbogen. Der Testleiter liest die standardisierte Instruktion aus dem Manual vor, in der die ersten beiden Aufgaben aus Set A als Beispiele erläutert werden. Danach gibt der Testleiter die Aufforderung zur selbständigen Bearbeitung des Tests. Die SPM werden ohne Zeitbegrenzung vorgegeben. In der Regel liegt die Testdauer bei zirka 60 Minuten (45 Minuten reine Testbearbeitungszeit).

Für die Testung mit den APM erhält jede Testperson das Testheft Set I und einen Antwortbogen. Der Testleiter liest die standardisierte Instruktion aus dem Manual vor, in der die erste Aufgabe erläutert wird. Danach bearbeiten die Probanden selbständig die restlichen Aufgaben des Set I. Nach zehn Minuten sammelt der Testleiter das Heft ein und teilt Set II aus. Der Testleiter gibt die Aufforderung zur selbständigen Bearbeitung der Aufgaben und weist auf den Zeitrahmen hin. Bei Unsicherheit darüber, ob die APM für eine Testperson geeignet sind, kann zunächst

Set I als Test durchgeführt werden. Bei einem sehr schlechten Ergebnis sollte Set II nicht durchgeführt werden. Jedoch sollte das Ergebnis in Set I darüber hinaus nicht als Leistungsmaß interpretiert werden. Die Testdurchführung dauert insgesamt 60 Minuten, davon sind 50 Minuten reine Testzeit (Set I 10 Minuten, Set II 40 Minuten). Die Manuale beider Versionen enthalten zusätzlich eine nonverbale Instruktion für die Testdurchführung mit Einzelpersonen oder Kleingruppen (drei bis fünf Testpersonen).

Ergebnisauswertung
Für beide Versionen können nach dem Abtrennen der Ränder des Antwortblattes die richtigen Lösungen für jedes Set auf einem Durchschreibeblatt leicht erkannt werden. Diese ergeben zusammengezählt jeweils die Rohwertsummen, die mit Normwerttabellen in Prozentränge (PR) umgerechnet werden können. Anhand einer Testtransformationstabelle können die PR in T-Werte transformiert werden. Bei den APM kann zudem eine Transformation in IQ-Werte vorgenommen werden. Für die Bestimmung der Fähigkeit eines Probanden mit den APM werden nur die Werte aus Set II herangezogen, da Set I als Übungsteil fungiert.

Normierung
Die Erhebung der Normdaten für beide Versionen erfolgte in den Jahren 1996/97. Für die SPM liegen Altersnormen und klassenstufenbezogene Normen für Schüler verschiedener Schularten (N = 2134), Klassenstufennormen hörgeschädigter Schüler der zweiten bis neunten Klassen (N = 141), Altersnormen für 14- bis 16-jährige Schüler einer Förderschule für Lernbehinderte (N = 156), Normen für Studierende verschiedener Altersgruppen von 19 bis 35 Jahren und Studienrichtungen (N = 305) sowie Normen für Personen über 60 Jahren (N = 218) als Prozentrang und T-Wert vor.

Für das Set II der APM liegen alters- und klassenstufenbezogene Normen für Schüler verschiedener Schularten und Klassenstufen (N = 897) sowie alters- und fachspezifische Normen für Studierende (N = 581) als Prozentrang-, T- und IQ-Werte vor. Die fachspezifischen Normen für Studierende beziehen sich auf drei Bereiche: Geisteswissenschaften und andere, heterogene Fächer als erster Bereich, Wirtschafts-, Kommunikations- und Ingenieurwissenschaften als zweiter Bereich sowie mathematisch-technisch-naturwissenschaftliche Fächer und Medizin als dritter Bereich. Für Set I sind Altersnormen für Schüler und Studierende aufgeführt. Zudem bietet das Manual statistische Kennwerte und Nomogramme für hochbegabte Gymnasiasten (N = 98) und Personen über 60 Jahren (N = 157) an. Von einer Übertragung der Normen der Papier- und Bleistift-Version auf die Computerversion raten die Autoren des Testmanuals aus Gründen der empirischen Nicht-Äquivalenz ab (Heller, Kratzmeier & Lengfelder, 1998a, 1998b).

Ergebnisinterpretation
Für beide Versionen werden in den Manualen jeweils kritische Differenzen, Vertrauensintervalle und fallbeispielbezogene Interpretationshilfen für den inter- und intraindividuellen Vergleich angegeben.

Bewertung

Ravens Progressive Matrices SPM und APM sind bewährte und anerkannte Verfahren zur Erfassung der fluiden Intelligenz. Sie stellen die populärsten Vertreter figuraler Matrizentests dar. Zu beachten ist, dass mit den Verfahren nur ein Ausschnitt aller möglichen Intelligenzdimensionen abgedeckt wird. Es versteht sich daher von selbst, dass das Testergebnis nicht als ausreichende Information über alle intellektuellen Fähigkeiten einer Person herangezogen werden soll. Es kann jedoch wichtige Hinweise auf die Grundintelligenz einer Person geben.

Sowohl die SPM als auch die APM sind vorwiegend an Schüler- und Studentenstichproben normiert worden. Beim Einsatz der SPM ist zu beachten, dass diese aufgrund ihrer mittleren Schwierigkeit nicht ausreichend für den Einsatz im oberen Fähigkeitsbereich, beispielsweise bei Studenten, geeignet sind. Hier empfiehlt sich der Einsatz der APM.

4.10 Schnitte

Miriam Vock

Der Schnitte-Test von Fay und Quaiser-Pohl (1999) erfasst das räumliche Vorstellungsvermögen im oberen Leistungsbereich. Die Testaufgaben bestehen darin, vorgegebene geometrische Körper wie Zylinder, Quader oder Pyramide auf bestimmte Weise mental zu „zerschneiden" und zu erkennen, welche Schnittfiguren sich jeweils ergeben. Da ein enger Zusammenhang zwischen der Fähigkeit zur Raumvorstellung auf der einen und technischen Fähigkeiten, mechanisch-technischem Verständnis sowie mathematischen Fähigkeiten auf der anderen Seite besteht, soll mit diesem Test die Befähigung zu verschiedenen technischen und mathematischen Studien- und Ausbildungsgängen sowie die Eignung für entsprechende berufliche Tätigkeiten erfasst werden können.

Konzeption

Es wird davon ausgegangen, dass sich die Fähigkeit zur räumlichen Vorstellung in zwei Komponenten unterteilen lässt: Zum einen die Fähigkeit, räumliche Beziehungen zwischen verschiedenen Reizen zu entdecken („spatial relations") und zum anderen die Fähigkeit, Drehungen oder Transformationen von Objekten zu visualisieren („visualization"). Vor allem diese zweite Komponente, die Visualisierungsfähigkeit, soll mit dem Schnitte-Test erfasst werden.

Ein Anliegen der Autoren war es, die Aufgaben so zu konstruieren, dass die Vielfalt räumlichen Visualisierens in ihnen abgebildet wird und sie somit möglichst repräsentativ die Fähigkeit zur Ausübung der kognitiven Schritte beim räumlichen Visualisieren erfassen. Bei klassischen Aufgaben zum räumlichen Visualisieren (z.B. Aufgaben, in denen eine Schachtel aus einem vorgegebenen Grundriss mental „zusammengefaltet" werden muss) ist nur eine Abfolge diskreter Operationen erforderlich, um zur Lösung der Aufgabe zu kommen. Dies ist jedoch eine wesentlich leichtere Anforderung als die Suche nach einem bestimmten Schnitt durch einen Körper, denn der Proband erhält im Schnitte-Test aus der Aufgabenstellung keine Hinweise darauf, wie er einen Schnitt durch einen Körper legen muss, um eine bestimmte Schnittfigur zu erhalten. Es sind stets prinzipiell unendlich viele Schnittpositionen denkbar. Der Schnitte-Test hebt sich von anderen Tests zur Erfassung des räumlichen Vorstellungsvermögens u.a. auch dadurch ab, dass er wenig wahrnehmungsgebunden ist und so zum Produzieren mentaler Bilder zwingt. Die Aufgabenstellungen sind überwiegend verbal gehalten, und es wird weitgehend auf veranschaulichende Zeichnungen verzichtet. Wenn Zeichnungen der Körper oder Schnittfiguren unumgänglich sind, so wird hier vom Probanden dennoch ein beträchtliches Abstraktionsvermögen gefordert, da nicht nur die konkret gezeichnete Gestalt des geometrischen Körpers für die Aufgabenlösung relevant ist, sondern jede Variante des Prototyps des Körpers (z.B. Quader mit unterschiedlichen Längen, Breiten und Höhen). Der Proband muss sich somit von der dargestellten Ausprägung eines Körpers lösen.

Es ist bei Aufgaben dieser Art bekannt, dass männliche Probanden im Mittel etwas besser abschneiden als weibliche. Jedoch weisen die Testautoren darauf hin, dass bei der Einschätzung dieses Befunds zu berücksichtigen ist, dass die Leistungsvariation innerhalb einer Geschlechtergruppe größer ist als zwischen den Geschlechtern. Auch konnte in Metaanalysen eine Verringerung dieses Geschlechterunterschieds innerhalb der letzten Jahre gezeigt werden.

Die Schnitte-Aufgaben stellen eine Anforderung auf relativ hohem Niveau dar und sind daher v.a. für die Messung räumlichen Vorstellungsvermögens im oberen Leistungsbereich geeignet. Daher sollen sie u.a. für die Auswahl geeigneter Kandidaten für mathematisch-naturwissenschaftliche Studiengänge und technisch orientierte Ausbildungsgänge eingesetzt werden. Auch in der beruflichen Eignungsdiagnostik kann der Einsatz des Verfahrens sinnvoll sein, wenn die Tätigkeit ein hohes Maß an Raumvorstellungsvermögen erfordert (z.B. Bedienen komplexer Maschinen, für Piloten, Städtebauer etc.; siehe hierzu jedoch die Einschränkungen in der bisherigen Normierung). Bewährt hat sich der Schnitte-Test zusätzlich für die Auswahl mathematisch besonders befähigter Schülerinnen und Schüler für entsprechende Spezialschulen.

Gütekriterien und empirische Fundierung

Objektivität
Die Durchführung des Tests ist den Autoren zufolge nicht vollständig objektivierbar, da die Komplexität der Aufgaben zwangsläufig zu häufigem Nachfragen der Probanden führe. Der Testleiter ist dann gehalten, Teile der Instruktion zu wiederholen, aber auch mit eigenen Worten zu versuchen die Aufgaben verständlich zu machen. Die Fähigkeit des Testleiters, die Aufgaben zu erklären, kann die Leistung der Probanden somit beeinflussen. Durch die schriftlich ausformulierte Instruktion und die beiden Beispiel-Items ist jedoch von einer weitgehend gesicherten Durchführungsobjektivität auszugehen. Die Auswertungsobjektivität ist aufgrund des Lösungsschlüssels gegeben. Durch die Ermittlung der Prozentränge und die verbalen Interpretationshilfen ist die Interpretationsobjektivität ebenfalls gesichert.

Reliabilität
Hinsichtlich der Reliabilität des Tests werden Daten der Untersuchung an 221 männlichen Abiturienten und Fachhochschülern berichtet. Die interne Konsistenz beträgt $r = .80$ und die Split-half-Reliabilität $r = .81$, was als ausreichend hohe Messgenauigkeit des Tests zu interpretieren ist. Die zeitliche Stabilität wurde an 135 Gymnasiastinnen und Gymnasiasten untersucht und betrug nach 15 Wochen $r = .72$, bei der zweiten Testung verbesserte sich die Leistung der Probanden leicht. Es fand sich bei der ersten Testung eine interne Konsistenz (Cronbachs α) von .79 und bei der zweiten Testung von .81. In einer Stichprobe, die sich aus männlichen und weiblichen Gymnasiasten und Realschülern zusammensetzte, lag die Messgenauigkeit niedriger (Cronbachs α von .68). Dies ist vermutlich auf die schwächere Leistung dieser Gruppe zurückzuführen: Die Probanden konnten deutlich weniger Aufgaben lösen, was technisch einer „Verkürzung" der Skala entspricht und stets eine Verringerung der Messgenauigkeit mit sich bringt.

Validität
Den Schnitte-Aufgaben kann eine hohe *Augenscheinvalidität* attestiert werden, da mit zwei- und dreidimensionalen Objekten mental im Raum operiert werden muss und dies offensichtlich die Fähigkeit zur räumlichen Vorstellung erfordert. Zur Prüfung der *Konstruktvalidität* wurden Korrelationen mit verschiedenen Untertests des Tests für medizinische Studiengänge (TMS; Institut für Test- und Begabungsforschung, 1995) berechnet. In einer Abiturientenstichprobe fand sich der höchste Zusammenhang des Schnitte-Tests mit dem TMS-Untertest „Quantitative und formale Probleme" (r = .54); das Gesamtergebnis des TMS korrelierte mit r = .39 mit dem Schnitte-Test. Ebenfalls entsprechend des Konstruktverständnis des Schnitte-Tests fanden sich nur geringe Zusammenhänge mit Konzentrationstests, z.B. mit dem Aufmerksamkeits-Belastungstest d2 (Brickenkamp, 1994): r = .04). In kognitionspsychologischen Untersuchungen konnte gezeigt werden, dass Probanden, die im Schnitte-Test schlecht abschnitten, bestimmte Defizite beim Bearbeiten der Aufgaben zeigten, die symptomatisch für schlechtes Raumvorstellungsvermögen sind (z.B. keine konsequente Unterscheidung zwischen zwei- und dreidimensionalen Objekten; fehlende Fähigkeit, Skizzen von dreidimensionalen Körpern anzufertigen).

Es zeigten sich weiterhin hohe Zusammenhänge des Schnitte-Tests mit Tests zu der Erfassung mathematisch-naturwissenschaftlich-technischer Fähigkeiten (z.B. Schlauchfiguren; Stumpf & Fay, 1983: r = .64; Mechanisch-Technischer Verständnistest; Lienert, 1963: r = .60; Mechanik-Test: r = .53; Figuren-Denk-Test: r = .41 und Rechentest: r = .40; erhoben an verschiedenen Stichproben[2]). Auch die Schulnoten in Mathematik und naturwissenschaftlichen Fächern korrelieren mittelmäßig bis hoch mit der Leistung im Schnitte-Test. Besonders hohe Zusammenhänge zeigten sich für die Schülerinnen und Schüler der Spezialgymnasien in den Fächern Mathematik und Physik. Diese Befunde belegen die *Kriteriumsvalidität* des Schnitte-Tests. Im Sinne einer diskriminanten Validität ergaben sich niedrige Zusammenhänge mit Tests zur Messung der Sprach- oder Wahrnehmungsfähigkeit, denn eben diese Fähigkeiten sollen im Schnitte-Test ja nicht erfasst werden (z.B. Rechtschreibetest: r = .19; Reaktionsprüfung: r = .16)[3].

Zwei Befunde werden als Hinweise auf die *ökologische Validität* des Verfahrens angeführt: Selbsteinschätzungen der eigenen Raumvorstellungsfähigkeit im Alltag korrelierten signifikant mit der Leistung im Schnitte-Test. D.h., dass Probanden mit einem guten Testergebnis tendenziell von sich selbst sagen, dass sie besser als andere Menschen z.B. mit technischen Geräten umgehen, Landkarten lesen oder rückwärts einparken können, während Probanden mit einem schlechteren Ergebnis von sich selbst glauben, dass sie diese Tätigkeiten eher schlechter als andere beherrschen. Auch das Ausmaß an Vorerfahrungen mit Tätigkeiten, die für räumliches Vorstellungsvermögen benötigt werden, korrelierte signifikant mit dem Schnitte-Testergebnis.

---

[2] Der Mechaniktest (vergleichbar: Mechanical Comprehension Test), der Figuren-Denk-Test (vergleichbar: Raven-Matrizen) und der Rechentest (vergleichbar: Rechenaufgaben des I-S-T 70) werden in der Einplanungs- und Verwendungsprüfung der Bundeswehr eingesetzt.
[3] Der Rechtschreibetest (vergleichbar: Rechtschreibtest im mc-System) und die Reaktionsprüfung (vergleichbar: Wiener Determinationsgerät) werden in der Einplanungs- und Verwendungsprüfung der Bundeswehr eingesetzt.

Wie in anderen Tests und Untersuchungen zum räumlichen Vorstellungsvermögen fanden sich auch im Schnitte-Test im Mittel bedeutsame Leistungsunterschiede zwischen den Geschlechtern zugunsten der männlichen Probanden. Nur wenige Probandinnen erzielten hohe Leistungen, und die mittlere Leistung der Schülerinnen der 13. Klasse lag mit 4.8 Punkten (s = 2.5) deutlich unter dem Mittelwert der Schüler von 7.4 Punkten (s = 3.1). In einer Stichprobe mathematisch besonders begabter Spezialschülerinnen und -schüler fiel der Geschlechterunterschied jedoch geringer aus.

Durchführung und Auswertung

Testmaterial
Der Schnitte-Test besteht aus zwei Beispielaufgaben und 17 Testitems, die den Probanden in einem Testheft vorgelegt werden. Eine Parallelform existiert nicht. Alle Items sind im Multiple-Choice-Format formuliert. Im Test finden sich drei verschiedene Arten der Aufgabenstellung:
1. Zwei Körper (oder ein Körper und eine Ebene) werden miteinander geschnitten. Gefragt wird, welche Schnittfigur dabei resultieren kann bzw. nicht resultieren kann.
2. Es wird eine Schnittfigur vorgegeben. Gefragt wird, welche beiden Körper (bzw. Körper mit Ebene) so miteinander geschnitten werden können, dass diese Schnittfigur resultiert.
3. Es wird ein Körper und eine oder mehrere Schnittfigur(en) vorgegeben. Gefragt wird, mit welchem weiteren Körper (oder einer Ebene) der erste Körper so geschnitten werden kann, dass die vorgegebene(n) Schnittfigur(en) resultieren (siehe Abbildung 4-15).

Durchführung
Der Schnitte-Test kann sowohl in einer Einzel- als auch in einer Gruppentestung durchgeführt werden. Es werden in der Handanweisung keine Angaben zur maximalen Gruppengröße gemacht. Lehmann (1999) empfiehlt aufgrund seiner Erfahrungen mit der Durchführung des Tests, eine Größe von 15 Personen nicht zu überschreiten. Aufgrund der recht komplexen Aufgabenstellung komme es zu vielen Nachfragen der Probanden, die in größeren Gruppen vom Testleiter nicht mehr adäquat beantwortet werden könnten. Die Zeit für die Bearbeitung der 17 Aufgaben beträgt 30 Minuten. Diese muss aus Gründen der Vergleichbarkeit der Ergebnisse mit den Normtabellen exakt eingehalten werden. Für die Instruktion und die Bearbeitung der Beispielaufgaben müssen zusätzlich rund 15 Minuten veranschlagt werden, so dass die Durchführung insgesamt ca. 45 Minuten dauert.

Zu Beginn der Testung liest der Testleiter den Probanden die Instruktion laut vor, die Probanden haben sie zusätzlich schriftlich vorliegen. Es werden zunächst die verwendeten geometrischen Körper vorgestellt. Dann wird das gedankliche „Zerschneiden" eines Körpers graphisch an einer Pyramide mit quadratischer Grundfläche verdeutlicht: Schneidet man die Pyramide quer in der Mitte durch, so erhält man als Schnittfigur ein Quadrat. Wenn man sie hingegen längs durch die Spitze hindurch schneidet, so resultiert ein Dreieck. Je nach Beschaffenheit der Pyramide (Höhe der Pyramide in Relation zu ihrer Grundfläche) kann das Dreieck stumpfwinklig, spitzwinklig oder rechtwinklig ausfallen. Es wird darauf hingewiesen, dass sich die Schnittfiguren zum einen durch die Veränderung der Schnittführung, und zum anderen durch die Variation des geometrischen Körpers (z.B. spitze vs. stumpfe Pyramide) verändern können. Anschließend wird kurz auf die Möglichkeit eingegangen, dass sich zwei geometrische Körper schneiden. Dies wird sehr knapp am Beispiel eines Würfels geschildert, der von einer Kugel geschnitten wird: Wenn sich Würfel und Kugel nur berühren, dann entsteht als Schnittfigur ein Punkt. Lässt man die Kugel jedoch kontinuierlich in den Würfel „hineinwandern", so resultiert ein Kreis als Schnittfigur, dessen Größe von der jeweiligen Position der Kugel im Würfel abhängt. Im Anschluss an die Instruktion werden zwei Beispielaufgaben bearbeitet und Fragen der Probanden beantwortet. Bei der Aufgabenbearbeitung dürfen sich die Probanden Notizen machen oder Skizzen anfertigen.

Eine Ebene wird mit einem Körper geschnitten. Als Schnittfigur entsteht ein nicht-quadratisches Rechteck.

Mit welchen bzw. welchem der folgenden Körper ist dies möglich?

I. Würfel
II. Pyramidenstumpf mit quadratischer Grundfläche
III. Zylinder

(A) mit I, II und III
(B) nur mit I und II
(C) nur mit II
(D) nur mit I
(E) mit keinem

Lösung:

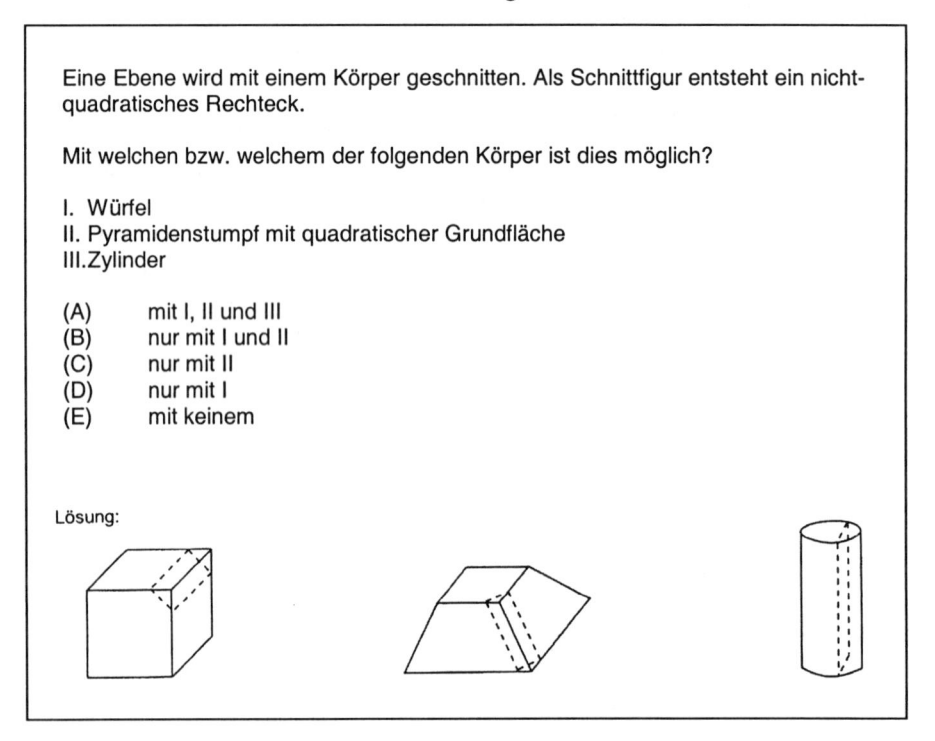

Abbildung 4-15: Beispiel-Item aus dem Schnitte-Test (Lösung: A)

Die Testautoren empfehlen dem Anwender dringend, sich vor der ersten Durchführung ausführlich mit der Instruktion und dem Testmaterial vertraut zu machen. Wenn dies auch für die Anwendung aller diagnostischer Verfahren an sich eine Selbstverständlichkeit sein sollte, so ist beim Schnitte-Test hier doch eine besondere Sorgfalt nötig. Sowohl die Instruktion als auch die Aufgaben sind relativ komplex, und es handelt sich um ein neuartiges Aufgabenprinzip, das dem Testleiter nicht bereits aus anderen Leistungstests bekannt sein dürfte. Zwar bietet die Handanweisung eine ausformulierte Instruktion, jedoch ist mit Verständnisfragen der Testteilnehmer zu rechnen, auf die auch individuell und mit eigenen Worten eingegangen werden sollte. Damit den Probanden die Aufgabenprinzipien anschaulich erklärt werden können, ist eine gewisse Geübtheit des Testleiters im Umgang mit den Aufgaben und den geometrischen Begrifflichkeiten notwendig.

Auswertung
Die Auswertung erfolgt anhand eines Lösungsschlüssels. Für jede richtig gelöste Aufgabe erhält der Proband einen Punkt, der maximale Rohwert einer Person beträgt somit 17 Punkte. In den Normentabellen kann für jeden Rohwert der entsprechende Prozentrang abgelesen werden.

Normen
Normwerte auf der Basis einer repräsentativen Gesamtstichprobe existieren für den Schnitte-Test bisher nicht, die Daten wurden ausschließlich an älteren Schülerinnen und Schülern sowie Fachhochschülern erhoben. Für Schülerinnen und Schüler der 10.-13. Klassen (Realschulen, Gymnasien und Spezialgymnasium, für die Gymnasiasten getrennt nach Klassenstufen 11-13) liegen Prozentrangnormen vor. Zusätzlich zu den Normentabellen geben die Testautoren verbale Interpretationshilfen für die Prozentränge: Ein Prozentrang von 0 bis 4.9 etwa wird als „weit unterdurchschnittlich", ein Prozentrang von 5 bis 24.9 als „unterdurchschnittlich", von 25 bis 74.9 als „durchschnittlich" u.s.f. interpretiert. Zum Teil sind die Normen nach Geschlechtern differenziert, was aufgrund der signifikanten Leistungsunterschiede zwischen Männern und Frauen im Schnitte-Test auch sinnvoll ist und in zukünftigen Versionen des Tests für alle Altersgruppen angeboten werden sollte. Standardisierte Normwerte wie T- oder Standardwerte, die einen Vergleich der Einzelleistung mit der mittleren Leistung der Normstichprobe und Leistungen in anderen Testverfahren ermöglichen würden, fehlen bisher ganz. Für den Einsatz in größeren Organisationen sollte daher längerfristig die Entwicklung eigener Normen erwogen werden.

Bewertung

Der Schnitte-Test ist ein valides und reliables Verfahren für die Erfassung komplexen räumlichen Vorstellungsvermögens. Der recht hohe Schwierigkeitsgrad der Aufgaben ermöglicht den Einsatz des Tests zur Auswahl sehr befähigter Probanden. Für die Auswahl von Ausbildungskandidaten oder Studienbewerbern ist ein zusätzlicher Vorteil, dass die Aufgaben kein mechanisches, physikalisches oder mathematisches Vorwissen voraussetzen (von der Kenntnis der geometrischen Körper einmal abgesehen), so dass das Potential der Probanden unabhängig von spezifischem Wissen erfasst und so auf schnelle Lernerfolge in diesen Bereichen geschlossen werden kann. Da sich die Normierung des Schnitte-Tests bisher auf Schülerinnen und Schüler der oberen Klassen beschränkt, kann es sinnvoll sein, organisationsinterne Normen zu entwickeln. Für viele Anwendungszwecke in Organisationen kann auch die Orientierung an einem Leistungskriterium beim Einsatz des Schnitte-Tests ausreichend sein: Aus vorhergehenden Anforderungsanalysen würde dann ein Punktwert im Schnitte-Test festgelegt und anschließend überprüft, ob ein Proband diese Punktzahl erreicht oder nicht erreicht. Eine ausführliche Auseinandersetzung des Testleiters mit dem Testmaterial vor der ersten Durchführung ist aufgrund der komplexen Aufgaben des Schnitte-Tests unbedingt erforderlich. Die sehr übersichtlich und lesbar gestaltete Handweisung erleichtert die Einarbeitung jedoch glücklicherweise.

4.11 Test d2 Aufmerksamkeits-Belastungs-Test

Robert Severin

Der Aufmerksamkeits-Belastungs-Test d2 (d2) wurde 1962 erstmals von Brickenkamp veröffentlicht und ist mittlerweile in einer achten Auflage erhältlich. Wie aus dem Namen zu ersehen ist, wird mit dem d2 die Messung der Aufmerksamkeit und Konzentration angestrebt. Die Entwicklung erfolgte im Institut für Sicherheit in Bergbau, Industrie und Verkehr des Technischen Überwachungs-Vereins Essen und sollte in erster Linie der Feststellung der Kraftfahreignung dienen. Mittlerweile wird er nicht nur zur Eignungs- und Zustandsdiagnostik, sondern auch zur Veränderungsmessung (z.B. Therapieverlaufskontrolle) eingesetzt. Er gehört heute in vielen Bereichen zu den am häufigsten eingesetzten Testverfahren (Brambring, 1983; Schorr, 1991). Die vorliegenden Untersuchungen zum d2 beziehen ihre Daten aus den Bereichen Arbeits- und Organisationspsychologie, Verkehrspsychologie, Pädagogische Psychologie, Umweltpsychologie, Psychiatrie, Neurologie, Klinische Psychologie und Experimentelle Psychologie. Damit wurde das Anwendungs- und Bewährungsspektrum gegenüber früheren Auflagen deutlich erweitert.

Konzeption

Der Aufmerksamkeits-Belastungs-Test d2 gehört zur Kategorie der allgemeinen Leistungstests. Mit dem Test wird angestrebt, die Merkmale Aufmerksamkeit und Konzentration zu messen. Im Gegensatz zu einer Reihe anderer Verfahren (z.B. KLT von Düker und Lienert, 1959) verzichtet der d2 darauf, spezielle Fertigkeiten wie das Lösen mehr oder weniger schwerer Rechenaufgaben einzusetzen, um Konzentration und Aufmerksamkeit zu erheben. Die Aufgaben sind stattdessen so gestaltet, dass keine speziellen Kenntnisse für die Lösung notwendig sind. Der Nachteil der zuerst genannten Verfahren besteht darin, dass die speziellen Fähigkeiten wie z.B. Rechenkenntnisse oder die Aversion gegen den Umgang mit Zahlen sich zwangsläufig in unerwünschter Weise im Ergebnis der Konzentrations- und Aufmerksamkeitsleistung niederschlagen. Bei einfachen Durchstreichtests, zu denen auch der d2 gehört, wird ein ungefähr gleicher Bekanntheitsgrad der verwendeten Buchstaben und Zeichen bei den Probanden vorausgesetzt. Dadurch wird vermieden, dass ein Leistungsunterschied auf spezielle Kenntnisse und nicht auf die allgemeine Konzentrationsfähigkeit zurückzuführen ist. In Abbildung 4-16 wird ein kleiner Auszug aus der Aufgabenstellung dargestellt:

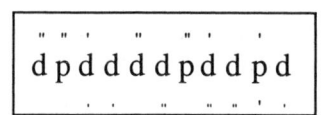

```
  "  "  '   "    "  '  '
 d p d d d d p d d p d
  '  ,   "   " '  ,
```

Abbildung 4-16: Beispiel für die Aufgabenstellung im d2

In fortlaufender Folge aneinandergereiht werden Kombinationen von ein bis vier Strichen mit den Buchstaben d und p gebildet. Die Aufgabe besteht darin, in möglichst kürzester Zeit nur die d's mit genau zwei Strichen herauszufinden und durchzustreichen. Alle übrigen Zeichen müssen bei der Bearbeitung der Aufgabe einfach übersprungen werden. Die Leistung des Probanden wird anhand der Menge bearbeiteter Zeichen (Tempo) und der Genauigkeit, mit der die Zeilen nach den d's mit zwei Strichen abgesucht wurden (Sorgfalt), beurteilt. Folgende Messwerte des d2 können ausgewertet werden:

Tabelle 4-12: Messwerte, die mit dem d2 ausgewertet werden können

GZ	GZ ist eine quantitative Leistungsvariable und bezeichnet *die Gesamtzahl aller bearbeiteten Zeichen* unabhängig davon, ob es sich um relevante Zeichen, die durchgestrichen werden müssen, oder um irrelevante Zeichen handelt, die nicht durchgestrichen werden dürfen. Die GZ Werte sind normalverteilt und ein hochreliables Kriterium des Bearbeitungstempos.
F	Der *Fehlerrohwert* gibt die Summe aller Fehler an. Er setzt sich aus relativ häufigen Auslassungsfehlern (Typ F_1) und relativ seltenen Verwechslungsfehlern (Typ F_2) zusammen. Auslassungsfehler entstehen, wenn relevante Zeichen (d mit zwei Strichen) übersehen werden. Verwechslungsfehler sind versehentlich durchgestrichene irrelevante Zeichen (z.B. d mit drei Strichen).
F-Vert.	Die *Fehlerverteilung* bietet einen Anhaltspunkt dafür, ob sich die Fehler annähernd gleichmäßig über die einzelnen Testphasen verteilen, oder ob es auffällige Schwerpunkte am Ende oder Anfang zu verzeichnen gibt.
F%	Der *Fehlerprozentwert* ist der am Gesamtergebnis relativierte Fehleranteil. Er stellt eine qualitative Leistungsvariable dar. Je geringer der Fehleranteil, umso höher die Genauigkeit und Sorgfalt bei der Testbearbeitung.
SB	Die *Schwankungsbreite* gibt die Differenz zwischen maximaler und minimaler Teilleistung wieder. Sie gibt einen Hinweis darauf wie konstant oder wechselhaft das Arbeitstempo im Testverlauf war.
GZ-F	Mit dieser Variable wurde bisher die *Gesamtleistung* bezeichnet. Sie misst die einfach korrigierte Leistungsmenge, d.h. von der Gesamtzahl der bearbeiteten Zeichen werden die fehlerhaft bearbeiteten Zeichen abgezogen. Ein Nachteil dieser Variable ist, dass sie gegenüber eventuellem instruktionswidrigen Verhalten eines Probanden nicht fälschungsresistent ist (Ü-Syndrom).
KL	Im Gegensatz zum GZ-F ist der *Konzentrationsleistungswert* fälschungsresistent. Gebildet wird der KL aus der Anzahl der richtig durchgestrichenen relevanten Zeichen (d mit zwei Strichen), abzüglich der Verwechslungsfehler (Typ F_2). Der KL entspricht also der Anzahl der erzielten Treffer, von der die Fehlreaktionen abgezogen werden, um beliebiges Durchstreichen nicht zu belohnen. Das bedeutet, dass der KL durch instruktionswidriges Verhalten nicht erhöht werden kann. KL ist normalverteilt und hochreliabel.
Ü-Syndrom	Das *Übersprung-Syndrom* stellt einen Hinweis auf instruktionswidriges Verhalten des Probanden dar. Von einem Ü-Syndrom spricht man, wenn sich in einer außergewöhnlich hohen Mengenleistung (GZ) ein entsprechend hoher Fehleranteil (F%) findet. Dies lässt auf eine absichtlich geringe Sorgfalt schließen.

(Übersicht wurde in Anlehnung an das Manual erstellt. Brickenkamp, 1994, S. 20f.)

Auf eine weitergehende theoretische Fundierung und Einbettung des d2 in die etablierten Theorien wird von Seiten des Autors auch in der achten Auflage verzichtet. Lediglich die Konzepte „längerfristige Aufmerksamkeitslenkung" und „distributive Aufmerksamkeit" werden kurz dargestellt und Verbindungen zum d2 gezogen. Vor allem vor dem Hintergrund heutiger neuropsychologischer Erkenntnisse ist diese theoretische Fundierung unbefriedigend (Fimm, 1998). Zur Intelligenzunabhängigkeit werden einige Befunde referiert. Die Kritik bezüglich der kurzen Testdauer wird plausibel ausgeräumt. Die Rechtfertigung einer so kurzen Testdauer wird darin gesehen, dass in tatsächlichen Belastungssituationen im Berufsleben auch nur kurzzeitige hohe Beanspruchungen der Regelfall und konzentrative Dauerbelastung eher die Ausnahme sind. Die Kritik an dem bisherigen Gesamtleistungswert GZ-F wird von Brickenkamp mit der in allen Reliabilitätskontrollen gefundenen Zuverlässigkeit ausgeräumt. Allerdings wird eingeräumt, dass bei steigender Fehlerzahl die Gefahr einer Überschätzung und bei extrem geringer Fehlerzahl die Gefahr von Unterschätzung gegeben ist. Die Grenzen dieses Testwerts liegen demnach dort, wo einseitige Übergewichte an Antrieb und Kontrolle das Testverhalten bestimmen. Mit dem Konzentrationsleistungswert (KL) wird in der neuen Version eine Alternative zum bisherigen Gesamtleistungswert GZ-F eingeführt, die diesen Mangel beseitigt. Der große Vorteil dieser Alternative besteht in der Fälschungsresistenz.

Gütekriterien und empirische Fundierung

Reliabilität
Bezüglich der Zuverlässigkeit liegen zum d2 eine Reihe von Angaben zur internen Konsistenz bei Gesunden- und Patientenstichproben vor. Darüber hinaus werden Ergebnisse zur Stabilität bei Erwachsenen, Kindern, Jugendlichen und verhaltensgestörten Kindern berichtet. Die interne Konsistenz des d2 liegt unabhängig vom angewendeten Verfahren und der geprüften Stichprobe bei $r_{tt}>.90$. Damit kann der Test als hoch reliabel bezeichnet werden.

Zusätzlich werden Daten berichtet, die die Stabilität des Verfahrens dokumentieren sollen. Diese Stabilitätskoeffizienten beziehen sich auf Testwiederholungen, die nach verschiedenen Zeitintervallen, welche von fünf Stunden bis zu 40 Monaten reichten, durchgeführt wurden. Die Koeffizienten können als prognostischer Wert des Verfahrens aufgefasst werden. Erwartungsgemäß bleiben die Testwerte der Erwachsenen stabiler als die der Kinder. Es wird darauf verwiesen, dass die geringen Werte auf gezielte Veränderungen im Rahmen von Therapie und Beratung insbesondere bei den verhaltensgestörten Kindern zurückzuführen sind. Während die Parameter der Mengenleistung (GZ, GZ-F, KL) mit Stabilitäten von $r>.70$ noch relativ hoch ausfielen, liegen die Retestreliabilitäten bei den Fehlerwerten (F, F%) und der Schwankungsbreite (SB) auf einem niedrigerem Niveau. Insgesamt betrachtet, erfüllen die Testparameter GZ, GZ-F und KL die Anforderungen an die Messstabilität, F, F% und SB sind dagegen nicht so zeitstabil.

Validität
Zunächst werden einige Interkorrelationen vom Testautor berichtet, die im Großen und Ganzen den Erwartungen entsprechen. Danach korrelieren die Werte GZ-F (kor-

rigierte Mengenleistung) und KL (Konzentrationsleistung), also die Variablen, die als Gesamtleistungswerte anzusehen sind, sehr hoch miteinander (Mittelwert r = .94). Etwas geringer korrelieren diese mit der GZ (Mengen/Tempoleistung; im Mittel r = .91). Der Erwartung entsprechend ergeben sich zwischen den absoluten Fehlerwerten (F) und den relativen Fehlerwerten (F%) hohe Zusammenhänge (r = .91). Der Fehlerprozentwert (F%) und die Schwankungsbreite (SW), welche die Indikatoren für die qualitativen Leistungsaspekte darstellen, korrelieren nur gering bis mäßig miteinander (r = .37). Mäßige, negative Zusammenhänge bestehen zwischen dem relativen Fehlerwert (F%) und der Konzentrationsleistung (KL; r = -.51). Alle anderen Interkorrelationen sind statistisch nicht signifikant.

Eine weitere Möglichkeit der Validierung stellt der Ansatz dar, die einzelnen Parameter des d2 verschiedenen Verhaltensdimensionen zuzuordnen. Mittels einer Extremgruppenvalidierung konnte der Autor einen Zusammenhang zwischen den Mengenparametern (GZ, GZ-F und KL) und einer Antriebs-/Aktivitätsdimension sowie den Fehlerwerten (F und F%) und einer Kontroll-/Ausdauerdimension nachweisen. Die Untersuchung wurde bei Grund- und Hauptschülern durchgeführt, die von ihren Lehrern in ihrem *Antriebs*verhalten auf zwei Extremgruppen verteilt wurden. In einem weiteren Untersuchungsschritt wurden die Lehrer aufgefordert die Schüler auf ihre *Ausdauer* und Willenskraft hin in zwei Gruppen aufzuteilen. Jeder der Extremgruppen wurden 20 % der Klassenstärke zugewiesen.

Als einen weiteren Beleg für die innere kriterienbezogene Validität des Tests werden Untersuchungen zu konstruktkonvergenten und -divergenten Tests vorgelegt. Dabei fanden sich moderate bis hohe Korrelationen zu konstruktkonvergenten Variablen (KLT, Konzentrations-Leistungs-Test von Düker & Lienert, 1959 und Rev. T., Revisionstest von Marschner, 1972) und, von einzelnen Ausnahmen (z.B. Zahlen-Symbol-Test) abgesehen, geringe Zusammenhänge mit Intelligenzmaßen (I-S-T, HAWIE, CFT3, LPS). Bei klinischen Stichproben (Hirngeschädigte und Neurotiker) konnten jedoch moderate bis z.T. hohe Korrelationen zwischen Mengenparametern (GZ, GZ-F) und Intelligenzmaßen gefunden werden. Am höchsten fielen die Zusammenhänge zwischen GZ bzw. GZ-F mit dem Zahlen-Symbol-Test (ZS) des HAWIE aus (r = .43 bis .71). Daneben fallen bei diesen klinischen Stichproben markante Zusammenhänge von GZ-F Werten mit den Untertests Allgemeines Wissen (AW), Rechnerisches Denken (RD) und Bilderergänzen (BE) auf. Darüber hinaus konnten Untersuchungen einen mittleren Zusammenhang zwischen dem Gesamt IQ – ermittelt mit dem HAWIE – und dem GZ Wert aufdecken (r = .33 bis .68, im Mittel r = .48). Zur weiteren Fundierung wird von einer Untersuchung berichtet, die von Hellwig (1975) an einer Stichprobe von Jugendlichen (N = 240) unter Einbeziehung des d2, KLT und der Intelligenztests I-S-T 70 und CFT 3 durchgeführt wurde. Es wurde festgestellt, dass die Konzentrationsvariablen 65,2 % der Varianz der Intelligenzvariablen aufschlüsseln, was den Schluss zulässt, dass die erfolgreiche Lösung von Intelligenzaufgaben konzentratives Verhalten voraussetzt. Umgekehrt klären aber die Intelligenzfaktoren nur 12 % der Varianz der Konzentrationsvariablen auf. Das heißt, die Voraussagefähigkeit von Konzentrationstests in Bezug auf Intelligenzvariablen ist größer als umgekehrt. Ein weiteres Ergebnis dieser Untersuchung besteht in der Entdeckung, dass die Mengenleistung des KLT um das drei- bis vierfache mehr von Intelligenztests aufgeklärt wird als die Mengenleistung (GZ) des d2.

Das bedeutet, dass der KLT offensichtlich stärker als erwartet von der Intelligenz abhängt.

Zur faktoriellen Validität werden die Ergebnisse verschiedener Autoren berichtet, die alle den Nachweis erbringen, dass die Variablen des d2, insbesondere die Parameter der Mengenleistung (GZ, GZ-F), keine gemeinsamen Faktoren mit den Intelligenzvariablen bilden bzw. unabhängig von diesen sind. In einer neueren Untersuchung von Schmidt-Atzert und Ising (1997) werden diese Befunde bestätigt. In einer gemeinsamen Faktorenanalyse mit weiteren Leistungstests (u.a. Drahtbiegeprobe, Technisches Zeichnen, Schulisches Rechnen, Technisches Verständnis, I-S-T 70, N = 458) laden die beiden Konzentrationstests d2 ($r = .88$) und Rev.T. (Revisionstest; Marschner, 1972; $r = .70$) auf einem Faktor, auf dem die übrigen Tests keine Ladungen aufweisen. Zu den anderen drei Faktoren besteht nur beim Rev.T. ($r = .41$) ein nennenswerter Zusammenhang in Bezug auf einen weiteren Faktor, der hauptsächlich durch den Rechentest ($r = .87$) markiert wird. Auf den Faktor, der als Intelligenzfaktor bezeichnet werden kann (I-S-T 70, $r = .72$; Technisches Verständnis, $r = .83$), finden sich praktisch überhaupt keine Ladungen der Konzentrationstests (d2, $r = .01$; Rev.T., $r = -.07$). Insgesamt sprechen die Ergebnisse dieser Untersuchung für die diskriminante Validität des d2.

In sehr umfangreicher Weise werden Belege bezüglich der äußeren (kriterienbezogenen) Validität referiert. Eine Vielzahl von Untersuchungen belegt die Übereinstimmungs- und Vorhersagevalidität. Bei Untersuchungen zur Übereinstimmungsvalidität wurden d2-Messwerte zeitgleich mit einem oder mehreren Außenkriterien korreliert, bei der Vorhersagevalidität wurde der d2 als Prädiktor für das geraume Zeit später erhobenen Validitätskriteriums eingesetzt. Auf diese Weise sollte abgeklärt werden, in wie weit der d2 Prognosen z.B. hinsichtlich des Berufserfolgs erlaubt. Neben der korrelationsstatistischen Vorgehensweise zur Überprüfung bestimmter Zusammenhänge wurden t-Tests, Varianzanalysen und parameterfreie Verfahren zur Überprüfung von Unterschiedshypothesen eingesetzt. Die Untersuchungen können folgenden Anwendungsbereichen zugeordnet werden: Verkehrspsychologische Bewährungskontrollen, ABO- und sportpsychologischer Bereich, Pädagogische Psychologie, Umweltpsychologie, klinisch-psychologischer Bereich und Pharmakopsychologie. Da die Darstellung im Einzelnen den Rahmen dieses Kapitels sprengen würde, soll an dieser Stelle lediglich auf die Untersuchungen, die im Manual berichtet werden, verwiesen werden.

Objektivität
Aufgrund der vorgegebenen Umgebungsbedingungen und der standardisierten Untersuchungsanweisung kann man die Durchführungsobjektivität als gegeben betrachten. Die Auswertung der Testergebnisse ist im Manual detailliert beschrieben und ist bei konzentriertem Gebrauch der Auswertungsschablonen als objektiv zu bezeichnen. Durch die sehr differenzierte Normierung kann auch von einer weitest möglichen Standardisierung bei der Interpretation der Ergebnisse ausgegangen werden.

Durchführung und Auswertung

Der Test d2 wird mit einer ausführlichen Handanweisung, Testbögen, zwei Auswertungsschablonen und Auswertungsformblättern herausgegeben. Außerdem werden zur Durchführung des Tests zwei Schreibgeräte und eine Stoppuhr für den Versuchsleiter bzw. die Versuchsleiterin benötigt. Der d2 kann sowohl als Einzeltest als auch als Gruppentest durchgeführt werden. Auf der Vorderseite der Testbögen sind zunächst einige Aufgabenbeispiele, eine Übungszeile und einige Zeilen, in denen die einzelnen Angaben zur Person eingetragen werden können. Auf der Rückseite sind im DIN-A4-Quer-Format 14 Testzeilen gedruckt. Eine einzelne Testzeile setzt sich aus 47 Zeichen zusammen. Diese bestehen aus der Variation der Buchstaben d und p, die oben und/oder unten mit einem, zwei, drei oder vier Strichen versehen sind (siehe auch Abbildung 4-16).

In der normalen Durchführungsweise sind pro Zeile 20 Sekunden Zeit vorgesehen. Nach Ablauf dieser Zeit wird unmittelbar, d.h. ohne Pause mit der Bearbeitung der nächsten Zeile begonnen, nach 20 Sekunden wird wiederum zur nächsten Zeile übergegangen usw., bis alle Zeilen bearbeitet sind. Die reine Testdauer beträgt somit insgesamt vier Minuten und vierzig Sekunden. Mit den Auswertungsschablonen kann im Anschluss an die Bearbeitung die Fehleranzahl ermittelt werden.

Die Handanweisung enthält die Instruktionen zur Durchführung, Auswertung und Interpretation sowie die wichtigsten statistischen Unterlagen zur Beurteilung der Gütekriterien des Verfahrens. Nach einer kurzen Beschreibung der allgemeinen Umgebungsbedingungen werden die Standardinstruktionen getrennt für Erwachsene und Kinder detailliert beschrieben. Zudem werden drei Versionen einer modifizierten Testinstruktion vorgelegt, die in speziellen Fragestellungen (z.B. bei überdurchschnittlicher Konzentrationsfähigkeit von Hochleistungssportlern) Anwendung finden. Die Vorgehensweise bei der Auswertung der Testergebnisse ist detailliert beschrieben. Zusätzlich enthält das Manual ein anschauliches Auswertungsbeispiel. In einem ersten Schritt werden die Rohwerte ermittelt und in den Testbogen eingetragen, in einem zweiten Schritt wird unter Zuhilfenahme des Auswertungsbogens das Testprofil für den Probanden erstellt. Der Auswertungsbogen ist gut gegliedert und übersichtlich.

Im Anhang sind die geschlechtsspezifischen Normen für weibliche und männliche Grund-/Hauptschüler der Altersklassen 9-10, 11-12, 13-14, Berufsschüler der Altersklassen 15-16 und 17-18, sowie Oberschüler der Altersklassen 11-12, 13-14, 15-16 und 17-18 Jahre aufgeführt. Die Normwerte für Erwachsene sind nicht nach Geschlechtern getrennt und umfassen die Altersklassen 19-39, 40-49 und 50-59 Jahre. Insgesamt basieren die Normen auf einer Standardisierungsstichprobe von mehr als 6000 Personen. Sie umfasst 3132 Schülerinnen und Schüler sowie 3000 erwachsene Personen. Aufgrund der Unterteilung in Schultyp, Altersklasse und Geschlecht resultieren daraus 20 Normstichproben. Die jeweilige Stichprobengröße schwankt zwischen 51 und 230. Bei der Erwachsenenstichprobe wurde auf eine annähernde Bevölkerungsrepräsentativität Wert gelegt. Da sich keine signifikanten geschlechtsspezifischen Differenzen finden ließen, wurde auf eine getrennte Normierung für männliche und weibliche Probanden verzichtet. Die Normen für den neuen Konzentrationsleistungswert entstammen der bisherigen Standardisierungsstichprobe und haben zunächst nur vorläufigen Charakter.

Bewertung

Im Manual werden die der Testkonstruktion zugrundeliegenden Annahmen anschaulich erklärt. In der Standardversion dauert der d2 vier Minuten und 40 Sekunden; auch bei dem hohen Tempo, das in dieser Zeit gefordert ist, kann man den Test als nur wenig beanspruchend einstufen. Auf die Verfälschbarkeit des Tests durch instruktionswidriges Verhalten ist oben bereits verwiesen worden. Sie kann durch die neue Auswertungsvariable KL (Konzentrationsleistungswert) ausgeschlossen werden. Eine größere Störanfälligkeit ist nicht zu vermuten. Es ist lediglich sicherzustellen, dass bei den Probanden keine Sehbehinderungen, motorische Beeinträchtigungen der dominanten Hand bzw. der Auge-Hand-Koordination vorliegen. Bei Beachtung der Auswertungsregeln kann davon ausgegangen werden, dass das Ergebnis unabhängig vom jeweiligen Auswerter ist. Die Normierungsstichprobe ist im Hinblick auf den betrieblichen Anwendungsbereich mit einer Altersspanne von Personen bis einschließlich 59 Jahren unproblematisch und ausreichend. Bezüglich des neuen KL-Wertes werden keine Angaben zur Normierung gemacht, stattdessen wird auf den vorläufigen Charakter dieser Normen verwiesen. Das Verfahren hat einen breiten Anwendungsbereich, was wegen des allgemeinen Charakters, den die gemessene Konzentrationsleistung im d2 hat, einigermaßen plausibel erscheint. Andererseits wird sie wegen des hohen Allgemeinheitsgrad in der Regel nicht als alleinige Kriteriumsvariable eingesetzt, sondern ist meist Teil einer umfassenderen Leistungsprüfung auch im Hinblick auf die Konzentrationsleistung. Aufgrund der relativ vielen Parameter, die der d2 hinsichtlich der Qualität (Sorgfalt), der Quantität (Tempo), der Leistungsschwankung usw. liefert, kann bei der Testauswertung ein breites Spektrum von gewonnener Information abgeschöpft werden.

Wegen des geringen zeitlichen, finanziellen und anwendungstechnischen Aufwands auf der einen Seite und der auf der anderen Seite sehr zuverlässigen Informationsgewinnung kann der d2 als ein sehr ökonomisches Verfahren eingeschätzt werden. Bei Probanden und Anwendern hat der Test gleichermaßen eine hohe Akzeptanz. Die hohe Transparenz der Messintention und deren inhaltlich neutraler Charakter sowie der geringe zeitliche Aufwand lassen dies auch durchaus plausibel erscheinen.

Der d2 hat aber auch seine Grenzen. Im Gegensatz zu einer Reihe von computergestützten Aufmerksamkeitstests ist die Kontrolle der Interaktion handmotorischer, blickmotorischer und selektiver Aufmerksamkeitsmechanismen nicht möglich. Da die geforderte motorische Reaktion komplexer ist als der Tastendruck am Computer und Asymmetrien in der Wahrnehmung nur bei der Darstellung auf einem Bildschirm adäquat erfasst werden können, sind keine Rückschlüsse auf solch differenzierte Konzepte erlaubt. Über das längerfristige Aufmerksamkeitsverhalten und die selektiven Aufmerksamkeitsleistungen gibt der d2 ebenfalls keine Aufschlüsse. Aufgrund dieser Einschränkungen ist der Einsatz als Aufmerksamkeits-Screening-Verfahren (Fimm, 1998) nicht zu befürworten, vielmehr kann er als Teil einer umfangreicheren Testbatterie wertvolle Hinweise zur allgemeinen Aufmerksamkeit des Probanden liefern. Für viele Tätigkeiten in betrieblichen Alltagsabläufen sind Aufmerksamkeitsleistungen, wie sie mit dem d2 erhoben werden, wichtige Grundvoraussetzungen und damit für den Arbeitgeber von besonderem Interesse. Die im Manual getroffene Auswahl von Validitätsuntersuchungen belegt, dass der Einsatz des d2 in einem solchen Bereich als gerechtfertigt gilt. Für die Messung von spezifischen Funktionen der Aufmerksamkeit ist der d2 nicht geeignet; sollte die Erfassung solcher spezifischer Aufmerksamkeitsleistungen dennoch gewünscht sein (z.B. bei Fluglotsen), dann ist ein umfassenderes diagnostisches Vorgehen zur Erfassung der spezifischen Aufmerksamkeitsleistungen notwendig.

Die äußere Testgestaltung ist gelungen. Das Testmanual ist verständlich und ausführlich gehalten. Die Gestaltung des neu entwickelten Auswertungsformblattes ist übersichtlich und ermöglicht jetzt, alle Ergebnisse auf einen Blick erfassen zu können. Da auf der Rückseite eine Auswahl der Normen abgedruckt ist, kann ohne Rückgriff auf das Manual eine Einschätzung der Testleistung vorgenommen werden. Eine Erleichterung für die Interpretation der Ergebnisse stellt die Möglichkeit dar, die Testwerte in einer Grafik zu veranschaulichen.

Abschließend kann festgehalten werden, dass es sich beim d2 um ein psychometrisch gut abgesichertes Testverfahren handelt, dessen Reliabilität und Validität in vielen Untersuchungen nachgewiesen wurde. In der vorliegenden achten erweiterten Auflage wurden einige Veränderungen vorgenommen, die bei relativ geringem Mehraufwand zu einer höheren Informationsausschöpfung und besseren Interpretierbarkeit der Ergebnisse geführt haben. Dennoch gibt es einige Punkte, die bei einer weiteren Auflage verbessert werden können: Im Manual fehlen Angaben zum Ausmaß möglicher absoluter Testwertveränderungen bei Wiederholungsuntersuchungen. Diese wären wichtig im Hinblick auf die Feststellung und Quantifizierung von prozeduralen Lerneffekten. Die Normierung des neu eingeführten Konzentrationsleistungswerts KL basiert lediglich auf nicht näher bezeichneten Teilstichproben des bestehenden Eichkollektivs. Hier wäre eine Bestätigung durch neuere Normierungsstichproben wünschenswert.

4.12 Wilde-Intelligenz-Test (WIT)

Christian Jödden

Der Wilde-Intelligenz-Test (WIT) beleuchtet mehrere Facetten der Intelligenz. Insgesamt besteht das Verfahren aus 15 Untertests, die sieben allgemeine Intelligenzfaktoren darstellen sollen. Neben einer differenzierten Erfassung unterschiedlicher Intelligenzleistungen kann auch ein Maß für die allgemeine Intelligenz ermittelt werden.

Der Name des Tests geht auf Kurt Wilde zurück, der die Entwicklung dieses Testverfahrens in den 50er Jahren initiiert hat. Aktuell liegt die zweite, überarbeitete Auflage des WIT von Jäger und Althoff (1994) vor. Bevor der Test 1984 erstmals veröffentlicht wurde, diente das Verfahren der Deutschen Gesellschaft für Personalwesen (DGP) als Erhebungsinstrument. In dieser Zeit wurden nach Angaben der Autoren mehr als eine viertel Million Probanden mit dem WIT getestet.

Konzeption

Die theoretische Grundlage des WIT bildet die Intelligenztheorie von Thurstone (1938). Danach ist Intelligenz eine Fähigkeit, die aus sieben Primärfähigkeiten besteht. Diese sind *räumliches Vorstellungsvermögen, Rechenfähigkeit, Sprachverständnis, sprachliche Einfälle, Merkfähigkeit, logisches Schließen* und *Wahrnehmungsgeschwindigkeit*. Ausgehend von diesen Vorstellungen wurde der WIT so angelegt, dass ein breites, relativ differenziertes Fähigkeitsbild der intellektuellen Leistungsfähigkeit einer Person gewonnen werden kann. Dazu dienen 14 einzelne Tests mit insgesamt über 300 Items, die sieben unterschiedliche Bereiche der Intelligenz messen (siehe Tabelle 4-13).

Gütekriterien und empirische Fundierung

Reliabilität
Die Reliabilität des Verfahrens wurde an zwei Stichproben überprüft. Die erste Stichprobe bestand aus 300 17-jährigen Probanden mit einer repräsentativen Verteilung der formalen Schulbildung. Für die Gesamtleistung des Testes liegt der Splithalf-Koeffizient nach Rulon sowohl für die Langform als auch für die Kurzform zwischen r = .97 und r = .98. Die einzelnen Subtests weisen Split-half-Koeffizienten zwischen r = .81 und r = .99 in der Langform sowie zwischen r = .66 und r = .91 in der Kurzform auf. Betrachtet man den Test über alle Items hinweg, so liegt demnach eine hohe Messzuverlässigkeit vor. Die Reliabilitätskoeffizienten für die einzelnen Subtests bewegen sich in einer ausreichenden Höhe. Lediglich für den Subtest „Abwicklungen" in der Kurzform der Testversion 1 wurde mit r = .66 ein verhältnismäßig schwacher Koeffizient erreicht.

Tabelle 4-13: Struktur des WIT (nach Jäger & Althoff, 1994)

Kurz-zeichen	Subtestname	Zahl der Einzelaufgaben	Fähigkeiten
SG	Satzergänzung[1]	10	„Schock-absorber"
SW	Sprichwörter	20	
GW	Gleiche Wortbedeutung	20	Sprachgebundenes Denken
AL	Analogien	25	
BR	Buchstabenreihen	15	Formallogisches Denken
ZN	Zahlenreihen	15	
SCH	Schätzen	21	
ER	Eingekleidete Rechenaufgaben	18	Rechnerisches Denken
GR	Grundrechnen	20	
WG	Wortgewandtheit	10	Flüssigkeit der sprachlichen Einfälle
BO	Beobachtung	42	Wahrnehmungsgeschw. und -genauigkeit
SP	Spiegelbilder	24	Räumliches Vorstellen
AW	Abwicklungen	20	
ZM	Zahlen-Merken	56/7[2]	Merkfähigkeit
GDT	Gedächtnis	40	Gedächtnis

[1] Diese Aufgaben dienen der Eingewöhnung und werden nicht ausgewertet
[2] 56 Einzelziffern verteilt auf 7 Folgen von 5 - 11 Ziffern

Eine zweite Stichprobe setzte sich aus 215 Probanden zusammen. Für sie wurde der Reliabilitätskoeffizient nach Spearman-Brown ermittelt. Hier liegen die Koeffizienten für die Langformen der einzelnen Subtests zwischen r = .77 und r = .94. Auch hier bildet der Subtest Abwicklungen in der Testversion eine Ausnahme. Er erreicht lediglich einen Koeffizienten von r = .72.

Bezüglich der Retest-Reliabilität zeigt sich der WIT vor allem dann äußerst stabil, wenn man einzelne Subtests zu Faktoren zusammenfasst (vgl. Tabelle 4-13). Hier liegen die Retest-Korrelationen nach einem Jahr zwischen .75 und .92 in der Langform und zwischen .71 und .88 in der Kurzform. Für den Gesamttest beträgt die Retestreliabilität .93 in der Langversion und .92 in der Kurzversion. Einzelne Subtests weisen dabei jedoch eine auffällig niedrige Stabilität auf (z.B. „Zahlenreihen merken" nur .17). Insgesamt ist daher der faktorenbezogenen Auswertung der Vorzug gegenüber einer subtestbezogenen Auswertung einzuräumen.

Validität

Mit Hilfe der Subtests des WIT sollen voneinander unterschiedliche, in sich aber relativ homogene Fähigkeitsbereiche erfasst werden. Anhand mehrerer Stichproben wurde die faktorielle Struktur des Tests überprüft. Vor allem die Dimensionen „Räumliches Vorstellungsvermögen", „Rechenfähigkeit" und „Sprachverständnis" lassen sich hinreichend gut mit den Subtests des WIT bilden. Weniger deutlich bilden sich die Faktoren „Sprachliche Einfälle", „Merkfähigkeit" und „Wahrnehmungsgeschwindigkeit" ab. Als Stichproben wurden unter anderem 17-jährige Schüler (N =

300) mit einer repräsentativen Bildungsverteilung, höher begabte Schüler (N = 100) und Bereitschaftspolizisten (N = 314) herangezogen.

Für die einzelnen Subtests lässt sich keine abschließende Aussage bezüglich der Konstruktvalidität treffen. Das gilt vor allem für die Tests „Beobachtung" und „Zahlen merken". Für diese Tests legen die Autoren zu wenige Messergebnisse vor.

Die Kriteriumsvalidität des Verfahrens wurde untersucht, indem die Testergebnisse der Subtests sowie des Gesamttests zu anderen intelligenzbezogenen Leistungen in Bezug gesetzt wurden. Bei den meisten Untersuchungen, die von den Testautoren zitiert werden, sind die Vergleichskriterien Prüfungsleistungen die mit einer Berufsausbildung (u.a. Vermessungstechniker, Krankenpfleger(innen) und Regierungsinspektoren) im Zusammenhang stehen. Insgesamt weist der Gesamttest meist den größten Zusammenhang zwischen Test und Kriterium auf. Bei einer Untersuchung (N = 32) von Wolff und Voullaire (1968) wurden bei einem Zeitraum von zwei Jahren zwischen Test und Kriteriumserhebung Zusammenhänge von $r = .59$ bis $r = .76$ zwischen den Ergebnissen des Gesamttestes und verschiedenen Prüfungsnoten ermittelt (prognostische Validität). Für die Subtests „Grundrechnen", „Gleiche Wortbedeutung", „Analogien", „Sprichwörter" und „Eingekleidete Rechenaufgaben" traten Zusammenhänge in der Größenordnung von $r = .43$ bis $r = .66$ auf. Von allen angeführten Studien werden hier die höchsten Validitätswerte erreicht, was darauf zurückgeführt wird, dass nur bei dieser Erhebung so gut wie keine Vorselektion der Probanden erfolgt ist.

Insgesamt stimmen die angeführten Untersuchungen zur prognostischen Validität beziehungsweise zur Kriteriumsvalidität zufrieden. Dabei ist allerdings zu erwähnen, dass das räumliches Denken und die damit verbundenen Subtests „Abwicklungen" und „Spiegelbilder" zum Teil negativ mit den Kriterien korrelieren ($r = -.25$ bis $r = -.33$). Bei diesen Ergebnissen wird von den Autoren des Verfahrens darauf hingewiesen, dass unter Einbeziehung der Ergebnisse das Resultat von multiplen Korrelationen verbessert werden kann. Die inhaltliche Aussage wird dabei allerdings nicht genügend diskutiert. Es ist nicht ohne weiteres verständlich, warum bessere Ergebnisse im räumlichen Vorstellen mit schlechteren Leistungen bei der Inspektorenprüfung (Greif, 1972) einhergehen.

Objektivität

Den Aspekten der Objektivität ist beim WIT gewissenhaft Rechnung getragen worden. Sowohl bezüglich der Durchführung des Tests als auch die Auswertung betreffend werden dem Anwender des Verfahrens Richtlinien an die Hand gegeben, die einen Einfluss des Testleiters auf das Testergebnis weitestgehend vermeiden sollten. Dem Testleiter werden die Anweisungen wörtlich vorgegeben und er ist laut Testmanual gehalten, nicht von diesem Wortlaut abzuweichen. Zwischenfragen von Testpersonen werden nur durch ein wiederholtes Vorlesen der entsprechenden Anweisung beantwortet. Im Anweisungsheft befinden sich neben den einführenden Erklärungen zu den einzelnen Aufgaben auch Vorgaben für eine Pausenregelung zwischen den verschiedenen Subtests.

Die Auswertung findet mit der Hilfe von Schablonen und des Verrechnungsbogens statt. Es wird ausführlich dargelegt, wann eine Antwort als richtig zu bewerten ist. Es wird durch das hohe Maß an Standardisierung somit sowohl der Durchführungsobjektivität als auch der Auswertungsobjektivität in einem hohen Maße Rechnung getragen.

Darüber hinaus wird dem Testanwender in der Handanweisung aufgezeigt, bei welcher Kombination von Testformen (kurz resp. lang) und Leistungsvermögen der Testperson nur eingeschränkte Interpretationen der Testwerte zulässig sind und in welchen Leistungsbereichen der Test optimal differenziert. Weiterhin wird betont, dass Intelligenz lediglich einen Teilbereich der Persönlichkeit darstellt und somit für weitergehende Urteile auf andere Messverfahren ausgewichen werden muss. Insgesamt helfen diese und ähnliche Hinweise dabei, dass der Anwender den Testergebnissen keine unangemessen hohe Bedeutung zuschreibt. Eine Vorgabe, wie ein bestimmtes Resultat zu interpretieren ist, wird allerdings nicht gegeben. Die Interpretation der Testergebnisse muss vom Testenden vorgenommen werden und kann somit bei unterschiedlichen Anwendern auch unterschiedlich ausfallen.

Durchführung und Auswertung

Durchführung
Der WIT ist für die Durchführung mit einzelnen Personen im gleichen Maße wie als Gruppendiagnostikum geeignet. Für die verschiedenen Aufgaben des Tests gibt es Lang- und Kurzformen. Werden alle Aufgaben in der Langform durchgeführt, so ist ein Zeitraum von vier Stunden einzuplanen. Die Testautoren schlagen zwei Kombinationen aus Lang- und Kurzversionen vor, bei denen die Bearbeitungszeit auf eine resp. eineinhalb Stunden reduziert wird. Insgesamt wird dem Testanwender nahegelegt, die Subtestlänge dem Alter und allgemeinen Intelligenzniveau der Befragten anzupassen. Bei Personen ,die jünger als 15 oder älter als 40 Jahre sind, werden generell die Langformen empfohlen. Um die Aufgaben individuell zusammenstellen zu können, empfiehlt sich ein gewisses Grundwissen in der Testdiagnostik. Nicht von ungefähr erwähnen die Testautoren, dass vor allem geschulte Anwender (Diplom-Psychologen) mit dem Verfahren arbeiten sollten.

Für die Durchführung des WIT werden pro Testperson ein Aufgabenheft mit dem Reproduktionsteil des Gedächtnistests und ein Aufgabenheft mit den restlichen Aufgaben benötigt. Wird der WIT als Gruppentest angewendet, so sollte darauf geachtet werden, dass von den zwei Testversionen (A und B) jeweils so viele Versionen vorliegen, dass benachbart sitzende Personen nicht die gleiche Testversion erhalten. Neben den Testheften werden noch drei Antwortbögen und ein Notizblatt pro Person benötigt. Ähnlich wie im Beispiel (Abbildung 4-17) wird den Testpersonen sehr transparent der jeweilige Aufgabentyp vorgestellt.

Ein Schimmel ist ein ... Pferd.

a) schwarzes   b) lahmes   c) junges   d) weißes   e) feuriges

Sie sehen hier einen Satz, in dem ein Wort fehlt. Unter dem Satz stehen fünf Wörter, gekennzeichnet mit den Buchstaben a, b, c, d, e. Sie sollen *das* Wort auswählen, welches den Satz *richtig* ergänzt.

Abbildung 4-17: Beispielaufgabe des Subtests Satzergänzung

Die meisten Subtests sind als Multiple-choice-Aufgaben (Tabelle 4-14) mit fünf Antwortkategorien angelegt. Wie bei vielen anderen Leistungstest ist der Umfang der Aufgaben so gewählt, dass eine Bearbeitung von allen Items eines Subtests in der Regel nicht erreicht wird. Eine Besonderheit stellt der Subtest zur Gedächtnisleistung dar: Ein Teil der Antworten werden zwar auch per multiple choice gegeben, allerdings handelt es sich um Erinnerungsaufgaben. Zu einem bestimmten Zeitpunkt im Testablauf bekommen die Testpersonen zwei Lebensgeschichten fiktiver Personen vorgelegt. Diese Geschichten werden jeweils durch fünf Portraitfotos weiterer Personen ergänzt. Die Aufgabe besteht darin, sich die geschilderten Lebensgeschichten und die Fotos innerhalb von drei Minuten einzuprägen. Zu einem späteren Zeitpunkt gilt es, Teile aus den Geschichten wiederzuerkennen, als falsch zu identifizieren oder ohne Wahlmöglichkeit zu reproduzieren.

Tabelle 4-14: Übungsaufgaben für die verschiedenen Subtests

Subtest	Aufgabe
Grundrechnen	53 $+44$
Gleiche Wortbedeutung	*Acker* a) Besitz b) Boden c) Feld d) Wald e) Wiese
Analogien	*Schaf : Wolle = Vogel : ?* a) Flügel b) Nest c) Adler d) Federn e) Tier
Schätzen	$219 \cdot 5 + 712 \cdot 5 + 83 \cdot 5 = ?$ a) 5 072 b) 5 067 c) 5 074 d) 5 071 e) 5 070
Sprichwörter	*Gesundheit ist der größte Reichtum* Zwei der nun folgenden Sprichwörter haben ungefähr den gleichen Sinn a) Jeder ist seines Glückes Schmied b) Nichts ist so wertvoll wie die Gesundheit c) Der eine stirbt, der andere erbt d) Schmiede das Eisen, so lange es heiß ist e) Gesundheit ist wie Gold
Zahlenreihen	5 10 9 18 17 34 ?
Spiegelbilder	*Denken Sie sich die folgenden Figuren übereinandergelegt.* a b c d e *Vier von Ihnen lassen sich durch einfaches verschieben zur Deckung bringen, eine dagegen muss man* umklappen.
Eingekleidete Rechenaufgaben	*Ein Schüler erhält täglich 30 Pfg. Taschengeld. Wieviel Pfg. bekommt er dann an 7 Tagen?*

Buchstaben-reihen	*a h b h c h d h e h ? ?*
	a) a h b) e h c) b h d) f h e) g h
Beobachtung	*Sehen Sie sich diese Gesichter einmal an.*
	Zwei Gesichter sind gleich. Sie sollen das dritte herausfinden, das sich von den beiden gleichen deutlich unterscheidet.
Abwicklungen	*Welchen Körper a, b, c, d oder e kann man aus der Faltvorlage herstellen?*

Ergebnisauswertung

Ausgewertet werden die Antwortbögen mit Hilfe von Schablonen. Dabei werden die richtigen Antworten pro Aufgabe gezählt. Die ermittelte Zahl wird auf dem Ergebnisbogen eingetragen. Mit der Hilfe von Normtabellen können die Testergebnisse in Standardwerte umgewandelt werden. Mittels des Verrechnungsbogens können die verschiedenen Subtests zu den genannten Dimensionen zusammengefasst werden. Auf dem Bogen ist darüber hinaus eine Skala abgebildet, in welche die Testergebnisse eingetragen werden können, um so einen graphischen Eindruck über das Intelligenzprofil der Person zu bekommen.

Normierung

Eine Normierung wurde an 3.236 Personen vorgenommen und liegt für verschiedene Alters- und Bildungsklassen vor. Dabei muss allerdings darauf hingewiesen werden, dass die neuesten Normwerte von 1982 stammen und einige Normwerte noch bis 1962 zurück reichen. Eine Aktualisierung dieser Zahlen wäre somit dringend angebracht.

Bewertung

Der hohe Grad der Standardisierung in der Testanwendung macht dieses Verfahren auch für ungeübte Testleiter leicht anwendbar. Die Zusammenstellung von Kurz- und Langversionen sowie die Interpretation der Testergebnisse erfordert allerdings ein gewisses Maß an diagnostischem Grundwissen. Die Durchführbarkeit wird auch durch die teilweise etwas holprig klingenden Formulierungen nicht beeinträchtigt. Die Autoren des Testverfahrens erwähnen explizit die Eignungsdiagnostik als eines der Anwendungsfelder für diesen Intelligenztest. Das kann insofern bestätigt werden, als dass die Intelligenz generell als eine der wesentlichen Grundvoraussetzungen für erfolgreiches berufliches Wirken angesehen werden kann. Das gilt bei spezieller Betrachtung auch für die einzelnen kognitiven Komponenten, mit denen Intelligenz beim hier beschriebenen Verfahren bestimmt werden soll. Insofern kann der Wilde-Intelligenz-Test inhaltlich als ein nützliches Element bei der Personalauswahl verwendet werden. Dies gilt besonders im Zusammenspiel mit Verfahren und Methoden, die weitere Qualifikationen und Determinanten des beruflichen Erfolges wie beispielsweise die soziale Kompetenz erfassen. Als einschränkendes Argument kann allerdings der notwendige Zeitaufwand wirken. Führt man den Test in der Langform durch, sind vier Stunden anzusetzen. Im Testheft wird eine Kombination aus Kurz- und Langversionen vorgeschlagen, bei der die Durchführungsdauer auf etwa zwei Stunden reduziert werden kann. Insgesamt kann der Wilde-Intelligenz-Test für den Einsatz in der Eignungsdiagnostik empfohlen werden.

5. Instrumente zur Messung berufsbezogener Leistung

Im Gegensatz zu allgemeinen Intelligenz- oder Konzentrationstests beziehen sich die Instrumente zur Messung berufsbezogener Leistung auf spezifische Fähigkeiten. Da das Spektrum berufsrelevanter Fähigkeiten sehr weit ist, treffen wir auf eine entsprechend große Bandbreite unterschiedlichster Verfahren. Dabei beziehen sich die einschlägigen Tests ebenso auf handwerkliche oder kaufmännische Ausbildungsberufe wie auf Tätigkeitsfelder für Akademiker. Gegenstand der Messung sind feinmotorische Fertigkeiten, fachspezifisches Wissen, spezifische kognitive Fertigkeiten oder auch die Organisationsfähigkeit des Probanden. Einige der Verfahren, wie etwa die Drahtbiegeprobe (Lienert, 1967), sind seit Jahrzehnten etabliert, andere, wie z.B. die computergestützten Postkörbe (Fennekels, 1995a), müssen ihre Akzeptanz in der Praxis erst noch unter Beweis stellen.

5.1 Revidierter Allgemeiner Büroarbeitstest (ABAT-R)

Kathrin Mattke

Der Revidierte Allgemeine Büroarbeitstest (ABAT-R) ist ein eignungsdiagnostisches Messinstrument zur Erfassung von Qualifikationen, die in Büroberufen erforderlich sind. Bei der Konstruktion des ABAT-R wurden die praktischen Erfordernisse der Büroarbeit wie fehlerfreies, schnelles Arbeiten und die Bewältigung einfacher und routinemäßig zu erledigender Tätigkeiten berücksichtigt. In den sechs Untertests des ABAT-R sind Aufgaben wie fehlerfreies und zügiges Sortieren, sorgfältiges und gewissenhaftes Vergleichen und Kontrollieren, der Umgang mit Zahlen und die Beherrschung von Rechtschreibung und Zeichensetzung vertreten.

Der ABAT-R stellt die revidierte Fassung des Allgemeinen Büroarbeitstests (ABAT) aus dem Jahre 1967 dar. Die revidierte Fassung (ABAT-R) ist seit 1994 auf dem Markt (Lienert & Schuler, 1994). Das Testverfahren eignet sich zur Auswahl von Bürokräften und Lehrstellenbewerbern sowie zur Beratung von Schulabgängern und Interessenten für Bürotätigkeiten.

Konzeption

Bei der Testkonstruktion des Allgemeinen Büroarbeitstestes diente der General Clerical Test (GCT, Psychological Corporation Staff) von 1950, der in den USA von der American Psychological Corporation entwickelt wurde, als Vorbild. Der ABAT-R besteht aus den Untertests „Kundenbriefe-Sortieren" (KS), „Adressen-Prüfen" (AP), „Summen-Prüfen" (SP), „Rechtschreibung-Korrigieren" (RK), „Textaufgaben-Lösen" (TL) und „Zeichen-Setzen" (ZS). Das Testverfahren verfügt über die zwei Parallelformen A und B. Bei den folgenden Itembeispielen handelt es sich um die Beispielaufgaben der Testversion A.

Kundenbriefe-Sortieren (KS)
Eine Liste mit 36 Kundenbriefen ist drei verschiedenen Karteien (Alphabet, Branche und Datum) zuzuordnen. Die Kartei Alphabet ist in 40 Fächer (z.B. Aa – Al, Am – Az, etc.), die Kartei Branche in drei Fächer (Lebensmittel, Technik und Behörden) und die Kartei Datum in vier Fächer (1.Vierteljahr, 2.Vierteljahr, 3.Vierteljahr, 4.Vierteljahr) gegliedert (s. Abbildung 5-1). Die Bearbeitungszeit für den Untertest „Kundenbriefe-Sortieren" beträgt 6 Minuten.

Beispiel: Der Name Gruenenberg beginnt mit den Buchstaben „Gr", und aus diesem Grund ist der Brief in den Karteikasten „Gp – Gu" einzusortieren. Der Kunde arbeitet im Obsthandel, und der Obsthandel gehört zur Lebensmittelbranche. Das Datum des Briefes ist der 24.02 und fällt daher in das erste Vierteljahr. Im Antwortschema des Testheftes ist die Nummer 14 für die „Gp – Gz"-Kartei, der Buchstabe L für die Lebensmittel-Kartei und die römische Ziffer I für die Datums-Kartei einzutragen.

Itembeispiel:		
1. Kartei: Alphabet Gp – Gz 14	2. Kartei: Branche Lebensmittel L	3. Kartei: Datum 24.02. I

	1.	2.	3.
Gruenenberg, Obsthandel, 24.02.	14	L	I

Abbildung 5-1: Itembeispiel aus dem Untertest „Kundenbriefe-Sortieren"

Adressen-Prüfen (AP)
20 Originaladressen sind mit einer Abschrift zu vergleichen. Die Fehler in der Abschrift sind zu unterstreichen, und im Antwortschema sind in der entsprechenden Spalte die Anzahl der Fehler einzutragen (s. Abbildung 5-2). Die Bearbeitungszeit für den Untertest „Adressen-Prüfen" beträgt 4 Minuten.

```
Itembeispiel:
Original            Telefon
Egon Kluge     Hamburg, Allhorn 24     824567

Abschrift                        Anzahl Fehler
Egon Klage     Hamburg, Allhorn 25     824567         2
```
Abbildung 5-2: Itembeispiel aus dem Untertest „Adressen-Prüfen"

Summen-Prüfen (SP)
Die Richtigkeit von Additionen ist bei 30 Aufgabenblöcken zu prüfen. Ein Rechenblock hat die Form einer 2x2 Matrix: Die Summanden wurden von links nach rechts bzw. von oben nach unten zur Summe addiert. Sind in einem Aufgabenblock alle Additionen richtig, ist der Block mit einem Haken zu versehen. Sind in einem Rechenblock Zahlen nicht richtig zusammengefasst, dann sind die falschen Summen durchzustreichen (s. Abbildung 5-3). Die Bearbeitungszeit für den Untertest „Summen-Prüfen" beträgt 5 Minuten.

```
Itembeispiele:

 13   21 | 34              23   47 | 70
 14   42 | 56              55   34 | 8̶8̶
 27   63 | ✓               7̶7̶   81 |
```

Abbildung 5-3: Itembeispiel aus dem Untertest „Summen-Prüfen"

Rechtschreibung-Korrigieren (RK)
40 Wörter sind auf Rechtschreibung zu prüfen. Wenn das Wort richtig geschrieben ist, ist im Antwortschema in der dafür vorgesehenen freien Zeile ein „r" zu schreiben. Bei falsch geschriebenen Wörtern ist die richtige Schreibweise in der freien Zeile anzugeben. Wörter, die dem Bearbeiter nicht bekannt sind, sind mit einen Fragezeichen zu markieren (s. Abbildung 5-4). Die Bearbeitungszeit für den Untertest „Rechtschreibung-Korrigieren" beträgt 3 Minuten.

Itembeispiel:
anstellen   r
Brif   Brief
Kohlweisling   ?

Abbildung 5-4: Itembeispiele aus dem Untertest „Rechtschreibung-Korrigieren"

Textaufgaben-Lösen (TL)
14 Rechenaufgaben, die den Schwierigkeitsgrad der Dreisatzrechnung nicht übersteigen, sind zu bearbeiten. Aus den fünf vorgegebenen Lösungsantworten ist die richtige anzukreuzen (s. Abbildung 5-5). Die Bearbeitungszeit für den Untertest „Textaufgaben-Lösen" beträgt 8 Minuten.

Itembeispiel:
6 Klarsichtfolien kosten DM -,96; wie viel kosten dann 50 Klarsichtfolien?

(a) DM 6.-   (b) DM 10.-   (c) DM 8.- (d) DM 12.-   (e) DM 14.-

---
Abbildung 5-5: Itembeispiel aus dem Untertest „Textaufgaben-Lösen"

Zeichen-Setzen (ZS)
In 13 Sätzen ist an vorgegebenen Stellen zu entschieden, ob ein Komma zu setzen ist oder nicht. Eine Null markiert eine Position, wo vom Bearbeiter kein Komma gesetzt wurde (s. Abbildung 5-6). Die Bearbeitungszeit für den Untertest „Zeichen-Setzen" beträgt 2 Minuten.

Itembeispiel:
Ich glaube (,) dass das Wetter in den nächsten Tagen (0) schön wird.

Abbildung 5-6: Itembeispiel aus dem Untertest „Zeichen-Setzen"

Typische Arbeitsvorgänge in Büroberufen sind das fehlerfreie Sortieren und Ordnen. Darunter fällt die Verwaltung des Schriftverkehrs und die Bearbeitung der ein- und ausgehenden Post. Deshalb wurde im ABAT-R der Untertest „Kundenbriefe-Sortieren" aufgenommen. Ein nicht unerheblicher Teil der Arbeitszeit wird mit Handlungen wie dem Kontrollieren und Vergleichen von Belegen und dem Prüfen von Buchungs- und Rechnungsvorgängen verbracht. Diese Anforderungen werden im ABAT-R mit den Untertests „Adressen-Prüfen" und „Summen-Prüfen" erfasst.

Zu den Aufgaben von Bürokräften gehört auch die Erledigung von Korrespondenz sowie das Anfertigen von Aktenvermerken, Gesprächsnotizen und Schriftstücken. Für die erfolgreiche Bewältigung solcher Tätigkeiten sind die Beherrschung von Rechtschreibung und Zeichensetzung unerlässlich. Aus diesem Grund sind im Testverfahren ein Rechtschreibungstest und ein Zeichensetzungstest enthalten. Ein wichtiges Tätigkeitsmerkmal von Beschäftigten in Büroberufen ist darüber hinaus der sichere Umgang mit Zahlen. Das korrekte Ausstellen und Prüfen von Rechnungen gehört zum Arbeitsalltag. Die Leistungen in einfachen Rechenaufgaben werden durch die Untertests „Summen-Prüfen" und „Textaufgaben-Lösen" gemessen.

Der ABAT-R wurde als Schnelligkeitstest konzipiert. Damit sollte dem Umstand Rechnung getragen werden, dass das schnelle und fehlerfreie Arbeiten ein wesentliches Tätigkeitsmerkmal in Büroberufen ist. Diese Anforderungen der Schnelligkeit und Wendigkeit kommen in den Speed-Eigenschaften der Untertests zum Ausdruck, d.h. die einzelnen Items weisen zwar eine geringe Schwierigkeit auf, aber aufgrund der vorgegebenen Testzeit sollte es keinem Probanden gelingen, alle Aufgaben zu lösen. Entscheidend ist somit, wie viele der leichten Aufgaben vom Probanden in der begrenzten Zeit richtig gelöst werden.

Der Test differenziert auf durchschnittlichem Intelligenzniveau am besten. Wird der Test bei Probanden mit überdurchschnittlichen Intelligenzausprägungen angewendet, besteht die Gefahr von Deckeneffekten, d.h. die Schwierigkeit des Testes ist so gering, dass Individuen mit überdurchschnittlichem Intelligenzniveau den maximalen Testwert erreichen und deshalb der Test zwischen diesen Individuen nicht differenziert.

Nach fast drei Jahrzehnten wurde eine Revision und Neunormierung der ursprünglichen Fassung des ABAT notwendig. Das Bestreben der Testautoren war, das Testverfahren an die heutigen Gegebenheiten anzupassen, jedoch sollte die Grundstruktur der ursprünglichen Version bewahrt bleiben. Insgesamt ist dieses Vorhaben geglückt. Somit besteht die Möglichkeit der Vergleichbarkeit des ABAT-R mit der Originalversion und mit früheren Testergebnissen für die Untertests „Adressen-Prüfen", „Summen-Prüfen", „Textaufgaben-Lösen", „Rechtschreibung-Korrigieren" und „Zeichen-Setzen". Aufgrund der vorgenommenen Veränderungen beim Untertest „Karteikarten-Sortieren", der nun in „Kundenbriefe-Sortieren" umbenannt wurde, ist die Vergleichbarkeit mit früheren Daten nicht gegeben. Da sich im Hinblick auf die Tätigkeitsanforderungen die zu bearbeitende Informationsmenge und -dichte erheblich gesteigert hat, wurde dies beim Untertest „Kundenbriefe-Sortieren" berücksichtigt und die Komplexität der Zuordnungsaufgabe erhöht. Des Weiteren erfolgte aus sprachlicher Sicht eine Überarbeitung der Instruktionen, und für die Rechenaufgabe wurden zeitgemäßere Zahlenangaben und Beispiele verwendet. Außerdem wurde beim Untertest „Textaufgaben-Lösen" die Darstellungsform verbessert. Die Bestimmung der Stanine-Werte aus den Rohwerten erfolgt ausschließlich getrennt nach der Testversion (Form A und B). Bei der revidierten Fassung entfällt die weitere Aufschlüsselung nach Geschlecht.

Die Neunormierung wurde an testrepräsentativen Stichproben von Realschülern der Abschlussklassen, kaufmännischen Berufsschülern, Ratsuchenden beim Arbeitsamt, beruflichen Rehabilitanden und Lehrstellenbewerbern im kaufmännischen Bereich vorgenommen.

Gütekriterien und empirische Fundierung

Reliabilität
Aufgrund der Schnelligkeitskomponente des Testverfahrens wählten die Testautoren zur Bestimmung der Messgenauigkeit des Instrumentes die Paralleltest- und die Retestmethode. Die Paralleltest-Reliabilität wurde an einer Stichprobe von 183 Probanden, die sich überwiegend aus Realschülern der 9. und 10. Klasse und Berufsschülern im 2. Lehrjahr zusammensetzte, überprüft. In einem zeitlichen Abstand von 8 Wochen wurde den Probanden zuerst die Testform A und darauf die Testform B bzw. zuerst die Testform B und dann Testform A vorgelegt. Die Testergebnisse der Form A wurden anschießend mit den Testergebnissen der Form B korreliert. Die Paralleltest-Reliabilitätskoeffizienten der Untertests liegen zwischen .47 und .68. Die Korrelationen für die Rohwert-Summe, die Stanine-Summe (das ist die Summe der sechs Stanine-Werte der Untertests) und die Standardwerte nehmen Werte zwischen .75 und .80 an.

Zur Ermittlung der Retest-Reliabilität wurde eine Stichprobe von 156 Real- und Berufsschülern, die sich in der 9. und 10. Klasse bzw. im 2. Lehrjahr befanden, herangezogen. Die Testteilnehmer bearbeiteten zweimal im Abstand von 8 Wochen die gleiche Testversion. Die Ergebnisse der beiden Testdurchführungen wurden miteinander korreliert. Für die Untertests ergeben sich Retest-Reliabilitäten zwischen .59 und .76. Die Korrelationen der Rohwert-Summe, der Stanine-Summe und der Standardwerte variieren zwischen .74 und .83. Während die verschiedenen Summen- und Standardwerte des ABAT-R ausreichend hohe Reliabilitätskennwerte aufweisen, sind für einzelne Untertests die Koeffizienten eher unbefriedigend. Sämtliche Paralleltest- und Retest-Reliabilitäten des ABAT-R sind Tabelle 5-1 zu entnehmen.

Tabelle 5-1: Paralleltest- und Retest-Reliabilitäten des ABAT-R

	Paralleltest-Reliabilität	**Retest-Reliabilität**
Kundenbriefe-Sortieren	.60	.72
Adressen-Prüfen	.62	.66
Summen-Prüfen	.68	.76
Rechtschreibung-Korrigieren	.68	.59
Textaufgaben-Lösen	.47	.62
Zeichen-Setzen	.53	.59
Rohwert-Summe	.80	.83
Stanine-Summe	.79	.83
Standardwert (Schulnorm)	.75	.74
Standardnorm (Altersnorm)	.78	.76

Sowohl beim Parallel- als auch beim Retestverfahren sind signifikante Übungseffekte zu verzeichnen. Bei der Paralletestmethode ist eine durchschnittliche Verbesserung der ABAT-R-Testergebnisse um 2.9 Stanine-Summenpunkte und bei der Retestmethode um 5.4 Stanine-Summenpunkte zu erwarten.

Validität
Inhaltliche Validität: Da typische Tätigkeitsmerkmale und Grundanforderungen der Büroberufe sich in den Aufgaben des ABAT-R widerspiegeln, konstatieren die Autoren dem Messinstrument inhaltliche Validität.

Konstruktvalidität: Informationen über die Binnenstruktur des ABAT-R geben die Interkorrelationen der Untertests, die an der Normierungsstichprobe (s. Normen) erhoben wurden und Werte von $r = .28$ bis $r = .59$ annehmen. Die durchschnittliche Interkorrelation der ABAT-R-Untertests beträgt $r = .46$. Erwartungsgemäß ergeben sich enge Zusammenhänge von $r = .53$ zwischen den Untertests „Summen-Prüfen" und „Textaufgaben-Lösen", die beide numerische Inhalte erfassen. Auf Grund des verbalen Inhaltes korrelieren die Untertests „Rechtschreibung-Korrigieren" und „Zeichen-Setzen" zu .56 miteinander. Beim Untertest „Kundenbriefe-Sortieren" wird der Testteilnehmer sowohl mit verbalem als auch numerischem Material konfrontiert. Deshalb weist der Untertest „Kundenbriefe-Sortieren" sowohl eine Beziehung zum verbalen Untertest „Rechtschreibung-Korrigieren" mit $r = .56$ als auch zum numerischen Untertest „Textaufgaben-Lösen" mit $r = .52$ auf. Die Korrelationen zwischen Untertests mit numerischem und verbalem Inhalt fallen geringer aus, was sich z.B. in der Beziehung der Untertests „Textaufgaben-Lösen" und „Zeichen-Setzen" mit $r = .34$ widerspiegelt. Der höchste Interkorrelationswert liegt für die Untertests „Kundenbriefe-Sortieren" und „Adressen-Prüfen" mit $r = .59$ vor.

Faktorielle Validität: An der Normierungsstichprobe (s. Normen) wurden mehrere Faktorenanalysen durchgeführt, die Aufschluss über die faktorielle Struktur des ABAT-R geben sollten. Im Handbuch werden nur die Ergebnisse einer Hauptkomponentenanalyse für die Teilstichprobe der Realschüler präsentiert, weil sich nach den Angaben der Testautoren für die anderen Teilstichproben und auch für die anderen Berechnungsarten (Hauptkomponentenmethode und Hauptachsenmethode) ähnliche Befunde ergaben. Die Varimax-Rotation ergibt zwei Faktoren, die als verbaler und numerischer Faktor identifiziert werden. Auf dem verbalen Faktor haben die Untertests „Rechtschreibung-Korrigieren" ($a = .85$) und „Zeichen-Setzen" ($a = .79$) hohe Ladungen. Die Faktorladungen der Untertests „Summen-Prüfen" und „Textaufgaben-Lösen" auf dem numerischen Faktor sind $a = -.84$ und $a = .74$. Eine eindeutige Zuordnung der Untertests „Kundenbriefe-Sortieren" und „Adressen-Prüfen" zu einem Faktor gelingt nicht, denn sie laden auf beiden Faktoren mit mindestens .40.

Konvergente und diskriminante Validität: Im Rahmen einer Eignungsuntersuchung wurde 138 Bewerbern um kaufmännische Lehrstellen in einem Finanzdienstleistungsunternehmen unter anderem das Leistungs-Prüf-System (LPS; Horn, 1983) und der ABAT-R vorgelegt. Das LPS erfasst in seinen Untertests Allgemeinbildung, Denkfähigkeit, Worteinfall, technische Begabung, Ratefähigkeit und Wahrnehmungstempo. Abgesehen von den Untertests „Adressen-Prüfen" und „Summen-Prüfen" mit geringeren Werten korrelieren die übrigen vier Untertests des ABAT-R um $r = .50$ mit dem Gesamtwert des LPS. Aus der hohen Korrelation der beiden Gesamttestwerte ($r = .67$) kann geschlossen werden, dass der ABAT-R einen großen Anteil genereller kognitiver Fähigkeiten misst.

Die Testergebnisse des ABAT-R, des Rechentests 8+ (RT 8+; Fisch, Hylla & Süllwold, 1965) und des Rechtschreibtests 8+ (RST 8+; Damm, Hylla & Schäfer, 1965) liegen für eine Gruppe von 42 beruflichen Rehabilitanten, die überwiegend einen Hauptschulabschluss besaßen, vor. Der Rechentest 8+ korreliert mit r = .46 mit dem Untertest „Summen-Prüfen", mit r = .64 mit dem Untertest „Textaufgaben-Lösen" und außerdem mit r = .58 mit der ABAT-R-Stanine-Summe. Einen hohen Zusammenhang weist der Rechtschreibtest 8+ mit dem Untertest „Rechtschreibung-Korrigieren" des ABAT-R auf (r = .68).

Weitere Ergebnisse zur konvergenten und diskriminanten Validität liegen für eine Gruppe von Ratsuchenden in einem Arbeitsamt vor. Einen Anhaltspunkt für die diskriminate Validität liefern die geringen Zusammenhänge der verbalen Untertests „Rechtschreibung-Korrigieren" und „Zeichen-Setzen" mit dem Figure Reasoning Test (FRT; Daniels, 1971), einem sprachfreien Verfahren zur Erfassung der allgemeinen Intelligenz.

Prognostische Validität: Zur Ermittlung der prognostischen Validität des Messinstrumentes wurden bei 171 Schülern einer kaufmännischen Berufsschule die Stanine-Summen im ABAT-R mit den Berufsschulnoten korreliert. Der Zeitabstand, der zwischen Testdurchführung und Abschlusszeugnis lag, betrug 6 Monate. Neben der Zeugnisdurchschnittsnote weist das Berufsschulzeugnis Benotungen in den folgenden Fächern auf: Verhalten, Mitarbeit, Deutsch, Gemeinschaftskunde, Allgemeine Wirtschaftslehre, Spezielle Wirtschaftslehre, Buchführung, Rechnen und Datenverarbeitung. Abgesehen von den Fächern Rechnen (r = .45) und Datenverarbeitung (r = .42) zeigen sich eher geringe Zusammenhänge mit dem Testergebnis des ABAT-R. Werden die Einzelfächer zur Zeugnisdurchschnittsnote aggregiert, ergibt sich die höchste Korrelation mit r = .49 zur Stanine-Summe des ABAT-R.

Objektivität
Der ABAT-R erfüllt die Gütekriterien der Durchführungs- und Auswertungsobjektivität. Die Instruktionen für den Testleiter und für die Testteilnehmer sind schriftlich vorgegeben und standardisiert. Zur Testauswertung werden Lösungsschablonen und Auswertungsschlüssel verwendet. Im Handbuch befinden sich keine Interpretationshilfen im Sinne einer verbalen Beschreibung individueller Testergebnisse. Deshalb lässt sich der Grad der Interpretationsobjektivität nicht einschätzen. Die Auswertung liefert jedoch einen numerischen Wert, mit dem die Position des Probanden innerhalb der Normierungsstichprobe bestimmt werden kann.

Durchführung und Auswertung

Durchführung
Das Testmaterial, welches zur Durchführung und Auswertung des ABAT-R benötigt wird, umfasst die Handanweisung (61 Seiten), Testhefte der Formen A und B und jeweils zwei Auswertungsschlüssel und 4 Lösungsschablonen pro Testform. Außerdem benötigt der Testleiter eine Stoppuhr, und jeder Testteilnehmer sollte zwei Schreibstifte zur Verfügung haben.

Im Handbuch befindet sich die Anleitung zur Durchführung des Testverfahrens für den Testleiter, und im Testheft sind zu jedem Untertest die Bearbeitungsanweisungen mit Beispielen für die Testteilnehmer abgedruckt. Die Durchführungstechnik sieht vor, dass vor der Bearbeitung jedes Untertestes der Testleiter die Instruktion mit den Aufgabenbeispielen laut vorliest. Nachdem alle Nachfragen geklärt sind, gibt der

Testleiter das Zeichen zum Anfangen und setzt die Stoppuhr in Gang. Die Teilnehmer tragen ihre Antworten ins Testheft ein. Die Bearbeitungszeiten für die einzelnen Untertest müssen eingehalten werden. 5 Sekunden vor Ablauf der Testzeit gibt der Testleiter die Anweisung: „Bitte machen Sie nun einen dicken Strich unter die zuletzt bearbeitete Aufgabe. Halt! Nicht mehr weiterarbeiten." Direkt nach Beendigung des letzten Untertestes werden die Testhefte eingesammelt. Die Bearbeitungsreihenfolge der einzelnen Untertests ist festgelegt. Die Testzeit – die zur Beantwortung der Testaufgaben vorgegebene Zeit – beträgt 28 Minuten. Die Durchführungszeit mit allen Anweisungen liegt bei 45 Minuten. Das Testverfahren ist sowohl als Einzel- als auch als Gruppentest durchführbar.

Auswertung
Zur Rohwertauszählung werden die Auswertungsschlüssel und Lösungsschablonen verwendet. Durch Aufsummieren der erreichten Punkte wird für jeden Untertest der Rohwert errechnet. In der Handanweisung befinden sich für die Testformen A und B Transformationstabellen, mit denen die Untertestrohwerte in Staninewerte umgewandelt werden. Die Staninewerte der sechs Untertests, die das Untertestprofil ergeben, werden durch einfaches Addieren zusammengefasst und bilden die Stanine-Summe. Die Stanine-Summe eines jeden Testteilnehmers kann mit Hilfe von Normtafeln in Standardwerte und Prozentrangwerte transformiert werden. Es existieren Normtafeln für Altersgruppen (14-Jährige, 15- bis 16-Jährige, 17- bis 18-Jährige und 20- bis 25-Jährige), für Schularten (9. und 10. Klasse an Realschulen sowie Klassen des 1. bis 3. Lehrjahres kaufmännischer Berufsschulen), für Bewerber (kaufmännischer Lehr- und Ausbildungsstellen) sowie für Rehabilitanden (berufliche Rehabilitationsfälle) und Ratsuchende beim Arbeitsamt. Zur Berechnung eines Kombinationswertes, der sowohl Alter als auch Schulart einbezieht, werden der Altersstandardwert und der Schulstandardwert arithmetisch gemittelt. Nach Angaben der Testautoren beansprucht die Auswertung des Testheftes ca. 10 Minuten.

Normen
Insgesamt besteht die Normierungsstichprobe aus 1659 Teilnehmern. Darunter befinden sich 420 Realschüler, 765 Berufsschüler, 138 Bewerber um kaufmännische Lehrstellen, 139 Ratsuchende beim Arbeitsamt und 197 berufliche Rehabilitanden. Es sind Normen für verschiedene Altersgruppen, Schulgruppen sowie Gruppen von Rehabilitanden, Ratsuchenden und Bewerbern für kaufmännische Lehrstellen vorhanden. Da Männer und Frauen sich im Gesamtergebnis nicht signifikant unterscheiden, wurde auf eine getrennte Darstellung von Geschlechtsnormen verzichtet.

Die Rohwerte der Untertests des ABAT-R sind nicht normalverteilt und wurden infolgedessen über eine Stanine-Transformation normalisiert und zugleich standardisiert, d.h. den ersten 4 % der Rohwerte wird der Stanine-Wert 1 zugewiesen, den nächsten 7 % der Stanine-Wert 2, die folgenden 12 % bekommen den Wert 3, die nächsten 17 % erhalten den Wert 4, das Intervall in der Mitte wird von den folgenden 20 % gebildet usf., bis den letzten 4 % der Rohwerte der Stanine-Wert 9 zugeordnet wird (Lienert & Raatz, 1998).

Bewertung

Bei dem Testverfahren handelt es sich um ein objektives Messinstrument, welches in seiner Handhabung ökonomisch ist. Mit dem Gesamttestwert liegt ein zuverlässiger Wert vor. Sehr anschaulich und für den Benutzer hilfreich sind die Auswertungsbeispiele im Handbuch sowie die Beispiele für die Berechnungen von Vertrauensintervallen, Profildifferenzen und kritischen Differenzen zur verantwortungsbewussten Interpretation der Testergebnisse. Der ABAT-R wird dem Anspruch gerecht, elementare und routinemäßig zu erledigende Aspekte der Büroarbeit, die schnell und zuverlässig zu bewältigen sind, zu erfassen. Die Akzeptanz des Verfahrens bei den Testteilnehmern spricht für die Augenscheinvalidität. Für viele Aspekte der Büroarbeit ist der Test sicherlich inhaltsvalide, jedoch sollte für jeden Büroberuf die inhaltliche Validität anhand des jeweiligen Anforderungsprofils geprüft werden. Der ABAT-R korreliert mit konstruktnahen Tests und Subskalen hoch und mit konstruktfernen Tests und Subskalen gering. Wie der hohe Zusammenhang mit dem LPS zeigt, werden mit dem ABAT-R generelle kognitive Fähigkeiten gemessen. Die Ergebnisse zur faktoriellen Validität belegen, dass mit dem ABAT-R verbale und numerische Fähigkeiten gemessen werden können. Der Zusammenhang zwischen dem ABAT-R-Gesamtwert und der Durchschnittsnote des Berufschulzeugnisses spricht für gute prognostische Validität.

Wichtige Hinweise für die Verbesserung der Untertests „Adressen-Prüfen" und „Rechtschreibung-Korrigieren" gibt Fay (1996). Nach Aussagen von Fay gelang es ihm, etwa die Hälfte aller Fehler in der Abschrift im Untertest „Adressen-Prüfen" ohne Blick auf die Originalliste zu finden, z.B. sind Manmheim und Beern mit großer Wahrscheinlichkeit falsch geschrieben. Ohne Vergleich mit der Originalliste kann allerdings nicht entschieden werden, ob Person X in der Schillerstraße Nr. 71 oder Nr. 77 wohnt und ob seine Telefonnummer 445687 oder 446587 lautet. Im Untertest „Rechtschreibung-Korrigieren" werden die Items „als folge" und „Teil nehmen" als falsch geschrieben klassifiziert und die richtige Schreibweise sollte lauten „als Folge" und „teilnehmen". Es lassen sich jedoch in Abhängigkeit vom Kontext Sätze konstruieren, in denen die als falsch klassifizierte Form richtig ist. Dazu die folgenden Beispielsätze: „Als Folge des Einzugs des Computers in praktisch jedes Büro haben sich die Anforderungen an die Büroarbeit in den vergangenen Jahren erheblich verändert; Testverfahren zur Erfassung der Eignung für Bürotätigkeiten sind jedoch so ausgelegt, als folge aus dieser Tatsache für die Diagnostik nichts. Wenn Sie an einem kalten Büffet teilnehmen, sollten Sie unbedingt auch vom Rehrücken einen Teil nehmen." Der ABAT-R basiert auf den Regeln der alten Rechtschreibung. Nach der neuen Rechtschreibung lautet z.B. die korrekte Schreibweise des Items 32 im Untertest „Rechtschreibung-Korrigieren" der Testform B „Misstrauen" und nicht wie bisher „Mißtrauen".

Der ABAT-R wurde dem Konstruktionsgedanken nach als Schnelligkeitstest konzipiert. Nach der Berechnung der Niveau-Indizes weisen jedoch in einer Stichprobe von Realschülern der Untertest „Textaufgaben-Lösen" und in einer Stichprobe von Berufsschülern die Untertests „Rechtschreibung-Korrigieren" und „Zeichen-Setzen" eine Niveau-Komponente auf.

Nach den Aussagen der Testautoren hat der Einzug der elektronischen Datenverarbeitung sich auf die Anforderungen in Büroberufen nur in begrenztem Maße ausgewirkt. Um den Anforderungen der Büroarbeit gerecht zu werden und unter Berücksichtigung der technischen Entwicklungen im Sektor der Datenverarbeitung lässt sich meiner Meinung nach eine Aufnahme EDV-naher oder computergestützt durchgeführter Aufgaben nicht vermeiden. Dies hätte zur Folge, dass sich die Grundstruktur des ABAT und ABAT-R im erheblichen Maße verändern würde.

5.2 Berufseignungstest BET

Yvonne Fehmer

Der Berufseignungstest ist ein Messinstrument zur Erfassung einiger Grundfunktionen beruflicher Eignung für Verwaltungsberufe, kaufmännische, technische und gewerbliche Berufe. Zu den Grundfunktionen zählen unter anderem Wahrnehmungsgenauigkeit, räumliches Anschauungsvermögen, Gewandtheit im Rechnen und die Zahlenlogik. Ansprechen möchte der Test Berufsberater, Personalleiter, Ausbilder im Betrieb, in Berufs- und Erwachsenenbildung Tätige, Arbeitsämter, Psychologen und Psychotherapeuten. Der Test kann zu verschiedenen Zwecken und bei 15- bis 38-jährigen Probanden eingesetzt werden. Er kann helfen, Auszubildende in bestimmten Berufen zu platzieren und bezüglich bestimmter Berufe richtig zu beraten, sowie klärend dazu beitragen, ob eine innerbetriebliche Versetzung oder Umschulung angebracht ist. Des Weiteren kann er auch im Bereich der Rehabilitation eingesetzt werden. Hugo Schmale und Heinz Schmidtke haben den BET bearbeitet, der die deutsche Fassung der General-Aptitude-Test Battery (GATB) ist und sich seit 1966 auf dem Markt befindet.

Konzeption

Der BET ist, wie die amerikanische Fassung auch, eine Testbatterie und umfasst 12 Untertests für die Untersuchung von Merkmalen, die für Anforderungen in unterschiedlichen Arbeitsbereichen vorausgesetzt werden. Für die Tests Nr. 1 bis Nr. 7 liegt eine Parallelform (A oder B) vor. Die Untertests können verschiedentlich miteinander kombiniert und wie nachfolgend bezeichnet werden:
1. Werkzeugvergleich (drei Übungsbeispiele und 49 Übungen)
   Es sollen Gegenstände aus Technik und Handwerk miteinander verglichen werden, die in schwarz und weiß ausgemalten Figuren dargestellt werden.
2. Körperabwicklung (fünf Übungsbeispiele und 40 Übungen)
   Aus vier vorgegebenen Körpern soll derjenige herausgefunden werden, der durch Zusammenfalten der Vorlage entstanden sein muss.
3. Adressenvergleich (acht Übungsbeispiele und 150 Übungen)
   Es sollen Namen (Adressen) in Bezug auf die korrekte Schreibweise verglichen werden.
4. Grundrechnen (vier Übungsbeispiele und 50 Übungen)
   Es sollen einfache Rechenaufgaben durch Subtrahieren, Addieren, Multiplizieren oder Dividieren gelöst werden.
5. Figurenlesen (acht Übungsbeispiele und 60 Übungen)
   Es sollen zwei Felder verglichen werden, die bestimmte Figuren enthalten. In Feld eins ist die Figur mit einer Zahl gekennzeichnet, in Feld zwei hat die gleiche Figur einen Buchstaben. Die Aufgabe besteht nun in der richtigen Zuordnung der Figuren bezüglich Größe und Form.
6. Rechenaufgaben (vier Übungsbeispiele und 25 Aufgaben)
   Es sollen kleine Textaufgaben gelöst werden.

7. Begriffsähnlichkeit / Begriffsgegensatz (fünf Übungsbeispiele und 60 Übungen)
   Aus vier Wörtern sollen jeweils die zwei Wörter herausgesucht werden, die entweder eine gleiche oder eine gegensätzliche Bedeutung haben.
8. Striche zeichnen (zwei Übungsdurchgänge je 10 Sekunden, Versuchsdurchgang 60 Sekunden)
   Es sollen Striche (zwei senkrechte und ein waagerechter) so schnell wie möglich in Quadrate eingezeichnet werden.
9. Zapfen stecken (ein Übungsversuch und drei Versuche mit je 15 Sekunden)
   Vor einem großen Steckbrett stehend soll es zu einem paarweisen Umstecken (mit jeder Hand wird ein Stift gefasst) aller Stifte aus dem oberen Teil in den unteren Teil des Brettes kommen.
10. Zapfen umdrehen (ein Übungsversuch und drei Versuche mit je 30 Sekunden)
    Vor einem großen Steckbrett stehend soll der Stift mit einer Hand so schnell wie möglich herumgedreht und in ein Loch zurückgesteckt werden.
11. Unterlegscheibe einbauen (ein Übungsversuch und eine Übung)
    Vor einem kleinen Steckbrett sitzend sollen Nieten aus dem oberen Teil des Brettes mit Unterlegscheiben, die auf einen Metallstab aufgereiht sind, versehen und so schnell wie möglich in den unteren Teil des Brettes gesteckt werden.
12. Unterlegscheibe ausbauen (ein Übungsversuch und eine Übung)
    Vor einem kleinen Steckbrett sitzend sollen die mit den Unterlegscheiben versehenen Nieten aus dem unteren Teil des Brettes in die Hand genommen und zerlegt werden. Die Unterlegscheiben werden wieder auf einen Metallstab aufgereiht und die Nieten in den oberen Teil des Brettes gesteckt.

Gütekriterien und empirische Fundierung

Objektivität
Zur Objektivität werden in dem Test keine Angaben gemacht. Es ist aber davon auszugehen, dass die Durchführungsobjektivität eingeschränkt gegeben ist. Die Durchführungsobjektivität ist eingeschränkt, wenn der Versuchsleiter von der Benutzung von Tafel und Kreide (für Erläuterungen) Gebrauch macht. Wenn die Anweisungen zur Durchführung und zur Auswertung des Tests von den Versuchsleitern ernstgenommen und beachtet werden und danach vorgegangen wird, werden die Testergebnisse der Probanden unabhängig von der Person des Versuchsleiters sein. Auch die Interpretationsobjektivität ist in diesem Test eingeschränkt gegeben. In einer Tabelle werden lediglich kleine Interpretationshinweise für die einzelnen und einige zusammengefasste Tests des BET gegeben. Für Test Nr. 1 sieht diese Interpretation z. B. wie folgt aus: „Wahrnehmungsgenauigkeit. Die Fähigkeit, Details von Gegenständen rasch und richtig zu erkennen." Es bleibt völlig offen, wie mit den Ergebnissen umgegangen werden soll. Es hängt von dem Versuchsleiter ab, wie die Ergebnisse interpretiert werden. Auf Standardwertnormen für jeden Einzeltest wird weiter unten noch eingegangen.

Reliabilität
Die Reliabilität der Einzeltests des BET wurde an mehreren Stichproben überprüft, die Größe der Stichproben schwankt zwischen 221 (Tests Nr. 1 bis 7, Form B) und

364 (Tests Nr. 1 bis 8, Form A) Versuchspersonen. Für die Gerätetests Nr. 9 bis 12 standen 296 Versuchspersonen zur Verfügung. Es nahmen Schüler von Haupt- und Berufsschulen und Gymnasien teil, die zwischen 14 und 18 Jahren alt waren. Man verfuhr nach dem Test-Retestverfahren, zwischen den Messungen lagen 7 Tage. Die Reliabilitätskoeffizienten der Einzeltests des BET liegen zwischen r = .89 und r = .93. Die innere Konsistenz wird bei der Überprüfung der Reliabilität nicht berücksichtigt.

Validität
Im Tabellenband liegen Validitätskoeffizienten für einige Berufsgruppen (Kaufmännische und Verwaltungsberufe, Gewerbliche und Technische Ausbildungsberufe) vor. Die Validitätskoeffizienten schwanken sehr, je nach Beruf und Untertest (z. B. .59 Maschinenschlosser, Test Nr. 6 und -.10 Bankkaufmann, Test Nr. 2). Die Befunde beziehen sich auf berufsspezifische Bewährungskontrollen von Einstellungsuntersuchungen verschiedener Industriebetriebe. Als Außenkriterium diente entwerder die innerbetriebliche Bewertung des Ausbildungserfolgs oder das Ergebnis der IHK-Abschlussprüfung.

Normen
Der Tabellenband enthält einmal Tabellen mit Standardwertnormen für jeden Einzeltest. Bei der Ermittlung des Standardwertes muss auf die unterschiedlichen Altersklassen und auf die jeweilige Form des Tests (A oder B) geachtet werden. Informationen zur Größe der Stichproben für die altersspezifischen Standardisierung können einer Tabelle entnommen werden. Je nach Altersgruppe und Test schwankte die Stichprobengröße zwischen 574 (Test 9-12, Altersgruppe 32-38) und 6492 (Test 8, Altersgruppe 15) Versuchspersonen. Weitere Informationen zur Stichprobe werden nicht gegeben.

Die in weiteren Tabellen angegebenen Standardwerte stellen empirisch ermittelte Anforderungsnormen für bestimmte Berufe dar. Bei der Ermittlung der Anforderungsnormen für jeden Beruf ist die Stichprobe unterschiedlich groß gewesen (z. B. Korrektor 21 Vpn, Industriekaufmann 731 Vpn). Auch hier werden außer der Größe der Stichprobe keine weiteren Informationen zu dieser gegeben. Die Frage nach der Normalverteilung bleibt offen.

Durchführung und Auswertung

Zur Durchführung des BET steht einem das gesamte Testmaterial zur Verfügung. Zu dem Testmaterial wird die Handanweisung, Auswerteschablonen und der Tabellenband gezählt. Weiter erhält jeder Proband die Testhefte 1 und 2, den Vordruck für den achten Untertest, zwei Steckbretter, zwei Bleistifte, Bleistiftanspitzer, Radiergummi und zwei Bogen Papier für Zwischenrechnungen. Der Versuchsleiter hat außerdem die Möglichkeit auf Tafel und Kreide zurückzugreifen, wenn Erläuterungen den Gebrauch dieser Gegenstände erfordern. Dieses würde bedeuten, dass dann die Durchführungsobjektivität nur eingeschränkt gegeben wäre. Nicht zu vergessen ist auch die Stoppuhr, damit eine exakte Zeitnahme bei den Untertests garantiert werden kann.

Jedes Aufgabenheft besteht aus verschiedenen Teilen mit jeweils anderen Aufgaben. Bevor man mit den eigentlichen Untertests beginnt, wird auf einer vorangehenden Seite jeder Untertest anhand von mindestens drei und maximal acht Übungsbeispielen, abhängig von der Schwierigkeit der Untertestaufgabe, erklärt. Auf dieser Übungsseite ist auch angegeben, wie viel Zeit für den Test eingeräumt wird. Weiter befinden sich hier die genauen Instruktionen für den Probanden. Je nach Untertest folgen auf den nächsten Heftseiten unterschiedlich viele Aufgaben, die der Proband lösen soll.

Die Handanweisung des BET sieht unter anderem *„Allgemeine"* und *„Spezielle Instruktionen für den Untersuchungsleiter"* vor. In den *allgemeinen Instruktionen* wird erwähnt, dass der BET sowohl als Einzel- wie auch als Gruppentest durchgeführt werden kann. Bei Gruppenuntersuchungen wird die Gruppengröße nicht vorgeschrieben, sondern hängt von den vorhandenen Hilfskräften und dem zur Verfügung stehenden Testmaterial ab. Ein Schema, nach dem bei einer Größe von 12 Probanden optimal untersucht werden könnte, ist in Abbildung 5-7 dargestellt. Die Handanweisung hält auch ein Schema für eine Gruppengröße von 18 Probanden parat. Bei den Gerätetests sollte besonders auf die Gruppengröße geachtet werden. Die Gruppe sollte aus nicht mehr als sechs Probanden bestehen. Die Durchführung des gesamten Tests nimmt 2¼ bis 2½ Stunden in Anspruch, wobei eine Pause von ca. 15 Minuten empfohlen wird.

In den *speziellen Instruktionen* für den Untersuchungsleiter wird erwähnt, dass der Untersuchungsleiter die Aufgabe hat, in der Prüfungssituation für eine situationsangemessene Einstellung bei den Probanden zu sorgen. Affektive Spannungen, in Prüfungssituationen durchaus üblich, könnten sonst die Untersuchungsergebnisse beeinträchtigen.

Für die Auswertung des BET liegen dem Test Schablonen bei, deren korrekte Anlage ein Auszählen der richtigen Antworten möglich macht. Die Schablonen sind für die Auswertung der Tests Nr. 1 bis Nr. 7 zu verwenden. Jeder Untertest wird einzeln ausgewertet und die Anzahl der richtigen Antworten macht auch den individuellen Testrohwert für diesen Untertest aus. Wie der Untertest Nr. 8 (Striche zeichnen) und die Gerätetests auszuwerten sind, entnimmt man der Handanweisung. Die Ergebnisse der Tests Nr. 9 bis Nr. 12 werden in einer separaten Ergebnisliste eingetragen und ein Vordruck dieser Liste liegt dem BET bei.

Die Testrohwerte lassen sich in für das Alter spezifische Standardwerte (Z-Werte) transformieren. Wenn es gewünscht wird, können die Standardwerte mit Hilfe einer weiteren Tabelle in Prozentränge umgewandelt werden. Angaben zur Dauer der Testauswertung werden nicht gemacht.

Bewertung

Der BET hat eine gute und klar strukturierte Handanweisung. Eine Einarbeitung in den Test ist auch für Laien rasch möglich. Es wird deutlich und leicht verständlich geschrieben. Durch Beispiele und Zeichnungen wird vieles erläutert. Ein Fehler hat sich aber in die Handanweisung eingeschlichen und auf ihn muss aufmerksam gemacht werden: Bei der Beschreibung des Tests Nr. 10 ist eine falsche Abbildung für die Linkshänder abgedruckt worden. Die Abbildung 3B, für die Linkshänder gedacht, entspricht genau der Abbildung 3A, die für die Rechtshänder vorgesehen ist. Weiter könnte der Antwortbogen der heutigen Zeit angepasst werden. Es wird noch von Volksschule, Mittelschule und Oberschule gesprochen, eine Umbenennung in Hauptschule, Realschule und Gymnasium wäre angebracht.

Teilzeit im Untersuchungs ablauf	bearbeitete Tests in			
	Gruppe 1		Gruppe 2	
1. Teilzeit	1 bis 4 + Pause		9 bis 10	11 bis 12
			11 bis 12	9 bis 10
2. Teilzeit	5 bis 8		1 bis 4 + Pause	
3. Teilzeit	9 bis 10	11 bis 12	5 bis 8	
	11 bis 12	9 bis 10		

Abbildung 5-7: Untersuchungsschema für eine Gruppe mit 12 Probanden

In der Handanweisung fehlt auch ein Kapitel, in dem auf die Auswertung eingegangen wird. Es wird nicht konkret erklärt, wie man nach der Durchführung des Tests weiterverfahren muss, um die Rohwerte zu erhalten. Man kann sich denken, dass die Schablonen angelegt werden müssen und die Werte ausgezählt werden müssen, aber es wird nichts Konkretes zu der Auswertung der Tests Nr. 1 bis Nr. 7 gesagt. Angaben zur Auswertung der Tests Nr. 8 bis Nr. 12 befinden sich knapp in der Handanweisung. Übersichtlicher und einleuchtender wäre es gewesen, ein separates Kapitel für die Auswertung zu schreiben, in dem Hinweise, wie bei den einzelnen Tests zu verfahren ist, gegeben werden. Der Test ist nur teilweise objektiv; Auswertungsobjektivität ist gegeben, Durchführungsobjektivität und Interpretationsobjektivität sind jedoch nur eingeschränkt gegeben, da bei der Durchführung die Möglichkeit des Gebrauchs von Tafel und Kreide eingeräumt werden und für die Interpretation kleine Hinweise gegeben werden. Weiter ist der Test reliabel und valide, Normen werden auch angegeben.

Des Weiteren werden wenig konkrete Hilfen gegeben, wie die Ergebnisse zu interpretieren sind. Eine kleine Tabelle, die nicht viel Aussagekräftiges enthält, lediglich Hinweise darauf, auf was es in den Tests ankommt und was man benötigt, um die jeweilige Aufgabe lösen zu können, wird als Interpretationsansatz angeboten. Einige berufsspezifische Anforderungsnormen, die in Tabellen dargestellt sind, werden vorgelegt. Diese wurden im Jahr 1993 festgelegt und spiegeln so auch relativ gut den aktuellen Stand wider.

Der BET kann als ein Instrument herangezogen werden, wenn es darum geht, eine Entscheidung hinsichtlich eines bestimmten Berufs oder einer beruflichen Veränderung zu treffen. Eine Hilfe bei dieser Entscheidungsfindung kann er sein, man sollte sich aber nicht nur auf ihn verlassen, sondern auch noch die Nutzung anderer Instrumente in Erwägung ziehen. Berufsberater in den Arbeitsämtern können ihn zur

Grundlage nehmen und darauf aufbauend dann die Suche nach einem in Frage kommenden Beruf in Angriff nehmen. Der BET zeigt in welchen Bereichen (durch die unterschiedlichen Tests gemessen) der Proband Stärken und in welchen er Schwächen zeigt, ob er zum Beispiel geeigneter für einen technischen Beruf oder für einen Verwaltungsberuf wäre.

5.3 Bonner-Postkorb-Module (BPM)

Michaela Brocke

Die Bonner-Postkorb-Module (BPM) dienen der Eignungsdiagnose von Personen für Positionen, die administrative Tätigkeiten wie Planung, Organisation und Entscheidung beinhalten. Sie können im Rahmen von Assessment Centern zur Personalauswahl und -entwicklung eingesetzt werden. Die Bonner-Postkorb-Module wurden von Musch, Rahn und Lieberei (2001) entwickelt. Sie bestehen aus vier einzelnen Postkörben, den Modulen, die sich auf unterschiedliche Berufsfelder beziehen.

Konzeption

Grundkonzept und Ziel des Verfahrens
Die Module sind nach den Prinzipien der Postkorbaufgabe, einer der verbreitetsten situativen Aufgaben im Assessment Center (Schippmann, Prien & Katz, 1990), konstruiert. In Assessment Centern wird eine anforderungsbezogene Eignungsdiagnostik anhand von Übungen vorgenommen, die eine tätigkeitsbezogene Stichprobe zukünftiger Arbeitsaufgaben, ähnlich einer Arbeitsprobe, darstellen.

Postkorb-Aufgaben zeichnen sich dadurch aus, dass sie eine Reihe von Schriftstücken, die repräsentativ für den Posteingang einer Führungskraft sein sollen und in Komplexität, Dringlichkeit und Wichtigkeit variieren, enthalten. In der Regel werden eine Vielzahl von Schriftstücken (z.B. Briefe, Notizen, Faxe) mit großer thematischer Bandbreite eingesetzt, die unter Berücksichtigung einer hohen Anzahl miteinander verknüpfter Informationen in recht kurzer Zeit von den Teilnehmern des Assessment Centers zu bearbeiten sind. Die Bearbeitung ist in eine hypothetische Arbeitssituation in einem fiktiven Unternehmen eingebettet und die Teilnehmer verfügen über die zur Entscheidung über die einzelnen Schriftstücke notwendigen Hintergrundinformationen. Durch die Bearbeitung der Schriftstücke sollen analytische, organisatorische und planerische Fähigkeiten erfasst werden.

In Anbetracht der weiten Verbreitung von Postkörben wurden bisher, insbesondere im deutschsprachigen Raum, verhältnismäßig wenige Studien durchgeführt, die die Zuverlässigkeit und Gültigkeit der Ergebnisse von Postkörben überprüft haben (vgl. Dommel, 1995; Schippmann, Prien & Katz, 1990). Mit wenigen Ausnahmen sind zudem kaum Postkörbe veröffentlicht worden. Ziel der Autoren ist daher, durch die Veröffentlichung der vier Postkorb-Aufgaben praktischen Anwendern und Forschern Materialien für den Einsatz und die kritische Validierung an die Hand zu geben.

Aufbau des Verfahrens
Die Bonner-Postkorb-Module setzen sich aus vier verschiedenen Postkörben zusammen, die sich aufgrund ihrer konkreten Ausgestaltung (Materialien, Szenario) auf unterschiedliche Berufsfelder beziehen:
- *CaterTrans:* Geschäftsbetrieb eines im Bereich Flugcatering tätigen Dienstleistungsunternehmens (21 Schriftstücke)

- *Chronos:* Personalmanagement in einer Zeitarbeitsfirma (17 Schriftstücke)
- *Minos:* Produktions- und Auslieferungsbetrieb in einem Chemieunternehmen (18 Schriftstücke)
- *AeroWings:* Management der Logistikabteilung einer Fluggesellschaft (19 Schriftstücke)

In jedem Postkorb werden die folgenden drei Dimensionen erfasst:
- *Analyseverhalten*
- *Organisation und Planung*
- *Entscheidungsverhalten*

Formale Konstruktion der Postkörbe
Im Manual wird auf drei formale Aspekte eingegangen, die bei der Konstruktion von Postkorb-Aufgaben relevant sind. Zum einen können bei Postkörben mehrere Kategorien, die verschiedene Handlungen beschreiben, als mögliche Lösungen vorgegeben oder offene Items verwendet werden. Obwohl die Verwendung von Multiple-Choice-Items die Auswertungsobjektivität erhöht, wurden in den vier Postkörben offene Items verwendet, d.h. die Testpersonen müssen die Maßnahmen, die ein Dokument erfordert, frei generieren. Die offene Beantwortung wurde gewählt, da Multiple-Choice-Aufgaben lediglich die Auswahl zwischen verschiedenen Vorgaben fordern und somit keine Information darüber liefern, ob eine Person die ausgewählte Lösung auch selbständig erarbeitet hätte (vgl. Hakstian & Scratchley, 1997).

Des Weiteren kann in Postkörben eine standardisierte versus eine unstandardisierte Bewertung vorgenommen werden. In den Bonner-Postkorb-Modulen werden ausschließlich Aufgaben mit sachlogischen, eindeutigen Lösungen verwendet (z.B. eine Information wird an die zuständige Stelle weitergeleitet, eine Terminkollision wird erkannt), um eine standardisierte Bewertung anhand eines Kriterienkataloges, der sämtliche nötigen Maßnahmen, Entscheidungen und Erkenntnisse anführt, zu ermöglichen.

Als dritter formaler Konstruktionsaspekt wird auf die Scoringprozedur, die innerhalb der standardisierten Bewertung angewandt wird, eingegangen. Hier können neben Bonuspunkten für korrekte Antworten auch Maluspunkte für falsche Entscheidungen vergeben werden. Die Bewertungssysteme der Bonner Postkorb-Module berücksichtigen allein Bonuspunkte. Die Autoren begründen diese Entscheidung damit, dass dadurch verhindert wird, dass eine Person, die in der vorgegebenen Bearbeitungszeit mehrere Aufgaben nicht bearbeitet, besser abschneidet als eine Person, die diese Aufgaben innerhalb der vorgegebenen Zeit fehlerhaft bearbeitet.

Inhaltliche Konstruktion der Postkörbe
Zur Ermittlung charakteristischer Aufgaben, typischer Posteingänge und repräsentativer kritischer Ereignisse wurden bei dem Postkorb CaterTrans in einem ersten Schritt Arbeits- und Anforderungsanalysen in Form einer strukturierten Befragung von Stelleninhabern und Vorgesetzten eines Unternehmens durchgeführt (Musch, Rahn & Lieberei, 2001). Die ermittelten Aspekte wurden von den befragten Personen in einem zweiten Schritt hinsichtlich ihrer Bedeutsamkeit auf einer fünfstufigen Ratingskala eingeschätzt. Daneben wurden die Ergebnisse der Analysen von Stellenbeschreibungen und des Führungskräfteleitbildes herangezogen. Bei dem Postkorb

Chronos basiert die Itemkonstruktion auf einer Analyse veröffentlichter und unveröffentlichter Postkorbverfahren sowie der Ergebnisse von Workshops (Musch & Lieberei, 1998).

Die Maßnahmen, Entscheidungen und Erkenntnisse, die aufgrund der entwickelten Items der Postkörbe zu treffen bzw. zu erlangen sind, wurden den drei Skalen, d.h. den Dimensionen „Analyseverhalten", „Organisation und Planung" sowie „Entscheidungsverhalten" nach inhaltlichen Gesichtspunkten zugeordnet. Die Dimensionen werden in den einzelnen Postkörben entsprechend in unterschiedlichem Ausmaß berücksichtigt. In Tabelle 5-2 ist für jeden der vier Postkörbe der Anteil der maximal zu erreichenden Punktzahl auf einer Dimension an der maximal zu erreichenden Gesamtpunktzahl angegeben. Anhand dieser prozentualen Anteile ist die Gewichtung der Dimensionen in dem jeweiligen Postkorb ersichtlich.

Tabelle 5-2: Verteilungen der Punktzahlen auf die drei Dimensionen

Postkorb	Anteil am Gesamtscore in % (maximale Punktzahl)			
	Analyse	Organisation	Entscheidung	Gesamt
CaterTrans	46 % (31)	24 % (16)	30 % (20)	100 % (67)
Chronos	51 % (27)	26 % (14)	23 % (12)	100 % (53)
Minos	38 % (18)	35 % (17)	27 % (13)	100 % (48)
AeroWings	31 % (25)	48 % (38)	21 % (17)	100 % (80)

Gütekriterien und empirische Fundierung

Reliabilität
Für zwei Postkörbe, CaterTrans und Chronos, sind im Handbuch Koeffizienten für die interne Konsistenz (Cronbachs α) angegeben. Sie liegen für den Postkorb CaterTrans bei α = .91 (N = 47) und für den Postkorb Chronos bei α = .82 (N = 54). Für den Postkorb Chronos wurde zusätzlich die Split-Half-Reliabilität berechnet, sie liegt bei r = .83 (Musch & Lieberei, 1998). Für die Postkörbe Minos und AeroWings werden keine Werte für die interne Konsistenz oder Split-Half-Reliabilitäten berichtet. Die Retest-Reliabilität wurde für keinen der Postkörbe geprüft.

Validität
Die Ergebnisse der Postkörbe CaterTrans (N = 39) und Chronos (N = 54) wurden mit den Ergebnissen anderer im Assessment Center eingesetzten Übungen wie Gruppendiskussionen, Fallstudien und Mitarbeitergesprächen korreliert. Die Ergebnisse weisen nach Interpretation der Autoren darauf hin, dass mit den beiden Postkörben andere Dimensionen erfasst werden als mit den übrigen Assessment Center-Übungen. Die Höhe der Interkorrelationen der Dimensionen, r = .63 für den Postkorb CaterTrans (N = 47) und r = .53 für den Postkorb Chronos (N = 54), rechtfertigt nach Ansicht der Autoren die Bildung eines Gesamtwertes. Zu den beiden weiteren Postkörben Minos und AeroWings liegen bisher keine Erkenntnisse bezüglich ihrer Validität vor.

Objektivität

Die Durchführungsobjektivität kann aufgrund der standardisierten Bedingungen der Testung als gegeben betrachtet werden. Die Auswertungsobjektivität der vier Postkorb-Module ist ebenfalls gegeben. Sie ist höher als bei Postkörben, in denen die Auswertung während der mündlichen Präsentation durch den Postkorbbearbeiter von den Beobachtern global auf vorgegebenen Eigenschaftsdimensionen vorgenommen wird (vgl. Brannick, Michaels & Baker, 1989) und dadurch Verzerrungen der Eindrucksbildung unterliegt (s. Robertson, Gratton & Sharpley, 1987), die die Auswertungsobjektivität mindern. Bei den Postkorb-Modulen wird eine höhere Auswertungsobjektivität erreicht, da für jeden der vier Postkörbe ein standardisierter Auswertungsschlüssel vorliegt, in dem sämtliche aufgrund eines Dokumentes zu treffenden Maßnahmen beschrieben sind und für jede Maßnahme angegeben ist, welcher der drei Dimensionen sie zugeordnet wird. Für den Postkorb CaterTrans wurde die Übereinstimmung von zwei Beobachtern über zehn Auswertungen empirisch geprüft. Es ergab sich eine mittlere Korrelation der Urteile von $r = .91$.

Die Interpretationsobjektivität ist in nicht ausreichendem Maße gegeben. Zur Einordnung des Testergebnisses eines Probanden stehen lediglich die im Manual angegebenen Mittelwerte und Standardabweichungen der Testergebnisse in drei Untersuchungen, die geringe Stichprobenumfänge ($N = 47$, $N = 54$, $N = 8$) aufweisen, zur Verfügung.

Durchführung und Auswertung

Durchführung

Den Probanden wird ein Testheft ausgehändigt, das die Instruktionen und die zu bearbeitenden Schriftstücke enthält. Zusätzlich werden Notizbögen zur Protokollierung der vorgenommenen Entscheidungen ausgehändigt, die einen Terminkalender und ein Organigramm enthalten. Die Instruktionen enthalten alle Informationen, die zur Bearbeitung des Postkorbes nötig sind. Die Teilnehmer werden in den Instruktionen über die Zielsetzung der Übung und ihre Aufgabe informiert sowie in das jeweilige Szenario eingeführt. Zusätzlich wird in den Instruktionen eine kurze Charakterisierung der wichtigsten Mitarbeiter gegeben.

Der Postkorb wird von den Probanden nach Lesen der Instruktionen in Einzelarbeit in der vorgegebenen Reihenfolge der Schriftstücke bearbeitet. Für die Bearbeitung sind 60 Minuten vorgesehen.

Ergebnisauswertung

Nach der Bearbeitung des Postkorbes präsentiert und begründet der Proband seine Entscheidungen vor einem Gremium, das aus den Beobachtern im Assessment Center besteht. Die Auswertung erfolgt an und somit während der mündlichen Präsentation, die pro Proband 30 Minuten in Anspruch nimmt. Der Proband gibt in der Präsentation anhand der Notizbögen für jedes Schriftstück an, welche Schlüsse er zieht, welche Maßnahmen er trifft und welche Handlungen er plant. Jeder Beobachter nimmt eine eigenständige Bewertung anhand des detaillierten Auswertungsbogens vor, in dem für jedes Schriftstück angegeben ist, welche Aspekte genannt werden sollen. Die Beobachter dürfen dabei, um der Standardisierung Rechnung zu tragen, nur solche Nachfragen an den Bewerber stellen, die in den Richtlinien genannt sind Für jeden richtigen genannten Aspekt und jede korrekte Entscheidung wird ein Punkt vergeben. Bei differierenden Bepunktungen sollen die Beobachter im Anschluss an die Präsentation einen Konsens bilden.

Die dimensionale Auswertung auf den Skalen „Analyseverhalten", „Organisation und Planung" und „Entscheidungsverhalten" erfolgt durch Summieren der zu einer Dimension zugehörigen Punkte. Die Zuordnung der Punkte zu den Skalen ist im Auswertungsbogen angegeben. Durch Addition der Skalensummenwerte kann ein Gesamtscore gebildet werden.

Normierung
Für die Postkörbe CaterTrans und Chronos werden lediglich die in insgesamt drei durchgeführten Studien resultierenden Mittelwerte und Standardabweichungen der drei Subskalen sowie des Gesamtwertes angegeben. Tabelle 2 zeigt die Werte für beide Postkörbe in diesen Studien. Die Ergebnisse der dritten Studie sind aufgrund des geringen Stichprobenumfangs der Untersuchung (N = 8) in Tabelle 5-3 nicht dargestellt. Informationen über die Verteilungen der Skalen- und Gesamtwerte sind im Manual nicht angegeben.

Tabelle 5-3: Mittelwerte und Standardabweichungen der Subskalen und Gesamtwerte für die Postkörbe CaterTrans und Chronos

Postkorb	N	Alter	Analyse	Organisation	Entscheidung	Gesamt
CaterTrans	47	39.5	14.4	7.8	12.3	34.4
		(4.7)	(5.1)	(2.8)	(3.8)	(10.7)
Chronos	54	41.4	11.8	8.3	7.2	27.2
		(5.5)	(4.3)	(1.6)	(2.2)	(7.0)

Bewertung

Mit den Bonner-Postkorb-Modulen werden Anwendern vier Postkörbe mit sämtlichen zur Durchführung und Auswertung benötigten Materialien zur Verfügung gestellt. Dadurch können die Postkörbe von Praktikern und Forschern angewendet und evaluiert werden, so dass der Austausch über die Reliabilität und Validität von Postkörben durch die Veröffentlichung gefördert wird. Ein solcher Austausch ist erforderlich, da fundierte Studien über die psychometrischen Eigenschaften von Postkörben bislang die Ausnahme darstellen.

Eine fundierte Bewertung der empirischen Güte der vier Bonner-Postkorb-Module ist aufgrund der vorliegenden Informationen nicht möglich. Es sind weitere – bzw. für die Postkörbe Minos und AeroWings erste – Untersuchungen nötig, um die psychometrischen Eigenschaften der Verfahren zu prüfen und die nach inhaltlichen Gesichtspunkten vorgenommene Zuordnung von Maßnahmen zu den Skalen empirisch abzusichern.

Bei Einsatz eines der vier Bonner Postkorb-Module sollte eine organisationsspezifische Normierung, die auf einer hinreichend großen Bewerberstichprobe beruht, vorgenommen werden, da die für die Postkörbe CaterTrans und Chronos angegebenen Mittelwerte und Standardabweichungen allenfalls eine grobe Einordnung des

Testergebnisses erlauben und für die Postkörbe Minos und AeroWings keine Normwerte vorliegen. Da für die Postkörbe Minos und AeroWings keine Daten zur Güte vorhanden sind, sollten Personalentscheidungen nicht aufgrund der Ergebnisse von Bewerbern in einem dieser Postkörbe gefällt werden, sofern nicht aus anderen oder eigenen Quellen Erkenntnisse zur Güte vorliegen.

Für den Einsatz eines der Module im Rahmen von Assessment Centern seien abschließend einige praktische Empfehlungen angeführt. In einem ersten Schritt ist zu prüfen, ob eine der vier Postkorb-Konzeptionen innerhalb der jeweiligen Organisation einsetzbar ist, d.h. das gewählte Szenario mit den jeweiligen organisationsspezifischen Gegebenheiten übereinstimmt, für die jeweilige Position passend ist und für die Position erforderliche Anforderungen abdeckt. Das gewählte Postkorb-Modul sollte im Assessment Center durch weitere situative Übungen ergänzt werden, um die gesamte Breite der beruflichen Anforderungen abzudecken. Insbesondere sollten dabei Übungen wie z.B. Gruppendiskussionen, Präsentationen und Mitarbeitergespräche in Betracht gezogen werden, die Komponenten der Sozialkompetenz wie Führungs-, Kooperations- und Konfliktlöseverhalten erfassen (Musch & Lieberei, 1997) und die durch den Postkorb ermittelten Informationen über die analytischen Kompetenzen ergänzen. Schließlich sollte vor dem Einsatz des Postkorbes ein Beobachtertraining durchgeführt werden, um einen sicheren Umgang der Beobachter mit dem Auswertungsschlüssel zu gewährleisten.

5.4 Büro-Test (BT)

Timo Priester

Der Büro-Test (BT) von Günter Marschner ist ein Verfahren zur Untersuchung der praktisch-kaufmännischen Fertigkeiten für Büroarbeiten. Er liegt seit 1981 in der zweiten Auflage vor. Der Test besteht aus sechs verschiedenen Aufgaben, mit denen insgesamt die „praktische" Intelligenz des Testanden im Sinne seiner praktisch-kaufmännischen Fertigkeiten für die Erledigung einfacher büromäßiger Vorgänge geprüft werden soll. Damit ist der BT in seiner Erstauflage von 1967 das erste Verfahren im deutschsprachigen Raum gewesen, welches ein standardisiertes Messinstrument zur Erfassung dieser Kompetenzen darstellt. Die Bedeutung eines solchen Instruments für die Prognose beruflicher Bewährung wurde vor allem durch betriebspsychologische und arbeitspädagogische Erfahrungen betont. Der BT wird vorwiegend zur Auswahl von kaufmännischen Angestellten sowie im Bereich der „verwaltenden" Berufsfelder verwendet.

Konzeption

Der Büro-Test gehört zur Kategorie der allgemeinen Leistungstests. Mit ihm soll die allgemeine praktisch-kaufmännische Fertigkeit für Büroarbeiten erfasst werden. Einer der Vorteile des BT liegt in seinem geringen Durchführungsaufwand. Er ist wegen seines geringen materiellen und zeitlichen Aufwandes (Durchführungsdauer ca. 30 Minuten) ein sehr ökonomisches Untersuchungsverfahren, welches bei seinen Testanden keine speziellen kaufmännischen Fähigkeiten voraussetzt. Er ist gleichermaßen als Einzel- wie auch Gruppentest durchführbar.

Der BT besitzt sowohl Eigenschaften eines Niveau- wie auch eines Speedtests: Seine Aufgaben sind nach ihrer Schwierigkeit sortiert und die Probanden haben genug Zeit, zumindest alle sechs Aufgaben in Angriff zu nehmen, nicht aber, sie alle noch zu lösen. Er besteht aus insgesamt sechs verschiedenen Aufgaben, die drei unterschiedliche Bereiche typisch kaufmännischer Tätigkeiten abdecken sollen (herausgefunden von einem Expertengremium durch die Analyse von kaufmännischen Arbeitsvorgängen). Es sind dies: Ordnen und Verteilen (OV), Arbeitsabläufe planen (AP) und Umgang mit Zahlen (ZU). Jeder Bereich wird durch zwei Aufgaben abgedeckt (siehe Abbildung 5-8). Folgende Kompetenzen sollen vor allem zur Lösung der Aufgaben erforderlich sein: Praktisch-anschauliches Denken, Kombinationsfähigkeit und organisatorische Befähigung. So gestattet die Anwendung des BT also Rückschlüsse auf das allgemeine Interesse eines Probanden für Büroarbeiten, seine Fertigkeiten bei der Erledigung schriftlicher Arbeiten und seine Geschicklichkeit bei der Lösung einfacher und mittelschwerer Aufgaben büro-verwaltungsmäßiger Art zu ziehen.

Es existieren zwei parallele Testformen A und B, die je aus den gleichen Aufgabentypen bestehen und sich nur durch andere Zahlenwerte voneinander unterscheiden. Auf diese Weise kann der Test auch auf engem Raume von mehreren Personen gleichzeitig bearbeitet werden, ohne dass gegenseitiges Abschreiben die Testergebnisse der Probanden verzerren könnte.

Ordnen und Verteilen (OV)

Aufgabe 1:
Bei dieser Aufgabe soll vom Testanden ein Wochenplan aufgestellt werden, um die Verteilung der Früh- und Spätschichten von 25 Lehrlingen in einem Betrieb zu regeln. Dabei müssen einige Sonderregeln bezüglich der Einsetzbarkeit dieser Lehrlinge beachtet werden.

Aufgabe 4:
Hier soll ein Stapel Briefe auf zehn verschiedene Ordner, die alphabetisch sortiert sein sollen, so nach seinen Absendern aufgeteilt werden, dass jeder Ordner hinterher gleich viele Briefe enthält. Die Buchstaben des Alphabetes kommen dabei unterschiedlich oft vor.

Arbeitsabläufe planen (AP)

Aufgabe 2:
Bei dieser Aufgabe sollen Rechnungskopien aus verschiedenen Orten so bearbeitet werden, dass hinterher erkennbar ist, wie viele Rechnungen aus jedem Ort kommen, welche davon bezahlt sind und welche Höhe die noch unbezahlten Rechnungen insgesamt haben.

Aufgabe 6:
Die schwierigste Aufgabe, im Prinzip ein kurzer Postkorb (vgl. Kapitel 11); es gilt, in möglichst kurzer Zeit sechs verschiedene Leute zu erreichen, um ihnen eine Terminänderung mitzuteilen. Die Leute können dabei zum Teil telefonisch erreicht werden, zum Teil müssen sie persönlich benachrichtigt werden.

Umgang mit Zahlen (ZU)

Aufgabe 3: Acht verschiedene Geldbeträge sollen bar ausgezahlt werden. Der Testand muss die Menge an Geldsorten ausrechnen, die mindestens zur Auszahlung gebraucht werden, ohne dabei noch wechseln zu müssen.

Aufgabe 5:
Hier sollen ausgegebene Beträge für Briefmarken ausgerechnet werden. Bevor nämlich das Gesamtkontingent an vorhandenen Briefmarken unter eine bestimmte Grenze fällt, müssen rechtzeitig neue eingekauft werden.

Abbildung 5-8: Die sechs Aufgaben des BT

Gütekriterien und empirische Fundierung

Objektivität
Angaben zur Durchführungsobjektivität werden in der Handanweisung des BT nicht gemacht. Aufgrund der hoch standardisierten Anweisungen sollte hier aber keine gravierende Beeinflussung durch den Versuchsleiter entstehen können.

Die Auswertungsobjektivität des Tests kann als ausgesprochen hoch angesehen werden. Sie liegt bei $r = .98$ und stellt die mittlere Übereinstimmung in ausgezählten Rohwerten zweier geübter Beurteiler von 12 Gruppen (N jeweils zwischen 30 und 40) dar. Des Weiteren wurde aus der Gesamtnormierungsstichprobe eine repräsentative Stichprobe von N = 30 Testanden gezogen, deren Ergebnisse von fünf erfahrenen Ratern ausgewertet wurden. Der errechnete Koeffizient der Auswertungsobjektivität ergab ebenfalls r = .98.

Die Interpretationsobjektivität wird durch drei verschiedene Normentabellen gewährleistet. Die addierten Rohwertsummen der Testanden können hier mit der entsprechend passenden Population verglichen werden. Zusätzlich enthält der Test noch zehn ausführliche Auswertungsbeispiele (inklusive Nebenrechnungen), die an konkreten Fällen zeigen, wie bestimmte Antwortmuster der Testanden zu bewerten und zu interpretieren sind.

Reliabilität
Für mehrere Gruppen wurde eine Konsistenz-Analyse berechnet. Die Berechnungen ergaben eine mittlere Reliabilität von r = .91 (N = 382). Die einzelnen Werte schwankten hierbei zwischen r = .58 und r = .98. Im Rahmen der Bestimmung der Paralleltestreliabilität zeigte sich bei einer Stichprobe von 260 Handelsschülern das Resultat, dass beide Testversionen A und B als äquivalent angesehen werden können. Eine Wilkes'sche Äquivalenzanalyse bestätigte diese Ergebnisse.

Eine Testwiederholung mit der jeweiligen Parallelform führte bei 187 Handelsschülern nach sechs Monaten zu einer Retestreliabilität von r = .71. Diese Schätzung wird als Minimalschätzung der Retestreliabilität des BT angesehen, da zwischen den sechs Monaten ein Handelsschulunterricht stattgefunden hat, der für die Testanden je nach Gruppenzugehörigkeit zu einem unterschiedlichen Übungsfortschritt geführt hat, der zwischen 2 und 9 Rohwertpunkten lag.

Validität
Eine logische Analyse der Arbeitsvorgänge, die zur Beantwortung der Aufgaben des BT nötig sind, zeigte, dass der BT gleichermaßen über eine hohe Augenschein- wie auch Inhaltsvalidität verfügt. Da es im deutschen Sprachraum bei Erscheinen des BT noch keinen zweiten, ähnlich konzipierten Test gab, musste auf eine Überprüfung der „inneren kriterienbezogenen Validität" verzichtet werden. Dies ist heute nicht mehr der Fall, gibt es doch inzwischen mehrere Tests ähnlicher Art, z.B. den Allgemeinen Büro- und Arbeitstest (ABAT, siehe Kapitel 5.1). Umso ausführlicher beschäftigte sich der Autor mit der Überprüfung der „äußeren kriterienbezogenen Validität". Hierzu sind mehrere Arbeitshypothesen aufgestellt worden:

a) Wenn der BT die „praktisch-kaufmännischen Fertigkeiten" messen soll, dann sollte er nur gering mit den Ergebnissen von allgemeinen Intelligenztests korrelieren. Ebenso sollte der Zusammenhang zwischen BT und allgemein praktischen Fertigkeiten gering sein. Um diese Hypothese zu testen, wurde der BT zunächst mit dem Figure-Reasoning-Test (von Daniels, 1949) korreliert. Es ergab sich hypothesenkonform nur ein geringer Zusammenhang zwischen dem BT und diesem sprachfreien Intelligenztest. Ähnlich gering ist der Zusammenhang zwischen dem BT und dem Leistungs-Prüf-System (LPS) von Horn, 1962. Auch die Korrelation zwischen dem BT und dem Form-Lege-Test (Test zur Erfassung der allgemeinen praktischen Fertigkeiten, Lienert, 1958) fiel erwartungsgemäß niedrig aus.

b) Der BT sollte signifikant mit Untertests des I-S-T (von Amthauer, 1953/1955) korrelieren, denn es ist ein Zusammenhang zwischen „flexiblen Denkstrukturen" und „Fertigkeiten" zu erwarten. Tatsächlich konnte in mehreren Untersuchungen herausgefunden werden, dass höhere Werte im BT mit höheren Werten auf den besagten Untertests des I-S-T einhergehen. Z.B. korreliert der BT mit dem Untertest AN (Kombinationsfähigkeit, Beweglichkeit und Umstellfähigkeit des Denkens) mit $r = .63$; die Korrelation von BT und dem Untertest ZR (Induktives Denken mit Zahlen) beträgt $r = .59$ und die von BT und RA (Praktisch-Rechnerisches Denken) $r = .51$.

c) Es wird erwartet, dass der BT signifikant bessere Ergebnisse für die Gruppen zeigen muss, bei denen entweder eine spezielle Neigung für Tätigkeiten büromäßiger Art vorliegt, bereits Kenntnisse in bürokundlichen Fächern vorhanden sind oder die schon Erfahrung in der Büropraxis haben. Hierzu wurden zwei verschiedene Fachklassen einer Handelsschule miteinander verglichen. Bei Schülern der ersten Fachklasse (B) überwiegen die praktisch-kaufmännischen Interessen und Begabungen (größere Büro-Praxis), bei denen der zweiten Fachklasse (FS) die kaufmännisch-fremdsprachlichen Interessen. Ansonsten waren die schulische Vorbildung und das Lebensalter der beiden Klassen identisch, scheiden also als potentielle Störvariablen aus. Es ergab sich der erwartete signifikante Unterschied zwischen den Rohwertsummen der Schüler aus Fachklasse B und FS. Letztere hatten deutlich niedrigere Werte zu verzeichnen.

d) Im Rahmen der prognostischen Validität des BT wurde die Prognose aufgestellt, dass zwischen BT-Ergebnissen und betrieblicher Bewährung signifikante Korrelationen bestehen. Hierzu wurde eine Vielzahl von empirischen Studien durchgeführt. Bei einer Untersuchung zur Bewährungskontrolle an 252 Bewerbern für eine Ausbildung zum Industriekaufmann unterscheiden sich die Gruppen „nicht eingestellte Bewerber" und „eingestellt/Abschlussprüfung bestanden" in ihrer mittleren Rohwertsumme signifikant voneinander. Ähnliche Resultate zeigten sich bei Bewährungskontrollen für die Ausbildung zur Bürogehilfin, dem Vergleich der Unter- und Oberstufe einer zweijährigen Handelsschule und einer Expertenbeurteilung von drei Lehrern bezüglich der „Büro-Eignung" der Schüler einer Handelsschule.

e) Bei einer Kreuz-Validierung der BT-Ergebnisse mit den Ergebnissen von Eignungsuntersuchungen für kaufmännische Lehr- und Anlernberufe fremder Untersucher wurden signifikante Korrelationen erwartet. In der Tat konnte gezeigt werden, dass unabhängig von der Durchführung des BT eingestufte Bewerber sich auch im Nachhinein signifikant entsprechend ihrer Leistungsgruppe in ihren erzielten Resultaten im BT unterscheiden.

Durchführung und Auswertung

Das komplette Testmaterial für die Durchführung des BT (Einzeltest) besteht aus der Handanweisung, dem Testheft der Form A oder B, dem Lösungsschlüssel und einem

Lösungsblatt. Wie oben schon erwähnt, besteht der Test aus sechs verschiedenen Aufgaben, die nach ansteigender Schwierigkeit geordnet sind. Insgesamt ist die reine Durchführungsdauer des Tests auf 30 Minuten festgesetzt. Inklusive Instruktion und Abschluss sollte die Durchführung des BT im Einzel- oder Gruppentest die Dauer von einer Schulstunde (45 Minuten) nicht überschreiten. Dieser Zeitbegrenzung liegt die Überlegung zugrunde, dass zwar möglichst alle Testanden alle Aufgaben in Angriff nehmen können, aber nicht unbedingt lösen müssen.

Zur Durchführung des Tests bekommt jeder Teilnehmer ein Testheft der Form A oder B. Dort wird zunächst auf zwei Seiten in kurzen Sätzen beschrieben, was den Testanden in den nächsten 30 Minuten erwartet. Zudem werden einige Anweisungen zur Bearbeitung der Aufgaben gemacht, z.B. der Hinweis, dass die Lösungen der Aufgaben nur auf dem dafür vorgesehenen Lösungsblatt (ein vorgedrucktes Formular, auf dem die jeweiligen Lösungen eingetragen werden sollen) und nicht im Testheft selber (dieses enthält nur die Instruktionen und die Aufgabenstellung) eingetragen werden sollen. Nach dem Lesen der Einführung beginnt dann der eigentliche Test. Eventuelle Zwischenfragen sollen leise an den Versuchsleiter gerichtet werden.

Die Aufgabe des auswertenden Diagnostikers besteht zunächst einmal darin, gemäß dem Lösungsschlüssel je Aufgabe die erreichten Rohwertpunkte in die dafür vorgesehenen Felder einzutragen. Dabei muss er Besonderheiten wie erreichte Zusatzpunkte oder Teillösungen adäquat mit einbeziehen. Der Lösungsschlüssel gibt genau an, wie viele Rohwertpunkte für eine vorliegende Lösung zu vergeben sind. Es kann sich eine maximale Rohwertsumme von 50 Punkten ergeben. Ist diese schließlich ermittelt, wird sie zur Interpretation des Resultates mit der passenden Normentabelle verglichen.

Es gibt drei verschiedene Normentabellen beim BT:
Zum einen gibt es für den Bereich Verwaltung/Wirtschaft die KA- Normen, die sich auf bereits im Berufsfeld Verwaltung/Wirtschaft beschäftigte Personen, Auszubildende bzw. in dieses Berufsfeld tendierende Schüler und Studenten bezieht. Hier wurden insgesamt sechs Normierungsgruppen gebildet, die von ungelernten Bürohilfskräften bis hin zu diplomierten Kaufleuten reicht. Zum anderen existieren für denselben Bereich die LA- Normen, die das Lebensalter der Probanden in diesem Berufsfeld mit einbeziehen, aufgeteilt in fünf Blöcke von 14,6 bis 15,5 Jahre bis 23,6 und älter. Schließlich sind noch für die Handwerklich-technischen Berufe die HTB-Normen aufgeführt, die speziell für das handwerklich-technische Berufsfeld 1981 zur zweiten Auflage des Büro-Tests hinzugefügt wurden. Sie sind in sechs Gruppen vom ungelernten Arbeiter bis zum diplomierten Ingenieur eingeteilt und können als repräsentativ für industrielle Unternehmen angesehen werden.

Alle drei Normentabellen sind (voneinander getrennt) in Form eines Wahrscheinlichkeitsnetzes aufgebaut. Diese für Tests aus dem Bereich der Arbeits- und Organisationspsychologie eigentlich untypische Präsentationsform bietet den Vorteil, dass neben dem Rohwert auch Standardwert sowie Prozentrang direkt ablesbar sind und der direkte Vergleich zwischen den einzelnen gebildeten Gruppen gezogen werden kann.

Bewertung

Der Büro-Test wird seinen Ansprüchen, ein Auswahlverfahren zur Prüfung der praktisch-kaufmännischen Fertigkeiten zu sein, gerecht. Die sechs Testaufgaben stellen in der Tat typisch-kaufmännische Tätigkeiten dar. Dies wird durch die überzeugenden Validitätsnachweise, die im Manual berichtet werden, eindrucksvoll bekräftigt: Der BT misst tatsächlich, was er zu messen vorgibt. Auch die Gütekriterien Objektivität und Reliabilität sind ausreichend beachtet worden. Die Testunterlagen sind übersichtlich und selbsterklärend aufbereitet. Die Aufgabeninstruktionen sind klar verständlich und das Lösungsblatt des Tests lässt keine Fragen bezüglich der korrekten Rohwertvergabe offen. Auch die Handanweisung des BT ist gut strukturiert und übersichtlich verfasst. Alle für Verständnis, Durchführung und Auswertung des Tests relevanten Informationen sind enthalten.

Durch die beiden existierenden Parallelformen A und B ist auch der (praktische) Aspekt der ordnungsgemäßen Durchführbarkeit bei Gruppentestungen gesichert. Die Testanden können schließlich keine Lösungen des Nachbarn übernehmen und so ihre eigene Leistungsfähigkeit verfälschen. Die drei Normierungstabellen sind jeweils anhand ausreichend großer Stichproben erhoben worden, so dass auch die Interpretation der Resultate eines Testanden sinnvoll geschehen kann. Der BT ist also als geeignetes diagnostisches Instrument anzusehen, um potentiell taugliche Kaufmänner auszulesen.

Allerdings ist auch die zweite Auflage (1981) des Tests inzwischen über 20 Jahre alt. Natürlich gilt dies auch für die Normen, die größtenteils sogar noch von der ersten Auflage (1967) herrühren, also knapp 35 Jahre alt sind. Diese Zeitspanne ist so groß, dass eine erneute Normierung des BT dringend erforderlich ist, um die sichere Interpretation von Testresultaten auch weiterhin zu gewährleisten.

Das prinzipielle Konzept der Aufgaben ist von dieser zeitlichen Veraltung ebenfalls insofern betroffen, als dass eine logische Analyse der Aufgaben eines Kaufmannes zur heutigen Zeit vermutlich anders als noch vor 35 Jahren ausfiele. Grundlegende Anforderungen und zu besitzende Fertigkeiten sind sicherlich gleich geblieben, z.B. muss ein Kaufmann heute immer noch organisieren und mit Zahlen umgehen können, aber man denke z.B. an die enorm wachsende Verbreitung der Verwendung von Computern, ohne den viele verwaltungstechnische Aufgaben kaum noch möglich wären. Ein zur heutigen Zeit konzipierter Test zur Erfassung der praktisch-kaufmännischen Fertigkeiten sollte auf jeden Fall Aufgaben beinhalten, die die Fähigkeiten des Testanden im Umgang mit gängigen Computeranwendungen erfassen.

5.5 Skill Check Professional

Stefan Hofer

Skill Check Professional wurde von Skill Check, Inc. entwickelt und liegt als computergestützte Version aus dem Jahr 2000 vor. Es kann zur Personalauswahl, zur Erfassung des derzeitigen Wissensstandes von Mitarbeitern und zur Evaluation von Trainingsmaßnahmen eingesetzt werden.

Skill Check Professional ist in unterschiedlichen Versionen erhältlich. Die vollständige computergestützte Version ist als Testsystem konzipiert und umfasst neben dem Test des Umgangs mit verschiedenen Office-Produkten zusätzlich drei weitere Möglichkeiten. Es können eigene textbasierte Testverfahren am Computer umgesetzt, Schreibgeschwindigkeitstests durchgeführt und das Können bei der Dateneingabe überprüft werden.

Die folgende Darstellung beschränkt sich auf den Test des Umgangs mit Office-Produkten. Dabei wird für verschiedene Programme eine Anwendungsumgebung simuliert, innerhalb derer die Testperson Aufgaben bearbeiten muss. Im Lieferumfang enthalten sind Testversionen für die gängigen Office-Produkte von Microsoft, Lotus und Corel, wobei jeweils unterschiedliche Tests für die verschiedenen Jahrgänge existieren.

Konzeption

Skill Check Professional ist ein simulationsorientiertes Verfahren im Sinne einer Arbeitsprobe. Es erfasst das Können der getesteten Personen im Umgang mit Software-Programmen anhand konkreter Anwendungssituationen. Die Testverfahren sind für verschiedene Office-Produkte von Microsoft, Lotus und Corel entwickelt worden, wobei für die verschiedenen Jahrgänge jeweils unterschiedliche Tests existieren.

Die Testverfahren bestehen jeweils aus einer Reihe von Items, die von den Testpersonen innerhalb einer simulierten Anwendungsumgebung gelöst werden sollen. Die Items bestehen aus Arbeitsanweisungen, die durch die Nutzung der entsprechenden Möglichkeiten des Anwendungsprogramms gelöst werden müssen.

Die Items entstanden aus einer Befragung verschiedener Experten. Bei diesen handelte es sich um Angestellte von Zeitarbeitsfirmen, die im Bürobereich eingesetzt wurden. Durch den Einsatz bei verschiedenen Arbeitgebern haben sie einen Einblick in unterschiedliche Einsatzgebiete der Software-Produkte gewonnen. Die Experten wurden zunächst gefragt, welche Aufgabenbereiche bei der Software-Anwendung relevant sind. Dabei ergaben sich folgende sechs Gruppen: Anpassen der Anwendungsumgebung, Desktop Publishing, Bearbeiten, Formatieren, Dateimanagement und Drucken. Innerhalb dieser Gruppen nannten die Experten jeweils spezifische Aufgaben, die sie zusätzlich nach Relevanz und Häufigkeit für die Arbeit mit dem jeweiligen Software-Produkt beurteilten.

Aus diesen Angaben entstand schließlich eine Reihe von Testverfahren, die jeweils auf ein bestimmtes Software-Produkt zugeschnitten waren. Die Auswahl der Items für die einzelnen Tests erfolgte entsprechend der Angaben über Häufigkeit und

Relevanz der Items für das jeweilige Software-Produkt durch die Experten. Weiterhin wurden die Aufgaben nach drei Schwierigkeitsstufen gruppiert. Die Einteilung umfasste leichte, mittelschwere und schwere Aufgaben. Durch die Zuordnung der Testaufgaben entsprechend Häufigkeit, Relevanz und Schwierigkeit entstanden Itemzusammenstellungen, die repräsentativ für eine übliche Nutzung der Software-Produkte ist. Die einzelnen Testaufgaben können jedoch bei Bedarf auch neu zusammengestellt werden.

Gütekriterien und empirische Fundierung

An die Gütekriterien sind für Skill Check Professional andere Anforderungen zu stellen als für die Mehrzahl der in diesem Buch besprochenen Tests. Der Test des Umgangs mit verschiedenen Software-Produkten ist ein simulationsorientiertes Verfahren im Sinne einer Arbeitsprobe. Damit ist eine grundsätzlich andere Schwerpunktsetzung bei der Validierung des Testverfahrens verbunden (s.u.). Die Gütekriterien Objektivität und Reliabilität haben als Voraussetzung für valides Testen die gleiche Bedeutung wie für konstruktorientierte Tests.

Normierung
Normierungsdaten haben auch für simulationsorientierte Verfahren eine gewisse Bedeutung. Im Regelfall erfolgt die Leistungsbeurteilung bei diesen nicht über einen Vergleich mit der Normierungsstichprobe, sondern durch den Vergleich mit einem Leistungskriterium. Die Festlegung dieses Kriteriums kann auf verschiedene Arten erfolgen. Eine Möglichkeit ist die Erfassung einer Stichprobe. Im nächsten Schritt wird dann bspw. als Kriterium festgelegt, dass eine Testperson besser als 80 % der Stichprobe abschneiden muss, um den Test zu bestehen. Eine andere Möglichkeit besteht darin, inhaltlich zu entscheiden, welche Leistung als Mindestanforderung festgelegt wird.

Für Skill Check Professional lagen zum Zeitpunkt der Testbesprechung keine Daten einer Normierungsstichprobe vor. Skill Check, Inc. führt jedoch derzeit eine Validierungsstudie mit Trainees durch, aus der sich evtl. Normierungsdaten ergeben werden. Diese müssen bei Bedarf gesondert angefordert werden. Die Möglichkeit, inhaltlich über ein Kriterium zu entscheiden, wird durch das Programm jedoch gefördert. So kann man die Auswertung entsprechend der Schwierigkeiten der Items steuern und prozentuale Grenzen für Noten festlegen. Die entstehende Testpersonen-Datenbank ist außerdem bei großer Zahl an Datensätzen für eine eigene Normierung nutzbar.

Objektivität
Die Durchführungsobjektivität kann bei sachgemäßer Anwendung des Tests als gegeben angenommen werden, da Skill Check Professional als computergestützter Test durchgeführt wird. Auch für die Auswertungsobjektivität trifft dies zu. Die im Test erhobenen Daten werden automatisch in eine Datenbank übertragen und lassen sich auf einem Datenblatt ausdrucken. Skill Check Professional liefert die Voraussetzungen für ein interpretationsobjektives Verfahren, da der Testadministrator Grenzen für verschiedene Bewertungen festlegen kann. So ist bspw. die Angabe möglich, dass

bei mindestens 80 % richtig beantworteten Fragen der Test als bestanden gilt. Da die Entscheidung über die Festlegung der Grenzen jedoch beim Testadministrator liegt, kann die Interpretationsobjektivität nicht abschließend beurteilt werden.

Reliabilität
Zur Reliabilität des Testverfahrens wurden keine Daten vorgelegt.

Validität
Wie bereits oben angesprochen, sind die Schwerpunkte bei der Validierung simulationsorientierter Verfahren grundsätzlich anders verteilt. Die konstruktbezogene Validierung tritt in den Hintergrund, da keine Eigenschaften im Sinne von Konstrukten erfasst werden, sondern konkretes Verhalten in bestimmten Situationen erfragt wird. Stattdessen wird verstärkt eine inhaltsbezogene Validierung der Items gefordert. Für diese ist es besonders wichtig zu belegen, dass die eingesetzten Items tatsächliches Verhalten aus dem Berufsalltag widerspiegeln. Der dritte große Bereich, die kriteriumsorientierte Validierung, ist auch für simulationsorientierte Verfahren wichtig, da hier letztendlich die Vorhersagekraft des eingesetzten Verfahrens beurteilt wird.

Die derzeit vorhandenen Angaben beziehen sich auf die Inhaltsvalidierung der Items. Das hier gewählte Vorgehen zur Inhaltsvalidierung kann als klassisch bezeichnet werden. Durch den Einsatz von Experten der Software-Anwendung wurde sichergestellt, dass die Aufgaben aus dem Kontext der jeweiligen Anwendung stammen und die Relevanz der Items für die Arbeit mit den jeweiligen Programmen gegeben war. Weiterhin wurde die Häufigkeit des Auftretens der Aufgaben in der jeweiligen Anwendungssituation eingeschätzt. Obwohl keine Daten zur Beurteilerübereinstimmung berichtet wurden, erscheint dieses Vorgehen sinnvoll, weshalb die Inhaltsvalidität der Items als gegeben angenommen werden kann.

Daten zur kriterienorientierten Validierung liegen derzeit noch nicht vor, werden aber laut Skill Check, Inc. gerade erhoben. Die angekündigten Daten beziehen sich auf eine konkurrente Validierung, bei der gleichzeitig zur Durchführung des Tests Einschätzungen der Leistungsfähigkeit von Trainees in den entsprechenden Software-Programmen erfolgen.

Wie bereits erläutert, tritt eine konstruktbezogene Validierung bei simulationsorientierten Verfahren in den Hintergrund. Deshalb hat Skill Check, Inc. keine Daten hierzu vorgelegt.

Durchführung und Auswertung

Die Vorstellung der Durchführungs- und Auswertungsmodalitäten soll in zwei Bereiche aufgeteilt werden. Erstens sind die Eingriffsmöglichkeiten seitens des Testadministrators zu betrachten, zweitens die Durchführung des Tests selbst.

Der Testadministrator hat im Vorfeld der Testdurchführung bereits eine ganze Reihe von Entscheidungsmöglichkeiten, wie der Test gestaltet sein soll. Diese können in drei Gruppen unterteilt werden. Erstens ist die Zusammensetzung der Items zu einem Test frei gestaltbar. Sie erfolgt durch Auswahl aus einer Reihe von möglichen Aufgaben, die zu einem bestimmten Software-Produkt zur Verfügung gestellt werden. Somit hat der Testadministrator Einfluss auf die Häufigkeit, mit der Items aus verschiedenen Bereichen (z.B. Formatieren oder Bearbeiten) erscheinen sollen, außerdem kann er an dieser Stelle die Reihenfolge der Items bestimmen.

Zweitens können Einstellungen im Hinblick auf die Durchführung und Auswertung des Tests vorgenommen werden. Die Einstellungen zur Durchführung des Tests betreffen bspw. die maximale Dauer der Testdurchführung und die maximale Anzahl der Fehler seitens der Testperson, bevor der Test abgebrochen wird. Die Auswertungseinstellungen betreffen die Informationen, die in der Datenbank gespeichert werden. Hier kann man bspw. auswählen, nach welchen Kriterien die Daten geordnet werden sollen und wie ausführlich die Speicherung erfolgen soll. Die dritte Gruppe, die allgemeinen Optionen, enthalten Einstellungen, die testübergreifend gelten. Hier können bspw. die Sprache des Tests gewählt und Passwörter festgelegt werden. Eine wichtige Einstellung aus dieser Gruppe bezieht sich darauf, ob eine Testperson am Ende des Tests nochmals die Gelegenheit erhält, falsch bearbeitete Aufgaben zu wiederholen.

Die Testperson kann entweder direkt mit der Bearbeitung des gewählten Tests beginnen, oder zunächst einmal eine Lernphase durchlaufen. In dieser kurzen Einführung wird die Art und Weise der Durchführung von Skill Check Professional genau erläutert, so dass sich diese Möglichkeit für alle, die noch nie mit dem Programm gearbeitet haben, anbietet. Damit werden auch Normierungsprobleme, die sich durch anfänglich starke Lerneffekte im Umgang mit Skill Check Professional ergeben, aufgefangen.

Die Auswertung erfolgt über eine Testpersonen-Datenbank. Der Zugriff zu dieser Datenbank kann über verschiedene Angaben erfolgen. Dazu gehören vor allem der Name, eine Kennnummer, die evtl. auch den Namen des Testadministrators beinhalten kann, der durchgeführte Test und das Testdatum. Im Folgenden werden alle Datensätze angezeigt, die zu dem jeweiligen Suchbegriff passen. Diese kann man sich dann der Reihe nach ansehen. Allerdings ist es nicht möglich, die Daten einer Person in Bezug zu den Daten anderer Personen zu setzen. Damit ist eine grundlegende Möglichkeit, schnell und einfach eine Normierungsdatenbank aufzubauen, nicht gegeben. Die Daten müssten mit einem anderen Programm weiterbearbeitet werden.

Bewertung

Skill Check Professional beruht auf einem durchdachten Konzept zur Erfassung der Fähigkeiten von Testpersonen im Umgang mit verschiedenen Software-Paketen. Die Überprüfung der Fähigkeiten in einer authentischen Anwendungsumgebung bietet höchstmögliche Realitätsnähe. Die Erhebung der Gütekriterien ist bis dato sinnvoll durchgeführt worden, insbesondere ist darauf hinzuweisen, dass Skill Check, Inc. zum Zeitpunkt der Testbesprechung eine kriterienbezogene Validierung angekündigt hat.

Zum Einsatz der Tests ist die Festlegung eines selbstgewählten Kriteriums notwendig. Dies kann durch eine inhaltliche Auseinandersetzung mit den Anforderungen der jeweiligen Programme geschehen oder durch die Festlegung eines Cut-Off anhand von Normwerten. Normwerte lagen zum Zeitpunkt der Testbesprechung nicht vor, weshalb eine eigene Normierung notwendig ist. Dieses Vorgehen ist für größere Unternehmen mit größeren Mitarbeiterzahlen, die diesen Test bearbeiten, empfehlenswert. Zur einfachen Gestaltung dieser eigenen Normierung fehlen jedoch Möglichkeiten zur adäquaten Nutzung der Testpersonen-Datenbank. Insgesamt gesehen füllt Skill Check Professional eine Lücke im Testsektor, wobei die Testentwicklung fundiert ist.

5.6 Differentieller Fähigkeitstest (DFT)

Britta Degelmann

Der Differentielle Fähigkeitstest (DFT) von Ralf Horn und Roland Wallasch erschien 1984 im Beltz Verlag. Der Test wurde zur Erfassung berufsspezifischer Fähigkeiten im Aus- und Umschulungsberuf Drucker/Druckerin entwickelt. Die Autoren betonen, dass der Test nicht als alleinige Entscheidungsgrundlage in der Personalauswahl dienen kann, sondern lediglich eine Hilfestellung bietet. Ebenso weisen sie ausdrücklich darauf hin, dass die Berufseignung vom Fähigkeitsaspekt her betrachtet wird, die Arbeitsmotivation aber nicht erfasst wird. Der DFT entstand aus dem Umstand, dass die Anzahl der Bewerber die vorhandenen Ausbildungsplätze im Bereich Druck mit steigender Tendenz überschritt. Die gängigen Auswahlverfahren wie Schulnoten und allgemeine Intelligenztests wurden zunehmend als unzulänglich empfunden.

Konzeption

Der DFT gliedert sich in acht Untertests, für deren Bearbeitung eine jeweils begrenzte Zeit angesetzt ist. Die Bearbeitungsdauer beträgt insgesamt ca. 90 Minuten. Da die Arbeitsanweisungen genau im Manual angegeben sind und die zur Verfügung stehende Zeit für alle Probanden genormt ist, kann der DFT gut als Gruppentest durchgeführt werden. Nachfolgend werden die acht Untertests des DFT einzeln beschrieben und ihr Zweck erläutert.

Untertest 1: Verstümmelte Wörter
Mittels des Testes soll die Gestaltwahrnehmung eingeschätzt werden. Der Proband findet in seinem Arbeitsheft 42 verstümmelte Wörter in Schlagzeilenform. Teile des Wortes sind nicht erkennbar, da die Buchstaben nur unvollständig abgebildet sind. Die Aufgabe besteht darin, die Wörter zu entschlüsseln und aufzuschreiben. Die Bearbeitung darf nicht länger als sieben Minuten dauern, der Testleiter bricht dann die Aufgabe ab und leitet zur nächsten über. Für jedes richtig identifizierte Wort erhält der Proband einen Punkt.

Untertest 2: Korrektur
Das Ziel dieses Testes besteht darin, die Rechtschreibfähigkeiten zu beurteilen. Der Proband bearbeitet einen Text über den Buchdruck mit 90 Rechtschreibfehlern. Seine Aufgabe ist es, die Fehler zu entdecken und zu korrigieren. Nur richtig verbesserte Wörter werden bewertet. Der Text beginnt mit folgendem Satz: „ Die wichtigste, villeicht überhaubt die entscheidende Erfinnung der Menschheit vor der Entdeckung der Atomkraft muss hier noch genannt werden: die Erfinnung des Buchdrucks." Für die Bearbeitung des Textes stehen 15 Minuten zur Verfügung.

Untertest 3: Linien
Dieser Test erfasst feinmotorische Kompetenzen und die Auge-Hand-Koordination. Insgesamt liegen neun linienförmige Figuren vor. In jeder Figur verlaufen zwei Linien nebeneinander. Der Abstand zwischen den Linien verringert sich fortlaufend. Der Proband soll mit einem spitzen Bleistift zwischen die beiden Linien eine dritte einzeichnen, ohne dass die anderen beiden berührt werden. Jede Berührung zählt als Fehlerpunkt. Die vorgesehene Bearbeitungsdauer liegt bei drei Minuten.

Untertest 4: Versteckte Figuren
Die Autoren bezeichnen diesen Aufgabentypus als Umkehrung zur ersten Aufgabe. Auch hierbei steht die Fähigkeit, Gestalten zu erkennen, im Vordergrund. Vor der Bearbeitung der eigentlichen Aufgabe werden dem Probanden zwei Demonstrationsbeispiele gezeigt. Er soll eine relativ überschaubare geometrische Figur, die in einer von vier weiteren Figuren verschachtelt angeordnet ist, entdecken. Insgesamt sind 20 Aufgaben dieses Typus zu bearbeiten. Für jede richtige Lösung erhält der Proband einen Punkt. Die Aufgabe wird nach acht Minuten beendet.

Untertest 5: Farbtest
Da der Beruf des Druckers den sicheren Umgang mit Farben voraussetzt, Farbwahrnehmungsschwächen aber oft unerkannt bleiben, prüft der DFT die Fähigkeit der Farberkennung. Da es sich nicht um einen Leistungstest handelt, fließt das Ergebnis nicht mit in die übrige Bewertung ein. Es wird nur diagnostiziert, ob eine Farbwahrnehmungsschwäche vorliegt oder nicht. Der Proband findet sechs Quadrate mit einer verschiedenen Anordnung farbiger Flächen vor. Jedes Quadrat enthält blaue, gelbe, rote, grüne und graue Flächen. Die Helligkeit ist bei den Farben und dem Grauton gleich. Neben jedem Quadrat befindet sich ein leeres Quadrat mit derselben Flächenanordnung. Der Proband soll in das jeweilige Feld eintragen, welche Farbe er im anderen Quadrat an dieser Stelle sieht. Die Helligkeit der Farben variiert innerhalb der sechs Quadrate, bis die Farben nur noch sehr schwach zu erkennen sind. Die Bearbeitungsdauer ist mit zwei Minuten veranschlagt.

Untertest 6: Schriftzeichen
Dieser Untertest prüft nach Angabe der Autoren die Konzentrationsfähigkeit. Für die Bearbeitung ist es nötig, störende Einflüsse auszuschalten, um relevante Zeichen zu erkennen. Die Aufgabe wird mit einem Beispiel eingeleitet. Vor dem Probanden liegt ein Arbeitsblatt mit chinesischen Schriftzeichen. Aus diesen Schriftzeichen soll er vier vorgegebene Zeichen identifizieren und markieren. In diesem Test werden die Fehler addiert. Als Fehler gelten alle Zeichen, die fälschlich markiert wurden und alle, die eigentlich hätten markiert werden müssen, die der Proband aber übersehen hat.

Untertest 7: Technik
Im Wirtschaftsbereich Druck gehört der Umgang mit Maschinen zu den alltäglichen Anforderungen. Ein Auszubildender sollte daher auch ein gewisses Maß an physikalischem Grundverständnis aufweisen. In diesem Untertest werden zwölf verschiedene Sachverhalte geschildert und teilweise durch Illustrationen verbildlicht. Zu jedem Sachverhalt wird eine Frage mit mehreren Antwortmöglichkeiten gestellt. Die Fra-

gen beziehen sich auf Kenntnisse u.a. zur Leitungsfähigkeit von Materialien, zur Hub- und Zugkraft, zum Magnetismus und zur Wärmewirkung. Der Proband erhält für jede richtige Lösung einen Punkt. Die Aufgabe wird nach acht Minuten beendet. Ein Beispiel findet sich in Abbildung 5-9.

> Warum sollte das Gehäuse eines Kompasses nicht aus Eisen angefertigt sein?
>   A. Weil Eisen zu schnell rostet und dadurch Wasser in den Kompass eindringen könnte.
>   B. Weil Eisen zu schwer ist.
>   C. Weil Eisen die im Kompass enthaltene Flüssigkeit zersetzt.
>   D. Weil es heute viel leichtere und billigere Materialien gibt.
>   E. Weil sich Eisen schädlich auf die Genauigkeit eines Kompasses auswirkt.

Abbildung 5-9: Beispielaufgabe für physikalische Fragestellungen

Untertest 8: Mathematik
Zum Schluss werden die mathematischen Fähigkeiten der Bewerber getestet. Die Aufgaben sind nach einer Analyse der Lehrpläne der Hauptschule zusammengestellt worden. Insgesamt werden zwanzig Aufgaben aus sechs Bereichen gestellt (vgl. Tabelle 5-4).

Tabelle 5-4: Verteilung der Mathematik-Aufgaben im Untertest 8

Aufgabentypus	Anzahl der Aufgaben
Gleichungen	4
Prozentrechnung	2
Zinsrechnung	2
Körperberechnung	6
Bruchrechnung	2
Sonstige	4

Es werden auch hier für jede Aufgabe verschiedene Lösungen vorgegeben, von denen eine richtig ist (vgl. Abbildung 5-10). Den Bewerbern stehen für die Bearbeitung dieses Testes 30 Minuten zur Verfügung. Für jede richtig gelöste Aufgabe gibt es auch hier einen Punkt.

> Frage: Welches Kapital bringt bei einem Zinssatz von 6% vierteljährlich 60 DM Zinsen?
>
>   A. 4000 DM   C. 2000 DM
>   B. 3000 DM   D. 1000 DM

Abbildung 5-10: Beispielfrage zur Zinsrechnung

Gütekriterien und empirische Fundierung

Reliabiliät
Die Reliabilitäten wurden nicht für alle Untertests bestimmt. Für die vier Untertests, für die Angaben über die Reliabilitiät vorliegen, wurden Cronbachs α als Maß für die interne Konsistenz und Spearmans Brown als Stabilitätsmaß erhoben. Es liegen keine Angaben über den Zeitraum vor, über den die Stabilität berechnet wurde. Tabelle 5-5 fasst die Angaben zusammen. Die Werte liegen für alle Untertests bis auf Technik im guten bis sehr guten Bereich.

Tabelle 5-5: Reliabilitäten

Untertest	Cronbachs α	Spearman Brown
Verstümmelte Wörter	.89	.88
Korrektur	.96	.97
Versteckte Figuren	.75	.78
Technik	.60	.64

Validität
Es finden sich im gesamten Manual keinerlei Angaben zu Validierungstechniken.

Objektivität
Die Durchführungsobjektivität wird gewährleistet, wenn sich der Testdurchführer an die Instruktionstexte und an die Zeitangaben zu den Aufgaben hält. Die Auswertung erfolgt für alle Untertests über Schablonen und ist somit ebenfalls objektiv. Auch bei der Interpretation des Testergebnisses wurde das Kriterium der Objektivität berücksichtigt. Der Proband kann anhand festgelegter Kriterien einer Gruppe mit einer bestimmten Fähigkeitsausprägung zugeordnet werden.

Normierung
Die Auswertung der Testergebnisse erfolgt über den Vergleich mit Standardnormen von Haupt- und Realschülern und Gymnasiasten. Die Autoren nehmen also eine Normalverteilung der Testergebnisse an, die allerdings nicht überprüft worden ist.

Durchführung und Auswertung

Der Test wird als mehrseitiges Arbeitsheft ausgeteilt. Der Proband bearbeitet nacheinander die acht Untertests. Insgesamt dauert die Durchführung ca. 90 Minuten. Die Bearbeitungszeit ist für jeden Untertest genau festgelegt.

Für jeden Untertest liegen Lösungsschablonen bei. In fast allen Tests werden die richtigen Lösungen als Punkte addiert. In den Untertests Linien und Schriftzeichen werden die Fehler zusammengezählt. Das Ergebnis des Farbtests steht für sich und wird nicht in das Gesamtergebnis miteinbezogen. Die einzelnen Ergebnisse in den Untertests können besser interpretiert werden, wenn sie mit den Werten einer repräsentativen Normstichprobe verglichen werden. Die Einzelleistung wird mit den Leistungen, die eine dem Probanden in Ausbildung und Alter ähnliche Bezugsgruppe erreicht hat, verglichen. Im DFT finden sich keine Angaben über die Zusammensetzung der Eichstichprobe.

Der Testdurchführer vergleicht zur Auswertung der Ergebnisse den ermittelten Punktwert in jedem Untertest mit einer graphischen Darstellung der Normstichprobe. Als Stichproben sind Haupt- und Realschüler sowie Gymnasiasten angegeben. Die Autoren gehen davon aus, dass die jeweils geprüften Merkmale in ihren Stichproben normalverteilt sind. Die Annahme, dass eine Normalverteilung vorliegt, muss statistisch geprüft sein. Die Autoren machen keinerlei Angaben darüber, ob sie eine Überprüfung vorgenommen haben. Die Auswertung führt zu einer Zuweisung des Probanden in einen von drei Fähigkeitsbereichen: unterdurchschnittliche Leistung (verglichen mit der Bezugsgruppe), durchschnittliche Leistung und überdurchschnittliche Leistung. Der Bereich „überdurchschnittlich" umfasst die 16 % der Personen, die eine bessere Leistung als der Durchschnitt zeigen, der unterdurchschnittliche Bereich ergibt sich analog aus den 16 %, die eine schlechtere Leistung als der Durchschnitt zeigen. Diese Einteilung kann für jeden Untertest vorgenommen werden. Dementsprechend ergibt sich ein Leistungsprofil für jeden Probanden, das besagt, ob er in den einzelnen Untertests in Bezug auf seine Vergleichsgruppe unter- oder überdurchschnittlich oder eben durchschnittlich gut abgeschnitten hat.

Bewertung

Der Test weist einige erhebliche Mängel auf. So liegen keine Angaben zur Stichprobengröße und Zusammensetzung und über die Rechtmäßigkeit der Normalverteilungsannahme vor. Ebenso finden sich keine Hinweise, ob der DFT überhaupt validiert worden ist. Es hätte z. B. geprüft werden müssen, ob eine gute Bewältigung des DFT einen zuverlässigen Prädiktor für gute Leistungen in der Ausbildung darstellt. Die Reliabilitäten wurden nur für die Hälfte der Untertests berechnet.

Die Aufgaben wurden aufgrund der Analyse der Literatur im Wirtschaftsbereich Druck zusammengestellt. Es finden sich keine näheren Angaben darüber, nach welchen Kriterien die Aufgaben in den Test aufgenommen wurden. Insgesamt scheint die inhaltliche Zusammenstellung der Aufgaben durchaus plausibel, ist aber nicht empirisch abgesichert worden. Problematisch sind auch die veralteten Normen. Die Stichproben stammen zum Teil aus dem Jahr 1981 und dürften sich auf vielfältige Weise von heutigen Stichproben der Haupt- und Realschule bzw. des Gymnasiums unterscheiden. Der Rechtschreibtest unterliegt den inzwischen überholten Rechtschreibregeln. Die Mathematikaufgaben sind an das Curriculum von 1981 für den Mathematikunterricht an Hauptschulen angelehnt. Diese beiden Untertests müssten dementsprechend geändert werden. Die Anwendung des DFT ist also vor einer Überarbeitung nur mit Vorsicht zu empfehlen. Dem Vergleich mit den vorliegenden Normen sollte bis dahin ein Vergleich der Bewerberprofile vorgezogen werden.

5.7 Drahtbiegeprobe (DBP)

Beate Radke

Erstmals von Immig (1920/21) beschrieben und von Lienert (1967) zu einem standardisierten Test fortentwickelt, gilt die Drahtbiegeprobe seit über 30 Jahren als ein bewährtes Mittel vornehmlich in der industriellen Eignungsdiagnostik. Mit Hilfe dieses Tests soll das Handgeschick eines Probanden, das besonders in metallverarbeitenden Berufen eine wichtige Rolle spielt, erfasst werden. Die Aufgabe des Probanden besteht darin, ein Stück Draht gemäß einer Vorlage in bestimmter Weise zu biegen. Anschließend wird die Leistung nach 29 Kriterien, die gleichzeitig als Items gelten, bewertet.

Konzeption

Bei der Drahtbiegeprobe handelt es sich um einen Leistungstest, der einen spezifischen Aspekt der praktischen Intelligenz überprüft, nämlich das Handgeschick. Der Proband wird aufgefordert, ohne jegliche Hilfsmittel einen Draht nach einer Vorlage zu biegen. Relevant ist hierbei nur das Endresultat. Dies bedeutet, dass die Drahtbiegeprobe als ein reiner Bewältigungstest angesehen werden kann. Wichtig ist nur, ob der bearbeitete Draht letztendlich mit der zugrundeliegenden Vorlage übereinstimmt. So werden beispielsweise weder die Schnelligkeit, mit der die einzelnen Handlungsschritte ausgeführt werden, noch verbal vermittelte Denkoperationen überprüft. Daraus ableitend handelt es sich bei der Drahtbiegeprobe auch nicht explizit um eine Arbeitsprobe zur Untersuchung des Arbeitsverhaltens, sie kann aber durchaus als Hilfsmittel für dessen Beobachtung angesehen werden. Die Biegeleistung eines Probanden kann getrennt nach den Aspekten Formauffassung (F) und Sauberkeit (S) ausgewertet werden. „Eine separate Auswertung ist jedoch nur bedingt und in Ergänzung zur Gesamtauswertung gerechtfertigt" (Handanweisung, S. 18).

Gütekriterien und empirische Fundierung

Objektivität
Die Objektivität der Durchführung ist durch die standardisierte Testinstruktion gewährleistet. Damit die Auswertungsobjektivität gegeben ist, müssen die Versuchsleiter zuvor sehr gut in die unterschiedlichen Bewertungskriterien und die Anwendung des Messinstrumentes eingearbeitet werden, da die einzelne Auswertung sehr aufwändig ist. Hinsichtlich jedes Kriteriums wird dem Auswerter im Handbuch anhand von Beispielen und Schaubildern erklärt, wie er den Draht auf eine Messplatte zu legen hat, um die entsprechenden Winkel, Strecken, Kreisbogenmaß und Parallelität zu messen.

Empirische Befunde liefern Objektivitätskoeffizienten von $r = .95$ bis $r = .97$. Bei einer subjektiven – per Augenschein – Auswertung dagegen ist lediglich eine Übereinstimmung zwischen zwei Beurteilern von $r = .75$ zu erwarten (Roth, 1958). Die

Interpretationsobjektivität ist hinsichtlich der Bestimmung des Rohwertes und Transformation in Standardwerte (SW) oder Prozentränge (PR) gegeben.

Reliabilität
Eine Testwiederholung nach 14 Wochen ergab einen Retest-Reliabilitätskoeffizienten von r = .78 (N = 160 Berufsschüler). Eine andere Testwiederholung, die dagegen nach einem halben Jahr durchgeführt wurde, ergab eine Zuverlässigkeit von r = .83 (N = 60; 14- bis 16-jährige Waldorfschüler). Die Testhalbierungsmethode erbrachte an einer Stichprobe (N = 307) eine Korrelation von r = .91. Bei einer anderen Stichprobe von N = 125 Berufsschülern zeigte sich eine Split-half-Reliabilität von r = .88. Eine abschließende Berechnung der inneren Konsistenz nach den Kuder-Richardson-Formeln erbrachte in zwei Untersuchungen mit 13- bis 16-jährigen Waldorfschülern Korrelationskoeffizienten von r = .87 und r = .89 (N = 307). Insgesamt sprechen die Ergebnisse eindeutig für eine hohe Reliabilität der Drahtbiegeprobe.

Validität
Die Drahtbiegeprobe gilt als augenscheinvalide für Handgeschick oder Handfertigkeit. Mittlere Korrelationen (r = .36 bis r = .54) zwischen den Formrichtigkeits- und Sauberkeitskriterien ermöglichen eine differentielle Auswertung der Biegeleistung. Hohe Sauberkeitsleistungen eines Probanden deuten darauf hin, dass bereits eine gewisse Erfahrung im Umgang mit solchem Material vorliegt, während Leistungen unter dem Aspekt der Formrichtigkeit stärker von der Schulbildung abhängig sind als von der Berufsausbildung.

Untersuchungen zur inneren Validität zeigen, dass die Drahtbiegeprobe hohe Korrelationen zu solchen Tests aufweist, die die Aspekte *Formgefühl* (r = .63) und *visuomotorische Koordination* (r = .64) untersuchen. Niedrige Korrelationen traten dagegen zu solchen Hantierungstests auf, die die Faktoren *Schnelligkeit* (r = .26) oder eine *ruhige Hand* (r = .19) beinhalten (Schorn, 1929; Meili, 1955). Weitere Studien mit Testbatterien, die unterschiedliche Aspekte der Intelligenz messen, zeigten nur niedrige Validitätskoeffizienten mit der Drahtbiegeleistung. So lassen die Korrelationen der Drahtbiegeprobe zum Leistungsprüfsystem (LPS) nach Horn (1962) oder zum Hamburg-Wechsler-Intelligenztest für Erwachsene (HAWIE) nach Wechsler (1956) darauf schließen, dass weder Intelligenzfaktoren wie *schlussfolgerndes Denken* (Regelerkennen, r = .06 oder Allgemeines Verständnis, r = .04) noch *räumliches Vorstellungsvermögen* (Flächenzählen, r = .17 oder Buchstabendrehen, r = .09) eine Rolle beim Zustandekommen der Testleistung spielen. Dies bedeutet, dass die Drahtbiegeprobe einen von anderen Tests verhältnismäßig unabhängigen Aspekt der praktischen Intelligenz erfasst.

Ein Koeffizient von r = .47 der prognostischen Validität, der sich aus der Korrelation der Drahtbiegeleistung mit einem Meisterurteil nach 1½ Jahren ergibt, impliziert wiederum, dass die Drahtbiegeprobe eine gewisse Vorhersagekraft der Berufsbewährung in metallhandwerklichen Berufen hat. Betrachtet man schließlich die faktorielle Validität, so zeigte die Drahtbiegeprobe auf zwei Faktoren, die als *manuelle Koordinationsfähigkeit* und *manuelle Nachgestaltungsfähigkeit* interpretiert wurden, substantielle Ladungen (Lienert & Lienhöft, 1959).

Durchführung und Auswertung

Testmaterial
Jeder Proband erhält zur Bearbeitung des Tests einen geglühten Eisendraht von 25 cm Länge und 1 mm Durchmesser. Des weiteren eine aufstellbare Vorlage der nachzubiegenden Figur, die im Verhältnis von 7:5 gegenüber der Drahtlänge vergrößert dargestellt ist, sowie eine Einstecktüte zur Aufbewahrung der Biegeprobe. Zusätzlich enthält das Testmaterial eine Handanweisung, mehrere Auswertungsbogen, eine Messplatte und eine Durchgleitschablone. Hilfreich sind außerdem noch ein Schreibstift und eine Uhr.

Alter
Die Drahtbiegeprobe eignet sich für Probanden im Alter von 12 bis 19 Jahre. Für ältere Probanden existieren keine hinreichenden Normen.

Testzeit
Im Anschluss an die Instruktion beträgt die Durchführungsdauer 15 Minuten. Nach 20 Minuten muss die Biegeprobe spätestens abgegeben werden.

Formen
Die Drahtbiegeprobe kann sowohl als Einzeltest wie auch im Gruppenversuch durchgeführt werden. Die Handhabung bleibt dieselbe. In der Testanweisung muss bei einem Gruppenversuch lediglich darauf geachtet werden, dass während des Arbeitens Ruhe herrscht und die Probanden nicht die Möglichkeit bekommen, sich gegenseitig zu helfen. Eine Parallelform der Drahtbiegeprobe liegt nicht vor.

Handhabung
Der Proband erhält an seinem Arbeitsplatz einen Bleistift und eine Einstecktüte, auf die er seine Personalien schreibt. Anschließend wird ihm ein Draht und die Vorlage (Abbildung 5-11) ausgehändigt. In der standardisierten Testanweisung wird dem Probanden mitgeteilt, wie er die Vorlage aufzustellen hat und dass diese wesentlich größer ist als die später gebogene Figur. Der Proband soll sich auf sein Augenmaß verlassen. Außerdem soll der Draht so gebogen werden, dass weder am Anfang noch am Ende ein Rest übrigbleibt. Es dürfen keinerlei Hilfsmittel benutzt werden. Nachdem der Untersucher sich vergewissert hat, dass die Instruktion verstanden wurde, beginnt der Test.

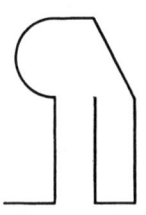

Abbildung 5-11: Vorlage der nachzubiegenden Figur

Auswertungshilfsmittel
Für die Auswertung der Drahtbiegeprobe stehen dem Versuchsleiter a) die vorliegende Handanweisung, b) eine Messplatte zur Prüfung von Strecken und Winkeln des gebogenen Drahtes, c) eine Durchgleitschablone zur Überprüfung der Dreidimensionalität des gebogenen Drahtes und d) der Auswertebogen zur Eintragung der Roh- und Standardwerte zur Verfügung.

Auswertungskriterien
Die Drahtbiegeprobe lässt sich nach den beiden Gesichtspunkten *Formrichtigkeit* und *Sauberkeit* der Aufgabe analysieren. Den Aspekt der Formrichtigkeit kann man wiederum in a) Genauigkeit der Streckenlänge, b) Parallelität der Strecken und c) Genauigkeit der Winkel unterteilen sowie den Aspekt der Sauberkeit in a) Geradlinigkeit, b) Radius der Krümmung bei bestimmten Winkeln, c) Stetigkeit der Kreisbogenkrümmung und d) dreidimensionale Ausdehnung der Drahtfigur.

Es empfiehlt sich, jede Figur zuerst im Hinblick auf ihre Dreidimensionalität mit Hilfe der Durchgleitschablone zu überprüfen, damit man im weiteren Verlauf der Auswertung nicht versehentlich den Draht wieder verbiegt. Bleibt der Draht in der Schablone stecken, so ist das Kriterium nicht erfüllt.

Zur weiteren Bewertung steht dem Untersucher die Messplatte (Abbildung 5-12) zur Verfügung. Sie enthält auf der linken und rechten Seite jeweils eine Skizze, die der Vorlage ähnelt. Den gebogenen Draht legt man nun abschnittsweise so auf die Zeichnungen, dass die entsprechenden Winkel und Strecken deckungsgleich sind.

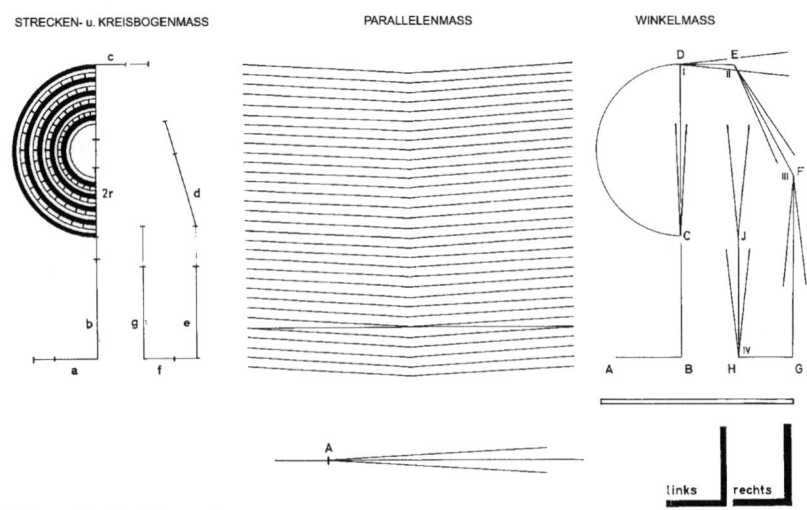

Abbildung 5-12: Messplatte

Beispiel für die Strecke a: Die gebogene Drahtfigur wird so auf das Strecken- und Kreisbogenmaß gelegt, dass sich die Strecken a von Draht und Zeichnung im Punkt B decken. Da die Ecken nie restlos sauber gebogen sind, zählt als Richtwert der theoretische Schnittpunkt der Strecken a und b. Der Punkt A der Drahtbiegeprobe muss letztendlich zwischen den beiden Fehlergrenzlinien liegen, damit das Kriterium als erfüllt gelten kann (Abbildungen 5-13a-c).

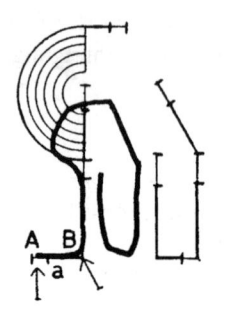

Abbildung 5-13a	Abbildung 5-13b	Abbildung 5-13c
Strecke a ist richtig	Strecke a ist falsch	Strecke a ist falsch

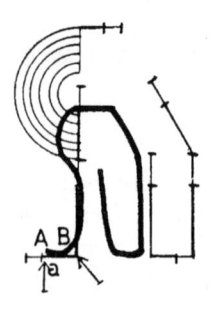

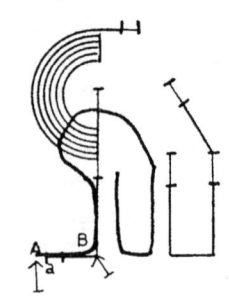

Jedes Kriterium wird im Auswertungsbogen positiv oder negativ vermerkt. Die Summe der positiv bewerteten Kriterien ergibt den Gesamtrohwert eines Probanden. Dieser kann in Standardwerte und Prozentränge transformiert werden.

Zeit
Über die Auswertungszeit gibt es keine genauen Angaben. Ungeübte Untersucher benötigen mehr Zeit, da der Umgang mit der Messplatte und deren Einübung schwierig ist.

Normierung
Die Normierung erfolgte an einer in den sechziger Jahren erhobenen repräsentativen Stichprobe von 1700 männlichen Jugendlichen im Alter von 12 bis 19 Jahren. Des weiteren wurde eine Stichprobe von 125 Erwachsenen im Alter von 20 bis 50 Jahren getestet, die aber aufgrund der geringen Anzahl von Probanden als nicht repräsentativ gelten kann. Zur Drahtbiegeprobe liegen alters-, schul- und berufsspezifische Normentafeln (z.B. Schreiner, Maler, Bäcker, Landwirte, Feinmechaniker, Verwaltungsangestellte, ...) in Form von Standardwerten und Prozenträngen vor. Außerdem gibt es getrennte Normentafeln für die Formrichtigkeit und Sauberkeit der Drahtfigur. Zur Normalverteilung der Rohdaten liegen keine Ergebnisse vor.

Bewertung

Ein großer Vorteil der Drahtbiegeprobe liegt in der sehr hohen Augenscheinvalidität des Tests. Es ist offensichtlich, dass mit dieser Aufgabe das Handgeschick eines Probanden getestet wird. Somit wird der Skepsis, die viele Probanden gegenüber psychologischen Testverfahren haben, entgegengewirkt. Der Test ist universell einsetzbar, da er weder eine bestimmte Schulbildung noch Sprachbeherrschung voraussetzt. Des Weiteren ist die Durchführung sehr einfach.

Schwierig wird es dagegen bei der korrekten Auswertung der Biegeprobe. Für ungeübte Versuchsleiter ist es nicht leicht, sich schnell auf die unterschiedlichen Bewertungskriterien einzustellen. Die Auswertung wird daher viel Zeit in Anspruch nehmen. Das größere Defizit ergibt sich aber aus den sehr alten Normen. Derartige Normentafeln können nicht mehr den Anspruch der Repräsentativität aufrechterhalten. Betrachtet man beispielsweise die schulspezifischen Normen, so fällt auf, dass es heutzutage gar keine Volks-, Mittel- und Oberschulen im klassischen Sinne mehr gibt. Empfehlenswert wäre es daher, eine neue Normierung der Drahtbiegeprobe anzustreben, um zu gewährleisten, dass die Testleistung eines Probanden sinnvoll interpretiert werden kann.

5.8 Fragebogen zur Analyse belastungsrelevanter Anforderungsbewältigung (FABA)

Petra Gelléri

Der *Fragebogen zur Analyse belastungsrelevanter Anforderungsbewältigung* (FABA) von Richter, Rudolf und Schmidt ist seit 1996 in seiner ersten Auflage auf dem Markt. In der heutigen Arbeitswelt gibt es eine Vielzahl von Stressoren und eine mindestens ebenso vielfältige Zahl von Bestimmungen zu Arbeits- und Gesundheitsschutz. Der Fragebogen fasst die Annahmen des sogenannten Typ-A-Verhaltens und der Handlungsregulation zusammen und soll „Dominanz", „Ungeduld", „Exzessive Planungsambitionen" und „Exzessives Arbeitsengagement/Erholungsunfähigkeit" messen. Diese vier Faktoren spielen eine maßgebliche Rolle bei der Stressverarbeitung. Der Fragebogen ist dabei so konzipiert, dass er sich in besonderem Maße auf das Verhalten am Arbeitsplatz konzentriert. Die Autoren betonen besonders die Wichtigkeit dieser Faktoren bei Herz- und Kreislauferkrankungen.

Konzeption

Wie schon oben erwähnt, basiert der FABA auf den Annahmen des Typ-A-Verhaltens und der Theorie der Handlungsregulation. Das Typ-A-Verhaltensmuster wird in der Literatur beschrieben als eine Zusammensetzung aus Wettbewerbsstreben, Zeitdruck-Erleben, Aggressivität, Erfolgsstreben, Leistungsorientierung, Termindruck, berufliches Karrierestreben, Geschwindigkeitsorientierung und Ungeduld (Price, 1982). Zusätzlich realisieren Typ-A-Persönlichkeiten im Allgemeinen ihre Erschöpfung nicht oder sie unterdrücken deren Bemerkung erfolgreich („Suppressoreffekt"). Dabei ist für dieses Verhaltensmuster ein hoher Zusammenhang mit Herz- und Kreislauferkrankungen nachgewiesen worden, insbesondere unter der Bedingung von Wettbewerbssituationen oder erzwungener Passivität, welches beides häufig in Arbeitsumfeldern vorkommen kann. Den einzelnen Schritten der Handlungsregulation können dabei die Merkmale des Typ-A-Verhaltens zugeordnet werden (Tabelle 5-6).

Tabelle 5-6: Handlungspsychologische Einordnung der Typ-A-Symptome (aus der FABA Handanweisung, S. 16)

Aspekte der Handlungs-regulationsprozesse	Merkmale des herz-kreislaufgefährdenden Verhaltensmusters
Zielsetzung und Planung	- unscharfe Hierarchie bei der Ausbildung von Zielen - Dominanz quantitativer Zielaspekte - Selbsterzeugter Zeitdruck - Ausgeprägte Kontrollzwänge - Hohes Anspruchsniveau in allen Leistungsbereichen

Handlungsausführung	- Geschwindigkeitsorientierte Aufgabenbewältigung - Hyperaktivität bei der Anforderungsbewältigung
Rückmeldungen	- Reduzierte Verarbeitung von Ermüdung und Stress - Störungen in der Wahrnehmung physiologischer Prozesse
Organisation und Kooperation	- Dominanz von Parallelaktivitäten vs. sequentieller Abarbeitung - Verminderte Kooperationsfähigkeit: hohes Dominanzbedürfnis Aggressivität bei der Bewältigung sozialer Konflikte

Aus diesen Theorien (Handlungsregulation und Typ-A-Verhalten) sind die Items des FABA abgeleitet. Letztere bildeten ursprünglich fünf Faktoren. Der fünfte Faktor „Überangepasstheit" erwies sich in weiteren Untersuchungen jedoch als instabil und man entschied sich daher für folgende Vier-Faktoren-Lösung:
- *Faktor Erholungsunfähigkeit/Arbeitsengagement (E):* Dieser Faktor bezieht sich auf eine von der Person akzeptierte, generalisierte erlebte Erholungseinschränkung bedingt durch eine berufliche Belastung. Hohe Werte auf den zugehörigen Items sollten gängigen Theorien nach mit Erschöpfungszuständen etc. der Ausfüllenden einhergehen.
- *Faktor exzessive Planungsambitionen (P):* Der Faktor bezieht sich auf Planungs- und Kontrolltendenzen der Probanden über unterschiedliche Bereiche und verschiedene Zeitpunkte hinweg. Dabei bedeuten hohe Werte ein Übermaß dieses Verhaltens und sind negativ anzusehen.
- *Faktor Ungeduld (U):* Hindernisse bei der Handlungsausführung rufen bei Personen mit hohen Werten auf diesem Faktor Hektik und emotionale Unbeherrschtheit hervor.
- *Faktor Dominanz (D):* Er misst Führungsambitionen, „im-Mittelpunkt-Wohlfühlen" und schneller und besser sein wollen als andere. Er wird von den Testautoren durch diese drei Items definiert. Im Gegensatz zu gebräuchlichen Konzepten werden Feindseligkeit und Aggressivität durch den Faktor „Dominanz" nicht abgebildet.

Diese vier Faktoren (insgesamt 20 Items) klären je nach Studie 58,6 % bis 45,3 % der Varianz auf. Abbildung 5-14 zeigt ihren hypothetischen Einfluss auf den Handlungsregulationsprozess.

Die Autoren des Testheftes bieten im Anhang noch zusätzlich die ursprüngliche Langform des FABA (44 Items) und Informationen zu einem „Strukturierten Interview zur Kennzeichnung der Ausprägung belastender Situationen im Arbeits- und Privatbereich" an, welches aber eher für die Klinische Psychologie relevant ist. Für dieses Anwendungsfeld wird auch der fünfte Faktor „Überangepasstheit" zur Interpretation herangezogen.

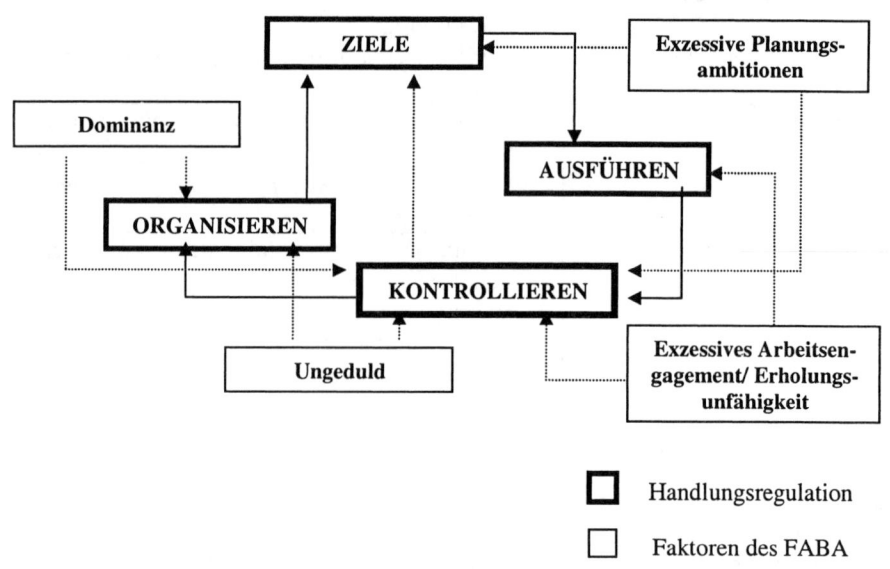

Abbildung 5-14: Einfluss ressourcen-beeinträchtigender Verhaltensmerkmale des FABA auf die zyklisch-sequentielle Struktur der Handlungsregulation (aus der Handanweisung des FABA, S. 59)

Gütekriterien und empirische Fundierung

Objektivität
Durchführungs- und Auswertungsobjektivität sind durch die genauen schriftlichen Instruktionen für die Testperson und die genaue Zuweisung von Rohwerten zu Percentilen bzw. Stanine-Werten für den Durchführenden gegeben. Die Interpretationsobjektivität ist durch die Faktorenbeschreibungen abgedeckt.

Reliabilität
Zur internen Konsistenz gibt es Angaben über Cronbachs α der den einzelnen Faktoren zugehörigen Items. Diese sind mit .68 (P), .72 (U) und .79 (E) akzeptabel bzw. mit .56 (D) eher mittelmäßig. Die Retest-Koeffizienten wurden sowohl für Hypertonie-Kranke als auch für gesunde Vollbeschäftigte berechnet und sind annehmbar. Für Letztere betragen die Retest-Koeffizienten nach einem Zeitraum von 2 Monaten für die Faktoren (E) .619, (P) .789, (U) .803 und (D) .579.

Validität
Die Augenscheinvalidität ist gegeben, da der Fragebogen die ihm zu Grunde liegende Theorie gut abbildet. Auch zur kriterienbezogenen Validität gibt es Angaben: Dazu wurden die FABA-Werte verglichen mit Tätigkeitsmerkmalen (z.B. mit Hilfe des o.g. strukturierten Interviews), Erlebens- und Befindensmerkmalen (u.a. Vergleiche mit SALES-Skala (Sales & House, 1971) bzw. BORTNER-Skala (Bortner, 1969), Hypertonie- bzw. Herzinfarktgefährdung) und physiologischen Parametern (sympa-

thikotone Erregung des Nervensystems). Spätestens bei den Angaben zur Validierung des Fragebogens wird also der stark physiologische Hintergrund des FABA deutlich. Im Testheft werden die Zusammenhänge zwischen biochemischen Abläufen im Körper und den einzelnen Faktoren aufgezeigt (z.B. erhöhter Serum-Cholesterol, bestimmte EKG-Werte, erhöhter systolischer Blutdruck etc. bei hohen Werten auf entsprechenden Faktoren). Auf diesem Gebiet ist der FABA somit auf einem breiten Spektrum abgesichert, allerdings traten bei den Untersuchungen folgende andere Auffälligkeiten zu Tage:
- Bei Populationen junger Menschen ist der Faktor „Exzessive Planungsambitionen" instabil.
- Bei dem Faktor „Dominanz" bestehen geschlechtsspezifische Unterschiede.
- Auch gab es bei diesem Faktor D keine Korrelationen zu verwandten Konstrukten, was aber auch an seiner unüblichen Definition (s. o.) liegen kann.

Normen
Die Eichstichprobe umfasste insgesamt 975 Personen. Dabei wurde sie aufgeteilt nach Geschlecht und in drei Altersgruppen (jünger als 30, 30- bis 50-Jährige, älter als 50). Eine Einteilung in Gesunde und Auffällige (Hypertoniker und Herzinfarkt-Patienten), wie sie während der Validierungsstudien vorgenommen wurde, fließt in die Auswertungstabellen nicht mit ein. Angesichts der Aufteilung sind die Stichproben letztendlich relativ klein.

Auch konnte keine Normalverteilung der Faktorwerte innerhalb der Stichprobe gewährleistet werden. Im Testheft gibt es nur Angaben über Rohwerte, Prozentrangwerte und, daraus abgeleitet, Stanine-Werte. Des Weiteren sind dargestellt: Arithmetisches Mittel, Standardabweichung, Minimum und Maximum einiger anderer Stichproben aus Untersuchungen anderer Populationen (andere Nationen: Ungarn, Russland und Schottland; bestimmte Krankheitsbilder, etc.).

Durchführung und Auswertung

Der FABA ist ein „Papier und Bleistift"-Fragebogen. Auf der Vorderseite des Bogens ist eine Instruktion für den Ausfüllenden. Die 20 Items werden auf einer vierstufigen Skala durch Ankreuzen (Zustimmung bzw. Ablehnung) beantwortet. Dabei sind die Items nicht nach Faktoren geordnet. Im Folgenden nochmals die Faktoren mit jeweils einem Beispiel:

- *Faktor Erholungsunfähigkeit/ Arbeitsengagement (E)*: 6 Items
  Beispiel: Meine Arbeit pulvert mich manchmal so auf, dass ich gar nicht mehr zur Ruhe komme.
- *Faktor Exzessive Planungsambitionen (P)*: 6 Items
  Beispiel: Bevor ich eine größere Arbeit beginne, mache ich mir einen genauen Plan, wie ich alles bewältigen will.
- *Faktor Ungeduld (U)*: 5 Items
  Beispiel: Wenn ich von anderen gestört werde, reagiere ich hin und wieder unbeherrscht.

- *Faktor Dominanz (D)*: 3 Items
  Beispiel: Sobald ich gemeinsam mit anderen eine Aufgabe übernehme, will ich schneller und besser sein als sie.

Auf der letzten Seite des Fragebogens befindet sich die Auswertungsschablone für den Diagnostiker. Leider haben die Testautoren es versäumt nochmals explizit anzugeben, wie man die entsprechenden Rohwerte berechnet. Unter der Überschrift Norm- und Vergleichswerte ist jedoch von Punktsummenwerten der Faktoren die Rede. Die angegebenen Punkte zu den Items werden also innerhalb des entsprechenden Faktors aufaddiert. Die Percentile können direkt auf der Rückseite des Fragebogens abgelesen werden, die Stanine-Werte müssen dem Testheft entnommen werden.

Bewertung

Der FABA kann zum einen eingesetzt werden in der Arbeitspsychologie. Hier hat er sich bewährt als Instrument zur Überprüfung der Passung von Arbeitsgestaltungsmaßnahmen und Befindenszuständen. Vorstellbar wäre der FABA auch als Verfahren zur Personalauswahl in Fällen, in denen das Anforderungsprofil die Förderung des Typ-A-Verhaltensmusters nicht vermeiden lässt, also in Arbeitssituationen, in denen der Mitarbeiter möglichst belastbar sein muss, da die widrigen Arbeitsbedingungen an sich nicht änderbar sind. Hierzu liegen im Moment allerdings keine weiteren Informationen vor. Ein weiterer möglicher Einsatzbereich ist die Klinische Psychologie (an dieser Stelle spielt die Langversion und das Strukturierte Interview im Testheft des FABA eine Rolle). Auf eine Beschreibung derartiger Verwendung soll hier aus inhaltlichen Gründen nicht weiter eingegangen werden.

Mit nur 20 Items ist der FABA sehr schnell zu bearbeiten und sehr kurz. Allerdings ist es nicht ausreichend den Faktor Dominanz mit nur drei Items abzubilden, geschweige denn das Konstrukt nur durch diese drei zu definieren und damit gängige Interpretationen auszuklammern. Vorsicht ist auch bei der Interpretation des Faktors „Exzessive Planungsambition" bei jungen Personen geboten (s.o.). Die Auswertung ist vom Prinzip her schnell und einfach, allerdings mit nachfolgender Einschränkung:

Problematisch ist der FABA leider für Anwender, die nur sehr wenig Kenntnis von Diagnostik und Auswertung und Interpretation von Fragebögen haben. Hier liefert das Testheft – mit dem Hinweis auf entsprechende Literatur – keine ausreichenden Informationen und wie schon früher erwähnt gibt es keine konkrete Anleitung zum Vorgehen bei der Auswertung (Erläuterung s.o.). Für den psychologischen oder diagnostischen Laien ist er daher nicht ohne weiteres zu empfehlen.

5.9 Handlungsorientiertes Testverfahren zur Erfassung und Förderung beruflicher Kompetenzen (hamet 2 – Vorversion)

Franzis Preckel

Der hamet 2 ist ein spezieller Funktionsprüfungs- und Eignungstest zur Erfassung und Förderung beruflicher Kompetenzen bei lernbehinderten und hör- und sprachbehinderten Personen, die sich an der Schwelle zur Berufsausbildung befinden sowie bei Berufsabsolventen, die wegen einer Beeinträchtigung oder Behinderung im Rahmen einer beruflichen Rehabilitationsmaßnahme gefördert werden sollen.

Der hamet 2 ist 2000 erschienen und stellt die zweite Revision des Handwerklichmotorischen Eignungstests – des HAMET – dar, der 1978/79 von Dietrich, Messerle und Goll entwickelt wurde und 1981 erstmals erschien. Die erste Revision zum HAMET-R (Revision) erfolgte bereits 1990. Die hier beschriebene Version des hamet 2 ist eine Testvorversion, deren Testgüte, Anwendungsbereiche und Auswertungsmöglichkeiten weiter überprüft und ausgebaut werden. Die Autoren des hamet 2 sind Dietrich, Goll, Pfeiffer, Tress, Schweiger und Hartmann. Herausgegeben wird der hamet 2 durch die Berufsbildungswerke Waiblingen und Offenburg. Die Hauptfinanzierung der Testüberarbeitung erfolgte durch das Bundesministerium für Arbeit.

Konzeption

Grundkonzept und Ziel des Verfahrens
Die Wahl einer bestimmten Berufsausbildung stellt eine bedeutsame Entscheidung im Rahmen der beruflichen Entwicklung dar. Insbesondere behinderte junge Menschen benötigen bei dieser Entscheidung besondere Unterstützung bei der Klärung ihrer Fähigkeiten, Neigungen und beruflichen Möglichkeiten. Der hamet 2 soll durch die objektive Erfassung von vorhandenen Ressourcen und daraus abgeleiteten Fördermöglichkeiten im Rahmen einer Förderdiagnostik behinderte junge Menschen, Ausbildungsinstitute und Kostenträger bei der Entscheidung über Fragestellungen der beruflichen Orientierung unterstützen.

Dem hamet 2 und seinen Vorgängerversionen liegt dabei der Befund zugrunde, dass bei lernbehinderten Personen, trotz erwartungsgemäß eingeschränkter intellektueller Fähigkeiten und schulischer Kenntnisse, die handwerklich-motorischen Fähigkeiten häufig unbeeinträchtigt entwickelt sind (Dieterich, 1980). Durch den Einsatz des Testverfahrens sollen die handlungsbezogenen Anteile beruflicher Kompetenz erfasst werden, die für handwerkliche Berufe, aber auch EDV-Berufe und Berufe aus dem Bereich der Dienstleistung relevant sind. Ziel des Testverfahrens ist dabei, die individuellen beruflichen Vorstellungen einer Testperson im Hinblick auf ihre Realisierungsmöglichkeiten hin zu überprüfen. Dabei soll das Verfahren differenziert aufzeigen, über welche konkreten Ressourcen und Defizite der handwerklich-motorischen Fähigkeiten die Testperson im Hinblick auf ihren Berufswunsch verfügt. Aus den Testbefunden können gegebenenfalls in Folge Empfehlungen für die Förderung abgeleitet werden. Ziel des hamet 2 ist hingegen nicht, bei Testpersonen, die noch über keine beruflichen Vorstellungen verfügen, zu Empfehlungen über den passenden Beruf zu kommen. Weiterhin dient der hamet 2 nicht der Auslese von Testpersonen. Ziel ist die individuelle Erfassung von Stärken und Schwächen einer Person im Hinblick auf ein konkretes berufliches Ziel, um zur Klärung von Fragen der beruflichen Orientierung, des Förderbedarfs und der Fördermöglichkeiten beitragen zu können.

Aufbau des Verfahrens
Der hamet 2 kann als Standardversion oder als Version mit einfacheren bzw. schwereren Aufgaben durchgeführt werden. Unabhängig davon, welche Version verwandt wird, liegen den Aufgaben sechs Fähigkeitsdimensionen zugrunde, denen die Aufgaben jeweils zugeordnet sind. Die Dimensionen wurden durch das statistische Verfahren der Faktorenanalyse anhand der Daten von 416 Testpersonen (Berufsbildungswerk-Anfragen, Berufsschuleinmünder, Hauptschüler u.a.) bestimmt. Die nachfolgende Tabelle 5-7 gibt einen Überblick über die sechs Fähigkeitsdimensionen und die jeweils zugeordneten Aufgaben.

Tabelle 5-7: Überblick über die Fähigkeitsdimensionen und Aufgaben des hamet 2

Fähigkeitsdimension	**Aufgabentyp**	**Aufgabenbeschreibung**
Routine und Tempo (Einfache motorische Routinehandlungen unter Tempomotivation)	Schrauben	Die Testperson muss unterschiedlich große Schrauben einem Steckbrett entnehmen, mit Unterlegscheiben versehen und mit einer Mutter verschrauben. Danach werden die Schrauben wieder zerlegt und die Einzelteile in das Steckbrett zurückgesteckt.
	Register	Ein Stapel aus 40 Registern mit je 5 Karten unterschiedlicher Farbe soll in 5 Stapeln nach Farbe sortiert werden und danach wieder zu Registern zusammenfügt werden.
	Einfädeln	Einfädeln eines Fadens in 10 Nadeln.
	Servietten	Falten von 5 Servietten nach Anleitung.
Werkzeugeinsatz und -steuerung (einfach) Einhalten eines genauen Maßes und Erreichen vorgegebener Begrenzungen mit beliebigem Werkzeug.	Schneiden	Ausschneiden einer auf Papier vorgedruckten Form.
	Ausmalen	Zweifarbiges Ausmalen einer gedruckten Vorlage.
	Nähmaschine	Nähen entlang einer gedruckten Vorlage mit einer elektrischen Nähmaschine, ohne Faden.

Wahrnehmung und Symmetrie (Wahrnehmungsgenauigkeit im Sinne des Abtastens und Vergleichens)	Linien fortsetzen		Freihändiges Zeichnen von zwei parallelen Linien (innen & außen) zu einer vorgegebenen Mittellinie.
	Spiegelbilder		Freihändiges Ergänzen halbfertiger Figuren entlang einer Symmetrieachse.
	Daten übertragen		Simulation einer Datenbank am PC; mit Vorprogramm zur Übung.
	Scheiben		Kunststoffscheiben müssen nach Vorlage ausgelegt werden bzw. muss ein Vorlagenmuster symmetrisch ergänzt werden.
Instruktionsverständnis und -umsetzung (Genaues Verstehen und präzises Umsetzen)	Koordinaten		Eingeben des Fahrwegs eines virtuellen Fahrzeugs mit auf einfache Funktionen reduzierter CNC-Simulation am PC.
	Telefon		Programmierung eines Telefons nach Instruktion; Aufgabenstellung als PC-Simulation.
	Text eingeben		Eintippen eines kurzen Textes gemäß Vorlage am PC.
Werkzeugeinsatz und -steuerung (komplex) (Gestaltender und z.T. Kraft erfordernder Einsatz und Steuerung von Werkzeug)	Fisch feilen		Herausarbeiten einer aufgezeichneten Fischfigur aus einer Spanplatte mit Raspel und Feile.
	Draht biegen		Biegen eines Hakens nach Vorlage aus Schweißdraht, unter Einsatz von Schraubstock und Hammer.
	Wasserwaage		Einmessen von drei Maßpunkten an einer Wand auf einem Blatt Papier, ausgehend von einem zu bestimmenden Maßpunkt am Boden, unter Einsatz von Meterstab, Wasserwaage und Richtscheit.
Messgenauigkeit und Präzision	Maße		Ziehen gerader Linien und Setzen genauer, vorgegebener Maßpunkte auf Papier.

(Messgenauigkeit und Ausführungsgenauigkeit)	Winkel	Einzeichnen von im rechten Winkel stehenden Linien in ein Koordinatenkreuz, Markierung von Winkelpunkten.
	Schnittpunkte	Einmessen und Markierung vorgegebener Schnittpunkte in einem Koordinatensystem.

Gütekriterien und empirische Fundierung

Reliabilität
Die Reliabilität des hamet 2 wurde an 50 Testpersonen nach der Testhalbierungsmethode (Split-half) bestimmt. Ein Drittel der Testpersonen rekruierte sich jeweils aus Berufsbildungswerk-Anfragen, Berufsschuleinmündern sowie Hauptschülern. Aus dem Testhandbuch geht nicht hervor, ob für die Reliabilitätsbestimmung nur die Standardversion oder auch die schwere bzw. leichtere Version herangezogen wurde. Da jedoch für die einzelnen Untertests jeweils nur ein Reliabilitäts-Koeffizient angegeben ist, ist anzunehmen, dass sich die Angaben zur Reliabilität nur auf die Standardversion beziehen. Für die einzelnen Untertests ergaben sich Reliabilitätskoeffizienten zwischen $r = .80$ bis $r = .97$. Diese Werte weisen auf eine angemessene Messzuverlässigkeit des Verfahrens hin. Einzige Ausnahme ist hier der Untertest „Servietten", für den sich nur eine mäßige Reliabilität von $r = .66$ ergab. Angaben zur Genauigkeit von Messwiederholungen (Retest-Reliabilität) oder zur Homogenität des Verfahrens liegen nicht vor.

Validität
Die inhaltliche Validität des hamet 2 wird durch eine bei der Konstruktion des HAMET durchgeführte Expertenbefragung begründet. Bei dieser Befragung sollten Experten aus verschiedenen Berufsfeldern die inhaltliche Gültigkeit der HAMET-Aufgaben auf einer Ratingskala für verschiedene handwerklich-motorische Grundfunktionen beurteilen. Die Ergebnisse der Befragung konnten durch eine Faktorenanalyse gestützt werden, die eine ähnliche Einteilung der Testaufgaben in Gruppen verschiedener handwerklich-motorischer Grundfunktionen erbrachte. Da sich die Konstruktion des hamet 2 an der Faktorenstruktur des HAMET orientierte und zudem eine Faktorenanalyse der hamet 2-Daten ähnliche Ergebnisse wie die Faktorenanalyse der HAMET-Daten ergab, kann nach den Autoren davon ausgegangen werden, dass die inhaltliche Gültigkeit des hamet 2 gewährleistet ist.

Der Zusammenhang von HAMET-Testergebnissen und von späteren Noten in praktischen und theoretischen Abschlussprüfungen wurde bei 61 Personen überprüft, die ihren Abschluss im Berufsfeld Metall absolviert hatten. Negative Vorzeichen bei den Zusammenhangsangaben bzw. den Korrelationskoeffizienten r bedeuten in diesem Fall, dass ein geringer Zahlenwert bei der Note, also eine gute (!) Note, mit einem höheren Testwert im HAMET einhergeht. Es ergab sich ein mittlerer Zusammenhang von $r = -.51$ zwischen der Abschlussnote und dem Gesamtergebnis im HAMET. Zu einzelnen Fähigkeitsdimensionen ergaben sich schwächere bis mittlere Zusammenhänge von $r = -.25$ bis $r = -.42$. Die Zusammenhänge von Testergebnis und Noten werden auch als kriterienbezogene Validität bezeichnet, wobei die Noten das Kriterium darstellen. Als weiteres Kriterium wurde das Meisterurteil über die fachliche und fachübergreifende Eignung bei 157 Ausbildungsabsolventen herangezogen. Zum HAMET-Gesamtwert fand sich ein eher schwacher Zusammenhang von $r = .26$.

Diese Angaben beziehen sich jedoch auf den HAMET und nicht auf seine zweite Revisionsform, den hamet 2. Für den hamet 2 haben die Autoren untersucht, inwieweit die Testleistung durch kognitive Komponenten mitbedingt ist. Der Validitätsanspruch des hamet 2 ist ja, handlungsorientierte Anteile beruflicher Kompetenz möglichst unabhängig von kognitiven Fähigkeiten und Beeinträchtigungen zu erfassen. Es wurde der Zusammenhang der Gesamttestergebnisse und der Einzelwerte auf den sechs Fähigkeitsdimensionen der 416 Personen, an denen der hamet 2 normiert wurde (s.u.), mit dem jeweiligen Schulabschluss berechnet. Der Schulabschluss soll dabei als grober Indikator für das kognitive Fähigkeitsniveau der Personen dienen. Es fanden sich bei den Leistungen bei allen Aufgaben positive Zusammenhänge zum Schulabschluss, d.h. je höher der Schulabschluss, desto besser die hamet 2 Leistungen. Die deutlichsten Zusammenhänge fanden sich bei der Fähigkeitsdimension „Routine und Tempo". Die Korrelationen geben jedoch keinen Aufschluss darüber, ob kognitive Fähigkeiten für diese Zusammenhänge verantwortlich sind, die unterschiedliche Schulausbildung, die die Personen genossen haben, beide Faktoren oder noch weitere hier nicht berücksichtigte Faktoren wie z.B. der sozioökonomische Status.

Objektivität
Die Unabhängigkeit des Testergebnisses von der Person des Testleiters (TL) wird auch als Test-Objektivität bezeichnet. Das hamet 2-Manual gibt daher Instruktionen zur Testdurchführung an. Da die Durchführung des hamet 2 (s.u.) jedoch relativ aufwändig ist, vielfältige Instruktionen des TL verlangt und ihm dabei viel Verhaltensspielraum lässt, ist es wichtig, dass sich der TL mit dem Verfahren und dem Ablauf der Testung in Schulungen zuvor vertraut macht. Zudem erfordert die Durchführung des hamet 2, insbesondere bei behinderten Testpersonen, zum Teil individualisierte Instruktionen. Dies kann auf Kosten der Objektivität der Testdurchführung gehen.

Ein weiterer Aspekt der Testobjektivität ist, dass verschiedene TL bei der Auswertung der Antworten oder Leistungen einer Testperson zu gleichen Ergebnissen gelangen. Um diese sogenannte Auswertungsobjektivität beim hamet 2 zu überprüfen, werteten drei erfahrene TL unabhängig voneinander bei 30 Personen die Untertests des hamet 2 aus, die mit Folien oder durch Fehlerauszählungen bewertet werden. Bei den Untertests, die über Zeitmessungen bewertet werden, erübrigt sich eine Überprüfung der Auswertungsobjektivität. Für alle Untertests bis auf die Untertests „Maße" und „Winkel" fanden sich sehr gute Übereinstimmungen der Auswertung mit Koeffizienten von $r = .86$ bis $r = .99$. Eine intensive Schulung der TL für die Auswertung ist jedoch unerlässlich (s.u.). Die Autoren bieten zukünftig auch die Möglichkeit zur Testauswertung mit einem Flachbettscanner an, wodurch die Auswertungsobjektivität erhöht wird.

Die Interpretationsobjektivität kann durch die Verfügbarkeit von Normtabellen als gegeben betrachtet werden. Das Handbuch gibt zudem die Vertrauensintervalle und die kritischen Differenzen pro Untertest an und bietet Hilfen für die Interpretation des Profils und der Gesamtwerte.

Durchführung und Auswertung

Alter der Testpersonen
Der hamet 2 ist für die Durchführung mit Testpersonen im Jugendalter und im Alter junger Erwachsener vorgesehen. Normen liegen allerdings nur für die Standardversion für Berufsschuleinmünder(innen), Förderschulabgänger(innen), Hauptschulabgänger(innen) und für Realschulabgänger(innen) vor (s.u.).

Durchführung
Der hamet 2 wird in einem Testkoffer geliefert, der neben dem Testmaterial das Testmanual, die Antwortbögen und Auswertungsfolien, eine CD-ROM mit den PC-gestützten Tests und ein Protokollblatt zum Arbeitsverhalten (s.u. *Beobachtung des Arbeitsverhaltens*) enthält. Das Testmanual gibt pro Aufgabe Informationen über zusätzlich benötigte Mittel. Der hamet 2 kann sowohl als Einzeltest als auch als Gruppentest durchgeführt werden. Für die Durchführung aller Aufgaben ist ein Zeitrahmen von ca. sieben Zeitstunden zu veranschlagen, wobei Pausen mit eingerechnet werden. Im Testmanual werden ein ausführlicher Zeitplan für die Testdurchführung und Empfehlungen zur Reihenfolge der Testaufgaben angeboten. Bei lernbehinderten Jugendlichen kann die Testdurchführung u.U. mehr Zeit in Anspruch nehmen; bei einigen Testpersonen kann es auch vorkommen, dass diese keine langen Arbeitsphasen durchhalten, so dass die Testdurchführung auf mehrere Zeitpunkte verteilt werden muss. Je nach Untersuchungsfragestellung und -auftrag können alle oder eine Auswahl unterschiedlicher Aufgaben des hamet 2 durchgeführt werden. Die Aufgabenauswahl setzt beim TL eine gute Kenntnis beruflicher Inhalte und Anforderungen voraus. Das Handbuch hält einige Hinweise zur Aufgabenauswahl bereit.

Der hamet 2 soll in einer Werkstatt oder einem Werkraum durchgeführt werden. Jede Testperson benötigt eine eigene Werkbank oder einen Arbeitstisch mit höhenverstellbarem Stuhl. Der Raum sollte ausreichend beleuchtet sein und die Testpersonen sollten ohne Störungen arbeiten können. Je nach Aufgabe wird unterschiedliches Material benötigt. Das Handbuch gibt zu jeder Aufgabe die folgenden Informationen:
- Beschreibung der Aufgabe
- Voraussetzungen zur Durchführung:
    persönliche Voraussetzungen wie z.B. zwei greiffähige Hände
    Testmaterial (im Testkoffer enthalten)
    technische Voraussetzungen bzw. zusätzlich benötigtes Material wie z.B. Stoppuhr und Ersatzmaterial
- ein Vorprogramm zur Testaufgabe
- die eigentliche Testaufgabe
- eine Auswertungsanleitung
- Tipps und Infos aus der Praxis
- ggf. Verweise auf leichtere bzw. schwere Aufgabenversionen

Die Autoren betonen den „Werkstattcharakter" des Tests, bei dem jede Person weiß, was sie mit welchem Ziel tut. Für die Testdurchführung bedeutet das, dass die Testpersonen vor dem Test genau über den Zweck der Testdurchführung und darüber, was bei einer Aufgabe jeweils bewertet wird, informiert werden sollen. Zudem sollten sie bei jeder Aufgabe wissen, welche Rolle das Arbeitstempo jeweils spielt. Die Bearbeitungszeit wird zwar bei allen Aufgaben gemessen. Je nachdem aber, ob die Genauigkeit und/oder das Tempo der Aufgabenbearbeitung bei einer Aufgabe relevant sind, erfolgt eine unterschiedliche Instruktion, die dem Manual entnommen werden kann.

Wenn alle persönlichen, materiellen und technischen Voraussetzungen geprüft und gegeben sind, kann die Testdurchführung beginnen. Vor jeder einzelnen Aufgabe wird ein *Vorprogramm* durchgeführt, in dem die Testperson in die Aufgabe unterwiesen wird, die notwendigen Arbeitstechniken erlernt und übt und in dem der TL sicherstellt, dass eine Testperson die Aufgabe bearbeiten kann. Danach wird die eigentliche *Testaufgabe* durchgeführt. Meist sind die inhaltlichen Punkte zur Aufgabenbearbeitung bereits im Vorprogramm geklärt worden. Dennoch sollte der TL klären, ob den Teilnehmern klar ist, was bei der Aufgabe bewertet wird und er sollte einen Hinweis auf die Zeitmessung geben, falls das Tempo der Aufgabenbearbeitung zählt.

Die Instruktionen im Vorprogramm und bei der Aufgabenbearbeitung sollten auf die individuellen Bedürfnisse der Testpersonen abgestimmt sein und insbesondere bei lernbehinderten Personen individuell gegeben werden. Dies kann z.B. dadurch geschehen, dass Aufgaben gemeinsam gelöst und mögliche Fehler besprochen werden. Die individuelle Instruktion ist allerdings nur schwer mit einer Gruppendurchführung des hamet 2 zu vereinbaren. Das Manual enthält zudem Hinweise auf den Umgang mit überforderten Teilnehmern und gibt Informationen zu Abbruchkriterien und erlaubten Interventionen bei der Testdurchführung. Die folgende Abbildung 5-15 veranschaulicht den Ablauf der Testdurchführung im Überblick.

Ergebnisauswertung
Die Auswertung aller Aufgaben, bis auf die Aufgaben der Dimension „Routine und Tempo", erfolgt über Fehlerauszählungen. Die Fehler werden über Auswertungsfolien bestimmt. Bewertungskriterium für die Aufgaben der Dimension „Routine und Tempo" ist die benötigte Zeit. Für die Auswertung von Aufgaben mit Auswertungsfolien gibt das Handbuch genaue Richtlinien vor. Allerdings müssen dabei Grenzfälle beachtet werden. Zudem können schon leichte Verschiebungen der Folien zu unterschiedlichen Ergebnissen führen. Daher ist eine intensive Schulung der TL für die Auswertung unerlässlich. Die Auswertung mit dem Scanner ist in der Endversion des hamet 2 möglich und vermeidet viele der oben genannten Auswertungsschwierigkeiten. Voraussetzung hierfür ist allerdings die Verwendung der originalen Testbögen. Kopien sind untauglich. Auch hier ist ein gelegentlicher Vergleich der erhaltenen Ergebnisse mit den Ergebnissen der Handauswertung erforderlich, da z.B. untypische Strichführungen eines Testteilnehmers die Scanner-Auswertung verzerren können.

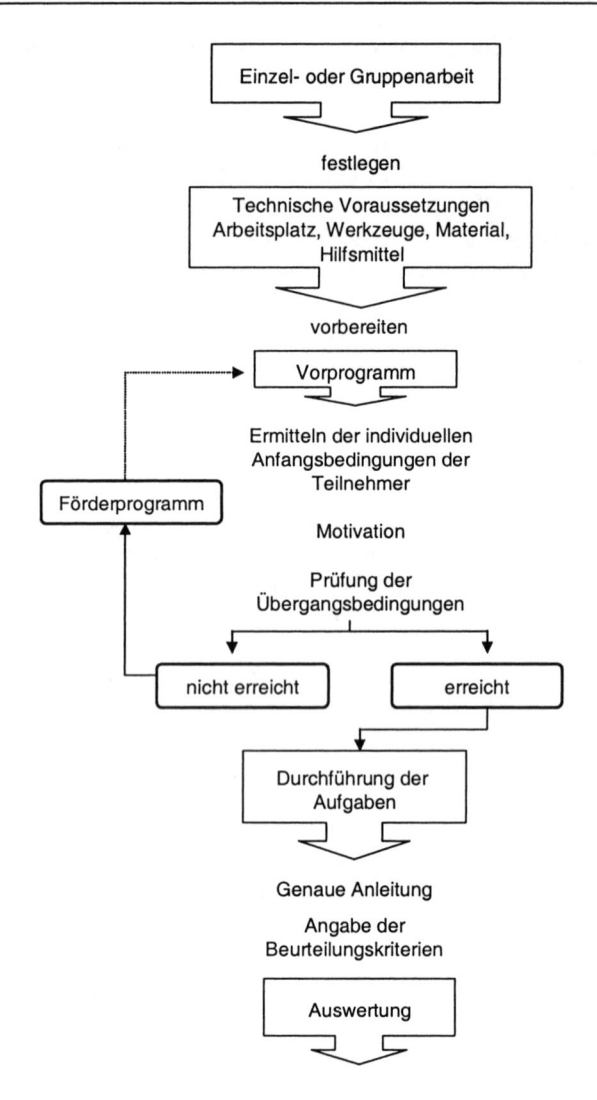

```
┌─────────────────────────────┐
│  Einzel- oder Gruppenarbeit │
└─────────────────────────────┘
              ↓
           festlegen
┌─────────────────────────────┐
│  Technische Voraussetzungen │
│ Arbeitsplatz, Werkzeuge,    │
│ Material, Hilfsmittel       │
└─────────────────────────────┘
              ↓
          vorbereiten
     ┌──────────────┐
  →  │ Vorprogramm  │
  │  └──────────────┘
  │     Ermitteln der individuellen
  │     Anfangsbedingungen der
  │           Teilnehmer
┌──────────────┐
│ Förderprogramm│   Motivation
└──────────────┘
  ↑        Prüfung der
  │      Übergangsbedingungen
  │         ↓         ↓
┌──────────────┐  ┌──────────┐
│ nicht erreicht│  │ erreicht │
└──────────────┘  └──────────┘
                      ↓
              ┌──────────────┐
              │ Durchführung │
              │  der Aufgaben│
              └──────────────┘
                      ↓
              Genaue Anleitung
              Angabe der
              Beurteilungskriterien
              ┌──────────────┐
              │  Auswertung  │
              └──────────────┘
```

Abbildung 5-15: Flussdiagramm zum zeitlichen Ablauf und zur Durchführung der Testaufgaben (nach Dietrich, Goll, Pfeiffer, Tress, Schweiger & Hartmann, 2000)

Über die gemachten Fehler und/oder über die Bearbeitungszeit werden pro Aufgabe anhand von Tabellen normierte Werte (s.u.) ermittelt und in den Auswertungsbogen eingetragen. Für die Aufgaben der Dimension „Routine und Tempo" wird ausschließlich die Zeit zur Bewertung herangezogen. Für die restlichen Aufgaben wird die Zeit zwar ebenfalls festgehalten und in den Auswertungsbogen eingetragen, bewertet werden jedoch die gemachten Fehler. Insgesamt entsteht so auf dem Auswertungsbogen über alle Aufgaben hinweg ein normorientiertes Leistungsprofil. Die Dauer der Auswertung hängt von der Geübtheit des TL ab. Das Testhandbuch gibt hierzu keine weiteren Angaben. Eine computergestützte Auswertung und Profilerstellung steht erst in der Endversion zur Verfügung.

Normierung
Die Normierung eines Tests ermöglicht die Einordnung eines individuellen Testergebnisses in Relation zu einer Bezugsgruppe. Insgesamt wurden 416 Testpersonen für die Normierung des hamet 2 getestet. Das hamet 2-Handbuch stellt für die Standardversion gesonderte Normen in Form von Stanine-Werten für die folgenden Gruppen bereit:
- Berufsschuleinmünder
- Förderschulabgänger mit gesonderten Normen für Männer und Frauen
- Hauptschulabgänger mit gesonderten Normen für Männer und Frauen
- Realschulabgänger mit gesonderten Normen für Männer und Frauen

Es zeigte sich, dass die hamet 2-Aufgaben für die Gruppen der Berufsschuleinmünder, der Hauptschulabgänger und der Realschulabgänger etwas zu leicht sind. Die Ergebnisse der Förderschulabgänger verteilen sich annähernd normal um einen mittleren Schwierigkeitsbereich. Für die bei einigen Untertests entwickelten leichteren und schwereren Aufgaben liegt keine Normierung vor. Somit ist in diesem Fall auch keine Profildarstellung möglich.

Ergebnisinterpretation
Das Handbuch gibt für die einzelnen Untertests in Abhängigkeit von deren Messzuverlässigkeit (Reliabilität) Wertbereiche – die sog. Vertrauensintervalle – an, in denen der wahre Wert einer Testperson mit einer Wahrscheinlichkeit von 95 % liegt. Da jeder Wert einer Testperson keine exakte Messung darstellt, sondern eine mit Unsicherheiten behaftete Schätzung darstellt, ist das Vertrauensintervall wichtig. Wenn ein TL entscheiden möchte, ob sich die Werte zweier Testpersonen oder die wiederholten Messwerte einer Testperson wirklich unterscheiden, muss er die sog. Kritische Differenz heranziehen. Diese wird für die einzelnen Untertests im Handbuch ebenfalls genannt.

Die hamet 2-Ergebnisse sollen dazu herangezogen werden, berufliche Vorstellungen hinsichtlich ihrer Realisierungsmöglichkeiten und Testpersonen hinsichtlich ihrer beruflichen Ressourcen, Defizite und hinsichtlich ihres Förderbedarfs zu beurteilen. Das Testhandbuch enthält Interpretationshilfen für das normorientierte Leistungsprofil. Allerdings ist eine Kenntnis von beruflichen Inhalten und Anforderungen auf Seiten des TL für die Ergebnisinterpretation unerlässlich.

Beobachtung des Arbeitsverhaltens
Für die Beurteilung der beruflichen Kompetenzen ist neben den hamet 2-Ergebnissen die Beobachtung des Arbeitsverhaltens während der Unterweisung, Durchführung des Vorprogramms und der Aufgabenbearbeitung erforderlich. Zudem soll der TL das Sozialverhalten einer Testperson, z.B. im Kontakt mit dem Testleiter oder im Umgang mit den anderen Testpersonen beim Gruppentest, beobachten. Zur Beobachtung wird im hamet 2 eine modifizierte Version des Arbeitspädagogischen Beobachtungs- und Beurteilungsbogens (ABB) von Dieterich und Goll (ERTOMIS, 1986) angeboten. Die Verhaltensbeobachtung hat *keinen* Testcharakter, sondern kann nur als Zusatzinformation zu den hamet 2-Ergebnissen dienen: Erstens gibt das Test-

handbuch keine Informationen über die Gütekriterien der Beobachtungsskala und zweitens sind Beobachtungen i.d.R. weit weniger objektiv als Testdaten. Der ABB umfasst die folgenden Beobachtungskriterien: Einstellung und Interesse, Antrieb, Auffassungsvermögen, Denkfähigkeit, Konzentrationsvermögen, Selbständigkeit, Flexibilität, Sorgfalt, Handgeschick (Grob- und Feinmotorik), Ausdauer/Arbeitstempo und Kritikverhalten/Selbsteinschätzung. Das Handbuch gibt kurze Hinweise darauf, durch welche beobachtbaren Verhaltensweisen über die genannten Kriterien Aufschluss zu gewinnen ist. Jedoch macht die Kriterien-Auflistung schon deutlich, dass viele der Kriterien nicht oder kaum über Beobachtung zu erfassen sind. Eine Durchführung des hamet 2 mit einer Gruppe von Testpersonen erschwert zudem eine Beobachtung. Der TL ist aufgefordert, für jedes Kriterium auf dem Protokollbogen zum Arbeitsverhalten einen Punktwert von 1 bis 5 zu vergeben und zusätzliche Bemerkungen einzutragen. Die Punktwerte werden auf dem Protokollbogen kurz erläutert.

Bewertung

Der hamet 2 eignet sich primär für die Abschätzung von handwerklich-feinmotorischen Kompetenzen bei behinderten jungen Menschen. Der hamet 2 kann bei sorgfältiger Durchführung mit einem geschulten und mit dem Verfahren vertrauten TL verhaltens- und aufgabennahe Informationen über beruflich relevante Handlungskompetenzen und -defizite liefern. Bei guter Kenntnis der Inhalte und Aufgabenstellungen eines Berufs(-feldes) kann der hamet 2 somit einen TL bei der Bewertung der Eignung und der Erfolgschancen einer Testperson gut unterstützen. Die Durchführung des Verfahrens ist relativ aufwändig, wird jedoch durch die Wichtigkeit und Komplexität der Fragestellung der Berufseignung und der beruflichen Fördermöglichkeiten gerechtfertigt. Der hamet 2 weist eine zufrieden stellende Messgenauigkeit auf und geschulte TL kommen zu übereinstimmenden Ergebnissen. Das Verfahren lässt dem TL in der Instruktion, der Aufgabenauswahl und -zusammenstellung relativ viele Freiheiten, was eine Vertrautheit des TL mit dem Verfahren voraussetzt. Diese Ausführungen verdeutlichen bereits, dass eine unbedingte Voraussetzung des Testeinsatzes eine intensive Schulung des TL ist. Diese wird vom Berufsbildungswerk Waiblingen angeboten. Zudem muss der TL mit den Inhalten und Anforderungen der Arbeitsfelder vertraut sein, die die Testpersonen anstreben. Der Einsatz des Arbeitspädagogischen Beobachtungs- und Beurteilungsbogens kann dabei, insbesondere bei Einzeltestungen, zusätzliche Informationen liefern, die jedoch nicht als objektive und zuverlässige Testdaten interpretiert werden dürfen.

Die Autoren sehen beim Einsatz des hamet 2 als ein Baustein eines Assessment Centers (AC) die Möglichkeit, zusätzlich grobmotorische Aufgaben aufzunehmen und unter Beobachtung bearbeiten zu lassen. Im AC könnten zudem kommunikative und organisatorische Fähigkeiten erfasst werden, die in vielen Dienstleistungsbereichen von Bedeutung sind, durch den hamet 2 jedoch nicht erfasst werden.

5.10 Mailbox '90

Rolf Fiedler

Mailbox '90 ist ein computergestütztes Test- und Trainingsverfahren zur Personalauswahl und Personalentwicklung. Der Test gehört zur Gruppe der sogenannten Postkorbverfahren, welche einen relativ hohen Bekanntheitsgrad durch ihren Einsatz im Assessment Center haben. Postkorbverfahren sind, neben der Gruppendiskussion, häufigste Komponente im Assessment Center. Diese Verfahren sind berufsbezogene situative Leistungstests im Sinne einer Arbeitsprobe. Bei der Mailbox '90 stand die Simulation einer möglichst realitätsnahen Umgebung, die Rückschlüsse auf das Verhalten von Bewerbern im Bezug auf ihre Fähigkeit zur Arbeitskoordination und -organisation erlaubt, im Vordergrund. Mailbox '90 wurde von Roest, Scherzer, Urban, Gangl und Brandstätter in Zusammenarbeit mit der SciCon™ Datenverarbeitungsgesellschaft m.b.H. 1989 herausgegeben. Mailbox '90 zielt auf eine Personalbeurteilung im Managementbereich ab. Dafür wird eine Arbeitssituation mit alltäglichen Problemen und Aufgaben, wie sie im Büroalltag von Führungskräften typischerweise vorkommen, simuliert, um Aspekte wie Prioritätensetzung, Zeitmanagement, Organisationsgeschick und Analysefähigkeiten zu erfassen.

Konzeption

Das Programm Mailbox '90 ist eine computerisierte Weiterentwicklung des Postkorbverfahrens, welches in seiner herkömmlichen Form als Papier-Bleistift-Verfahren angewendet wird. Als Hauptintention für die Computerisierung des Tests ist die rationellere Durchführung und Auswertung anzusehen, da diese bei den herkömmlichen Postkörben sehr arbeitsintensiv und aufwändig ist. Die automatische Testauswertung bietet zudem mehr Objektivität, da Beurteilungsfehler durch die Beobachter, wie sie bei den Papier-Bleistift-Verfahren häufig vorkommen, unterbunden werden. Bei den Postkorbverfahren allgemein ist die Problemstruktur durch die spezifische Zusammenstellung der sich im Eingangskorb befindlichen Poststücke und den anfallenden Aufgaben bestimmt. Gemeinsam ist den Postkörben, dass die vorgegebenen Dokumente in einer begrenzten Zeit bearbeitet werden müssen, wobei die in den einzelnen Dokumenten enthaltenen Aufgaben und deren Terminierung teilweise konfligieren. Dieses Grundkonzept ist bei dem Mailbox '90-Test gleich geblieben. Das heißt, der Bewerber findet in einem Eingangskorb verschiedene Aufgaben. Für die Bearbeitung stehen 32 Minuten zur Verfügung. Vorab erhält der Bewerber eine Testinstruktion, in der er informiert wird, welche Position er innerhalb eines Unternehmens einnimmt. Durch ein Organigramm wird den Bewerbern die Organisationsstruktur des Unternehmens vermittelt. Durch den Einsatz des Computers ist es mit Mailbox '90 möglich, eine Arbeitssituation zu simulieren, die noch mehr Realitätsnähe bietet als dies bei herkömmlichen Postkörben der Fall ist. Dies geschieht zum einen durch Störungen des Arbeitsablaufs durch eingehende Informationen (Telefonate, neue Dokumente), zum anderen durch die Simulation der Existenz von kooperierenden Abteilungen, die eine vollständige oder teilweise Bearbeitung von delegierten Aufgaben leisten.

Da durch den Test ein sehr komplexes Verhaltensmuster erfasst werden soll, erfolgt eine Bewertung auf verschiedenen Beurteilungsdimensionen. Die Autoren verweisen zwar auf die in Papier-Bleistift-Postkörben untersuchten Dimensionen und bemerken, dass es durch die veränderten Testmodalitäten bei der Mailbox '90 nicht erlaubt sei, an diese Untersuchungen anzuschließen. Jedoch findet sich im Handbuch kein Hinweis darauf, aufgrund welcher Überlegungen und empirischer Daten die Bewertungsskalen für die Mailbox '90 generiert wurden. Es werden für den Test sieben Auswertungsskalen zugrundgelegt, die in zwei Bereiche unterteilt werden: *aufgabenorientierte* und *verlaufsorientierte* Skalen. Die Skalen sind zur besseren Übersicht in Tabelle 5-8 aufgeführt.

Tabelle 5-8: Beurteilungsskalen der Mailbox '90

Aufgabenorientierte Skalen	Verlaufsorientierte Skalen
- Arbeitszeit	- Aktivität
- Arbeitseinteilung	- Delegieren
- Zielorientierung	- Ordnen
- Arbeitsgüte	

Die *aufgabenorientierten Skalen* werden aus den Ergebnissen der Dokumente, die sich zu Beginn des Tests im Eingangskorb befinden, und den neu dazu kommenden Aufgaben und Unterbrechungen berechnet. Auf der Skala *Arbeitszeit* wird die Gesamtbearbeitungszeit der einzelnen Aufgaben abgebildet. Einen Überblick, wie oft jede Aufgabe geöffnet bzw. bearbeitet wurde, gibt die Skala *Arbeitseinteilung*. Bei der *Zielorientierung* wird das richtige Delegieren der Aufgaben bewertet. Dabei ist das Merkmal *Zielorientierung* auf den Endzustand der Dokumente nach Abschluss des Tests ausgerichtet. Die *Arbeitsgüte* stellt eine Bewertung aller einzelnen Teilaspekte dar, die zur Lösung einer konkreten Aufgabe beitragen. Dabei werden Punkte für die richtigen Bearbeitungsschritte pro Aufgabe vergeben.

Für die Berechnung der verlaufsorientierten Skalen wird die Testzeit in sechs Intervalle von je fünf Minuten unterteilt und die Häufigkeit der verschiedenen Bearbeitungsschritte in diesen Intervallen berechnet. Die Skala *Aktivität* drückt die Frequenz der Verwendung aller Funktionen aus, die für die Bearbeitung der Dokumente benutzt werden. In der Skala *Delegieren* wird die Summe der delegierten Aufgaben pro Zeitintervall dargestellt. Mailbox '90 bietet den Probanden die Funktion, die einzelnen Dokumente aus dem Eingangskorb mit einer Ablage in eine andere Reihenfolge zu bringen. In der Skala *Ordnen* wird die Frequenz dieser Funktion pro Zeitintervall wiedergegeben.

Die diffizile und zudem dynamische Aufgabenkonstruktion der Mailbox '90 hat den Anspruch, komplexere Verhaltensmuster, wie sie für Führungsverhalten anzunehmen sind, auf der Verhaltensebene beobachtbar zu machen. In dem Programm kann der Inhalt der Dokumente an unternehmensspezifische Strukturen und Anforderungen angepasst oder um neue Aufgaben erweitert werden.

Gütekriterien und empirische Fundierung

Reliabilität
Sämtliche Aktivitäten des Bewerbers während des Testverlaufs werden auf den oben beschriebenen Skalen dokumentiert und beurteilt. Von den sieben Skalen werden nur für drei Skalen im Testmanual Reliabilitäten angegeben. Die berichteten Reliabilitäten beziehen sich dabei ausschließlich auf die innere Konsistenz (Cronbachs α), Reliabilitätswerte bei Testhalbierung oder nach Testwiederholung liegen für die Mailbox '90 nicht vor. Die Reliabilitäten für die Skalen Arbeitseinteilung (Cronbachs α = .75) und Arbeitsgüte (Cronbachs α = .79) sind befriedigend. Bei der Skala Zielorientierung wird eine niedrige Reliabilität von α = .50 angegeben.

Validität
Zur Untersuchung der Validität wurden die Ergebnisse von zwei Stichproben (N = 105 Studenten und N = 193 Bewerber) mit verschieden Intelligenz- und Persönlichkeitstests korreliert. In der Studentenstichprobe wurden die Mailbox '90-Ergebnisse mit dem Stressverarbeitungsfragebogen (SVF; Janke, Erdmann & Kallus, 1985), dem Freiburger Persönlichkeitsinventar (FPI; Fahrenberg, Selg & Hampel 1978), dem Intelligenz-Struktur-Test (I-S-T 70; Amthauer, 1970), den Advanced Progressive Matrices (APM; Raven, 1980) und dem IPC-Fragebogen zu Kontrollüberzeugungen (Krampen, 1981) korreliert. Bei der Bewerberstichprobe wurden die Ergebnisse mit vier Intelligenzskalen zu denen keine Angaben gemacht werden, drei Intelligenzskalen aus dem Wilde-Intelligenz-Test (WIT; Jäger und Althoff, 1983), mit einer Tabellenanalyse und einem Stresstest verglichen. Insgesamt werden 392 Korrelationen im Manual dargestellt, in denen keine systematischen Zusammenhänge zu finden sind. Die Autoren erwähnen auch nicht, wo und Korrelationen welcher Art sie erwartet hätten, sondern zitieren an der Stelle Sackett und Dreher: „Wie aus der Literatur (z.B. Sackett & Dreher, 1982) hervorgeht, gibt es kaum systematische Zusammenhänge mit Persönlichkeits- und Intelligenzverfahren" (Handbuch S. 39). Im Wesentlichen halten die Autoren von den gesamten Interkorrelationen nur die überwiegend negativen Korrelationen mit dem Stressverarbeitungsfragebogen (SVF) bei der Studentenstichprobe für interessant. Dies deuten die Autoren dahingehend, dass Personen mit ausgeprägten intrapsychischen Stressverarbeitungsstrategien (Ablenkung, Umbewertung der Stresssituation, etc.) im Test schlechter abschneiden. Im Durchschnitt größer als die Interkorrelationen mit den o.g. Verfahren sind die Intrakorrelationen der Skalen der Mailbox '90 untereinander, woraus die Autoren schließen, dass die verschiedenen Skalen eine ähnliche Verhaltensdimension messen. Insgesamt interpretieren die Autoren die Daten dahingehend, dass die Mailbox '90 ein von anderen Verfahren nicht erfasstes, unabhängiges Verhalten misst. Dies ist jedoch empirisch nicht belegt, da genauere Untersuchungen zu den einzelnen Skalen und zur Dimensionalität des Tests nicht vorliegen.

Zur äußeren Kriteriumsvalidität berichtet Horn (1991) zwischen den erfolgreichen Bewerbern eines Assessment Centers und den Mailbox-Skalen relativ gute multiple Korrelationen (zwei Stichproben, r = .49 und r = .53). Da allerdings unklar bleibt, mit welcher Gewichtung die Testergebnisse der Mailbox '90 als Auswahlkriterium in die Entscheidung für Bewerber einfloss, die ein Stellenangebot erhielten, sind diese

Validitätsangaben mit Vorsicht zu werten. Zur prädiktiven Validität liegen bisher noch keine Untersuchungen vor.

Die Aussagen, die sich aus den Daten zur Untersuchung der Validität machen lassen, sind nicht sehr effizient und die Frage, was der Test tatsächlich misst, bleibt unbeantwortet. Dazu muss man aber anmerken, dass dies bei Postkorbverfahren ein generelles Problem ist, was hauptsächlich mit der nicht gegebenen *lokalen stochastischen Unabhängigkeit* der Items zusammenhängt. Diese wird verletzt, wenn Aufgaben oder verschiedene Items eines Tests abhängig voneinander sind, z.B. wenn für die Lösung von Aufgabe C das Ergebnis von Aufgabe A erforderlich ist. Dadurch sind testtheoretische Modelle zur Überprüfung der Gütekriterien nur bedingt anwendbar.

Objektivität
Da die Durchführung und Auswertung vollständig computergestützt abläuft, ist durch diese Standardisierung eine optimale Objektivität gegeben. Dies ist auch ein deutlicher Vorteil der Mailbox '90 gegenüber den Papier-Bleistift-Versionen, da bei den herkömmlichen Verfahren Beurteilungsfehler auftreten können. Der Test bietet darüber hinaus Musterlösungen für jede einzelne Aufgabe, ein Ergebnisprotokoll als Beispiel mit Interpretationshilfen und Vergleichswerte für jede Skala, so dass auch die Interpretationsobjektivität als sehr gut bezeichnet werden kann.

Normierung
Die oben angesprochene Validitätsstudie diente auch zur Normierung des Tests. Die Studie wurde in zwei Testphasen durchgeführt. In der ersten Phase führten 105 Psychologiestudenten die Mailbox '90 durch, in der zweiten Phase wurden 193 Bewerber als Trainee für eine Unternehmensberatung untersucht. Vorrangig diente die Studie dazu, auf allen Beurteilungsskalen für jede Aufgabe Vergleichswerte zu generieren als Referenz für die Testauswertung. Diese Werte werden im Handbuch für jede der sieben Skalen in Diagrammen dargestellt, in denen die Einzelwerte aller Aufgaben durch Linien verbunden werden, wodurch sogenannte Cluster entstehen. Zum einen wurden die Cluster der Stichprobe der Studenten denen der Bewerber gegenübergestellt, zum anderen wurden Cluster durch Aufteilung der Gesamtstichprobe entsprechend der Ladung auf verschiedene Pole der einzelnen Skalen vorgenommen. Auf den aufgabenorientierten Skalen wurde eine dichotome Unterscheidung der Pole (z.B. hohe/niedrige Werte, lange/kurze Bearbeitungszeit etc.) vorgenommen. Bei den verlaufsorientierten Skalen (*Aktivität, Delegieren, Ordnen*) bot sich eine Drei-Cluster-Lösung an. So ist z.B. bei den drei Clustern der Skala *Ordnen* ein Teil der Stichprobe dadurch gekennzeichnet, dass sie über den gesamten Testverlauf kaum die Möglichkeit nutzen, die Aufgaben ordnen zu können. Personen, welche die bis zur Hälfte der Testzeit noch ausstehenden Aufgaben in einer für die weitere Bearbeitung zweckmäßigen Form anordnen, wurden einem weiteren Cluster zugeordnet. Die dritte Gruppe von Personen, für die ein Cluster auf der Skala *Ordnen* erstellt wurde, sind dadurch charakterisiert, dass sie erst im letzten Drittel der Zeit anfangen Aufgaben zu ordnen. Anhand dieser Cluster hat der Testanwender eine gute Vergleichsgrundlage zur differenzierten inhaltlichen Analyse der Testresultate auf jeder einzelnen Skala. Zum einen ist dies eigentlich keine Normierung des

Tests im testtheoretischen Sinne, und die Autoren weisen auch darauf hin, dass hohe Werte auf den Skalen nicht per se für gute Eigenschaften sprechen, sondern abhängig von den spezifischen Anforderungen sollen durch Vergleich mit den Clustern Eigenschaftsstrukturen ausgewählt werden. Zum anderen ist eine Standardisierung der Testwerte der Mailbox '90 mit ihrer heterogenen interdependenten Aufgabenstruktur äußerst schwierig, da Modelle der klassischen oder probabilistischen Testtheorie sich nur bedingt anwenden lassen.

Durchführung und Auswertung

Voraussetzung für den Einsatz des Programms ist ein Computer. Da der Test aus dem Jahre 1989 stammt, dürften die Mindestanforderungen an den PC (AT-Prozessor, 512 KB RAM, 2 MB freier Speicher) heutzutage kein Problem darstellen. Mailbox '90 wird auf einer 3,5 Zoll Diskette (Programmgröße 360 KB) mit einem Kopierschutzstecker und dem Benutzerhandbuch ausgeliefert. Die Installation erfolgt von der Diskette auf die Festplatte in der DOS-Ebene, von der aus das Programm auch gestartet wird. Um eine unkontrollierte Verbreitung des Tests zu vermeiden, ist Mailbox '90 nur betriebsbereit, wenn die mitgelieferte *Hardlock,* in Form eines Steckers, an der Druckerschnittstelle des Computers angeschlossen ist. Somit ist eine Gruppentestung nur möglich, wenn der Test mehrfach erworben wird, da pro Test nur ein Kopierschutz mitgeliefert wird. Nach Erwerb der Mailbox '90 gibt es keine Anwendungsbegrenzung.

Bei der Mailbox '90 erhält der Bewerber zunächst eine Vorinstruktion, in der er über die Art und Weise, den Zweck und den Ablauf des Tests eingeführt wird. Die anschließende Instruktionsphase macht den Bewerber mit der Handhabung des Programms vertraut, wobei es eine Kurzinstruktion (ca. 20 Minuten) für PC-erfahrene und eine ausführliche Instruktion (30 bis 35 Minuten) für PC-unerfahrene Personen gibt. Wenn der Bewerber sich mit der Handhabung des Programms und den zur Verfügung stehenden Funktionen vertraut gemacht hat, kann er zur Testphase übergehen. Diese wird mit der Erhebung der demographischen Daten eingeleitet. Dann folgt ein Einführungsdokument, in dem der Bewerber informiert wird, dass er kurzfristig die Position des Direktors einer Zweigstelle eines Versicherungsunternehmens übernehmen soll. Er kommt morgens um 9.00 Uhr ins Büro und findet eine Reihe von Dokumenten im Postkorb, die binnen einer halben Stunde zu bearbeiten sind. Beginnt der Bewerber nach der Einführung mit der Bearbeitung der Dokumente im Postkorb, stehen ihm noch 32 Minuten zur Verfügung. Damit der Bewerber einen Überblick über die ihm zur Verfügung stehende Zeit hat, läuft am oberen Bildschirmrand eine Uhr mit. Neun Dokumente liegen der Testperson vor, es fallen laufend verschiedenartige Probleme an und es sind Entscheidungen zu treffen. Z.B. gehen mehrere Telefonate und neue Postzugänge ein. Der Bewerber kann die Aufgaben bearbeiten, wobei einige Aufgaben Multiple-Choice-Antworten erfordern, auf andere hingegen kann mit Textantworten reagiert werden. Die Testperson kann die Funktionen Dokumente weglegen, versenden, holen oder ordnen benutzen und in den Dokumenten blättern. Prioritäten können beim Delegieren der Aufgaben beeinflusst werden. Delegierte Aufgaben kommen entsprechend der Zuständigkeit der ausgewählten Abteilung vollständig bearbeitet, teilweise bearbeitet oder unbearbeitet zurück. Des Weiteren können Informationen zum Unternehmen und den Abteilungen abgerufen werden und es besteht die Möglichkeit, Termine zu vergeben. Dem Bewerber stehen neben dem Eingangspostkorb zwei weitere Ablagen, ein Rechner, ein Notizblock, ein Kalender und die Uhr als Hilfsmittel zur Verfügung. Bei Schwierigkeiten mit dem Programm kann eine kontext-sensitive Hilfe aufgerufen werden. Nach Ablauf der Zeit bricht das Programm selbständig ab. Die reine Testzeit beträgt somit 32 Minuten, die Gesamttestzeit hängt vom Bewerber ab, da dieser die Dauer der Instruktionen vor dem Test selbst bestimmen kann.

Nach Abschluss eines Testdurchgangs müssen die Daten der Testung gesichert werden, da sie sonst beim nächsten Testdurchgang von den neuen Daten überschrieben werden. Dafür wechselt der Testanwender in den Auswertungsmodus des Programms. Die Daten sind gesichert nach Vergabe einer Probandennummer, und der Anwender hat dann die Wahl zwischen einer ausführlichen Auswertung oder einer Kurzauswertung. Die ausführliche Auswertung besteht aus einem Verlaufsprotokoll, das jeden einzelnen Bearbeitungsschritt und die verwendeten Funktionen des Tests entlang einer Zeitachse dokumentiert. Dies ist für eine differenzierte aufgabenspezifische Analyse der Aktivitäten im Test nützlich, allerdings ist die Interpretierbarkeit aufgrund der Fülle an Informationen nicht einfach.

Die Kurzauswertung erfolgt in einem zweiseitigen Ergebnisprotokoll. Auf der ersten Seite werden für die einzelnen Aufgaben und die Häufigkeit von Befehlen Rohwerte tabellarisch dargestellt. Dies geschieht in Abhängigkeit von der Güte der Bearbeitung, der Arbeitseinteilung, der Arbeitszeit und der Reihenfolge der Aufgabenbearbeitung. Die Werte in den Tabellen können zur individuellen Bewertung einzelner Aufgaben benutzt werden. Dabei weisen die Autoren darauf hin, dass lediglich bei der Skala Arbeitsgüte ein hoher Wert auch positiv zu interpretieren sei. Die anderen Skalen müssen abhängig von der Aufgabe und den zugrundegelegten Anforderungskriterien ausgewertet werden (z.B. kann eine kurze Arbeitszeit in dem einen Fall positiv, im anderen Fall negativ zu bewerten sein, je nach Art und Wichtigkeit der Aufgabe).

Die zweite Seite bietet einen Überblick über die Leistung der Testperson in Form von Roh- und Staninewerten sowie Histogrammen. Die Ergebnisdarstellung für die vier aufgabenorientierten Skalen (*Arbeitszeit, Arbeitseinteilung, Zielorientierung, Arbeitsgüte*) erfolgt über die Aufsummierung der Leistungen bei der Bearbeitung aller angefallenen Aufgaben. Die Ergebnisdarstellung der drei verlaufsorientierten Skalen (*Aktivität, Delegieren, Ordnen*) erfolgt für sechs Zeitintervalle. Hierbei wird für jeweils ein Zeitintervall von 5 Minuten die Häufigkeit der Aktivität der jeweils zugrundeliegenden verlaufsorientierten Skala abgebildet. Das Zustandekommen der Ergebnisse auf den *aufgabenorientierten Skalen* ist nachvollziehbar, die *verlaufsorientierten Skalen* sind nicht einfach zu interpretieren. Zwar geben die Autoren im Testmanual Interpretationshinweise, für diese fehlen aber empirische Befunde. Auch Funke (1993) fragt zu den verlaufsorientierten Skalen: „Warum sollte die Häufigkeit, mit der eine Umblätter-Funktion genutzt wird, etwas mit Aktivität im Sinne einer Führungseigenschaft zu tun haben?"

Bewertung

Da Mailbox '90 zur Verfahrensgruppe der Postkorbverfahren gehört, ist es auch mit den meisten Mängeln behaftet, die bei diesen Verfahren festzustellen sind. Dies ist vor allem das Fehlen umfassender Nachweise der psychometrischen Güte und prognostischen Validität. Das hängt einmal mit der aufwändigen Durchführung zusammen, zum anderen findet der Einsatz von Postkörben in der Regel meist in Beratungsfirmen oder großen Unternehmen statt, welche die Ergebnisse meistens nicht einer wissenschaftlichen Diskussion zugänglich machen. Erschwerend kommt hinzu, dass Art und Inhalt der Dokumente und die Schwierigkeit der einzelnen Aufgaben variabel und somit leicht auszutauschen sind. Dies ist einer systematischen Validierung nicht zuträglich. Da Mailbox '90 für eine Gruppentestung mehrfach erworben werden muss, kann der Kostenaspekt als ein weiterer Hinderungsgrund für genauere Untersuchungen gesehen werden. Ein generelles Manko bei Postkorbverfahren liegt im Bereich der testtheoretischen Fundierung wegen der Verletzung der *lokalen stochastischen Unabhängigkeit*, da Aufgaben teilweise nicht unabhängig voneinander bearbeitet werden können oder sich gegenseitig beeinflussen. Die angegebenen Reliabilitäten der Mailbox '90 sind niedrig bis befriedigend, wobei noch die Frage offen bleibt, warum sie nur für drei der sieben Skalen im Testmanual dargelegt werden.

Ein (allgemeiner) Vorteil ist die hohe Akzeptanz des Verfahrens bei den Testteilnehmern, was sich durch die gute Inhaltsvalidität begründen lässt. Der Mailbox '90-Test bietet als computergestützter Postkorb darüber hinaus noch eine gute Objektivität, da die gesamte Durchführung und die Auswertung automatisch durch das Programm vollzogen wird, wodurch Verzerrungen der Testergebnisse durch Beurteilungsfehler nicht möglich sind. Insgesamt wird die Testdurchführung dadurch deutlich erleichtert.

Mailbox '90 stellt eine nützliche Computerisierung des Postkorbverfahrens dar, indem die Rahmenbedingungen gegenüber einem herkömmlichen Papier-und-Bleistift-Postkorb sinnvoll erweitert wurden. Zudem bietet Mailbox '90 die Variation von Aufgabeninhalt und -umfang an. Offene Antwortalternativen und die Dynamisierung der Aufgaben führen zu einer erhöhten Realitätsnähe der Anforderungssituation. In einem Vergleich verschiedener computergestützter Postkorbverfahren stellen Riediger und Rolfs (1998) fest: „Von den besprochenen Verfahren stellt Mailbox '90 die deutlichste Weiterentwicklung der klassischen Postkorbaufgabe dar."

Die Handhabung des Programms ist für den Testanwender relativ leicht, was durch die Übungsphase vor Testbeginn auch für die Testperson angenommen werden kann. Im Benutzerhandbuch sind Musterlösungen zu finden und für jede Skala liegen verschiedene aus der Validitätsstudie generierte Vergleichscluster vor. Weitere Interpretationshilfen sorgen für ein hohes Maß an Transparenz bei der Mailbox '90.

Zur Beurteilung eines Bewerbers durch eine *Arbeitsprobe* seiner (zukünftigen) Aufgaben ist Mailbox '90 ein geeignetes Instrument. Jedoch sollte, und darauf wird auch im Manual deutlich hingewiesen, auf keinen Fall eine nicht hinterfragte und allgemeine Interpretation der Testergebnisse erfolgen, sondern Schlussfolgerungen sollen immer nur vor dem Hintergrund eines spezifischen Anforderungsprofils und in enger Anlehnung an die Anforderungskriterien der zu besetzenden Position unternommen werden.

Sinnvoll wäre für einen verantwortungsvollen Einsatz, wenn sich große Unternehmen, bei Verwendung eines festgelegten Aufgabenpools in der Mailbox '90, durch Vergleich der Mailbox '90-Ergebnisse mit den im Unternehmen erfolgreichen Führungskräften eine eigene Normierung als Referenz anlegen würden. Dadurch könnte die Mailbox '90 als wirksames Instrument zur Personalauswahl und -entwicklung für Zielpositionen im Managementbereich genutzt werden. Optimal und mit mehr Validität verbunden ist natürlich der Einsatz weiterer Messinstrumente, wie auch die Mailbox '90 üblicherweise als eine von mehreren Komponenten im AC eingesetzt wird.

Insgesamt scheint eine Neuauflage der Mailbox '90 mehr als wünschenswert. Auf Basis aktueller Software könnte das Potential des Tests noch effektiver genutzt werden. Auch wäre bei dem heutigen Stand der Hard- und Software eine Weiterentwicklung der Erstauflage von 1989 wohl kaum mit großem Aufwand verbunden. Darin könnten sicher noch komplexere und realistischere Szenarien verwirklicht werden und auch die grafische Gestaltung des Programm-Layouts ließe sich einer moderneren Softwaregestaltung anpassen. Die Umsetzung herkömmlicher Postkorbverfahren in eine computergestützte Form ist mit dem Konzept der Mailbox '90 gut gelungen und bietet neben der erleichterten Durchführung auch realistischere Szenarien als dies in Papier-Bleistift-Versionen möglich ist. Da allerdings wenige Jahre in der Softwareentwicklung schon ein halbe Ewigkeit bedeuten, bedürfte es bei der Programmierung von Mailbox '90 eines Software-Upgrades.

5.11 Mannheimer Test zur Erfassung des physikalisch-technischen Problemlösens (MTP)

Beate Beck

Der MTP ist ein Test zur Erfassung des physikalisch-technischen Problemslösens, der in der Schul- und Berufseignung eingesetzt werden kann. Dort soll er fähigkeitsspezifisch differenzieren zwischen Personen mit Schulabschlüssen unterschiedlicher Fachrichtungen und Niveaustufen. Im Rahmen des MTP wird physikalisch-technisches Problemlösen als eine homogene Fähigkeit verstanden. Der MTP wurde von Conrad, Baumann und Mohr entwickelt und ist 1980 im Hogrefe-Verlag erschienen.

Konzeption

Der MTP wurde ausgehend vom „Test of Mechanical Comprehension" von Owens und Bennett (1949) entwickelt. Aus diesem Test wurden 60 Items in eine vorläufige Auswahl übernommen, die durch eigene Itemkonstruktionen durch Ingenieure und Physiker erweitert wurde. Leider ist aus dem Testhandbuch nicht ersichtlich, welche der Items in der MTP-Endform aus dem Test of Mechanical Comprehension übernommen worden sind. Die Itemselektion erfolgte sowohl nach Kriterien der klassischen Testtheorie als auch der probabilistischen Testtheorie (Rasch-Modell), so dass der MTP beide Testtheorien miteinander vereint.

Aufgabe X

Welche beiden Zahnräder drehen sich in der gleichen Richtung wie das Zahnrad x?

A: G und K   D: H und J
B: G und J   E: keine von diesen
C: H und K

Der richtige Lösungsbuchstabe ist A.

Deshalb wurde auf dem Antwortbogen der richtige Lösungsbuchstabe A bereits markiert.

Abbildung 5-16: Beispielaufgabe

Der MTP liegt als Papier-Bleistift-Verfahren in zwei Parallelformen A und B mit jeweils 26 nach steigender Schwierigkeit geordneten Testaufgaben vor. Die Aufgaben der beiden Formen unterscheiden sich lediglich durch Detailbezeichnungen und die Position der Antwortalternativen. Jedes Item des MTP ist die zeichnerische Darstellung eines Sachverhalts oder Problems aus verschiedenen Bereichen der Technik. Es handelt sich um Mehrfach-Wahlaufgaben, der Proband hat sich zwischen jeweils 5 vorgegebenen Antwortalternativen zu entscheiden. Inzwischen liegt der MTP auch als Computerversion unter dem Kürzel „MTP-C" vor. Eine Beispielaufgabe ist in Abbildung 5-16 wiedergegeben.

Gütekriterien und empirische Fundierung

Objektivität
Die Durchführungsobjektivität ist aufgrund genauer Zeitangaben und sehr ausführlicher und standardisierter Instruktionen gegeben. Auch für die Auswertung mit Hilfe einer Schablone kann Objektivität als gegeben angesehen werden. Lediglich zur Interpretation werden im Testhandbuch keinerlei Angaben gemacht. Sie kann aber nach der gebräuchlichen Unterteilung der Standardwerte in durchschnittliche, über- und unterdurchschnittliche Bereiche leicht erfolgen. Für Laien ist eine Interpretation der Ergebnisse also nur mit eingeschränkter Objektivität möglich, wenn sie sich mit normierten Werten nicht auskennen.

Reliabilität
Berechnet wurde die Split-Half-Reliabilität. Die Berechnung wurde für jede Fachrichtung und drei Niveaustufen getrennt durchgeführt. Die Koeffizienten für die einzelnen Fachrichtungen (insgesamt 12 Fachrichtungen auf dem Ausbildungsniveau „Fachhochschule"/„Universität", z.B. Informatik, Elektrotechnik, Betriebswirtschaft) liegen alle in einem guten Bereich zwischen r = .78 (Textiltechnik) und r = .89 (Wirtschaftsingenieurwesen). Die ebenfalls gut ausgeprägten Reliabilitätskoeffizienten für die unterschiedlichen Niveaustufen können aus Tabelle 5-9 abgelesen werden.

Tabelle 5-9: Niveauspezifische Koeffizienten der internen Konsistenz

Schultyp		r
Berufsschule	technischer Zweig	.83
	nicht technischer Zweig	.69
Fachschule	technischer Zweig	.86
	nicht technischer Zweig	.80
Fachhochschule/Universität	technischer Zweig	.85
	nicht technischer Zeig	.85

Zur Bestimmung der Stabilität des MTP wurden zwei weitere Untersuchungen durchgeführt. Nach einem Zeitintervall von 2 Wochen lag die Retest-Reliabilität für die Stichprobe von 108 Personen mit r = .91 sehr hoch. Allerdings muss hier der sehr geringe zeitliche Abstand beachtet werden. Besonders ins Gewicht fällt die Tatsache, dass die Stabilitätsuntersuchung zwar mit systematischer Variation der Parallelformen erfolgte, die Formen sich jedoch kaum unterscheiden. Nach einem kurzen Intervall von 2 Wochen muss also mit Erinnerungseffekten gerechnet werden. Aussagekräftiger ist da die Retest-Reliabilität nach einem Zeitintervall von 15 Monaten, die bei einer Stichprobe von 229 Personen einen Koeffizienten von r = .79 erreicht. Dieser Wert spricht ebenso wie die im Testhandbuch angegebenen Koeffizienten für die einzelnen Fachrichtungen, die leider nur mit einer jeweils geringen Personenanzahl berechnet worden sind, für eine sehr gute zeitliche Stabilität der MTP-Ergebnisse.

Validität
Zur Untersuchung der Übereinstimmungsvalidität wurden mehrere Korrelationen zwischen den MTP-Ergebnissen und den Testergebnissen in verschiedenen Bereichen berechnet. Im Leistungsbereich ergaben sich Korrelationen von r > .50 für die Verfahren, die ähnliche Konstrukte erfassen oder ähnliches Aufgabenmaterial verwenden, wie z.B. der PTV von Amthauer (1972). Auch zu einem Verfahren aus dem allgemeinen Intelligenzbereich bestehen hohe Korrelationen, die mit dem Zusammenhang des MTP zu räumlichem Vorstellungsvermögen und Reasoning-Komponenten begründet werden. Die an anderer Stelle im Testheft als konstruktnahe Außenkriterien bezeichneten I-S-T-Subtests (Amthauer, 1973) WÜ (Würfelaufgaben) und FA (Figurenauswahl) erreichen in dieser Korrelationsanalyse nur Werte von r < .40, worauf von den Autoren nicht näher eingegangen wird. In einer weiteren Untersuchung wurde die Korrelation zwischen den MTP-Ergebnissen und den Skalen des auf Selbstbeschreibungen beruhenden Freiburger Persönlichkeitsinventars (Fahrenberg & Selg, 1973) berechnet, die wie erwartet nur gering waren. Auch die Korrelationen zwischen dem MTP und einem Interesse-Fragebogen waren in der erwünschten Richtung: Die höchsten Korrelationen liegen im Bereich Mechanik (r = .42), Wissenschaft (r = .35) und Mathematik (r = .24), zu konstruktneutralen Interessensgebieten ist sie deutlich geringer, z.B. Musik (r = .04). Die Korrelationsuntersuchungen zeigen ein insgesamt zufriedenstellendes Ergebnis.

Die prognostische Validität ist durch eine Korrelation des MTP mit Schulnoten verschiedener Fächer nach einem Zeitintervall von 6 Monaten berechnet worden. Die Werte können aus Tabelle 5-10 entnommen werden, sie sind allerdings nur schwer zu bewerten, da die Autoren nicht deutlich machen, zu welchen der Unterrichtsfächer hohe Korrelationen erwünscht sind. Die höchsten Korrelationen bestehen zum Fachrechnen, für die prognostische Validität sind sie zum Teil sehr hoch ausgeprägt.

Die Konstruktvalidität des MTP wurde hypothesengeleitet überprüft. Von besonderem Interesse ist die faktorenanalytische Überprüfung im Intelligenzbereich, die bestätigt, dass sowohl räumliches Vorstellungsvermögen und formallogisches Denken als auch Kenntnisse in Physik, Chemie und Technik Einfluss auf die MTP-Leistung haben. Hierfür wurden verschiedene Untertests aus Intelligenz- und Leistungstests als Variablen einer Faktorenanalyse unterzogen. Der MTP sollte niedrig oder gar nicht auf Faktoren laden, die z.B. durch sprachbezogene Tests gebildet werden, hoch dagegen auf einem Faktor mit anderen physikalisch-technischen Tests. Hypothesenkonform zeigte sich ein hauptsächlich durch logisches Denken gekennzeichneter Faktor 1 und ein sprachgebundener Faktor 2. Auf Faktor 3 lädt das physikalisch-technische Problemlösen und auch der MTP, der Faktor 4 wird hauptsächlich durch räumliches Vorstellungsvermögen charakterisiert.

Tabelle 5-10: Korrelationen des MTP mit Schulnoten verschiedener Fächer

Stichprobe (Ausbildungsjahr)	N	Fach-rechnen R	Fach-kunde r	Zeich-nen r	Wirtschafts-/ Sozialkunde r
Betriebsschlosser	2	30	.30	.09	.30	.01
Schreiner	2	26	.41	.03	.27	.02
Tankwarte	2	20	.24	.00	/	.39
Feinmechaniker	3	22	.07	.27	.26	-.20
Mess- und Regelmechaniker	3	30	.37	.36	.35	.07
Mess- und Regelmechaniker	3	30	.51	.53	.41	.11
Nachrichten- und Gerätemechaniker	3	19	.33	.26	.37	.13
Elektrogeräte-Mechaniker	3	24	.28	.25	.12	-.04
Rohrinstallateure	3	28	.18	.02	.06	.11
Maschinenbau	3	30	.33	.49	.35	.08
Berufsschulen (insgesamt)		(291)	.31	.24	.25	.10
Fachschüler, Maschinenbau		22	.48	.37	.27	.08
Fachschüler, Maschinenbau		24	.42	.26	.16	.45
Fachschüler (insgesamt)		(46)	.48	.32	.22	.29

Das Ladungsmuster einer Vierfaktorenlösung kann der Tabelle 5-11 entnommen werden. Um eine bessere Übersichtlichkeit zu gewährleisten, sind nur Faktorenladungen a > .20 angegeben. Diese und auch die anderen durchgeführten Faktorenanalysen zeigen Ergebnisse im Sinne der Hypothesen und weisen hinreichend hohe Ladungen auf.

Tabelle 5-11: Ladungsmuster einer Vierfaktorenlösung

Variablen	Faktor 1 logisches Denken	Faktor 2 Sprache	Faktor 3 physikalisch-technisch	Faktor 4 Räumliche Vorstellung
IST-SE		.44	.30	
IST-WA	.23	.49		
IST-AN	.56	.52	.27	
IST-GE	.29	.53		
IST-RA	.50	.35	.21	
IST-ZR	.59	.33		.21
IST-FA	.40		.20	.58
IST-WÜ	.20		.22	.70
IST-ME		.43		
FRT	.74			

MTVT	.36		.65	.20
LPS 1+2		.79		
LPS 3	.56		.25	.27
LPS 8+9	.43		.38	.35
MIT	.57	.61		.24
DWT		.31	.78	
d2		.32		.47
MTP	.39		.81	
Anteil an der Gesamtvarianz (%)	16.30	14.76	12.80	8.17

IST = Intelligenz-Struktur-Test mit den Untertests: SE = Satzergänzen, WA = Wortauswahl, AN = Analogien, GE = Gemeinsamkeiten, RA = Rechenaufgaben, ZR = Zahlenreihen, FA = Figurenauswahl, WÜ = Würfelaufgaben, ME = Merkaufgaben, FRT = Figure Reasoning Test, MTVT = Mechanisch-Technischer Verständnis-Test, LPS = Leistungsprüfsystem, MIT = Mannheimer Intelligenztest, DWT = Differentieller Wissenstest, d2 = Aufmerksamkeits-Belastungs-Test

Des Weiteren haben die Autoren varianzanalytisch überprüft, ob eine technische oder physikalische Fachrichtung und eine höhere Niveaustufe der Ausbildung einen positiven Einfluss auf die MTP-Leistung haben. Für beide Fragestellungen konnte ein statistisch signifikanter Haupteffekt nachgewiesen werden. Das bedeutet, dass Personen der Niveaustufe „Universität" bessere MTP-Leistungen zeigen als Personen der Niveaustufe „Berufsschule". Ebenso erzielen Personen aus techniknahen Fachrichtungen wie z.B. Wirtschaftsingenieure bessere Ergebnisse als Personen aus der Fachrichtung „Sozialwesen".

Normierung
Die sehr große Standardisierungsstichprobe besteht aus 10262 Personen, die sich auf die drei Niveaustufen „Berufsschule", „Fachschule" und „Fachhochschule"/„Universität" verteilen. Die Personen sind Schüler und Studenten aus den wichtigsten technischen Ausbildungsberufen und zwei nicht-technisch orientierten Berufsgruppen. Die Personenanzahl für jede Kombination aus Fachrichtung und Niveaustufe ist mit den Angaben des Statistischen Bundesamtes von 1972 vergleichbar. Leider wird weder über das Geschlecht noch das Alter der Personen im Testheft Auskunft gegeben. Ansonsten sind die Angaben für jede Untersuchungsgruppe sehr weitreichend, neben der Personenanzahl wird für die MTP-Ergebnisse der Mittelwert, die Standardabweichung, Schiefe und Exzess berichtet. Obwohl die angegebenen Standardnormen eine Normalverteilung der Daten voraussetzen, ist diese im Testheft nicht belegt. Die Personenparameter, Standard- und Schulnotenwerte werden differenziert nach Niveaustufe und Fachrichtung bzw. technische und nicht-technische Gruppe angegeben.

Durchführung und Auswertung

Nachdem der Testleiter die Probanden über den Zweck der Untersuchung informiert hat, liest er den Instruktionstext und die Texte zweier Beispielaufgaben laut vor. Nach der Klärung von eventuell noch auftretenden Fragen haben die Probanden 25 Minuten Zeit, die Aufgaben zu bearbeiten. Dies ist laut Testhandbuch ohne erkennbaren Zeitdruck möglich. Der MTP kann nicht nur als Einzeltestung durchgeführt werden, durch sein Vorliegen in zwei Parallelformen wird auch eine Gruppentestung erleichtert.

Die Auswertung erfolgt durch Auflegen der Auswertungsschablone auf den gesonderten Antwortbögen und Auszählen der richtigen Lösungen. Entgegen dem bei der Instruktion gegebenen Hinweis werden Falschlösungen nicht gesondert verrechnet, der Hinweis soll lediglich die Bereitschaft zu unsystematischem Raten verringern. Aus einer nach Fachrichtung und Niveau differenzierenden Tabelle können für den Rohwert sowohl Schätzwerte nach der probabilistischen als auch der klassischen Testtheorie abgelesen werden. Als probabilistische Werte werden delogarithmierte und logarithmierte Personenparameter angegeben, als Werte der klassischen Testtheorie Standardwerte und Schulnotenwerte, deren Skala von 1 (= sehr gut) bis 5 (= sehr schlecht) reicht.

Bewertung

Der MTP ist eine einfach zu handhabende Möglichkeit, im physikalisch-technischen Bereich Schul- und Berufseignung zu untersuchen. Bei den Gütekriterien überzeugen sowohl die Objektivität als auch die zum Teil sehr hohe Reliabilität. Zur kriterienbezogenen Validität wird im Handbuch auf viele hinreichend bis gute Untersuchungen verwiesen. Obwohl aber bei der Aufgabenauswahl nach den probabilistischen Kriterien des Rasch-Modells vorgegangen wurde und physikalisch-technisches Problemlösen als homogene Eigenschaft gemessen werden soll, ist diese Homogenität nicht faktorenanalytisch überprüft worden. Viel Sorgfalt wurde dagegen auf die Aufgabenauswahl nach dem Kriterium der spezifischen Objektivität verwandt: In die veröffentlichte Form des MTP gingen nur die Items ein, die in unterschiedlichen Gruppen gleiche Itemparameter erhielten und außerdem bei unterschiedlichen Itemteilmengen die gleichen Personenparameter erzeugten.

Das Testhandbuch ist in den Bereichen, die zur Testdurchführung und Auswertung benötigt werden, sehr gut verständlich. Es fällt aber schwer, die sehr umfangreiche Aufgabenauswahl bei einmaligem Lesen nachzuvollziehen. Insgesamt wird das Verständnis oft dadurch erschwert, dass im Text Verweise auf Tabellen nicht mit den in diesen Tabellen gemachten Aussagen übereinstimmen und in den Tabellen nicht erklärte Abkürzungen verwendet werden. Positiv anzumerken ist aber, dass über das gewohnte Maß hinausgehende Angaben gemacht werden (z.B. Standardmessfehler in einer Tabelle zur internen Konsistenz).

5.12 PC-Office

Rolf Fiedler

Das Testverfahren PC-Office gehört zur Gruppe der sogenannten Postkorbverfahren und ist somit ein berufsbezogener situativer Leistungstest. Das PC-Office kann im Bereich der Personalauswahl (AC, Traineeprogramme) und Personalentwicklung (AC als Förderseminar) eingesetzt werden. Der wesentliche Unterschied zu anderen Postkorbverfahren liegt darin, dass der Test als computergestützte Version vorliegt. Es werden zwei Szenarien angeboten. Zum einen der Postkorb *Polybon* für Zielpositionen im mittleren und oberen Management, zum anderen der Postkorb *Domobon* für Zielpositionen im mittleren Management und für Gruppenleiter. Mit PC-Office sollen die Bereiche Planung/Organisation und Unternehmerische Aktivität von Führungsverhalten erfasst werden. Der Test wurde 1995 von G.P. Fennekels herausgegeben. Neben der computergestützten Version liegt auch eine Papier-Bleistift-Version vor, bei der allerdings die Auswertung durch das Programm PC-Office erfolgen kann.

Konzeption

Der Postkorb PC-Office stellt eine relativ geradlinige Computerisierung von Postkorbverfahren in ihrer herkömmlichen Form dar. Ausgehend von den traditionellen Papier-Bleistift-Postkörben wurde Schritt für Schritt jedes Schriftstück für einen Computer-Einsatz geprüft und in ein Gesamtszenario eingebunden. Die Durchführung und Auswertung ist somit, im Gegensatz zu herkömmlichen Postkörben, weniger arbeitsintensiv und aufwändig. Durch die automatische Testauswertung werden zudem Beurteilungsfehler durch die Beobachter, wie sie bei den Papier-Bleistift-Verfahren leicht vorkommen, unterbunden. Durch ein Verlaufsprotokoll stehen zusätzliche Informationen über das Vorgehen der Testperson bei der Bearbeitung und wie er zu seinen Arbeitsergebnissen gekommen ist zur Verfügung. Alle Aufgaben und Probleme sind fachneutral, und es wurde darauf geachtet, auch für Teilnehmer ohne spezielle PC-Kenntnisse eine faire Darbietung und Beurteilung zu gewährleisten. Die Unterscheidung zwischen den beiden Postkorbszenarien *Polybon* und *Domobon* liegt in der angesprochenen Zielgruppe: höheres Management bzw. Abteilungs- und Gruppenleiter. Polybon (Testdauer 60 Minuten) und Domobon (Testdauer 45 Minuten) unterscheiden sich von der Testkonstruktion her lediglich in der Testzeit und beim Inhalt der Postkorbdokumente. Durchführung und Auswertung sind äquivalent. Das Programm ist offen gestaltet, d.h. es kann der Inhalt der Dokumente an spezielle Anwendungsbereiche und Anforderungen angepasst werden.

Üblicherweise ist der Postkorb eine von mehreren Aufgaben im Assessment Center, das Instrument ist aber auch außerhalb des Assessment Centers einsetzbar. Die Problemstruktur ist, wie bei den Postkorbverfahren allgemein, durch die spezifische Zusammenstellung der sich im Eingangskorb befindlichen Dokumente bestimmt. Die vorgegebenen Dokumente und Problemstellungen müssen in begrenzter Zeit bearbeitet werden, wobei die in den einzelnen Dokumenten enthaltenen Aufgaben und deren

Terminierung teilweise konfligieren. In beiden Versionen von PC-Office findet der Bewerber 17 Schriftstücke, in denen 26 verschiedene Aufgaben und Probleme beschrieben sind, zu denen der Bewerber innerhalb der vorgegebenen Zeit Entscheidungen trifft. Alle Schriftstücke sind in das Szenario *Manager in einem Unternehmen* eingebettet und spiegeln typische Abläufe und Tätigkeiten einer Führungskraft wider. Auf die Problemstellungen hat die Testperson mit Multiple-Choice-Antworten zu reagieren, wobei eine oder mehrere dieser Antwortalternativen zur Lösung ausgewählt werden können.

Die Ausgabe der Ergebnisse beschränkt sich auf das Wesentliche, wobei Charts und Abbildungen es ermöglichen sollen, eine fachgerechte Interpretation durchzuführen. Laut Aussage des Handbuchs wurde PC-Office an über hundert Führungskräften erprobt, validiert und normiert, allerdings fehlen genauere Angaben zu den erwähnten Untersuchungen sowie konkrete Aussagen darüber, wie die Anforderungsdimensionen ermittelt wurden. Zwei Anforderungsbereiche zum Führungsverhalten, *Planung und Organisation* und *unternehmerische Aktivität*, mit jeweils drei Subskalen, die PC-Office misst, werden angegeben. Die Skalen sind zur Übersicht in Tabelle 5-12 dargestellt.

Tabelle 5-12: Beurteilungsdimensionen von PC-Office

Planung und Organisation	**Unternehmerische Aktivität**
- Zeitmanagement	- Initiative
- Problemerfassung	- Führungstechniken
- Entscheidungsverhalten	- Kontaktfähigkeit

Zunächst zum Anforderungsbereich *Planung und Organisation*: Die Skala *Zeitmanagement* erfasst, wie der Bewerber sich die Zeit einteilt, ob Terminvorgaben beachtet werden und wie realistisch die Terminplanung ist. Bei der *Problemerfassung* wird geschaut, ob sich der Bewerber einen Überblick verschafft, nach Informationen sucht und klare Prioritäten setzt. Wann Entscheidungen gefällt werden, das Finden tragfähiger Lösungsansätze und die Abschätzung von Folgen und Risiken wird auf der Skala *Entscheidungsverhalten* beobachtet.

Beim Anforderungsbereich *Unternehmerische Aktivität* wird mit der Skala *Initiative* gemessen, wie rationell und effizient der Bewerber vorgeht, ob Aufgaben und Probleme angepackt werden und ob die Initiative ergriffen wird. Ob Kontrolle und Korrekturen ausgeübt werden und inwieweit Informationen weitergeleitet und Aufgaben delegiert werden, wird mit der Skala *Führungsverhalten* erfasst. Auf andere zugehen, andere in Abläufe einbeziehen und zu Stellungnahmen auffordern sind Aspekte der Skala *Kontaktfähigkeit*. Wie die Ergebnisse für die einzelnen Skalen genau berechnet werden, wird leider nicht transparent gemacht.

Gütekriterien und empirische Fundierung

Reliabilität
Zur Reliabilität werden nur für den Postkorb Polybon Angaben gemacht. Für PC-Office (Polybon) streuen die Werte für die innere Konsistenz (Cronbachs α) zwi-

schen r = .62 bis .82. Bei den Reliabilitätsschätzungen durch Testhalbierung (Split-Half-Methode) liegen die Reliabilitäten zwischen r = .64 und r = .84. Die Reliabilitäten für die sechs Skalen können als ausreichend bis befriedigend bezeichnet werden. Zur Übersicht sind die Reliabilitäten für die einzelnen Skalen in Tabelle 5-13 aufgeführt.

Tabelle 5-13: Reliabilitäten des Polybon-Postkorbs

Anforderungsbereiche	Cronbachs α	split half
Zeitmanagement	0.66	0.71
Problemerfassung	0.87	0.84
Entscheidungsverhalten	0.58	0.69
Initiative	0.81	0.77
Führungstechniken	0.62	0.66
Kontaktfähigkeit	0.70	0.64

Validität
Auch zur Validität des Verfahrens werden in der Handanweisung nur Untersuchungen zum Postkorb Polybon berichtet. Dazu wurden die Ergebnisse aus dem Polybon-Postkorb mit Verhaltensbeurteilungen zu insgesamt fünf Anforderungsbereichen und mit einer Potentialaussage nach Abschluss eines Assessment Centers korreliert. Die Korrelationskoeffizienten sind in Tabelle 5-14 zusammengefasst.

Tabelle 5-14: Korrelationen PC-Office mit einem AC

Ergebnisse AC	Planung und Organisation	Unternehmerische Aktivität
Syst. Denken & Handeln	.38	.22
Leistungsverhalten	.34	.39
Führungsverhalten	.26	.43
Soziale Kompetenz	.18	.22
Ausdruck/Argumentation	.38	.37
Potentialaussage	.47	.41

Offen bleibt bei den Interkorrelationen, wie die drei Subskalen der beiden Beurteilungsdimensionen von PC-Office zu jeweils zwei einzelnen Skalen zusammengefasst wurden, um die in der Tabelle dargestellten Korrelationen zu berechnen. Zur kriterienbezogenen und prognostischen Validität sind im Handbuch keine Angaben gemacht. Ob der Test die angestrebten Verhaltensdimensionen erfasst, lässt sich mittels der wenigen Korrelationen zur Konstruktvalidität aus dem Vergleich mit nur einem AC nicht eindeutig bestätigen. Da gleichzeitig auch grundlegende Informationen zur Bezeichnung der Stichproben und Offenlegung der Datenerhebung fehlen, können keine verlässlichen Aussagen bezüglich der Validität gemacht werden.

Objektivität
Da die Durchführung und Auswertung vollständig computergestützt abläuft, ist durch diese Standardisierung eine gute Objektivität gegeben. Bei der Papier-und-Bleistift-Auswertung bleibt meist ein gewisses Maß an Unsicherheit zurück, da Informationen, wie der Bewerber zu seinen Ergebnissen gekommen ist und welche Lösungsstrategien verfolgt wurden, verloren gehen. Durch die Computerisierung und die Darstellung dieser Informationen über das Vorgehen der Testperson bei der Bearbeitung durch ein Verlaufsprotokoll wird diese Lücke geschlossen und somit mehr Objektivität gewährleistet. Hingegen weist die Interpretationsobjektivität Mängel auf. Es sind in der Handanweisung zwar zwei Mustergutachten dargestellt, Aussagen dazu, ob es sich um gute oder schlechte Gutachten handelt, werden nicht gemacht. Interpretationshilfen oder Musterlösungen sind in der Handanweisung nicht vorhanden.

Normierung
In der Handanweisung ist zwar die Rede davon, dass PC-Office an über hundert Personen normiert wurde, leider fehlen aber jegliche Angaben (Stichprobenbezeichnung, genaue Anzahl der untersuchten Personen etc.) zu dieser Normierungsstudie. Es werden tabellarisch und in Form von Balkendiagrammen die Daten (für die zwei Anforderungsbereiche) für eine Normstichprobe dargestellt, die unterteilt wurde in die Zielebenen obere Führungskräfte und mittlere Führungskräfte. Außer den Angaben der Mittelwerte und deren Standardabweichung sind keine weiteren Informationen zu der Normierung zu finden. Die Informationsdefizite bei der Normierung und die wenigen Aussagen zur diagnostischen Qualität sind ein Manko, das alle Gütekriterien des PC-Office-Programms betrifft.

Durchführung und Auswertung

Voraussetzung für den Einsatz des PC-Office-Programms ist ein Computer mit 386-Prozessor, 2 MB Arbeitsspeicher und 2 MB freien Speicher auf der Festplatte. Als Betriebssystem sollte mindestens die MS-DOS-Version 3.3 installiert sein. Das Programm befindet sich auf einer 3,5 Zoll Diskette (Programmgröße 900 KB) und wird von da aus in der DOS-Ebene auf die Festplatte installiert. Die Anzahl der Anwendungen ist bei einmaligem Erwerb auf 20 begrenzt. Um dies zu gewährleisten wird mit dem Programm ein Kopierschutzstecker, der sogenannte *Office-Coder,* mitgeliefert, welcher auf die parallele Schnittstelle des Druckers gesteckt wird. Der *Office-Coder* ist ein Stecker, auf dem die Anzahl der Anwendungen von PC-Office eingestellt ist. Der Teststart ist nur mit dem eingesteckten *Coder* möglich. Eine Gruppentestung könnte somit prinzipiell auch mit nur einem *Coder* durchgeführt werden, allerdings muss der *Coder* zum Starten des Programms jeweils an alle eingesetzten Computer eingesteckt werden (oder das Programm wird mehrfach erworben).

Die beiden zur Verfügung stehenden Versionen *Polybon* und *Domobon* sind hinsichtlich ihrer Durchführung und Auswertung identisch. Vor Beginn des Tests werden die demographischen Daten des Teilnehmers erfasst. Dann erfolgt eine Instruktion, die den Teilnehmer in das Szenario einführt, die Rahmenbedingungen erklärt und einen Hinweis auf die zur Verfügung stehende Hilfefunktion (F1-Taste) gibt. Am Ende der Instruktion ist das Organigramm des Unternehmens dargestellt, welches während des Testlaufs jederzeit wieder eingesehen werden kann. In der anschließenden Übungsphase wird der Bewerber anhand von drei Beispielen mit der Handhabung des Programms vertraut gemacht. Alle Funktionen des Programms können ohne Zeitdruck ausprobiert werden. Wenn der Bewerber zur Testphase übergeht, beginnt eine Uhr in der oberen rechten Ecke des Bildschirms zu laufen. Der Teilnehmer hat dann 60 (Polybon) bzw. 45 (Domobon) Minuten Zeit, um die 17 Dokumente, in denen 26 Probleme angesprochen werden, zu bearbeiten. Nach Aufrufen eines Dokumentes, welche auf der linken Bildschirmseite angeordnet sind, können die darin vorkommenden Probleme mit dem Cursor ausgewählt werden. Es öffnet sich daraufhin ein Mehrfach-Antwortenfenster. Darin kann die Testperson eine oder mehrere Antwortalternativen auswählen. Die ausgewählten Antworten werden durch Haken kenntlich gemacht. Sind Terminvergaben nötig, kann ein Kalender geöffnet werden. Bereits bearbeitete Dokumente werden farblich markiert. Die gemachten Entscheidungen werden stichwortartig auf der rechten Bildschirmseite aufgelistet. Getroffene Entscheidungen können rückgängig gemacht werden. Nach Ablauf der Testzeit endet das Programm automatisch. Der Untersuchungsleiter kann dann durch Eingabe eines Passwortes in den Auswertungsmodus wechseln. PC-Office wertet immer die zuletzt vorgenommene Postkorbbearbeitung aus. Die Auswertung kann am Bildschirm betrachtet oder ausgedruckt werden. Die Ergebnisausgabe setzt sich aus fünf Teilen zusammen. Für einen Überblick siehe Tabelle 5-15.

Tabelle 5-15: Komponenten der Ergebnisausgabe von PC-Office

Quantitative Analyse	Darstellung normierter Skalenwerte zu den Anforderungsbereichen
Qualitative Analyse	In einem Textgutachten werden die Leistungen der TP im Zusammenhang dargestellt und zusätzlich wird eine detaillierte Beschreibung der Leistungen zu einzelnen Operationalisierungen gegeben
Prozessinformation	In zwei Diagrammen wird der Bearbeitungsverlauf der TP dargestellt, der Hinweise auf seine persönliche Arbeitsorganisation gibt
Literaturhinweise	Hier erhält der Teilnehmer Literaturangaben zur eigenen Weiterbildung
Problemanalyse	Darstellung des Antwortverhaltens der TP bei den einzelnen Problemen. Dies soll die Möglichkeit bieten, das entstandene Ergebnis nachzuvollziehen.

Eine kompetente und ausführliche Interpretation der Ergebnisse ist dem Anwender aufgrund fehlender oder geringer Interpretationshilfen kaum möglich. Bei dem Textgutachten wird nicht deutlich, auf welche Verhaltensweisen sich die Schlussfolgerungen im Gutachten beziehen und es sollte daher nicht bedenkenlos übernommen werden. Bei der Problemanalyse (Darstellung der Prozentangaben angemessener/unangemessener Entscheidungen) sind die Ergebnisse nachvollziehbar, und es lassen sich Aussagen zu den Verhaltensbereichen machen. Bei der Prozessinformation werden die Bearbeitungsschritte im zeitlichen Verlauf dargestellt, jedoch fehlen Angaben, welcher Verlauf auf einen effektiven Bearbeitungsstil schließen lässt.

Bewertung

Wegen der Interdependenz der Aufgaben, das heißt, eine Aufgabe enthält Informationen, die für die Bearbeitung und Lösung anderer Aufgaben wichtig sind, hat PC-Office eine deutliche Schwäche im Bereich der psychometrischen Gütekriterien. Allerdings trifft diese Verletzung der *lokalen stochastischen Unabhängigkeit* und die dadurch nicht mögliche testtheoretische Fundierung im Prinzip auf alle Verfahren der Gruppe von Postkörben zu. Fehlende Anstrengungen für die Konstruktion eines testtheoretischen Modells zur genaueren Validierung hängen einmal mit der aufwändigen Durchführung zusammen, zum anderen findet der Einsatz von Postkörben in der Regel in Beratungsfirmen oder großen Unternehmen statt, welche die Ergebnisse meistens nicht einer wissenschaftlichen Diskussion zugänglich machen. Erschwerend kommt hinzu, dass Art und Inhalt der Dokumente und die Schwierigkeit der einzelnen Aufgaben variabel und somit leicht auszutauschen sind. Dies ist einer systematischen Validierung nicht zuträglich.

Als computerisierte Version von herkömmlichen Postkörben bietet der Test den Vorteil einer bequemen automatischen Auswertung. Dadurch und wegen der standardisierten Durchführung ist auch die Objektivität als gut anzusehen. Insgesamt wird die Testdurchführung dadurch deutlich erleichtert. Wesentlich verbessert könnte das Testhandbuch werden, in dem der Informationsgehalt weitestgehend nicht über den einer leicht verständlichen Bedienungsanleitung hinausgeht. Es fehlen Angaben zur Bezeichnung der Stichprobe, Erläuterung der Dimensionen, Offenlegung der Erhebungsverfahren, Testwertberechnung, Interpretierbarkeit und Musterlösungen.

Wegen der unbefriedigenden Transparenz der theoretischen Grundlagen und Nachvollziehbarkeit der Testkonstruktion, ist ein Einsatz als diagnostisches Verfahren oder Trainingsinstrument nur für Anwender mit fundierten diagnostischen Grundkenntnissen zu empfehlen. Eine alternative Handhabe für den firmeninternen Einsatz von PC-Office wäre die Konstruktion einer unternehmensspezifischen Normierung für ein bestimmtes Anforderungsprofil. Der Test nimmt dem Anwender zwar jegliche Arbeit ab, jedoch ohne die Arbeitsschritte dafür offenzulegen. Die mangelnde Transparenz bei PC-Office, die Testanwender zu einer unkritischen Durchführung verleiten kann, ist ein nicht zu übersehender Schwachpunkt des Tests.

5.13 Test zur Untersuchung des praktisch-technischen Verständnisses (PTV)

Beate Beck

Der PTV ist ein Instrument zur Eignungsuntersuchung im technischen und naturwissenschaftlichen Bereich, der das praktisch-technische Verständnis messen soll. Der von Amthauer entwickelte Test ist in seiner jetzigen Form 1972 im Hogrefe-Verlag erschienen.

Konzeption

Der PTV ist in den fünfziger Jahren nach nordamerikanischen Vorbildern entstanden. Das Ziel ist es gewesen, ein deutschsprachiges Verfahren zur Eignungsuntersuchung im praktisch-technischen Bereich zu entwickeln, das der neueren Testmethodologie entspricht. Sowohl in der Forschung als auch im Testheft ist der Begriff „praktisch-technisches Verständnis" nicht eindeutig definiert. Es werden lediglich Überlegungen angestellt, wie man praktisch-technisches Verständnis messen kann und zu welchen Leistungskriterien die PTV-Ergebnisse in Beziehung gesetzt werden können. Der Testautor des PTV beschränkt sich auf eine Beschreibung der Beziehungen des PTV zu Außenkriterien, auf seinen Zusammenhang mit anderen Tests. Insbesondere mit Intelligenztests soll der PTV Ähnlichkeiten aufweisen, da er einen spezifischen kognitiven Leistungsbereich erfassen soll. Es wird im Testhandbuch darauf hingewiesen, den PTV nicht alleine als Auswahlkriterium anzuwenden, sondern als Ergänzung zum Intelligenz-Struktur-Test (siehe Kapitel 4.6).

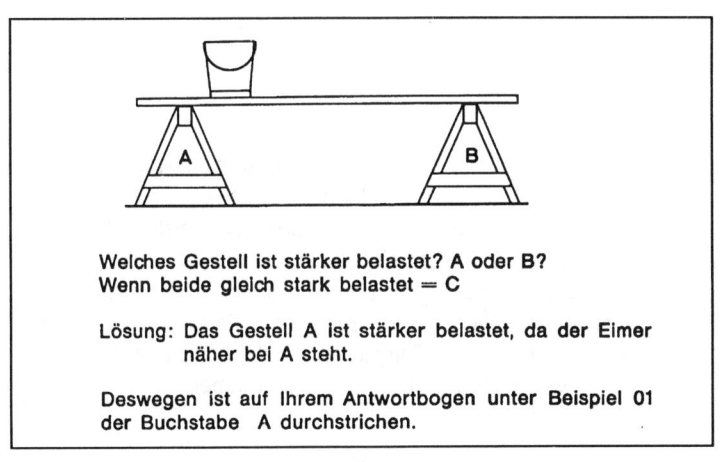

Abbildung 5-17: Beispielaufgabe

Der PTV liegt als Papier-Bleistift-Verfahren in zwei Parallelformen A1 und B2 vor, die jeweils 50 nach steigender Schwierigkeit geordnete Items umfassen. Außerdem gibt es zwei etwas leichtere Sonderformen für eine Bundesbehörde und zwei Sonderformen für Frauen, die allerdings nicht veröffentlicht zu sein scheinen. Jedes Item des PTV besteht aus der zeichnerischen Darstellung eines Sachverhalts oder Problems aus verschiedenen Bereichen der Technik. Ein Beispielitem ist in Abbildung 5-17 wiedergegeben.

Gütekriterien und empirische Fundierung

Objektivität
Die Durchführungsobjektivität ist aufgrund genauer Zeitangaben und sehr ausführlicher und standardisierter Instruktionen gegeben. Die Auswertung kann bei großen Probandenzahlen maschinell erfolgen, aber auch das gewöhnliche Vorgehen mit Hilfe einer Schablone gewährleistet hinreichende Objektivität. Für die Interpretation der Ergebnisse in Standardwerten gibt es im Manual eine geringfügige Hilfe, die einen durchschnittlichen, über- und unterdurchschnittlichen Bereich kennzeichnet. Auch für die Interpretation ist also Objektivität gegeben.

Reliabilität
Die interne Konsistenz wurde für die einzelnen Formen als Split-Half-Reliabilität berechnet. Wie aus Tabelle 5-16 ersichtlich, sind die Werte in einem guten Bereich.

Tabelle 5-16: Split-half-Reliabilität

	r	N
Form A1	.83	290
Form B2	.86	293
Sonderform	.85	251
Sonderform	.86	249

Weiterhin wurden zwei Untersuchungen zur Retest-Reliabilität durchgeführt, die ebenfalls hohe Werte ergaben, wie aus Tabelle 5-17 ersichtlich wird. Es kann von einer großen zeitlichen Stabilität der PTV-Ergebnisse gesprochen werden. Zu beachten ist, dass die Probanden sich in den Zeiträumen zwischen den Testungen in einer technischen Ausbildung befanden. Es muss also die Möglichkeit bedacht werden, dass nur Probanden mit einem guten Testergebnis zum ersten Zeitpunkt die Ausbildung begonnen haben und auch zum zweiten Zeitpunkt zur Verfügung standen. Diese Selektivität kann sich positiv auf die Reliabilität ausgewirkt haben.

Tabelle 5-17: Retest-Reliabilität

	r	N
Nach 1 Jahr	.68	107
Nach 4 Jahren	.63	365

Validität
Zur Untersuchung der Validität des PTV wurden mehrere Untersuchungen durchgeführt. Die äußere kriterienbezogene Validität wurde über die Korrelation der PTV-Ergebnisse mit Bewährungskriterien technischer Berufe berechnet. Als Bewährungskriterien dienten Prüfungsergebnisse und Vorgesetztenurteile. Diese Korrelationen wurden für 10 Personengruppen, die im Testheft nicht näher beschrieben werden, berechnet und liegen im Mittel bei r = .35, sie streuen zwischen r = .15 und r = .50. Auch die Korrelation der PTV-Ergebnisse mit einer praktischen Arbeitsprobe wird angegeben, sie beträgt für das Aufbauen eines Wagenhebers r = .44 (N = 126), für das Abbauen r = .28 (N = 125).

Ein weiterer Hinweis auf die äußere kriterienbezogene Validität ergibt sich aus einer Rangordnung der mittleren PTV-Leistungen verschiedener Berufsgruppen. Diese Rangordnung spiegelt das Ausmaß der Anforderung an das technische Verständnis in den verschiedenen Berufen wider. Ingenieure erzielen die besten Testergebnisse, Industrie- und Bürokaufleute, die beruflich wenig von Technik berührt werden, markieren das untere Ende dieser Rangordnung. Die PTV-Ergebnisse wurden zudem mit Zeugnisnoten allgemeinbildender Schulen korreliert, es ergaben sich nur geringfügige Korrelationen. Hieraus kann die Unabhängigkeit des PTV von Schulleistungen abgeleitet werden. Diese Unabhängigkeit ist vom Testautor gewünscht.

Zur Überprüfung der faktoriellen Validität wurden 8 Faktorenanalysen über 18 Tests gerechnet. Die in diese Untersuchung einbezogene Gesamtstichprobe von in Chemieberufen tätigen Personen hat eine Größe von N = 1859. Die Kommunalitäten dieser 8 Faktorenanalysen sind in Tabelle 5-18 wiedergegeben. Die Mittelwerte der Kommunalitäten sind absteigend nach ihrer Größe geordnet. Da der PTV in diesem Untersuchungszusammenhang die höchste mittlere Kommunalität aufweist, wird er als bedeutsamster Test im Rahmen einer Eignungsuntersuchung in Chemieberufen angesehen. Außerdem zeigt sich die große Nähe des PTV zu räumlichem Vorstellungsvermögen (WÜ und FA), das eventuell eine Voraussetzung für gute Leistungen im praktisch-technischen Bereich ist.

Normierung
In die Eichstichprobe sind über 4000 Männer im Alter zwischen 13 und 50 Jahren eingegangen. Alle diese Männer haben sich für eine Aus- oder Weiterbildung im technischen bzw. naturwissenschaftlichen Bereich beworben. Diese Eichstichprobe ist also sehr spezifisch und nur für Personen aus der gleichen Gruppe als Vergleichsgruppe angemessen. Ein Anspruch auf Repräsentativität wird vom Testautor nicht erhoben. In einem Mittelwertsvergleich der Rohwerte unterscheiden sich die Parallelformen nur geringfügig voneinander, was als Nachweis für die Parallelität und als Begründung für eine gemeinsame Normentabelle für die Formen A1 und B2 angesehen wird. In der Normentabelle lassen sich die Standardwerte nach Alter differenziert ablesen, eine Normalverteilung der Daten ist aber nicht belegt. Im Testheft wird eine Umrechnung der Standardwerte in Prozentrangwerte dargestellt. Einen Nachteil dürften die inzwischen veralteten Normen von 1972 darstellen, da sich gerade im Bereich der Technik viel entwickelt hat.

Tabelle 5-18: Kommunalitäten bei 8 Faktorenanalysen über 18 Tests

	Faktorenanalyse								
	1	2	3	4	5	6	7	8	M h^2
PTV	80	74	78	85	99	99	07	74	75
Zeichnen	38	86	50	99	33	94	83	93	72
Papierschneideprobe	92	71	75	42	95	99	74	21	71
Drahtbiegeprobe	60	63	91	52	69	99	42	99	71
FA Figurenauswahl	39	99	74	80	65	65	44	94	70
RA Rechenaufgaben	47	67	82	71	74	88	70	53	69
ZR Zahlenreihen	89	56	46	77	74	79	52	79	69
AN Analogien	64	74	70	87	60	56	61	59	66
Grundrechenaufgaben	84	73	49	93	93	75	22	38	66
GE Gemeinsamkeiten	99	32	83	84	62	32	80	29	63
Wahrnehmungstempo	88	50	32	84	44	50	75	75	62
Konzentration	38	47	62	57	68	99	45	68	61
Sortieraufgabe	81	68	65	45	79	36	38	37	56
SE Satzergänzung	50	33	39	28	69	92	54	59	53
WÜ Würfelaufgaben	44	64	54	44	39	97	32	31	51
WA Wortauswahl	40	59	60	44	53	56	28	61	50
Aufmerksamkeit (Zahlenbrett)	67	44	44	56	36	62	40	39	49
ME Merkaufgaben	40	43	66	63	45	32	75	19	48

M = Mittelwert; h^2 = Kommunalität

Weitere empirische Studien
Zum PTV wurden weitere Studien durchgeführt, von denen hier die Ergebnisse zu Geschlechtsunterschieden und der Vergleich zu körperlicher Leistung kurz berichtet werden. Männliche und weibliche Personen erzielen im PTV sehr unterschiedliche Ergebnisse: Während Männer durchschnittlich die Hälfte der Testaufgaben lösen können, lösen Frauen durchschnittlich nur 30 % der Aufgaben. Insgesamt erreichen 90 % der Männer bessere Ergebnisse als der Durchschnitt der Frauen. Diese starken Diskrepanzen zwischen den Geschlechtern begründen die Entwicklung spezieller Formen für weibliche Personen. Geschlechtsunterschiede treten in vielen Tests zum technischen Verständnis auf, sind also beim PTV keine Besonderheit. Untersuchungen von Amthauer (1963) belegen, dass Frauen ihre im Vergleich zu Männern schlechteren praktisch-technischen Leistungen durch kompensatorische Fähigkeiten wie Fleiß, Aufmerksamkeit und Gedächtnis zum Teil auszugleichen versuchen.

In verschiedenen Untersuchungen wurden die PTV-Ergebnisse mit körperlicher Leistung korreliert. Hierbei ergaben sich relativ hohe Korrelationen von r = .26 mit Elastizitätstests und bis r = .54 mit der Kraftleistung bei einer Anzahl von N = 59 Personen. Aus diesen Korrelationen leitet der Testautor nicht nur einen ungerichteten Zusammenhang von PTV-Ergebnissen und körperlicher Leistung ab, sondern eine ursächliche Beziehung: Er betrachtet körperliche Leistungen als „bedeutsame Voraussetzung für das technische Verständnis" (Amthauer, 1972, S. 32). Diese Interpretation lässt sich aus den berichteten Ergebnissen nicht eindeutig ableiten.

Durchführung und Auswertung

Zu Beginn der Testung liest der Testleiter die Instruktionen aus dem Testheft vor, dann werden drei Beispielaufgaben gegeben, um dem Probanden den Umgang mit dem Antwortbogen zu verdeutlichen. Der Proband hat bei jedem Item die Wahl zwischen zwei bis vier vorgegebenen Lösungsmöglichkeiten. Die richtige Lösung ist auf einem gesonderten Antwortbogen zu markieren, so dass die Testhefte mehrfach genutzt werden können. Nach dem Durchlesen der Beispiele beträgt die reine Bearbeitungszeit 25 Minuten. In dieser Zeit lassen sich die Aufgaben gewöhnlich beantworten, so dass keine Speed-Komponente vorliegt. Der PTV eignet sich sowohl zur Einzel- als auch zur Gruppentestung. Bei einer Gruppentestung sollten die beiden Parallelformen abwechselnd ausgeteilt werden. Als weitere Hilfsmittel werden für jeden Probanden ein Bleistift und Radiergummi benötigt sowie eine Uhr für den Testleiter.

Die Auswertung erfolgt über das Auflegen der jeweiligen transparenten Auswertungsschablone auf den Antwortbogen. Auch eine maschinelle Auswertung sei möglich, sei aber erst bei hohen Probandenzahlen lohnenswert. Die Anzahl der richtigen Antworten wird ausgezählt, ebenso die Anzahl der falschen Antworten. Lediglich die nicht bearbeiteten Aufgaben bleiben unbeachtet. Der Rohwert wird gebildet aus der Differenz der richtigen Lösungen und einem Drittel der Falschlösungen. Diese Verrechnung ist dem Probanden bekannt und soll eine Korrektur für unsystematisches Raten sein. Allerdings wird dadurch die Streuung der Ergebnisse erhöht, was sich in einer Erhöhung der Reliabilität niederschlägt, die nicht unbedingt gerechtfertigt erscheint. Aus einer nach dem Alter differenzierenden Normentabelle kann man den zum Rohwert gehörenden Standardwert ablesen. Im Testheft ist außerdem eine Tabelle zur Umrechnung der Standardwerte in Prozentränge enthalten.

Bei einer Interpretation der Ergebnisse sollte unbedingt beachtet werden, dass es sich bei der Normstichprobe nur um Männer handelt, die sich für technische oder naturwissenschaftliche Berufe beworben haben. Probanden, die nicht zu dieser Gruppe gehören, können nur eingeschränkt mit diesen Normen verglichen werden, da sie mit einem zu strengen Maßstab gemessen werden.

Bewertung

Der PTV ist ein in der Praxis bewährtes und leicht einzusetzendes Instrument. Der Nachteil, dass die Normen nicht repräsentativ für die Gesamtbevölkerung sind, wird dadurch gemindert, dass der PTV nur für einen eng umschriebenen Anwendungskontext vorgesehen ist. Für diesen Kontext, nämlich die Eignungsuntersuchung im technischen und naturwissenschaftlichen Bereich, sind die auf einer sehr großen Eichstichprobe beruhenden Normen völlig ausreichend, auch wenn sie inzwischen sehr alt sind. Allerdings dürfte der Bedarf an einer Form für weibliche Personen inzwischen gestiegen sein. In einem großen Unternehmen ist es aber sicherlich möglich, die vorhandenen Formen betriebsintern auch für Frauen zu validieren und normieren und auch für Männer neuere Normen zu erstellen.

Neben der hohen Objektivität sind auch die gute interne Konsistenz und zeitliche Stabilität der PTV-Ergebnisse zu erwähnen; der PTV kann als zuverlässiges Verfahren bewertet werden. Leider werden im Testheft keinerlei Angaben zur prognostischen Validität gemacht, die bei einem Instrument zur Eignungsdiagnostik besonders aussagekräftig wären. Außerdem wäre eine faktorenanalytische Überprüfung der Dimensionalität des PTV sehr interessant, über die im Testheft keine Aussagen gemacht werden. Ist das mit dem PTV gemessene praktisch-technische Verständnis eindimensional, oder setzt es sich aus verschiedenen Faktoren, z.B. bezogen auf verschiedene Technikbereiche (die Aufgaben stammen aus unterschiedlichen Bereichen der Technik), zusammen? Positiv sollte angemerkt werden, dass viele Untersuchungen zur kriterienbezogenen Validität mit zufriedenstellenden bis guten Ergebnissen durchgeführt wurden.

Zur Aufgabenauswahl und -analyse werden im Testheft der mittlere Schwierigkeitsindex und der mittlere Trennschärfekoeffizient für die jeweiligen Formen angegeben, ebenso der Range dieser Werte. Eine Angabe für jedes einzelne Item ist leider nicht vorhanden. Weiterhin wird ausgeführt, dass die Itemauswahl nicht nach dem angegebenen tetrachorischen Trennschärfekoeffizienten erfolgte sondern nach einem Trennindex. Für dieses die Aufgabenauswahl entscheidende Kriterium werden im Testheft keine Zahlen angegeben.

5.14 Wirtschaftskundlicher Bildungs-Test (WBT)

Britta Degelmann

Der Wirtschaftskundliche Bildungs-Test (WBT) von Beck, Krumm und Dubs erschien 1998. Die Autoren verfolgten das Ziel, einen wissenschaftlich erprobten Test zur Erfassung wirtschaftswissenschaftlicher Fähigkeiten für den deutschen Sprachraum zu entwickeln. Die Grundlage für den WBT bot der 1987 entwickelte Test of Economic Literacy von Soper und Walstad. Der WBT prüft ökonomisches Wissen aus vier Bereichen: Grundlagen, Mikroökonomie, Makroökonomie und Internationale Beziehungen. Die Eigenschaft, die einen Probanden dazu befähigt, die Fragen zu beantworten, kann laut Autoren annährend als ökonomische Intelligenz bezeichnet werden. Eine gute Allgemeinbildung und eine hohe Intelligenz reichen nicht als Grundlage aus, um im Test gut abzuschneiden.

Konzeption

Der Test zählt zu den Multiple-Choice-Verfahren. Dem Probanden werden insgesamt 46 Fragen mit je vier Antwortmöglichkeiten in schriftlicher Form dargeboten. Jeweils eine der vier möglichen Antworten ist richtig. Der WBT liegt in zwei Parallelformen vor. Die beiden Testformen haben 15 Fragen gemeinsam. Die übrigen Fragen behandeln dieselben Wissensgebiete, erfassen aber unterschiedliche Aspekte. Im Handbuch finden sich für beide Testformen Angaben zu den Gütekriterien und zu den Normen. Da sich die beiden Tests in ihrer Schwierigkeit geringfügig unterscheiden, liegt dem Manual auch eine Tabelle bei, die die Umrechnung des Testergebnisses von Test A in den Wert von Test B und umgekehrt ermöglicht. Die Fragen setzen sich zu ungefähr gleichen Anteilen aus den oben genannten Wissensgebieten zusammen. Tabelle 5-19 zeigt, welche Aspekte der vier Wissensbereiche die Autoren berücksichtigt haben.

Zu jedem Unterpunkt eines Wissensbereichs finden sich ein bis vier Fragen. Eine genaue Zuordnung der Fragen zu den Bereichen findet man im Manual des WBT. Nachfolgend werden einige Beispiele zu den Bereichen gegeben. Die jeweils richtige Antwort ist kursiv geschrieben.

Bereich Grundlagen Produktivität:
Frage: Arbeitsteilung führt zu
  A. Steigender Inflation der Preise.
  B. geringerem Produktionsausstoß pro Arbeitsstunde.
  C. *größerer wechselseitiger Abhängigkeit.*
  D. einer gleichmäßigeren Verteilung der Einkommen.

Bereich Mikroökonomie/Einkommensverteilung:
Frage: In einer Marktwirtschaft hängen hohe Löhne meist ab von
  A. Gesetzen über Mindestlöhne.
  B. Staatlichen Maßnahmen.

C. *einer hohen Produktivität pro Arbeitskraft.*
D. sozial verantwortungsbewussten Unternehmern.

Bereich Makroökonomie/Geldpolitik:
Frage: Wenn Geschäftsbanken ihre Kredite an Unternehmen und Haushalte erhöhen, führt das gewöhnlich zu einer
  A. Verringerung der Kaufkraft bei Haushalten und Unternehmen.
  B. zunehmender Kontrolle des Staates über die Wirtschaft.
  C. Zunahme der Überschussreserven bei den Banken.
  D. *Zunahme des internationalen Geldangebots.*

Bereich Internationale Beziehungen/Absoluter und komparativer Handelsvorteil:
Frage: Welche der folgenden Aussagen über Zölle ist richtig?
  A. Zölle erweitern den Markt der Exportgüter.
  B. Zölle senken die Beschäftigung in geschützten Wirtschaftszweigen.
  C. *Zölle begünstigen einige Branchen auf Kosten anderer.*
  D. Zölle fördern das Wachstum der effizientesten Wirtschaftszweige.

Der Test kann für die Beurteilung von Einzelpersonen aber auch für die von Gruppen herangezogen werden. So könnte man z.B. den Leistungsstand von zwei Kursen oder Schulklassen miteinander vergleichen. Grundsätzlich ist eine Anwendung in allen Gebieten denkbar, in denen Entscheidungshilfen für die Auswahl, Bewertung oder Beratung von Einzelpersonen oder Gruppen in Hinblick auf ihr ökonomisches Wissen gefordert sind. Die Autoren selbst nennen als Bereiche, in denen der WBT eine Entscheidungshilfe sein kann, die Personalauswahl, die Berufsberatung und schulische Kontexte.

Tabelle 5-19: Untergliederung der vier Wissensbereiche des WBT

Grundlagen	**Mikroökonomie**	**Makroökonomie**	**Internationale Beziehungen**
- Knappheit	- Markt und Preis	- Bruttosozialprodukt	- Absoluter/ komparativer Handelsvorteil
- Opportunitätskosten	- Angebot und Nachfrage	- Gesamtangebot	- Handelshemmnisse
- Wirtschaftssysteme	- Einkommensverteilung	- Arbeitslosigkeit	- Zahlungsbilanz
- Institution und Leistungsanreize	- Marktstörungen	- Inflation/Deflation	- Devisenkurse
- Geld, Tausch und wechselseitige Abhängigkeit	- Rolle des Staates	- Geldpolitik	- Internationale Aspekte von Wachstum und Stabilität
		- Fiskalpolitik	

Anwendung in der Personalauswahl
Grundsätzlich kann der WBT angewandt werden, wenn im Anforderungsprofil für eine Arbeitsstelle ökonomisches Wissen einen gewissen Stellenwert besitzt. Zu beachten ist aber, dass sich z.B. Auszubildende im Verlauf ihrer Ausbildung noch ökonomisches Wissen aneignen werden. Daher sollte der Vergleich der Bewerber untereinander eine größere Gewichtung erhalten als der Vergleich des Bewerbers zu seiner Normstichprobe.

Im Manual weisen die Autoren ausdrücklich darauf hin, den WBT im Zusammenhang mit Personalauswahl als Entscheidungshilfe, nicht aber als Entscheidungsgrundlage zu sehen. Die Anwendung des WBT in der Personalauswahl ist im Vergleich zu anderen Verfahren um den Aspekt der Gruppenbeurteilung erweitert. Somit kann z.B. der Wissensstand verschiedener Arbeitsgruppen im Bereich Ökonomie beurteilt werden. Ansonsten kann der WBT natürlich als Hilfestellung zur Klärung der Eignung einer Person für ein bestimmtes Aufgabengebiet herangezogen werden.

Anwendung in der Berufsberatung
Der Test wurde an verschiedenen Berufsgruppen im kaufmännischen Bereich geeicht. Die Beratung mit Hilfe des WBT sollte sich auf diese Berufe beziehen. In diesem Kontext ist es für den Beratenden sehr wichtig zu beachten, dass der Vergleich einer Person mit ihrer Normgruppe unter Umständen nicht so günstig ausfällt, die Person aber trotzdem geeignet ist, einen bestimmten Beruf zu ergreifen. Die Erklärung hierfür wird unmittelbar plausibel, wenn man sich die Beurteilung einer Person, die einen kaufmännischen Beruf ergreifen möchte, einmal veranschaulicht. Die Leistungen der Person werden z.B. mit den Normen der Auszubildenden im Bereich Bank verglichen, wobei berücksichtigt werden muss, dass der Wissensunterschied durch die Ausbildung an sich bedingt sein kann. Daher ist bei der Auswertung der Ergebnisse die Normgruppe mit Vorsicht auszuwählen.

Anwendung im schulischen Kontext
Im schulischen Kontext ist eine Anwendung des WBT dann denkbar, wenn z.B. der Leistungsstand eines Kurses am Anfang, während und zum Ende einer Unterrichtsphase ermittelt werden soll. Innerhalb eines Kurses kann der Lehrende sich einen Überblick über die Leistungsverteilung im Bereich ökonomisches Wissen verschaffen, um seinen Unterricht darauf abzustimmen. Vorstellbar ist auch, den WBT als Mittel einzusetzen, um die Effektivität zweier verschiedener Unterrichtsmethoden einschätzen zu können.

Im Bereich der Einzelleistung kann der WBT dazu genutzt werden, Personen mit einer bestimmten Fähigkeitsausprägung zu identifizieren und einem entsprechenden Kurs zuzuteilen. Die Autoren schlagen ebenfalls vor, den WBT als Leistungsüberprüfung in Form einer Kursarbeit einzusetzen, um den Wissenszuwachs von Einzelpersonen festzustellen.

Gütekriterien und empirische Fundierung

Der WBT wurde auf der Grundlage der Klassischen Testtheorie und der Probabilistischen Testtheorie (vergleiche Kapitel 2) entwickelt. Da diese Theorien eigentlich unterschiedliche Ansätze zur Testkonstruktion verfolgen, ist die Einschätzung der Gütekriterien nicht unproblematisch. Es folgt zunächst eine getrennte Darstellung über die Gütekriterien der beiden Ansätze.

Reliabilität
Über die Gesamtstichprobe von 3500 Versuchspersonen wurde als Koeffizient für die interne Konsistenz Cronbachs α berechnet. Außerdem wurde die Stabilität des Testes über ein Retest- und ein zeitlich verzögertes Paralleltestverfahren erhoben. Der Zeitabstand zwischen den Testzeitpunkten betrug bei beiden Verfahren je 15 Wochen. Die Stichprobe, an der diese beiden Messungen vorgenommen wurden, bestand aber aus nur 15 Personen. Die Werte sind in Tabelle 5-20 zusammengefasst.

Tabelle 5-20: Angaben zur Reliabilität

	Interne Konsistenz	**Retestreliabilität**	**Paralleltestreliabiltität**
Form A	.83	.87	.85
Form B	.82	.85	.62

Validität
Die Kriteriumsvalidität wurde über eine Korrelation mit Schulnoten berechnet. Es ergab sich ein Wert von -.34. Die negative Korrelation entsteht aus den gegensätzlichen Skalierungen von Schulnoten und WBT. Für die Schulnoten ist ein geringer Wert ein Indikator für eine gute Leistung, für den WBT ist ein hoher Punktwert ein Zeichen für ein gutes Abschneiden. Zusätzlich überprüften die Autoren die Inhaltsvalidität. Sie wird berechnet, wenn der Test selbst das beste Kriterium für das zu testende Merkmal darstellt. Diese Annahme ist dann gerechtfertigt, wenn ein Test mittels repräsentativer Fragen einen Wissensbereich erfasst. Im Falle des WBT gibt ein Expertenrating von 309 Personen Aufschluss darüber, wie geeignet jedes Item ist, ökonomisches Wissen zu erfassen. Die Einschätzung erfolgt auf einer Skala von 1 (entspricht sehr gut geeignet) bis 5 (gar nicht geeignet). Der Mittelwert über alle Experten und alle Fragen ergibt für Form A den Wert von 2.4. Im Durchschnitt halten also die Experten alle Fragen für gut bis befriedigend geeignet, um ökonomisches Wissen zu erfassen. Die Streuung um diesen Wert betrug .58. Für Form B ergab sich ein Mittelwert von 2.3 mit einer Streuung von .47.

Objektivität
Der Instruktionstext, der am Anfang des Manuals angegeben ist, sollte bei allen Testdurchführung benutzt werden, damit die Durchführungsobjektivität gewahrt bleibt. Die Auswertungsobjektivität wird dadurch gesichert, dass die richtigen Antworten über Schablonen ermittelt werden. Zur Interpretation des Testergebnisses können die Testergebnisse mit Normwerten von verschiedenen Stichproben verglichen werden, so dass auch hier das Kriterium der Objektivität genügend Berücksichtigung findet.

Probabilistische Testtheorie
Auch die Probabilistische Testheorie (PTT) setzt einige Kriterien voraus, die überprüft werden müssen, damit ein Test in seiner Güte eingeschätzt werden kann. Ein

wichtiger Unterschied der PTT ist im Vergleich zur KTT, dass keine Normstichproben benötigt werden, da das Modell bei Passung subgruppeninvariant ist. In diesem Fall dürfen sich die graphischen Darstellungen der Lösungswahrscheinlichkeiten der Items nicht schneiden. Die Voraussetzung der Modellpassung ist für den WBT nicht überprüft. Des Weiteren gehört die Überprüfung der Personenhomogenität zu den Gütekriterien der PPT. Es hätte also kontrolliert werden müssen, ob alle Personen die Items auf der Grundlage ihres ökonomischen Wissens lösen oder ob z.B. bei einigen Personen Intelligenzaspekte bei der Aufgabenbearbeitung von Bedeutung sind. Auch hierzu finden sich keine Angaben, ob Überprüfungen der Annahmen durchgeführt worden sind.

Durchführung und Auswertung

Die durchschnittliche Bearbeitungsdauer liegt bei 40 Minuten; da der WBT aber kein Geschwindigkeitstest ist, sollten dem Probanden für die Durchführung 45 Minuten zur Verfügung stehen. Die Autoren geben im Manual einen Einleitungstext an, durch den der Proband vor Testbeginn instruiert wird. Wichtig für die Testauswertung ist der Hinweis, dass zu jeder Frage eine Antwort gefunden werden muss, auch wenn dem Probanden keine Antwort plausibel erscheint. Es ist immer nur eine der vier Antwortmöglichkeiten richtig. Im Handbuch findet sich eine Erläuterung zu jeder korrekten Lösung. Für den optimalen Einsatz des WBT in Gruppen liegen zwei Parallelformen (Form A und Form B) vor. Die Autoren schlagen vor, die Parallelformen abwechselnd an Sitznachbarn zu verteilen, um zu verhindern, dass Ergebnisse ausgetauscht werden.

Ermittlung des Testergebnisses
Für jede Testform liegt eine Schablone mit den richtigen Lösungen vor. Die Schablone wird einfach über die Antworten gelegt. Für jede richtige Antwort erhält der Proband einen Punkt, die maximale Punktzahl beträgt also 46.

Auswertung des Testergebisses
Der WBT wurde, wie bereits unter dem Punkt „Gütekriterien" beschrieben, auf der Grundlage der Klassischen Testtheorie und der Probabilistischen Testtheorie entwickelt. Daher finden sich verschiedene Möglichkeiten, um das Testergebnis einzuordnen. Mittels der Itemparameter der PTT ist normalerweise die Berechnung eines Fähigkeitswertes möglich. Die KTT sieht für die Einordnung des Testrohwertes meistens den Vergleich mit einer Normstichprobe vor. Das Testergebnis gewinnt über diesen Vergleich an Aussagekraft.

Die Autoren haben den WBT für drei deutschsprachige Länder an verschiedenen Ausbildungsgruppen aus dem Wirtschaftsbereich genormt. Eine Übersicht bietet Tabelle 5-21. Die Eichstichprobe umfasst insgesamt ca. 14.300 Personen und kann als repräsentativ angesehen werden. Genaue Angaben zu den Stichprobengrößen finden sich im Manual.

Tabelle 5-21 : Übersicht über die Normstichproben von Deutschland, Österreich und der Schweiz

Deutschland	Österreich	Schweiz
-Kaufmännische Berufsschule im Bereich Einzelhandel	-Kaufmännische Berufsschule im Bereich Einzelhandel	-Kaufmännische Berufsschule
-Kaufmännische Berufsschule im Bereich Bank	-Kaufmännische Berufsschule im Bereich Bank	-Gewerbliche Berufsschule -andere Berufsschule
-Berufsfach Wirtschaftsschule	-Handelsschule	-Diplom-Mittelschule
-Wirtschafts-/Fachgymnasium	-Handelsakademie -Allgemeines Gymnasium	-Allgemeines Gymnasium
-Realschule		
-Allgemeines Gymnasium		
-Studenten der Wirtschaftswissenschaften		

Für die Interpretation der Ergebnisse muss zunächst der Prozentrang des Probanden ermittelt werden. Im Manual ist für jede Testform und jedes Land eine getrennte Übersicht darüber vorhanden, welcher Punktwert welchem Prozentrang in der jeweiligen Stichprobe entspricht. Die Autoren schlagen eine Qualifizierung für die Prozentrangbereiche vor (vergleiche Tabelle 5-22).

Tabelle 5-22: Leistungseinteilung der Prozentränge

Prozentrang	Bezeichnung der Fähigkeit
über 90 %	Spitzengruppe
71 % - 90 %	Überdurchschnittliche Gruppe
31 % - 70 %	Mittelgruppe
11 % - 30 %	Unterdurchschnittliche Gruppe
bis 10 %	Schwache Gruppe

Wird der WBT in einer Gruppe durchgeführt, so können nicht nur die Prozentränge der Einzelpersonen ausgewertet werden. Innerhalb einer Gruppe lässt sich auch die Leistungsverteilung veranschaulichen. Zusätzlich können Leistungsvergleiche zwischen Gruppen vorgenommen werden. Im Manual erläutern die Autoren verschiedene Möglichkeiten, um sinnvolle Gruppenkennwerte wie z.B. den Mittelwert, den

Modus und die Streuung zu berechnen. Außerdem werden diese Maße in Hinblick auf ihre Aussagekraft erklärt.

Die Autoren stellen außerdem zwei Möglichkeiten zur inhaltlichen Analyse der Testergebnisse vor. Der WBT testet vier verschiedene Wissensbereiche. Da die Zuordnung von Fragen zu Wissensbereichen angegeben ist, können individuelle Stärken und Schwächen des Probanden in den Bereichen Grundlagen, Mikroökonomie, Makroökonomie und internationale Beziehungen erfasst werden. Der Testauswerter kontrolliert für jeden Teilbereich das Verhältnis von richtigen zu falschen Antworten.

Die zweite inhaltliche Auswertungsstrategie erscheint problematisch. Laut der Autoren lassen sich die Fragen nach verschiedenen Schwierigkeitsstufen unterscheiden, die von der einfachen Wiedergabe gelernter Inhalte bis zur Bewertung von Sachverhalten reichen. Man kann also für jeden Probanden ein Schwierigkeitsniveau ermitteln. Allerdings ist die Zuweisung der Fragen zu ihrem Anspruchsniveau nicht empirisch belegt. Eine Übersicht darüber, welche Frage welchen Schwierigkeitsgrad erfasst, findet sich ebenfalls im Manual.

Wie schon erwähnt, wurde der WBT auf der Grundlage verschiedener Ansätze zur Testkonstruktion entwickelt. Nach dem zweiten Ansatz wird für jede Frage spezifiziert, welches Fähigkeitsausmaß nötig ist, um die Frage richtig beantworten zu können. Hierbei wird auch die Ratewahrscheinlichkeit berücksichtigt, mit der man per Zufall unter vier Antworten die richtige findet. Leider fügen die Autoren dem Manual nur die einzelnen Kennwerte für jede Frage bei. Aufgrund dieser ist es aber nur mit sehr aufwändigen mathematischen Bemühungen in Eigenarbeit möglich, den Fähigkeitswert für eine Person zu berechnen. Die Interpretation der Ergebnisse beschränkt sich daher auf die o.g. Möglichkeiten des Prozentrangwertes, der Gruppenkennwerte und der inhaltlichen Analyse.

Bewertung

Der WBT wurde in Hinblick auf seine Reliabilität, mit der er ökonomisches Wissen erfasst, nicht vollständig überprüft. Es fehlen abgesicherte Untersuchungen darüber, ob der Test über einen längeren Zeitraum zu demselben Testergebnis bei einem Probanden führen würde, wenn seine Fähigkeiten sich nicht geändert hätten. Die übrigen Angaben zur Zuverlässigkeit sind aber durchaus im annehmbaren Bereich.

Die Angaben zur Validität sind ebenfalls unvollständig. Allerdings überwiegt hier der Vorteil der lehrbuchgetreu durchgeführten Inhaltsvalidierung. Das Ergebnis der Inhaltsvalidierung spricht durchaus dafür, dass die Mehrzahl der Items auch wirklich ökonomisches Wissen erfasst. Es fehlt in jedem Fall aber eine Untersuchung darüber, wie hoch eine Übereinstimmung des WBT mit anderen Verfahren, die ökonomisches Wissen erfassen, ist. Da der Test auch als Instrument der Eignungsdiagnostik entwickelt worden ist, wäre es sehr hilfreich, die prognostische Validität des Verfahrens zu kennen. Hierzu könnte man z.B. den Zusammenhang zwischen hohen Testergebnissen und späterer Berufseignung erheben.

Obwohl es sehr lobenswert ist, dass die Autoren nach der PTT die Itemparameter der Ratewahrscheinlichkeit und der Schwierigkeit für jede Frage berechnet haben,

bleiben die Auswertungsmöglichkeiten des Testergebnisses durch diese Kennwerte doch zu eingeschränkt. Der Testauswerter müsste eigene Berechnungen anstellen, um den Fähigkeitswert eines Probanden zu ermitteln.
Auch insgesamt scheinen die Auswertungsmöglichkeiten weit hinter den statistischen Vorüberlegungen der Autoren zu bleiben. Denn obwohl der Prozentrangwert durchaus seinen praktischen Nutzen besitzt, wäre die Möglichkeit eines anderen Vergleiches, z.B. mit Standardnormen oder Standardäquivalentnormen (falls eine andere Rohwertverteilung als die Normalverteilung vorliegt), wünschenswert.

Insgesamt aber ist der WBT durchaus ein einsetzbarer Test für die angedachten Anwendungsfelder. Fraglich bleibt lediglich, ob er im oberen Leistungsbereich genügend differenzieren kann. Die Autoren weisen ausdrücklich auf eine Anwendung in der Auswahl von Hochschulabsolventen hin. Die Prozentrangverteilung der Wirtschaftswissenschaften-Studenten deutet aber schon darauf hin, dass die meisten dieser Probanden einen sehr hohen Punktwert erhalten. Insofern könnte sich die Anwendung des WBT in diesem Bereich als wenig hilfreich erweisen, da die Differenzierung zu gering ist.

6. Instrumente zur Messung von Interessen

Jeder Prozess der Personalauswahl umfasst zwei Formen der Selektion. Zum einen entscheidet der Bewerber, bei welcher Organisation und in welcher beruflichen Tätigkeit er gern aktiv werden möchte und richtet seine Bewerbungen hiernach aus. Zum anderen sucht die Organisation unter den eingegangenen Bewerbungen diejenigen Personen aus, von denen sie sich den meisten Gewinn verspricht. Beide Selektionsschritte laufen nicht nur getrennt voneinander ab, sondern greifen häufig auch ineinander. So bemühen sich z.B. zahlreiche Firmen durch Anzeigen oder auf Rekrutierungsmessen potentielle Bewerber auf sich aufmerksam zu machen, um in deren Entscheidungsprozess Eingang zu finden (vgl. Moser & Zempel, 2001). Umgekehrt liegt die letzte Selektionsentscheidung immer noch beim Bewerber. Gerade besonders leistungsstarke Bewerber und/oder solche, die einen stark nachgefragten Beruf erlernt haben, können unter mehreren Anbietern ihren zukünftigen Arbeitgeber auswählen. Für die Selektionsprozesse auf Seiten des Arbeitnehmers sind die Einstellungen, Werte und Interessen des Kandidaten von zentraler Bedeutung. Niemand, der nicht unter einem großen wirtschaftlichen Druck steht, wird sich wohl freiwillig für eine Anstellung entscheiden, die seinen eigenen Einstellungen, Werten und Interessen zuwiderläuft. Gleichzeitig muss jede Organisation daran interessiert sein, vor allem solche Mitarbeiter zu finden, deren Vorstellungen sich möglichst weit mit der Wirklichkeit des Unternehmens decken. Auch wenn manche Interessen wohl erst im Zuge der Tätigkeit für eine bestimmte Organisation geweckt werden, so besteht der sicherste Weg doch darin, schon bei der Einstellung ein hohes Maß an Übereinstimmung zu erzielen. Je größer die Übereinstimmung zwischen den Einstellungen, Werten und Interessen des Mitarbeiters auf der einen Seite und den Merkmalen der Organisation bzw. des spezifischen Arbeitsplatzes auf der anderen Seite ausfällt, desto eher werden der Mitarbeiter und das Unternehmen voneinander profitieren.

Instrumente zur Messung von Interessen helfen sowohl der Organisation als auch dem Bewerber, den Grad der Passung zwischen beiden Seiten zu überprüfen. Die entsprechenden Verfahren wurden vor allem für die Berufsberatung in Schulen oder im Arbeitsamt entwickelt. Sie können aber auch bei Platzierungsentscheidungen eingesetzt werden, die beispielsweise in Großunternehmen nach Abschluss eines Ausbildungslehrganges anstehen. Ihren Nutzen entfalten die Instrumente jedoch erst dann, wenn neben den gemessenen Interessen der potentiellen Mitarbeiter auch eine genaue Kenntnis des fraglichen Arbeitsplatzes vorliegt. In jedem Falle muss vor der Auswahl eines spezifischen Messinstrumentes überprüft werden, ob hiermit die arbeitsplatzrelevanten Interessen überhaupt erfasst werden können.

6.1 Allgemeiner Interessen-Struktur-Test / Umwelt-Struktur-Test (AIST/UST)

Julia Hammerschmidt

Beim AIST bzw. UST handelt es sich um die zwei Teile des 1988 von Bergmann und Eder herausgegebenen Person-Umwelt-Struktur-Test (PUST), die 1999 als eigenständige Verfahren erschienen sind und unabhängig voneinander einsetzbar sind. Die Verfahren sind in Österreich aus dem Bedürfnis nach einem Instrument entstanden, das die Schullaufbahnentscheidungen nach der Sekundarstufe I erleichtern sollte. Dieser Test sollte also unterscheiden, ob Schüler besser auf allgemein- oder berufsbildenden Schulen untergebracht seien. In der jetzigen Form liegt er seit 1992 vor. Inzwischen existieren auch computergestützte Versionen sowohl im Wiener Testsystem als auch im Hogrefe Testsystem (vergleiche Kapitel 10). Beim AIST handelt es sich um ein Interesseninventar, welches bestimmte Dimensionen erfasst, wohingegen der UST zur Beschreibung schulisch-beruflicher Umwelten auf denselben Dimensionen dient.

Konzeption

Bevor der Test in der heutigen Form, also in zwei Teilen, auf den Markt kam, durchlief er verschiedene Entwicklungsstufen. Die erste Form bestand aus insgesamt 61 Items, die zum Teil aus bereits bestehenden Itemsammlungen anderer Interessentests hervorging. Die Erstform wurde 396 Gymnasiasten vorgelegt, die ihre persönlichen Interessen einstuften und die Wichtigkeit verschiedener Aktivitäten innerhalb der beruflichen Umwelt einschätzten. Mit der gleichen Zielsetzung wurde eine leicht geänderte und erweiterte Form mit 64 Items 1653 Schülern aus allgemein- und berufsbildenden höheren Schulen vorgelegt. Die Stichprobe bildete die Grundlage für eine Kürzung auf 48 Items und eine erste Veröffentlichung unter der Bezeichnung Person-Umwelt-Struktur-Test 1987 (PUST 87, Eder & Bergmann). Bei der Zweitbefragung der Schülerstichprobe (n = 1580) wurden nicht durchgängig gute statistische Kennwerte erreicht, so dass man den Test wieder auf 64 Items verlängerte und in einer dritten Befragung der gleichen Stichprobe mit inzwischen immerhin noch 1425 Schülern vorlegte. Aus dieser und nicht weiter erläuterten anderen Datenquellen wurde schließlich über weitere Zwischenformen die vorliegende Version von 1992 entwickelt. Dabei wurde auch der bisher als Teil B geführte Umwelt-Struktur-Test zu einem eigenständigen Verfahren entwickelt und erstmals veröffentlicht.

Dem Verfahren liegt ein Modell zugrunde, welches in der Berufsberatung vor allem im angloamerikanischen Bereich sehr verbreitet ist. Es handelt sich um das Person-Umwelt-Modell nach Holland (1973, 1985a, 1985b). Das Modell basiert auf verschiedenen Grundannahmen. Zum einen geht Holland davon aus, dass im westlichen Kulturkreis sechs verschiedene Persönlichkeits- bzw. Interessentypen existieren. Entsprechend zu diesen Persönlichkeitstypen gibt es verschiedene Umwelttypen, z.B. schulische und berufliche. Diese Umwelttypen werden geprägt durch die darin befindlichen Personen sowie durch die dort herrschenden Anforderungen und Entfaltungsmöglichkeiten. Die Dimensionen, Holland nennt sie Orientierungen, sind auf einem hexagonalen Modell angeordnet (s. Abbildung 6-1). Die Anordnung auf dem Hexagon soll die inhaltliche Nähe der verschiedenen Orientierungen verdeutlichen: Je näher zwei Orientierungen zueinander stehen, desto ähnlicher sind sie sich auch. Weiterhin geht Holland davon aus, dass Personen sich immer zu ihrem Persönlichkeitstyp passende Arbeitsfelder aussuchen (sollten), da sie sich dort am besten entfalten können. Konkret heißt dies, dass z.B. ein Schüler mit einer stark intellektuell orientierten Persönlichkeit sich am wohlsten in einer Umwelt fühlt, in der diese Orientierung zum Tragen kommen kann (z.B. Beruf des Lehrers). Die sechs Orientierungen sind im Einzelnen (nach Holland 1973, 1985a, 1985b):

1. Praktisch-Technische Orientierung (R = realistic): Personen dieses Typs bevorzugen Tätigkeiten, die Kraft, Koordination und Handgeschicklichkeit erfordern und zu konkreten, sichtbaren Ergebnissen führen. Sie weisen Fähigkeiten und Fertigkeiten vor allem im mechanischen, technischen, elektrotechnischen und landwirtschaftlichen Bereich auf, während sie erzieherische oder soziale Aktivität eher ablehnen.

2. Intellektuell-forschende Orientierung (I = investigative): Personen dieses Typs bevorzugen Aktivitäten, bei denen die Auseinandersetzung mit physischen, biologischen oder kulturellen Phänomenen mit Hilfe systematischer Beobachtung und Forschung im Mittelpunkt steht. Sie weisen Fähigkeiten und Fertigkeiten vor allem im mathematischen und naturwissenschaftlichen Bereich auf.

3. Künstlerisch-sprachliche Orientierung (A = artistic): Personen dieses Typs bevorzugen offene, unstrukturierte Aktivitäten, die eine künstlerische Selbstdarstellung oder die Schaffung kreativer Produkte ermöglichen. Ihre Fähigkeiten liegen vor allem im Bereich von Sprache, Kunst, Musik, Schauspiel und Schriftstellerei.

4. Soziale Orientierung (S = social). Personen dieses Typs bevorzugen Tätigkeiten, bei denen sie sich mit anderen in Form von Unterrichten, Lehren, Ausbilden, Versorgen oder Pflegen befassen können. Ihre Stärken liegen im Bereich der zwischenmenschlichen Beziehungen.

5. Unternehmerische Orientierung (E = enterprising): Personen dieses Typs bevorzugen Tätigkeiten und Situationen, bei denen sie andere mit Hilfe der Sprache oder anderer Mittel beeinflussen, zu etwas bringen, führen, auch manipulieren können. Ihre Stärken liegen im Bereich der Führungs- und Überzeugungsqualität.

6. Konventionelle Orientierung (C = conventional): Personen dieses Typs bevorzugen Tätigkeiten, bei denen der strukturierte und regelhafte Umgang mit Daten im Vordergrund steht, z.B. Aufzeichnungen führen, Daten speichern, Dokumentationen erstellen, mit Büromaschinen arbeiten u.Ä. Ihre Stärken liegen im Bereich rechnerischer und geschäftlicher Fähigkeiten.

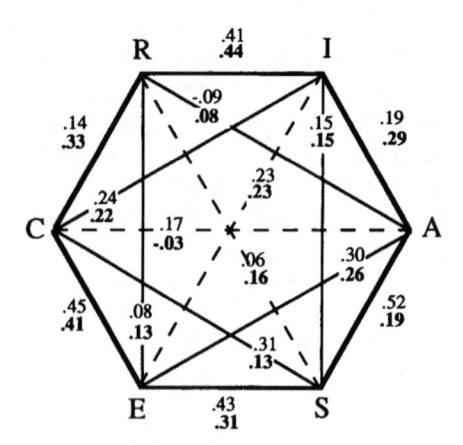

Abbildung 6-1: Korrelationen zwischen den Interessendimensionen
(aus Bergmann & Eder, 1999)
[oben: männlich (N = 2111); unten (fett): weiblich (N = 2228)]

Gütekriterien und empirische Fundierung

AIST
Da der Test in Fragebogenform mit vorgegebenen Antwortmöglichkeiten vorliegt und das Manual genaue Vorgaben für Auswertung und Interpretation enthält, kann man das Verfahren als objektiv ansehen. Diese Objektivität erhöht sich, wenn man die Computerversion verwendet, da hier weder bei der Datenregistrierung noch bei der Auswertung Fehler entstehen können.

Zur Berechnung der internen Konsistenz der einzelnen Skalen hat man das Maß „Cronbachs α" berechnet. Hierbei wurden Werte zwischen .79 und .87 erreicht, was man als ausreichend bewerten kann. Außerdem haben die Autoren im Manual Stabilitätswerte angegeben. Dabei wird überprüft, ob ein im Test erzieltes Ergebnis über einen längeren Zeitraum konstant bleibt. Diesen Anspruch sollte ein Interessentest erfüllen, da man allgemein davon ausgeht, dass Interessen langfristige Aspekte der Persönlichkeit darstellen. In diesem Fall wurden die Teilnehmer nach zwei Tagen und dann noch einmal nach zwei Jahren getestet. Bei einem sehr kurzen Retest-Intervall von zwei Tagen sind entsprechend hohe Werte zu erwarten. Dies traf auch zu: 90 % der Versuchspersonen hatten im zweiten Test ein gleiches Ergebnis wie im ersten. Aber auch nach zwei Jahren ergaben sich noch ausreichende Ergebnisse. Bei immerhin 66 % der Personen ist der dominierende Interessentyp gleich geblieben. Diese Ergebnisse sprechen dafür, dass der AIST ein konstantes Merkmal erfassen kann.

Umfangreiche Untersuchungen liegen auch zur Validität vor. Zunächst kann man feststellen, dass die Augenscheinvalidität gegeben ist. Dies kann man aus der Tatsache schließen, dass dieses Verfahren anderen Verfahren zur Interessenerhebung ähnelt und auch an das Alltagsverständnis von Interesse anknüpft. Die von Holland vorgeschlagene hexagonale Anordnung der Orientierungen sollte sich in möglichst hohen Interkorrelationen bei benachbarten Orientierungen niederschlagen. Dies ist aber nur bedingt der Fall (siehe Abbildung 6-1). Weitestgehend sind zwar relativ hohe Korrelationen zu finden, aber diese sind nicht durchgängig und unterscheiden sich zum Beispiel nach den Geschlechtern. So fand man für die Orientierungen „Artistic" und „Social" für Männer eine Korrelation von .52, was ausreichend ist. Bei Frauen lag die Korrelation aber nur bei .19, was zu wenig ist, wenn man bedenkt, dass die Orientierungen auf dem Modell nebeneinander liegen und dementsprechend hoch korrelieren sollten. An der Richtigkeit der hexagonalen Anordnung der Orientierungen darf also gezweifelt werden. Allerdings fanden die Autoren in einer Faktorenanalyse genau sechs Faktoren wieder, was dafür spricht, dass die Einteilung in die verschiedenen Typen sinnvoll ist. Darüber hinaus überprüfte man ebenfalls die konvergente Validität und kam zu befriedigenden Ergebnissen. Es liegen mehrere Untersuchungen vor, die Zusammenhänge zwischen dem AIST und anderen Interessentests aufzeigen. Das bedeutet, dass mit dem AIST ähnliche Dimensionen erfasst werden, die auch in anderen Interessentests erhoben werden. Bei Varianzanalysen fand man heraus, dass der AIST ausreichend gut zwischen verschiedenen Schulformen, unterschiedlichen Berufsgruppen und den Geschlechtern unterscheidet.

Die Normierungsstichprobe bestand aus 4393 Jugendlichen im Alter von 14 bis 20 Jahren, die allgemein- oder berufsbildende höhere Schulen in Österreich besuchten oder sich in einer beruflichen Ausbildung befanden. Die Erhebung der Normierungsstichprobe fand zwischen 1987 und 1990 statt. Für jede der sechs Dimensionen werden Standard-Z-Werte angegeben. Außerdem werden Z-Werte für das Differenziertheitsmaß aufgeführt. Es liegen Vergleichsprofile für die verschiedenen Schulformen in Österreich vor.

UST
Zu den Gütekriterien lässt sich feststellen, dass diese nicht ganz so positiv ausfallen wie beim AIST. Bei der Objektivität gelten die gleichen Bedingungen wie beim AIST, das Verfahren ist also als objektiv anzusehen. Bei den Reliabilitätsuntersuchungen wurde ebenfalls zur Berechung der internen Konsistenz Cronbachs α berechnet. Die erreichten Werte lagen zwischen .77 und .85, was ausreichend ist. Auch wurden Untersuchungen zur Stabilität durchgeführt, hier mit etwas schlechteren Ergebnissen. Allerdings lagen die Übereinstimmungen nach einem Retest-Intervall von zwei Jahren immerhin noch bei 55 bis 79 %.

Mit Hilfe von Varianzanalysen wurde festgestellt, dass der UST gut zwischen verschiedenen Berufen (z.B. Mechaniker und Buchhalter) unterscheidet. Dieses Verfahren kann außerdem die unterschiedlichen Anforderungen der einzelnen Schulformen erfassen.

Durchführung und Auswertung

AIST
Der AIST besteht aus 60 Items, mit denen schulisch-berufliche Tätigkeiten beschrieben werden. Für jede der sechs Skalen existieren 10 Items (Itembeispiel Nr. 57: „etwas mit sprachlichen Mitteln künstlerisch gestalten"). Diese Items sind vom Probanden auf einer fünfstufigen Skala von „sehr wichtig" bis „nicht wichtig" einzuschät-

zen. Der Test kann durchgeführt werden mit Probanden ab 14 Jahren. Nach oben wird keine Altersbegrenzung angegeben, jedoch endet die Normierung bei Probanden über 20 Jahren. Da die anvisierte Zielgruppe aber bei Jugendlichen und Schülern zu suchen ist, stellt dies keine besondere Problematik dar. Die Durchführung des Tests ist als einfach einzustufen. Es gibt eine standardisierte Instruktion; die Durchführungsdauer ist zeitlich nicht begrenzt. Gewöhnlich kann der Test innerhalb von 15 Minuten bearbeitet werden. Die Auswertung erfolgt mittels Schablonen. Aus dem Ergebnis kann ein Profil der sechs Orientierungen erstellt werden.

UST
Im Testaufbau unterscheidet sich der UST nur wenig vom AIST. Er kann ebenfalls von Schülern oder Berufsanfängern ausgefüllt werden. Hier werden die gleichen 60 Items wie im AIST danach beurteilt, inwieweit die erwähnten Tätigkeiten in einer spezifischen schulischen oder beruflichen Umwelt wichtig sind. Man kann für den Test also jede erdenkliche Berufs- oder Ausbildungssituation wählen. Für Tätigkeiten, die man in der Regel erst nach Abschluss einer Ausbildung ausüben kann (z.B. Beaufsichtigen), soll von den Teilnehmern angegeben werden, wie sehr man sich während der Ausbildung darauf vorbereiten kann. Auch hier wird auf einer fünfstufigen Skala eingeschätzt und zwar von einem Punkt („nicht wichtig") bis zu fünf Punkten („sehr wichtig"). Der UST ist also in unterschiedlichen Anwendungssituationen einsetzbar. Es ist zum Beispiel auch möglich, mit Hilfe dieses Verfahrens das spezifische Wissen von Schülern oder auch Studenten über bestimmte Berufe und Ausbildungen zu erfassen. Außerdem kann das Antwortprofil Aufschluss über vermutete Anforderungen in dem jeweiligen Berufsfeld oder Schultyp geben. Der Auswertungsmodus ist identisch mit dem AIST. Auch hier ist es möglich, ein Profil zu erstellen und einem spezifischen Umwelttyp zuzuordnen. Das entstandene Profil wird mit Berufs- und Schulprofilen verglichen. Sollten AIST und UST gemeinsam durchgeführt werden, kann dadurch die „Kongruenz" zwischen Person- und Umwelttyp festgestellt werden. Dies ist aufschlussreich bei der Fragestellung, ob ein Schüler oder Student überhaupt die richtige Ausbildungsrichtung gewählt hat.

Bewertung

AIST
Der AIST hat verschiedene Vorformen durchlaufen, bis er in der vorliegenden Form auf den Markt kam. Das bedeutet in diesem Fall auch, dass verschiedene der oben genannten Ergebnisse sich nicht auf die Endform beziehen, sondern auf eine der Vorformen. Diese Tatsache ist als problematisch einzuschätzen bei der Verwendung des AIST. Zum Beispiel liegen bis heute keine Untersuchungen zur Stabilität der Endform vor. Die genannten Stabilitätswerte stammen aus Untersuchungen zum Person-Umwelt-Struktur-Test 1987 (PUST 87) und 1989 (PUST 89). Man kann zwar davon ausgehen, dass eine erneute Stabilitätsprüfung ähnliche Ergebnisse erzielen wird wie die oben genannten, aber dies ist eben keine gesicherte Erkenntnis. Ein ähnliches Problem wirft die Normierungsstichprobe auf. Auch hier ist es so, dass die Normierung an unterschiedlichen Vorformen vorgenommen wurde. Außerdem existiert keine neue Normierung für die Computerversion. Es gibt allerdings auch positiv zu

vermerkende Aspekte. Dazu gehört zum einen, dass das hexagonale Modell nach Holland unter Berufsberatern sehr weit verbreitet und auch für Laien gut nachvollziehbar ist. Im angloamerikanischen Raum ist dieses Modell seit Jahrzehnten bekannt und hat sich in der Praxis etabliert. Doch auch hier fehlt eine ausreichende empirische Fundierung. Das Verfahren selbst ist sehr ökonomisch, da es in der Papier-Bleistift-Version relativ kostengünstig und wenig zeitaufwendig durchführbar ist. Man kann davon ausgehen, dass mit dem AIST eine Interessen- bzw. Persönlichkeitsstruktur erfasst werden kann. Aus diesen Gründen ist es auch in mehreren Bereichen einsetzbar: Hauptbereich ist natürlich die Schullaufbahnberatung, aber auch in der Berufsberatung und in psychologischen Beratungsstellen kann dieses Verfahren zum Einsatz kommen. Ein weiterer Positivaspekt liegt in der Tatsache, dass das Verfahren an einer relativ großen Stichprobe erprobt wurde, auch wenn es sich dabei zum Teil um etwas unterschiedliche Verfahren handelte (s.o.). Die Gütekriterien der Klassischen Testtheorie wurden fast durchgängig zufriedenstellend bis gut erfüllt. Insgesamt kann man also feststellen, dass der AIST in seinem Bereich ein gut anwendbares Verfahren darstellt.

UST

Der UST bietet ähnliche Vorteile wie der AIST, also leichte Anwendbarkeit, gute Verständlichkeit und eine ökonomische Durchführung. Auf der anderen Seite hat er aber auch ein paar negative Seiten. Ein Problem stellen zum Beispiel die Berufsgruppen dar, an denen er validiert wurde. Diese fallen nämlich zum Teil sehr klein (z.B. n = 13) aus, so dass die Berufsgruppenprofile mit Vorsicht zu genießen sind. Hier besteht also noch Bedarf nach empirischer Absicherung. Insgesamt sind die Validitätsuntersuchungen im Vergleich zum AIST etwas vernachlässigt worden. Auch bei der Auswertung stößt man auf leichte Schwierigkeiten. Um Unterschiede zwischen den Testergebnissen und den tatsächlichen Anforderungen in der gewählten Umwelt zu erkennen und zu interpretieren, sind nämlich Experten notwendig. Wird er also von erfahrenen Berufs- und Schullaufbahnberatern durchgeführt, sind seine Ergebnisse durchaus gut interpretierbar.

6.2 Berufs-Interessen-Test (B-I-T II)

Carolin Atzbach

Der B-I-T II (Irle & Allehoff, 1984) ist die überarbeitete zweite Version des Berufs-Interessen-Tests (Irle, 1955). Der Test richtet sich vor allem an Schüler im letzten Schuljahr, die vor der ersten Berufsentscheidung stehen. Die Schüler sollen ihr Interesse für neun verschiedene Berufsrichtungen anhand von konkreten Tätigkeiten einschätzen. Der Test hat zwei Versionen. Die eine akzentuiert die Unterschiede zwischen Personen (Person A hat ein größeres Interesse an naturwissenschaftlichen Berufen als Person B), die andere betont für jede Person die Präferenzunterschiede zwischen den Berufsrichtungen (Person A interessiert sich mehr für naturwissenschaftliche als für landwirtschaftliche Berufe).

Konzeption

Der B-I-T II möchte berufsbezogene Interessen erfassen. In der Vergangenheit erhob man dazu oft das Wissen der Probanden über verschiedene Berufsbereiche. Das beruht auf der Annahme, dass Interesse zu Beschäftigung mit dem Berufsbereich und das wiederum zu Wissen führt. Eine andere Methode war das Erfragen von Präferenzen („Ich würde gern ein Buch über Gartenbau lesen"). Beide Methoden sind allerdings störanfällig, da Wissen auch ohne Interesse gewonnen werden kann (etwa über den Beruf eines Elternteils) und die Neugier auf ein Buch nicht mit der Freude an einem Beruf gleichzusetzen ist. Daher haben die Autoren bewusst von beiden Methoden Abstand genommen und erfragen direkt, wie gern oder ungern man bestimmte Tätigkeiten ausführen möchte. Eine einheitliche theoretische Konzeption von Interessen gibt es nicht, eine von Berufsinteressen erst recht nicht. Irle und Allehoff (1984) argumentieren aber, dass ihre Itemformulierung mit einer Konzeption des Berufsinteresses als Einstellung genauso wie als Motiv vereinbar und daher über theoretische Unklarheiten erhaben ist.

Der B-I-T II kann zu Selektionszwecken eingesetzt werden, etwa in der Personalauswahl, wenn festgestellt werden soll, ob ein Bewerber überhaupt Interesse an der Berufsrichtung hat, für die er sich bewirbt. Eigentlich ist der Test aber ein Klassifikationsverfahren, das z.B. in der Berufsberatung für jeden Probanden einen Bereich empfiehlt.

Der B-I-T II ist in zwei Versionen durchführbar: Die Version B führt 81 Tätigkeiten auf, wobei der Proband zu jeder Tätigkeit auf einer Skala von 1 bis 5 einschätzen muss, wie gerne er diese ausführen würde, sog. *Free-Choice-Prinzip*. Die Version A dagegen beruht auf einem sog. *Forced-Choice-Prinzip*: Der Proband vergibt in Vierergruppen von Tätigkeiten jeweils einen Pluspunkt an die Aufgabe, die er von den vieren am liebsten tun würde, und einen Minuspunkt an die, die er am wenigsten gern tun würde.

In der Version B kann ein vielseitig interessierter Proband alle Tätigkeiten hoch bewerten, ein wenig interessierter dagegen alle niedrig. In der Version A müssen beide gleich viele Plus- und Minuspunkte vergeben. Hier werden also die Unterschiede *zwischen den Probanden* eliminiert, dafür werden für jeden einzelnen Probanden die Unterschiede im Interesse *zwischen den verschiedenen Richtungen* akzentuiert.

Gütekriterien und empirische Fundierung

Das Testhandbuch berichtet unter der Überschrift „Gütekriterien" sehr wenig. Es enthält zwei Tabellen mit Kennwerten über die Zusammenhänge der Bewertung der neun Berufsgruppen (Korrelationen), die alle im erwarteten Rahmen liegen. In einem weiteren Abschnitt wird über Faktorenanalysen berichtet, mit deren Hilfe es gelang, für Männer und Frauen jeweils zwei Gruppen von Berufsrichtungen zu finden, die ähnlich bewertet werden. Diese ähnliche Bewertung ist über mehrere Messungen konstant. Irle und Allehoff werten das als einen Beleg der Validität des Verfahrens. Allerdings verweisen sie darauf, dass sie keiner bestimmten Theorie der Interessen anhängen. Also können die gefundenen zwei Gruppen auch kein Beleg irgendeiner Theorie im Sinne der Konstruktvalidität sein.

Zum Thema Objektivität findet sich im Handbuch nur der Hinweis, dass die „Testdurchführung und -auswertung nur insoweit objektiv ist, als Untersuchungsleiter und/oder Auswerter formal keinen Spielraum für Variationen erhalten" (Handbuch S. 24). Insgesamt erscheint die Objektivität befriedigend: Die Anleitung zum Ausfüllen des Testbogens ist auf dem Testheft abgedruckt und soll ggf. zusätzlich vorgelesen werden. Das stellt sicher, dass alle Teilnehmer dieselbe Erklärung erhalten. Das Ausfüllen der Forced-Choice-Version ist allerdings ziemlich kompliziert, so dass hier während der Durchführung darauf geachtet werden sollte, ob alle Teilnehmer die Regeln verstanden haben und beachten. Die Durchführungsobjektivität kann dennoch als gegeben angesehen werden.

Zur Auswertung muss man die vergebenen Punktwerte für alle Tätigkeiten eines Berufsbereiches addieren. Dazu werden Schablonen mitgeliefert. Wenn man diese auf den Testbogen legt, erscheinen unter den Löchern die neun Tätigkeiten einer Berufsrichtung. Damit wird halbwegs ausgeschlossen, dass Tätigkeiten dem falschen Bereich zugeschlagen werden. Die erforderlichen Rechnungen sind lediglich Additionen, so dass auch hier nicht mit vermehrten Fehlern zu rechnen ist. Insgesamt ist also auch die Auswertungsobjektivität gegeben.

Die Interpretationsobjektivität ist ebenfalls gewährleistet: Auf der Rückseite des Testbogens befinden sich Normwerte, und im Testheft sind Faustregeln angegeben, welche Werte als sehr großes bzw. großes Interesse und starke bzw. sehr starke Abneigung zu interpretieren sind.

Für Reliabilität und Validität wird auf die Literatur verwiesen. Dabei handelt es sich um eine Studie einer der Autoren (Allehoff, 1985). Der B-I-T II wird hier aber auch nicht mit einem anderen Maß für Berufsinteressen verglichen, womit festzustellen wäre, ob er wirklich so etwas wie Berufsinteressen misst (Validität). Stattdessen wird er schon als ein solches Maß verwendet und in ein komplexes Modell der Berufswahl und der sie beeinflussenden Faktoren eingebaut.

Allerdings liefert die Studie Kennwerte für die Paralleltestreliabilität. Wie oben erwähnt, kann der B-I-T II als Free-Choice- oder Forced-Choice-Verfahren durchgeführt werden. Für jede dieser beiden Methoden gibt es zwei Fragebögen, die dieselben neun Berufsgruppen abfragen, dazu aber unterschiedliche Tätigkeiten verwenden (sog. Parallelversionen). Die Paralleltestreliabilitäten der Skalen liegen in der Forced-Choice-Version zwischen .71 und .89, für die Free-Choice-Version zwischen .61 und .75. Erstere ist damit für Einzeltests geeignet, letztere sollte evtl. nur noch für Gruppen eingesetzt werden (etwa um die Interessen von Männern und Frauen zu vergleichen o.Ä.).

Außerdem wurde im Rahmen der Studie nach einem halben Jahr eine zweite Befragung durchgeführt, so dass man auch die Retestreliabilität bestimmen kann. Diese wurde allerdings nicht mehr nach den beiden Testversionen aufgetrennt, sondern nach Schülern, die bei dieser zweiten Befragung ihren Wunschberuf ausübten und solchen, die einen anderen Beruf ergriffen hatten. Die Reliabilitatswerte liegen für erstere zwischen .34 und .69, für letztere zwischen .32 und .54. Die Retestreliablität liegt also deutlich niedriger als die Paralleltestreliabilität, was darauf hinweist, dass die Interessenstrukturen jedenfalls bei 15-Jährigen noch nicht stabil sind.

Durchführung und Auswertung

Wie oben bereits erwähnt, gibt es für jede der beiden Methodenvarianten zwei Paralleltests, die die gleichen Berufsbereiche mit unterschiedlichen Tätigkeiten abbilden. Daher liegen dem Testheft vier Arten von Fragebögen bei:
AA: Forced-Choice-Prinzip mit den 81 Tätigkeiten der Gruppe A
AB: Forced-Choice-Prinzip mit den 81 Tätigkeiten der Gruppe B
BA: Free-Choice-Prinzip mit den 81 Tätigkeiten der Gruppe A
BB: Free-Choice-Prinzip mit den 81 Tätigkeiten der Gruppe B
Jeder dieser Fragebögen ist als vierseitiges Heft gestaltet. Auf der ersten Seite befindet sich die Instruktion, auf der Doppelseite in der Mitte ist der Test, auf der letzten Seite befinden sich Normtabellen für alle neun Berufsbereiche, getrennt für Frauen und Männer. Jeder Bereich wird durch neun Tätigkeiten abgefragt.
Die neun gemessenen Berufsbereiche sind:
- Technisches Handwerk
- Gestaltendes Handwerk
- Technische und Naturwissenschaftliche Berufe
- Ernährungs-Handwerk
- Land- und Forstwirtschaftliche Berufe
- Kaufmännische Berufe
- Verwaltende Berufe
- Literarische und Geisteswissenschaftliche Berufe
- Sozialpflege und Erziehung

Der B-I-T II kann einzeln oder in Gruppen durchgeführt werden. Das Testheft legt die Bearbeitungszeit vage auf 20 bis 80 Minuten für die Version A und etwa die Hälfte für die Version B fest. Die Testhefte enthalten auf der ersten Seite eine Instruktion, die zusätzlich vorgelesen werden kann. Während der Bearbeitung sollten der Testleiter und seine Mitarbeiter durch den Raum gehen und kontrollieren, ob sich alle Probanden an die Anweisungen halten. Vor allem bei der Version A ist die

Instrumente zur Messung von Interessen 313

Durchführung nicht so leicht zu durchschauen, daher ist eine Kontrolle hier besonders wichtig.

Der Fragebogen der Version B enthält 81 Tätigkeiten, die auf einer Skala von 1 bis 5 dahingehend eingeschätzt werden sollen, wie gern man sie ausüben würde. Dabei bedeutet 5 sehr gern, 4 gern, 3 weder gern noch ungern, 2 ungern und 1 sehr ungern (vgl. Abbildung 6-2).

| 32. Wildtiere für zoologische Gärten einfangen | 5 | 4 | 3 | 2 | 1 |

Abbildung 6-2: Free-Choice Item

Das Ausfüllen des Bogens in der Version A ist etwas komplizierter. Der Testbogen sieht aus wie der Stadtplan von Manhattan: rechteckige Kästchen (Häuserblocks), in denen jeweils eine Tätigkeit steht, und dazwischen „Straßen" (vgl. Abbildung 6-3).

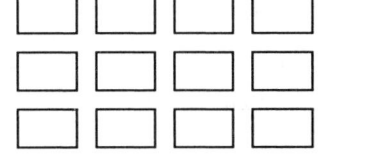

Abbildung 6-3: Anordnung der Tätigkeiten

Der Proband soll diese Straßen von links nach rechts abfahren. Dabei stößt er immer wieder auf „Kreuzungen", an denen vier Kästchen mit Tätigkeiten zusammentreffen (vgl. Abbildung 6-4).

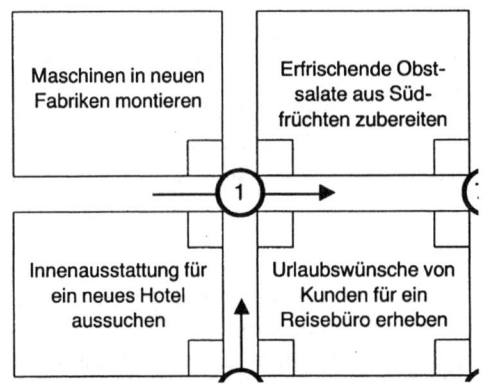

Abbildung 6-4: An einer Kreuzung treffen vier Tätigkeiten zusammen

An jeder Kreuzung muss der Proband zwischen den vier angrenzenden Tätigkeiten entscheiden. Eine von den vier möchte er am liebsten ausführen – auch wenn er vielleicht alle vier eher nicht mag – sie wird mit einem Plus gekennzeichnet. Eine der vier möchte er am wenigsten gerne ausführen – auch wenn er vielleicht alle interessant findet – sie wird mit einem Minus gekennzeichnet (vgl. Abbildung 6-5).

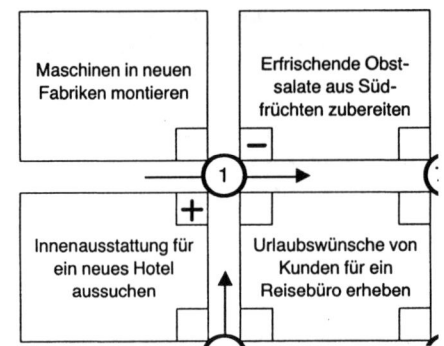

Abbildung 6-5: Bewertung der Tätigkeiten

Um zu vermeiden, dass an der nächsten Kreuzung zwei der vier Tätigkeiten dieselben sind wie eben (vgl. Abbildung 6-6), wird jeweils nur die übernächste Kreuzung bearbeitet. Die ausgelassenen Kreuzungen werden bewertet, wenn der Stadtplan ein zweites Mal durchfahren wird, diesmal von oben nach unten. Das ist im Testheft durch Pfeile und Nummern an den Kreuzungen markiert.

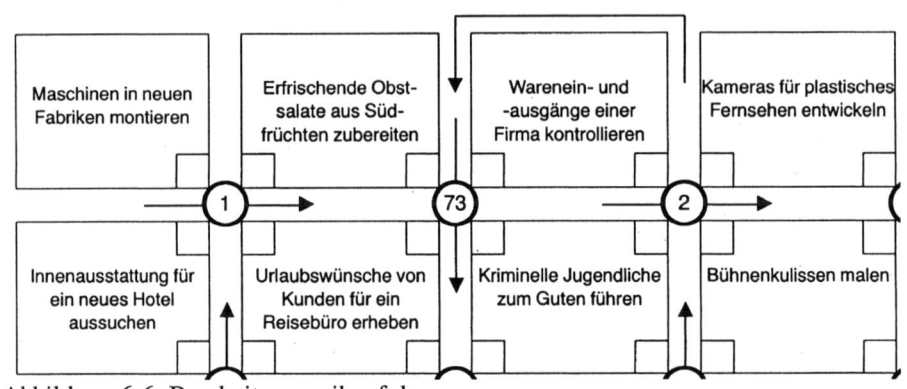

Abbildung 6-6: Bearbeitungsreihenfolge

Die Auswertung ist dagegen einfach. In der Version B werden für jede Berufsgruppe die Einschätzungen aller Tätigkeiten zusammengezählt. Hat ein Teilnehmer beispielsweise jede Tätigkeit einer Berufsgruppe mit 3 bewertet, so erhält er auf dieser Skala 9 x 3 = 27 Punkte. Auf diese Weise werden neun Skalenwerte errechnet, die dann mit den Normwerten auf der letzten Seite des Fragebogens verglichen werden können.

In der Version A betrachtet man die neun Tätigkeiten einer Skala ebenfalls zusammen und zählt, wie viele Plus- und Minuspunkte sie erhalten haben. Da jede Tätigkeit in 4 Vergleiche eingeht, kann eine Skala maximal 9 x 4 = 36 Pluspunkte, minimal 9 x 4 = 36 Minuspunkte erreichen. Diese Werte können dann wieder mit Normwerten verglichen werden.

Auf der Rückseite der Fragebögen sind jeweils getrennte Normen für männliche und weibliche Probanden angegeben. Man sucht den erreichten Punktwert in einer Tabelle auf und kann dann am Rand den Prozentrangwert ablesen. Die Normwerte beziehen sich auf eine Befragung von 4400 Schülern der Abschlussklassen von Haupt-, Real-, Gesamtschulen und Gymnasien in ganz Deutschland. Die Autoren weisen darauf hin, dass es gerade in der Personalauswahl sinnvoll sein könnte, alle Bewerber auf derselben Normskala einzuschätzen. Werden beispielsweise Krankenschwestern gesucht, also ein klassischer Frauenberuf, dann ist es nicht von Interesse, ob ein männlicher Bewerber „für einen Mann ein hohes Interesse an diesem Beruf bekundet", sondern wie hoch dieses Interesse im Vergleich zu seinen Mitbewerberinnen ausgeprägt ist.

Bewertung

Eine große Stärke des Verfahrens ist sicherlich in der Forced-Choice-Methode zu sehen. Die Befragten werden gezwungen, Prioritäten zu setzen, eine Antwort nach dem Muster „ich finde das alles ganz interessant" ist ausgeschlossen. Leider ist die Gestaltung dabei ziemlich kompliziert, Verständnisfehler beim Ausfüllen sind sehr wahrscheinlich.

Grundsätzlich ist es auch als ein Vorteil anzusehen, dass hier konkrete Tätigkeiten abgefragt werden, da sie besser vorstellbar sind als abstrakte Interessen. Leider sind die Tätigkeiten seit der ersten Version 1955 nur „zum größeren Teil neu formuliert" (Handbuch, S. 8) worden, die Berufsgruppen sind dieselben geblieben. Das führt dazu, dass z.B. Computer nur in einer von 162 Tätigkeiten auftauchen, nämlich in *elektronische Großrechner weiterentwickeln* (technische und naturwissenschaftliche Berufe). Angesichts der vielbeschworenen rasanten Entwicklung neuer Berufe darf die Zusammenstellung der Tätigkeiten daher sicherlich als veraltet bezeichnet werden.

Der B-I-T II sollte nach Empfehlung der Autoren nur als ein Bestandteil in einer größeren Gruppe von Tests durchgeführt werden. Insgesamt erscheint sein Einsatz vor allem sinnvoll, wenn es um das Setzen von Prioritäten in einem Beratungskontext geht. Für die Personalauswahl mag ein Interessentest ergänzend nützlich sein, kann aber sicherlich allein keine umfassenden Informationen über Bewerber liefern.

Die Gütekriterien sind insgesamt eher schlecht einzuschätzen. Die Objektivität muss man sich aus den Materialien erschließen, Untersuchungen gibt es keine. Auch zur Reliabilität fehlen im Testheft jegliche Angaben. Allerdings sind die berichteten Werte bei Allehoff dann relativ gut. Zum Thema Validität werden nur die o.g. Faktorenanalysen berichtet. Ein Vergleich mit anderen Tests oder Außenkriterien liegt nicht vor. Der B-I-T II ist an einer großen Stichprobe normiert und daher für den Einsatz mit Berufsanfängern sicherlich geeignet. Bei der Nutzung in der Personalauswahl wird man aber sicherlich nicht umhin kommen, sich für die jeweils zu besetzende Stelle eigene Vergleichswerte zu beschaffen.

6.3 Differentieller Interessen-Test (DIT)

Oliver Wältermann

Der Differentielle Interessen-Test (DIT) von Todt (1967) erfasst verschiedene Interessenrichtungen. Dabei werden neben beruflichen auch Freizeitinteressen berücksichtigt. Er ist vor allem in der Berufs-, Laufbahn-, Schul- und Erziehungsberatung einsetzbar.

Konzeption

Grundkonzept und Ziel des Verfahrens
In vielen Bereichen sind „Interessen" wichtige Variablen. Neben der psychologischen Praxis finden sie auch in Theorien der Motivations- und der Persönlichkeitspsychologie große Beachtung, denn Menschen werden bei ihrer Berufswahl, beim Treffen bestimmter Entscheidungen und bei der Wahl und Ausübung bestimmter Hobbys durch Interessen beeinflusst. Sie moderieren dabei auch die Arbeits- und Lebenszufriedenheit (vgl. Schmidt, 1977).

Im Gegensatz zu amerikanischen Interessentests ist der DIT dem humanistischen Bildungskonzept zuzurechnen. Er gibt daher in seiner Definition von Interessen eine breite Auslegung vor und erfasst nicht nur berufsbezogene, sondern auch Freizeitinteressen. Durch diese weitläufige Erfassung von Interessen soll die Beratung in Berufs-, Schul- und Erziehungsfragen unterstützt werden. Des Weiteren empfiehlt Todt (1967), diesen Test im Rahmen wissenschaftlicher Untersuchungen zu verwenden. Langosch und Stiels (1980) weisen noch auf den sinnvollen Einsatz des DIT bei Beratungen und Entscheidungsfindungen bzgl. einer beruflichen Neu- oder Umorientierung, z.B. im Rahmen einer beruflichen Rehabilitation, hin.

Allerdings eignet sich der DIT nicht für die Personalauswahl. Wie Todt (1967, 1978) zeigte, ändert sich das Antwortverhalten von Probanden in solchen Situationen erheblich, so dass die Testergebnisse deutlich verzerrt und damit unbrauchbar sind.

Aufbau des Verfahrens
Der DIT kann als Langform und Kurzform durchgeführt werden. Unabhängig davon, welche Form durchgeführt wird, liegen die gleichen 11 Interessenrichtungen (s. Tabelle 6-2) zugrunde. Diese Interessenrichtungen beziehen sich jeweils auf vier sogenannte „Materialarten" (Tätigkeiten, Berufe, Bücher und Zeitschriften; siehe auch Tabelle 6-1). Die Kurzform berücksichtigt nur den Materialbereich „Tätigkeiten".

Tabelle 6-1: Itembeispiele für „Materialarten"

Materialart	Itembeispiel
Tätigkeiten	Fremdsprachen erlernen
Berufe	Kirchenmusiker
Bücher	Glaser: Die Graphik der Neuzeit
Zeitschriften	Der Diplomat: Fachzeitschrift für Innen- und Außenpolitik

Tabelle 6-2: Die 11 Interessenrichtungen des DIT

	Interessenbereich	*beispielhafte* Tätigkeitsbezeichnungen
SE	Sozialpflege und Erziehung	Zeltlager für Jugendliche errichten; einen „Erste-Hilfe-Kurs" mitmachen; eine Jugendgruppe führen
PW	Politik und Wirtschaft	Einen Artikel über die Ziele der Sozialfürsorge schreiben; die Grundrechte des Menschen diskutieren; an Kalkulationen für einen größeren Betrieb mitarbeiten
VW	Verwaltung und Wirtschaft	Anträge auf Steuerermäßigung bearbeiten; Arbeiten in einem Büro anleiten und beaufsichtigen; eine Kartei über Lagerbestände anlegen und führen
UN	Unterhaltung	An Partys teilnehmen; Unterhaltungsromane lesen; ins Kino gehen
TN	Technik und exakte Naturwissenschaften	In dem Konstruktionsbüro einer Autofabrik mitarbeiten; die Entstehung von Meeresströmungen erforschen; Maschinen für einen neuen Arbeitsgang einstellen
BI	Biologie	Einen Förster bei seinen Reviergängen begleiten; die Orientierung von Tieren untersuchen; Bäume beschneiden
MA	Mathematik	Mit allgemeinen Zahlen rechnen (Algebra); vereinfachende Verfahren für das Rechnen (Rechenvorteile) suchen; Kameraden bei der Lösung von Rechenaufgaben helfen
MU	Musik	Klassische Musik (Beethoven, Mozart u.a.) hören; ein Musikinstrument spielen; Opern besuchen
KU	Kunst	Karikaturen zeichnen; Rahmen für Bilder aussuchen; Bücher illustrieren
LS	Literatur und Sprache	Deutsche Grammatik treiben; Vorträge über Schriftsteller und deren Werk anhören; Fremdsprachen erlernen
SR	Sport	An sportlichen Wettkämpfen teilnehmen; Fußball spielen; Leichtathletik treiben

Der Fragebogen erfasst also Berufs- und Freizeitinteressen (verstanden als Verhaltens- oder Handlungstendenzen verschiedener inhaltlicher Ausrichtung) anhand der Bevorzugung bestimmter, jeweils interessenbezogener Tätigkeiten, Berufe, Buchtitel und Zeitschriften. Das erfolgt über insgesamt 390 Items. Dabei beinhaltet der Materialbereich „Tätigkeiten" 132, „Berufe" 60, „Bücher" 132 und „Zeitschriften" 66 Items. Die Items werden auf einer fünfstufigen Likert-Skala bewertet. Die Probandin bzw. der Proband gibt also an, wie gern sie (er) eine Tätigkeit ausführen, einen Beruf ergreifen, ein bestimmtes Buch lesen oder eine Zeitschrift regelmäßig beziehen würde (s. Tabelle 6-3).

Tabelle 6-3: Likert-Skalen für die vier Materialbereiche

	Tätigkeiten, Berufe und Bücher	Zeitschriften
5	sehr gern	höchstwahrscheinlich
4	gern	wahrscheinlich
3	weder gern noch ungern	unentschieden
2	ungern	wahrscheinlich nicht
1	sehr ungern	höchstwahrscheinlich nicht

Jeder Materialbereich erfasst *alle* 11 Interessenrichtungen. Jede *innerhalb* einer Materialart gemessene Interessenrichtung wird von Todt (1967) als „Materialskala" bezeichnet (insgesamt also 4 Materialarten x 11 Interessenrichtungen = 44 Materialskalen). Die Materialskalen, die jeweils denselben Interessenbereich erfassen, ergeben zusammen die sog. „Gesamtskala" (für *jede* Interessenrichtung folglich *eine* Gesamtskala, also insgesamt 11 Gesamtskalen).

Gütekriterien und empirische Fundierung

Reliabilität
Die Reliabilität des DIT wurde zum einen an einer Stichprobe von 260 Unterprimanern nach der Testhalbierungsmethode, zum anderen an 116 Fachschülern nach der Testwiederholungsmethode bestimmt. Die Testhalbierungsmethode lieferte Reliabilitätskoeffizienten zwischen r = .91 und r = .98 (für die Kurzversion zwischen r = .82 und r = .96). Die Testwiederholungsmethode lieferte Werte zwischen r = .79 und r = .94 (für die Kurzversion r = .75 bis r = .89). Insgesamt kann die Zuverlässigkeit des DIT also als sehr zufriedenstellend angesehen werden.

Gösslbauer und Keller (1977) führten eine Reanalyse mit 158 Psychologiestudenten (89 weiblich, 69 männlich) im Alter von 18 bis 40 Jahren durch. Sie bestätigten die hohe Reliabilität der Gesamtskalen. Allerdings erhielten sie abweichende Ergebnisse bei einigen Materialskalen. Aufgrund der insgesamt höheren Reliabilität empfehlen sie bei ähnlichen Probanden als Kurzversion den Materialbereich „Bücher", statt, wie von Todt (1967) vorgeschlagen, den Bereich „Tätigkeiten".

Darüber hinaus ermittelten sie die α-Koeffizienten nach Cronbach. Hier zeigten sich durchweg hohe bis sehr hohe Werte. Insgesamt sprechen dabei die geringen Unterschiede der α-Koeffizienten und der Testhalbierungs-Koeffizienten für eine relativ hohe Homogenität (interne Konsistenz) der DIT-Skalen.

Validität
Die Konstruktvalidität des DIT wurde mittels faktorenanalytischer Untersuchungen bestimmt. Diese erfolgten anhand von DIT-Daten, die an 150 Realschülern, Gymnasiasten und Wirtschaftsgymnasiasten erhoben wurden. Faktorenanalysen und Interkorrelationen der Materialskalen ergaben 11 voneinander weitgehend unabhängige

Interessenbereiche, wobei allerdings zwischen „Technik und exakte Naturwissenschaften" (TN) und „Mathematik" (MA) sowie „Politik und Wirtschaft" (PW) und „Verwaltung und Wirtschaft" (VW) recht hohe Korrelationen bestehen. Drei nachfolgende Untersuchungen mit 260 Unterprimanern, 116 Fachschülern und 133 Realschülern, Gymnasiasten und Wirtschaftsgymnasiasten bestätigten diese Ergebnisse.

Gösslbauer und Keller (1977) bestätigten in ihrer Reanalyse weitgehend die Faktorenstruktur. Allerdings schlagen sie aufgrund ihrer Korrelationsanalysen eine Zusammenlegung der Skalen TN und MA, sowie PW und VW zu insgesamt neun Interessenbereichen vor.

Schmidt (1977) führte eine Analyse der Kurzversion mit 545 Gymnasiasten durch. Auch er bestätigte die Faktorenstruktur. Nur der Bereich „Literatur und Sprache" ergab zwei einzelne Faktoren.

Insgesamt kann aber die Faktorenstruktur des DIT als gesichert und damit stabil angesehen werden. Weitere bedeutsame Validierungen liegen nicht vor. Insbesondere fehlt es an Untersuchungen zur prognostischen Validität des DIT.

Objektivität

Bei sachgemäßer Durchführung des DIT hat der Testleiter keine Möglichkeit der Einflussnahme, da der Proband die Instruktionen in schriftlicher Form erhält. Ebenso hat der Testleiter wenig Möglichkeit, die Auswertung zu beeinflussen, da diese durch Auflegen von Schablonen vorgegeben ist. Allerdings sind hier Fehler des Testleiters nicht auszuschließen (siehe unten). Spielraum zur Einflussnahme gibt es aber bei der Interpretation der Ergebnisse. Hält sich der Testleiter dabei jedoch an Normwerte, wird auch hier die Einflussnahme begrenzt. Dieses Vorgehen ist beim DIT aber problematisch (siehe unten). Insgesamt kann der DIT dennoch als weitgehend objektives Verfahren angesehen werden.

Durchführung und Auswertung

Der DIT ist für die Durchführung mit männlichen Realschülern, Gymnasiasten und Wirtschaftsgymnasiasten im Alter von 15 bis 20 Jahren vorgesehen. Allerdings zeigen Untersuchungen auch die Anwendbarkeit für gleichaltrige weibliche Testpersonen (Schmidt, 1977) und für Studentinnen und Studenten im Alter von 18 bis 40 Jahren (Gösslbauer & Keller, 1977). Weitere erfolgreiche Anwendungen des DIT zeigen z.B. Gries (1974). Es kann also davon ausgegangen werden, dass der DIT grundsätzlich (aber mit Einschränkungen, siehe unten) auch bei Probanden eingesetzt werden kann, die nicht zur eigentlichen Zielgruppe des Verfahrens gehören.

Der DIT umfasst neben der Handanweisung, dem Testheft mit den Instruktionen für die Testperson und den jeweils zu bewertenden Materialien (Tätigkeiten, Büchern etc.) sowie dem Antwortbogen, in welchem die Testperson ihre Antworten einträgt, Auswertungsschablonen und Auswertungsbögen. Er kann als Einzel- und Gruppentestung durchgeführt werden. Für die Bearbeitung sind keine festen Zeitbeschränkungen vorgegeben. Insgesamt kann mit einer durchschnittlichen Bearbeitungszeit von 30 bis 45 Minuten für die Langform bzw. ca. 15 Minuten für die Kurzform gerechnet werden.

Die Auswertung erfolgt mittels mehrerer Schablonen, die auf den Antwortbogen gelegt werden. Für jede Interessenrichtung pro Materialart können so die vom Probanden eingetragenen Einzelratings (1 bis 5) abgelesen und aufaddiert werden, was dem Testleiter allerdings einiges an Sorgfalt und Konzentration abverlangt. So erhält der Testleiter zu jedem *Materialbereich* einen Zahlenwert je Interessengebiet. Damit kann dann ein *Gesamtwert* je Interessengebiet errechnet werden.

Normierung
Die Normierung ermöglicht den Vergleich des Probanden mit den Werten einer Bezugsgruppe. Der DIT wurde an 224 Schülerinnen und 770 Schülern der Schulformen Realschule, Gymnasium und Wirtschaftsgymnasium im Alter von 15 bis 20 Jahren normiert. Es liegen jedoch nur für männliche Probanden diesen Alters und der oben genannten Schularten Normwerte in Form von Standardwerten und Prozenträngen vor. Für Wirtschaftsgymnasiasten werden darüber hinaus noch eigene Normwerte genannt. Allerdings erfolgte die Normierung im Jahre 1967. Insofern sollten diese Normdaten nicht mehr herangezogen werden.

Ergebnisinterpretation
Es wird empfohlen, sich bei einem Einsatz des Verfahrens in der Einzelfalldiagnostik auf eine eher (intra-)individuell-qualitative Interpretation zu beschränken, d.h. sich anzusehen, in welchen Interessenrichtungen beim Probanden bzw. bei der Probandin besonders hohe und besonders niedrige Ausprägungen auf den entsprechenden Skalen vorliegen. Natürlich führt dies zu Einschränkungen der Aussagekraft des Tests und verringert die Interpretationsobjektivität. Sollen Interpretationen erfolgen, die unter den eben genannten Prämissen nicht möglich sind, so wird dringend empfohlen, eine eigene Kurzform zu entwickeln und diese zu normieren (siehe unten).

Bewertung

Der DIT eignet sich für die differenzierte und sichere Erfassung von verschiedenen Interessen. Er ist vielfach erfolgreich erprobt und hat sich bewährt. Der Test liefert auch in einer Kurzform sehr gute Ergebnisse. Allerdings kann er nicht zur Auswahl von Probanden verwendet werden. Eine Anwendung ist daher eher in der Berufs- und Laufbahnberatung sowie bei beruflicher Neu- oder Umorientierung zu sehen. Ebenfalls kann dieses Verfahren eingesetzt werden, um z.B. Entscheidungen bzgl. der Verwendung von Probanden (z.B. im Rahmen einer Ausbildung, der Personalentwicklung etc.) zu unterstützen und abzusichern. So können z.B. Auszubildende, die verschiedene Stationen während ihrer Ausbildung durchlaufen sollen, gezielter gemäß ihren Interessen eingesetzt und gefördert werden. Gleiches gilt sinngemäß natürlich auch für die Personalentwicklung.

Der DIT ist zwar bei Probanden, die nicht zur eigentlichen Zielgruppe des Verfahrens gehören, zu verwenden und liefert hier auch insgesamt durchaus brauchbare Ergebnisse. Doch weisen Gösslbauer und Keller (1977) bei Reanalysen mit einer anderen Probandenstruktur als der von Todt (1967) auf leichte Inkonsistenzen in Bezug auf die Materialskalen hin. Auch eine populationsabhängige Veränderung der Anzahl der Interessenrichtungen ist zu vermuten (Schmidt, 1977; Gösslbauer & Keller, 1977). Soll der DIT also in größerem Umfang standardmäßig eingesetzt werden, empfiehlt sich die Entwicklung einer eigenen Version (d.h. Reanalyse des DIT) anhand einer Personengruppe, deren Probanden den später zu testenden Personen entsprechen (z.B. Trainees, Auszubildende etc.). Zur Erstellung einer zeitökonomischen Kurzversion sollten dann die Skalen mit der höchsten Reliabilität eingesetzt werden. Anregungen hierzu finden sich z.B. bei Langosch und Stiels (1980). Für die objektive Einschätzung und Beurteilung einer Einzelperson (insbesondere dem Vergleich der Probandin bzw. des Probanden mit ihrer bzw. seiner Bezugsgruppe) sollte die eigene Version unbedingt normiert werden.

6.4 Generelle Interessen-Skala (GIS)

Franka Niemann

Die Generelle Interessen-Skala wurde 1990 von Brickenkamp entwickelt und ist ein Interessenfragebogen bestehend aus 16 Interessenbereichen und drei Verhaltensmodalitäten. Ziel war es, ein besonders ökonomisches, wenig Zeit-, Arbeits- und Materialaufwand beanspruchendes Verfahren zur Messung eines möglichst breiten und zeitgemäßen Spektrums an Interessenrichtungen zu konstruieren. Der Begriff „Interessen" soll hierbei verstanden werden „als emotional-kognitive Verhaltenspräferenzen [...], die sich hinsichtlich verschiedener Merkmale [...] voneinander unterscheiden" (Brickenkamp, 1990, S.7).

Konzeption

Insbesondere wurden vier Ansprüche zu Grunde gelegt, jeweils im Kontrast zu bereits bestehenden vergleichbaren Tests: eine Erweiterung und Aktualisierung des Interessenspektrums, die Schaffung einer ökonomischeren Teststruktur, Vereinfachung und zeitliche Verkürzung der Auswertung und letztlich die Erweiterung der Normen.

Erweiterung und Aktualisierung des Interessenspektrums
Die Erweiterung und Aktualisierung des Interessenspektrums erfolgte vor dem Hintergrund von Befragungsergebnissen und eigenen Beobachtungen. Dabei werden erstmals auch Verhaltensklassen berücksichtigt. Die erste Klasse wird als rezeptives Verhalten bezeichnet und erfasst die Aufnahmebereitschaft für Reize und Informationen aus bestimmten Interessengebieten. Die zweite Klasse ist das reproduktive Verhalten und wird gekennzeichnet durch den mehr oder minder stark ausgeprägten Wunsch, einige in diesen Bereichen vorgefundene Tätigkeitsmuster nachzuahmen und selbst tätig zu werden. Die dritte Klasse bildet das kreative Verhalten, welches das Streben nach Umgestaltung, nach schöpferischer Betätigung beinhaltet. Es entstehen also die drei Verhaltensmodalitäten „Rezeptivität", „Reproduktivität" und „Kreativität".

Ökonomisierung der Teststruktur
„Je kürzer ein Test, je weniger er die Probanden belastet oder langweilt, umso größer ist die Wahrscheinlichkeit, dass er von ihnen angenommen und korrekt bearbeitet wird" (Brickenkamp, 1990, S. 11). Die Testlänge sollte also auf das absolut notwendige Maß beschränkt werden. Um dies zu erreichen, wurden nur wenige allgemein formulierte Items vorgegeben, wobei die Grenzen für die kleinst mögliche Anzahl der Items dadurch festgesetzt werden, dass darauf geachtet werden muss, alle Verhaltenspräferenzen, die mit dem Verfahren erfasst werden sollen, zu repräsentieren.

Vereinfachung des Auswertungsverfahrens und Verkürzung der Auswertungszeit
Für gewöhnlich ist die Reihenfolge der Items gemischt, um die Durchschaubarkeit eines Tests zu verringern. Die Notwendigkeit einer solchen Verschleierung scheint hier jedoch nicht zu bestehen. Trotzdem erfolgte eine Konstruktion und Erprobung von zwei Versionen: Es wurde sowohl die konventionell randomisierte Form als auch eine systematisch geordnete Form getestet. Es zeigte sich, dass die beiden Formen hoch miteinander korrelierten, woraus geschlussfolgert wurde, dass die geordnete Form als ebenso zuverlässig angesehen werden konnte wie die randomisierte. Da die geordnete Form von den Probanden eindeutig bevorzugt wurde, wurde sie als Standardversion eingeführt. Auf diese Weise und durch die ökonomischere Teststruktur wird auch die Auswertung einfacher und die Auswertungszeit kürzer.

Erweiterung von Normen
Es sollten sowohl bevölkerungsrepräsentative als auch schulspezifische Normen für Jugendliche, die sich kurz vor der Berufs- bzw. Studienwahl befinden, gebildet werden. Nach Brickenkamp wurde hierbei zahlenmäßig insbesondere die Gruppe der Hauptschüler berücksichtigt, da diese seines Erachtens bisher besonders vernachlässigt wurden.

Struktur des Verfahrens
Die GIS besteht aus den Teilen Handanweisung und Fragebogen. Der Fragebogen enthält 48 Items, wobei je drei Items eine der 16 Interessenskalen bilden. Relevant war für die Konzeption des Tests insbesondere, dass es bei Interessen nicht zwangsläufig um die tatsächliche Umsetzung bestimmter Vorlieben geht, sondern um Wünsche, die auch auf rein kognitiver Ebene bleiben können. Demnach ist es beispielsweise möglich, sich für Musik zu interessieren ohne jemals ein Instrument gespielt zu haben. Hieraus ist eine Dreiteilung der Verhaltensmodalitäten entstanden, welche aus einer rezeptiven, einer reproduktiven und einer kreativen Ebene besteht. Rezeptives Verhalten bedeutet, dass eine erhöhte Aufnahmebereitschaft für Reize und Informationen aus bestimmten Interessengebieten besteht. Reproduktivität meint, dass eine Person in dem betreffenden Bereich nicht eigenständig gestaltend, sondern nachahmend selbst tätig wird, und kreatives Verhalten bezeichnet das aktive Streben nach Umgestaltung oder schöpferischer Betätigung.
Zur Zusammenstellung der Interessengebiete wurden der Berufs-Interessen-Test II (BIT II; Irle & Allehoff, 1984) bzw. der Differentielle Interessen-Test (DIT; Todt, 1967) sowie eigene Beobachtungen und Befragungsergebnisse herangezogen. Es ergaben sich 16 Kategorien: Musik, Kunst, Architektur, Literatur, Politik, Handel, Erziehung, Medizin, Kommunikationstechnologie, Naturwissenschaft, Biologie, Natur/Landwirtschaft, Ernährung, Mode, Sport und Unterhaltung. Die Repräsentation erfolgt in tabellarischer Form, wobei in den Zeilen die jeweilige Interessenkategorie und in den Spalten die Verhaltensmodalitäten aufgeführt werden. Die Darbietung der einzelnen Items beispielsweise für die Skala Musik sieht folgendermaßen aus:
MUS-REZ: Musik hören (z.B. zu Hause oder im Konzert),
MUS-REP: Singen oder ein Musikinstrument spielen,
MUS-KRE: Musik komponieren,

wobei die Abkürzung „REZ" für „rezeptiv", „REP" für reproduktiv und „KRE" für „kreativ" steht. Die Bewertung durch den Probanden wird auf einer Skala von 0 (kein Interesse) bis 5 (hohes Interesse) vorgenommen.

Gütekriterien

Reliabilität
Die innere Konsistenz liegt bezogen auf die einzelnen Interessenskalen zwischen r = .48 und r = .95, wobei 31 von 48 Werten, d.h. zwei Drittel der Werte, größer sind als .70, was einer hinreichenden Ausprägung des Kriteriums entspricht. Das Intervall zwischen Test und Retest beträgt zwei Monate, was ein verhältnismäßig kurzer Zeitraum ist. Die Werte werden angegeben für die drei Verhaltensmodalitäten und für jede der 16 Interessenskalen. Die Stichprobe bestand aus 75 größtenteils männlichen Studenten und 158 Gymnasiasten. Die Werte für die Verhaltensskalen liegen mit r = .40 bis r = .71 insgesamt sehr niedrig. In Bezug auf die Interessenskalen erreichen 27 von 32 Stabilitätskoeffizienten ausreichende bis sehr gute Werte (r = .71 bis r = .94). Die Angaben erfolgen getrennt nach Studenten und Gymnasiasten.

Validität
Zwei voneinander unabhängige Beurteiler hatten zur Prüfung der inhaltlichen Validität die einzeln und ungeordnet vorgelegten Items der GIS den drei Verhaltenskategorien zuzuordnen. Der Übereinstimmungsgrad lag bei Kappa = .81, was als hoch zu werten ist.

Des Weiteren wurde eine Faktorenanalyse auf Itemebene durchgeführt. Die Stichprobe bestand aus 2407 Realschülern und Gymnasiasten. Das Konzept der Interessenskalen konnte dabei weitestgehend bestätigt werden: Es ergaben sich 16 Faktoren, die größtenteils mit den 16 Interessenskalen der GIS übereinstimmten.

Um die innere kriterienbezogene Validität zu prüfen wurde eine Kreisvalidierung vorgenommen. Zunächst wurden die GIS-Interessenskalen mit denen des BIT II korreliert. Die Stichprobe bestand aus 143 Studenten. Es bestehen geringe Zusammenhänge in den Interessenbereichen, die inhaltliche Gemeinsamkeiten aufweisen, wobei die Zuordnung nicht eindeutig vorzunehmen ist, da die Konstrukte der beiden Testverfahren zu unterschiedlich sind. Einige Korrelationen liegen unter r = .30, die höchste Korrelation liegt bei r = .46 (Mode und Gestaltendes Handwerk), was als niedrig zu bewerten ist. Außerdem wurden die Skalen der GIS und des DIT miteinander korreliert. Diese beiden Verfahren weisen eine ähnlichere Struktur auf als die GIS und der BIT II. Die Korrelationen sind hier erwartungsgemäß höher, jedoch unter .50, also noch immer in einem niedrigen Bereich. Die Stichprobe bestand aus N = 146 Studenten.

Objektivität
Die Durchführungsobjektivität ist durch die Standardisierung der Untersuchungssituation gesichert. Die Anweisungen sind dem Versuchsleiter vorgegeben, d.h. er liest sie den Probanden vor, während alles Weitere von den Probanden selbständig zu erledigen ist. Somit hat der Versuchsleiter keinerlei Einfluss auf die Durchführung der Untersuchung.

Eine zufriedenstellende Auswertungsobjektivität ist gewährleistet durch die ebenfalls standardisierte Art der Auswertung, die frei ist von subjektiven Bewertungen des Untersuchers, da sie durch Auszählen der vom Probanden gegebenen Punkte erfolgt, welche durch den Versuchsleiter in eine Normtabelle einzutragen sind (siehe Abschnitt „Durchführung und Auswertung").

Es ist eine gute Interpretationsobjektivität gegeben, da die Interpretation durch Normtabellen unterstützt wird, in denen T-Werte und Prozenträngen angegeben sind. Die Normtabellen sind getrennt nach Geschlecht und Schulbildung.

Normierung
Die Normierung erfolgte mit Hilfe von 9424 Schülerinnen und Schülern aus Haupt-, Real-, Gesamtschulen und Gymnasien. Besonders berücksichtigt wurden hierbei die Hauptschüler (N = 6798). Es fanden sich keine eindeutigen und systematischen Beziehungen zwischen dem Alter und dem Ausprägungsgrad von Interessen. Deutliche Unterschiede zeigten sich zwischen den Geschlechtern und den Schularten, weshalb spezifische Normen für männliche und weibliche Haupt-, Realschüler und Gymnasiasten berechnet wurden. Die bevölkerungsrepräsentativen Normen wurden auf der Grundlage eines Quotenplans erstellt, der sich auf die letzte Volkszählung (Mai 1987) bezog. Die Rohwerte der Generellen Interessen-Skala sind nicht normalverteilt, daher wurden sie über z-Äquivalente in T-Werte transformiert (s. Lienert 1994, S. 293).

Durchführung und Auswertung

Die Durchführung der GIS kann als Einzel- oder Gruppenversuch erfolgen. Der Testleiter liest zunächst die Testanweisungen laut vor und bittet die Probanden still mitzulesen. Danach besteht die Möglichkeit, Fragen zu stellen bzw. Unklarheiten zu klären. Eine Zeitgrenze gibt es nicht, für gewöhnlich beträgt die Dauer fünf bis zehn Minuten. Für die Auswertung werden die von den Probanden abgegebenen Werte sowohl zeilenweise als auch spaltenweise addiert. Jede Zeilensumme entspricht dem Rohwert einer Interessenskala. Es wird also beispielsweise für die Interessenskala „Musik" angegeben, wie sehr ein Proband sich für Musik interessiert. Die Summe, die sich für die Spalten ergibt, bildet die Rohwerte der Verhaltensmodalitätsskalen, es zeigt sich also, ob ein Proband eher Interesse auf rezeptiver, reproduktiver oder kreativer Ebene hat. Die Skalenrohwerte werden anschließend auf die Rückseite des Fragebogens in die Normtabelle übertragen. Mit Hilfe dieser Normtabelle kann die Stärke der Interessen des Probanden verglichen werden mit dem Bevölkerungsschnitt von Jugendlichen zwischen 13 und 18 Jahren. Als Normwerte sind T-Werte und Prozenträngen angegeben. Zum differenzierten Vergleich finden sich in der Handanweisung Normtabellen, die sowohl nach Geschlecht als auch nach Schulbildung unterscheiden. Hat beispielsweise eine Realschülerin der neunten Klasse einen Bogen der Generellen Interessen-Skala ausgefüllt, so erhält sie einen Bogen, auf dessen Rückseite die Normen für weibliche Jugendliche über die Altersspanne von 13 bis 18 Jahren angegeben sind. Werden nun die Rohwerte für ihre Interessen auf diesem Bogen eingetragen, so wird sie zunächst generell mit weiblichen Jugendlichen dieser Altersspanne verglichen. In der Handanweisung findet sich jedoch eine spezielle Normtabelle für weibliche Realschüler der neunten bis zehnten Klassen.

Bewertung

Für den Test spricht zunächst einmal seine Kürze. Es ist sicherlich auf Anhieb einleuchtend, dass ein weit ausschweifender, langer Test immer Gefahr läuft, von den Probanden nicht gänzlich sorgfältig bearbeitet zu werden. Dennoch hat m.E. die außerordentliche Kürze der Generellen Interessen-Skala möglicherweise auch einen Nachteil, da nämlich die Probanden sich fragen könnten, ob in einem solch kurzen Test überhaupt das gesamte mögliche Spektrum an Interessen erfragt werden kann und ob der Test daher überhaupt aussagekräftig ist. Der Test kann einen zwar groben, aber dennoch guten Überblick geben über vorhandene Interessen und ihre Intensität, sollte aber auch immer nachfolgende Beratung o.Ä. nach sich ziehen und nicht für sich stehen bleiben. Dies entspricht auch dem Anspruch des Autors.

Die Gütekriterien sind – soweit angegeben – überwiegend zufriedenstellend, wobei sich allerdings bei der Retest-Reliabilität die Frage stellt, ob ein Intervall von zwei Monaten als ausreichend betrachtet werden kann. Weitere Validierungsstudien sind erforderlich, zumal Angaben zur prognostischen und zur Konstruktvalidität fehlen und die Angaben zur inneren kriterienbezogenen Validität unpräzise sind. Auch zur Interpretation und zu den Normen sind konkretere Informationen wünschenswert.

Die Handanweisung ist teilweise unübersichtlich und verwirrend geschrieben. Beispielsweise hebt der Autor wiederholt hervor, dass die Gruppe der Hauptschüler in vergleichbaren Tests vernachlässigt worden sei, sie in der GIS dagegen jedoch besonders berücksichtigt wurde. Sicherlich ist es wichtig und wünschenswert, alle Schulformen in den Test einzubeziehen, doch bringt eine derart große Stichprobe (6798 Hauptschüler vs. 2407 sonstige Schüler) keinerlei zusätzlichen Erkenntnisgewinn und führt den Leser in die Irre: Der Vorteil besteht lediglich in der Tatsache, dass die Gruppe der Hauptschüler berücksichtigt wurde, nicht jedoch in der Größe der Stichprobe. Des Weiteren wird gesagt, dass in der Auswertung Vergleiche mit den tabellierten Normwerten anderer Gruppen, d.h. des anderen Geschlechts und anderer Schulformen, möglich seien, was bezogen auf die Schulformen jedoch nur eingeschränkt der Fall ist. Beispielsweise hat ein Realschüler der neunten Klasse nicht die Möglichkeit, sich mit Gymnasiasten der neunten Klasse zu vergleichen, da die Normen für Gymnasiasten erst ab der zehnten Klasse angegeben sind. Ein weiterer Grund, warum die Vergleiche der Normwerte über verschiedene Schulen problematisch sind, ist, dass die Kategorien nicht einheitlich gewählt sind. So sind die Normen für Hauptschüler für die 8. bis 10. Klasse aufgeführt, für Realschüler für die 9. bis 10. Klasse und für die Gymnasiasten für 10. bis 13. Klasse.

6.5 Bildungsmotivationstest (BMT)

Christina Schwarz & Stefanie Brück

Der Bildungsmotivationstest (BMT) entstand 1978 aus einem Erhebungsinstrument, das im Rahmen von Untersuchungen zur Weiterbildungsbereitschaft von ungelernten Arbeiterinnen und Arbeitern entwickelt worden war und deren Bildungsmotivation erfassen sollte. Er soll eine Diagnose der Bildungsmotivation für die Gruppe der Ungelernten oder sog. „Bildungsunwilligen" sowie der Bildungsschwachen ermöglichen, kann aber auch bei Personen, die unentschieden sind, ob sie eine qualifizierte Ausbildung beginnen sollen, eingesetzt werden.

Die Bildungsmotivation wird mit Hilfe einer Zwei-Faktoren-Struktur (Rationaler und Emotionaler Faktor) erfasst und bietet dem Anwender aufgrund dieser Differenzierung gute Ansatzmöglichkeiten für eine evtl. folgende Berufs- und Arbeitsberatung: Beispielsweise können die Ergebnisse Grundlage eines Motivationsversuches im Hinblick auf Weiterbildungsmaßnahmen sein oder für Personalauswahlfragen bei inner- und außerbetrieblichen Aus- und Fortbildungsmaßnahmen zu Rate gezogen werden.

Leiber (1974) legte bei der Konstruktion besonderen Wert darauf, einen Test zu entwerfen, der auch von Personen ohne psychologische Ausbildung eingesetzt werden kann, so dass der BMT leicht durchzuführen ist. Er kann deshalb von allen angewendet werden, die sich aufgrund ihres Berufs mit Ungelernten beschäftigen, wie zum Beispiel von Berufsberatern, Sozialarbeitern, Erziehungsberatern, betrieblichen Ausbildern u.v.m. Daneben ging der Autor bei der Testentwicklung auf die Merkmale der Adressatengruppe (s.o.) ein, indem er Rücksicht auf deren vermutete Mentalität, Intelligenz und sprachliche Ausdrucksfähigkeit nahm.

Der BMT ist eigentlich für Personen zwischen 15 und 25 Jahren konzipiert worden, die Autoren gehen aber davon aus, dass er auch mit älteren Personen durchgeführt werden kann, ohne dass die gewonnenen Ergebnisse ungültig würden.

Konzeption

Leiber definiert Bildungsmotivation als „...die unmittelbare Bereitschaft, eine Aktivität im Lernen zu zeigen im Hinblick auf eine spätere Umwandlung der damit erworbenen Fähigkeiten in Leistung" (Leiber, 1974, S. 59). Dabei wird die Bildungsmotivation in engem Zusammenhang mit der Leistungsmotivation gesehen.

Die Entwicklung des BMT erfolgte nach dem Prinzip projektiver Testverfahren. Bei solchen Messinstrumenten bekommen die Testpersonen ein oft mehrdeutiges und wenig strukturiertes Testmaterial, z.B. in Form eines Bildes, vorgelegt. Sie sind dann aufgefordert, spontan und frei zu äußern, was ihnen dazu einfällt, wobei angenommen wird, dass die zu testenden Personen ihre Werte, Einstellungen, Motive, Gefühle etc. in das Gesehene hinein projizieren. Eine wichtige Voraussetzung bei diesem Vorgehen ist, dass den Testteilnehmern die diagnostische Fragestellung unklar ist.

Der BMT besteht aus drei Teilen: Er beginnt mit einem Foto, das, je nach Geschlecht der Testperson, einen lernenden (oder schreibenden) jungen Mann bzw. eine junge Frau zeigt. Die Testpersonen sollen dieses Bild beschreiben, wobei v.a. folgende Fragen berücksichtigt werden sollten: Wer könnte die dargestellte Person sein, was ist wohl der Situation vorausgegangen und wie wird es weitergehen? An dieser Aufgabe wird der projektive Charakter des BMT deutlich. Da sich das Foto am Anfang des Testes befindet, wird sichergestellt, dass die Testpersonen nicht wissen oder antizipieren können, welche Intentionen dem Messinstrument zugrunde liegen.

Den zweiten Teil des BMT bildet der sogenannte Sprechblasenteil. Er besteht aus Zeichnungen, in denen jeweils zwei sich unterhaltende Personen zu sehen sind (je nach Testform entweder männlich oder weiblich), wobei die Unterhaltung durch Sprechblasen symbolisiert ist (s.u.). Die Äußerung einer Person, z.B. zum Bereich Weiterbildung, ist bereits in einer Sprechblase abgedruckt. Die Aufgabe der zu testenden Personen besteht nun darin, die leere Sprechblase der zweiten Person mit einer von drei zur Verfügung stehenden Antwortalternativen zu füllen, indem sie die Nummer der Antwort, die ihnen spontan am besten gefällt, in die freie Sprechblase eintragen. Die drei Antwortalternativen repräsentieren dabei jeweils unterschiedliche Motivationshöhen. Eine wesentliche Annahme des BMT besteht darin, dass mit einer Entscheidung zur Weiterbildung gewisse Hürden wie finanzieller Aufwand, Freizeitaufwand, Anspruchsniveau und innere Hemmungen genommen werden müssen. Je nach ihrer Antwort ist die Testperson also in einem bestimmten Maße bereit, diese Barrieren als Konsequenzen einer Weiterbildung hinzunehmen. Der zweite Testteil besteht zum einen aus fünfzehn sog. „wesentlichen" Items, deren Inhalte sich auf die beschriebenen Barrieren beziehen. Zum anderen finden sich zwischen den „wesentlichen" Testitems sog. Füllgeschichten, deren Aufgabe darin besteht, den eigentlichen Testzweck unkenntlich zu machen. Da sie, im Gegensatz zu allen „wesentlichen" Items, geschlechterspezifisch formuliert sind, sollen sie weiter zur Identifikationsbereitschaft mit dem Testmaterial beitragen. Nur die „wesentlichen" Testitems fließen in die Auswertung mit ein, die Füllgeschichten werden nicht berücksichtigt.

Der dritte Testabschnitt schließlich besteht aus einer direkten Frage, die die Einstellung der Testpersonen zu Weiterbildungsmaßnahmen ermitteln soll.

Durch die Dreiteilung des BMT soll gewährleistet werden, dass die Testpersonen zum einen durch eine offene Darbietung (Teil 1) zu freien Assoziationen angeregt werden. Zum anderen soll mit Hilfe des strukturierteren Testmaterials (Teil 2 und 3) aber auch eine gewisse Quantifizierbarkeit der Ergebnisse ermöglicht werden.

Durch eine Faktorenanalyse konnten zwei Faktoren extrahiert werden, die der Messung der Höhe und Struktur der Bildungsmotivation durch den BMT zugrunde liegen. Die Variablen, die in diese Analyse eingingen, entstammen der oben erwähnten Untersuchung zur Weiterbildungsbereitschaft Ungelernter und umfassen die Ergebnisse der Bildergeschichte, des Sprechblasenteils sowie der Frage nach der Weiterbildungsbereitschaft. Der erste Faktor wird dabei durch Items repräsentiert, die die Barrieren Freizeitopfer, finanzieller Aufwand, Durchhaltevermögen und Anspruchsniveau erfassen. In den zweiten Faktor fließen sowohl der Gesamteindruck der Bildergeschichte, die Testitems, die der inneren Hemmung zugeordnet sind, als auch die Beantwortung der Frage im dritten Teil des BMT ein. Da im ersten Faktor v.a. reales Denken und eine nüchterne, rationale Selbsteinschätzung der eigenen Möglichkeiten bzw. des Vorhandenseins realer Bildungshindernisse zum Ausdruck kommen, die ungelernte Befragungsperson hier also rational und reflektiert die Vor- und Nachteile von Weiterbildungsmaßnahmen abwägt, kann dieser als rationaler Faktor (R-Faktor) interpretiert werden. Dem zweiten Faktor dagegen sind v. a. solche Items und Testinhalte zugeordnet, die emotionale und affektive Äußerungen zum Lernen und zu Weiterbildungsmaßnahmen erfassen, wodurch der gefühlsmäßige Bereich der Bildungsmotivation angesprochen ist. Hier wird die Bildungsmotivation also affektiv-emotional durch die spontane und gefühlsmäßige Bereitschaft oder Resistenz bezüglich Weiterbildungen gemessen. Aus diesem Grund wird er von den Autoren auch als der „Emotionale Faktor" (E-Faktor) der durch den BMT gemessenen Bildungsmotivation bezeichnet. Diese beiden Faktoren bilden bei der Auswertung die R- und E-Werte. Die Messung der Bildungsmotivation erfolgt also auf Grundlage dieser zwei Faktoren, die sich gut voneinander abgrenzen lassen, jedoch bei einer hohen Bildungsmotivation dennoch miteinander verbunden sein sollten. Denn für die Inangriffnahme von Weiterbildungsmaßnahmen dürfte es nicht ausreichen, wenn nur einer der beiden Faktoren stark ausgeprägt ist. Für eine Beratung und evtl. Motivierung ist es wichtig zu wissen, welcher Faktor weniger stark ausgeprägt ist.

Die jeweilige Rolle der einzelnen Items zur Erklärung der beiden Faktoren wird dadurch berücksichtigt, dass sie mit den dazugehörigen Faktorladungen multipliziert werden. Auf diese Weise konnten für jedes Item Gewichtungen gefunden werden, die den beiden Motivationsfaktoren entsprechen, jeweils ein „R-Gewicht" und ein „E-Gewicht" pro Item. Sie stellen die Testrohwerte dar und werden auf dem Auswertungsbogen aufgeführt (s.u.).

Gütekriterien

Objektivität
Da die Anweisungen zur Durchführung und Auswertung der Daten sehr standardisiert sind, kann die Durchführungsobjektivität des BMT als gesichert gelten. Auch die Auswertungsobjektivität der beiden letzten Teile gilt als gesichert, Probleme könnten sich allerdings bei der Betrachtung der Auswertungsobjektivität des ersten Testteils ergeben: Da der Auswerter eine gewisse Interpretationsleistung erbringen und die Antworten der Testpersonen einer von vier vorgegebenen Kategorien (s.u.) zuordnen muss, kann hier von keiner hohen Objektivität ausgegangen werden. Der Autor überprüfte die Einhaltung der Auswertungsobjektivität, indem er einen neutralen Auswerter zufällig ausgewählte Antworten, die im Rahmen der oben genannten Untersuchung gewonnen wurden, erneut beurteilen ließ. Die Korrelation dieser beiden unabhängigen Bewertungen ergab einen Objektivitätskoeffizienten von $r = .77$. Den Aspekten der Interpretationsobjektivität wird insofern Rechnung getragen, als dass ein im Testmanual dargestelltes Auswertungsbeispiel verdeutlicht, wie die von den Versuchspersonen erzielten Punkte zu interpretieren sind.

Reliabilität
Die Berechnung der Reliabilität erfolgte auf zwei verschiedene Arten: Zur Ermittlung der inneren Konsistenz wurde ein varianzanalytisches Verfahren der Konsistenzanalyse verwendet. Die Stichprobe bestand dabei aus den 1000 Teilnehmern der Untersuchung „Ungelernte in der Bundesrepublik" (s.o.). Die Analyse erbrachte einen Koeffizienten von $r = .84$, was für die Reliabilität des vorliegenden Tests spricht.

Eine weitere Reliabilitätsuntersuchung im Rahmen einer Diplomarbeit (Wittke, 1976) mit 187 (94 männlichen und 93 weiblichen) Berufsschülern ermittelte die Retest-Reliabilität des BMT über einen Zeitraum von 4 Monaten. Dabei wurde für die beiden interpretierbaren Werte (R- und E-Wert) je ein eigener Koeffizient berechnet: Die Retest-Reliabilität für den rationalen Motivationsfaktor beträgt r = .80, die für den emotionalen Motivationsfaktor r = .70. Die Betrachtung der Konfidenzgrenzen bei fünfprozentiger Irrtumswahrscheinlichkeit erbringt folgende Werte: Der E-Wert liegt im Intervall zwischen .62 und .77, der R-Wert dagegen zwischen .74 und .85. Insgesamt zeigen die Ergebnisse der Retestreliabilitätsberechnung, dass die Stabilität der gemessenen Motivationsmerkmale als angemessen betrachtet werden kann, wobei der emotionale Motivationsfaktor offensichtlich größeren Schwankungen unterworfen ist. Er verändert sich somit vermutlich leichter durch aktuelle Umstände oder Stimmungen. Dies ist bei der Interpretation der Ergebnisse u.U. zu berücksichtigen.

Validität

Den Angaben des Autors zufolge besitzt der BMT eine gewisse *inhaltliche Validität*. Denn schon bei der Konstruktion des Sprechblasenteils vertraute er auf die Urteile von Experten: So wurden nur solche Items in den BMT aufgenommen, bei denen eine Übereinstimmung der Experten bezüglich der inhaltlichen Repräsentation für das Kriterium „Bildungsmotivation" bestand.

Ein Versuch, die Validität des vorliegenden Instruments empirisch nachzuweisen, bestand in der „Analyse interindividueller Unterschiede in den Testresultaten", die der *Konstruktvalidität* zuzurechnen ist. Dabei sollten sich sinnvolle Unterschiede in der Ausprägung der R- und E-Faktoren der Bildungsmotivation zwischen verschiedenen Personengruppen zeigen. Bedeutsame Unterschiede zeigten sich in Bezug auf die Variablen Geschlecht, Alter, Begabung, berufliche Herkunft, Schulbildung etc. Diese konnten sowohl für die beiden Faktoren als auch für das Gesamt des R- und E-Faktors gefunden werden, wenn auch nicht in sehr hohem Maße.

Eine Validierung an einem Testverfahren, das dem BMT entspricht *(innere Kriteriumsvalidität)*, wurde bisher nicht durchgeführt, da ein solches Instrument noch nicht vorliegt. Allerdings versuchte Wittke (1976) im Rahmen der bereits erwähnten Diplomarbeit auch, die kriterienbezogene Validität nachzuweisen. Als Kriterium entwickelte er einerseits einen eigenen Fragebogen für Ungelernte zum Thema Aus- und Weiterbildung. Dieser orientierte sich an den dem BMT zugrundeliegenden Barrieren (s.o.). Als zweites Kriterium entwickelte Wittke (1976) einen Ungelerntenbeurteilungsbogen, der von den Lehrkräften der Analysestichprobe (s.o.) ausgefüllt werden sollte. Es zeigte sich, dass der rationale Motivationsfaktor jeweils höher mit den beiden Kriterien korreliert als der emotionale ($r_{R-BMT, Fragebogen}$ = .70, $r_{E-BMT, Fragebogen}$ = .35 und $r_{R-BMT, Beurteilungsbogen}$ = .40, $r_{E-BMT, Beurteilungsbogen}$ = .28). Weiter war der Zusammenhang beider Faktoren mit dem Fragebogen höher als mit dem Beurteilungsbogen.

Eine weitere Möglichkeit, die Validität des vorliegenden Instruments zu überprüfen, bestünde z.B. darin, das reale Verhalten der Personen, die an der oben genannten Untersuchung teilgenommen haben, zu erheben. Das würde bedeuten, dass sie zu einem späteren Zeitpunkt befragt werden müssten, ob sie bis zu diesem Zeitpunkt bereits an einer Weiterbildungsmaßnahme teilgenommen haben. Die auf diese Weise ermittelte Validität würde sich also auf die Vorhersage beziehen *(Prognostische Va-*

lidität). Das bedeutet, dass bei dem Vorliegen einer entsprechend hohen Validität Personen, die im Test einen hohen Motivationswert für Weiterbildungsmaßnahmen erreichten, in der Zwischenzeit bereits Weiterbildungsmaßnahmen absolviert bzw. in Angriff genommen haben und umgekehrt. Eine solche Befragung wurde allerdings noch nicht durchgeführt.

Durchführung und Auswertung

Der BMT kann sowohl in Einzel- als auch Gruppenuntersuchungen durchgeführt werden. Den Autoren zufolge sollte ein Testleiter dabei aber nie mehr als fünf bis sechs Personen testen, da nur so sichergestellt werden kann, dass er noch den Überblick behält. Dies ist wichtig, da die Testpersonen zum einen das Material selbstständig bearbeiten sollen. Zum anderen sollte sowohl bei Gruppen- als aber auch bei Einzeluntersuchungen darauf geachtet werden, dass bei der Bearbeitung des Testbogens die vorgesehene Reihenfolge der drei Testabschnitte (s.o.) eingehalten wird. Der letzte Testabschnitt, die Frage nach der eigenen Einstellung zu Weiterbildungen, deckt nämlich das Testziel auf und könnte daher bei zu früher Kenntnisnahme die Antworten zu den anderen beiden Testabschnitten verfälschen. Wichtig in diesem Zusammenhang ist daher auch, dass die Testpersonen die Aufforderung zum Umblättern nach einem Testteil beachten und dies erst tun, wenn es der Testleiter ankündigt.

Zur Bearbeitung des BMT werden der Testbogen, ein Stift sowie evtl. ein leeres Blatt benötigt. Die Durchführung dauert ca. 25 bis 30 Minuten, ein festgesetztes Zeitlimit besteht aber nicht. Die Testpersonen sollten allerdings darauf hingewiesen werden, den Bogen zügig zu bearbeiten.

Die Anweisung für die Bearbeitung des ersten Testabschnitts liegt in gedruckter Form auf dem Testbogen vor. Der Testleiter sollte die Testpersonen allgemein darauf hinweisen, dass bei der Beantwortung die persönliche Meinung der Versuchsteilnehmer gefragt ist. Der Autor schlägt vor, dass er dann die Instruktion mit der Aufforderung zum leisen Mitlesen laut vorträgt. Im Anschluss daran ist es sinnvoll, dass sich der Versuchleiter davon überzeugt, dass die Instruktion auch von allen Beteiligten verstanden wurde. Für die Anfertigung der Bildgeschichte dürften etwa 8 bis 10 Minuten ausreichend sein. Gibt es Teilnehmer, die sich beim Niederschreiben der Geschichte unwohl fühlen, so ist es durchaus erlaubt, wenn sie dem Versuchsleiter die Geschichte erzählen und er diese aufschreibt. Nach der Bearbeitung der Bildgeschichte folgt die Instruktion zur Beantwortung des Sprechblasenteils. Auch diese liegt in gedruckter Form vor. Bei der Einführung dieses Testabschnitts sollte genauso vorgegangen werden wie bei der Bildgeschichte. Zur Verdeutlichung dieses Teils finden sich im Testbogen zwei Beispiele. Ohne weitere Unterbrechung können die Testpersonen nach der Bearbeitung des Sprechblasenteils dann an die Beantwortung der Frage im letzten Abschnitt, die ihr Interesse an Weiterbildungs- und Umschulungsmöglichkeiten erfasst, gehen.

Zur *Auswertung* des BMT dient der im Testheft vorhandene, heraustrennbare Auswertungsbogen, der analog zum Testaufbau drei Teile enthält: Die Assoziationen der Testpersonen zu dem Bild werden mit Blick auf die vorhandenen Aussagen bzw. Motive zum Lernen und zu Weiterbildungsmaßnahmen ausgewertet. Dabei wird ein vierstufiges Kategoriensystem verwendet, das die unten abgebildeten Kategorien beinhaltet. In Klammern findet sich jeweils eine Beispielaussage, die der entsprechenden Kategorie zuzuordnen ist:

1. *Positive Äußerung* (z.B.: „Diese Frau lernt, um sich weiterzubilden und in der Gesellschaft weiterzukommen.")
2. *Negative Äußerung* (z.B.: „Ein Schüler, der von seinen Eltern gezwungen wird zu lernen.")
3. *Neutrale Äußerung* (z.B.: „Ein Lehrling schreibt sein Berichtsheft.")
4. *Keine Äußerung* (z.B.: „Der junge Mann liest ein Buch über Fußball.")

Der Testleiter muss entscheiden, welcher Kategorie die Geschichte der Testperson am ehesten angehört; Probleme können v.a. dann auftreten, wenn sich eine Geschichte nicht eindeutig einer Kategorie zuordnen lässt (vgl. Auswertungsobjektivität). Den Angaben des Autors zufolge entwickelt man aber nach einer gewissen Anzahl ausgewerteter Geschichten eine Routine für diese Zuordnung. Auf dem Antwortbogen ist nach der Klassifikation nur noch für den rationalen und den emotionalen Faktor das entsprechende Gewicht, das der Kategorie zugeordnet ist, einzukreisen und dieser Wert in eine Summenspalte zu übertragen.

Die Auswertung des Sprechblasenteils sowie der Frage zur Weiterbildung gestaltet sich einfacher, da nur die Antworten der Testpersonen zu den einzelnen Items in den Auswertungsbogen eingetragen werden müssen. Bei dem Sprechblasenteil ist darauf zu achten, dass nur die Fragen, deren Nummern auf dem Auswertungsbogen angegeben sind, berücksichtigt werden, da die Füllitems, wie bereits erwähnt, nicht in die Auswertung einfließen. Die Ermittlung der Rohwerte für die beiden Motivationsfaktoren (die R- und E-Werte) erfolgt durch Einkreisen des Antwortgewichts, das den jeweiligen Antwortalternativen zugeordnet ist. Diese Gewichte pro Antwort werden auch in die Summenspalten eingetragen. Nachdem für alle drei Testteile und die jeweiligen Faktoren die zugehörigen Gewichte in die Summenspalten eingetragen worden sind, können nun die Gesamtsummen für den rationalen und den emotionalen Faktor ermittelt werden. Diese werden dann in einem letzten Schritt anhand einer im Testmanual vorhandenen Tabelle in Prozentränge umgewandelt.

Die Prozentrangnormen bestehen jeweils für Männer und Frauen getrennt, zusätzlich kann ein Gesamt-Prozentrang errechnet werden. Eine Aufschlüsselung nach Alter ist nicht möglich.

Bewertung

Da der BMT nach dem Vorbild projektiver Testverfahren konzipiert wurde, sind die Kritikpunkte, die solchen wenig objektiven Verfahren entgegengebracht werden, natürlich auch hier relevant. Positiv bleibt anzumerken, dass sich die Autoren durchaus der Nachteile solcher Verfahren bewusst zu sein scheinen, da sie durch zwei weitere Testteile eine Quantifizierung der Erfassung des Konstrukts der Bildungsmotivation anstreben. Dennoch ist Vorsicht bei der Betrachtung der Ergebnisse des ersten Testteils geboten.

Eine weitere Einschränkung ist in der Tatsache zu sehen, dass es sich bei dem BMT um ein älteres Testverfahren handelt (1978), so dass nicht wenige der verwendeten Items im zweiten Teil veraltet erscheinen. Auch die Itemformulierungen, die den Bedürfnissen einer Ungelernten-Stichprobe gerecht werden sollen, sind wenig ansprechend.

Kritisch bei der Berechnung der Gütekriterien sind die folgenden Punkte anzumerken: Bei der Berechnung des Objektivitätskoeffizienten kann bemängelt werden, dass sich dieser alleine auf den Vergleich der schon erhobenen Daten mit den Bewertungen *eines* weiteren neutralen Beobachters stützt, so dass insgesamt trotz des angegebenen Koeffizienten die damit verbundenen Probleme oder Einschränkungen nicht aus den Augen verloren werden sollten. Die angegebenen Normen betreffend ist kritisch anzumerken, dass sie einerseits zu wenige Differenzierungen erlauben, da nur zwischen den Geschlechtern unterschieden wird. Des Weiteren erfolgte die Erhebung der Normen vor mehr als zwei Jahrzehnten, so dass sich die Frage stellt, ob die damals gewonnenen Werte auch heute noch Gültigkeit besitzen. Weiter geben die Autoren an, der Test sei für ein bestimmtes Alter konzipiert, könne aber auch darüber hinaus verwendet werden. Die Normenangaben sind allerdings nur bis zum 26. Lebensjahr vorhanden, so dass normbezogene Aussagen über die Bildungsmotivation älterer Personen nicht möglich sind.

Betreffend der Validität lässt sich sagen, dass bisher noch kein Versuch unternommen wurde die prognostische Validität zu ermitteln. Dies wäre für die Zukunft erstrebenswert.

7. Instrumente zur Messung von Persönlichkeitsmerkmalen

Die Frage nach der Natur der menschlichen Persönlichkeit beschäftigt seit Jahrhunderten ganze Heerscharen von Geisteswissenschaftlern. In unzähligen Theorien versuchen sie die Entstehung sowie die Strukturen und Prozesse dessen, was im Alltagssprachgebrauch auch gern als „Charakter" bezeichnet wird, zu beschreiben und zu erklären. In der zeitgenössischen, naturwissenschaftlich geprägten Psychologie hat man den Versuch einer allumfassenden Erklärung, den Versuch, die ultimative Theorie der menschlichen Persönlichkeit aufzustellen, schon lange aufgegeben. Stattdessen widmen sich die diversen Ansätze verstärkt spezifischen Teilfragestellungen (vgl. etwa Amelang & Bartussek, 1997). Dabei unterscheidet sich die wissenschaftliche Perspektive in zwei Punkten grundlegend von Laienkonzepten der Persönlichkeit.

Erstens, der Persönlichkeitsbegriff wird nicht wertend, sondern beschreibend eingesetzt. Während man im Alltag z.B. eine imposante Person gern als jemanden bewertet, der eine Persönlichkeit *ist*, begreift die Forschung jeden Menschen als ein Wesen, das eine Persönlichkeit *hat*. Dies gilt für den Nobelpreisträger, den erfolgreichen Unternehmer oder selbstlosen Menschenfreund ebenso wie für Massenmörder, Kreditaie oder Boulevardjournalisten. Eine wichtige Aufgabe der Psychologie ist es, die grundlegenden Dimensionen der Persönlichkeit empirisch zu erforschen und Instrumente zur Diagnose der individuell verschiedenen Persönlichkeitsstrukturen zu entwickeln. Hieraus ergibt sich bereits die grundlegende Annahme, dass Menschen im Prinzip über die gleichen Persönlichkeitsdimensionen zu beschreiben sind. Die Individualität des Einzelnen ergibt sich dabei aus den jeweils unterschiedlichen Ausprägungsmustern dieser Dimensionen. Wie die ermittelten Persönlichkeitsstrukturen zu bewerten sind, ist weniger eine wissenschaftliche als vielmehr eine gesellschaftliche Frage.

Zweitens, Persönlichkeit wird in der Psychologie als etwas prinzipiell Veränderbares angesehen. Die Persönlichkeit eines Menschen ist nicht vom ersten Tag seines irdischen Daseins an für die gesamte Lebensspanne festgelegt, sondern entwickelt sich in der Auseinandersetzung des Individuums mit seiner Umwelt. Diese Entwicklung läuft langsam vonstatten, so dass der Eindruck der Unveränderlichkeit entsteht, wenn wir einen kurzen Zeitraum betrachten. So werden die meisten von uns sicherlich zustimmen, dass sich unsere Persönlichkeit im letzten Jahr nicht verändert hat. Schauen wir aber zehn oder zwanzig Jahre zurück, so werden sich sehr viele von uns zumindest geringfügige Veränderungen attestieren müssen. Der Tendenz nach dürften die Veränderungen umso schneller laufen, je jünger der Betreffende ist und je stärker sich sein Lebensumfeld im fraglichen Zeitraum verändert hat. Im Sinne von Herrmann (1969) können wir ein Verhalten, eine Fähigkeit oder eine Einstellung dann als Aspekt der Persönlichkeit bezeichnen, wenn sie zum einen in gleichen Situationen über die Zeit hinweg *relativ* konstant bleibt und gleichzeitig in unterschiedlichen Situationen *relativ* unverändert auftritt.

In der Personaldiagnostik interessiert man sich naturgemäß vor allem für die differenzierende Betrachtung der Persönlichkeit von Bewerbern oder Mitarbeitern. Entscheidend für die Nützlichkeit einer Persönlichkeitsdiagnose ist zum einen, dass die eingesetzten Messinstrumente auch tatsächlich diejenigen Persönlichkeitsdimensionen erfassen, die für die fragliche Stellenbesetzung relevant sind und zum anderen diese Dimensionen auch objektiv, zuverlässig und valide messen. Die nachfolgend beschriebenen Instrumente unterscheiden sich sowohl in der Anzahl als auch in den Inhalten der gemessenen Dimensionen. Die Aussagekraft des Verfahrens im Hinblick auf einen spezifischen Arbeitsplatz kann – wie immer – nur durch eine empirische Untersuchung im jeweiligen Unternehmen ermittelt werden. Dennoch lässt sich auf der Basis vorliegender Validierungsstudien ein verallgemeinerndes Urteil fällen. Die berufsbezogene Validität gängiger Persönlichkeitsinventare liegt eher im Mittelfeld. Die meisten Untersuchungen fördern Koeffizienten um .20 zu Tage, wobei die Streubreite recht groß ist (Überblick: Hossiep, Paschen & Mühlhaus, 2000). In keinem Falle sollten allgemeine Persönlichkeitsfragebögen daher die alleinige Entscheidungsgrundlage für eine Stellenbesetzung bilden. Eingesetzt als zusätzliches Instrument lassen sie jedoch wertvolle Informationen erwarten. Dabei versteht es sich von selbst, dass keineswegs allen Dimensionen, die in einem Instrument gemessen werden, die gleiche Bedeutung zukommt.

7.1 Bochumer Inventar zur berufsbezogenen Persönlichkeitsbeschreibung (BIP)

Beate Ziegler

Ziel des Bochumer Inventars zur berufsbezogenen Persönlichkeitsbeschreibung (Hossiep & Paschen, 1998) ist eine standardisierte Erfassung des Selbstbildes eines Testkandidaten bezüglich berufsrelevanter Persönlichkeitsdimensionen. In Tabelle 7-1 sind die Dimensionen und übergeordneten Bereiche angeführt, die mit dem BIP erfasst werden sollen. Die Einsatzbereiche des BIP liegen in der Eignungsdiagnostik (z.B. Durchführung von Personalauswahlprozessen, Personalentwicklungsvorhaben), der Berufs- und Karriereberatung (z.B. Erstellung eines Stärken- und Schwächenprofils, Selbstexploration) und Trainings- und Coachingmaßnahmen (z.B. Unterstützung der Planung von Maßnahmen im Vorfeld, Identifikation und Exploration von Konfliktpotential im Rahmen von Teamtrainings). Ein zusätzlicher Fremdbeschreibungsbogen ermöglicht darüber hinaus eine Anwendung in betrieblichen Feedbackprozessen (z.B. 360-Grad-Feedback). Er umfasst alle Dimensionen des BIP, jedoch mit einer stark verkürzten Anzahl von Items. Erkenntnisse, die anhand eines Vergleichs zwischen Selbst- und Fremdbeurteilung gewonnen werden können, erhalten zunehmend mehr Bedeutung im Bereich Personalwesen. Der Fremdbeschreibungsbogen im Rahmen des BIP stellt hierfür lediglich ein heuristisches Hilfsmittel, nicht jedoch ein eigenes abgesichertes oder normiertes Verfahren dar.

Tabelle 7-1: Dimensionen des BIP

Bereich	Dimension
Berufliche Orientierung	Leistungsmotivation
	Gestaltungsmotivation
	Führungsmotivation
Arbeitsverhalten	Gewissenhaftigkeit
	Flexibilität
	Handlungsorientierung
Soziale Kompetenzen	Sensitivität
	Kontaktfähigkeit
	Soziabilität
	Teamorientierung
	Durchsetzungsvermögen
Psychische Konstitution	Emotionale Stabilität
	Belastbarkeit
	Selbstbewusstsein

Konzeption

Das BIP wurde in einem Zeitraum von drei Jahren von ca. 8000 Personen bearbeitet und ist das Resultat dreimaliger intensiver Überarbeitung. Bei den Personen handelte es sich hauptsächlich um berufstätige Fach- und Führungskräfte, Hochschulabsolventen und Studierende. Diese Personengruppen bilden auch die Grundlage für die zum BIP vorgelegten Normen.

Die Entwicklung der Skalen erfolgte zum einen auf dem Hintergrund theoretischer Befunde und Ansätze der differentiellen Psychologie und der Motivationspsychologie, zum anderen orientierte sie sich an den Anforderungen der diagnostischen Praxis. Darüber hinaus wurden Validitätsstudien zu bisher publizierten Persönlichkeitstests hinzugezogen, um Informationen über besonders erfolgsrelevante Persönlichkeitsdimensionen zu erhalten. Die Auswahl der zu erfassenden Konstrukte basierte somit auf wissenschaftlich fundierten Persönlichkeitskonstrukten und Erkenntnissen aus der Praxis im Bereich Personalarbeit. Auf diese Weise wird sowohl eine theoretische Fundierung als auch eine möglichst gute Passung mit den Anforderungen der diagnostischen Praxis angestrebt. Tabelle 7-2 stellt die Konzeptualisierung der mit dem BIP erfassten Dimensionen dar. Die Entwicklung des Itempools erfolgte auf der Basis der beschriebenen inhaltlichen Definitionen der Dimensionen. Er wurde anschließend verschiedenen konfirmatorischen Faktorenanalysen unterzogen, deren Faktoren deckungsgleich mit den 14 deduktiv erschlossenen Dimensionen des BIP waren. Nähere Befunde dieser faktorenanalytischen Berechnungen werden im Manual nicht aufgeführt.

Die Testnormierung erfolgte anhand einer Stichprobe von 5354 Personen, welche aufgrund der oben bereits aufgeführten Zusammensetzung nicht bevölkerungsrepräsentativ ist, jedoch der Zielgruppe des BIP entspricht. Im Testmanual liegen neben einer Gesamtnormtabelle weitere Normtabellen spezifischer Vergleichsgruppen vor, aufgeschlüsselt nach verschiedenen Studiengängen, Fachbereichen, beruflichen Positionen, Alter und Geschlecht. Diese Normtabellen beziehen sich sowohl auf die Mittelwerte als auch auf die Skalensummenwerte.

Tabelle 7-2: Definitionen der mit dem BIP erfassten Konstrukte
(Hossiep & Paschen, 1998, S.18)

Dimension	Konzeptualisierung
Leistungsmotivation	Bereitschaft zur Auseinandersetzung mit einem hohen Gütemaßstab; Motiv, hohe Anforderungen an die eigene Leistung zu stellen: große Anstrengungsbereitschaft, Motiv zur fortwährenden Steigerung der eigenen Leistung
Gestaltungsmotivation	Ausgeprägtes Motiv, subjektiv erlebte Missstände zu verändern und Prozesse und Strukturen nach eigenen Vorstellungen gestalten zu wollen; ausgeprägte Bereitschaft zur Einflussnahme und Verfolgung eigener Auffassungen
Führungsmotivation	Ausgeprägtes Motiv zur sozialen Einflussnahme; Präferierung von Führungs- und Steuerungsaufgaben; Selbsteinschätzung als Autorität und Orientierungsmaßstab für andere Personen
Gewissenhaftigkeit	Sorgfältiger Arbeitsstil; hohe Zuverlässigkeit; detailorientierte Arbeitsweise; hohe Wertschätzung konzeptionellen Arbeitens; Hang zum Perfektionismus
Flexibilität	Hohe Bereitschaft und Fähigkeit, sich auf neue oder unvorhergesehene Situationen einzustellen und Ungewissheit zu

	tolerieren; Offenheit für neue Perspektiven und Methoden; hohe Veränderungsbereitschaft
Handlungsorientierung	Fähigkeit und Wille zur raschen Umsetzung einer Entscheidung in zielgerichtete Aktivität sowie zur Abschirmung einer gewählten Handlungsalternative gegenüber weiteren Entwürfen
Sensitivität	Gutes Gespür auch für schwache Signale in sozialen Situationen; großes Einfühlungsvermögen; sichere Interpretation und Zuordnung der Verhaltensweisen anderer
Kontaktfähigkeit	Ausgeprägte Präferenz des Zugehens auf bekannte und unbekannte Menschen und des Aufbaus sowie der Pflege von Beziehungen; aktiver Aufbau und Pflege von beruflichen und privaten Netzwerken
Soziabilität	Ausgeprägte Präferenz für Sozialverhalten, welches von Freundlichkeit und Rücksichtnahme geprägt ist; Großzügigkeit in Bezug auf Schwächen der Interaktionspartner; ausgeprägter Wunsch nach einem harmonischen Miteinander
Teamorientierung	Hohe Wertschätzung von Teamarbeit und Kooperation; Bereitschaft zur aktiven Unterstützung von Teamprozessen; bereitwillige Zurücknahme eigener Profilierungsmöglichkeiten zugunsten der Arbeitsgruppe
Durchsetzungsstärke	Tendenz zur Dominanz in sozialen Situationen; Bestreben, die eigenen Ziele auch gegen Widerstände nachhaltig zu verfolgen; hohe Konfliktbereitschaft
Emotionale Stabilität	Ausgeglichene und wenig sprunghafte emotionale Reaktionen; rasche Überwindung von Rückschlägen und Misserfolgen; ausgeprägte Fähigkeit zur Kontrolle eigener emotionaler Reaktionen
Belastbarkeit	Selbsteinschätzung als (physisch) hoch widerstandsfähig und robust; starke Bereitschaft, sich auch außergewöhnlichen Belastungen auszusetzen und diesen nicht auszuweichen
Selbstbewusstsein	(Emotionale) Unabhängigkeit von den Urteilen anderer; hohe Selbstwirksamkeitsüberzeugung; großes Selbstvertrauen bezüglich der eigenen Fähigkeiten und Leistungsvoraussetzungen

Gütekriterien und empirische Fundierung

Objektivität
Die computergestütze Version bietet eine hohe Objektivität, da Anweisungen, Durchführung und Auswertung per Computer vorgenommen werden. Aufgrund der im Manual aufgeführten Anweisungen für die Instruktion der Testteilnehmer und der Darbietung der Items anhand eines standardisierten Fragebogens ist auch die Durchführungsobjektivität der Papier-Bleistift-Version gewährleistet. Die Auswertung er-

folgt mittels Auswertungsschablonen oder mit Hilfe einer Auswertungssoftware des Hogrefe TestSystems, welche direkt ein Ergebnisprofil erstellt. Beide Auswertungsmethoden erlangen ein hohes Maß an Objektivität. Als Interpretationshilfe der Ergebnisse liefert das Manual inhaltliche Hinweise bezüglich der Skalenendpunkte. Eine objektive Interpretation ist somit eingeschränkt gewährleistet, da keine standardisierten Interpretationen vorliegen. Die Autoren weisen darauf hin, dass eine Interpretation der Testbefunde im jeweiligen beruflichen Kontext vorgenommen werden sollte.

Reliabilität
Es liegen Angaben zur inneren Konsistenz der Skalen (Cronbachs α) und Retest-Reliabilitäten (nach einem Zeitraum von 8 bis 10 Wochen) vor. Die Koeffizienten sind in Tabelle 7-3 aufgeführt. Sie verdeutlichen, dass die Dimensionen des BIP inhaltlich recht homogen sind und die Persönlichkeitseigenschaften mit zufriedenstellender Zuverlässigkeit erfasst werden.

Tabelle 7-3: Die Reliabilitäten des BIP (vgl. Hossiep & Paschen, 1998, S.25)

Skala	Cronbachs α N = 5354	Retest-Reliabilität N = 108
Leistungsmotivation	.81	.79
Gestaltungsmotivation	.75	.77
Führungsmotivation	.88	.87
Gewissenhaftigkeit	.83	.85
Flexibilität	.87	.86
Handlungsorientierung	.86	.82
Sensitivität	.85	.84
Kontaktfähigkeit	.90	.89
Soziabilität	.75	.86
Teamorientierung	.89	.78
Durchsetzungsstärke	.85	.81
Emotionale Stabilität	.89	.86
Belastbarkeit	.92	.84
Selbstbewusstsein	.85	.86

Validität
Zum Zeitpunkt der Manualerstellung lagen außer faktorenanalytischer Berechnungen bezüglich des Itempools keine Befunde zur *Konstruktvalidität* des BIP vor. Zur Berechnung der *äußeren kriterienbezogenen Validität* wurden Korrelationen zwischen den vom BIP erfassten Dimensionen und externen Maßen vorgenommen. Es liegen Angaben bezüglich des Zusammenhangs zwischen den Skalen des BIP und dem Studienverlauf, der Berufsplanung, dem beruflichen Entgelt, der beruflichen Position, der eigenen Berufserfolgseinschätzung und Tätigkeitszufriedenheit vor. Tabelle 7-4 und 7-5 beinhalten die Ergebnisse dieser Befunde. Das adjustierte R^2 gibt an, wieviel Varianz des BIP mit Hilfe des Kriteriums erklärt werden kann. Inhaltlich bedeutet dies also, je höher der Wert von R^2, um so eher sind die Skalen des BIP in ihrer Ge-

samtheit in der Lage, eine gute Prognose des Kriteriums zu leisten. Eine detaillierte Auflistung der Kriteriumsvaliditäten der einzelnen Skalen findet sich in Hossiep und Paschen (1998).

Tabelle 7-4: Kriteriumsvalidität des BIP im Hinblick auf Ausbildungs- und Studienverlauf (Hossiep & Paschen, 1998, S.17)

Kriterium	adjustiertes R^2
Durchschnittsnote des Hochschulzugangszeugnisses	.01
Note des Vordiploms bzw. der Zwischenprüfung	-.02
Außeruniversitäre Praktika (Anzahl/Gesamtdauer)	.11/.15
Entscheidungssicherheit für den angestrebten späteren Tätigkeitsbereich	.24
Gesellschaftliches Engagement über das Studium hinaus	.24

Tabelle 7-5: Kriteriumsvalidität des BIP in Hinblick auf Maße des Berufserfolges und der Arbeitszufriedenheit (Hossiep & Paschen, 1998, S. 76ff)

Kriterium	adjustiertes R^2
Einschätzung der eigenen Arbeitszufriedenheit	.14
Berufliches Entgelt (um Alterseffekte bereinigt)	.15
Einschätzung des eigenen Berufserfolges	.17

Die Werte der Tabellen 7-4 und 7-5 verdeutlichen, dass nur ein geringer Zusammenhang zwischen den Werten des BIP und den äußeren Kriterien Ausbildungs- und Studienverlauf, Berufserfolg und Arbeitszufriedenheit besteht. Das BIP vermag nur wenig Varianz dieser Kriterien zu erklären und leistet demnach nur eine geringe Prognose bezüglich Berufserfolg und Arbeitszufriedenheit. Angaben zur *inneren kriterienbezogenen Validität* liegen nicht vor.

Durchführung und Auswertung

Das BIP liegt als Papier-Bleistift-Version und als Computerversion vor. Beide sind bezüglich des Inhalts und der Testinstruktion identisch. Letztere ist im Rahmen des Hogrefe TestSystems erhältlich. Das Testmaterial der Papierversion besteht aus einer Handanweisung, Fragebogen, einem Schablonensatz, Summen- und Profilblättern, Fremdbeschreibungsbogen, Auswertungsbögen der Fremdbeschreibung und Informationsbroschüren für die Teilnehmer. Für die Einarbeitung in die computergestützte Version besteht ein Seminarangebot des Hogrefe-Verlages. Beide Versionen umfassen 210 Items, die den 14 Skalen zugeordnet sind. Die Testteilnehmer bewerten die Items auf einer sechsstufigen Antwortskala. Die Durchführung des BIP kann als Einzel- oder Gruppentest stattfinden und dauert etwa 45 bis 60 Minuten, die Auswertung der Papier-Bleistift-Version ca. 20 Minuten. Die Bearbeitung des Fremdbeurteilungsbogens beträgt ca. 10 bis 15 Minuten. Zur Auswertung individueller Ergebnisse liegen 9- und 10-stufige Normtabellen vor, welchen eine Normalverteilung zugrunde liegt. Es wurde jedoch nicht überprüft, inwieweit die Daten der Gesamtstichprobe normalverteilt sind. Neben der Normstufe ist der jeweilige prozentuale Anteil der Vergleichsgruppe ersichtlich. Die Normtabellen sind in folgende Vergleichsgruppen untergliedert: Geschlecht, Alter, berufliche Position und Studienbereich.

Bewertung

Die Autoren raten davon ab, das BIP als alleiniges Platzierungs- oder Entscheidungsinstrument einzusetzen. Sie erkennen den diagnostischen Wert des Verfahrens insbesondere beim Einsatz als systematische Grundlage für eine hypothesengeleitete, tiefere Exploration.

Die gewählte Stichprobe, an welcher die Normierung erfolgte, ist zwar nicht repräsentativ für die Bevölkerung, stellt jedoch eine adäquate Stichprobe für den Einsatzbereich des Instrumentes dar. Aufgrund der vielseitigen Spezifizierung der Normtabellen ist ein präziser Vergleich individueller Werte mit einer passenden Vergleichsstichprobe möglich. Fraglich bleibt jedoch, inwieweit die Werte der Gesamtstichprobe und der einzelnen Vergleichsgruppen normalverteilt sind. Hierzu liegen keine expliziten Angaben vor. Folglich ist der Einsatz der Normwerte nicht zweifelsfrei legitimiert. Kritikwürdig erscheinen auch die teilweise hohen Interkorrelationen der Skalen und der relativ kurze Zeitraum von 8 bis 10 Wochen zur Berechnung der Retest-Reliabilitäten. Vermag das BIP zeitstabile Persönlichkeitsdimensionen zu erfassen, sollten die Retest-Reliabilitäten nach einem längeren Zeitintervall ähnlich hohe Werte aufweisen.

Des Weiteren wurden eine Konstruktvalidität und die Güte der Items bezüglich der Erfassung bestimmter Persönlichkeitsdimensionen nicht ausreichend belegt. Eine nähere Ausführung der über den Itempool berechneten Faktorenanalysen bleibt aus. Angaben zur inneren kriterienbezogenen Validität liegen nicht vor, die äußeren kriterienbezogenen Validitäten weisen durchgehend niedrige Werte auf. Diese Ergebnisse werfen die Frage auf, inwiefern das BIP tatsächlich ein geeignetes Verfahren für die Erfassung von Ausbildungs- und Studienverlauf, Arbeitszufriedenheit und beruflichem Erfolg darstellt. Als letzter Kritikpunkt sei die Darstellung der Kriterienvalidität in Form eines adjustierten R^2 angeführt. Inwieweit das BIP in der Gesamtheit seiner Skalen eine gute Prognose für bestimmte Kriterien darstellt, scheint in der Praxis von weniger Interesse zu sein als die Güte der einzelnen Skalen.

7.2 Deutsche Personality Research Form (PRF)

Stefanie Bilke

Bei der Personality Research Form (PRF) handelt es sich um einen Persönlichkeits-Struktur-Test in Form eines multidimensionalen Persönlichkeitsfragebogens. Sie dient der Beurteilung einer Reihe von Merkmalen, denen sowohl in der psychologischen Forschung als auch in der praktischen Diagnostik eine zentrale Bedeutung zukommt. Die amerikanische Originalversion der PRF wurde von Jackson (1967; 1974) entwickelt und ist seit vielen Jahren eines der am häufigsten verwendeten Persönlichkeitsfragebögen der psychologischen Forschung im anglo-amerikanischen Raum. Ihre Einsatzschwerpunkte liegen u.a. in Fragestellungen der pädagogischen, sozialpsychologischen und klinischen Forschung sowie im berufspsychologischen Bereich. Im Rahmen der Berufspsychologie konzentrieren sich Forschungsarbeiten zum einen auf die Struktur von Berufsinteressen, zum anderen auf das Problem der Vorhersage des Verhaltens im Beruf mittels Persönlichkeitsskalen. Die deutschsprachige Version der PRF wurde von Stumpf, Angleitner, Wieck, Jackson und Beloch-Till entwickelt und wird seit 1985 eingesetzt. Die deutsche PRF stellt das Ergebnis mehrjähriger Bemühungen dar, das Inventar in einer für den deutschen Kulturkreis geeigneten Form zur Verfügung zu stellen. Sowohl die amerikanische als auch die deutsche PRF sind auf die Erfassung alltäglichen, normalpsychologischen Verhaltens ausgerichtet. Verhaltensauffälligkeiten im klinischen Sinne können und sollen mit diesem Verfahren nicht erfasst werden.

Konzeption

Die konzeptionelle Basis der PRF-Originalversion stellt die Persönlichkeitstheorie von Murray (1938), die Personologie, dar. Im Rahmen dieser Theorie definiert Murray zwei zentrale Begriffe: „Motiv/Bedürfnis" (need) auf der Personenseite und „Druck/Eindruck" (press) auf der Situationsseite. Der Begriff „Motiv/Bedürfnis" umfasst alles, was ein Individuum von sich aus anstrebt, und kann sich sowohl auf kurzfristige Zustände als auch auf stabile Persönlichkeitsmerkmale („trait of personality") beziehen. „Druck/Eindruck" bezeichnet denjenigen Zielzustand, den die Situation erhoffen, oder als Verlust befürchten lässt (Kubinger, 1995; Fisseni, 1998).

Auf dieser Theorie aufbauend wählte Jackson bei der Konstruktion des PRF insgesamt zwanzig Bedürfnisbegriffe Murrays aus, die sich hauptsächlich auf Beschreibungen von „manifesten Motiven" beziehen. Die Motive werden von Jackson im Sinne des „trait-Konzepts" als stabile Persönlichkeitsmerkmale interpretiert. Jedem dieser Konzepte entspricht in der amerikanischen Version der PRF, in Abgrenzung zu zwei „Validitätsskalen", eine sogenannte Inhaltsskala mit folgenden Bezeichnungen (deutsche Übersetzung in Klammern):

1. Abasement (Selbsterniedrigung)	2. Achievement (Leistungsstreben)
3. Affiliation (Geselligkeit)	4. Aggression (Aggressivität)
5. Autonomy (Autonomiestreben)	6. Change (Bedürfnis nach Abwechslung)
7. Cognitive Structure (Sorgfalt)	8. Defendence (Misstrauen)
9. Dominance (Dominanzstreben)	10. Endurance (Ausdauer)
11. Exhibition (Bedürfnis nach Beachtung)	12. Harmavoidance (Risikovermeidung)
13. Impulsivity (Impulsivität)	14. Nurturance (Hilfsbereitschaft)
15. Order (Ordnungsstreben)	16. Play (Spielerische Grundhaltung)
17. Sentience (Beachtung von Sinnesqualitäten)	18. Social Recognition (Soziales Anerkennungsbedürfnis)
19. Succorance (Anlehnungsbedürfnis)	20. Understanding (allg. Interessiertheit)

Hinzu kommen zwei sogenannte Validitätsskalen zur Erfassung von Antworttendenzen:

21. Desirability (Erwünschtheit)	22. Infrequency (Infrequenz)

Bei der Adaptierung der Originalversion zur Verwendung im deutschen Sprachraum bestand das Bestreben, eine möglichst hohe inhaltliche und strukturelle Äquivalenz zur Originalversion Jacksons zu erreichen. Hierzu wurden bei der Entwicklung der deutschen PRF-Version zwei umfangreiche Äquivalenzprüfungen sowie eine Validierung an Fremd- und Selbsteinschätzungen vorgenommen. Aufbauend auf den Ergebnissen dieser Analysen wurde die deutsche Version anhand verschiedener zuvor festgelegter Kriterien gekürzt, so dass in der Endversion 14 Inhaltsskalen und eine Infrequenzskala verblieben. Die einzelnen Bezeichnungen der Skalen sowie eine Kurzumschreibung der mit ihnen erfassten Konstrukte sind in Tabelle 7-6 dargestellt.

Tabelle 7-6: Skalenbezeichnungen und Konstruktumschreibungen der deutschen PRF

Skalenbezeichnung (deutsche Übersetzung in Klammern)	Konstruktumschreibung (Kurzfassung)
1. Achievement (Leistungsstreben)	zielstrebig, fleißig, strebsam, ehrgeizig
2. Affiliation (Geselligkeit)	gesellig, kontaktfreudig, freundschaftlich, umgänglich
3. Aggression (Aggressivität)	aggressiv, streitbar, reizbar, angriffslustig
4. Dominance (Dominanzstreben)	dominant, bestimmend, tonangebend, sich durchsetzend
5. Endurance (Ausdauer)	ausdauernd, beharrlich, standfest, unermüdlich
6. Exhibition (Bedürfnis nach Beachtung)	sich zur Schau stellend, auffallend, überschwänglich, großspurig
7. Harmavoidance (Risikomeidung)	vorsichtig, meidet Gefahr, geht keine Risiken ein, leicht beunruhigt

8. Impulsivity (Impulsivität)	impulsiv, spontan, kurz entschlossen, unbeständig
9. Nurturance (Hilfsbereitschaft)	fürsorglich, mitfühlend, hilfreich, teilnahmsvoll, beschützend
10. Order (Ordnungsstreben)	ordentlich, diszipliniert, korrekt, systematisch, zuverlässig
11. Play (Spielerische Grundhaltung)	verspielt, lebensfroh, unbekümmert, ausgelassen
12. Social Recognition (Soziales Anerkennungsbedürfnis)	sucht Anerkennung, höflich, bemüht um guten Ruf, förmlich
13. Succorance (Anlehnungsbedürfnis)	sucht Unterstützung, lässt sich gerne beraten, hilfsbedürftig, zutraulich
14. Understanding (Allgemeine Interessiertheit)	wissbegierig, interessiert, überlegend, verstandesgeprägt

Die Infrequenzskala besteht aus Items, die extrem seltene Verhaltensweisen beschreiben, ohne dabei bizarr oder lächerlich zu wirken. Sie dient vor allem der Identifizierung nachlässig oder unkooperativ bearbeiteter PRF-Formulare. Die deutsche Version der PRF existiert, analog zur amerikanischen Originalfassung, in zwei Parallelformen, Form KA und Form KB.

Mit ihrem Einsatz wird das Ziel verfolgt, eine umfassende, für den Alltag relevante Charakterisierung von Personen in Form der 14 normalpsychologischen Merkmalsbereiche vorzunehmen. Der Schwerpunkt wird dabei auf verschiedene Aspekte des Leistungs- und Sozialverhaltens gelegt. Anwendungsbereiche, für die sich die deutsche PRF besonders gut eignet, sind Forschungszwecke (z.B. für pädagogisch-psychologische Fragestellungen oder im Rahmen der Personalforschung), die psychologische Praxis (z.B. als Beratungsgrundlage oder als Entscheidungshilfe für Therapie- und sonstige Interventionsmaßnahmen), die Bildungs- und Berufsberatung sowie die Personaldiagnostik.

Grundsätzlich ist eine Anwendung der PRF zu überdenken, wenn sich der Untersuchte durch die Vermittlung eines unzutreffenden Eindruckes seiner Person Vorteile versprechen könnte. Eine solche Situation kann zu einer beabsichtigten Verfälschung des Testergebnisses führen, da sie subtiles, auf den Anwendungskontext abgestimmtes Antwortverhalten im Sinne des „impression management" zu provozieren vermag (vgl. Abschnitt zur Validität). Dieser Umstand ist u.a. bei einer Anwendung in Prüfungs-, Bewerbungs- und Personalauslesesituationen zu beachten.

Gütekriterien und empirische Fundierung

Reliabilität
Reliabilitätsuntersuchungen zu den Inhaltsskalen der deutschen PRF wurden durchgeführt zur Bestimmung der inneren Konsistenz, der Split-half-Reliabilität, der Retest- sowie Paralleltestreliabilität. Die *innere Konsistenz* wurde für die Form KA an einer Normalbevölkerungsstichprobe (N = 1086) bestimmt. Die Koeffizienten lagen

zwischen r = .66 und r = .86. Für die Form KB wurden an einer Stichprobe von Soldaten (N = 277) Werte zwischen r = .66 und r = .87 erreicht. Für die Split-half-Reliabilitäten, die an denselben Stichproben erhoben wurden, ergaben sich Koeffizienten zwischen r = .66 und r = .85 für Form KA und zwischen r = .53 und r = .85 für Form KB. Von einzelnen Ausnahmen abgesehen, entsprechen die gefundenen Konsistenzwerte den bei der Adaption der deutschen PRF-Version gesetzten Kriterien, die unter anderem einen Konsistenzwert von mindestens .70 vorsahen.

Die Bestimmung der Retest-Reliabilitäten erfolgte lediglich für Form KA. Hierzu wurden drei Erhebungen im Abstand jeweils eines Jahres an einer Stichprobe männlicher Erwachsener durchgeführt (vgl. Angleitner, Fillip & Braukmann, 1982). Die Gegenüberstellung des ersten und zweiten Messzeitpunktes (N = 64) ergab Stabilitätskoeffizienten zwischen r = .67 und r = .85. Bei einem Vergleich von zweitem und drittem Messzeitpunkt berechneten sich Werte zwischen r = .70 und r = .88 (N = 140). Bei dem längeren Retestintervall von der ersten zur dritten Erhebung wurden Koeffizienten zwischen r = .61 und r = .86 erreicht (N = 58). Damit können die Skalen der deutschen PRF als sehr stabile Indikatoren der zu erfassenden Merkmale bewertet werden.

Die *Paralleltestreliabilität* wurde über eine Interkorrelationsanalyse an der bereits erwähnten Stichprobe von Soldaten bestimmt (Form KA: N = 281; Form KB: N = 277). Die Interkorrelationen der Inhaltsskalen lagen zwischen r = .66 und r = .87. So wird den beiden PRF-Formen KA und KB von den Autoren ein befriedigendes Niveau an Vergleichbarkeit zugesprochen.

Validität
In zahlreichen Untersuchungen wurden die faktorielle Validität, die konvergente und diskriminante Validität sowie Aspekte der differentiellen Validität der deutschen PRF geprüft. Die *faktorielle Validität* wurde mittels Faktorenanalyse auf Itemebene erhoben. Es resultierte eine rotierte 14-Faktor-Lösung, die eine sehr klare Struktur aufwies, da alle Items positiv auf den ihnen zugehörigen Skalenfaktoren luden (vgl. Stumpf, 1981, S. 202-219). Die faktorielle Validität des PRF kann somit als gesichert gelten.

Die *konvergente und diskriminante Validität* wurde in einer Reihe von Studien in Bezug auf Selbst- und Fremdeinschätzung sowie in Bezug auf andere Persönlichkeitsinventare bestimmt. Zu den herangezogenen Persönlichkeitsinventaren zählten zum einen zwei breit angelegte Persönlichkeitstests, namentlich das „Sixteen Personality Factor Questionnaire" (16 PF-A; Cattell & Eber, 1962) sowie das „Eysenck-Persönlichkeits-Inventar" (EPI; Eggert, 1974), zum anderen eine Reihe von Inventaren, die auf enger umschriebene Merkmalsbereiche abzielen, u.a. die IPC-Skalen zur Kontrollüberzeugung (Krampen, 1981) und die Selbstkonzeptskalen (Mummendey, Mielke, Maus & Hesener, 1977). Für eine vollständige Ausführung dieser Studien ist in dieser Besprechung kein Raum, weshalb der interessierte Leser auf die Handanweisung (Stumpf et al., 1984, S. 52-75) verwiesen sei.

Die Höhe der *differentiellen Validität* in verschiedenen Anwendungskontexten wurde im Rahmen einer Faking-Studie zur Verfälschbarkeit von PRF-Profilen durch tendenziöse Selbstdarstellung (Stumpf & Steinhart, 1981) erfasst. Wegen ihrer Relevanz für die Anwendung der deutschen PRF in arbeits- und organisationspsychologischen Kontexten soll diese Studie knapp dargestellt werden.

Stumpf und Steinhart (1981) legten die deutsche PRF einer Stichprobe von Bundeswehrfreiwilligen (N = 692) unter jeweils einer von drei Instruktionsbedingungen vor. Eine Gruppe wurde zur Vermittlung eines übertrieben günstigen Eindrucks aufgefordert (Faking-good-Gruppe), eine andere zur Vermittlung eines übertrieben ungünstigen Bildes von sich selbst (Faking-bad-Gruppe). Die dritte Gruppe erhielt die üblichen Bearbeitungsanweisungen. Die Probanden jeder Gruppe unterschieden sich zusätzlich hinsichtlich ihrer Schulbildung (Abitur oder Fachabitur, Mittlere Reife, Hauptschulabschluss). Die Ergebnisse zeigen, dass die Absicht einer Person, im PRF ein unzutreffendes Bild von sich zu vermitteln, zu bedeutsamen Abweichungen ihres Antwortverhaltens führen kann. Je nach Art der Täuschungsabsicht sind die Abweichungen aber von unterschiedlichem Gewicht: In der Faking-good-Gruppe zeigen sich nur für bestimmte Skalen, u.a. Dominance und Endurance, und meist auch nur für die Abiturientengruppe signifikante Effekte. Ihre Faking-Tendenz geht dahin, sich besonders leistungsorientiert, ausdauernd, ordentlich, beherrscht, an vielen Wissensgebieten interessiert etc. darzustellen. Bei der Faking-bad-Gruppe zeigen sich massive Effekte für die Mehrzahl der Skalen, wobei Bildungseffekte in den Hintergrund treten. Die Faking-bad-Abweichungen verhalten sich bei solchen Skalen, bei denen Faking-good-Effekte bestehen, zu diesen entgegengesetzt. Die Tatsache, dass in dieser inhaltlich eng umrissenen Studie Faking-Effekte auftreten, spricht dafür den Anwendungskontext vor Einsatz der deutschen PRF hinsichtlich einer möglichen Provokation tendenziöser Selbstdarstellung zu prüfen.

Objektivität
In der Handanweisung der deutschen PRF (Stumpf et al., 1984) liegen detaillierte Anweisungen für eine standardisierte Durchführung, Auswertung und Interpretation vor. Bei Einhaltung dieser Richtlinien sind Durchführungs-, Auswertungs- und Interpretationsobjektivität gewährleistet.

Durchführung und Auswertung

Durchführung
Die deutsche PRF ist für Probanden ab einem Alter von 17 Jahren einsetzbar. Die Anwendung der Parallelform KB ist zudem nur bei männlichen Probanden möglich. Grundsätzlich kann die deutsche PRF im Rahmen von Individual- und Gruppentestungen durchgeführt werden.

Das Testmaterial besteht aus einem achtseitigen Fragebogenformular, das insgesamt 234 Items umfasst. Die Antworten sind von den Probanden direkt in das Formular einzutragen, daher werden als zusätzliches Material für jeden Probanden Bleistift und Radiergummi benötigt. Auf dem Deckblatt des Fragebogenformulars werden Alter, Geschlecht, Schulabschluss und Beruf erfragt. Darüber hinaus findet sich hier eine schriftliche Testanweisung. Auf den folgenden sieben Seiten finden sich Items in Form von Selbstbeschreibungs-Aussagen. Für jedes Item ist eine zweistufige Antwortskalierung vorgesehen: Der Proband hat für jede Aussage zu entscheiden, ob sie auf ihn zutrifft (RICHTIG) oder nicht (FALSCH).

Ich arbeite an Problemen weiter, bei denen andere schon aufgegeben haben.	☐ RICHTIG	☐ FALSCH
Ich würde lieber eine leichtere Arbeit ausführen als eine, bei der Schwierigkeiten zu überwinden sind.	☐ RICHTIG	☐ FALSCH

Abbildung 7-1: Beispiele für Items der deutschen PRF

Nachdem jeder Proband das Testmaterial erhalten hat, ist die Instruktion auf dem Deckblatt des Fragebogenformulars zusätzlich vom Testleiter laut vorzulesen. Dieser sollte weiterhin „zu zügiger aber sorgfältiger Bearbeitung auffordern" (Stumpf et al., 1984, S. 81) sowie darauf hinweisen, dass eine vollständige Bearbeitung des Fragebogens unerlässlich ist. Die Bearbeitungszeit beträgt ca. 25 bis 30 Minuten.

Auswertung
Für die Auswertung der PRF werden das zu bewertende Fragebogenformular, eine Auswerteschablone für Form KA bzw. KB, ein Auswertungsblatt und ein Profilblatt benötigt. Den ersten Schritt der Auswertung stellt die Ermittlung der Skalenrohwerte dar. Dies geschieht über das Auflegen der Auswertungsschablone auf das Fragebogenformular. Die Schablone enthält für jede der sieben Fragebogenseiten eine Auswertungsspalte, in der nur die Antwortfelder gekennzeichnet sind, deren Markierung als Rohwert zählt.

Zunächst wird die Validitätsskala „Infrequency" ausgewertet, da von diesem Ergebnis die weitere Auswertung abhängt. Die Anzahl der Antwortmarkierungen auf dieser Skala wird im Auswertungsblatt aufsummiert. Infrequenzwerte zwischen 0 und 2 sind unauffällig, weswegen in diesen Fällen mit der Auswertung fortgefahren wird. Ergibt sich ein Infrequenzwert von 3 oder mehr, und ist dies nicht auf eine fehlerhafte Auswertung zurückzuführen, muss bezweifelt werden, dass der Proband das PRF-Formular instruktionsgetreu bearbeitet hat. Fragebögen, bei denen ein Infrequenzwert von 3 vorliegt, sind, wenn überhaupt, nur bedingt interpretierbar. Liegt der Infrequenzwert über 3 Punkten, so ist der Fragebogen grundsätzlich nicht weiter auszuwerten. In diesen Fällen muss auf *jegliches* diagnostische Urteil über den Probanden auf Basis seiner PRF-Daten verzichtet werden, da auffällig hohe Infrequenzwerte aus unterschiedlichsten Gründen entstanden sein können.

Gestattet der Infrequenzwert eine weitere Verwertung des PRF-Formulars, werden alle Items der Inhaltsskalen ausgewertet. Hierzu werden die in Schlüsselrichtung markierten Items im Auswertungsbogen angekreuzt. Im Anschluss erfolgt die Auszählung der im Auswertungsblatt markierten Items pro Zeile, wobei jede Zeile eine Inhaltsskala darstellt. Für jede Zeile ergibt sich auf diese Weise der Rohwert der jeweiligen Inhaltsskala.

Zur Interpretation der Rohwerte werden die im Auswertungsblatt pro Skala ermittelten Rohwerte zunächst in das PRF-Profilblatt übertragen, das je eine Spalte für die Rohwerte und Normwerte sowie ein Profilraster mit kurzen Konstruktumschreibungen für die einzelnen Skalen enthält. In der Folge werden die Rohwerte in Normwerte umgewandelt, die sich in Tabellenform im Anhang der Handanweisung finden.

Die Normierung der PRF erfolgte auf Basis einer großen Normalbevölkerungsstichprobe (N = 2882). Für die PRF-Form KA liegen Normwerte getrennt für Männer und Frauen vor, die zusätzlich nach jeweils vier Altersgruppen (17-19 Jahre, 20-29 Jahre, 30-49 Jahre, 50 Jahre und älter) unterteilt sind. Form KB ist lediglich für zwei Altersgruppen männlicher Personen (17-19 Jahre, 20-29 Jahre) normiert. Als Normen finden Stanine-Werte Anwendung. Zu jedem Skalen-Rohwert eines Probanden wird der entsprechende Stanine-Wert anhand der zugehörigen Normtabelle ermittelt und in das PRF-Profilblatt übertragen. Abschließend wird für jede Skala der dem Stanine-Wert entsprechende Punkt auf dem Profilraster markiert.

Für die Interpretation der 14 Inhaltsskalenwerte sind die in der Handanweisung detailliert dargestellten Konstruktumschreibungen heranzuziehen. Einem hohen Stanine-Wert entspricht ein Verhalten, wie es in der jeweiligen Konstruktumschreibung dargestellt ist, ein mittlerer Wert zeigt eine durchschnittliche Ausprägung dieses Merkmals an. Ein niedriger Wert bedeutet, dass ein der Konstruktumschreibung entgegengesetztes Verhalten gezeigt wird.

Bewertung

Mit der Entwicklung der deutschen PRF ist es gelungen, ein bedeutsames Persönlichkeitsinventar für den deutschsprachigen Kulturkreis verfügbar zu machen. Das Verfahren ermöglicht mit insgesamt 14 Inhaltsskalen eine sehr breite Erfassung von Persönlichkeitsmerkmalen, wobei positiv zu bemerken ist, dass die verwendeten Merkmalskonzepte „überwiegend dem common sense entsprechen und ... somit relativ leicht Laien zu vermitteln und auf viele Bereiche des Lebens zu beziehen" sind (Stumpf et al., 1985, S. 8). Entsprechend kommt dieser Test für ein weites Feld von Anwendungskontexten und -zielen in Frage. Die Durchführung der PRF ist zeitökonomisch und mit minimalem Materialaufwand auch mit größeren Probandengruppen möglich. Detaillierte Beschreibungen in der Handanweisung gewährleisten eine leicht handhabbare und objektive Auswertung und Interpretation der Ergebnisse. Die Untersuchungen zu Reliabilität und Validität der deutschen PRF sprechen im Wesentlichen dafür, dass es gelungen ist, die günstigen psychometrischen Eigenschaften der Originalversion zu replizieren.

Im arbeits- und organisationspsychologischen Anwendungskontext allerdings ist das Einsatzspektrum der deutschen PRF eingeschränkt. Diese Einschränkungen ergeben sich aus der oben beschriebenen Erkenntnis, dass erhebliche Abweichungen im Antwortverhalten resultieren können, wenn ein Proband motiviert ist, einen bestimmten Eindruck im Sinne des „impression management" zu vermitteln. Situationen, die tendenziöse Selbstdarstellungen zu provozieren vermögen, dürften in arbeits- und organisationspsychologischen Untersuchungen eher die Regel als die Ausnahme darstellen. Zu beachten ist dieser Umstand u.a. bei einer Verwendung der PRF im Rahmen eignungsdiagnostischer Fragestellungen. Grundsätzlich sei empfohlen, vor Anwendung der PRF eingehend zu prüfen, inwiefern der Anwendungskontext manipuliertes Antwortverhalten auslösen könnte. Zu empfehlen ist eine Applikation in Verbindung mit Beratungssituationen, wie sie bei Fragestellungen der Bildungs- und Berufsberatung vorliegen.

7.3 Fragebogen zu Kompetenz- und Kontrollüberzeugungen (FKK)

Sandra Schlösser

Der Fragebogen zu Kompetenz- und Kontrollüberzeugungen (FKK; Krampen, 1991) stellt ein an einer repräsentativen Stichprobe normiertes Instrument zur Erfassung generalisierter Erwartungen dar. Das Verfahren wurde 1990/91 von Günter Krampen entwickelt. Es basiert auf der sozialen Lerntheorie von Rotter (1954, 1955) und beschäftigt sich mit dem Konstrukt der Kontrollüberzeugungen. Die Kontrollüberzeugung ist eine allgemeine Erwartungshaltung einer Person darüber, wovon wichtige Ereignisse oder das Erhalten von Belohnungen und Verstärkern abhängig sind. Externale Kontrollüberzeugung liegt vor, wenn eine Person Verstärkungen und Ereignisse, die eigenen Handlungen folgen, als nicht zusammenhängend mit eigenen Handlungen oder zu eigenen Charakteristika wahrnimmt, sondern als Ergebnis von Glück, Zufall, Schicksal, als von mächtigen anderen Personen kontrolliert oder als unvorhersehbar wahrnimmt. Internale Kontrollüberzeugung hingegen liegt vor, wenn eine Person Verstärkungen und Ereignisse in der persönlichen Umwelt als den eigenen Handlungen folgend, also als kontingent zum eigenen Verhalten oder zu eigenen Persönlichkeitscharakteristika wahrnimmt.

Ausgangspunkt dieses Verfahrens ist der IPC Fragebogen zu Kontrollüberzeugungen, der drei Aspekte generalisierter Kontrollüberzeugungen, nämlich „Internalität", „sozial bedingte Externalität" und „fatalistische Externalität" erfasst. Der FKK ist eine empirisch breiter fundierte und differenzierte Neuentwicklung, wobei Schwachpunkte des bereits existierenden IPC Fragebogens vermieden werden sollten. Im FKK werden die Aspekte „Selbstkonzept eigener Fähigkeiten", „Internalität", „Soziale Externalität" und „fatalistische Externalität" erfasst. Der FKK ist somit ein handlungstheoretisches Persönlichkeitsdiagnostikum, welches sich auf die Erfassung generalisierter Kompetenz- und Kontrollüberzeugungen bezieht. Das Verfahren ist sowohl in der Arbeits- und Berufspsychologie als auch im Bereich der Klinischen und Entwicklungspsychologie einsetzbar. Bei der Verwendung des Verfahrens zu Selektionszwecken sollte man jedoch mit Verfälschungen im Sinne der sozialen Erwünschtheit rechnen. Der Einfluss von sozialer Erwünschtheit kann verringert werden, wenn bei der Instruktion darauf geachtet wird, dem Untersuchten keine Antworttendenzen (z.B.: „Wir suchen selbstbestimmte Persönlichkeiten" o. ä.) nahe zu legen.

Konzeption

Zielsetzung des FKK ist die Erfassung von Kompetenz- und Kontrollerwartungen, die über verschiedene Handlungsklassen, Handlungs- und Lebenssituationen hinweg verallgemeinert sind. Diagnosen sind basierend auf dem handlungstheoretischen Partialmodell der Persönlichkeit nur dann sinnvoll, wenn davon auszugehen ist, dass die Person sich in einer gedanklich schlecht oder gar nicht strukturierten Situation befindet. In derartigen Situationen gestatten Informationen über die generalisierten und situativ stabilen selbstbezogenen Kognitionen einer Person Prognosen von Handlungs- bzw. Verhaltenstendenzen und Erlebnisprozessen. Im FKK wird im Gegensatz zu älteren Ansätzen wie Rotter (1966) von der Multidimensionalität des Konstrukts der Kontrollüberzeugung ausgegangen. Krampen geht wie Levenson (1972, 1974) von den folgenden drei Aspekten generalisierter Kontrollüberzeugungen aus:

1) Internalität (FKK-I) – Die Dimension „Internalität" spiegelt wider, inwieweit eine Person glaubt, das eigene Leben und Ereignisse der personenspezifischen Umwelt selbst kontrollieren zu können.
2) Sozial bedingte Externalität (FKK-P „powerful others control orientation") – Die Dimension „sozial bedingte Externalität" erfasst, inwieweit eine Person davon ausgeht, dass wichtige Ereignisse im Leben vom Einfluss anderer („mächtiger") Personen abhängen.
3) Fatalistische Externalität (FKK-C; chance control orientation") – Die dritte Dimension „fatalistische Externalität" misst die allgemeine Erwartungshaltung einer Person darüber, dass das Leben und Ereignisse in ihm von Schicksal, Glück, Pech und dem Zufall abhängen.

Zusätzlich wird im FKK ein weiterer Aspekt, nämlich der der Kompetenzerwartungen in generalisierter Form erfasst. Die entsprechende Subskala lautet:

4) Selbstkonzept eigener Fähigkeiten (FKK-SK) – Diese Dimension erfasst die allgemeine Erwartung einer Person darüber, dass in Handlungs- oder Lebenssituationen Handlungsmöglichkeiten – zumindest eine – zur Verfügung stehen.

Die oben angeführten Skalen werden als Primärskalen bezeichnet und basieren auf jeweils acht Items. Die Primärskalen werden zusätzlich zu übergeordneten Bereichen, den Sekundärskalen, zusammengefasst. Die erste Sekundärskala wird aus den Items des FKK-SK und des FKK-I gebildet und wird als Dimension generalisierter Selbstwirksamkeit bezeichnet. Die zweite Sekundärskala wird als Dimension der generalisierten Externalität in Kontrollüberzeugungen (FKK-PC) bezeichnet und wird aus den Skalen FKK-P und FKK-C berechnet.

Zudem wird eine Tertiärskala errechnet, welche von den Autoren selbst als konzeptionell unscharf bezeichnet wird. Diese wird durch den Differenzwert FKK-SK und FKK-PC gebildet. Sie wird als globale bipolare Dimension der generalisierten Internalität versus Externalität in Kontrollüberzeugungen bezeichnet. Tabelle 7-7 gibt einen Überblick über die inhaltliche Bedeutung eines hohen oder niedrigen Wertes auf den einzelnen Skalen.

Tabelle 7-7: Inhaltliche Bedeutung hoher und niedriger Skalenwerte

FKK-Skala	niedriger Wert	hoher Wert
Selbstkonzept eigener Fähigkeiten (FKK-SK)	- sieht wenig Handlungsmöglichkeiten in Problemsituationen - ist selbstunsicher, passiv, abwartend, ideenarm - ist unsicher in neuartigen Situationen - kennt wenig Handlungsalternativen - geringes Selbstvertrauen	- sieht viele Handlungsalternativen in Problemsituationen - ist selbstsicher, aktiv, tatkräftig, ideenreich - ist sicher in neuartigen Situationen - kennt viele Handlungsalternativen - hohes Selbstvertrauen

Internalität (FKK-I)	- erreicht selten das Gewünschte oder Geplante - vertritt eigene Interessen wenig erfolgreich - bestimmt kaum über wichtige Ereignisse im Leben - sieht Erfolge als wenig abhängig von eigener Anstrengung und persönlichem Einsatz - kann soziale Interaktion kaum regulieren - erlebt eigene Handlung als wenig effektiv	- erreicht häufig das Gewünschte oder Geplante - vertritt eigene Interessen erfolgreich - bestimmt selbst über wichtige Ereignisse im Leben - sieht Erfolg als abhängig von eigener Anstrengung und persönlichem Einsatz - reguliert soziale Interaktion - erlebt eigene Handlung als wirksam und effektiv
Soziale Externalität (FKK-P)	- sieht sich und das Leben als wenig abhängig von anderen Menschen - ist emotional wenig vom Verhalten anderer abhängig - ist durchsetzungsfähig - fühlt sich durch mächtige Andere nicht beeinflusst - sieht Ereignisse im Leben als wenig fremdverursacht - relativ frei von Gefühlen der Ohnmacht und Hilflosigkeit	- sieht sich und das Leben als stark abhängig von anderen Menschen - ist emotional stark vom Verhalten anderer abhängig - ist wenig durchsetzungsfähig - fühlt sich durch mächtige Andere benachteiligt - sieht Ereignisse im Leben als stark fremdverursacht - häufige Gefühle der Ohnmacht und Hilflosigkeit
Fatalistische Externalität (FKK-C)	- ist nicht schicksalsgläubig - glaubt nicht an die Bedeutung des Zufalls - sieht Möglichkeiten, sich vor Pech zu schützen - Glück spielt für Erfolg eine geringe Rolle	- ist sehr schicksalsgläubig - sieht Ereignisse im Leben als zufallsabhängig - kann sich nicht vor Pech schützen - Erfolg hängt vom Glück ab - ist wenig rational

Gütekriterien und empirische Fundierung

Das Testhandbuch enthält eine Tabelle mit den wesentlichen Itemkennwerten (Mittelwert, Standardabweichung, Schwierigkeitsindizes und Trennschärfekoeffizienten) sowie Ersatzwerten für fehlende Itemantworten. Alle Trennschärfekoeffizienten sind statistisch signifikant. Für die FKK-Skalen sind zusätzlich deskriptive Kennwerte (Mittelwert, Standardabweichung) in einer Tabelle aufgeführt.

Objektivität
Die Durchführungsobjektivität kann aufgrund der dem Fragebogen vorangestellten schriftlichen und standardisierten Instruktion als hoch angesehen werden. Versuchsleitereinflüsse sollten sich bei Befolgen der im Testhandbuch angegebenen Hinweise als äußerst gering erweisen. Die Auswertungsobjektivität kann durch die Schablone und die auf dem Fragebogen abgebildete Auswertungstabelle als hoch bezeichnet werden. Zusätzlich können stichprobenartige Zweitauswertungen hinzugezogen werden. Die Interpretationsobjektivität ist bei Beachtung der im Handbuch angegeben Vertrauensintervalle (Bereich, in dem der wahre Wert des Probanden mit einer hohen Wahrscheinlichkeit liegt) als gewährleistet anzusehen.

Reliabilität
Eine Tabelle im Handbuch informiert über die interne Konsistenz, die Testhalbierungsreliabilität, die Retestreliabilität sowie die Profilreliabilitäten. Die jeweiligen Koeffizienten wurden auf der Basis diverser wissenschaftlicher Studien errechnet. Die Kennwerte der internen Konsistenz und der Testhalbierung sind befriedigend (.63 bis .90) und weisen keine Schwankungen zwischen verschiedenen Stichproben auf. Die Retestreliabilitäten aller FKK Skalen können nach einem 6-monatigen Intervall als zufriedenstellend erachtet werden (.58 bis .93). Bedauerlicherweise sind jedoch keine Retestreliabilitäten für längere Intervalle angegeben. Die Profilreliabilitäten der Primär- und Sekundärskalen weisen durchgehend Werte über .50 auf, was als Untergrenze für Profilreliabilitäten anzusehen ist (Lienert, 1998).

Validität
Im Handbuch finden sich umfangreiche Untersuchungen bezüglich diverser Aspekte der Validität des Fragebogens. Hierbei wird vor allem auf die inhaltliche Validität, auf verschiedene Facetten der Konstruktvalidität und der differentiellen Validität eingegangen. Die Untersuchungen zur inhaltlichen Validität basieren vor allem auf Versuchen zu lautem Denken während der Fragebogenbearbeitung, auf Selbst- und Fremdeinschätzungen und auf Itemzuordnungen seitens der Probanden. Alle Ergebnisse der genannten Untersuchungen können als zufriedenstellend erachtet werden. Die Untersuchungen zur Konstruktvalidität schließen Studien zu Skaleninterkorrelationen, zur faktoriellen Validität und zur konvergenten und diskriminanten Validität mit ein. Bei der empirischen Untersuchung der konvergenten und diskriminanten Validität wurde der Fragebogen unter anderem zu anderen Skalen der Kontrollüberzeugung, zu anderen handlungstheoretischen Persönlichkeitsmerkmalen und zu Persönlichkeitsinventaren in Beziehung gesetzt. Die differentielle Validität des Verfahrens wurde in Abhängigkeit von Geschlecht und Geschlechtsrollen-Orientierung und diversen soziodemographischen Variablen und Gruppenprofilen ermittelt. Die angenommene evaluative Bedeutung des Modells wurde in zwei Studien untersucht, bei denen die Evaluation eines autogenen Trainings und der Therapie depressiver Störungen erfasst und anhand diverser Indikatoren zu den Ergebnissen beim FKK in Bezug gesetzt wurde. Die Ergebnisse zur Validitätsberechnung können als zufriedenstellend erachtet werden. Berechnungen zur prognostischen Validität in Handlungssituationen würden eine wünschenswerte Erweiterung der Ergebnisse darstellen. Dies ist vor allem dann von Bedeutung, wenn das Verfahren als Prognosekriterium für Trainingserfolg, Teilnahme an Interventionen oder auch zu Selektionszwecken ein-

gesetzt werden soll. Ohne fundierte Ergebnisse ist von einem prognostischen Gebrauch des Verfahrens ohne die Ergänzung anderer Verfahren abzuraten.

Durchführung und Auswertung

Der FKK besteht aus einem vierseitigen Fragebogen (inklusive Instruktion, Auswertungstabelle und Skalenprofil), einem ausführlichen Testhandbuch und Auswertungsschablone. Der Fragebogen enthält 32 Items, die als Statements formuliert sind. Einige Beispielitems sind in Tabelle 7-8 aufgeführt. Der Proband wird angehalten, Selbsteinschätzungen auf einer 6-stufigen Skala mit den Extrempolen „sehr falsch" und „sehr richtig" vorzunehmen.

Tabelle 7-8: Beispielitems des FKK

Nr.	Item	Bewertung
04	Ich komme mir manchmal taten- und ideenlos vor.	--- | -- | - | + | ++ | +++
13	Vieles von dem, was in meinem Leben passiert, hängt vom Zufall ab.	--- | -- | - | + | ++ | +++
23	Ich kann sehr viel von dem, was in meinem Leben passiert, selbst bestimmen	--- | -- | - | + | ++ | +++

Zur Testdurchführung werden außer dem Fragebogen und einem Schreibgerät keine weiteren Hilfsmittel benötigt. Der FKK kann sowohl in Einzeltestungen als auch als Gruppentestung bearbeitet werden. Die Durchführungszeit nimmt laut Handanweisung ca. 10 bis 20 Minuten in Anspruch. Die Auswertung kann manuell oder per Computer erfolgen, wobei für die computergestützte Auswertung eine im Handbuch angegebene Tabelle mit Skalenzugehörigkeit und Polung der einzelnen Items benötigt wird. Die Auswertung nimmt wenig Zeit in Anspruch und erweist sich aufgrund der beiliegenden Schablone als äußerst einfach und ökonomisch. Der Rohwert pro Skala wird durch Addition der Itemwerte pro Skala gebildet. Zusätzlich werden drei Sekundär- und Tertiärskalen (SKI; PC & SKI-PC) gebildet. Die jeweiligen Rohwerte werden direkt in die Auswertungstabelle eingetragen. Anhand von Normtabellen im Anhang des Handbuches können die Werte des Fragebogens in T-Werte und Prozentrangwerte transformiert werden. Diese Art der Datentransformation wurde gewählt, weil bei den Rohwerten in der Regel keine Normalverteilung vorliegt. Die gesamte Auswertung nimmt für den geübten Nutzer laut Manual 5 bis 10 Minuten in Anspruch.

Bewertung

Der FKK ist ein diagnostisches Verfahren, welches sehr ökonomisch zur Ergänzung einer multimodal ausgerichteten Persönlichkeitsdiagnostik in Forschung und Praxis einsetzbar ist. Bei der Anwendung des FKK sollte jedoch stets der theoretische Hintergrund des Verfahrens beachtet werden.

Das Verfahren findet breite Anwendung im Bereich der Klinischen Psychologie. Es ist jedoch auch im Rahmen von Arbeitspsychologie und Berufsberatung sinnvoll einsetzbar. Zu diesem Anwendungsfeld existieren einige Validitätsstudien, welche verdeutlichen, dass zwischen unterschiedlichen Hierarchieebenen und somit unterschiedlichen Verantwortungsbereichen Differenzierungen aufgrund der FKK Ergebnisse getroffen werden können. Die Profile von Arbeitern und Vorarbeitern weisen zum Beispiel signifikante Unterschiede auf allen FKK Skalen auf. Arbeiter, die lange an hochstrukturierten Arbeitsplätzen tätig sind, weisen eher externale Kontrollüberzeugungen auf, während bei Personen, die komplexe und vielschichtige Aufgabenbereiche bearbeiten, eher internale Kontrollüberzeugungen vorherrschen. Im Bereich der Evaluation von Interventionen und somit auch von Weiterbildungsmaßnahmen und Trainings weist der FKK ebenfalls vielversprechende Ansätze auf. Anwendungen des FKK in diesem Kontext stellen eine interessante Zukunftsperspektive sowohl für Forschung als auch für die praktische Anwendung dar. Bei der Verwendung des FKK zur Personalauswahl sollte jedoch beachtet werden, dass Kontrollüberzeugungen nicht im Sinne von „gut" oder „schlecht" anzusehen sind. Extrem internale Kontrollüberzeugungen sind zum Beispiel mit unrealistischen Erwartungen und Realitätsverlust korreliert und können genauso problematisch sein wie extrem externale Kontrollüberzeugungen. Es ist daher wichtig, für den jeweiligen Beruf individuelle Profile zu ermitteln, welche dann als Richtwerte dienen können.

7.4 Freiburger Persönlichkeitsinventar (FPI-R)

Ruth Schnitker

Bei dem Freiburger Persönlichkeitsinventar (FPI) handelt es sich um einen Persönlichkeits-Struktur-Test zur Erfassung relativ überdauernder Persönlichkeitsmerkmale. Das 1970 erstmalig erschienene FPI wurde von Fahrenberg, Hampel und Selg entwickelt. In den darauf folgenden Jahren wurde der Test ständig überarbeitet und weiterentwickelt. Im Testmanual der mittlerweile siebten Auflage des FPI aus dem Jahre 2001 sind zwei verschiedene Fassungen dokumentiert, das FPI-A1 und das FPI-R. Dabei wird bei heutigen Untersuchungen üblicherweise das FPI-R eingesetzt. Wird bei einer Untersuchung ein Vergleich der Ergebnisse mit Daten beabsichtigt, die mit der früheren Version FPI-A erhoben wurden, sollte das FPI-A1 gewählt werden. Das FPI-A1 stellt eine sprachlich modifizierte Fassung der FPI-A Version dar. In der 1983 abgeschlossenen Revision des FPI (FPI-R) wurde das Verfahren in seinen Skalen- und Iteminhalten so verändert, dass ein Vergleich mit den bisherigen Formen des FPI nicht mehr möglich ist.

Konzeption

Das FPI basiert auf psychologischen Konstrukten, die keiner spezifischen Persönlichkeitstheorie zuzuordnen sind. Die Auswahl der Konstruktbereiche wurde vielmehr von den Interessen und Erfahrungen der Autoren bestimmt. Mit Hilfe faktorenanalytischer und itemanalytischer Berechnungen und unter Berücksichtigung inhaltlicher Überlegungen wurden die Faktoren festgelegt und die entsprechenden Items pro Skala zugeordnet.

Im Vergleich zum früheren FPI wurde die revidierte Version um einige neue Skalen erweitert. Bei der Entwicklung dieser neuen Skalen orientierten sich die Autoren an Erkenntnissen der psychophysiologischen Persönlichkeitsforschung, Psychotherapie- und Rehabilitationsforschung, Stressforschung und Untersuchungen zur Aggression und prosozialem Verhalten. Tabelle 7-9 beschreibt die zehn Standardskalen sowie die zwei Zusatzskalen „Extraversion" und „Emotionalität". Die beiden Zusatzskalen entsprechen inhaltlich den von Eysenck entwickelten Skalen „Extraversion" und „Neurotizismus" (Eysenck & Eysenck 1969, 1975). Bei den inhaltlichen Erklärungen der Skalenwerte handelt es sich um Kurzbeschreibungen der Konstrukte. Da die einzelnen Skalen sehr viel komplexere Konstruktbereiche erfassen, ist zur Interpretation von FPI-R Ergebnissen die ausführliche psychologische Skalenbeschreibung im Testmanual heranzuziehen.

Tabelle 7-9: Skalen des FPI-R

	Skala	Hoher Skalenwert	Niedriger Skalenwert
1.	Lebens-zufriedenheit	lebenszufrieden, gute Laune, zuversichtlich	unzufrieden, bedrückt, negative Lebenseinstellung
2.	Soziale Orientierung	sozial verantwortlich, hilfsbereit, mitmenschlich	Eigenverantwortung in Notlagen betonend, selbstbezogen, unsolidarisch
3.	Leistungsorientierung	leistungsorientiert, aktiv, schnell-handelnd, ehrgeizig-konkurrierend	wenig leistungsorientiert oder energisch, wenig ehrgeizig-konkurrierend
4.	Gehemmtheit	gehemmt, unsicher, kontaktscheu	ungezwungen, selbstsicher, kontaktbereit
5.	Erregbarkeit	erregbar, empfindlich, unbeherrscht	ruhig, gelassen, selbstbeherrscht
6.	Aggressivität	aggressives Verhalten, spontan und reaktiv, sich durchsetzend	wenig aggressiv, kontrolliert, zurückhaltend
7.	Beanspruchung	angespannt, überfordert, sich oft „im Stress" fühlend	wenig beansprucht, nicht überfordert, belastbar
8.	Körperliche Beschwerden	viele Beschwerden, psychosomatisch gestört	wenige Beschwerden, psychosomatisch nicht gestört
9.	Gesundheitssorgen	Furcht vor Erkrankungen, gesundheitsbewusst, sich schonend	wenig Gesundheitssorgen, gesundheitlich unbekümmert, robust
10.	Offenheit	offenes Zugeben kleiner Schwächen und alltäglicher Normverletzungen, ungeniert, unkonventionell	an Umgangsnormen orientiert, auf guten Eindruck bedacht, mangelnde Selbstkritik, verschlossen
E	Extraversion	extravertiert, gesellig, impulsiv, unternehmungslustig	introvertiert, zurückhaltend, überlegt, ernst
N	Emotionalität	emotional labil, empfindlich, ängstlich, viele Probleme und körperliche Beschwerden	emotional stabil, gelassen, selbstvertrauend, lebenszufrieden

Die Skala 10 misst einerseits das Persönlichkeitsmerkmal „Offenheit", kann aber auch als Hinweis zur Verfälschungstendenz des Probanden interpretiert werden. Sie dient daher als wichtiger Indikator bei der Entscheidung über die Auswertbarkeit der Testergebnisse. So kann ein niedriger Wert auf dieser Skala eine geringe Offenheit bedeuten. Es ist jedoch nicht auszuschließen, dass sich der geringe Wert aufgrund einer Verfälschungstendenz des Probanden ergibt. Daher sollten bei geringer Ausprägung der Skala 10 „Offenheit" zusätzliche Informationen über die Testmotivation des Probanden eingeholt werden und mit in die Interpretation der Testergebnisse einbezogen werden. Sollte der Fragebogen in einer Situation ausgefüllt worden sein, in der ein Risiko zur Verfälschungsmotivation durch den Probanden besteht (z.B.

Bewerbungssituation), sollte bei geringen Werten der Skala 10 (0-2 Punkte bzw. 1-3 Stanine) auf eine Auswertung des FPI verzichtet werden.

Gütekriterien und empirische Fundierung

Reliabilität
Zur Bestimmung der Zuverlässigkeit der FPI-R Skalen wurden Untersuchungen zur Bestimmung der internen Konsistenz und Retest-Reliabilität durchgeführt.

Die Konsistenzkoeffizienten (Cronbachs α) wurden anhand der Normierungsstichprobe von 1999 (N = 3740) berechnet. Sie liegen für die einzelnen Skalen zwischen α = .73 und .83 und sind den Ergebnissen der Analyse von 1982 sehr ähnlich. Hier wurden die Koeffizienten an einer Normierungsstichprobe von 2035 Personen berechnet und liegen zwischen α = .71 und .84. Die Werte sind als ausreichend zu bezeichnen.

Die Retest-Reliabilität wurde an einer nicht repräsentativen Stichprobe von 103 männlichen Herz-Kreislauf-Patienten berechnet (Fahrenberg, Myrtek, Wilk, Kreutel, 1986; Myrtek 1987; Myrtek, Kreutel, Wilk, Welsch, Herzog, 1987). Dabei wurde den Probanden der FPI-R zu Beginn eines Rehabilitationsprogramms und vier Wochen später vorgelegt. Ein Jahr später konnten in einer brieflichen Erhebung noch 80 der 103 Patienten erfasst werden. Die Stabilitätskoeffizienten liegen bei dem Vergleich des ersten und zweiten Messzeitpunktes zwischen r = .63 und r = .85, bei dem Vergleich des ersten Messzeitpunktes und ein Jahr später zwischen r = .47 und r = .72. Bei der Gegenüberstellung des zweiten Messzeitpunktes mit den ein Jahr später erhobenen Daten ergaben sich Koeffizienten zwischen r = .52 und r = .74.

Eine Untersuchung von Deinzer, Steyer, Eid, und Notz (1995) zum Einfluss situativer Bedingungen auf die Eigenschaftsmessung bei verschiedenen Persönlichkeitsinventaren zeigt, dass die FPI-R Skalen zur Messung von relativ überdauernden Persönlichkeitsmerkmalen geeignet sind. Dabei wurde eine Stichprobe von 502 Personen im Abstand von drei Wochen insgesamt viermal untersucht. Die Stabilitätskoeffizienten lagen zwischen r = .81 und r = .95.

Validität
Zur Validität des FPI existieren vielfältige Untersuchungen. Unter anderem liegen faktorenanalytische und itemmetrische Analysen, konfirmatorische Clusteranalysen, Korrelationsanalysen mit Selbst- und Fremdeinstufungen, mit anderen Persönlichkeitsfragebögen und mit Statusmerkmalen vor. Im Testmanual befindet sich eine Vielzahl an Validitätsbeiträgen, die in ihrer Ausführlichkeit hier nicht vorgestellt werden können. Der interessierte Leser sei daher auf das Testmanual verwiesen (Fahrenberg et al., 2001, S. 87-118) in dem auch weiterführende Literaturhinweise zu finden sind.

Die Berechnung der empirischen Validität wurde durch verschiedene Korrelations- und Regressionsanalysen vorgenommen. So berichten z.B. Schmidt und König (1986) von einer mittleren Korrelation von r = .38 zwischen den Skalen des FPI-R und den Fremdeinschätzungen durch Bekannte. Dabei sind die Zusammenhänge bei besserer Bekanntheit mit r = .45 und bei geringerer Bekanntheit mit r = .30 angegeben. Bei der Repräsentativerhebung von 1982 wurden zusätzliche Daten in Form von

Selbsteinschätzungen erfasst und mit den FPI-R Skalen in Beziehung gesetzt. Dabei korreliert beispielsweise „Lebenszufriedenheit" und „Zufriedenheit mit ausgeübter Berufstätigkeit" zu r = .43, die Skala „Leistungsorientierung" mit „höherer beruflicher Belastung durch Verantwortung" zu r = .30 und die Skala „Körperliche Beschwerden" mit „Gesundheitszustand" zu r = .51. In der Repräsentativerhebung von 1999 wurden ebenfalls weitere Daten erfasst und in Beziehung zu den FPI-R Skalen gesetzt. Neben den Selbsteinschätzungen der Befragten wurden auch Verhaltenseinstufungen durch die Interviewer vorgenommen. Hier korreliert z.B. die Skala „Leistungsorientierung" mit der Verhaltenseinstufung „selbstsicher" (negative Polung) zu r = - .35 und mit der Einstufung „energisch" (negative Polung) zu r = - .36.

In Bezug auf personalpsychologische Variablen berichtet Schuler (1992) über signifikante Zusammenhänge zwischen den FPI-R Skalen Leistungsorientierung, Gehemmtheit und Extraversion und Komponenten eines multimodal angelegten Einstellungsinterviews. So steht nach Angabe der Autoren die Interviewdimension „Umgang mit Beschwerden" in deutlichem Zusammenhang mit den FPI-R Skalen „Gehemmtheit" und „Extraversion". Die drei Skalen differenzierten ebenfalls zwischen Gruppen mit unterschiedlicher beruflicher Belastung und Berufsstatus, was mit der Methode der statistischen Zwillingsbildung (matched pairs) anhand der Daten der Repräsentativerhebung von 1999 untersucht wurde. Dabei zeigte sich z.B. auf den Dimensionen „Leistungsorientierung" und „Extraversion", bei kontrollierten Mittelwertvergleichen, ein höherer Wert für leitende Angestellte im Vergleich zu nicht leitenden Angestellten.

Das FPI-R wurde in verschiedenen Studien in Beziehung zu anderen Persönlichkeitsinventaren gesetzt. Genannt sei hier der Gießen-Test (GT), der Stressverarbeitungs-Fragebogen (SVF) und die Freiburger Beschwerdenliste (FBL). Zur Beschreibung der Studien sei hier auf das Testmanual verwiesen. In einer Studie von Borkenau und Ostendorf (1993) wurde eine gemeinsame Analyse von NEO-Fünf-Faktoren-Inventar (NEO-FFI), Personality Research Form (PRF), Eysenck Persönlichkeitsinventar (EPI) und FPI-R durchgeführt.

Die interne Gültigkeit des FPI-R kann als befriedigend bewertet werden. Zum einen wurde die Validität bei der Skalenkonstruktion kontrolliert und zum anderen wurden Reanalysen durchgeführt, um die Invarianz der Skalenstruktur zu beschreiben. Dabei ergaben die Faktorenstrukturvergleiche Ähnlichkeitskoeffizienten von r = .80 bis r = .84.

Objektivität
Die Objektivität kann durch die Vorgehensvorgabe bei Durchführung und Auswertung im Testmanual als gegeben angesehen werden. Weiter befindet sich im Testmanual sowohl ein Auswertungsbeispiel als auch Richtlinien zum Umgang des Testleiters mit möglichen Einwänden der Probanden. Zwischen der Anwendung des Fragebogens und der Computerversion bestehen keine wesentlichen Unterschiede in der Durchführungsobjektivität. Zur Interpretation liegen ausführliche Beschreibungen der Skalen vor.

Durchführung und Auswertung

Durchführung
Das FPI-R ist ein leicht durchzuführender Test. Neben der Papier-Bleistift-Version liegt auch eine computergestützte Form vor. Es ist als Einzel- oder Gruppenverfahren ab einem Alter von 16 Jahren einsetzbar.

Das FPI-R besteht aus insgesamt 138 Items, von denen Item Nr. 1 die Bereitschaft zur offenen Beantwortung der Items erfragt und nicht mit in die Auswertung eingeht. Für die Durchführung einer Untersuchung mit dem FPI (FPI-R und FPI-A1) wird dem Proband ein vierseitiger Fragebogen vorgelegt. Der Proband trägt seine Antworten direkt in das Fragebogenformular ein. Dabei besteht für den Probanden keine Zeitbegrenzung. Die Durchführungsdauer beträgt erfahrungsgemäß 20 bis 30 Minuten.

In der Testinstruktion, die sich auf der ersten Seite des Fragebogens befindet, wird dem Probanden das Vorgehen bei der Bearbeitung des Fragebogens erläutert. Die Testperson hat für jede Aussage zu entscheiden, ob diese auf sie zutrifft (stimmt) oder nicht (stimmt nicht). Tabelle 7-10 zeigt für jede Dimension des FPI-R jeweils ein exemplarisches Item.

Tabelle 7-10: Beispielitems der verschiedenen Dimensionen des FPI-R

Dimension	Item
Lebenszufriedenheit	Ich habe (hatte) einen Beruf, der mich voll befriedigt.
Soziale Orientierung	Ich würde kaum zögern, auch alte und schwerbehinderte Menschen zu pflegen.
Leistungsorientierung	Ich bin leicht beim Ehrgeiz zu packen.
Gehemmtheit	Ich bin ungern mit Menschen zusammen, die ich noch nicht kenne.
Erregbarkeit	Wenn mir einmal etwas schief geht, regt mich das nicht weiter auf.
Aggressivität	Wenn mich jemand anschreit, schreie ich zurück.
Beanspruchung	Ich arbeite oft unter Zeitdruck.
Körperliche Beschwerden	Ich habe Schwierigkeiten einzuschlafen oder durchzuschlafen.
Gesundheitssorgen	Um gesund zu bleiben, achte ich auf ein gesundes Leben.
Offenheit	Ab und zu erzähle ich auch mal eine Lüge.
Extraversion	Ich würde mich selbst als eher gesprächig bezeichnen.
Emotionalität	Meine Laune wechselt ziemlich oft.

Auf der letzten Seite des Fragebogens werden Geschlecht, Alter, Schulabschluss, Familienstand, Haushaltsform (allein oder zusammen lebend) und Beruf erfragt.

Auswertung
Für die Auswertung des FPI werden der ausgefüllte Fragebogen, eine Auswertungsschablone (entsprechend der Form FPI-R und FPI-A1) und ein Auswertungsbogen zum Eintragen des individuellen FPI-Profils benötigt. Ist der Fragebogen nicht voll-

ständig ausgefüllt und übersteigen die fehlenden Daten mehr als 5 % (entspricht 7 Items), raten die Testautoren von einer Auswertung ab.

Zunächst werden die Skalenrohwerte ermittelt, indem die Itembeantwortungen des Probanden hinsichtlich der Skalen des FPI ausgezählt werden. Die für jede Skala ermittelten Punkte werden in den Auswertungsbogen eingetragen, so dass sich für jeden Probanden 12 Rohwerte ergeben. Das FPI kann auch über EDV ausgewertet werden, z.b. mit dem Computerprogramm FPI (SPSS).

Im nächsten Schritt werden die Rohwerte in Normwerte umgewandelt. Mit Hilfe von Normtabellen lassen sich für die Rohwerte Stanine-Werte ablesen. Die Stanine-Werte werden auf dem Profilblatt als Punkt in das Profilraster eingetragen. Die Punkte werden abschließend zu einem Testprofil verbunden.

Einige Skalen des FPI sind geschlechts- und altersabhängig. Daher sind die Normtabellen gegliedert nach Geschlecht und sieben Altersgruppen (in Jahren: 16-19, 20-29, 30-39, 40-49, 50-59, 60-69, 70 und älter). Zur Entwicklung der Normen wurde 1999 in West- und Ostdeutschland eine bevölkerungsrepräsentative Erhebung bei 3740 Personen durchgeführt. Neben den Stanine-Werten sind auch die erwarteten prozentualen Häufigkeiten jedes Stanine-Wertes auf dem Profilbogen abgebildet. Dabei ist ein Stanine-Wert von 4 bis 6 in 54 % der Fälle zu erwarten. Auf dem Profilraster ist dieser Normbereich gekennzeichnet.

Zu jeder Skala befindet sich auf dem Profilbogen eine Kurzumschreibung der Konstrukte. Dieses ermöglicht einen guten Überblick über die Testergebnisse des Probanden. Zur Vermeidung von Missverständnissen sind dem Probanden im Zuge der Ergebnisrückmeldung die Skalenwerte in eine inhaltliche Aussage zu übersetzen. Diese Interpretation der Ergebnisse wird auf Basis der ausführlichen Skalenbeschreibungen im Testmanual vorgenommen.

Bei Persönlichkeitsfragebögen wie dem FPI können die Testergebnisse verfälscht werden, wenn die Probanden versuchen sich so darzustellen, wie sie gerne in der Situation gesehen werden möchten. Daher sollte die Testmotivation der Probanden bei der Entscheidung über die Auswertbarkeit des Tests mit berücksichtigt werden. Ein Hinweis gibt die Skala FPI-R 10 Offenheit sowie das Item Nr.1.

Bewertung

Das FPI-R stellt ein weit verbreitetes Verfahren dar, dessen Aktualisierung und Nachnormierung intensiv gepflegt wird. Es ist auf die Erfassung allgemeiner Persönlichkeitseigenschaften ausgerichtet und findet hauptsächlich Anwendung in der Forschung und im Klinischen Kontext. Zahlreiche Publikationen zum FPI sind in der Datenbank PSYNDEX (herausgegeben von der Zentralstelle für Psychologische Information und Dokumentation – ZPID) zu finden, die laufend aktualisiert wird.

Das FPI-R wird auch im Bereich der Personalpsychologie und Berufseignungsdiagnostik eingesetzt (vgl. Brambring, 1983). Allerdings ist das FPI-R in Auslesesituationen nur mit Vorbehalt zu verwenden. Es besteht die Gefahr, dass der Proband in Bewerbungssituationen motiviert ist einen bestimmten Eindruck zu vermitteln und die Antworten entsprechend anpasst. Die Autoren erklären, dass das FPI-R nicht für diesen Bereich konstruiert wurde, sondern vorzugsweise in Bereichen Anwendung findet, in denen eine positive Testmotivation vorausgesetzt werden kann, wie z.B. in der Gesundheitspsychologie oder im klinischen Kontext.

Das FPI-R stellt ein etabliertes Instrument dar, das vor allem im klinischen Bereich gut validiert ist. Allerdings gibt es kaum Validierungsstudien, die sich direkt mit organisationsspezifischen Aspekten beschäftigen. Für ein großes Unternehmen bietet es sich daher an, eigene spezifische Validierungsuntersuchungen durchzuführen.

7.5 Inventar zur Persönlichkeitsdiagnostik in Situationen (IPS)

Boris Schmidt

Das Inventar zur Persönlichkeitsdiagnostik in Situationen (IPS) wurde von Schaarschmidt und Fischer entwickelt und 1999 erstmals veröffentlicht. Es handelt sich um ein Verfahren zur Persönlichkeitsdiagnostik bei Erwachsenen und ist für den Einsatz im Rahmen der Personalentwicklung und der Berufs- und Studienberatung, aber auch der Gesundheitsförderung konzipiert.

Der inhaltliche Schwerpunkt liegt auf der Selbsteinschätzung und Selbstbewertung des sozial-kommunikativen und des Leistungsverhaltens einer Person; ergänzt wird diese Auswahl durch den Bereich des Gesundheits- und Erholungsverhaltens. Dabei werden die Bewertungen, anders als bei den meisten Instrumenten zur Persönlichkeitsdiagnostik, in konkret beschriebenen hypothetischen Situationen verankert. Im Zentrum steht damit die Frage, wie sich die Testperson *in gegebenen Situationen* üblicherweise *verhält*, wodurch die Realitätsnähe gegenüber der Frage erhöht wird, welche *situationsunabhängigen Eigenschaften* eine Person *hat*. Das Verfahren weist damit konzeptionelle Ähnlichkeiten zu situativen Interviews und zu Assessment Centern auf.

Neben dem situationalen Bezug und der Selbstbewertung stellt die von den Autoren empfohlene *Profilauswertung* eine konzeptionelle Eigenart des IPS dar. Auf Basis der Fragebogenangaben wird die Auskunftsperson einem von mehreren möglichen Profilen zugeordnet. An diese Zuordnung schließen sich weitere diagnostische Empfehlungen an.

Konzeption

Menschliches Verhalten entsteht im Zusammenspiel von Persönlichkeitseigenschaften und situationalen Faktoren. In der Psychologie wird diese Auffassung seit vielen Jahren sozusagen als Kompromiss zwischen zwei Extrempositionen weitgehend anerkannt: Weder die als Disposition zu verstehenden stabilen Persönlichkeitseigenschaften noch die im ständigen Wechsel befindlichen Situationen und deren Eigenschaften vermögen für sich allein in befriedigender Weise menschliches Verhalten zu erklären.

Die im wirtschaftlichen Anwendungsfeld einzusetzenden diagnostischen Verfahren, besonders im Rahmen der Personalauswahl und -entwicklung, sind nur beiläufig auf die *Erklärung* von Verhalten ausgerichtet; vielmehr soll die Diagnostik in diesem Anwendungsbereich *Prognosen* abliefern, die dann wiederum als Grundlage für Entscheidungen herangezogen werden können. Es interessiert weniger, *warum* eine potentielle zukünftige Mitarbeiterin in ihrem Team ausgeprägte Konfrontationstendenzen aufweisen wird, sondern vielmehr, *ob* sie dies voraussichtlich tun wird oder nicht.

Wer den Gedanken des Zusammenwirkens von situationalen *und* personalen Faktoren beim menschlichen Verhalten zu Ende denkt, wird sich auch bei der Prognose zukünftigen Verhaltens eine Berücksichtigung der Situationen wünschen, in denen dieses Verhalten stattfinden wird. Die Durchführung von Assessment Centern ist eine mögliche Umsetzung dieser Forderung. Überraschenderweise finden sich in den derzeit verfügbaren Fragebögen zur Persönlichkeitsdiagnostik nur wenige Inventare, die explizit situationale Einflüsse mitberücksichtigen. Das Inventar zur Persönlichkeitsdiagnostik in Situationen (IPS) stellt eine der wenigen Ausnahmen dar und ist damit grundsätzlich eine wertvolle Ergänzung der klassischen diagnostischen Verfahren.

Die Autoren haben für ihren Fragebogen drei Themenbereiche ausgewählt: *Sozialkommunikatives Verhalten* (Bereich A), *Leistungsverhalten* (Bereich B) sowie *Gesundheits- und Erholungsverhalten* (Bereich C). Für jeden Bereich wurden zunächst zehn Situationsbeschreibungen generiert, die von mehreren Gruppen von Auskunftspersonen hinsichtlich Relevanz und Eindeutigkeit bewertet wurden. Ziel war es dabei, solche Situationen auszuwählen, die für den Alltag im aktiven Leben stehender Personen von Bedeutung und der Vorstellungskraft leicht zugänglich sind.

Zu den als relevant und gut vorstellbar klassifizierten Situationen wurden sodann jeweils rund ein Dutzend Items formuliert, die mögliche individuelle Reaktionen in den Situationen widerspiegeln. Jede Reaktion ergänzt den Satz „Wahrscheinlich werde ich in solch einer Situation..." und soll auf einer 4-stufigen Antwortskala („stimmt genau" bis „stimmt gar nicht") bewertbar sein. *Alle zu einer bestimmten Situation gehörigen Reaktions-Items wurden dabei jeweils zur Bildung einer Eigenschafts-Skala herangezogen, so dass jede dieser Skalen auf den Reaktions-Items aus einer einzigen Situation* beruht[4].

Zu jeder Situation erfragt der IPS zusätzlich jeweils abschließend, wie zufrieden die Person mit den soeben hinsichtlich Wahrscheinlichkeit bewerteten Reaktionen ist; zur Beantwortung steht eine 5-stufige Gesichter-Skala zur Verfügung (Extremwerte: „sehr zufrieden" und „sehr unzufrieden"). Diese Angaben werden zu drei Zufriedenheits-Werten zusammengefasst. Tabelle 7-11 gibt eine Übersicht über die Skalen des IPS sowie deren Reliabilität (ausführlichere Erläuterungen hierzu: siehe Abschnitt „Durchführung und Auswertung").

Tabelle 7-11: Übersicht über die Skalen des IPS, innere Konsistenzen in der Eichstichprobe und einer Stichprobe von Studienbewerbern sowie Test-Retest-Korrelationen

Skala/ Bereich	Bezeichnung	Items	α_{Eich}	α_{Bew}	r_{tt}
	Sozial-Kommunikatives Verhalten				
A1	Aktivität	5	.84	.71	.85
A2	Selbstbehauptung	5	.89	.86	.82
A3	Konfrontationstendenz	9	.81	.73	.74
A4	Durchsetzung	5	.80	.65	.78
A5	Rücksichtnahme	5	.78	.61	.74

---

[4] Die einzige Ausnahme stellen die Skalen A4 (Durchsetzung) und A5 (Rücksichtnahme) dar; die insgesamt zehn zu diesen beiden Skalen gehörigen Reaktions-Items verteilen sich auf zwei Situationen, deren Reaktions-Items ausschließlich den Skalen A4 und A5 zugeordnet wurden.

A6	Empfindlichkeit	6	.71	.68	.72
	Leistungsverhalten				
B1	Engagement	5	.86	.74	.86
B2	Beharrungstendenz	5	.81	.68	.76
B3	Stabilität	5	.82	.78	.75
B4	Selbstvertrauen	5	.84	.80	.74
B5	Karriere- und Risikobereitschaft	5	.91	.77	.88
B6	Optimismus	5	.84	.78	.73
	Gesundheits- und Erholungsverhalten				
C1	Entspannungsfähigkeit	5	.80	.74	.70
C2	Aktives Erholungsverhalten	5	.73	.59	.71
C3	Gesundheitsvorsorge	5	.84	.68	.71
	Zufriedenheit				
ZA	Sozial-kommunikatives Verhalten	6			.88
ZB	Leistungsverhalten	6			.76
ZC	Gesundheits- und Erholungsverhalten	3			.70

Erläuterung: In der Spalte α_{Eich} sind Schätzungen für die Reliabilität nach Cronbachs α auf Basis der zusammengesetzten Eichstichproben (N = 712) aufgeführt; α_{Bew} bezieht sich auf eine Stichprobe österreichischer Studienbewerber für Fachschulen und Akademien (N = 533); und r_{tt} bezeichnet die Test-Retest-Korrelation bei einer Testwiederholung nach 4 Wochen in einer Stichprobe von Studierenden und Lehrenden (N = 59).

Im Laufe der Entwicklung des IPS wurde die Hälfte der ursprünglich generierten 30 Situationen gestrichen; von dem ursprünglichen Dutzend der je Situation generierten Reaktions-Items blieben insgesamt 80 Items, die sich auf die drei Bereiche *Sozial-Kommunikatives Verhalten, Leistungsverhalten* (je 6 Situationen) sowie *Gesundheits- und Erholungsverhalten* (3 Situationen) mit insgesamt 15 Situationen verteilen. Tabelle 7-12 zeigt drei dieser Situationen mit ausgewählten Reaktions-Items aus dem Bereich A (Sozial-kommunikatives Verhalten). Die Auswahl verdeutlicht, dass *nicht das gleiche Verhalten in unterschiedlichen Situationen* erhoben wird, sondern dass in jeder Situation *ausschließlich eine ausgewählte* Verhaltensweise erhoben wird, die vielleicht besonders gut zum jeweils geschilderten Szenario passt. Wie konsistent oder aber wechselhaft sich Auskunftspersonen *über verschiedene Situationen hinweg* verhalten, kann daher mit dem IPS nicht erhoben werden.

Tabelle 7-12: Ausgewählte Skalen des Bereichs A (Sozial-Kommunikatives Verhalten) mit zugehörigen Situationen und Beispiel-Items

Skala/ Item	Beschreibung Situation/Formulierung Item
A1	*Aktivität*
	Ich sitze in geselliger Runde mit Freunden und Bekannten zusammen…
1.	… gesprächig sein
2.	… weniger Aktivität als andere zeigen (*umgepolt*)
3.	… voller Temperament sein

A3	*Konfrontationstendenz*
	Ich habe eine tiefgreifende Meinungsverschiedenheit mit anderen Personen. Es wäre wichtig, den Streit beizulegen, weil wir täglich miteinander auskommen müssen. Ich bin allerdings überzeugt, dass ich im Recht bin. Es soll nun ein klärendes Gespräch stattfinden...
43.	... zu Kompromissen bereit sein (*umgepolt*)
44.	... aufgewühlt und erregt reagieren
45.	... auf Kampf eingestellt sein
A6	*Empfindlichkeit*
	Mir nahestehende Menschen haben mich schwer enttäuscht und gekränkt. Ich muss diese Erfahrung nun für mich verarbeiten...
77.	... mir keinen Rat wissen
78.	... mit Selbstbeherrschung reagieren (*umgepolt*)
79.	... mich niedergeschlagen fühlen

Gütekriterien und empirische Fundierung

Reliabilität

Eine Abschätzung der Reliabilität erfolgte zum einen durch die Bestimmung der inneren Konsistenz (Cronbachs α) anhand von 8 Teilstichproben größeren Umfangs (N zwischen 109 und 712), zum anderen durch eine Testwiederholung mit insgesamt 59 Personen. In Tabelle 7-11 sind die Test-Retest-Korrelationen bei dieser im Abstand von 4 Wochen erfolgten Testwiederholung aufgeführt. Darüber hinaus zeigt Tabelle 7-11 die inneren Konsistenzen, wie sie in der Eichstichprobe mit 712 Personen ermittelt wurden sowie die entsprechenden Kennwerte für eine Stichprobe von 533 österreichischen Studienbewerbern, bei denen im Laufe des Auswahlverfahrens der IPS eingesetzt wurde. Auf die Abschätzung der Reliabilität der Zufriedenheits-Skalen durch Cronbachs α wurde verzichtet, weil dies nach Angabe der Autoren nicht sinnvoll sei. Ohne weitere Argumente kann dieser Ansicht nicht zugestimmt werden; wohl aber könnte es sein, dass die Skalen trotz etwaiger niedriger innerer Konsistenz gemäß Cronbachs α eine gute Reliabilität aufweisen. Mangels vorgelegter Daten muss diese Möglichkeit aber spekulativ bleiben.

In der Eichstichprobe werden mit Werten zwischen .71 und .91 (Mittelwert: .82) für die Hauptskalen des IPS Reliabilitäten erzielt, die als absolut zufrieden stellend anzusehen sind. Die Teilnehmenden der Bewerber-Stichprobe standen – im Gegensatz zur Eichstichprobe – unter dem Druck, sich persönlich in einem günstigen Licht darzustellen. Als einzige der acht Teilstichproben zeigt sich ein deutlicher, teilweise nahezu dramatischer Rückgang der Reliabilität; die Werte liegen hier zwischen .59 und .86 (Mittelwert: .72). Was immer die Ursachen für diesen Umstand sein mögen, der IPS weist nach diesen Ergebnissen für Personen in Bewerbungssituationen eine substantiell verminderte Reliabilität auf. Die Stabilität der Testergebnisse, soweit anhand der im Abstand von 4 Wochen wiederholt getesteten Stichprobe von 59 Personen zu beurteilen, ist als angemessen anzusehen.

Nach Wunsch der Autoren sollten in der Interpretation der Testergebnisse *Profile* im Vordergrund stehen (siehe auch Abschnitt „Durchführung und Auswertung"). Darunter ist eine Zusammenstellung der Werte aller Skalen zu verstehen, wobei in der graphischen Darstellung diese Skalenwerte durch Linien verbunden werden. Dadurch ergeben sich Linienzüge, die im Lichte der Eichstichprobe als mehr oder weniger charakteristisch eingeordnet werden können. Über die Reliabilität dieser Profile, der daher die besondere Aufmerksamkeit der Autoren gelten sollte, sind aber nur bruchstückhafte Angaben im Handbuch zu finden. Lediglich für die Stichprobe aus der Messwiederholung (N = 59) wird angegeben, dass in über 90 % der Fälle im 4-wöchigen Abstand keine Veränderung der Profilzuordnung zu beobachten gewesen sei.

Die Autoren sprechen eine unüberhörbare Einladung zur Interpretation der Profile aus. Hierbei ist grundsätzlich zu beachten, dass Aussagen im Rahmen von Profilinterpretationen oft auf die Interpretation von Differenzen von Skalenwerten hinauslaufen. Differenzen von Skalenwerten weisen jedoch gegenüber den ursprünglichen Skalen bisweilen eine erheblich niedrigere Reliabilität auf. Beispielsweise bezieht sich eine Aussage wie „Der auffallend niedrige Wert von 10 in der Skala A2 (Selbstbehauptung) wird ausgeglichen durch einen durchaus normalen Wert von 14 bei A4 (Durchsetzung)", wenn auch versteckt, auf die Differenz zwischen den Skalenwerten in A2 und A4. Je höher diese Skalen miteinander korrelieren, desto erheblicher sind die Reliabilitätseinbußen bei der Differenzbildung, also bei dem Vergleich. Da einerseits keinerlei Informationen über die Interkorrelation der Skalen bestehen, die Zugehörigkeit zu recht eng umschriebenen Lebensbereichen (zum Beispiel sozialkommunikatives Verhalten) andererseits eine erhebliche Korrelation zwischen den einzelnen Skalen dieses Bereichs nahe legt, sind der Interpretation der individuellen Profile enge Schranken durch die möglichen Reliabilitätseinbußen bei Differenzen auferlegt.

Validität
Durch die umfassende Vorprüfung der verwendeten Situationen in Bezug auf Repräsentativität und Eindeutigkeit und die Eliminierung aller Situationen, die nicht entsprechenden Kriterien genügten, ist von einer guten *Inhaltsvalidität* des Verfahrens auszugehen.

Die *Konstruktvalidität* wird durch die mehrfach replizierte faktorielle Struktur gestützt: Alle im IPS enthaltenen Reaktions-Items laden hauptsächlich auf demjenigen Faktor, zu dem sie nach der Skalenzusammenstellung gehören sollen; die Zuordnung der Reaktions-Items zu den auf den Situationen beruhenden Skalen ist daher zulässig.

Anhand von zwei Stichproben (59 bzw. 69 Personen) wurden die Korrelationen zwischen den Skalen des IPS und jenen des FPI-R (Fahrenberg, Selg & Hampel, 1989) untersucht. Besonders mit den Skalen „Gehemmtheit", „Beanspruchung", „Erregbarkeit" und „Neurotizismus" ergaben sich dabei zahlreiche signifikante Korrelationen in einer Größenordnung von über .30, die von den Autoren, ohne auf Details einzugehen, ausnahmslos als inhaltlich sinnvoll bezeichnet werden. Hierbei ist anzumerken, dass jede beliebige Korrelation in irgendeiner Weise inhaltlich sinnvoll erscheinen kann. Aus Sicht der Konstruktvalidierung besagen die signifikanten Korrelationen jedoch vor allem, dass der IPS in einem substantiellen Ausmaß das misst, was der FPI-R auch misst.

Die *Profile* sollen nach Meinung der Autoren so zu interpretieren sein, dass Profile mit höherer Nummerierung auf einen in stärkerem Maße vorhandenen Interventionsbedarf deuten. Dass eine solche Interpretation zulässig sei, die Profile mithin valide, soll durch die Betrachtung der drei Zufriedenheits-Skalen belegt werden: Auf deskriptiver Ebene weisen die interventionsbedürftigen Profile (zum Beispiel AP6) tatsächlich schlechtere Zufriedenheits-Ratings (Skala ZA) auf als die unbeeinträchtigten Profile (AP1, AP2). Dies kann als Wunsch nach oder Bedarf an Intervention gedeutet werden. Nicht in diese Regel fallen allerdings AP3 und BP3, was sich nach Ansicht der Autoren jedoch aus der Charakteristik der Profile ergibt: Interventionsbedarf werde von AP3- und BP3-Personen nicht so stark wahrgenommen. Gegen diese Form der Validierung sind verschiedene Argumente anzuführen: Zum Ersten hätte ein *externes* Kriterium zur Bestimmung des Interventionsbedarfs (zum Beispiel die Aussage von Gutachtern) mehr Aussagekraft als Angaben der Auskunftsperson aus demjenigen Fragebogen, der gerade validiert werden soll. Zum Zweiten wird der genannte Zusammenhang lediglich durch drei Grafiken belegt; detaillierte statistische Informationen in Bezug auf die Aussagekraft fehlen gänzlich. Schließlich wird in keiner Weise ausgeführt, *warum* die der Regel widersprechende relative Zufriedenheit der Personen mit AP3- und BP3-Profilen durch die Eigenschaften dieser Personen erklärbar seien.

Für den Anwendungsbezug der IPS-Profile höchst relevante Validitätshinweise ergeben sich hingegen aus einer Analyse der Daten von 113 Teilnehmenden an einem Assessment Center, bei dem zukünftiger Entwicklungsbedarf von Führungskräften ermittelt werden sollte. Es wurden dabei jeweils die nach dem Assessment Center ausgesprochenen Förderempfehlungen an laut Profilzuordnung kompetente Personen (zum Beispiel BP1 und BP2) den Empfehlungen an Personen mit erheblichem Entwicklungsbedarf (zum Beispiel BP3, BP4 und BP5) gegenüber gestellt. Inferenzstatistisch ließ sich in der Tat ein Trend absichern, dass in verschiedenen Empfehlungsbereichen (zum Beispiel Trainings für Gesprächsführung oder Leistungsmotivation) häufiger Empfehlungen an Personen mit hoher Profilnummer ausgesprochen wurden als an die als kompetent eingestuften Personen.

Objektivität
Die Durchführungs- und Auswertungsobjektivität können als gegeben angesehen werden. Der Fragebogen enthält eine eindeutige Instruktion mit Beispiel; außerdem ist eine PC-gestützte Version verfügbar. Die Ermittlung der Skalenwerte der darauf basierenden Stanine-Werte kann von Hand im Auswertungsbogen vorgenommen werden. Für die von den Autoren nahegelegte Zuordnung zu den Profilen unter Angabe der jeweiligen Zuordnungswahrscheinlichkeiten ist hingegen *zwingend* die Verwendung eines Rechners erforderlich; ein entsprechendes Programm ist verfügbar.

Die Interpretationsobjektivität ist weniger eindeutig zu beurteilen. Das Handbuch gibt keine weitergehenden Hinweise für die Interpretation der Profile; in den Fallbeispielen wird lediglich die Zuordnung zu einem der Profile erwähnt, ohne dass die

Schlussfolgerungen hieraus genannt würden. Die Interpretation der Ergebnisse auf den einzelnen Skalen kann sich hingegen an den Stanine-Normen orientieren.

Durchführung und Auswertung

In der Papier-Bleistift-Version erstreckt sich der IPS auf zweieinhalb Doppelseiten, die in zweifach gefaltetem Format mit Deckblatt erhältlich sind. Das Deckblatt enthält die Instruktion sowie ein Beispiel nebst zusätzlichen Hinweisen zum Ausfüllen. Die Bearbeitungszeit beträgt 20 Minuten. Bei Abgabe ist die Beantwortung jedes einzelnen Items zu prüfen, da die Autoren keine Hinweise für den Umgang mit fehlenden Angaben machen und als Bedingung für eine sinnvolle Auswertung das Vorliegen vollständiger Angaben nennen. Für die Durchführung von Gruppenuntersuchungen wird die Verwendung der Papierversion empfohlen.

Alternativ kann die PC-Version des IPS eingesetzt werden; innerhalb der einzelnen Situationen ist bei deren Verwendung eine Korrektur der Antworten möglich, während weiter zurück liegende Antworten nicht mehr verändert werden können. Die Bearbeitungszeit entspricht jener der Papierversion.

In beiden Versionen ist der Test gleich aufgebaut. Auf die Schilderung einer Situation (vgl. Tabelle 7-12) folgt ein Satz „Wahrscheinlich werde ich in solch einer Situation...", der durch 5 bis maximal 9 Endungen vervollständigt wird. Die Antwort erfolgt durch Ankreuzung auf der 4-stufigen Antwortskala („stimmt genau", Punktwert 4, bis „stimmt gar nicht", Punktwert 1). Nach dem letzten Reaktions-Item folgt ein Satzanfang „Mit meinen Reaktionen bin ich...", der durch die Ankreuzung eines von fünf Gesichtern („sehr zufrieden", Punktwert 5, bis „sehr unzufrieden", Punktwert 1) vervollständigt wird.

Die Rohwerte für die 15 Reaktions- plus 3 Zufriedenheitsskalen werden durch Addition der Punktwerte (Subtraktion bei umgepolten Items), ggf. um einen Korrekturfaktor ergänzt, berechnet. Im Auswertungsbogen kann direkt die Transformation in Stanine-Werte vorgenommen werden; durch Verbinden der jeweils erzielten Stanine-Punkte ergibt sich ein Profil, das per Augenschein mit den im Handbuch abgebildeten Profilen verglichen werden kann. Empfohlen wird hingegen die PC-gestützte Auswertung, die einen übersichtlichen Ausdruck der Daten inklusive der Zuordnungswahrscheinlichkeiten für die Profile erlaubt.

Die Zuordnung zu den Stanine-Werten erfolgt auf Basis der Eichstichprobe. Im Handbuch sind darüber hinaus Mittelwerte und Standardabweichungen für Männer vs. Frauen, verschiedene Altersgruppen sowie für die unterschiedlichen Berufsgruppen der Teilstichproben (zum Beispiel Lehrer, Führungskräfte, Studentinnen) angegeben. Des Weiteren sind die Häufigkeitsverteilungen der verschiedenen Profile, getrennt für die drei Bereiche sowie in Kombination miteinander, aufgeführt. Auf die Erstellung von detaillierten Normen (zum Beispiel Stanine-Werte für Männer verschiedener Altersgruppen) wurde jedoch verzichtet, da nach Ansicht der Autoren die Zuordnung der *Form des Profils* relevanter ist als die Einordnung eines Skalenwerts in ein spezifisches Normensystem.

Daher soll die auf die einzelnen Skalen bezogene, an statistischen Normen orientierte Auswertung in den Hintergrund treten. Stattdessen wird eine *Profilauswertung* bevorzugt. Zu diesem Zweck wurden für die drei Bereiche des Fragebogens Clusteranalysen durchgeführt; es ergaben sich für jeden der drei Bereiche fünf bzw. sechs Profile. Fast alle Personen der untersuchten Stichproben ließen sich dem einen oder anderen Cluster zuordnen. Tabelle 7-13 zeigt die Profilbezeichnungen für den Bereich A (Sozial-kommunikatives Verhalten). Die Profile sind ordinal zu verstehen; das erste Profil soll also eine optimale, erstrebenswerte Persönlichkeitskonfiguration darstellen, mit günstigen Ausprägungen in allen zum Bereich gehörigen Eigenschaften. Das zweite Profil stellt einen Normalfall dar, der durch weder besonders positive noch besonders negative Aspekte auffällt, während die Profile mit höherer Nummerierung einen zunehmend dringlichen und umfangreichen Interventionsbedarf aufweisen sollen.

Tabelle 7-13: Übersicht über die Profile im Bereich des sozial-kommunikativen Verhaltens

Profil	Charakterisierung	Anteil in Eichstichprobe
AP1	aktiv, durchsetzungsfähig, stabil und rücksichtsvoll	20,2 %
AP2	unauffällig	26,7 %
AP3	expansiv	8,2 %
AP4	kommunikativ, aber wenig offensiv	14,5 %
AP5	inaktiv	14,1 %
AP6	instabil und belastet	16,2 %

Vermittels der ebenfalls angebotenen computergestützten Auswertung erfolgt die numerisch exakte Berechnung der Wahrscheinlichkeiten der Zugehörigkeit zu den möglichen Profilen auf Basis der Eichstichprobe; empfohlen wird, dasjenige Profil anzunehmen, für das die höchste Zugehörigkeitswahrscheinlichkeit berechnet wurde.

Bewertung

Der Ansatz des Inventars zur Persönlichkeitsdiagnostik in Situationen erscheint herkömmlichen Persönlichkeitsfragebögen deutlich überlegen: Wenn *erstens* bekannt ist, dass Menschen sich in unterschiedlichen Situationen in systematischer Weise unterschiedlich verhalten und *zweitens* Kenntnis darüber besteht, welche Situationen – beispielsweise für das Berufsleben – relevant sind, dann ist die Erhebung von *situationsbezogenen* Verhaltensweisen unter Berücksichtigung der relevanten Situationen ein sinnvoller Schritt mit Aussicht auf Gewinn.

Doch wie konsequent verfolgt das IPS das selbstgesteckte Programm? Jede Situation deckt, mit zwei Ausnahmen, genau eine Eigenschafts-Skala ab – das heißt, jede Dimension wird in genau einer hypothetischen Situation erfasst. Die aufwändig konstruierten und ausgewählten Situationsbeschreibungen leisten damit nicht viel mehr, als die Auskunftsperson auf ein Szenario einzustimmen, in dem eine relevante Persönlichkeitsdimension sich entfalten kann. Wird aber die Person, die sich im ersten Szenario – einer geselligen Runde mit Freunden und Bekannten – aktiv zeigt, lebhaft, aufgeschlossen und gesellig, auch im dritten oder achten Szenario aktiv sein?

Wird sie Engagement zeigen (Skala B1), nur wenn es sich um eine sehr herausfordernde Situation handelt, in der herausragende individuelle Anstrengungen erforderlich sind (zweite Situation), oder wird sie auch dann engagiert sein, wenn (fünfte Situation) ein Übermaß an Termindruck und Hektik herrschen oder wenn (siebente Situation) eine Prüfungssituation wie beispielsweise in einer wichtigen Präsentation oder einem Vorstellungsgespräch besteht? Die Chance, dies zu erfragen, wird vom IPS nicht genutzt, da *nur* im zweiten Szenario *Engagement* erhoben wird, im fünften ist nur die *Stabilität* gefragt, und die siebente Situation befasst sich *ausschließlich* mit dem *Selbstvertrauen*.

Bezeichnung und Ausgestaltung der erhobenen Dimensionen erscheinen für den praktischen Einsatz weit mehr geeignet als manch klassisches, bisweilen allzu klinisch klingendes persönlichkeitspsychologisches Makrokonstrukt. Beispielsweise im Rahmen von Rückmeldegesprächen mit den untersuchten Personen dürfte leicht zu vermitteln sein, dass mit der in Tabelle 7-12 angeführten Konfliktsituation anhand der möglichen Handlungsweisen und deren Bewertung ein Konstrukt erhoben wird, das sich im IPS recht wertneutral *Konfrontationstendenz* nennt. Auf weit weniger Akzeptanz dürfte hier die Verwendung der klassischen psychologischen Begriffe *Aggressivität* und *Erregbarkeit* stoßen, wie sie im FPI-R (Fahrenberg et al., 1989) erhoben werden – obgleich diese Konstrukte gemäß der Validierungsstudien weitgehend denselben inhaltlichen Bereich abdecken. Die Verwendung eines modernen Vokabulars dürfte mithin zur Akzeptanz des IPS maßgeblich beitragen.

Die von den Autoren bevorzugte *Profilinterpretation* ist mit Vorsicht zu genießen, gerade wenn der Anwendungsbereich die Personalauswahl und -entwicklung sein soll. Das Profil mit der Nummer 1 wird jeweils – ohne Nennung weiterer Gründe – als optimal herausgestellt. Moderne Personalauswahlverfahren wie das Assessment Center haben den Versuch, ideale Kandidaten, quasi „Profil 1-Personen" zu finden, zurückgestellt zugunsten der Absicht, solche Personen auszuwählen, deren Profil mit den Anforderungen der Organisation übereinstimmt. In der Anwendung des IPS tut man also gut daran, nicht pauschal nach optimal profilierten Personen zu suchen, sondern sich zunächst genaue Gedanken zu machen, was für ein Profil man gerne hätte, welche Stärken man erwartet und welche Schwächen akzeptabel sind. An dieser Stelle kommt ein großer Pluspunkt des IPS ins Spiel: Die Kandidaten haben die Gelegenheit, ihr eigenes Verhalten zu bewerten. Dies ist ein hervorragender Anknüpfungspunkt für Feedback-Gespräche, für die Planung von und Entscheidung über zukünftige Entwicklungsmaßnahmen. Dies entspricht einer zunehmend realistischen Erwartungshaltung moderner Organisationen: Nicht diejenigen werden gesucht und gefördert, die jetzt schon perfekt sind oder sich perfekt finden, sondern jene, die auch Schwächen haben und diese kennen.

Nachdenklich stimmt die reduzierte *Reliabilität* gerade in der Untersuchungsstichprobe, die als einzige einem Bewährungsdruck ausgesetzt war. Die offensichtliche Bedeutung jedes einzelnen Items macht sozial erwünschte Antworten wahrscheinlicher; bedauerlicherweise wird nicht nur im Handbuch, sondern sogar in der Instruktion zwischen „angemessenen" und solchen Reaktionen gesprochen, die „von Nachteil" sind. Dies erhöht den Druck, keinesfalls peinliche (aber dabei vielleicht ehrlichere) Antworten zu geben, gerade in Auswahlsituationen. Einen Gegenpol zu der mit fast jedem Fragebogenverfahren einhergehenden Beanspruchung und Anspannung der Testperson stellt die originelle Darbietungsform in Szenarien dar: Anstelle einer langen Liste gleichförmiger Items werden jeweils nur eine Handvoll Fragen zu einer plastisch dargestellten Situation gestellt, danach ist schon wieder ein anderes Szenario gefordert. Auf diese Weise wird die Bearbeitung abwechslungsreich, wenn nicht sogar unterhaltsam.

Gerade auch durch die Anregung der Selbstreflexion erscheint der Einsatz des IPS geeignet, wenn persönlichkeitsrelevante Veränderungsprozesse anstehen oder initiiert werden sollen: zu Beginn eines Coaching-Auftrags, vor oder während Teambuilding-Maßnahmen oder im Vorfeld von Personalentwicklungsmaßnahmen. Zu einem Einsatz des Inventars als Grundlage für weitreichende Entscheidungen – beispielsweise als früher Filter in der Personalauswahl – kann beim gegenwärtigen Entwicklungsstand allerdings nicht geraten werden; gerade in diesem sensiblen Bereich steht der Nachweis der *Validität* dieses Verfahrens bislang aus. Bei der Anwendung der Profilinterpretation ist sogar höchste Vor- und Umsicht angesagt: So ist der von den Autoren postulierte Interventionsbedarf bei anderen als den Normprofilen 1 und 2 eine Diagnoseempfehlung, die allein auf Basis eines von so vielen Störfaktoren (schwankende Reliabilität, Antworttendenzen, Nicht-Eindeutigkeit von Profilzuordnungen) belasteten Fragebogenverfahrens kaum geboten erscheint.

7.6 Leistungsmotivationsinventar (LMI)

Franka Niemann

Das Leistungsmotivationsinventar wurde von Schuler und Prochaska entwickelt und ist 2001 erschienen. Es kann zu Zwecken der Personalauswahl eingesetzt werden sowie im Bereich der Personalentwicklung. Weitere Einsatzgebiete liegen in der Schul-, Studien- und Berufsberatung, in der Sportpsychologie sowie in der differentialpsychologischen und anwendungsbezogenen Forschung. Zielgruppe sind Personen, die mindestens einen Realschulabschluss haben und deren Alter mindestens 16 Jahre beträgt.

Leistungsmotivation stellt eine weitere große Leistungsdeterminante neben dem Fachwissen und den erforderlichen praktischen Fertigkeiten dar. Dabei soll Leistungsmotivation jedoch nicht als abgegrenztes Konstrukt verstanden werden, sondern als globale Verhaltensorientierung, an der vielfältige Aspekte der Persönlichkeit beteiligt sind. Ziel war es, ein Verfahren zu entwickeln, das berufsbezogene Leistungsmotivation misst und alle relevanten Dimensionen eines breit verstandenen Konzepts berufsbezogener Leistungsmotivation oder Leistungsorientierung angemessen repräsentiert.

Konzeption

Es wurden zunächst 728 Items formuliert und zu 38 vorläufigen Dimensionen gruppiert. Bei der Formulierung wurde darauf geachtet, dass alle Items von beruflicher Relevanz sein sollten, sich jedoch nicht nur auf einen eingeschränkten beruflichen Kontext beziehen. In einem ersten Analyseschritt wurden alle Einzelitems auf ihre Verständlichkeit, Eindeutigkeit und Zugehörigkeit zu den vorläufigen Dimensionen des Tests geprüft. Es blieben somit noch 445 Items übrig, die von vier Experten zunächst intuitiv 24 Dimensionen zugeordnet wurden. Der nächste Schritt bestand in einer Vorerprobung des Itempools mit 20 Studenten und Berufstätigen. Ziel war hier die Identifikation von Items, die ungeeignet sind, d.h. nicht akzeptabel, schwer verständlich oder mehrdeutig oder die sozial erwünschtes Antwortverhalten begünstigen. Nach diesem Schritt blieben noch 258 Items auf 19 Dimensionen übrig. Sie wurden an einer Stichprobe von 129 Wirtschaftsstudenten und 185 Berufstätigen erprobt, was wiederum eine Reduktion auf 17 Dimensionen berufsbezogener Leistung mit sich brachte. Die Verankerung der Items erfolgte auf einer 7-stufigen Antwortskala („trifft gar nicht zu" bis „trifft vollständig zu").

Kriterien bei der Itemselektion waren Itemmittelwerte, Streuungen, Trennschärfekoeffizienten und Korrelationswerte der Einzelitems zu den jeweils anderen Testskalen. Letztlich maßgeblich für die Auswahl war, welche Dimensionen theoretisch begründbar und berufsrelevant sind. In die Endform aufgenommen wurden schließlich 170 Items, die folgenden 17 Dimensionen zugeordnet sind: Beharrlichkeit, Dominanz, Engagement, Erfolgszuversicht, Flexibilität, Flow, Furchtlosigkeit, Internalität, Kompensatorische Anstrengung, Leistungsstolz, Lernbereitschaft, Schwierigkeitspräferenz, Selbständigkeit, Selbstkontrolle, Statusorientierung, Wettbewerbsorientierung und Zielsetzung.

Zusätzlich ist eine Kurzversion des LMI, das LMI-K, entwickelt worden, dessen Ziel darin besteht, mit wenig Aufwand nicht die Einzeldimensionen, sondern lediglich einen Globalwert der Leistungsmotivation zu erfassen. Hierfür wurden 30 Items ausgewählt, die den Gesamtwert der Normalversion insofern besonders gut repräsentieren, als sie die höchsten Korrelationen mit dem Gesamttest aufweisen.

Gütekriterien und empirische Fundierung

Normierung
Die Erprobung und Normierung des LMI erfolgte mit kaufmännischen Berufsschülern, Wirtschaftsgymnasiasten, Studierenden, Berufstätigen im Dienstleistungssektor und Hochleistungssportlern. Insgesamt waren dies 1985 Personen. In einem ersten Schritt erfolgte eine teststatistische Optimierung an zwei Stichproben. Validierungs- und Normierungsgrundlage für das LMI sind fünf Stichproben. Eine Übersicht über die Stichproben findet sich in Tabelle 7-14.

Tabelle 7-14: Übersicht über die Stichproben

	Erprobung		Validierung/Normierung				
	E1	E2	V1	V2	V3	V4	V5
Teilnehmer	129 Studenten verschiedener Fächer	185 Mitarbeiter eines Finanzdienstleistungsunternehmens	259 Wirtschaftsstudenten	1008 Kaufmännische Berufsschüler	160 Wirtschaftsgymnasiasten	166 Angestellte eines Finanzdienstleistungsunternehmens	78 Spitzensportler
Alter	25.5 Jahre (s = 3.6) 19- 41 J.	32.5 Jahre (s = 7.0) 21- 57 J.	21.3 Jahre (s = 1.8) 18- 34 J.	20.2 Jahre (s = 2.6) 16- 47 J.	18.7 Jahre (s = 1.4) 16- 22 J.	23.5 Jahre (s = 2.7) 20- 37 J.	19.5 Jahre (s = 4.9) 14- 39 J.
Geschlecht	37.2 % w	42.2 % w	30.1 % w	55.5 % w	43.4 % w	56 % w	37.2 % w
Sonstige Verfahren	NEO-FFI [5] Crowne-Marlowe-Skala [6]	NEO-FFI Crowne-Marlowe-Skala	NEO-FFI Crowne-Marlowe-Skala			Potential-Analyseverfahren [7]	

---

[5] Das NEO-Fünf-Faktoren-Inventar (Borkenau & Ostendorf, 1993) erfasst Neurotizismus, Extraversion, Offenheit, Verträglichkeit und Gewissenhaftigkeit.
[6] Die Crowne-Marlowe-Skala (Timaeus, 1996) erfasst sozial erwünschtes Antwortverhalten
[7] mit Interview, Filmszenen, Gruppendiskussion, Rollenspiel, Postkorb, Trendanalyse, Kognitions- und Konzentrationsaufgaben, Interessentest

Sonstige Kriterien	Schule, Ausbildung, Studium, Beruf, Freizeit, Hobbys, Funktionen	Schule, Ausbildung, Studium, Beruf, Freizeit, Hobbys, Funktionen	Schule, Ausbildung, Studium, Beruf, Freizeit, Hobbys, Funktionen	Schule, Ausbildung, Freizeit, Hobbys, Funktionen	Schule, Freizeit, Hobbys, Funktionen	Schule, Ausbildung, Tätigkeitsbereiche, Freizeit, Hobbys	Schule, Ausbildung, Studium, Beruf, Sport, Freizeit, Hobbys, Funktionen

Alle Probanden bekamen das LMI, einen Fragebogen zur Schul-, Ausbildungs- und Berufsbiographie sowie zu Hobbys und Freizeitaktivitäten. Je nach Stichprobe wurden weitere wichtige Inhaltsbereiche erfragt. Die Gesamtnormierungsstichprobe umfasste 1671 Personen. Das durchschnittliche Alter betrug 20.5 Jahre, der Altersbereich erstreckte sich von 14 bis 47 Jahren. 49 % der Probanden waren weiblich, 50,3 % waren männlich, bei drei Personen fehlten die entsprechenden Angaben.

Objektivität
Die Durchführungsobjektivität des LMI ist zufriedenstellend, wenn sich der Untersuchungsleiter an die vorformulierten Durchführungshinweise hält. Diese betreffen die Vertrautheit mit dem Testmaterial, den Durchführungsmodus, die Testsituation und die Rahmenbedingungen. Die Auswertungsobjektivität ist ebenfalls zufriedenstellend bis sehr hoch, da sie wahlweise mit Hilfe von Schablonen oder computergestützt erfolgen kann. Bei Unterstützung durch ein PC-Programm wird zusätzlich die Fehleranfälligkeit vermindert. Die Interpretationsobjektivität kann als hoch angesehen werden, da Dimensionsbeschreibungen und Normtabellen vorhanden sind, auf die der Auswerter die Interpretation stützen kann. Des Weiteren sind im Handbuch Fallbeispiele aufgeführt.

Reliabilität
Es wurden sowohl für die Gesamtstichprobe als auch für die in Tabelle 7-14 aufgeführten Teilstichproben Konsistenzkoeffizienten der Dimensionen berechnet. In der Gesamtstichprobe liegen die Konsistenzkoeffizienten zwischen .68 und .86, was bedeutet, dass eher homogene Merkmalsbereiche erfasst werden. Es finden sich keine systematischen Unterschiede der Konsistenzkoeffizienten über die analysierten Stichproben hinweg.
Eine Teilstichprobe von N = 205 Testteilnehmern aus der Teilstichprobe V2 der Tabelle 7-14 wurde nach drei Monaten noch einmal untersucht. Die Werte reichten über die verschiedenen Dimensionen hinweg von $r = .66$ bis $r = .82$, der Gesamtwert betrug $r = .86$, was eine zufriedenstellende Stabilität darstellt.

Validität
Der LMI ist in dem Sinne inhaltsvalide, als verschiedene Theorien der Leistungsmotivation und persönlichkeitstheoretische Konzepte zur Itemformulierung herangezogen wurden. Es wurden Interkorrelationen der LMI-Skalen mit den Daten aus allen Stichproben berechnet. Nur sieben von 153 Korrelationswerten wurden nicht signifi-

kant, alle anderen Korrelationen wurden hochsignifikant. Um mögliche vorhandene Grundkomponenten zu finden, wurde über diese Interkorrelationen eine Hauptkomponentenanalyse gerechnet, bei welcher sich eine 3-faktorielle Lösung ergab, die 63 % der Gesamtvarianz erklärt. Faktor 1 weist hohe Ladungen von „Leistungsstolz", „Statusorientierung", „Wettbewerbsorientierung", „Kompensatorische Anstrengung", „Zielsetzung", „Engagement" und „Flow" auf und erklärt 24.3 % der Gesamtvarianz. Dieser Faktor wurde „Ehrgeiz" genannt. Faktor 2 zeigt hohe Ladungen der Dimensionen „Selbständigkeit", „Flexibilität", „Furchtlosigkeit", „Dominanz", „Erfolgszuversicht" und „Schwierigkeitspräferenz", klärt 22.5 % der Gesamtvarianz auf und wurde „Unabhängigkeit" genannt. Hohe Ladungen auf dem 3. Faktor, der „Aufgabenbezogene Motivation" genannt wurde, zeigen sich bei den Dimensionen „Selbstkontrolle", „Beharrlichkeit" und „Internalität". Durch diesen Faktor werden 16.2 % der Gesamtvarianz aufgeklärt. Die Dimension „Lernbereitschaft" ist als einzige keinem Faktor zuzuordnen, sie weist auf allen Faktoren etwa die gleiche mittelhohe Ladung um .42 auf. Im Weiteren wurde eine Faktorenlösung über alle 170 Items berechnet, wobei sich eine 33-faktorielle Lösung ergab. Diese war jedoch nicht sinnvoll zu interpretieren. Reduziert man diese Lösung auf 17 Faktoren, lassen sich die Items recht gut im Sinne der LMI-Skalen zuordnen.

Die Konstruktvalidierung erfolgt zunächst auf der Grundannahme, dass Leistungsmotivation als globale Verhaltensorientierung Bezüge zu verschiedenen Persönlichkeitsvariablen aufweist. Als Verfahren zur Erfassung der Persönlichkeit wurde der NEO-FFI herangezogen. Es zeigten sich mehrere signifikante Zusammenhänge mit Neurotizismus und Gewissenhaftigkeit, so z.B. positive Beziehungen zwischen dem Angstfaktor der Leistungsmotivation und Neurotizismus sowie dem Erfolgsmaß der Leistungsmotivation und Gewissenhaftigkeit. Des Weiteren wurde die Crowne-Marlowe-Skala zur Erfassung der sozialen Erwünschtheit herangezogen. Hier zeigten sich v.a. deutliche Zusammenhänge für die Skalen Beharrlichkeit und Furchtlosigkeit, aber auch mehrere weitere signifikante Korrelationen.

Für die Kriterienvalidierung ergaben sich eine Reihe hochsignifikanter Korrelationen mit dem Alter und dem Geschlecht. Zwischen dem Alter und der Leistungsmotivation besteht möglicherweise ein kurvilinearer Zusammenhang: Zunächst zeigte sich mit zunehmendem Alter auch zunehmende Lernbereitschaft. Jedoch stellt sich bei Analyse der einzelnen Stichproben heraus, dass für die Erprobungsstichprobe mit den ältesten Probanden das Gegenteil gilt. Zudem war für den gefundenen positiven Zusammenhang v.a. die größte Teilstichprobe der Berufsschüler verantwortlich. In dieser Stichprobe war wiederum das Alter mit Bildung korreliert: Abiturienten weisen höhere Motivationswerte auf als Realschüler. Werden Stichprobe, Geschlecht und Schulabschluss in einer Partialkorrelation kontrolliert, bleibt nur noch ein Zusammenhang von r = .05, was sehr niedrig ist. In Bezug auf das Geschlecht zeigen sich dahingehend Zusammenhänge, dass Männer sich erfolgszuversichtlicher, dominanter und furchtloser einschätzen als Frauen. Des Weiteren wurden schul- und studienbezogene Kriterien herangezogen, deren Zusammenhänge zur Leistungsmotivation durchweg wie erwartet ausfielen. Das heißt, es zeigten sich beispielsweise Zusammenhänge mit Motiven der Studien- und Berufswahl, die positiv ausfielen im Bereich „Interesse" und „Entwicklung" und negativ im Bereich „Studienwahl aus Verlegenheit". Auch zeigte sich bei Leistungsmotivierten eine geringere Zufriedenheit mit der eigenen Leistung. Ebenfalls als Kriterium herangezogen wurden leistungsbezogene Aktivitäten, die aus eigenem Antrieb heraus unternommen werden. Erwartet wurden hier durchweg positive Zusammenhänge zwischen der Leistungsmotivation und der Anzahl von Aktivitäten. Geringe Zusammenhänge ergaben sich für die Teilnahme an Wettbewerben und die Anzahl der Hobbys, deutlichere Zusammenhänge ließen sich für die übernommenen Funktionen (z.B. in Vereinen) erkennen. Besonders deutlich zeigte sich dieser Zusammenhang mit dem Merkmal „Dominanz" ($r = .44$). Weitere Zusammenhänge finden sich für berufsbezogene Kriterien, welche an der Stichprobe der Berufstätigen eines Finanzdienstleistungsunternehmens erhoben wurden. Insbesondere sticht hierbei die „Stellung in der Hierarchie" heraus. Aus den Dimensionen der Leistungsmotivation gibt es hohe Zusammenhänge bei der „Dominanz" und dem „Engagement". Bei dem Kriterium des Potentialanalyseverfahrens kann eine Unterteilung vorgenommen werden zwischen sozial-interaktiven Verfahren, mit denen Kunden- und Teamorientierung erfasst werden sollen, und kognitiv bestimmten Verfahren, die zur Messung von Intelligenz, sozialer Urteilsfähigkeit, Konzentrationsleistung und der Fähigkeit zur Planung und Organisation dienen. Signifikante Zusammenhänge zeigten sich ausschließlich mit den sozial-interaktiven Verfahren. In einem Interview, das u.a. Fragen zur Initiative enthält, fanden sich ebenfalls bedeutsame Beziehungen zur Leistungsmotivation. Unter den Dimensionen der Leistungsmotivation lassen sich insbesondere „Schwierigkeitspräferenz" und „Zielsetzung" hervorheben.

Durchführung und Auswertung

Das Leistungsmotivationsinventar ist ein Papier-Bleistift Verfahren und besteht aus einer Handanweisung, einem Fragebogen, Auswertungsschablonen, einem Auswertungsbogen und einem Profilblatt. Auf dem Fragebogen ist eine Instruktion für den Testteilnehmer zu finden, des Weiteren der Aufgabenteil mit 170 Fragen, wobei jeweils zehn Fragen auf eine Dimension berufsbezogener Leistungsmotivation entfallen. Aufgabe des Testteilnehmers ist es nun, Einschätzungen auf einer siebenstufigen Skala von „1" (trifft gar nicht zu) bis „7" (trifft vollständig zu) vorzunehmen. Das LMI ist sowohl als Einzel- wie auch als Gruppentest durchführbar. Die Testinstruktionen werden vom Untersuchungsleiter vorgelesen, während die Testteilnehmer für sich mitlesen sollen. Anschließend können Fragen zur Bearbeitungsweise beantwortet werden, nicht jedoch Fragen zum Inhalt. Die Bearbeitungsdauer beträgt etwa 30 bis 40 Minuten für die Normalversion und etwa zehn Minuten für die Kurzversion, es gibt jedoch keine Zeitbegrenzung.

Die Auswertung kann sowohl manuell als auch computergestützt erfolgen. Bei der manuellen Vorgehensweise werden Schablonen auf die vom Testteilnehmer ausgefüllten Fragebögen aufgelegt. Unter der vom Testteilnehmer markierten Antwort kann dann auf der Schablone der Rohwert für jedes Item abgelesen werden. Die Rohwerte werden in die entsprechenden Kästchen des Auswertungsbogens eingetragen und für jede Skala einzeln aufaddiert. Zudem wird der Gesamtrohwert berechnet. Zur Ermittlung der Normwerte muss im Anhang des Manuals die entsprechende Normtabelle herausgesucht werden, in welcher die den Rohwertsummen entsprechenden Normwerte abgelesen werden können. Die ermittelten Normwerte werden in den Auswertungsbogen eingetragen. Als Normwerte sind hier aufgeführt: Stanine-

Werte, Standardwerte und Prozentränge. Die Stanine-Werte werden in das Gesamtprofil für jeden einzelnen Kandidaten übertragen. Die Dauer der manuellen Auswertung beträgt etwa fünf bis zehn Minuten pro Test.

In der computergestützten Auswertung werden die Testergebnisse in Punktwerten sowohl als Gesamtwert als auch einzeln für jede der 17 Dimensionen berechnet. Die graphische Darstellung der Testergebnisse erfolgt in einem Netzdiagramm. Zudem besteht die Möglichkeit, Textbausteine für die Rückmeldung auszudrucken. Falls Rohwerte fehlen, sollten sie ersetzt werden durch den Mittelwert der übrigen Items der betreffenden Dimension, unabhängig davon, ob die Auswertung manuell oder computergestützt erfolgt ist. Fehlen mehr als zwei Rohwerte in einer Skala, sollten sowohl die betreffende LMI-Dimension als auch der Gesamtwert möglichst nicht ausgewertet werden. Für den Fall, dass die Kurzform durchgeführt wurde, ist bei mehr als drei fehlenden Werten von einer Auswertung abzuraten. Für die Interpretation sind Interpretationshilfen durch die Skalenbeschreibungen und durch die Normtabellen gegeben. Der LMI-Gesamtwert gilt als Globalmaß berufsbezogener Leistungsmotivation.

Das LMI-K besteht aus dem Fragebogenheft mit Instruktion und 30 Items zur berufsbezogenen Leistungsmotivation und dem Auswertungsbogen. Die Beantwortung ist auf der gleichen siebenstufigen Skala vorzunehmen wie bei der Normalversion. Auch die Durchführungsbedingungen sind identisch. Für die manuelle Auswertung werden alle Itemscores in den Auswertungsbogen übertragen und zu einem Rohwert aufaddiert. Es liegen Tabellen vor, aus denen sich die entsprechenden Normwerte ablesen lassen.

Bewertung

Das LMI ist für Probanden einfach zu verstehen und durchzuführen. Auch der Umfang und damit der zeitliche Rahmen von 30 bis 40 Minuten ist angemessen, zumal es sich um keinen Leistungstest handelt, sondern lediglich subjektive Einschätzungen vorgenommen werden. Insofern kann davon ausgegangen werden, dass die Probanden mit den 170 einzuschätzenden Items nicht überfordert werden. Auch die Auswertung ist einfach und schnell durchzuführen und kann aufgrund ihrer Standardisierung kaum verfälscht werden. Das Manual ist verständlich und übersichtlich geschrieben. Positiv herauszuheben ist auch die große Anzahl von Personen, an denen das Leistungsmotivationsinventar normiert und validiert worden ist. Problematisch im Bereich der Validität ist jedoch, dass die Differenzierung der 17 Dimensionen nicht überzeugend belegt wurde. Denn wenngleich die Dimensionen von Experten für gut befunden und sie an zwei Stichproben vorerprobt wurden, lassen sie sich in einer Faktorenanalyse nur erzwungenermaßen wiederfinden.

Da es sich bei dem LMI um ein sehr neues Verfahren handelt, ist es nachvollziehbar, dass verschiedene Bereiche noch nicht oder nicht ausreichend untersucht worden sind. Dies gilt beispielsweise für die prognostische Validität, Untersuchungen zur Retest-Reliabilität oder die Ausweitung der Normen auf weitere Berufsbereiche. Die Bearbeitung des LMI ist jedoch noch nicht abgeschlossen, weitere Untersuchungen sind in Arbeit.

Bereiche, in denen das LMI eingesetzt werden soll, sind Personalauswahl und Personalentwicklung, Schul-, Studien- und Berufsberatung, Sportpsychologie sowie differentialpsychologische und anwendungsbezogene Forschung. Generell gesehen ist das LMI für diese Bereiche sicherlich ein sinnvolles Instrument. Wird das LMI in Bereichen genutzt, für die noch keine Normen vorliegen, so ist im Einzelfall zu entscheiden, ob diese von Wichtigkeit sind.

7.7 Multi-Motiv-Gitter für Anschluss, Leistung und Macht (MMG)

Maren Jens

Bei dem vorliegenden Multi-Motiv-Gitter (Schmalt, Sokolowski, & Langens, 2000) handelt es sich um ein semi-projektives Messverfahren zur gemeinsamen Erfassung der drei Motive Anschluss, Leistung und Macht. Semi-projektiv bedeutet hier, dass durch die Vorgabe mehrdeutiger Bildreize/Bildsituationen unbewusste Bewertungen hervorgerufen werden sollen. Diese müssen jedoch in Form von standardisierten, vorgegebenen Statements zum Ausdruck gebracht werden. Jeder Befragte kann sich also bei jeder Bildsituation für eines mehrerer Statements entscheiden, welches am ehesten seiner Interpretation des Bildinhaltes entspricht.

Die drei Motive werden jeweils in ihrer Furcht- und in ihrer Hoffnungskomponente erfasst. Motive können verstärkt in einer hoffenden Richtung auf eine positive Zielerreichung ausgeprägt sein oder im Gegensatz dazu verstärkt in einer fürchtenden Richtung, der Furcht vor negativen Konsequenzen. Dies entspricht bei den Motiven des Multi-Motiv-Gitters (MMG) der Hoffnung auf Anschluss, Leistungserfolg oder Kontrolle bzw. der Furcht vor Zurückweisung, Leistungsmisserfolg oder Kontrollverlust.

Im Allgemeinen unterscheiden sich Menschen in der Intensität und Extensität von Motiven sowie in den Ausprägungen der Hoffnungs- bzw. Furchtkomponenten. In diesem Sinne dient das MMG der differentialpsychologischen Erforschung von Motivstrukturen. Es kann in der Praxis zum Beispiel im schulischen Kontext, in der Berufsberatung, im Rahmen von Personalentscheidungen und Personalentwicklungsmaßnahmen sinnvoll eingesetzt werden.

Die Bedeutsamkeit der Erfassung von Motivstrukturen beruht auf der theoretischen Erkenntnis, dass unterschiedliche Motivausprägungen auch zu unterschiedlichem Verhalten führen. Dabei zeigen sich Personen in diesen Verhaltenstendenzen über die Zeit hinweg relativ stabil. Kenntnisse über die Ausprägungen von Motiven können somit dazu beitragen, generelle Verhaltensrichtungen in motivrelevanten Situationen zu prognostizieren. Das MMG ist ein neues Testverfahren, das zum ersten Mal versucht, mehrere Motive gleichzeitig und detailliert zu erheben.

Konzeption

Das MMG orientiert sich in seinem Verständnis von Motiven an zeitlich überdauernden Persönlichkeitskonstrukten. Im Gegensatz zu generellen Persönlichkeitsmerkmalen (wie z.B. die „Big Five" nach McCrae & Costa, 1987) werden Motive durch situative Hinweisreize erst aktiviert, um sich dann in Situationsbewertungen, Zielverfolgungen und konkretem Handeln widerzuspiegeln (Heckhausen, 1991). Aufgrund von verschieden stark ausgeprägten Motiven unterscheidet sich auch das Verhalten von Personen in motivanregenden Situationen. Besondere Motivausprägungen finden wir im Alltag zum Beispiel bei Extremsportlern, die durch eine intensive Motivation nach neuen, spannenden Erfahrungen charakterisierbar sind. Auch ein starkes soziales Engagement kann durch ein besonders stark ausgeprägtes Motiv begründet sein.

Dabei sind Motive in der Regel vom Menschen selbst schwer beschreibbar. Sie werden häufig nicht bewusst wahrgenommen. Beispielsweise kann man sich eine besonders ehrgeizige Person vorstellen, die nicht bewusst äußern kann, warum sie viel Zeit in die Arbeit steckt, außer zu betonen, dass sie eben ein sehr ehrgeiziger Mensch ist.

Motive werden stets in einer aufsuchenden und in einer vermeidenden Tendenz angeregt, da nach Lewin (1935) Ziele stets einen verlockenden und einen bedrohenden Charakter in sich vereinen. Personen können sich darin unterscheiden, ob sie empfindlicher für negative/bedrohende Konsequenzen ihres möglichen Handelns sind oder aber stärker mit positiven/belohnenden Handlungsfolgen rechnen. Dies lässt sich in der Theorie umschreiben, indem man davon ausgeht, dass bei jedem Motiv zwei entgegengesetzte Komponenten existieren, nämlich die Hoffnungs- und die Furchtkomponente. Das MMG ist so konzipiert, dass es diesen Komponenten gerecht wird und somit versucht, sechs Motivkomponenten (Hoffnung und Furcht jeweils für Anschluss, Macht und Leistung) zu erfassen.

Das Anschlussmotiv wird in Situationen angesprochen, in denen Interaktionen bzw. Kontakte mit fremden Personen möglich sind. Ziele, die durch solche Situationen hervorgerufen werden können, sind zum einen der Aufbau positiver Beziehungen (ausgelöst durch eine verstärkt ausgeprägte Hoffnungskomponente), zum anderen der Schutz vor Zurückweisung, im Falle der verstärkt ausgeprägten Furchtkomponente.

Das Leistungsmotiv wird in Situationen angeregt, denen ein Bewertungsmaßstab für Handlungen zugrunde liegt. Dies kann auf der einen Seite zu Verhalten führen, das durch die Hoffnung auf Erfolg motiviert ist, auf der anderen Seite zu Verhalten, welches durch die Furcht vor Misserfolg bestimmt ist.

Das Machtmotiv wird schließlich durch Situationen angesprochen, in denen andere Personen potentiell kontrollierbar sind. Es können Ziele in der Hoffnung auf Kontrolle verfolgt werden oder aber Ziele, um Kontrollverluste zu vermeiden.

Das MMG vereint in seiner Konzeption projektive und selbstbeschreibende Messtechniken in sich. Zur Umsetzung dieser sogenannten „Gitter-Technik" (Schmalt, 1976) werden zunächst mehrdeutige Bilder vorgelegt, die durch die dargestellten Situationen unbewusste Motive anregen sollen. Gemessen wird dann allerdings keine assoziative Beschreibung des Bildes, sondern die Beantwortung vorgegebener Statements, in denen sich die zu erfassenden Motive widerspiegeln. Durch diese Vorgehensweise versprechen sich die Autoren die Erfassung von nicht bewusst wahrnehmbaren Motivanteilen unter akzeptablen Gütekriterien. Außerdem sollen Verzerrungstendenzen wie die soziale Erwünschtheit oder die Idealisierung der eigenen Motivstruktur möglichst ausgeschaltet werden.

Bei den im MMG verwendeten Bildsituationen und Statements handelt es sich ohne Ausnahme um solche, die bereits in existierenden Messverfahren der Einzelmotive vorkommen. Die Autoren haben sich in ihrer Itemselektion auf das Leistungsmotiv-Gitter von Schmalt (1976, 1999), auf das Anschlussmotiv-Gitter von Sokolowski (1992) und das Machtmotiv-Gitter von Schmalt (1979, 1987) bezogen. Die Auswahl der Bildsituationen und Statements vollzog sich in mehreren Schritten unter folgenden Selektionskriterien:
- Ladungshöhen der Statements auf den einzelnen Motivkomponenten in den Einzelverfahren

- Gleichmäßige Verteilung von monothematischen, bithematischen und polythematischen Situationen. Auf diese Weise sollen Anregungsschwellen von Motiven berücksichtigt werden. Die Extensität und Intensität von Motiven wird so miterhoben[8]
- Aufklärung der Person-Situation-Interaktionsvarianz, d.h. Bevorzugung der Statements, in denen sich Personen maximal unterscheiden.

Auf diese Weise entstand ein Itemsatz von 12 Items pro Motivkomponente. Diese 72 Items wurden durch 22 weitere Füllitems auf eine Gesamtzahl von 94 ergänzt, um die Durchschaubarkeit der Motivmessung zu reduzieren. Ein Item setzt sich immer aus einer Bildsituation und mehreren Statements zusammen, die nach „trifft zu" bzw. „trifft nicht zu" beantwortet werden müssen. Der Gesamtsatz verwendeter Statements (ohne Füllitems) findet sich in Tabelle 7-15 im Zusammenhang mit der Zuordnung zum jeweiligen Motivthema.

Tabelle 7-15: Die 12 Statements des MMG und ihre Motivzuordnung

Statement	Motivthema		
	Anschluss	Leistung	Macht
1. Man ist froh, den anderen getroffen zu haben.	HA1		
2. Hier kann das eigene Ansehen verloren gehen.			FK1
3. Sich hierbei den Erfolg zutrauen.		HE1	
4. Hier kann man leicht von anderen zurückgewiesen werden.	FZ1		
5. Bei diesen Aufgaben an mangelnde spezielle Fähigkeiten denken.		FM1	
6. Die Macht anderer befürchten.			FK2
7. Hierbei Stolz empfinden, weil man etwas kann.		HE2	
8. Man fürchtet, den anderen zu langweilen.	FZ2		
9. Hier schwierige Aufgaben lieber nicht sofort in Angriff nehmen.		FM2	
10. Selber Einfluss haben wollen.			HK1
11. Man hofft, dem anderen näher zu kommen, wenn man selbst die Initiative ergreift.	HA2		
12. Hier kann man das eigene Ansehen erhöhen.			HK2

Anmerkung: HA = Hoffnung auf Anschluss FZ = Furcht vor Zurückweisung
HE = Hoffnung auf Erfolg FM = Furcht vor Misserfolg
HK = Hoffnung auf Kontrolle FK = Furcht vor Kontrollverlust

---

[8] Beispiel: Wird das Machtmotiv in einer Situation ausgedrückt, die ebenso die beiden anderen Motive anspricht, spricht dies für eine größere Extensität des Motivs über verschiedene Situationen hinweg. Wird das Machtmotiv dagegen nicht mal in einer monothematisch machtrelevanten Situation angeregt, spricht dies für eine hohe Anregungsschwelle.

Gütekriterien und empirische Fundierung

Normierung
Das MMG wurde in den Jahren 1994 bis 1998 an einer Gesamtstichprobe von 1919 Personen normiert. Zu den untersuchten Personen zählen vorrangig Studenten, aber auch Lehrer und Probanden aus motivationspsychologischen Experimenten. Insgesamt waren 860 Personen weiblich (44,8 %) und 1059 männlich (55,2 %). Der Test bezieht sich auf Personen ab 16 Jahre.

Die Normwerte, Prozenträge und T-Werte liegen jeweils für die einzelnen Motivkomponenten getrennt vor. Darüber hinaus liegen Tabellen vor, in denen die Normwerte für jedes Motivthema und seine zwei Komponenten nach Männern und Frauen getrennt dargestellt werden.

Objektivität
Zur objektiven Durchführung liegen dem Testmaterial eine Standardinstruktion und weitere genaue Anweisungen bei. Die Instruktion ist dabei so formuliert, dass die Intention der Motivmessung verschleiert bleibt, stattdessen wird von einem Verfahren zur Beurteilung sozialer Situationen gesprochen.

Da Auswertungsschablonen zur Bestimmung der Rohwerte vorhanden sind, ist die Auswertungsobjektivität gesichert. Zur Förderung der Interpretationsobjektivität liegen außerdem verbale Umschreibungen für überdurchschnittliche Ausprägungen in den jeweiligen Motivkomponenten vor.

Reliabilität
Die Retest-Reliabilität nach einem Zeitabstand von 40 Minuten kann mit Koeffizienten der einzelnen Motivkomponenten zwischen $r_{tt} = .77$ bis $r_{tt} = .92$ als zufriedenstellend bewertet werden. Hervorzuheben bleibt, dass die Hoffnungskomponenten über alle Motive hinweg tendenziell höher korrelieren als die Furchtkomponenten.

In einer Konsistenzanalyse (Cronbachs α) an zwei verschiedenen Stichproben ($N_1 = 280$, $N_2 = 1216$) wurden für die Motivkomponenten mittelhohe Koeffizienten von .61 bis .76 erreicht. Laut Autoren liegen diese jedoch bei einer verlängerten Version auch deutlich höher.

Validität
Zur Untersuchung der internen Validität wurde vielfältig überprüft, ob sich die einzelnen Motive und ihre jeweiligen Komponenten strukturell voneinander trennen lassen. Die Berechnung der Interkorrelationen der Skalen sowie die Überprüfung mittels Faktorenanalyse unterstützen die Theorie der zwei Komponenten Hoffnung und Furcht. Diese beiden Konstrukte weisen über alle Motive hinweg nur geringe Korrelationen auf und konnten auch explorativ in einem 2-Faktorenmodell bestätigt werden.

Eine Bestätigung der insgesamt sechs Faktoren konnte durch eine konfirmatorische Faktorenanalyse erreicht werden. Hier erhielt ein 6-Faktorenmodell einen akzeptablen Goodness-of-fit-Wert, so dass die strukturelle Grundlage des MMG als gestützt gelten darf.

Die externe Validität wurde durch vielfältige kleinere Studien gestützt. So konnten zum Beispiel das Verhalten und emotionale Reaktionen in Leistungssituationen durch die beiden Komponenten des Leistungsmotivs sinnvoll vorhergesagt werden. Ferner konnten im Rahmen von Studien zur sozialen und beruflichen Entwicklung Zusammenhänge zwischen dem Anschlussmotiv und dem Führen interpersonaler Beziehungen, zwischen dem Leistungsmotiv und der beruflichen Entwicklung sowie zwischen dem Machtmotiv und der Vorliebe für prestigeträchtige Tätigkeiten aufgedeckt werden.

Schließlich liegen Studien vor, welche die Unabhängigkeit der MMG-Ergebnisse von Werten aus Selbstreporten belegen. So ergeben sich für die MMG-Motiv-Werte und Selbstbeschreibungen des Real-Selbst (Methode nach Higgins, 1996) in den gleichen Motiven Korrelationen nahe Null. Die beiden Messmethoden scheinen also unterschiedliche Aspekte der Motive zu erheben. Zumindest entspricht die Bewertung der Bildsituationen nicht der persönlichen Beschreibung eigener Motivausprägungen. Dieses Ergebnis kann dahingehend gedeutet werden, dass es durch das MMG tatsächlich gelingt, eher unbewusste Aspekte der drei Motive zu erheben, während Selbstbeschreibungen auf bewussten persönlichen Einschätzungen der eigenen Motivlage beruhen.

Durchführung und Auswertung

Das MMG ist ein Papier-Bleistift-Verfahren, das sowohl als Einzel- als auch als Gruppentest jeweils mit einer Zeitdauer von 15 Minuten durchgeführt werden kann. Eine Handanweisung und eine Auswertungsschablone sichern die objektive Durchführung. In der Instruktion wird der Test als Instrument zur Erfassung von Bewertungen in sozialen Situationen vorgestellt, um die Messintention zu verschleiern. Dies dient vor allem dazu, motivanregende Bedingungen im Vorhinein zu vermeiden, so dass eher implizite/unbewusste Motivcharakteristika und Ausprägungen erhoben werden können.

Die Auswertung erfolgt mittels Schablone, mit Hilfe derer die Rohwerte für jede der sechs Motivkomponenten ausgezählt werden. Anhand von Normtabellen ist eine einfache Transformation der Rohwerte in Standardwerte möglich. Außerdem kann eine graphische Darstellung genutzt werden, um ein Motivprofil zu erstellen, in dem extreme Ausprägungen und das Verhältnis der Komponenten untereinander sofort ersichtlich werden. Zur Interpretation können verbale Umschreibungen für jede einzelne Motivkomponente herangezogen werden. Darüber hinaus werden „Konflikttypen" beschrieben, die zum Beispiel innerhalb eines Motivs sowohl eine hochausgeprägte Furcht- als auch Hoffnungskomponente erreicht haben.

Bewertung

Das MMG stellt ein Verfahren dar, das in seiner Anwendung einfach, schnell und objektiv ist und detaillierte Hinweise zur Interpretation der gewonnenen Messwerte liefert. Durch die Messung von drei Motiven gleichzeitig auf der Basis der Reduzierung der Langversionen können Motivstrukturen besonders schnell erhoben und ausgewertet werden. Außerdem wird das Interesse an der Bearbeitung für die Probanden ebenfalls durch die drei Thematiken plus Füllitems erhöht.

Die verwendete Gitter-Technik ist als semi-projektive Messvariante zu verstehen. Sie bietet den Vorteil, dass zum einen Assoziationen zu verbal nicht vorinterpretierten Bildersituationen geweckt werden können, wie man es aus klassischen projektiven Verfahren wie zum Beispiel dem TAT (Thematischer Apperzeptionstest; Murray, 1991) kennt. Dennoch erlangt das MMG die zur Vergleichbarkeit notwendige Standardisierung durch überprüfte und normierte vorformulierte Statements, welche vom Probanden seinen Assoziationen entsprechend beantwortet werden müssen. Es gelingt also, weniger bewusste Motivinhalte ohne die Verzerrung durch Antworttendenzen wie z.B. die soziale Erwünschtheit zu erfassen und ohne auf klassische Gütekriterien zu verzichten.

Die verbalen Interpretationshilfen sind recht ausführlich und geben eine plastische Vorstellung davon, wie sich hohe Werte in einzelnen Motivkomponenten äußern können. Es darf jedoch nicht übersehen werden, dass Motive generell nur Aussagen über Verhaltenstendenzen zulassen. Studien zur prognostischen Validität liegen für das junge Verfahren MMG erst für recht allgemeines Verhalten, wie zum Beispiel das Führen einer festen Beziehung oder das Verhalten im Zusammenhang mit Videospielen vor. Die Anwendung des MMG als Entscheidungsgrundlage im Arbeitskontext sollte also auf die Ergänzung einer personalrelevanten Entscheidung begrenzt bleiben. Eine gute Anwendungsmöglichkeit ist sicherlich in der Berufsberatung zu sehen, wenn es darum geht Neigungen für/gegen bestimmte Berufsfelder zu durchleuchten, in denen Leistungsorientierung, Kontaktfähigkeit oder Führungsqualitäten gefragt sind. Darüber hinaus bietet das MMG die Möglichkeit, Ansatzpunkte für erwünschte Verhaltensmodifikationen durch Trainings/Schulungen aufzudecken, sei es im schulischen Kontext oder im Bereich der Personalentwicklung.

Um die Überprüfung der Gütekriterien und somit die Anwendung des Tests weiter zu optimieren, können weitere, differenziertere Normen für z.B. einzelne Berufsgruppen aufgestellt werden. Ferner bietet sich eine Retest-Reliabilitätsstudie an, bei der zwischen der ersten und zweiten Testdurchführung ein größeres Zeitintervall als 40 Minuten liegt. Eine solche Untersuchung könnte zusätzlich einen weiteren Beitrag zur Unterstützung des Konstruktverständnisses von Motiven als stabiles Persönlichkeitsmerkmal liefern.

7.8 NEO-Fünf-Faktoren-Inventar (NEO-FFI)

Beate Ziegler

Das NEO-Fünf-Faktoren-Inventar (Borkenau & Ostendorf, 1993) ist ein faktorenanalytisch konstruiertes Fragebogenverfahren, welches individuelle Unterschiede in den Bereichen *Neurotizismus* (oder auch: „Emotionale Stabilität"), *Extraversion, Offenheit für Erfahrung, Verträglichkeit* und *Gewissenhaftigkeit* zu erfassen vermag. Durch das hohe Abstraktionsniveau dieser Merkmalsbereiche vermittelt das Instrument einen groben, jedoch vollständigen Überblick über Ausprägungen auf den wichtigsten Dimensionen individueller Persönlichkeitsunterschiede. Es eignet sich somit als Breitband- oder Screening-Verfahren zur Erfassung der Persönlichkeitsstruktur.

Beim NEO-FFI handelt es sich um eine deutsche Übersetzung des „NEO Five-Factor-Inventory" (NEO-FFI) von Costa und McCrae (1989, 1992). Die Abkürzung „NEO" steht für die ursprünglichen Dimensionen der amerikanischen Version, deren Autoren zunächst ein Persönlichkeitsmodell vorschlugen, welches nur drei Bereiche individueller Unterschiede umfasst: *Neurotizismus, Extraversion* und *Offenheit für Erfahrung*. Um der faktorenanalytischen Befundlage Rechnung zu tragen, erweiterten Costa und McCrae ihr Persönlichkeitsmodell später um die Merkmalsbereiche *Verträglichkeit* und *Gewissenhaftigkeit*.

Eine Anwendung des NEO-FFI ist dann sinnvoll, wenn nicht spezifische Persönlichkeitskonstrukte von Interesse sind, sondern vielmehr eine grobe aber vollständige Erfassung der Bereiche individueller Unterschiede gewünscht wird. Im Bereich Berufsberatung und Organisationspsychologie ist das NEO-FFI aufgrund seiner theoretischen Fundierung, seiner Ökonomie und seiner Transparenz auch in der Personalarbeit zweckmäßig einsetzbar. Die Testautoren sehen das Verfahren jedoch eher als nützliche Unterstützung in der beruflichen Beratung und raten von einer Anwendung zu Selektionszwecken ab. Das hohe Abstraktionsniveau der Faktoren und die fehlende Spezifität der Ergebnisse im Hinblick auf berufsbezogene Entscheidungen sind problematische Aspekte beim Einsatz des NEO-FFI in der Personalarbeit. In Kombination mit anderen Instrumenten, welche die für eine spezielle Fragestellung relevanten Konstrukte erfassen, kann es jedoch durchaus unterstützend dienen.

Konzeption

Die Grundlage der Entwicklung des NEO-FFI bildet der psycho-lexikalische Ansatz. Der Gedanke ist dabei, dass alle Persönlichkeitsmerkmale ihre Entsprechung in der Sprache finden. Daher sammelt man zunächst möglichst viele Adjektive zur Beurteilung der menschlichen Persönlichkeit. In einem zweiten Schritt versucht man auf empirischem Weg die Gesamtheit dieser Adjektive zu Faktoren zu verdichten, welche die grundlegenden Persönlichkeitsdimensionen abbilden. Als Ergebnis dieser Datenreduktion bildeten sich fünf Faktoren heraus: die sogenannten „Big Five", welche die Grunddimensionen individueller Unterschiede darstellen. Untersuchungen der letzten Jahre belegen, dass sich ein Großteil der Varianz verschiedener Persönlichkeitstests auf fünf relativ robusten Faktoren abbilden lässt. Die Replizierbarkeit der fünf Faktoren erwies sich als unabhängig von den untersuchten Probandenstichproben, den Instrumenten und den Methoden der Faktorenextraktion und -rotation. Eine detaillierte Sammeldarstellung dieser Befunde findet sich in Aufsätzen von Digman (1990), McCrae und John (1992), Wiggins und Pincus (1992), sowie John, Angleitner und Ostendorf (1988).

Die Entwicklung der amerikanischen NEO-Inventare hat insgesamt drei Versionen des NEO hervorgebracht: das NEO-Persönlichkeitsinventar (PI; Costa & McCrae, 1985), das NEO-Fünf-Faktoren-Inventar (NEO-FFI; Costa & McCrae, 1989) und das revidierte NEO-Persönlichkeitsinventar (NEO-PIR; Costa & McCrae, 1992; Costa, McCrae & Dye, 1991). Um ein Verfahren, welches die Dimensionen des Big-Five-Modells umfasst, auch dem deutschsprachigen Raum zugänglich zu machen, begannen Borkenau und Ostendorf 1986 mit der Übersetzung des NEO, zunächst mit dem NEO-PI. Ziel der Übersetzung war, die Zugehörigkeit der Items zu den fünf Faktoren und die Bedeutung der Items durch die Angleichung an die deutsche Sprache nicht zu verändern. Es wurde somit sinngemäß und nicht am Wortlaut orientiert übersetzt. Alle 60 Items des NEO-FFI sind auch im NEO-PI enthalten. Für die Entwicklung der deutschen Version des NEO-FFI konnten diese Items somit aus der deutschen Übersetzung des NEO-PI übernommen werden. Eine neue Datenerhebung oder gesonderte Übersetzung des amerikanischen NEO-FFI erachteten die Autoren als nicht erforderlich. Basierend auf Daten einer Stichprobe von 300 Probanden ergaben sich zufriedenstellende interne Konsistenzen der Skalen. Zudem ergab eine Faktorenanalyse des NEO-FFI auf Itemebene, dass 58 der 60 Items ihre höchste Ladung auf dem Faktor aufwiesen, zu dem sie inhaltlich gruppiert worden waren. Die so entstandene deutsche Version des NEO-FFI wurde zwischenzeitlich in verschiedenen Untersuchungen eingesetzt. Zum Zeitpunkt der Manualerstellung lagen Daten von 2112 Probanden vor (966 Männer, 1076 Frauen und weitere 70 Probanden ohne Angaben zum Geschlecht). Die in Tabelle 7-17 aufgeführten Angaben zu Mittelwerten, Standardabweichungen und Reliabilitäten wurden auf der Basis der Daten dieser Probanden errechnet. Die in der folgenden Tabelle (Tabelle 7-16) dargestellten Skalencharakterisierungen wurden dem Testmanual entnommen. Dieses enthält zusätzlich zu allen Skalen eine ausführlichere Interpretationshilfe. Jede Skala umfasst 12 Items.

Tabelle 7-16: Die Skalen des NEO-FFI (Borkenau & Ostendorf, 1993)

Skala	Beschreibung
Neurotizismus	Personen mit hohen Werten in Neurotizismus neigen dazu, nervös, ängstlich, traurig, unsicher und verlegen zu sein und sich Sorgen um ihre Gesundheit zu machen. Sie neigen zu unrealistischen Ideen und sind weniger in der Lage, ihre Bedürfnisse zu kontrollieren und auf Stresssituationen angemessen zu reagieren.
Extraversion	Probanden mit hohen Werten in Extraversion sind gesellig, aktiv, gesprächig, personenorientiert, herzlich, optimistisch und heiter. Sie mögen Anregungen und Aufregungen.

Offenheit für Erfahrung	Probanden mit hohen Werten bezüglich Offenheit für Erfahrung zeichnen sich durch eine hohe Wertschätzung für neue Erfahrungen aus, bevorzugen Abwechslung, sind wissbegierig, kreativ, phantasievoll und unabhängig in ihrem Urteil. Sie haben vielfältige Interessen und interessieren sich für öffentliche Ereignisse.
Verträglichkeit	Probanden mit hohen Werten in der Skala Verträglichkeit sind altruistisch, mitfühlend, verständnisvoll und wohlwollend. Sie neigen zu zwischenmenschlichem Vertrauen, zur Kooperativität, zur Nachgiebigkeit, und sie haben ein starkes Harmoniebedürfnis.
Gewissenhaftigkeit	Die Skala Gewissenhaftigkeit differenziert ordentliche, zuverlässige, hart arbeitende, disziplinäre, pünktliche, penible, ehrgeizige und systematische von nachlässigen und gleichgültigen Personen.

Gütekriterien und empirische Fundierung

Von den Autoren wurden bisher keine Normen veröffentlicht. Auch auf die Angabe von Standardwerten und Prozenträngen wurde verzichtet. Die in Tabelle 7-17 aufgeführten Daten beziehen sich auf drei Stichproben, bei deren Zusammenstellung darauf geachtet wurde, dass in ähnlicher Weise rekrutiert wurde und die Probanden beim Ausfüllen des Testmaterials beaufsichtigt wurden.

Tabelle 7-17: Mittelwerte, Standardabweichungen und Reliabilitäten der Skalen des NEO-FFI (Borkenau & Ostendorf, 1993)

Skala	Gesamt (N = 2112)			Männer (N = 966)			Frauen (N = 1076)		
	M	s	α	M	s	α	M	s	α
Neurotizismus	1.84	.70	.85	1.66	.67	.85	1.99	.69	.85
Extraversion	2.36	.57	.80	2.34	.56	.79	2.39	.58	.80
Offenheit für Erfahrung	2.71	.52	.71	2.65	.53	.72	2.75	.51	.70
Verträglichkeit	2.44	.49	.71	2.35	.52	.74	2.53	.45	.67
Gewissenhaftigkeit	2.53	.63	.85	2.56	.62	.85	2.53	.64	.85

Die Mittelwertsunterschiede zwischen Männern und Frauen sind bei den ersten vier der fünf Merkmalsbereiche statistisch signifikant. Frauen weisen deutlich höhere Werte auf den Skalen Neurotizismus und Verträglichkeit auf als Männer. Die Unterschiede bezüglich Extraversion und Offenheit für Erfahrung sind geringer, bei den großen Stichprobengrößen jedoch statistisch signifikant.

Objektivität

Mangels präziser Angaben bezüglich der Durchführung des Tests weist das NEO-FFI zwar eine geringe Durchführungsobjektivität auf, durch die Darbietung der Items anhand von Fragebögen ist jedoch eine standardisierte Durchführung möglich. Die Auswertungsobjektivität ist aufgrund einer standardisierten Auswertung per Schablonen gewährleistet. Zur Interpretation individueller Messwerte liegen eine verbale Skalenbeschreibung und die in Tabelle 7-17 angeführten Mittelwertsangaben vor. Eine Interpretationsobjektivität ist somit eingeschränkt gegeben. Sie könnte gesteigert werden durch die Darstellung konkreter Ergebnisprofile und über Interpretationsbeispiele durch die Testautoren. Normierungen liegen nicht vor.

Reliabilität

Tabelle 7-18 zeigt Angaben zur internen Konsistenz und Stabilität bei Messwiederholung, welche in Form von Cronbachs α und einer Retest-Korrelation nach zwei Jahren (N = 146) vorliegen.

Tabelle 7-18: Die Reliabilitäten des NEO-FFI (vgl. Borkenau & Ostendorf, 1993)

Skala	Cronbachs α (N = 2112)	Retest-Korrelation nach 2 Jahren
Neurotizismus	.85	.80
Extraversion	.80	.81
Offenheit für Erfahrung	.71	.76
Verträglichkeit	.71	.65
Gewissenhaftigkeit	.85	.81

Die hohen Retest-Korrelationen weisen darauf hin, dass durch das NEO-FFI eher individuelle Ausprägungen in überdauernden Persönlichkeitseigenschaften erfasst werden und nicht etwa fluktuierende Zustände.

Aus Tabelle 7-19 ist ersichtlich, dass die Interkorrelationen der Skalen deutlich unter ihren internen Konsistenzen (Werte in Klammern) liegen. 26 der 30 Korrelationen sind auf dem 5 % Niveau statistisch signifikant. Es besteht ein Zusammenhang zwischen den einzelnen Items der jeweiligen Skala. Sie erfassen somit dieselbe Persönlichkeitsdimension. Es besteht jedoch kein Zusammenhang zwischen den Items unterschiedlicher Skalen. Die Skalen erfassen somit unterschiedliche Persönlichkeitsdimensionen.

Tabelle 7-19: Interkorrelationen der Skalen des NEO-FFI (Borkenau et al., 1993)

	1.	2.	3.	4.	5.
I. Gesamtstichprobe (N =2112)					
1. Neurotizismus	(.85)	-.33	.08	-.09	-.31
2. Extraversion		(.80)	.05	.16	.10
3. Offenheit			(.71)	.07	-.10
4. Verträglichkeit				(.71)	.10

5. Gewissenhaftigkeit					(.85)
II. Probanden (N = 966)					
1. Neurotizismus	(.85)	-.40	.15	-.14	-.34
2. Extraversion		(.79)	.00	.17	.14
3. Offenheit			(.72)	.06	-.11
4. Verträglichkeit				(.74)	.12
5. Gewissenhaftigkeit					(.85)
III. Probandinnen (N = 1076)					
1. Neurotizismus	(.85)	-.33	-.01	-.14	-.28
2. Extraversion		(.80)	.09	.13	.07
3. Offenheit			(.70)	.03	-.09
4. Verträglichkeit				(.67)	.08
5. Gewissenhaftigkeit					(.85)

Validität
Eine Validierung erfolgte durch eine Korrelation von Selbst- und Fremdbeurteilung (siehe Tabelle 7-20). Die 300 Probanden, deren Daten für die Entwicklung und Validierung der deutschen Version erhoben wurden, schätzten sich zusätzlich auf 7-stufigen Adjektivskalen selbst ein. Auf den gleichen Skalen wurden sie jeweils von drei ausgewählten Bekannten eingeschätzt. Bei den insgesamt 20 Skalen, von denen sich je vier auf einen der fünf Faktoren bezogen, handelt es sich um deutsche Übersetzungen sogenannter Markiervariablen für die Big Five von Norman (1963). Der Mittelwert der drei Bekanntenurteile wurde mit den Skalen des NEO-FFI korreliert. Die Werte streuen zwischen .23 und .45. Laut Autoren handelt es sich hierbei um Angaben bezüglich der Konstruktvalidität. Im vorliegenden Buch wird eine solche konvergente Validität jedoch der *kriterienbezogenen Validität* zugerechnet. Hinweise auf die *Konstruktvalidität* im Sinne des vorliegenden Buches liegen nicht vor.

Tabelle 7-20: Korrelationen zwischen Werten im NEO-FFI und Einschätzungen auf Adjektivskalen durch drei unabhängig urteilende Bekannte (Borkenau & Ostendorf, 1993)

	NEO-Skalen				
	1.	2.	3.	4.	5.
Adjektivskalen					
1. Neurotizismus	.27**	.04	.09	-.07	-.07
2. Extraversion	-.04	.43**	-.04	.07	-.08
3. Offenheit	.16**	-.16**	.23**	.05	-.20**
4. Verträglichkeit	.02	-.03	-.03	.30**	-.07
5. Gewissenhaftigkeit	-.14*	-.15**	-.19**	.16**	.45**

* p<.05; ** p<.01

Durchführung und Auswertung

Das Testmaterial besteht aus einer Handanweisung, einem Testbogen und einer Auswertungsschablone. Das NEO-FFI eignet sich sowohl als Einzel- als auch als Gruppentest. Die Bearbeitungsdauer beträgt laut Manual 10 Minuten. Auch die Auswertung mit Hilfe der Schablone ist einfach und erfordert nur wenige Minuten. Auf dem Fragebogen steht dem Testkandidaten eine fünffach abgestufte Antwortskala mit den Kategorien „starke Ablehnung", „Ablehnung", „Neutral", „Zustimmung", „starke Zustimmung" zur Verfügung, auf welcher er seine Selbsteinschätzungen trifft. Roh- und Mittelwerte pro Skala werden anschließend in eine auf dem Fragebogen verzeichneten Tabelle eingetragen. Neben der Nutzung der Auswertungsschablone ist auch eine Auswertung per Computer möglich. Hierfür müssen jedoch die einzelnen Itemantworten zunächst eingelesen werden, um Berechnungen auf Itemebene vornehmen zu können. Im Anschluss werden die Werte für jede der fünf Skalen addiert und die Summe durch die Zahl beantworteter Items geteilt. Hierbei ist zu beachten, dass einige Items vor der Berechnung der Summenwerte umzupolen sind. Das NEO-FFI liegt auch als computergestützte Version im Hogrefe Test-System vor.

Bewertung

Aufgrund seiner fundierten theoretischen Basis ist dem NEO-FFI eine solide Position im Bereich der Persönlichkeitspsychologie gesichert. Die Autoren des deutschen NEO-FFI betrachten viele Befunde zur Validierung des Fünf-Faktoren-Modells als Beitrag zur Validierung des NEO-FFI. Viele dieser Studien belegen jedoch eher die Validität der theoretischen Grundlage als diejenige eines spezifischen Tests. Untersuchungen bezüglich der Konstruktvalidität im Sinne des vorliegenden Buches liegen nicht vor. Es sind somit weitere Studien erforderlich, die explizit auf das NEO-FFI und seine Validität abzielen und die Aussagekraft der Faktoren auf Prädiktorseite untersuchen.

Ein weiteres Problem ist die soziale Erwünschtheit. Die vom NEO-FFI erfassten Konstrukte sind nicht frei von Bewertungen, d.h. es kann nicht ausgeschlossen werden, dass die Probanden die Fragebogenwerte bezüglich sozialer Erwünschtheit verfälschen. Es ist somit von einer Verwendung des NEO-FFI abzuraten, wenn ein starkes Interesse der Probanden an einer positiven Selbstdarstellung vermutet wird, oder wenn dem Probanden bekannt ist, was in der jeweiligen Situation erwünscht ist. Auf eine Lügenskala im Sinne einer eigenständigen Skala zur Erfassung der Tendenz des Testkandidaten, sozial erwünscht zu antworten, wurde dennoch verzichtet, weil die Validität einer solchen Skala nicht erwiesen ist und sie zu einer Verlängerung des Fragebogens geführt hätte.

Im wirtschaftlichen Kontext stellt das NEO-FFI durchaus ein sinnvolles Instrument für die Erfassung von wichtigen Persönlichkeitsdimensionen dar. Beachtet werden sollte allerdings, dass auch von Seiten der Autoren von einer alleinigen Anwendung ohne zusätzlichen Einsatz weiterer Diagnostikinstrumente im Bereich Personalselektion abgeraten wird.

7.9 16-Persönlichkeits-Faktoren-Test (16 PF-R)

Stefanie Brück & Christina Schwarz

Der 16 PF-R von Schneewind und Graf ist ein Instrument zur mehrdimensionalen Persönlichkeitsdiagnostik im Erwachsenenalter. Bei diesem Testverfahren wird also davon ausgegangen, dass sich die Persönlichkeit des Menschen durch mehrere Faktoren beschreiben bzw. erfassen lässt. Die 16 Dimensionen der Persönlichkeit, auf denen der 16 PF-R beruht, werden durch insgesamt 184 Items (9-13 Items pro Skala) erfasst. Da diese 16 Dimensionen nicht unabhängig voneinander sind, führt eine Faktorenanalyse zu insgesamt fünf globaleren Persönlichkeitsdimensionen, den sogenannten Globaldimensionen, die breitere Persönlichkeitsbereiche beschreiben. Diese lassen sich interpretieren als Selbstkontrolle, Extraversion, Unabhängigkeit, Ängstlichkeit und Unnachgiebigkeit.

Der vorliegende Persönlichkeitstest kann in verschiedenen Bereichen eingesetzt werden: In der Arbeits-, Betriebs- und Berufspsychologie eignet er sich zur Berufs- und Mitarbeiterberatung sowie zur Personalplatzierung. Weitere Einsatzbereiche stellen die Klinische und Pädagogische Psychologie dar. So können mit Hilfe des Fragebogens zum Beispiel unterschiedliche psychische Störungen abgeklärt, interventive Maßnahmen evaluiert oder persönlichkeitspsychologische Aspekte des Lern- und Leistungsverhaltens im Erwachsenenalter erfasst werden.

Die hier beschriebene neueste deutsche Fassung des 16 PF-R unterscheidet sich von der ersten deutschen Fassung von Schneewind, Schröder und Cattell (1993) v.a. durch verschiedene formale und inhaltliche Aktualisierungen, wie z.B. zeitgemäße und geschlechtssensitive Itemformulierungen, ein verbessertes Antwortformat sowie neuere Berechnungen zu den verschiedenen Gütekriterien. Der Buchstabe „R" verdeutlicht somit, dass es sich um eine Revision der ersten deutschen Version handelt. Sie ist seit 1998 erhältlich.

Konzeption

Der 16 PF in seiner ersten Auflage wurde 1949 von Raymond B. Cattell konzipiert, indem er durch faktorenanalytische Analysen die von Allport und Odbert (1936) in einer Studie gefundene Anzahl von 17953 Eigenschaftsbezeichnungen zu 16 Persönlichkeitsdimensionen zusammenfasste. Er benannte die 16 Faktoren mit den Buchstaben A, B usw. bis Q4, diese Abkürzungen werden auch heute noch zur Kennzeichnung der Primärfaktoren verwendet (s.u.). Die gefundene 16-Faktoren-Struktur konnte in mehr als 50 Studien repliziert werden (Cattell & Krug, 1986).

Die von Schneewind und Graf (1998) revidierte Version der ersten deutschsprachigen Fassung zeichnet sich, wie erwähnt, durch einige Verbesserungen aus: So sollten beim 16 PF-R vor allem die Items der ursprünglichen Testversion aktualisiert werden, wobei neben der Aktualität der Inhalte v.a. Wert auf eine geschlechtersensitivere Formulierung gelegt wurde. Auch wurden neue repräsentative Normwerte erhoben. Weiter stellen die Autoren drei Antwortstil-Indizes bereit, um eventuelle Verzerrungen der Testergebnisse durch Antworttendenzen, wie z.B. soziale Erwünschtheit, Zustimmungstendenz oder Zufallsantworten unabhängig vom Iteminhalt aufdecken zu können. Dazu entwickelten sie drei Skalen (s.u.), deren Werte Aussagen über das Antwortverhalten der Testpersonen liefern können. Nicht zuletzt benannten die Autoren im Gegensatz zu Cattell die Persönlichkeitsdimensionen nicht durch zwei polare Begriffe, sondern bestimmten sie auf einer Dimension. Zudem ersetzten sie die neutrale Antwortkategorie durch ein „?" und strebten eine separate Erfassung des Merkmals „Logisches Schlussfolgern" an. Hierbei gibt es nun, im Gegensatz zu allen anderen Persönlichkeitsdimensionen, richtige und falsche Lösungen, d.h., es kann objektiv entschieden werden, ob eine Aufgabe korrekt gelöst wurde (s.u.).

Die Berücksichtigung dieser genannten Aspekte führte zu einem Itempool von insgesamt 282 Items, die die Autoren dann in einer Voruntersuchung 618 Probanden vorlegten. In die endgültige, heute vorliegende Version mit 184 Items wurden nur die Items übernommen, bei denen keine extrem hohen oder niedrigen Antworthäufigkeiten bei der ersten oder dritten Antwortalternative, die beide das jeweilige Persönlichkeitsmerkmal in hohem oder niedrigem Maße repräsentieren, auftraten. Weiter entfernten Schneewind und Graf (1998) solche Items, bei denen die häufigste Antwort die neutrale Antwortalternative darstellte, die also keine genauen Informationen über die Ausprägung des zu messenden Merkmals ermöglichen konnten. Außerdem wurden solche Items eliminiert, die wenig zu einer hohen internen Konsistenz der Primärskalen beitrugen und die faktorielle Validität nicht gewährleisten konnten.

In Tabelle 7-21 werden sowohl die Global- als auch die dazugehörigen Primärfaktoren übersichtsartig dargestellt. Die Primärskalen B (Logisches Schlussfolgern) und L (Wachsamkeit) bilden dabei einen eigenen Globalfaktor, der aber nicht weiter benannt wird. Die Primärskala L (Wachsamkeit) lädt dabei negativ auf diesem sechsten Globalfaktor. Bei der Betrachtung der Tabelle müssen weiter zwei Punkte beachtet werden: Zunächst zeigt ein (-) hinter der Bezeichnung einzelner Primärfaktoren an, dass diese negativ auf den entsprechenden Globalfaktoren laden. Weiter tragen einige Primärdimensionen gleichzeitig zu zwei Globalfaktoren bei.

Tabelle 7-21: Die fünf Globalfaktoren sowie die dazugehörigen Primärfaktoren

Globalfaktoren	Primärfaktoren	
Selbstkontrolle	G	Regelbewusstsein
	Q3	Perfektionismus
Extraversion	A	Wärme
	E	Dominanz
	F	Lebhaftigkeit
	H	Soziale Kompetenz
	N	Privatheit (-)
	Q2	Selbstgenügsamkeit (-)
Unabhängigkeit	A	Wärme (-)
	E	Dominanz
	I	Empfindsamkeit (-)
	O	Besorgtheit (-)
Ängstlichkeit	C	Emotionale Stabilität (-)
	O	Besorgtheit
	Q4	Anspannung

| Unnachgiebigkeit | M Abgehobenheit (-) |
| | Q1 Offenheit für Veränderungen |

Bei der Interpretation der einzelnen Primärskalen wird davon ausgegangen, dass die Persönlichkeitsdimensionen bipolar sind. Tabelle 7-22 zeigt dabei, wie sich die beiden Pole der einzelnen Primärdimensionen inhaltlich umschreiben lassen.

Tabelle 7-22: Inhaltliche Beschreibung bzw. Interpretation der Primärskalen

A Wärme	warmherzig, aufmerksam für die Gefühle und Bedürfnisse anderer vs. reserviert, unpersönlich distanziert
B Logisches Schlussfolgern	hoch vs. niedrig
C Emotionale Stabilität	emotional stabil, ausgeglichen vs. stimmungslabil
E Dominanz	dominant, durchsetzungsfähig, sich selbst behauptend vs. nachgiebig, kooperativ, konfliktvermeidend
F Lebhaftigkeit	lebhaft, spontan, gesellig vs. ernst, zurückhaltend, bedacht
G Regelbewusstsein	regelbewusst, pflichtbewusst vs. unangepasst, nonkonformistisch
H Soziale Kompetenz	sozial kompetent, kontrastark vs. scheu, schüchtern
I Empfindsamkeit	empfindsam, gefühlvoll, sentimental vs. sachlich, unsentimental, robust
L Wachsamkeit	wachsam, misstrauisch, skeptisch vs. Vertrauensvoll, arglos
M Abgehobenheit	abgehoben, träumerisch, phantasievoll, ideenreich vs. lösungsorientiert, praktisch, auf dem Boden der Tatsachen stehend
N Privatheit	verschlossen, diskret vs. offen, geradeheraus, natürlich

O Besorgtheit	besorgt, selbstzweifelnd, verletzlich vs. selbstsicher, selbstzufrieden, selbstbejahend
Q1 Offenheit für Veränderungen	offen für Veränderungen, experimentierfreudig, aufgeschlossen für Neues vs. am Gewohnten haftend, traditionalistisch
Q2 Selbstgenügsamkeit	selbstgenügsam, einzelgängerisch, zurückgezogen vs. sozial orientiert, anschlussfreudig
Q3 Perfektionismus	perfektionistisch, planvoll selbstdiszipliniert, ordentlich vs. flexibel, wenig Wert auf Ordnung/Perfektion/Disziplin legend
Q4 Anspannung	angespannt, reizbar, nervös, getrieben vs. entspannt, ruhig, gelassen, geduldig

Wie oben bereits angedeutet, ermöglicht es der 16 PF-R, mögliche Verzerrungen der Testergebnisse aufzudecken, die durch bestimmte Antworttendenzen zustande kommen können. Zu diesem Zweck stellt der 16 PF-R drei Antwortstil-Indizes bereit:

1) Impression Management Skala (IM): Diese Skala erfasst die Tendenz, sozial erwünscht zu antworten. Hierzu dienen 10 Items, die nicht gleichzeitg auch Bestandteil der inhaltlichen Skalen sind. Der Testanwender muss IM-Cut-off-Werte setzen, also Grenzen, ab denen die inhaltliche Aussagekraft der anderen Testwerte gemindert ist. Dabei bleibt es ihm überlassen, welche Höhe des IM-Wertes er als kritisch betrachtet, Anhaltspunkte für bestimmte Situationen, z.B. für bestimmte Bewerbungssituationen, werden aber im Testmanual gegeben.

2) Akquieszenz-Skala (AK): Diese Skala soll eine Zustimmungstendenz der Testpersonen aufdecken, die unabhängig vom konkreten Iteminhalt besteht. Zur Berechnung dieser Tendenz wurde zunächst bei der Testkonstruktion darauf geachtet, dass zwischen den positiv und negativ gepolten Items ein ausgewogenes Verhältnis besteht. Weiter wurde ein Maß entwickelt, das die Zustimmungstendenz genau erfassen soll. Hohe Werte auf der AK-Skala sprechen dementsprechend für eine starke Zustimmungstendenz, niedrige bedeuten umgekehrt aber nicht zwangsläufig eine Ablehnungstendenz. Auch hier bleibt die Interpretation des genauen Wertes einer Person dem Testanwender überlassen.

3) Infrequenz-Skala (IF): Diese Skala bildet ab, inwiefern eine Testperson Zufallsantworten unabhängig vom Iteminhalt abgibt. Sie besteht aus 51 Items aus dem 16 PF-R, bei denen die Zustimmungsrate in einer Analyse bei einer der drei Antwortalternativen geringer als 5 % war. Das betraf bei allen in der Analyse verwendeten Items ausschließlich die neutrale Antwortalternative. Hohe IF-Werte einer Testperson lassen vermuten, dass sie andere Antwortalternativen als die Mehrzahl der Personen präferiert hat. Ist der Wert einer Testperson auf dieser Skala im 95 %-Perzentil, sollte man versuchen aufzudecken, warum sie die neutrale Antwort so oft gewählt hat.

Zusammenfassend lässt sich festhalten, dass grundsätzlich immer versucht werden sollte, weitere Informationen über die jeweilige Testperson (z.B. Verhaltensbeobachtung, andere Testergebnisse, etc.) zu erheben bzw. aufzusuchen, wenn diese auf einem dieser Indizes extrem ausgeprägte Werte zeigt.

Gütekriterien und empirische Fundierung

Objektivität
Die Objektivität des 16 PF-R kann als gegeben angesehen werden, da sowohl die Art der Testvorgabe als auch die Auswertung der Antworten genau vorgegeben ist. Im Folgenden soll genauer auf die einzelnen Objektivitätsarten in Anlehnung an Lienert (1969) eingegangen werden.

Auf der ersten Seite des Testheftes befindet sich die Instruktion, die den Testpersonen in schriftlicher Form mitteilt, was im Folgenden auf sie zukommt. Alle Teilnehmer werden also durch den gleichen Wortlaut in das Vorgehen eingeführt. Zusätzlich erhält der Testleiter Hinweise zur Testdurchführung, so dass bei der Applikation des Tests so wenig Freiheitsgrade wie möglich gegeben sind. Problematisch könnte sich allerdings die Tatsache auswirken, dass die Beantwortung der Testitems nicht im Testheft selbst erfolgt. Stattdessen sind die Testpersonen aufgefordert, die Antworten auf einem separaten Antwortbogen anzukreuzen. Trotz der standardisierten Vorgaben kann es bei diesem Vorgehen also u.U. zu einer fehlerhaften Übertragung der Antworten durch die zu testenden Personen kommen. Trotz dieser Einschränkung kann insgesamt jedoch davon ausgegangen werden, dass die Durchführungsobjektivität gesichert ist.

Die Auswertungsobjektivität kann ebenfalls als gegeben betrachtet werden, da das Vorgehen bei der Auswertung genau festgelegt ist: Die Antworten der Testpersonen werden mit Hilfe einer Schablone ausgezählt (s.u.) und den entsprechenden Primärfaktoren angerechnet. Neben der Auszählung der erreichten Punkte pro Primärfaktor können diese zur besseren Interpretation in ein Profil übertragen werden. Auch dieser Vorgang wird genau beschrieben und ermöglicht so eine gute Auswertungsobjektivität. Zur Auswertung der Globalfaktoren werden dem Testleiter genaue Anweisungen gegeben, so dass man auch in diesem Punkt die Auswertungsobjektivität als gegeben ansehen kann.

Durch die anhand einer repräsentativen Stichprobe durchgeführte Normierung und die so erhaltenen Normenwerte (sowohl für Gesamtstichprobe als auch für Alter- und Geschlechtsgruppen) kann eine vom Untersucher unabhängige Interpretation der Testergebnisse vorgenommen werden. Da in dem Testmanual die Inhalte der einzelnen Primärdimensionen genau beschrieben sowie Berufs- und Gruppenprofile angeben werden, kann davon ausgegangen werden, dass die Interpretationsobjektivität ebenfalls vorhanden ist.

Reliabilität
Die Reliabilität der Primärdimensionen des 16 PF-R wurde zum einen durch die interne Konsistenz der einzelnen Primärfaktoren (Cronbachs α) berechnet. Dazu wurden die Daten von 1209 Personen (677 Frauen und 532 Männer) verwendet, die internen Konsistenzen lagen dabei im Mittel bei .74 (zwischen .66 und .89). Zum

anderen führten die Autoren eine Berechnung der Retest-Reliabilität nach einem Monat mit Hilfe der Daten von 111 Studenten (87 weibliche und 24 männliche) durch, deren Alter im Mittel 26 Jahre (s = 7) betrug. Die durchschnittlichen Koeffizienten der Testwiederholungen waren mit durchschnittlich .83 (zwischen .60 und .92) höher als die der internen Konsistenzen.

Zusätzlich zu der Berechnung dieser beiden Koeffizienten wurde die Äquivalenz der revidierten Fassung mit dem ursprünglichen 16 PF überprüft. Dazu wurden Daten an 82 Studentinnen und 20 Studenten (N = 102) mit einem durchschnittlichen Alter von 29 Jahren (s = 10) erhoben. Die durchschnittliche Äquivalenz lag bei .67, mit einem Range von .42 bis .86. Es zeigte sich eine geringe Übereinstimmung der beiden Testversionen bei sechs Primärfaktoren, wofür Veränderungen der inhaltlichen Gestaltung der zugehörigen Items sowie eine andere inhaltliche Interpretation verantwortlich gemacht werden können.

Neben den Reliabilitäten der einzelnen Primärskalen wurden auch die internen Konsistenzen (Cronbachs α) und die Retest-Reliabilitäten der Globalfaktoren mit Hilfe der Daten der bereits geschilderten Analysestichproben berechnet. Dabei lagen die internen Konsistenzen der fünf Globalfaktoren zwischen .73 und .87 (Durchschnitt .81), die Retest-Reliabilitäten nach einem Monat jeweils zwischen .78 und .90, im Mittel also bei .86.

Validität
Die Berechnung der Faktoriellen Validität spielte vor allem bei der Testkonstruktion zum Zwecke der Itemselektion eine Rolle. Dazu wurden die Items eines Primärfaktors zufällig auf zwei verschiedene Tests aufgeteilt. Durch die Berechnung einer Faktorenanalyse konnten schon in dieser ersten Phase Hinweise auf die konzeptuelle Gültigkeit des 16 PF-R erbracht werden.

Daneben wurde der 16 PF-R mit anderen bestehenden Persönlichkeitstests korreliert, um die Konstruktvalidität zu überprüfen. Hierzu wurden die Daten von 330 Frauen und 288 Männern (N = 618) mit einem Durchschnittsalter von 45 Jahren (s = 14) verwendet. Auf die zur Validierung herangezogenen Inventare (NEO-FFI, FPI-R, TPF-2, PRF-KA und MMPI-2) soll an dieser Stelle nicht weiter eingegangen werden. Durch statistische Analysen (Korrelations-, Regressions- und Faktorenanalysen) konnten Belege für die Konstruktvalidität der Primär- als auch der Globalfaktoren gefunden werden. So lassen sich beispielsweise die durch den NEO-FFI erfassbaren fünf großen Persönlichkeitsdimensionen in der Globalfaktorenstruktur des 16 PF-R wiederfinden.

Weiter wurde mittels kriteriumsorientierter Analysen (Korrelations- und Regressionsanalysen) die Beziehung der Primär- und Globalfaktoren des 16 PF-R zu elf Kriteriumsvariablen aus vier anderen Messinstrumenten untersucht. Dabei fand man Zusammenhänge der 16 PF-R Faktoren zu Skalen, die die allgemeine soziale Kompetenz, das emotionale Wohlbefinden und das Selbstwertgefühl erfassen. Die Korrelationen lagen hier zwischen -.65 und .67. Weniger starke Zusammenhänge der Primärfaktoren des 16 PF-R ergaben sich mit Skalen, die das Ausmaß an persönlichem Stress, die persönliche Problemlösefähigkeit, die Vorhersage der persönlichen Selbstwirksamkeitserwartung und die Persönlichkeit von Beziehungen erfassen. Die gefundenen Koeffizienten lagen hier zwischen -.44 und .61, wobei bei den Skalen zur Erfassung der „Persönlichkeit von Beziehungen" die niedrigsten Korrelationen bestanden (zwischen -.28 und .34).

Des Weiteren führten die Autoren Extremgruppenvergleiche durch, in denen die Mittelwertsprofile von Personen mit besonders hohem bzw. niedrigem Stressniveau und von Personen mit hohem bzw. niedrigem emotionalen Wohlbefinden auf signifikante Mittelwertsunterschiede überprüft wurden. Die Ergebnisse zeigen, dass sich Personen mit einem hohen emotionalen Wohlbefinden auf neun Primär- und vier Globalfaktoren des 16 PF-R signifikant von Personen unterscheiden, die über ein niedriges emotionales Wohlbefinden berichteten. Auch für das Ausmaß an Stress zeigte sich, dass sich auf acht Primär- und zwei Globalskalen des 16 PF-R signifikante Unterschiede zwischen den Extremgruppen finden lassen.

Durchführung und Auswertung

Zur Bearbeitung des 16 PF-R wird den Testpersonen ein 20 Seiten umfassendes Testheft mit 184 Items (171 Items zur Erfassung der beschriebenen Persönlichkeitsdimensionen, 13 Items zur Erhebung des Logischen Schlussfolgerns) vorgelegt. Die genauen Instruktionen zum Vorgehen bei der Beantwortung der einzelnen Items befinden sich klar und einfach formuliert auf der ersten Seite des Testheftes. Die Testpersonen werden darin gebeten, diejenige von drei vorgegebenen Antwortalternativen auf einem separaten Antwortbogen anzukreuzen, die am ehesten auf sie zutrifft. Außerdem werden sie explizit darauf hingewiesen, die mittlere Antwortvorgabe, ein „?", nur dann anzukreuzen, wenn keine der beiden anderen Alternativen auf die eigene Person zutrifft. Wichtig ist hierbei der Hinweis, dass es keine richtige oder falsche Antwort gibt. Anders verhält es sich bei den Items zur Skala B (Logisches Schlussfolgern). Auf diesen Umstand wird im Testheft nochmals ausdrücklich hingewiesen.

Da die Instruktion in schriftlicher Form vorliegt, ist es möglich, den 16 PF-R den Testpersonen ohne weitere Erläuterungen zur Bearbeitung vorzulegen. Dennoch sind weitere Hinweise oder Handlungen hilfreich, wie z.B. das laute Vorlesen der Instruktion, um sicherzustellen, dass die späteren Testergebnisse nicht durch Missverständnisse oder Unklarheiten beeinflusst wurden. Weiter sollte der Testleiter bei der Durchführung z.B. darauf achten, dass keine Antworten ausgelassen werden, immer nur eine Antwortalternative angekreuzt wird, die Nummern im Testheft mit denen des Antwortbogens übereinstimmen oder dass nicht wahllos angekreuzt wird. Tabelle 7-23 führt beispielhaft ausgewählte Items einiger Primärdimensionen des 16 PF-R auf.

Tabelle 7-23: Beispielitems einiger Primärdimensionen des 16 PF-R

B Logisches Schlussfolgern	Das Gegenteil vom Gegenteil von „ungenau" ist a. zufällig b. akkurat c. grob
C Emotionale Stabilität	In meinem persönlichen Leben erreiche ich fast immer die Ziele, die ich mir vornehme.

		a. stimmt b. ? c. stimmt nicht

E	Dominanz	Andere halten mich eher für
		   a. kooperativ und anpassungsfähig
		   b. ?
		   c. bestimmt und durchsetzungsfähig

G	Regelbewusstsein	Ich bewundere eher:
		   a. einen Menschen, der durchschnittliche Fähigkeiten, aber strenge Moralvorstellungen hat
		   b. ?
		   c. einen Menschen, der sehr begabt, aber manchmal nicht sehr verantwortungsbewusst ist

O	Besorgtheit	Ich neige dazu, empfindsam zu sein und mir viele Sorgen über etwas zu machen, was ich getan habe.
		   a. sehr selten
		   b. ?
		   c. oft

Q3	Perfektionismus	Ich finde,
		   a. manche Arbeiten müssen einfach nicht so sorgfältig erledigt werden wie andere
		   b. ?
		   c. jede Arbeit sollte gründlich erledigt werden, wenn man sie schon macht

Zur Bearbeitung des Antwortbogens werden lediglich ein Bleistift sowie ein Radiergummi benötigt. Auf der Rückseite des Antwortbogens befinden sich neun Fragen, mit denen demographische Daten, wie z.B. das Geschlecht, Alter oder der Beruf, erhoben werden können.

Aufgrund der einfachen Anwendung mit Hilfe des Antwortbogens kann der 16 PF-R sowohl als Einzel- als auch als Gruppentest durchgeführt werden. Eine Zeitbegrenzung ist nicht festgelegt, jedoch sollten die Testpersonen darauf hingewiesen werden, die Fragen so zügig wie möglich zu beantworten. Den Angaben der Autoren zufolge ergaben die bisherigen Testapplikationen, dass die Bearbeitung des 16 PF-R zwischen 30 und 45 Minuten in Anspruch nimmt.

Zur Auswertung der Primärdimensionen des 16 PF-R ist dem Testmaterial eine Schablone beigefügt, die auf den ausgefüllten Antwortbogen zu legen ist. Pro Item werden entweder 1, 2 oder 3 Rohwertpunkte vergeben. Eine Ausnahme bildet Skala B (Logisches Schlussfolgern), hier wird zwischen richtigen (Vergabe eines Rohwertpunktes) und falschen (Vergabe von 0 Rohwertpunkten) Antworten unterschieden. Auf der Auswertungsschablone befinden sich Zahlen, die, wenn sie über den angekreuzten Antworten liegen, angeben, wie viele Rohwertpunkte für die jeweilige Antwort zu vergeben sind. Dabei zeigen die auf der Schablone sichtbaren Großbuchstaben an, welchem Primärfaktor die jeweilige Antwort zuzuordnen ist. Zur Bestimmung der Primärskalenwerte werden nun mit Hilfe der Schablone die Rohwertpunkte der jeweiligen Skala aufsummiert und auf dem Auswertungsbogen eingetragen. Die so erhaltenen Rohwerte werden dann anhand ermittelter Normtabellen in Standardwerte, in diesem Fall sog. „Stenwerte" (standard ten), transformiert. Diese haben einen Mittelwert von 5.5 und eine Streuung von 2.0. Angaben über das Vorliegen einer Normalverteilung der Analysestichprobe werden im Testmanual aber nicht gemacht, stattdessen wird diese einfach vorausgesetzt.

Die ermittelten Sten-Werte können auf dem Testprofilbogen eingetragen und zu einem Testprofil verbunden werden. Der Profilbogen bietet auch die Möglichkeit, die Werte für die drei Antwortstilarten (s.o.) der jeweiligen Testperson anzugeben. Für die Auswertung der Globalskalen steht ein gesonderter Auswertungsbogen zur Verfügung. Auf diesem werden die ermittelten Sten-Werte der Primärskalen eingetragen. Durch im Testmanual erläuterte Transformationsschritte werden sie dann zu Sten-Werten der zu den jeweiligen Primärskalen korrespondierenden Globalskalen verrechnet. Auch die Sten-Werte der Globalskalen können auf dem Testprofilbogen zu einem Testprofil verbunden werden.

Die Normierung des vorliegenden Testinstruments erfolgte an einer für die BRD repräsentativen Stichprobe (N = 1209). Dabei wurde die Normierungsstichprobe in weibliche und männliche Teilstichproben unterteilt, die dann weiter in drei unterschiedliche Altersgruppen unterschieden wurden (siehe Tabelle 7-24). Zudem wurden als weitere soziodemographische Angaben die Schulbildung und die Regionalverteilung (Westdeutsche und Ostdeutsche Bundesländer) bei der Auswahl der Normierungsstichprobe berücksichtigt.

Tabelle 7-24: Zusammensetzung der Eichstichprobe nach Geschlecht und Alter

Altersgruppe	Geschlecht		Gesamt
	männlich	weiblich	
17-29 Jahre	112	130	242
30-49 Jahre	213	278	491
50 Jahre und älter	207	269	476
Summe	532	677	1209

Im Testmanual finden sich in Normtabellen für jede Eichstichprobe die zu den Rohwerten korrespondierenden Sten-Werte jeder Primärskala. Die jeweiligen Rohwerte einer Person können so direkt in Sten-Werte übertragen werden.

Bewertung

Generell ist anzumerken, dass die Überprüfung der Retest-Reliabilität und Äquivalenz des 16 PF-R an einer Analysestichprobe von nur 111 bzw. 102 Personen erfolgte. Den Empfehlungen von Lienert (1969) zufolge sollte deren Größe aber optimalerweise 200 Personen betragen, um adäquate Werte zu erhalten. Bei der Betrachtung der Testgütekriterien müssen weiter die folgenden Punkte kritisch angemerkt werden: Bezüglich der Retest-Reliabilität sind die Autoren der Meinung, dass die gefundenen hohen Retest-Reliabilitäten der Globalfaktoren für eine zeitstabile Messung sprechen. Dabei stellt sich jedoch die Frage, ob solche Aussagen aufgrund eines Retestintervalls von einem Monat nicht an Gültigkeit verlieren oder zumindest als eingeschränkt betrachtet werden müssen. Bei der Betrachtung der durchschnittlichen Reliabilitätskoeffizienten (Interne Konsistenz, Äquivalenz und Retest-Reliabilität) der 16 Primärskalen ist zu berücksichtigen, dass diese zum Teil sehr unterschiedlich ausfallen.

Die Durchführung und Auswertung betreffend sollte man auf jeden Fall beachten, dass es sowohl bei den Testpersonen als auch auf Seiten des Testleiters zu Übertragungsfehlern auf den Antwortbogen bzw. in das Testprofil kommen kann (s.o.). Deshalb ist es von besonderer Wichtigkeit, das korrekte Vorgehen genau zu überprüfen und gegebenenfalls zu kontrollieren. Da der 16 PF-R jedoch auch im Hogrefe Test-System als Computerversion vorliegt, kann dieses Problem eingeschränkt werden.

Positiv ist anzumerken, dass der 16 PF-R gegenüber anderen, bisher schon bestehenden Persönlichkeitsinventaren eine feinere Ausgliederung der Persönlichkeit durch das Vorhandensein der 16 Primärfaktoren ermöglicht. Hierbei ist aber gleichzeitig kritisch anzumerken, dass sie sich nicht voneinander trennen lassen, da die Faktorenanalyse gezeigt hat, dass sie nicht unabhängig voneinander sind. Aus diesem Grund ist zu fragen, ob eine Interpretation auf der Ebene der Primärskalen sinnvoll ist. Einen weiteren Vorteil bietet die Möglichkeit zu Gruppentestungen, was einen ökonomischen Einsatz ermöglicht. Weiter ist der vorliegende Test leicht durchzuführen, in vielen Bereichen einsetzbar (s.o.), und durch das Vorhandensein verschiedener Normwerte können differenzierte Aussagen getroffen werden.

8. Instrumente zur Messung von Führungsverhalten

Die Frage danach, was eine gute Führungskraft auszeichnet, beschäftigt die Menschen wahrscheinlich seit Jahrhunderten. Dabei hat sich im Alltagsdenken bis heute die Überzeugung gehalten, es gäbe so etwas wie die ultimative Führungspersönlichkeit, also eine Konstellation von Persönlichkeitseigenschaften, die einen Menschen als Führungskraft qualifizieren, unabhängig davon, um welchen konkreten Aufgabenbereich es sich handelt. Auf der Grundlage der mittlerweile kaum noch zu überschauenden Forschungsaktivitäten kann diese Sichtweise eindeutig zurückgewiesen werden. Erfolgreiches Führungsverhalten ist immer das Ergebnis einer Interaktion zwischen der Person des Vorgesetzten, den spezifischen Rahmenbedingungen des beruflichen Handelns und den Merkmalen der Mitarbeiter. Ein und dieselbe Führungskraft, die sich in einer bestimmten Tätigkeit als überaus erfolgreich erwiesen hat, kann in einem veränderten Kontext scheitern. Dies überrascht eigentlich nicht weiter, wenn wir uns die Vielfalt unterschiedlicher Führungsaufgaben vor Augen halten. So wird die Leitung einer Gruppe hoch qualifizierter IT-Fachleute dem Vorgesetzten sicherlich andere Verhaltensweisen abverlangen als die Führung eines Löschzuges der Feuerwehr oder einer heilpädagogischen Tagesstätte. Die nachfolgend beschriebenen Messinstrumente widmen sich daher auch der Beschreibung des konkreten Führungsverhaltens und nicht der Feststellung eines Persönlichkeitsprofils.

Hierbei können zwei verschiedene Vorgehensweisen unterschieden werden. Einige Verfahren setzen voraus, dass die Führungskraft durch ihre Mitarbeiter bewertet wird. Andere Verfahren konfrontieren die (potentielle) Führungskraft mit konkreten Führungsaufgaben und bewerten deren Lösung unabhängig von der Existenz realer Mitarbeiter. Während Verfahren der zweiten Art auch zur Bewertung von Nachwuchsführungskräften sowie der Beurteilung externer Bewerber eingesetzt werden können, setzen die Instrumente der ersten Kategorie die Verfügbarkeit einer Stichprobe von Mitarbeitern des Kandidaten voraus. Entsprechende Verfahren sind daher eher zur organisationsinternen Auswahl für hierarchisch höher angesiedelte Positionen geeignet oder aber im Rahmen von Personal- und Organisationsentwicklungsmaßnahmen einsetzbar.

8.1 Fragebogen zur Vorgesetzten-Verhaltensbeschreibung (FVVB)

Heike Hoffmeister

Entwickelt von Fittkau-Garthe und Fittkau und erschienen im Hogrefe-Verlag 1971, stellte der FVVB den ersten deutschsprachigen überprüften Fragebogen zur Erfassung und Beschreibung des Verhaltens von Vorgesetzten dar. Das Ziel ist die Erfassung der wesentlichen Grundverhaltensweisen und Eigenschaften, die ein Vorgesetzter in der Interaktion mit seinen Mitarbeitern zeigt. Der Fragebogen arbeitet nach dem Prinzip der Fremdbeurteilung. Die Einschätzung der Verhaltensweisen geschieht durch die dem Vorgesetzten direkt unterstellten Mitarbeiter, die das selbst erfahrene und beobachtete Verhalten ihres Vorgesetzten im Hinblick auf fünf verschiedene Kategorien beurteilen.

Konzeption

Ziel des Fragebogens
Die Grundlage des FVVB entstand in den 50er und 60er Jahren. In dieser Zeit wurden in der Forschung mehr und mehr Zusammenhänge zwischen der Arbeitszufriedenheit von Arbeitnehmern und ihrer Leistung sowie der Arbeitszufriedenheit und dem Verhalten ihres Vorgesetzten entdeckt. Der Test entstand als Reaktion auf diese Forschungsergebnisse. Um die Arbeitszufriedenheit und Leistung von Mitarbeitern zu steigern, wurde in dieser Zeit das Führungsverhalten von Vorgesetzten als variable und beeinflussbare Größe entdeckt. Der FVVB ist ein Instrument, mit dem eine solche Beeinflussung und Modifikation des Führungsverhaltens möglich werden sollte. Die Autoren des Fragebogens verfolgten bei der Konzeption und Entwicklung des FVVB vor allem einen ideologischen, aufklärerischen Anspruch. Analog zur gesellschaftlichen Veränderung der 60er und 70er Jahre sollte das Führungsverhalten weg von einem autoritären hin zu einem demokratisch-sozialen Führungsstil verändert werden. Die gesellschaftliche Entwicklung zu mehr individueller Freiheit und Selbstbestimmung, Mitbestimmung und Kontrolle des Einzelnen bei gleichzeitiger größerer sozialer Gerechtigkeit und Sicherheit sollte sich auch in Unternehmen widerspiegeln, so die Autoren. Als wesentlich sehen sie für diese Entwicklung das Verhalten der Führungskräfte gegenüber ihren Mitarbeitern. Bewertet wird mit dem FVVB deshalb zwischenmenschliches Verhalten. Es wird beurteilt, inwieweit die Führungskraft die für das Unternehmen als relevant und erstrebenswert erachteten Ziele eines flexiblen, demokratischen und sozialen Führungsstils im Umgang mit ihren Mitarbeitern umsetzt. Irrelevant bei der Einschätzung der Vorgesetzten sind im FVVB Leistungsaspekte und berufsspezifische inhaltliche Fähigkeiten.

Konstruktion und Aufbau
Die Grundlage des FVVB bildete die Kurzform des Supervisory Behavior Description Questionnaire – SBDQ (Fleishman, E.A.), ein in den USA der 60er und 70er Jahre häufig eingesetztes Verfahren zur Vorgesetztenbeurteilung mit 48 Items und den zwei Dimensionen „Consideration" und „Initiation Structure". Die erste Dimension

beinhaltet die Mitarbeiterorientierung, das heißt den Aspekt der Gestaltung der zwischenmenschlichen Beziehung zwischen dem Vorgesetzten und der Gruppe. Die zweite bildet die Aufgabenorientierung ab, also inwieweit der Vorgesetzte die Gruppe durch Planen, Kritik, Vorschriften und Besprechungen zur Arbeit anleitet und motiviert. Beide Dimensionen wurden auch für das Ziel des FVVB als relevant erachtet und der Itempool des SBDQ deshalb als Ausgangsbasis verwendet. Zunächst wurde er auf 73 Items zu einer Vorform des FVVB erweitert. Diese erste Version des FVVB wurde im Folgenden von 108 kaufmännischen Personen bearbeitet. Nach einer Faktorenanalyse erfolgte die Auswahl von 38 Items nach Aspekten der Verständlichkeit, Inter-Rater-Übereinstimmung und der faktoriellen Zugehörigkeit. Mit den in diesem Auswahlprozess erhaltenen Items folgte eine weitere Untersuchung. An dieser nahmen 1313 Beurteiler und 228 Vorgesetzte aus neun Firmen verschiedener Bereiche teil. Nach einer Faktorenanalyse wurden folgende Dimensionen für die Endversion des FVVB ausgewählt:

Tabelle 8-1: Dimensionen des FVVB

Dimension	Abkürzung	Itemanzahl
Freundliche Zuwendung und Respektierung	F	12
Mitreißende, zur Arbeit stimulierende Aktivität	A	7
Ermöglichung von Mitbestimmung und Beteiligung	M	4
Kontrolle vs. Laissez-Faire	K	5
Kombinierter Führungsstil (freundlich und aktiv)	F/A	4

Die Skala F/A als „Kombinierter Führungsstil" ergibt sich aus vier Items, die sowohl hoch auf F als auch hoch auf A laden, stellt also eine Kombinationsdimension von F und A dar. Die Entscheidung für die einzelnen Dimensionen beruht allerdings nur zum Teil auf statistischen Daten. Die Skalen korrelieren z.T. erheblich miteinander, wie in der folgenden Tabelle deutlich wird.

Tabelle 8-2: Korrelationen der Dimensionen

	F	A	M	K
A	.35			
M	.66	.44		
K	.07	.44	.19	
F/A	.70	.69	.66	.33

Die Verwendung aller 38 Items und der fünf Dimensionen trotz zum Teil hoher Korrelationen wird stattdessen inhaltlich begründet. Das sich in den einzelnen Dimensionen widerspiegelnde Verhalten wird als wichtig und als für Führungskräfte besonders erstrebenswert beurteilt, so dass eine gesonderte Verwendung der Dimension gerechtfertigt sei.

Gütekriterien

Objektivität
Die Instruktion des Fragebogens ist komplett vorgegeben und wird der Testperson in schriftlicher Form vorgelegt. Die Fragen sind einfach und gut verständlich formuliert, so dass die Durchführungsobjektivität als gegeben angenommen werden kann. Auch die Auswertung ist standardisiert. Sie erfolgt mit Hilfe einer Schablone und festgelegten Punkten für die unterschiedlichen Antworten. Auch die Auswertungsobjektivität kann also vorausgesetzt werden. Zur Interpretation der Ergebnisse finden sich jedoch keinerlei Erläuterungen. Es bleibt unklar, wie die erhaltenen Ergebnisse zu deuten sind. Die Interpretationsobjektivität ist somit nicht gegeben.

Reliabilität
Im Rahmen der Berechnung der Zuverlässigkeit von Messungen mit dem FVVB wurden die Interne Konsistenz und zwei Versionen der Inter-Rater-Übereinstimmung erfasst. Die Stichprobe bildete die o.g. Gruppe von 1313 Beurteilern und 228 Vorgesetzten. Auch für alle weiteren Berechnungen der Güte wurde diese Stichprobe herangezogen.

Tabelle 8-3: Reliabilität

Dimension	Interne Konsistenz (Cronbachs α)	Inter-Rater-Reliabilität	
		korrelativ	varianzanalytisch
F	.95	.71	.64
A	.83	.54	.62
M	.73	.56	.61
K	.66	.58	.64
F/A	.86	.66	.66

Die korrelative Inter-Rater-Reliabilität ergibt sich aus der Korrelation der Beurteilungen eines Vorgesetzten durch seine Untergebenen. Sie bezeichnet damit die Korrelation der Bewertungen innerhalb einer Beurteilergruppe. Die varianzanalytische Inter-Rater-Reliabilität wird durch die Varianzunterschiede berechnet, die sich innerhalb einer Beurteilergruppe ergeben, in der alle den gleichen Vorgesetzten beurteilen, in Relation zu den Varianzunterschieden dieser Gruppe zu einer anderen Beurteilergruppe mit einem anderen Vorgesetzen. Die varianzanalytische Inter-Rater-Reliabilität ergibt sich somit aus folgender Formel:

R = 1 − Mittlere Varianz innerhalb der Gruppe / Varianz zwischen den Gruppen

Die Mindestgröße der Gruppen betrug vier Beurteiler für einen Vorgesetzten.

Validität
Erfasst wurde die Innere Kriterienbezogene Validität durch Korrelation der Daten aus dem FVVB mit 15 Items zur Einstellung bzw. dem Empfinden in Bezug auf un-

terschiedliche Bedingungen am Arbeitsplatz. Gefragt wurde beispielsweise nach dem subjektiv empfundenen Betriebsklima, dem Verhältnis zum Vorgesetzten, der allgemeinen Berufszufriedenheit, dem empfundenen Leistungsdruck, den erhaltenen Informationen über Neuerungen etc. Erwartet wurden Korrelationen von einzelnen Items mit vorher festgelegten Dimensionen des Fragebogens. So wurden z.B. zwischen dem Faktor Freundlichkeit und „subjektiv empfundenem Betriebsklima" oder zwischen dem Faktor Kontrolle und „subjektiv empfundenem Leistungsdruck" besonders hohe Korrelationen erwartet. Die Ergebnisse zeigen in die vorhergesagten Richtungen, sind aber nie nur auf einer Dimension eindeutig höher als auf den anderen. Es zeigt sich hier deutlich die Abhängigkeit der einzelnen Dimensionen voneinander.

Normen
Als Normstichprobe diente dieselbe Stichprobe, anhand derer auch die Konstruktion und Validierung des Fragebogens durchgeführt wurde. Standardisierte Normen wurden nicht berechnet. Es finden sich lediglich Angaben zu Mittelwerten und Streuungen für die einzelnen Dimensionen. Weiterhin wird keine Differenzierung z.B. nach Geschlecht, Alter, Funktion o.ä. vorgenommen. Die Normen stammen aus dem Jahr 1970.

Durchführung und Auswertung

Bei dem FVVB handelt es sich um ein Papier-Bleistift-Verfahren. Dem Fragebogen vorangestellt ist eine kurze Einleitung mit Betonung der Anonymität der Untersuchung und ein Itembeispiel. Der Test selbst ist zwei DIN-A4-Seiten lang. Er besteht aus 38 Items, die jeweils auf einer fünfstufigen Skala beantwortet werden sollen. Die Items werden in Form von Aussagen über das Verhalten des direkten Vorgesetzten präsentiert. Im Folgenden einige Itembeispiele:

Dimension F „Freundliche Zuwendung und Respektierung":
„Er behandelt seine unterstellten Mitarbeiter als gleichberechtigte Partner."
„Der Umgangston mit seinen unterstellten Mitarbeitern verstößt gegen Takt und Höflichkeit."

Dimension A „Mitreißende, zur Arbeit stimulierende Aktivität":
„Er regt seine unterstellten Mitarbeiter zur Selbständigkeit an."
„In Geschäftsflauten zeigt er eine optimistische Haltung und regt zu größerer Aktivität an."
„Er reißt durch seine Aktivität seine unterstellten Mitarbeiter mit."

Dimension M „Ermöglichung von Mitbestimmung und Beteiligung":
„Er weist Änderungsvorschläge zurück."
„Er entscheidet und handelt, ohne es vorher mit seinen unterstellten Mitarbeitern abzusprechen."

Dimension K „Kontrolle vs. Laissez-Faire" :
„Er überlässt seine unterstellten Mitarbeiter sich selbst, ohne sich nach dem Stand ihrer Arbeit zu erkundigen."
„Er gibt seinen Mitarbeitern Aufgaben, ohne ihnen zu sagen, wie sie sie ausführen sollen."

Dimension F/A „Kombinierter Führungsstil":
„Er zeigt Anerkennung, wenn einer von uns gute Arbeit leistet."
„Hat man persönliche Probleme, so hilft er einem."

Die Aufgabe der Testperson besteht in der Einschätzung der Richtigkeit der einzelnen Aussagen in Bezug auf das Verhalten ihres Vorgesetzten. Die Antworten sind in Form von fünfstufigen Kontinua vorgegeben. Die Ausprägungen an den Enden der Kontinua sind bei verschiedenen Items unterschiedlich bezeichnet. Sie sind z.B. benannt mit „oft – fast nie" oder „überhaupt nicht – sehr stark" etc. Die Durchführung des Fragebogens kann individuell oder in einer Gruppe erfolgen, wobei insbesondere bei der Durchführung in der Gruppe verstärkt auf die Gewährleistung von Anonymität geachtet werden muss. Die Dauer der Durchführung beträgt zwischen 10 und 20 Minuten.

Ausgewertet wird der Fragebogen mit Hilfe einer Schablone. Die angekreuzten Werte auf den Antwortskalen für die Items der einzelnen Dimension werden addiert. Man erhält so einen Wert für jede Dimension. Weiterhin kann die Summe über alle Dimensionen gebildet und so ein Gesamtscore für die Güte des Vorgesetztenverhaltens errechnet werden. Letztendlich kann anhand der fünf Werte für die einzelnen Dimensionen ein Verhaltensprofil erstellt und das Ergebnis auf diese Weise für die Beurteiler und Beurteilten visualisiert werden. Mit dem Verhaltensprofil können unterschiedliche Vergleiche angestellt werden. So wird vorgeschlagen, den Fragebogen in Abständen wiederholt durchzuführen und ihn so zu Personalentwicklungszwecken zu nutzen. Durch die erneute Erfassung der Verhaltensbeurteilungen kann der FVVB zur Analyse individueller Veränderungen herangezogen werden. Eine weitere Möglichkeit ergibt sich durch den Vergleich von optimalem und tatsächlichem Verhalten des Vorgesetzten. Beide können durch unterschiedliche Instruktionen mit dem FVVB erfasst werden. Auf diese Weise können Ist- und Soll-Zustände in Bezug auf das erwünschte Verhalten von Vorgesetzten ermittelt, miteinander verglichen und Maßnahmen zur evtl. Verbesserung eingeleitet werden.

Anwendungsvorschläge
Von den Autoren werden eine Reihe von Vorschlägen zum möglichen Einsatz des Fragebogens gemacht, einige davon sind:
1. Die Sensivierung der Vorgesetzten und Mitarbeiter für erwünschtes Verhalten
2. Die Feststellung des Ist-Zustands und Soll-Zustands durch die Beurteilung eines „Idealvorgesetzten"
3. Die Aufdeckung von Konflikten in Arbeitsgruppen indiziert durch große Unterschiede in der Beurteilung eines Vorgesetzten durch seine Mitarbeiter
4. Die Hilfestellung und Effektivitätskontrolle im Rahmen von gruppendynamischen Trainingsveranstaltungen

5. Die Hilfestellung bei der Einstellungsdiagnostik (z.B. zum Erfragen von für wichtig erachtetem Verhalten mit dem Ziel der Aufdeckung von Prioritäten/Führungsstil des Bewerbers)
6. Unternehmensinterne Einschätzungen zur Identifikation von Führungskräftenachwuchs

Bewertung

Der Fragebogen wurde bevorzugt in den 70er Jahren eingesetzt. Heute wird er aus verschiedenen Gründen kaum noch verwendet. Einige davon sollen im Folgenden erläutert werden. Als positiv lässt sich zunächst die Tatsache bemerken, dass der Fragebogen zurzeit seiner Konstruktion eines der ersten Instrumente war, das sich mit dem subjektiv von Mitarbeitern empfundenen Verhalten ihrer Vorgesetzten beschäftigt hat. Auf diese Weise hat er, dort wo er eingesetzt wurde, dazu beigetragen, das Führungsverständnis in Unternehmen und das Verhalten von einzelnen Führungskräften zu verändern und die Arbeitszufriedenheit von Mitarbeitern zu erhöhen.

Einige Aspekte fallen jedoch negativ auf. Zunächst zur Konstruktion. An erster Stelle ist in diesem Zusammenhang die Abhängigkeit der einzelnen Dimensionen des Fragebogens zu nennen. Es stellt sich hier die grundsätzliche Frage, wie sinnvoll die Differenzierung des FVVB in seine fünf Dimensionen ist. Die Items sind sich z.T. auch über die Dimensionen hinweg sehr ähnlich. Hierdurch könnte eine Verzerrung von Itemantworten durch andere Items entstehen, die vorher beantwortet wurden und ähnlich lauten. So könnte z.B. die „Nettigkeit" eines Vorgesetzten (und damit eine hohe Ladung auf der Dimension F) auch bei anderem, weniger positiven Verhalten bei der Beantwortung von Items anderer Dimensionen mit einfließen, da die Items als ähnliches Verhalten betreffend wahrgenommen werden. Über die Vermutung, dass aus diesem Grund tatsächlich systematische Verzerrungen auftreten, lässt sich nur spekulieren. Allerdings ist die Vernachlässigung statistischer Gütekriterien und die Legitimierung der Verwendung aller Items und Dimensionen mit der ideologischen Begründung der Wichtigkeit und Erstrebenswürdigkeit des erfragten Verhaltens eine fragwürdige Technik der Fragebogenkonstruktion. Auf Schwierigkeiten bei der Durchführung des FVVB stößt man bei der Betrachtung der Polung der Items, die sich im Laufe des Fragebogens immer wieder umkehrt. Mal findet sich die Antwort „sehr oft" oder „fast immer" am linken Ende des Kontinuums und wird mit einem Punkt gleichgesetzt, mal findet sie sich auf der rechten Seite und entspricht fünf Punkten. Die Testperson muss bei jedem Item neu die Antwortskala studieren, die zum einen immer wieder unterschiedlich benannt und zum anderen unterschiedlich gepolt ist. Bei den Beurteilern kann dies zu Verwirrungen und unabsichtlich „falsch" angekreuzten Aussagen führen. Als letzter Kritikpunkt ist die Problematik der Interpretation anzuführen. Es werden keinerlei Angaben zur Interpretation der Ergebnisse gemacht und es bleibt unklar, welche Bedeutung den Ergebnissen beigemessen werden kann und sollte. In diesem Zusammenhang ist auch das Datum der einzigen Normierung kritisch anzumerken. Mit einer Normstichprobe von 1970 lässt sich das Verhalten heutiger Führungskräfte kaum noch sinnvoll vergleichen.

8.2 Management-Fallstudien (MFA)

Heike Hoffmeister

Bei den Management-Fallstudien handelt es sich um ein computergestütztes Verfahren zur Potentialanalyse von Managern. Als Reaktion auf die geringe prognostische Validität existierender Methoden konzipierten Fennekels und D'Souza 1999 die MFA. Es handelt sich dabei um ein multidimensionales Verfahren, mit dem die Aspekte Führungsverhalten, soziale Kompetenz sowie das systematische Denken und Handeln der Testperson erfasst werden sollen. Dies geschieht im Rahmen von vier Untertests, in denen jeweils mehrere Fallstudien bearbeitet werden. Die Testperson wird dabei mit Situationen aus dem Arbeitsalltag von Führungskräften konfrontiert. Ihre Reaktion wird in ihrer Angemessenheit und Qualität im Hinblick auf die zu erfassenden Dimensionen bewertet.

Konzeption

Das Ziel der Autoren war die Entwicklung eines praxisnahen sowie inhaltlich und prognostisch validen Instruments zur Potentialeinschätzung von Führungskräften. Als Grundbaustein für ihr Verfahren wählten sie Fallstudien. In Fallstudien werden die Teilnehmer mit einer praxisnahen, komplexen Situation konfrontiert. Ihre Aufgabe ist die Analyse der Problemsituation und die Entwicklung von oder Entscheidung zwischen verschiedenen Lösungsalternativen. Die Aufgabenstellungen werden in Abhängigkeit von den zu erfassenden Dimensionen ausgewählt und kommen aus den verschiedensten Tätigkeitsbereichen. Häufige Situationen sind beispielsweise Führungsprobleme, zwischenmenschliche Konflikte oder Fragen der Personalentwicklung. Fallstudien zeichnen sich durch große Praxisnähe aus und haben in den vergangenen Jahren bei Forschern wie bei Praktikern zunehmend an Akzeptanz gewonnen.

Den Ursprung im Konstruktionsprozess der MFA bildeten Fallstudien, die bereits häufig in Assessment Centern verwendet worden waren, die jedoch – so die Autoren – häufig unzureichende Praxisnähe aufwiesen. Auf der Suche nach verhaltensnahen Situationen, die zusätzlich den Rahmenbedingungen und Kriterien der Eignungsdiagnostik genügen sollten, entschieden sich die Autoren für die Nutzung der Critical Incident-Technik (siehe Kapitel 3). Dazu wurden Mitarbeiter in Unternehmen gebeten, Alltagssituationen von Managern zu schildern sowie gute und schlechte Reaktionsweisen von Vorgesetzten in den genannten Situationen zu nennen. Aus diesem Pool von Fällen entwickelten Führungskräfte und Diagnostiker gemeinsam die Fallstudien für die MFA. Die Reaktionsmöglichkeiten nutzten sie zur Konstruktion der Antwortmöglichkeiten, die den Testpersonen vorgegeben werden sollten. Mit dem Ziel der endgültigen Auswahl von Fällen wurde diese erste Version der MFA dann in Assessment Centern eingesetzt. Zur Entscheidung über eine Verwendung der einzelnen Fallstudien in den MFA verwandten die Autoren das Kriterium der maximalen Differenzierungsfähigkeit der Items. Die Antworten in der einzelnen Fallstudie sollten über die verschiedenen Antwortmöglichkeiten maximal breit streuen. Das heißt, verschiedene Antwortmöglichkeiten sollten zwar im Hinblick auf die gewünschte Fähigkeit unterschiedlich „gut", aber alle dennoch so realistisch sein, dass sie von den Testpersonen auch gewählt werden. Nur diese Items sind letztlich geeignet, zwischen Personen mit unterschiedlichen Fähigkeiten zu differenzieren.

Das Ziel der MFA in ihrer endgültigen Version ist eine Stärken-Schwächen-Analyse der Testperson zu den folgenden Merkmalen:
- Führungsverhalten
  „Initiative ergreifen und Abläufe gestalten / Führungstechniken angemessen einsetzen."
- Soziale Kompetenz
  „Aktives Gestalten von zwischenmenschlichen Konfliktsituationen und Abläufen."
- Systematisches Denken und Handeln
  „Aufgaben systematisch angehen / praxisgerechte Lösungen finden".

Diese Merkmale werden im Handbuch zu den MFA nur zu Beginn einmal genannt. Sie dienen offenbar lediglich als Grundlage, auf der die im Folgenden erläuterten vier Untertests konstruiert wurden, von denen im Weiteren die Rede sein wird.

Durchführung und Auswertung

Durchführung
Die MFA sind computergestützt oder als Papier-Bleistift-Version durchführbar. Die oben genannten Merkmale werden in eine Reihe von Dimensionen differenziert. Diese sollen durch die Bearbeitung von vier Untertests erfasst werden. In jedem Untertest wird die Reaktion der Testperson dabei im Hinblick auf mehrere Dimensionen beurteilt. Aufgebaut sind die einzelnen Untertests aus mehr oder weniger komplexen Fallstudien. Die Testperson wird also mit Situationen aus dem Arbeitsalltag von Führungskräften konfrontiert, auf die sie möglichst angemessen reagieren soll. Es sind mehrere Antwortmöglichkeiten vorgegeben, von denen eine ausgewählt werden muss (Ausnahme MFA-Z).

MFA-F: Führungsverhalten
Hier werden 12 Kurzfälle zu Führungssituationen präsentiert, die unabhängig voneinander bearbeitet werden. Die Antworten der Testperson werden im Hinblick auf folgende Dimensionen bewertet:
1. Kontrolle
2. Fordern und Fördern
3. Partizipation
4. Delegation

MFA-K: Konfliktsituationen
Das Konfliktverhalten der Testperson wird durch die Bearbeitung einer komplexen Fallstudie beurteilt. Dabei wird jede Person mit der gleichen Ausgangssituation konfrontiert (dem Problem des Leistungsabfalls eines Mitarbeiters). Das erste Item ist

somit für alle gleich. Die nachfolgenden Items sind für die einzelnen Testpersonen jedoch verschieden, sie ergeben sich erst in Abhängigkeit von der im vorherigen Item gewählten Antwortreaktion. Die Beurteilung des Konfliktverhaltens gliedert sich auf in folgende Dimensionen:
1. Bedürfnisse und Interessen anderer erkennen und berücksichtigen
2. Unterstützung anbieten und Konflikte lösen.

MFA-S: Soziale Situationen
Das soziale Verhalten der Führungskraft wird anhand der Bearbeitung von neun Kurzfällen zu sozialen Situationen erfasst. Wie im Rahmen der Führungssituationen erfolgt auch hier die Bearbeitung der einzelnen Fälle unabhängig voneinander. Das soziale Verhalten der Testperson wird aufgegliedert in:
1. Bedürfnisse und Interessen anderer berücksichtigen
2. Informationen offen austauschen
3. Unterstützung und Hilfe geben
4. Konflikte lösen.

MFA-Z: Zeitmanagement
Zur Beurteilung der Güte des Zeitmanagements wird die Testperson mit einer Fallstudie konfrontiert, die ähnlich der häufig in Assessment Centern durchgeführten Postkorbübung konstruiert ist. Die Person wird in eine bestimmte Ausgangssituation versetzt und muss bis zu einem festgelegten Zeitpunkt eine Reihe von Aufgaben erledigt haben. Beurteilt werden in diesem Zusammenhang die Selbstorganisation, Planung und das Zeitmanagement einer Person, die jedoch unter der Dimension Zeitmanagement subsummiert werden.

Die einzelnen Verfahren sind auch unabhängig voneinander durchführbar. Die Dauer für die Durchführung des gesamten Verfahrens beträgt etwa zwei Stunden, wobei die benötigte Zeit variieren kann, da das Zeitlimit für die Bearbeitung der einzelnen Verfahren vom Testleiter individuell festlegbar ist. Wird das Verfahren als Papier-Bleistift-Version durchgeführt, dauert es etwa 30 Minuten länger.

Auswertung
Die Auswertung verläuft ausschließlich computergestützt. Werden die MFA als Papier-Bleistift-Version durchgeführt, müssen die Antworten zur Auswertung vom Testleiter in einem eigenen Testdurchlauf nachträglich in den Computer eingegeben werden. Das Auswertungsverfahren erfolgt in sehr differenzierter Weise und ist demnach recht komplex. Die Itemantworten werden zunächst im Hinblick auf ihre Qualität für die einzelne Dimension mit Punkten versehen. Die gegebenen Antworten werden dabei nicht als ausschließlich richtig oder falsch bewertet, sondern ihrer Qualität nach gestaffelt:
- Bei Führungssituationen erfolgt eine Bewertung gestaffelt nach angemessener, teilweise angemessener und unangemessener Reaktion.
- Bei Konfliktlösungen werden Antwortmöglichkeiten kategorisiert nach
    a) einer konstruktiven Lösung unter Beachtung von Mitarbeiter- und Firmeninteresse,
    b) einem „Aussitzen" der Problemlösung,

c) dem Ausweichen der Problemlösung durch Versetzung des Mitarbeiters oder
d) der radikalen Lösung durch Kündigung; wobei a) als optimal und d) als schlechteste Lösung bewertet wird.
- Bei sozialen Situationen werden die Antworten in angemessene vs. unangemessene Lösungen eingeteilt.
- Bei dem Verfahren zum Zeitmanagement erfolgt die Bewertung nach einem Punktesystem orientiert an der optimalen Lösung der Aufgabe und Abzügen für jede Abweichung vom optimalen Weg.

Ein Item wird dabei in der Regel zur Beurteilung mehrerer Dimensionen herangezogen. So kann beispielsweise in einer Konfliktsituation mit einem Mitarbeiter das Verhalten der Testperson sowohl im Hinblick auf ihre Konfliktlösefähigkeit als auch auf die Stärke der Berücksichtigung der Interessen und Bedürfnisse anderer beurteilt werden. Je nach Güte der Antwort für die einzelne Dimension werden Punktwerte verteilt. Aus den Werten aller Items einer Dimension bzw. eines Untertests wird dann für jede Dimension und für jeden Untertest durch Addition ein Gesamtwert errechnet.

Die Rückmeldung an die Testperson erfolgt detailliert und separat für jeden einzelnen Untertest. Dabei wird in einem quantitativen Teil zum einen ein Gesamtwert (Rohwert und Stanine-Wert) für das Abschneiden im Verfahren angegeben sowie eine Aufschlüsselung der Ergebnisse nach den einzelnen Dimensionen. Aussagen über die Qualität der gegebenen Antworten auf den einzelnen Dimensionen werden in Prozent gemacht. Positiv: 80 % auf der Dimension „Unterstützung und Hilfe geben" bedeutet dabei, dass 80 % der Antworten auf den Items, mit denen diese Dimension erfasst wird, positiv bewertet wurden.

Tabelle 8-4: Auswertungsbeispiele

Verfahren und Dimension	**Güte der Antworten**
MFA-S Dimension „Unterstützung und Hilfe geben"	positiv: 80 % negativ: 20 %
MFA-F Dimension „Fordern und Fördern"	angemessen: 30 % teilweise angemessen: 40 % unangemessen: 30 %

In einem qualitativen Teil wird der Testperson das Ergebnis aus dem quantitativen Teil erklärt und erläutert sowie mit Praxisbezügen verdeutlicht. Auch hier erfolgt eine Differenzierung nach den einzelnen Dimensionen.

Gütekriterien und empirische Fundierung

Objektivität
Die Durchführung kann sowohl computergestützt als auch als Papier-Bleistift-Version durchgeführt werden. Die Instruktionen sind bei beiden Verfahren standardisiert. Die Durchführungsobjektivität ist also gegeben. Der Test wird vollkommen computergestützt ausgewertet. Wird jedoch die Papier-Bleistift-Version genutzt, müssen die Testergebnisse zur Auswertung erst noch in den Computer eingegeben werden. Fehler bei diesem Eingabeprozess sind nicht vollständig auszuschließen. Optimale Auswertungsobjektivität ist somit nur bei einer computergestützten Durchführung gegeben. Die Interpretation der Ergebnisse erfolgt hingegen immer und ausschließlich computergestützt. Somit kann von maximaler Interpretationsobjektivität ausgegangen werden.

Reliabilität
Zur Erfassung der Internen Konsistenz wurde Cronbachs α sowie die Split-half-Methode verwendet. Die Stichprobe bestand aus 181 Personen. Sie wurde auch zur Errechnung aller anderen Gütekriterien und Normen herangezogen. Weitere Angaben, etwa ob es sich bei den Personen um Führungskräfte handelt oder nicht, werden nicht gemacht. Die Ergebnisse sind der Tabelle 8-5 zu entnehmen. Zu den Reliabilitäten des Untertests Konfliktsituationen können keine Angaben gemacht werden, da hier lediglich ein Ergebnis – die Güte des Lösungsweges der Fallstudie – vorliegt.

Tabelle 8-5: Reliabilität

Verfahren	Cronbachs α	Split-half
Führungssituationen	.61	.63
Konfliktsituationen	k.A.	k.A.
Soziale Situationen	.79	.84
Zeitmanagement	.73	.69

k.A. = keine Angabe

Innere kriterienbezogene Validität
Zur Überprüfung der internen Validität wurden die einzelnen Verfahren mit Übungen aus Assessment Centern korreliert. Die Ergebnisse sind der Tabelle 8-6 zu entnehmen.

Angaben zu den Werten aus den leeren Zellen werden im Handbuch nicht gemacht. Es bleibt unklar, ob diese Korrelationen nicht berechnet wurden oder ob sie zu gering waren, um aufgenommen zu werden. Gerade bei Korrelationen zwischen Mitarbeitergespräch oder Beratung & Unterweisung mit den MFA-F wären die Ergebnisse für eine Beurteilung der Validität des Instrumentes interessant.

Neben den Korrelationen der Untertests mit einzelnen Übungen wurden abschließende Urteile über einzelne Fähigkeiten, die im Rahmen eines Assessment Centers durch mehrere Übungen ermittelt wurden, mit Untertests des MFA korreliert, die ein ähnliches Konzept erfassen sollen. Hierbei ergaben sich folgende Resultate:

- Logisch konzeptionelles Denken und Handeln mit MFA-Z r = .58
- Soziale Kompetenz mit MFA-S r = .36 und mit MFA-K r = .42
- Führungsverhalten mit MFA-F r = .22 (nicht signifikant)

Tabelle 8-6: Korrelationen der MFA mit ausgewählten AC-Übungen

	MFA-F	MFA-K	MFA-S	MFA-Z
halbstrukturiertes Interview	.35*			
Gruppendiskussion		.41*	.45*	
Beratung & Unterweisung		.44*	.58*	
Mitarbeitergespräch		.52*	.41*	
Präsentation				.52**
Postkorb				.65**

Anmerkung: * signifikant mit α = 5 %-Niveau; ** signifikant mit α = 1 %-Niveau; MFA-F = Führungsverhalten; MFA-K = Konfliktsituationen; MFA-S = Soziale Situationen; MFA-Z = Zeitmanagement

Prognostische Validität
Zur Ermittlung der prognostischen Validität wurde die Voraussagekraft von Ergebnissen aus Assessment Center mit denen der MFA-Ergebnisse verglichen. Dazu wurde die Korrelation von Ergebnissen aus Assessment Centern mit dem beruflichem Erfolg der Testperson zwei Jahre nach der Durchführung des Assessment Centers errechnet. Außerdem wurde die Korrelation des Ergebnisses der MFA mit dem beruflichen Erfolg berechnet. Vergleicht man die beiden Verfahren, so zeigt sich eine ähnliche prognostische Validität von Assessment Center und MFA. Unklar bleibt allerdings, ob die MFA wie das Assessment Center zum ersten Zeitpunkt oder erst zwei Jahre später zum zweiten Zeitpunkt (mit der Ermittlung des beruflichen Erfolges) eingesetzt wurden. Dies hieße lediglich, die MFA korrelierten mit zwei Jahren vorher durchgeführten Assessment Centern. Einer Aussage über die prognostische Validität der MFA wäre jedoch die Grundlage entzogen, da keinerlei prognostische Erhebung in Bezug auf den beruflichen Erfolg stattgefunden hätte.

Normierung
Wie gesagt besteht die Normstichprobe aus 181 Personen. Ob es sich hierbei um Führungskräfte handelt, wird nicht gesagt. Angegeben werden Mittelwerte und Standardabweichungen für die einzelnen Verfahren. Eine Überprüfung auf Normalverteilung der Testergebnisse und damit eine Normierung im eigentlichen Sinne wird nicht durchgeführt. Es erfolgt weiterhin weder eine Differenzierung nach den einzelnen Dimensionen noch nach Geschlecht, Alter, Arbeitsbereich, Funktion o.ä.

Bewertung

Insgesamt können die MFA als ein innovatives und konzeptionell wertvolles Instrument gewertet werden. Die Autoren werden ihrem eigenen Anspruch, ein praxisnahes Verfahren zur Managementdiagnostik zu entwickeln, voll gerecht. Durch die Konstruktion mit der Critical-Incident-Technique besitzen die MFA eine hohe Inhalts- und Augenscheinvalidität. Gerade für den Einsatz zur Beurteilung von Führungskräften wird Letzteres für die Akzeptanz des Verfahrens in der Praxis hilfreich sein. Weiterhin sind die MFA ein sehr ökonomisches Verfahren. Nimmt man die Validität des Verfahrens als gegeben hin, ist der Zeit- und Kostenaufwand in Relation zu einem Assessment Center, in dem die gleichen Fähigkeiten erfasst werden, bemerkenswert gering. Im Vergleich zu anderen herkömmlichen Verfahren, die im Rahmen der Managementdiagnostik eingesetzt werden, ist weiterhin positiv anzumerken, dass mit den MFA ein Verfahren entwickelt wurde, welches das Problem der Verzerrung durch Selbst- bzw. Fremdeinschätzungen umgeht. Dadurch wird die Vergleichbarkeit der Ergebnisse verschiedener Testpersonen erhöht. Sowohl die Installation als auch die Durchführung des Verfahrens sind durch ein ausführliches Handbuch relativ einfach möglich. Die Rückmeldung an die Testperson erfolgt in differenzierter Weise und bleibt dennoch kurz und präzise. Das Ergebnis wird begründet und auch für Laien verständlich dargestellt.

So positiv das Verfahren auf der konzeptionellen Seite abschneidet, so fallen doch einige Unzulänglichkeiten auf Seiten der Gütekriterien auf. So fällt die Größe der Stichprobe zur Normierung mit 181 Personen recht klein aus. Außerdem werden keinerlei Angaben zur Zusammensetzung der Normstichprobe gemacht, und es findet keine Überprüfung auf Normalverteilung der Daten und somit keine mathematisch-statistische Normierung statt. Was die Validität betrifft, so ist negativ anzumerken, dass die Korrelationen von sehr ähnlichen oder gleichen Konstrukten zum Teil recht gering ausfallen, andere sind gar nicht berechnet worden. So fehlen etwa bei der Ermittlung der internen Validität einige interessante Korrelationen wie z.B. die zwischen der Assessment Center-Übung Mitarbeitergespräch oder Beratung & Unterweisungsaufgabe mit den Ergebnissen zum Führungsverhalten aus dem MFA-F. Auch hier bleibt offen, was der Grund für diese Versäumnisse ist. Neben diesen inhaltlichen Aspekten wären außerdem Verbesserungen im Layout des Verfahrens hilfreich. In der aktuellen Version wird die Testperson häufig mit großen Mengen von Text konfrontiert, was schnell ermüdend wirkt. Eine Möglichkeit wäre die weniger ausführliche und detailfreudige Einleitung der Items oder auch nur farbliche Hervorhebungen o.Ä., um die Darstellung ansprechender zu gestalten.

Abschließend fällt die Beurteilung der MFA jedoch positiv aus. Es erscheint als ein konzeptionell innovatives und wertvolles Verfahren, mit dem einige der Probleme bisheriger Managementdiagnostik angegangen werden. Anzustreben wären Nachbesserungen in der Normierung und Validierung sowie in der Gestaltung des Layouts. Grundsätzlich zeichnet sich mit der Entwicklung solcher computergestützter Verfahren auf der Basis von Fallstudien im Zusammenhang mit der Potentialanalyse von Managern ein vielversprechender Weg ab.

8.3 Qualitative Führungsstilanalyse (QFA)

Marcus Schmitz

Die QFA ist ein recht neues Verfahren, welches im Rahmen der Personal- und Organisationsentwicklung eingesetzt werden kann. Es fragt dabei nach einer Beurteilung der Führungsqualität eines Vorgesetzten. Diese Beurteilung findet in Form eines systematischen Feedbacks statt, in dem nicht nur der Vorgesetzte sich selbst und sein eigenes Führungsverhalten einzuschätzen hat, sondern auch die Mitarbeiter bewerten, was bei ihnen von diesem Führungsstil ankommt. In einem letzten Schritt werden die Ergebnisse miteinander verglichen. Die möglicherweise mangelnden Übereinstimmungen sollen als Grundlage für die Erkennung von Störungen, Hemmnissen oder Leistungsblockaden dienen. Dies könnte dann die Ausgangsbasis für weitere gezielte Interventionen sein.

Konzeption

Die QFA basiert auf der Überlegung, welche bestimmten Bereiche denn Führungsverhalten überhaupt ausmachen. Vom Autor werden im Manual fünf Bereiche genannt und mit kurzen Beispielen erläutert (vgl. Abbildung 8-1).

---

a) **Planung & Organisation**
„Klare Zielvereinbarungen treffen"
„Klare Zuständigkeiten vereinbaren"
„Klima für Innovation schaffen"

b) **Entscheidungsverhalten**
„Mitarbeiter mit Informationen versorgen"
„Klare Entscheidungen treffen"
„Den Mitarbeitern Freiräume gewähren"

c) **Soziale Kompetenz**
„Mitarbeiter unterstützen und fördern"
„Konflikte aktiv lösen"
„Vertrauen schaffen"

d) **Anerkennung & Mitwirkung**
„Mitarbeiterleistung deutlich machen"
„Mitwirkung ermöglichen"
„Für Transparenz sorgen"

e) **Leistung- & Führungsverhalten**
„Sich keine Vorrechte verschaffen"
„Gewinner-Gewinner-Situationen herbeiführen"
„Kontrolle und Korrekturen angemessen vornehmen"

Abbildung 8-1: Messbereiche des QFA

Die Grundlagen dieser Bereiche stammen aus Einstiegsmoderationen von Führungstrainings. Ausgehend von der Frage, was die Zusammenarbeit in einem Unternehmen behindere, wurden aus den von den Teilnehmern gegebenen Antworten die im Fragebogen vorliegenden Items generiert und in Testläufen erprobt. Dass der Fragebogen letztendlich Informationen zu den oben genannten fünf Bereichen liefert, basiert auf Annahmen des Autors. Diese Annahmen wurden mittels konfirmatorischer Faktorenanalyse überprüft.

Die QFA wurde vom Autor so konzipiert, dass neben der hier beschriebenen Individualanalyse auch eine sogenannte Klimaanalyse für das gesamte Unternehmen erstellt werden kann. Zu diesem Zwecke wird die QFA in mehreren Abteilungen einer Organisation getrennt durchgeführt und die Ergebnisse untereinander in Relation gesetzt. So könne man nach der Auffassung des Autors Stärken und Schwächen innerhalb der gesamten Organisation erkennen und entsprechend darauf reagieren. Weiterhin, so der Autor, sei es denkbar, diese Ergebnisse als eine auf das Unternehmen zugeschnittene Normierungsstichprobe für weitere Analysen zu nutzen. Für die Durchführung einer Klimaanalyse muss ein Zusatzmodul angeschafft werden.

Gütekriterien und empirische Fundierung

Reliabilität
Zur Schätzung der Reliabilität wurde die Normierungsstichprobe (s.u.) herangezogen.

Innere Konsistenz: Die Kennwerte der inneren Konsistenz (s. Tabelle 8-7) deuten auf überwiegend homogene, trennscharfe Items hin.

Tabelle 8-7: Angaben zur Reliabilitätsschätzung (Cronbachs α)

QFA-Dimensionen	Mitarbeiter α	Vorgesetzter	Gesamt α
Planung & Organisation	.84	.72	.82
Entscheidungsverhalten	.84	.71	.82
Soziale Kompetenz	.88	.76	.88
Anerkennung & Mitwirkung	.89	.81	.86
Leistungs- & Führungsverhalten	.86	.67	.83

Split-half-Methode: Auch die Reliabilitätsschätzung mit Hilfe der Split-half-Methode zeigt gute bis sehr gute Kennwerte (s. Tabelle 8-8).

Objektivität
Durchführungsobjektivität: Die Durchführungsobjektivität ist durch eine ausführliche schriftliche Testinstruktion gewährleistet, die den Fragebögen beider Parallelformen voran steht.
Auswertungsobjektivität: Die Beantwortung der Items wird auf einer 7-stufigen Skala vorgenommen. Alle 56 Items sind einheitlich gepolt. Die Auswertung erfolgt

computergestützt. Lediglich bei der Eingabe der Testwerte in den Computer können Übertragungsfehler auftreten.

Tabelle 8-8: Angaben zur Reliabilitätsschätzung (Split-half)

QFA-Dimensionen	Mitarbeiter Split-half	Vorgesetzte Split-half	Gesamt Split-half
Planung & Organisation	.81	.71	.70
Entscheidungsverhalten	.87	.71	.78
Soziale Kompetenz	.85	.72	.85
Anerkennung & Mitwirkung	.86	.80	.84
Leistungs- & Führungsverhalten	.83	.68	.84

Interpretationsobjektivität: Bei der Interpretation der konkreten Testwerte orientiert sich die QFA an der Normierungsstichprobe. Für die Darstellung der Interpretation werden die Ergebnisse – aufgeschlüsselt nach Führungsbereichen – in standardisierte Textbausteine übersetzt und zu einem Gesamtgutachten zusammengestellt. So fließen keine individuellen Deutungen der Ergebnisse in die Interpretation mit ein.

Validität
Dimensionsvalidierung: Die Dimensionsvalidierung (Konstruktvalidität) der fünf Führungsbereiche erfolgt bei der QFA anhand eines Strukturgleichungsmodells, d.h. der Autor geht nicht explorativ, sondern konfirmatorisch vor: Er postuliert ein theoretisches Modell, dessen Struktur sich in den Daten der Validierungsstichprobe wiederfinden lassen soll. Die Validierungsstichprobe entspricht im Falle der QFA der Normierungsstichprobe (s.u.). Die von dem Autor berichteten Modellgüteindizes χ^2-*goodness-of-fit*, *Root Mean Square Residual* und *goodness-of-fit* sind durchaus üblich (vgl. Hair, Anderson, Tatham & Brown, 1998). Die konkreten Kennzahlen sind in Tabelle 8-9 wiedergegeben. Nach Hair et al. (1998) spricht die Höhe der Indizes für eine gute bis durchschnittliche Übereinstimmung der Daten mit dem geforderten Modell.

Tabelle 8-9: Angaben zur Dimensionsvalidierung

	χ^2-Goodness-of-Fit	Root Mean Square Residuals	Goodness-of-Fit
Mitarbeiter	$\chi^2/df = 2.9$	RMR = .064	GFI = .97
Vorgesetzter	$\chi^2/df = 2.2$	RMR = .089	GFI = .90
Gesamt	$\chi^2/df = 4.9$	RMR = .071	GFI = .96

Kriteriumsbezogene Validität: Zur Prüfung der kriteriumsbezogenen Validität finden sich keine Angaben.

Durchführung und Auswertung

Bei der QFA handelt es sich um ein klassisches Papier-Bleistift-Verfahren. Der 8-seitige Fragebogen enthält auf der ersten Seite eine ausführliche Instruktion; auf den anderen sieben Seiten sind insgesamt 56 Items abgedruckt, die auf 7-stufigen Skalen beantwortet werden müssen. Für Mitarbeiter und Vorgesetzten gibt es getrennte Fragebögen, die sich hauptsächlich in den Formulierungen und der Reihenfolge der Fragen unterscheiden. Außerdem sichert die Instruktion des Mitarbeiterfragebogens Anonymität für selbige zu. Für die Beantwortung des Fragebogens werden ca. 30 Minuten benötigt. Als Arbeitsmaterial sollte lediglich ein Stift bereit liegen.

Beispielitems

Vorgesetztenform:

13. Ich lege mit meinen Mitarbeitern gemeinsam fest, bis wann Aufgaben zu erledigen sind.

    nie   trifft zu   immer

15. Wenn ich mit der Leistung eines Mitarbeiters unzufrieden bin, setze ich ihn unter Druck.

    nie   trifft zu   immer

Mitarbeiterform:

11. Bei Konflikten sucht mein Vorgesetzter nach akzeptablen Lösungen für alle Beteiligten.

    nie   trifft zu   immer

32. Kontrollvorgänge kommen für die Mitarbeiter überraschend und unvorhergesehen.

    nie   trifft zu   immer

Die Auswertung der Antworten erfolgt computergestützt. Alle Daten werden ohne großen Aufwand in eine Datenmaske eingegeben.

Die QFA bietet die Möglichkeit, die Referenzstichprobe, an der sich die Auswertung orientieren soll, individuell zu wählen, z.B. im Falle einer Klimaanalyse (s.o.). Voreingestellt ist eine Normierungsstichprobe, die sich aus insgesamt 649 Mitarbeitern und 254 Vorgesetzten zusammensetzt. Zur entsprechenden Standardisierung wurden die Ergebnisse z-transformiert. Die hierzu notwendigen Normalverteilungsannahmen wurden überprüft und als durchgängig gegeben berichtet.

Die errechneten Ergebnisse werden als Standardnormen ausgegeben und mit Hilfe des Computers graphisch aufbereitet. Neben diversen Charts und Häufigkeitstabellen erhält der Vorgesetzte ein 6-8-seitiges individuelles Textgutachten. Hier werden seine Stärken und Schwächen zu jedem der fünf Bereiche ausführlich beschrieben.

Bewertung

Die qualitative Führungsstilanalyse setzt sich die Erfassung und Beurteilung der Führungsqualität eines Vorgesetzten zum Ziel. Durch Fremd- und Selbsteinschätzung des Führungsverhaltens können außerdem Rückschlüsse über eventuelle Spannungen oder Störungen im Verhältnis von Vorgesetztem und Mitarbeitern gezogen werden, die unmittelbar mit dem Führungsverhalten verbunden sind. Durch die Fremdbeurteilung könnte zudem sozial erwünschtes Antwortverhalten von Seiten des Vorgesetzten wenigstens teilweise unterdrückt werden. Bestehen jedoch zwischen Vorgesetztem und Mitarbeitern große Spannungen, könnte die Fremdbeurteilung auch zu starken Verzerrungen führen.

Das Konstrukt Führungsverhalten wird bei der QFA durch insgesamt fünf Dimensionen (Führungsbereiche) erfasst. Diese Dimensionen wurden mittels konfirmatorischer Faktorenanalyse geprüft und konnten bestätigt werden.

Die Durchführung, Auswertung und Interpretation können als objektiv angesehen werden. Eine weitere Verbesserung der Auswertungsobjektivität durch Vermeidung von Übertragungsfehlern würde man durch die Digitalisierung des Fragebogens erreichen. Dann ließe sich der Test direkt am Computer durchführen. Die Kennwerte der Reliabilitätsschätzungen bewegen sich im guten bis sehr guten Bereich. Das Testverfahren ist damit als reliabel anzusehen. Das Testverfahren macht keine Angaben zur Kriteriumsvalidierung. Auch wenn keine geeigneten Testverfahren auf dem Markt sind, um die innere kriteriumsbezogene Validität zu überprüfen, gibt es im Bereich Führung bestimmt einige sinnvolle Außenkriterien, die man zur äußeren Kriteriumsvalidierung hätte heranziehen können. Zur Testnormierung wurde eine z-Standardisierung vorgenommen. Die hierfür geforderte Normalverteilung der dem Test zugrundeliegenden Dimensionen wurde als durchgehend gegeben berichtet. Sowohl die Normierung als auch die Reliabilitätsschätzungen und die Dimensionsvalidierung wurden an der gleichen Stichprobe durchgeführt. Besser wäre eine Aufsplittung der Gesamtstichprobe oder die Erhebung weiterer Stichproben gewesen. Aus dem Manual ist außerdem nicht ersichtlich, nach welchen Kriterien diese Gesamtstichprobe gezogen wurde. Handelt es sich beispielsweise um Beschäftigte nur eines Unternehmens oder um die vieler Unternehmen unterschiedlicher Größe und Branchen? Diese Information könnte bei der Interpretation und späteren Umsetzung der Ergebnisse hilfreich sein.

Die Auswertung per vorformuliertem Textgutachten ist einerseits vorteilhaft, da sie keine großen methodischen Kenntnisse vom Anwender verlangt. Andererseits können aber auch wichtige Informationen verloren gehen, da das Gutachten das konkrete Beschäftigungsumfeld nicht mit einbezieht und so nicht zwischen Abteilungen oder Unternehmen differenzieren kann.

Die Handanweisung enthält alle wichtigen Informationen, die zur Anwendung der qualitativen Führungsstilanalyse benötigt werden. Gerade die im Anhang befindlichen Mustergutachten und die darin enthaltenen Hinweise können bei der Interpretation der eigenen Ergebnisse sehr hilfreich sein. Lediglich der Abschnitt über die Testgütekriterien fällt etwas knapp aus. Die Installation des Auswertungsprogramms ist einfach und in der Handanweisung ausführlich beschrieben. So stellt die Testdurchführung selbst für Computerlaien kein Problem dar. Da das Auswertungsprogramm auf DOS-Ebene realisiert wurde, fällt das Layout eher nüchtern aus; die Umsetzung auf Windows ist geplant.

Alles in allem kann die Qualitative Führungsstilanalyse, trotz einiger kleinen Mängel, ein geeignetes Verfahren sein, wenn es darum geht, im Rahmen der Personal- oder Organisationsentwicklung eine Ausgangsbasis für bestimmte Maßnahmen zu schaffen. Die flexible Konzeption ermöglicht dabei ein breites Einsatzfeld: Vom kleinen Team über einzelne Abteilungen bis hin zu kompletten Organisationen.

8.4 Testsystem zur Erfassung von Denk- und Kommunikationsstilen in der Führungskräfte-Entwicklung (TED)

Boris Schmidt

Das Testsystem zur Erfassung von Denk- und Kommunikationsstilen in der Führungskräfte-Entwicklung (TED) wurde von Rodà-Leger (1996) entwickelt. Das Verfahren ist speziell auf den Bereich der Potentialanalyse aktueller und zukünftiger Führungskräfte ausgerichtet und soll eine (Entscheidungs-) Grundlage für Personalentwicklungsmaßnahmen bereitstellen.

Acht als *Denk- und Kommunikationsstile* bezeichnete Persönlichkeitseigenschaften sind zu zwei Gruppen – den *konstruktiven* oder *entwicklungsorientierten* und den *reaktiven* oder *sicherheitsorientierten* Stilen – zusammengefasst. Das TED orientiert sich zum einen an psychologischen Circumplex-Modellen (kreisförmige Anordnung von Persönlichkeitsmerkmalen; gegenüberliegende Merkmale treten selten, nebeneinanderliegende häufig gemeinsam auf) und an motivationstheoretischen Ansätzen. Zum anderen fließen Erfahrungen aus der Beratungspraxis mit Führungskräften, Elemente aus anderen Instrumenten der Persönlichkeitsdiagnostik sowie die Angaben einer größeren Stichprobe von tatsächlichen Führungskräften in das Instrument ein.

Konzeption

Ausgangspunkt für die Entwicklung des TED war der durch die Autorin wahrgenommene Mangel an fragebogengestützten Verfahren zur Potentialbeurteilung, die für die Zielgruppe aktueller und zukünftiger Führungskräfte einsetzbar sind. Grundsätzlich geht das TED von der Annahme aus, dass „gutes" Führungsverhalten maßgeblich von Persönlichkeitseigenschaften der Führungsperson abhängig sei. Zutreffend ist dabei, dass beim Einsatz diagnostischer Verfahren in der Personalauswahl und -entwicklung besonderes Augenmerk auf diese Persönlichkeitseigenschaften (Dispositionen, Traits oder wie auch immer bezeichnet) gelegt wird. Das Gedankenmodell, das hinter dieser Schwerpunktsetzung steht, ist folgendes: Personen mit solchen Eigenschaften, die nach allgemeiner Erfahrung gute Führungskräfte auszeichnen, sind wahrscheinlich gut geeignet, angemessenes Führungsverhalten zu zeigen – folglich sind vorrangig Personen auszuwählen oder auszubilden, die entsprechende Eigenschaften bereits aufweisen oder ein entsprechendes Entwicklungspotential versprechen. Bei Personen, deren Eigenschaften nicht dem allgemeinen Idealmodell der Führungsperson entsprechen, wäre daher eine Entwicklung in dieser Richtung (zum Beispiel durch Coaching) sinnvoll.

Unbestritten ist andererseits aber auch, dass sich Führungsverhalten nicht bloß aus den Eigenschaften einer Person ergibt, sondern – wie jede Art von Verhalten – aus dem Zusammenwirken von Person *und* Situation entsteht. Aktuelle Verfahren der Personaldiagnostik versuchen explizit, diesem Umstand Rechnung zu tragen. Beispielsweise wird beim Assessment Center der Herstellung von möglichst realitätsgetreuen Situationen größte Aufmerksamkeit geschenkt. Beobachtet wird sodann das Verhalten der Teilnehmenden in Situationen, und bewertet wird schließlich das Ausmaß, in dem die Personen in den beobachteten Situationen solches Verhalten gezeigt haben, das den Zielen der Organisation (und damit nicht zwingend einem generellen Modell „guten" Führungsverhaltens) entspricht.

Die nach ihrem Eindruck mangelnde Validität von Assessment Centern sowie nicht näher bezeichnete konzeptionelle Schwächen nimmt die Autorin zum Anlass, *traitorientierte Fragebogenverfahren* zu bevorzugen. Traitorientierung meint dabei, dass von der Existenz von Konstrukten namens *Traits* ausgegangen wird, die bei Personen unterschiedlich ausgeprägt sein können, zu spezifischen Einstellungen der Person führen und somit die Konsistenz konkreter Verhaltensweisen über Situationen hinweg hervorrufen: Wer sich beispielsweise gerne im Mittelpunkt sieht und womöglich auch noch optimistisch ist, wird demnach höchstwahrscheinlich ein spontan handelnder Mensch sein, weil er oder sie eine hohe Ausprägung des Traits *Extraversion* aufweist.

Die Traits, denen sich der TED zuwendet, sollen verstanden werden als „Denkmuster, die sich auf verschiedene Facetten motivationalen und interaktionalen Denkens und Verhaltens beziehen". Diese Facetten verteilen sich auf vier *konstruktive entwicklungsorientierte* und vier *reaktive sicherheitsorientierte*, als *Stile* konzipierte Skalen. Tabelle 8-10 zeigt die Skalen des TED im Überblick.

Tabelle 8-10: Übersicht über die Skalen des TED, Anzahl Items je Skala und innere Konsistenzen (Cronbachs α in der untersuchten Stichprobe)

Skala	Bezeichnung	Items	α
	Konstruktiv-entwicklungsorientierte Stile		
SU	Selbstsicherheit/Durchsetzungsvermögen vs. Unsicherheit/mangelndes Selbstvertrauen	27	.92
EI	Kontaktorientierung/Extraversion vs. mangelnde Kontaktfähigkeit/Introversion	14	.85
TD	Beziehungsorientierung/Teamfähigkeit vs. Distanziertheit/mangelnde Teamfähigkeit	25	.85
LE	Leistungsorientierung/Erfolgsstreben vs. mangelnde Leistungsorientierung	21	.85
	Reaktiv-sicherheitsorientierte Stile		
AU	Anpassungsbereitschaft/Abhängigkeit vs. Unabhängigkeit/Konfliktfähigkeit	9	.78
SI	Sicherheitsorientierung/Konservatismus vs. Kreativität/Innovationsbereitschaft	15	.81
KM	Kritikinstabilität/Gereiztheit vs. Kritikinstabilität/Misserfolgstoleranz	18	.84
AB	Emotionale Anspannung/geringe Belastbarkeit vs. Emotionale Stabilität/Belastbarkeit	11	.79

Die Forschung zum Zusammenhang zwischen Persönlichkeitseigenschaften und Führungserfolg stützt sich vor allem auf Korrelationsstudien, bei denen ein Set von Persönlichkeitsvariablen durch Fragebögen erhoben und mit Selbst- oder Fremdeinstufungen des Führungserfolgs verglichen wird. Tatsächlich ließen sich auf diese Weise lange Listen von Eigenschaften zusammenstellen, die bei erfolgreichen Führungskräften üblicherweise stärker ausgeprägt waren als bei ihren erfolglosen Kollegen oder bei Nicht-Führungskräften. Diese Listen von Eigenschaften lassen sich im Wesentlichen zu einem einzigen *Generalfaktor* mit verschiedenen inhaltlichen Facetten zusammenfassen, der ziemlich gut dem westlich-industriellen Bild einer erfolgreichen Person entspricht: Überzeugungskraft, Dominanz, Durchsetzungsfähigkeit, Aktivität und der Wunsch nach Macht scheinen hier zentrale Aspekte zu sein.

Für das TED wurde zunächst ein umfangreicher Itempool zusammengestellt, der zum Teil übersetzte Items eines im TED-Manual nicht näher bezeichneten amerikanischen Testsystems umfasste. Des Weiteren gingen in den Itempool solche Items ein, die in Anlehnung an die Aussagen von zuvor interviewten Personalberatern formuliert wurden. Entsprechend Laffertys (1973) Modell der zwölf Denkstile wurden die Items sodann zwölf Skalen zugeordnet. Außerdem wurden die Angaben der Personalentwicklungs-Experten zu einem Skalensystem aggregiert; dieser Vorgang erbrachte neun Skalen. Leider erzielten diese beiden *deduktiven* Vorgehensweisen Skalen von so unbefriedigender Reliabilität, dass am Ende doch der theoretisch weniger anspruchsvolle *induktive* Weg der faktorenanalytisch geleiteten Fragebogenkonstruktion beschritten werden musste. Lösungen mit einer (entsprechend der Idee eines Generalfaktors), fünf (wie beim NEO-FFI von Borkenau und Ostendorf) oder acht Skalen erschienen hier plausibel; die 8-faktorielle Lösung wurde aus inhaltlichen Erwägungen umgesetzt. Bezeichnung und Interpretation der *acht* Skalen des TED, beispielsweise ihre Zuordnung zu den beiden Gruppen „konstruktiv" und „reaktiv" sind mithin nicht theoriegeleitet, sondern das Ergebnis einer mit Hilfe der Faktorenanalyse geschaffenen Ordnung des Itempools.

Gütekriterien und empirische Fundierung

Reliabilität
Die spärlichen Angaben zur Reliabilität des TED beziehen sich – so die wahrscheinlichste Interpretation der lückenhaften Beschreibung im Manual – ausschließlich auf diejenige Stichprobe von rund 400 Personen (Angaben schwanken im Manual zwischen 420 und deutlich unter 400), anhand derer die Konstruktion und Normierung des Fragebogens vorgenommen wurde.

Einige – bei weitem aber nicht alle – Verfahren zur Abschätzung der Reliabilität basieren auf den in einer Population beobachteten Korrelationen zwischen den Items innerhalb einer Skala eines Fragebogens. Zu diesen Verfahren zählen die Berechnung von Cronbachs α und die Abschätzung der Reliabilität mittels der Split-Half-Methode. Wenn ein Fragebogen auf Basis der beobachteten Korrelationen zwischen Items in einer gegebenen Stichprobe zusammengestellt wird (wie dies bei der faktorenanalytischen Konstruktion der Fall ist), stellen sich die entsprechenden Reliabilitätsmaße in Bezug auf dieselbe Stichprobe recht günstig dar.

Es überrascht daher nicht, dass die Bewertung der Reliabilität der TED-Skalen in Bezug auf die Konstruktions- und Eichstichprobe im guten bis sehr guten Bereich liegt. Cronbachs α liegt mit .83 bis .92 zum Teil im Bereich extrem guter Tests (siehe Tabelle 8-10), und die Split-half-Reliabilitäten liegen zwischen guten .78 und sehr guten .90. Das TED scheint also ein ausgesprochen reliables Instrument zu sein. Einschränkend ist hierbei allerdings anzumerken, dass gerade die als hoch reliabel ausgewiesenen Skalen ausgesprochen lang sind: Nicht weniger als 27 Items gehen beispielsweise in die Skala SU („Selbstsicherheit/Durchsetzungsvermögen vs. Unsicherheit/mangelndes Selbstvertrauen") ein. In Sachen Reliabilität sind lange Skalen grundsätzlich im Vorteil; um die Reliabilität des TED daher im Vergleich zu marktüblichen Instrumenten zu beurteilen, sollten eher die Skalen „normaler" Länge berücksichtigt werden (z.B. Skalen AU oder AB mit 9 bzw. 11 Items). Diese weisen durchaus gute Reliabilitäten auf (.82 bzw. .83).

Die von der Autorin nahegelegte *Profilinterpretation* macht darüber hinaus eine Abschätzung der Reliabilität der Profile erforderlich. Diese wird mit .77 angegeben, wobei weder das Verfahren noch die Stichprobe, auf die sich die Angabe bezieht, genannt werden. Nach Ansicht der Autorin ist dies zufriedenstellend.

Zur weitergehenden Abschätzung der Reliabilität eines neuen Fragebogens wird häufig der Weg beschritten, innere Konsistenzmaße wie Cronbachs α auch für weitere Stichproben als lediglich die zur Konstruktion herangezogene zu berechnen. Des Weiteren wird mit der Durchführung von *Test-Retest-Studien* (mehrfache Testung derselben Personen in gewissem zeitlichen Abstand) versucht, über die Stabilität der Testergebnisse eine weitere Abschätzung der Reliabilität zu ermöglichen. Zum gegenwärtigen Stand der Entwicklung des TED stehen entsprechende Untersuchungen leider noch aus.

Validität
Die Validität des TED wurde ebenfalls ausschließlich anhand der Daten der zur Konstruktion des Instruments herangezogenen Stichprobe von beruflich tätigen Personen und Studierenden überprüft.

Die *Konstruktvalidität* des TED wurde zunächst mit Hilfe einer Faktorenanalyse auf Basis der Primärfaktoren überprüft. Bei diesem Vorgehen wird die Lösung der auf den Originaldaten durchgeführten Faktorenanalyse einer zweiten Faktorenanalyse unterworfen. Nicht der Itempool selbst, sondern die in diesem Itempool entdeckten Faktoren sollen mit diesem Verfahren anhand der zu beobachtenden Korrelationen geordnet werden.

Laut Angaben der Autorin legt der Eigenwertverlauf dieser Faktorenanalyse eine 2-faktorielle Lösung nahe. Dies würde die These stützen, dass sich die acht Skalen des TED (anhand der acht Faktoren der ersten Faktorenanalyse) tatsächlich zwei Untergruppen zuordnen lassen (als „reaktive" und „konstruktive" Stile bezeichnet). Allerdings erscheinen eine ein- oder dreifaktorielle Lösung der Faktorenanalyse genau so plausibel. Überdies lassen sich zwei der acht Skalen nur mit Mühe der Untergruppe „konstruktiv" zuordnen, denn sie laden beinahe genau so stark (Skala EI: Ladungsbeträge .59 vs. .40) oder sogar stärker auf dem „reaktiven" Sekundärfaktor (Skala SU: Ladungsbeträge .57 vs. .66). In der Diskussion der Ergebnisse lassen sich keine überzeugenden Argumente für die überraschende Zuordnung zu den beiden Untergruppen entgegen der Resultate der Faktorenanalysen finden.

Eine Clusteranalyse, in der die im TED repräsentierten Persönlichkeits-Traits schrittweise zu Gruppen zusammengefasst wurden, zeigte demgegenüber die erwarteten zwei Gruppen *reaktiv* und *konstruktiv*. In nachfolgenden Analysen zeigte sich, dass Personen aus dem oberen Management häufiger dem Cluster-2-Profil entsprechen (hohe Werte in den „konstruktiven" Stilen) als Personen aus dem unteren Management oder Personen ohne Leitungsfunktion. Allerdings basieren diese Aussagen lediglich auf den zwölf Personen des oberen Managements, die in der Stichprobe enthalten waren.

Zu einer guten Konstruktvalidität eines Fragebogens zählt auch die Frage, ob unterschiedliche Skalen eines Instruments auch tatsächlich etwas Unterschiedliches messen. Die Interkorrelationsmatrix zwischen den Skalen gibt über die inhaltlichen Verflechtungen zwischen Skalen Aufschluss. Hierbei zeigt sich, dass die Skalen des TED eine Korrelation von durchschnittlich .35 aufweisen. Nur zwei Skalen (LE und KM) korrelieren praktisch nicht, während mehrere andere Skalenpaare (SU und AU; KM und AB; SU und AB) Korrelationen von über .50 aufweisen. Die Überschneidungen zwischen den Skalen des TED nehmen daher ein erheblichen Ausmaß an.

Üblicherweise wird im Rahmen einer Konstruktvalidierung die *Multi-Trait-Multi-Method-Methode* angewandt. Dabei wird anhand eines bereits erfolgreich validierten Instruments mit ähnlichem Gegenstandsbereich geprüft, ob die Skalen des neu zu validierenden Fragebogens in hinreichendem Maße etwas Ähnliches wie die vergleichbaren Skalen des bereits bewährten Instrumente messen, ferner, ob sie sich hinreichend von denjenigen Skalen absetzen, deren Inhalte sie *nicht* messen sollen. Beispielsweise könnte auf diese Weise geprüft werden, ob die Skala EI („Kontaktorientierung/Extraversion vs. mangelnde Kontaktfähigkeit/Introversion") eine akzeptable Übereinstimmung mit den Skalen „Extraversion vs. Introversion" des Freiburger Persönlichkeitsinventars (FPI-R, Fahrenberg, Selg & Hampel, 1998) oder des NEO-FFI (Borkenau & Ostendorf, 1993) aufweist. Ebenfalls von hoher Relevanz wäre die Frage, ob beispielsweise die Skala TD des TED (bezeichnet als „Beziehungsorientierung/Teamfähigkeit vs. Distanziertheit/mangelnde Teamfähigkeit") etwas anderes erfasst als zum Beispiel die Geselligkeits-Skala im NEO-FFI. Erstaunlicherweise wird auf eine entsprechende Überprüfung des TED verzichtet.

Wenn der TED in sinnvoller Weise zur Bewertung potentieller Führungskräfte herangezogen werden soll, ist eine substantielle *Kriteriumsvalidität* zu fordern: Anhand der Skalen des TED sollte zwischen (erfolgreichen) Führungskräften und anderen Personen differenziert werden können. Diese Aufgabe erfüllt der TED teilweise: Die Skalen SU und AB trennen signifikant zwischen Führungskräften und Personen ohne Führungsposition, wobei die Führungskräfte in der Stichprobe selbstsicherer und weniger anpassungsbereit erschienen. Der Erfolg der jeweiligen Führungskraft (gute vs. schlechte Führungskraft) wurde hierbei nicht berücksichtigt.

Unter Hinzuziehung aller Skalen zugleich wurde im Rahmen einer *Diskriminanzanalyse* versucht, die Personen auf Basis eines mathematischen Modells jeweils einer der Untergruppen der Stichprobe (zum Beispiel oberes Management oder Studierende) zuzuordnen. In rund 25 % der Fälle gelang diese Zuordnung und lag damit über dem Zufallsniveau von rund 17 %; in 75 % der Fälle schlug sie hingegen fehl. Bei der Zuordnung zu den Funktionsbereichen „Vertrieb", „Verwaltung" und „Personal" auf Basis von knapp 200 Personen konnte demgegenüber in gut 50 % der Fälle (Zufallsniveau: 33 %) eine korrekte Zuordnung getroffen werden. Die Profile im TED dieser Funktionsbereiche scheinen somit unabhängig von der Führungsposition unterschiedlich zu sein.

Schließlich wurden verschiedene Korrelationen der TED-Skalen mit parallel erhobenen Zusatzfragen (zum Beispiel „Fühlen Sie sich bei Ihrer Arbeit im Allgemeinen wohl und entspannt oder angespannt und unter Stress?") berechnet. Dabei zeigten sich einige plausible Korrelationen, die von der Autorin als Validitätshinweise angeführt werden. Bestimmte TED-Skalenausprägungen treten also häufiger zusammen mit Anspannung und Stressempfinden auf (besonders bei der Skala AB: „Emotionale Anspannung/geringe Belastbarkeit vs. Emotionale Stabilität/Belastbarkeit").

Objektivität
Die *Durchführungsobjektivität* des TED kann als gegeben angesehen werden, da Instruktion und Fragebogen in schriftlicher Form dargeboten werden und die Bearbeitung ohne weitere Erläuterung stattfinden kann. Die *Auswertungsobjektivität* erscheint prinzipiell durch die computergestützte Auswertung gesichert. Allerdings ist die Richtigkeit dieser Auswertung (beispielsweise mit Blick auf Eingabefehler) nicht nachprüfbar, da im Manual nicht angegeben wird, wie sich die Skalen zusammensetzen und wie die Berechnung der Rohwerte je Skala erfolgt. Insbesondere kann nicht nachvollzogen werden, welche Items *umgepolt* in die jeweilige Skala eingehen. Der zweite Auswertungsschritt – die Zuordnung von Stanine-Werten zu den ermittelten Skalen-Rohwerten – kann demgegenüber mit Hilfe der Angaben im Manual auch per Hand durchgeführt werden. Mithin sollten keine Zweifel an der Auswertungsobjektivität bestehen.

Die Interpretation erfolgt anhand eines automatisch erstellten Protokolls, das in Form von Textbausteinen Aussagen über die vom Probanden erzielten Werte im Lichte der Normstichprobe enthält. Allerdings beschränken sich diese Aussagen auf die einzelnen Skalen; für die von der Autorin nahegelegte Interpretation des Zusammenspiels der verschiedenen Skalen ergeben sich demgegenüber weder aus dem Manual noch aus den individuell erstellten Protokollbögen ausreichende Hinweise. Lediglich bezüglich des Überwiegens der vier „konstruktiven" oder „reaktiven" Stile wird als Interpretation ein Überwiegen „entwicklungsorientierter" bzw. „sicherheitsorientierter" Bedürfnisse bei der betreffenden Person nahegelegt. Nur insoweit sich die Interpretation auf die Skalen beschränkt, kann damit die *Interpretationsobjektivität* als gegeben angesehen werden.

Durchführung und Auswertung

Die Durchführung des TED erfolgt in standardisierter Weise mittels eines Fragebogens, auf dem eine kurze Einführung, die Test-Anweisung, ein Beispiel-Item sowie ein Erläuterungsabschnitt zum Thema der sozialen Erwünschtheit enthalten sind. In Letzterem wird nach einer im Jahre 1967 diskutierten Methode (Hoeth & Köbler) für ein aufrichtiges Ausfüllen mit dem Argument geworben, dass die abzugebenden Selbsteinschätzungen später mit Fremdeinschätzungen (durch Vorgesetzte, Personalentwickler oder Trainer) verglichen würden.

Das Ausfüllen des TED dauert rund 20 Minuten und kann sowohl individuell als auch in Gruppen erfolgen. Dabei ist jedes der 140 als ich-bezogene Aussagen formulierten Items auf einer 6-stufigen Skala („trifft eindeutig zu" bis „trifft eindeutig nicht zu") hinsichtlich des Zutreffens auf die eigene Person zu bewerten. Abschließend werden sieben Zusatzfragen gestellt, die sich nach Auskunft der Autorin als Indikatoren für die individuelle Motivation zur beruflichen Weiterentwicklung interpretieren lassen.

Tabelle 8-11: Ausgewählte Skalen mit zugehörigen Items (Beispiele)

	Bezeichnung Skala/Formulierung Item
SU	*Selbstsicherheit/Durchsetzungsvermögen* *vs. Unsicherheit/mangelndes Selbstvertrauen* Ich bin wenig entscheidungsfreudig. *(umgepolt)* Es fällt mir schwer, eine Entscheidung zu treffen. *(umgepolt)* Ich vermeide es, Entscheidungen zu treffen. *(umgepolt)*
LE	*Leistungsorientierung/Erfolgsstreben* *vs. mangelnde Leistungsorientierung* Ich arbeite sehr viel, um Erfolge zu erzielen. Ich suche vor allem herausfordernde Tätigkeiten. Es bedeutet mir sehr viel, von Vorgesetzten anerkannt zu werden.
EI	*Kontaktorientierung/Extraversion* *vs. Mangelnde Kontaktfähigkeit/Introversion* Ich bin ein geselliger und aufgeschlossener Mensch. Ich äußere mich spontan. Bei geselligen Zusammenkünften stört mich meine Schüchternheit. *(umgepolt)*

Eine andere als die von der Autorin empfohlene computergestützte Auswertung ist nicht möglich, da die Polung der Items nicht im Manual genannt und in einigen Fällen auch nicht unmittelbar ersichtlich ist. Neben den Rohwerten je Skala werden Stanine-Werte im Auswertungsprotokoll genannt; es gelten dabei für alle Personen dieselben Normen. Dies ist bedauerlich, da offenbar bedeutsame Alters- und Geschlechtseffekte bestehen. Deren Ausmaß ist so stark, dass für die Validierungsanalysen diese Einflüsse durch spezielle statistische Verfahren kompensiert werden mussten.

Im Manual werden *Konfidenzintervalle* für die einzelnen Skalen angegeben, anhand derer die auswertende Person bestimmen kann, in welchem Bereich der „wahre" Wert der Person zum Beispiel mit 5 %-iger Wahrscheinlichkeit liegt. Entsprechende Angaben liegen auch für die Profilinterpretation in Form von „kritischen Differenzen" zwischen jeweils zwei Skalen vor.

Das automatisch erstellte *Ergebnisprotokoll* für das Testpersonal und die Auskunftsperson enthält überwiegend allgemein gehaltene Erläuterungen über Persönlichkeitsentwicklung und über den Aufbau des TED. In einer graphischen Darstellung sind die individuellen Ergebnisse auf den acht Skalen in solcher Weise zusammengefasst, dass für jede Skala angegeben wird, ob die Person einen niedrigen, mittleren oder hohen Wert erzielt hat (Stanine 1-3, 4-6 bzw. 7-9). Sodann folgen jeweils rund eine Seite umfassende Blöcke zu den acht Stilen, die jeweils den erzielten Roh- und Stanine-Wert sowie eine textbausteinartige Erläuterung des Stanine-Bereichs umfassen (zum Beispiel: „Mit einer durchschnittlichen Ausprägung auf dieser Skala zeigen Sie, dass ..."). Der größte Teil der skalenbezogenen Erläuterungen entfällt auf allgemeine Beschreibungen, wie Personen mit gewissen Ausprägungen auf der jeweiligen Skala sich verhalten und welche Ausprägungen auf anderen Skalen häufig gleichzeitig auftreten. Beispielsweise wird im Ergebnisprotokoll erläutert, dass Personen, die innerlich angespannt sind und sich schnell belastet fühlen, häufig empfindlich reagieren und sich sehr schnell persönlich angegriffen fühlen würden. Sie verhielten sich häufig aggressiv und abweisend gegenüber anderen.

Das Ergebnisprotokoll schließt mit der Einladung, sich mit den erzielten Ergebnissen auseinanderzusetzen und der Aufforderung, die TED-Ergebnisse mit einem Personalentwickler und/oder Coach zu diskutieren. Explizit wird angeregt, die Rückmeldung der Ergebnisse in Form eines ausführlichen Feedback-Gesprächs vorzunehmen, um auf diese Weise direkt Entwicklungspotentiale und mögliche Schwierigkeiten des Probanden zu diskutieren.

Bewertung

Erklärtes Ziel des *Testsystems zur Erfassung von Denk- und Kommunikationsstilen in der Führungskräfte-Entwicklung* ist die Bereitstellung eines Instruments, das speziell auf die Zielgruppe der aktuellen und zukünftigen Führungskräfte zugeschnitten ist und es ermöglicht, individuelle Potentiale, insbesondere Stärken und Schwächen im sozial-kommunikativen Bereich, zu identifizieren. Implizit – nämlich durch eine Kritik an herkömmlichen Instrumenten – wird zugleich der Anspruch erhoben, mit dem TED ein methodisch besonders sorgfältig konstruiertes, inhaltlich ergiebiges und für den Prozess der Personalentwicklung nützliches Fragebogenverfahren vorzulegen. Darüber hinaus kann von einem neuen Testverfahren erwartet werden, dass das Manual umfassend und nachvollziehbar ist und dass das Instrument seine Eignung für die ihm zugedachten Zwecke nachweist. Inwieweit wird das TED, wie es im Manual beschrieben wird, diesen Ansprüchen gerecht?

Der erste Punkt, der hier ins Auge sticht, ist das zum Teil unvollständige und nicht immer nachvollziehbare Manual: Einige *wesentliche* Teile der methodischen Informationen wie beispielsweise die Eigenschaften der einzelnen Items (Ladung, Trennschärfe, Schwierigkeit) werden nicht genannt. Zum Teil wird hier auf eine frühere Publikation der Autorin verwiesen, in der jene Informationen zu finden seien. Es wäre jedoch wünschenswert, diese wichtigen Informationen direkt im Manual zu finden.

Neben dieser Unvollständigkeit fällt eine zum Teil erschwerte Nachvollziehbarkeit auf. Ein Testmanual hat unter anderem den Zweck, potentielle Anwender über die Eigenschaften und Hintergründe des Tests zu informieren. Das TED richtet sich nicht vornehmlich an ausgewiesene Diagnostiker, sondern auch und gerade an Personalentwickler, Trainer, Coaches. Eine für diesen Leserkreis angemessene Formulierung wird streckenweise jedoch verfehlt. Die besonders für (Testkonstruktions-) Laien bisweilen kaum verständlichen Angaben im Manual können aber nicht darüber hinweg täuschen, dass das TED aus methodischer Perspektive *nicht* herausragend ist. Wie steht es um den Anspruch des TED, anders als andere Fragebögen zu sein? Um diesem Anspruch gerecht zu werden, führte die Autorin einen aufwändigen Konstruktionsprozess durch. Neben einer theoriegeleiteten Konstruktion wurde eine

Konstruktion auf Basis von Expertenaussagen versucht und zusätzlich noch die „klassische" faktorenanalytische Vorgehensweise beschrieben. Dies klingt vielversprechend, doch wie bei der Darstellung der Konstruktion (siehe Abschnitt „Konzeption") angedeutet, führten die methodisch anspruchsvolleren Konstruktionsversuche nicht zum Ziel: Am Ende wurde doch „nur" faktorenanalytisch vorgegangen, die beiden anderen Konstruktionsversuche gingen nicht in das Endergebnis ein, weil sie Skalen unbefriedigender Reliabilität erbrachten.

Misst der TED etwas anderes als andere Fragebögen? Dies scheint beinahe eine Gretchenfrage zu sein. Leider verzichtet die Autorin auf eine umfassende Konstruktvalidierung anhand anderer Fragebögen, beispielsweise dem NEO-FFI oder FPI-R. Die Skalenbezeichnungen (zum Beispiel EI: „Kontaktorientierung/Extraversion vs. mangelnde Kontaktfähigkeit/Introversion") ähneln „klassischen" Konstrukten, sowohl was die Bezeichnung betrifft als auch hinsichtlich der einzelnen Itemformulierungen (siehe Tabelle 8-11). Aus dieser Perspektive gesehen, stellt sich das TED vor allem als eine Sammlung von Items und Skalen dar, die zu mehr oder weniger altbekannten psychologischen Konstrukten gehören und für den Zweck der Diagnostik bei aktuellen und zukünftigen Führungskräften neu zusammengestellt wurden.

Mangels weitergehender Untersuchungen in Sachen Reliabilität und Validität kann zum gegenwärtigen Zeitpunkt nicht beurteilt werden, wie das TED im Vergleich zu alternativen Verfahren hinsichtlich Messgenauigkeit oder Aussagekraft einzuschätzen ist.

Was also macht das TED zu einem mit Gewinn einzusetzenden Verfahren? Zu nennen ist hier die ausdrücklich beabsichtigte und in angemessener Weise realisierte Einbindung in den individuellen Beratungsprozess. Um Coaching oder andere Beratungsprozesse, wie intendiert, zu unterstützen, benötigt man ein Verfahren, das bei den Menschen „ankommt", ihre Sprache spricht und eine Basis für ernst zu nehmende Handlungs- bzw. Entwicklungsempfehlungen darstellt. Diese Voraussetzungen bringt das TED zweifelsohne mit: Zwar ist ein Teil des Protokollbogens Standardtext für alle Probanden, doch seine Sprache ist verständlich, und es wird klar, worum es geht. Das TED zeigt Stärken und Schwächen auf (im Sinne von deutlichen oder weniger deutlichen Ausprägungen der Stile), und die Aussagen über mögliche Hintergründe und Zusammenhänge der Stil-Ausprägungen können im individuellen Beratungsgespräch Tür und Tor öffnen für den Beratungsprozess, indem sie einerseits an das im Fragebogen angegebene Selbstbild der Person anknüpfen, andererseits auch darüber hinausgehen. Zudem erleichtert das umfangreiche Ergebnisprotokoll die Gesprächsführung im explizit angeregten Feedback-Gespräch und liefert mögliche Ansatzpunkte, mit denen sich die Klientinnen und Klienten einverstanden erklären können.

Wenn es auf diese Aspekte ankommt – eine Möglichkeit zu haben, beim Klienten „zu landen", mit allen Facetten, die diese schwierige Aufgabe mit sich bringt – und wenn nicht das Testverfahren und die Ergebnisse *an sich* im Vordergrund stehen (beispielsweise bei der Auswahl oder Beurteilung von Führungskräften) – dann kann das TED eine gute Alternative zu herkömmlichen Verfahren darstellen.

9. Instrumente zur Messung der Zusammenarbeit in Gruppen

Seit einigen Jahren rückt die Tatsache, dass berufliche Leistungen nicht nur auf einzelne Personen, sondern auch auf die fruchtbare Zusammenarbeit von Mitarbeitern in Arbeitsgruppen zurückzuführen ist, mehr und mehr in das Zentrum der Personalarbeit. Viele moderne Arbeitsplätze setzen eine Kooperation mehrerer Kollegen voraus, da komplexe Aufgaben durch die Expertise einer einzelnen Person nicht mehr bewältigt werden können. Kaum eine Stellenausschreibung für eine anspruchsvolle Tätigkeit verzichtet heute auf den Hinweis, dass der Kandidat über eine gute „Teamfähigkeit" verfügen muss. Im folgenden Kapitel beschreiben wir diagnostische Instrumente, die sich mit der Zusammenarbeit in Gruppen beschäftigen. Sie sind ausnahmslos jüngeren Datums und rücken – der Natur der Sache folgend – nicht nur eine einzelne Person, sondern die Mitarbeiter eines gesamten Teams in den Fokus der Diagnose. Aus diesem Gunde eignen sie sich auch weniger zur Auswahl von internen und gar nicht zur Auswahl von externen Bewerbern. Ihr Anwendungsschwerpunkt liegt eindeutig in der Personal- und Organisationsentwicklung.

9.1 Fragebogen zur Arbeit im Team (F-A-T)

Birgit Schulze Willbrenning

Der Fragebogen zur Arbeit im Team (F-A-T, Kauffeld, in Druck) ist ein Teamdiagnoseinstrument, mit dessen Hilfe die Prozesse und das Klima in einer Gruppe analysiert werden können. Das Verfahren liefert einen Überblick über die Stärken und Schwächen des Teams in Bezug auf die Bearbeitung der gemeinsamen Aufgaben wie auch auf die Beziehungen der Teammitglieder untereinander. Die Ergebnisse des F-A-T liefern Beratern und Personalentwicklern somit eine direkte Basis für eine Teamentwicklungsmaßnahme. Weiterhin können sie Grundlage für einen von der Gruppe eigenständig initiierten Prozess sein, da das Verfahren auch vom Team selbst eingesetzt werden kann.

Zu dem Verfahren liegt ein computergestütztes Auswertungsprogramm vor, das den F-A-T leicht anwendbar und ökonomisch einsetzbar macht. Darüber hinaus bietet das Programm die Möglichkeit, die Ergebnisse graphisch darzustellen und zur anschaulichen Rückmeldung Vergleichswerte heranzuziehen. Überprüfte Vergleichswerte liegen für Führungs-, Projekt- und Arbeitsteams vor. Ebenfalls zur Veranschaulichung der Ergebnisse, aber vor allem zur Handlungsanleitung beinhaltet der F-A-T ein von der Testautorin entwickeltes Modell, die Kasseler-Teampyramide (Kauffeld, 2001a).

Aufgrund der erwiesenen Anschlussfähigkeit des F-A-T in Organisationen und der zufriedenstellenden Gütekriterien eignet sich das Verfahren sowohl als Ansatzpunkt für Teamentwicklungsmaßnahmen in der Praxis als auch als Diagnoseinstrument in der Forschung.

Konzeption

Die theoretische Basis der Fragebogenentwicklung bilden zwei Modelle zur Teamentwicklung: zum einen das hierarchische Modell von Beckhard (1972), zum anderen Wests (1994) Team-Reflexivity-Modell. Das *SGRPI-Modell* (S für system, G für goal, R für role, P für procedure, I für interpersonal) von Rubin und Beckhard (1984), das auf Überlegungen von Beckhard (1972) sowie Plovnick, Fry und Rubin (1975) beruht, besagt, dass die Variablen Ziele, Rollen, Prozeduren/Vorgehen und interpersonale Beziehungen kritisch für eine effektive Arbeit im Team sind. Es wird betont, dass diese Schlüsselvariablen einer hierarchischen Abfolge unterliegen und während einer Teamentwicklungsintervention in dieser Reihenfolge bearbeitet werden sollten. Klare und von allen Teammitgliedern akzeptierte Ziele und Prioritäten stellen somit die Grundvoraussetzung für erfolgreiche Teamarbeit dar. Daran anschließend ist zu klären, welches Mitglied welche Rolle übernimmt, bevor überprüft wird, wie genau miteinander gearbeitet werden soll. Als Letztes sind schließlich die Beziehungen der Teammitglieder untereinander zu bearbeiten. Probleme auf unteren Ebenen ergeben sich häufig aus Unklarheiten auf den höheren Ebenen, weshalb auf diesen Ebenen nach der Lösung gesucht werden muss. Ergänzt werden die vier Variablen durch das „surrounding system", d.h. die Umwelt, die ebenfalls Auswirkungen auf das Funktionieren des Teams hat.

In seinem *Team-Reflexitivity-Modell* beschreibt West (1994) zwei grundlegende Dimensionen, auf denen verschiedene Teams abgebildet werden können. Die „Task-Reflexitivity" bezieht sich auf die im Team zu bearbeitende Aufgabe, während die „Social Reflexitivity" soziale Faktoren beinhaltet. Je nach Ausprägung auf den beiden Dimensionen kann ein Team vier Typen zugeordnet werden: dem voll funktionierenden Typ, dem dysfunktionalen Typ, dem kalten effizienten Typ und dem „Kuschel"-Typ. Diese Dualität von Aufgaben- und Beziehungsorientierung ist recht verbreitet und findet in verschiedenen Kontexten Berücksichtigung. Eine Übersicht liefert Kauffeld (2001a).

Die Itemgenerierung erfolgte in Zusammenarbeit mit Wissenschaftlern und erfahrenen Beratern. Die Beteiligung beider Gruppen sollte sicherstellen, dass das Diagnoseinstrument sowohl alle wesentlichen Aspekte der Zusammenarbeit von Teams in der Praxis berücksichtigt als auch ein geeignetes Instrument für wissenschaftliche Forschungsprojekte darstellt. Ziel war es, konkrete und eindeutige Items zu entwickeln, wobei jedes Item für sich Aussagekraft besitzen sollte. Die Items bestehen aus gegensätzlichen Aussagen, zwischen denen eine sechsstufige Ratingskala vorgegeben ist. Die negativen und positiven Pole sind unsystematisch variierend links und rechts dargeboten. In der folgenden Tabelle 9-1 findet sich ein Auszug aus dem Fragebogen:

Tabelle 9-1: Auszug aus dem Fragebogen zur Arbeit im Team (Kauffeld, 2001a, S.137)

1. Die Ziele unseres Teams sind uns klar.	Uns sind die Ziele des Teams unklar.
2. Alle bringen sich in gleichem Maße in das Team ein.	Einige lassen sich von den anderen Teammitgliedern durchziehen.
3. Unsere Ziele sind realistisch und erreichbar.	Unsere Ziele sind unrealistisch und unerreichbar.
4. Unsere Prioritäten sind unklar.	Unsere Prioritäten sind klar.
5. Wir erreichen alle Ziele mit Leichtigkeit.	Manchmal haben wir den Eindruck, dass wir die Ziele nicht erreichen.
6. Die Teammitglieder kennen ihre Aufgaben.	Die Teammitglieder wissen nicht genau, was sie zu tun haben.
7. Wir koordinieren unsere Anstrengungen schlecht.	Wir koordinieren unsere Anstrengungen gut.

Für die Endversion ergaben sich 22 Items, die ausreichend zwischen verschiedenen Teams differenzieren und faktorenanalytischen Kriterien der Itemselektion genügen. Zwölf der Items können der Personorientierung (Social Reflexitivity) zugeordnet werden, die anderen zehn der Strukturorientierung (Task Reflexitivity). Beide Faktoren lassen sich in vier Subskalen unterteilen, die ebenfalls fast vollständig faktorenanalytisch bestätigt wurden: der Faktor Personorientierung gliedert sich in die Subskalen Zusammenhalt und Verantwortungsübernahme, der Faktor Strukturorientierung in die Subskalen Zielorientierung und Aufgabenbewältigung. Tabelle 9-2 gibt einen Überblick über die Skalen des F-A-T. Neben den 22 Items, die den vier Subskalen zugeordnet werden können, enthält der F-A-T noch zwei Items, die sozial erwünschtes Antwortverhalten aufdecken sollen.

Tabelle 9-2: Skalen des F-A-T

Skalen	Subskalen	Beschreibung
Personorientierung	Verantwortungs-übernahme	Diese Subskala spiegelt die Einsatzbereitschaft und das Verantwortungsgefühl der Teammitglieder wider.
	Zusammenhalt	Diese Subskala beschreibt die Kohäsion, die Unterstützung und das Wir-Gefühl in der Gruppe.
Strukturorientierung	Aufgabenbewältigung	Hier finden die Aufgaben, Rollen und das Vorgehen im Team Berücksichtigung.
	Zielorientierung	Wie klar und wichtig dem Team die Ziele sind, für wie erreichbar sie gehalten werden und wie sehr sich das Team mit den Zielen identifiziert, spiegelt diese Subskala wider.

Die Kasseler-Teampyramide (Kauffeld, 2001a) fasst die Ergebnisse der Fragebogenkonstruktion zusammen und bildet die vier Subskalen in hierarchischer Abfolge ab (Abbildung 9-1). Die Beeinflussbarkeit der Aspekte ist durch die Breite jeder Skala symbolisiert. Der Kreis steht für die Umwelt, die ebenfalls einen Einfluss auf die Zielorientierung, die Aufgabenbewältigung, den Zusammenhalt und die Verantwortungsübernahme in einer Gruppe hat. Das Modell eignet sich sowohl als Erklärungsmodell bei der Rückmeldung der Teamergebnisse als auch zur Illustration in Teamentwicklungsprozessen.

Gütekriterien und empirische Fundierung

Objektivität
Da die Items anhand eines Fragebogens dargeboten werden, ist eine standardisierte Durchführung möglich. Die Auswertungsobjektivität ist aufgrund des computergestützten Auswertungsprogramms ebenfalls gegeben. Diverse Interpretationshilfen, wie die Darbietung der Skalen- und Itemmittelwerte, der Standardabweichungen und der Maximal- und Minimalwerte, die farbliche Markierung bestimmter Antwortmus-

ter oder das Aufführen von Vergleichswerten, gewährleisten darüber hinaus die Interpretationsobjektivität.

Abbildung 9-1: Die Kasseler-Teampyramide (aus Kauffeld, 2001a)

Das EDV-Programm liefert ferner Vergleichswerte von Führungsteams (N = 120 Personen), Projektgruppen (N = 81 Personen), Arbeitsteams (N = 812 Personen), administrativen und gewerblichen Arbeitsteams. Weiterhin besteht die Möglichkeit, eigene Vergleichswerte einzugeben.

Reliabilität
Bei der Konstruktion des F-A-T wurde die Fragebogenvorform in zwei Stichproben eingesetzt. Die interne Konsistenz für die beiden Skalen Personorientierung und Skalenorientierung variiert dabei zwischen r = .84 und r = .90, die für die vier Subskalen zwischen r = .67 und r = .90 (zur Inter-Rater-Konsistenz vgl. Kauffeld, in Druck).

Validität
Die Skalen und Subskalen wurden über explorative Faktorenanalysen weitgehend bestätigt. Sie sind dabei aber nicht unabhängig voneinander. Wie erwartet ergeben sich für die Subskalen höhere Interkorrelationen zwischen Zusammenhalt und Verantwortungsübernahme (r = .61 bzw. r = .62), die sich zur Skala Personorientierung zusammenfassen lassen, sowie zwischen Aufgabenorientierung und Zielorientierung (r = .79 bzw. r = .62), die gemeinsam die Skala Strukturorientierung bilden.

Die externe Validität wurde in fünf Studien aus unterschiedlichen Bereichen untersucht. Eine kriterienbezogene Validierung erfolgte durch zwei Studien aus den Bereichen „Automobilindustrie" und „Soziale Einrichtung". Die erste Studie zeigt

Korrelationen von r = .36 bis r = .48 zwischen den vier Subskalen des F-A-T und vorliegenden Produktivitätskennzahlen aus 15 Gruppen (N = 94). Auf die Bedeutsamkeit der beiden Subskalen Verantwortungsbewusstsein und Aufgabenbewältigung weist auch die multiple Regression hin. Die Zusammenhänge zwischen dem subjektiv eingeschätzten Arbeitserfolg und den vier Subskalen in der Studie „Soziale Einrichtung", in der 14 Teams mit insgesamt 60 Mitgliedern untersucht wurden, liegen zwischen r = .56 und r = .72. Zur Arbeitszufriedenheit weisen die vier Subskalen Korrelationen von r = .42 bis r = .45 auf.

In einer weiteren Studie wurden 63 Mitarbeiter aus 14 Kindertagesstätten untersucht. In diesem Fall sollte es um Zusammenhänge der Skalen und Subskalen des F-A-T mit vermutlich konkordanten oder diskonkordanten Variablen gehen. Es ergaben sich Korrelationen von r = .40 bis r = .67 zwischen den vier Subskalen und dem unterstützendem Sozialklima (SK+) des SALSA (Riman & Udris, 1997) sowie Zusammenhänge von r = -.36 bis r = -.63 zwischen den Skalen und dem belastenden Sozialklima (SK-). Die Ergebnisse der drei beschriebenen Studien finden sich zusammengefasst in der folgenden Tabelle 9-3:

Tabelle 9-3: Übersicht über drei Validierungsstudien (aus Kauffeld, 2001a)

Stichprobe	Automobil-industrie (N = 94)		Soziale Einrichtung (N = 60)		Kinder-Tagesstätte (N = 58)	
Subskala	Produktivität		Arbeits-erfolg	Arbeits-zufriedenheit	SK-	SK+
Verantwortungsübernahme	r = .48**	β = .29**	r = .56**	r = .21	r = -.45**	r = .40**
Zusammenhalt	r = .42**	β = .17	r = .66**	r = .42**	r = -.63**	r = .67**
Aufgabenbewältigung	r = .36**	β = .31**	r = .72**	r = .43**	r = -.44**	r = .49**
Zielorientierung	r = .19	β = -.07	r = .67**	r = .45**	r = -.36**	r = .49**

Anmerkung: p < .05; ** p < .01; SK+ steht für unterstützendes Sozialklima und SK- für belastendes Sozialklima

Die beiden folgenden Studien können im Sinne einer Konstruktvalidierung interpretiert werden. In einer Studie im Bereich Industrieunternehmen zeigten sich niedrige signifikante Korrelationen zwischen den Subskalen Verantwortungsübernahme, Aufgabenbewältigung und Zielorientierung und den Aspekten der Fachkompetenz (z.B. Anzahl der Lösungen in Gruppendiskussionen) aus dem Kasseler-Kompetenz-Raster (KKR, Kauffeld & Frieling, in Druck; Kauffeld, 2001b; Kauffeld, Grote & Frieling, 2000). Für die Subskala Zusammenhalt ergab sich dagegen kein Zusammenhang.

In der fünften Studie, an der insgesamt 1013 Teammitglieder teilnahmen, ergaben sich für die als bedeutsam erachteten Teamformen Führungs-, Projekt- und Arbeitsteams (Kauffeld, 2001a) erwartungsgemäß signifikante Unterschiede in den Skalen und Subskalen des F-A-T. Die Testautorin sieht in diesen Ergebnissen neben den Interkorrelationen der Skalen Hinweise auf die Gültigkeit der Kasseler Teampyramide.

Durchführung und Auswertung

Da zum Zeitpunkt der Testbesprechung der Fragebogen zur Arbeit im Team noch nicht vorlag und sich die Beschreibungen auf eine weitere Publikation der Testautorin beziehen, können nur einige Angaben zum Testmaterial gemacht werden. Das Material besteht aus einem Testhandbuch und einem EDV-Programm, welches unter Windows installiert werden kann. Der Test wird als Papier-Bleistift-Version durchgeführt und computergestützt ausgewertet. Das EDV-Programm liefert darüber hinaus eine Vielzahl von Information über den Umgang mit dem F-A-T. Diese Informationen, die Fragebögen sowie die Ergebnisdarstellung können ausgedruckt werden. Die Bearbeitungszeit des Fragebogens beträgt nicht mehr als 10 Minuten.

Das EDV-Programm ermöglicht eine einfache, ökonomische Auswertung und bietet zudem die Möglichkeit, die Ergebnisse graphisch darzustellen. Die Darstellung der Ergebnisse gliedert sich in drei Teile: (1) Ergebnisse der vier Subskalen, (2) ein Netzbild, das einen integrierten Überblick über die Skalen geben soll und (3) nach Skalen geordnet, die Ergebnisse der einzelnen Items. Da jedes Item für sich Aussagekraft besitzt, ermöglicht gerade dieser dritte Ergebnisteil eine differenzierte Rückmeldung an das Team. Zur besseren Übersicht steht jeweils links die negative und rechts die positive Aussage des Itempaares. Die Mittelwerte werden graphisch verbunden, so dass sich ein Profil für jede der vier Subskalen ergibt. Die Darstellung kann sowohl mit den Rohwerten (Sechser-Skala) als mit Prozentangaben erfolgen. Neben dem Mittelwert wird für jedes Aussagenpaar die Standardabweichung sowie der Minimal- und Maximalwert tabellarisch dargestellt.

Zur Interpretation liegen ebenfalls mehrere Hilfen vor. Beispielsweise werden verschiedene Antwortmuster farbig markiert. Items, bei denen alle Teammitglieder vorwiegend eine positive Antwort gegeben haben, werden grün markiert und zeigen somit die Stärken des Teams an. Ein rote Markierung kennzeichnet die Schwächen des Teams und zeigt Handlungsbedarf an: Bei diesen Items haben alle Mitglieder eher negativ geantwortet. Items, bei denen die Teammitglieder sehr heterogen geantwortet haben, erscheinen orange. Auch diese Items können im Rahmen einer Teamentwicklungsmaßnahme interessant sein.

Bewertung

Mit dem F-A-T liegt ein reliables sowie valides Teamdiagnoseinstrument vor, dessen Stärken besonders beim Einsatz in der Beratung und Teamentwicklung liegen. Die Testautorin hat nachgewiesen, dass das Verfahren eine hohe Akzeptanz unter den untersuchten Teammitgliedern aufweist, somit eine erfolgreiche Teamdiagnose ermöglicht und eine gute Voraussetzung für eine Teamentwicklungsmaßnahme schafft. Dazu trägt weiterhin die differenzierte Beschreibung der Ergebnisse mit Hilfe des computergestützten Auswertungsprogramms bei.

9.2 Multidirektionales Feedback (MDF)

Nele Schulz

Das von Fennekels entwickelte und 1999 im Hogrefe-Verlag erschienene Multidirektionale Feedback (MDF) ist ein Fragebogenverfahren, mit dessen Hilfe regelmäßiges und systematisches Feedback im betrieblichen Alltag ermöglicht werden soll. Bei dem hier besprochenen Verfahren handelt es sich um das Kollegenfeedback, das einen Baustein im Rahmen des gesamten Multidirektionalen Feedbacks, der 360°-Analyse darstellt. Das MDF arbeitet mit den Prinzipien der Selbst- und Fremdbeurteilung. Dabei schätzen die Kollegen das Verhalten ihrer Teammitglieder (Fremdbild) und ebenso ihr eigenes Verhalten (Selbstbild) bei der Bewältigung gemeinsamer Aufgaben ein.

Konzeption

Theoretischer Hintergrund
Dieses Verfahren soll es Kollegen ermöglichen, sich gegenseitig und gezielt Feedback über ihr Verhalten in der Gruppe zu geben. Eine Möglichkeit Feedback im betrieblichen Alltag durchzuführen ist das Multidirektionale Feedback bzw. die 360°-Analyse. Dazu zählen neben der hier beschriebenen Kollegenbefragung auch die Befragung von Vorgesetzten, Mitarbeitern und Kunden. Ein Instrument, das die gesamte 360°-Analyse ermöglichen soll, wird zurzeit vom selben Autor entwickelt. Die Kollegenbefragung dient zur Bestimmung des Ist-Zustandes innerhalb einer Arbeitsgruppe. Dieser Ist-Zustand soll in Bezug auf die Stärken und Schwächen in der Organisation und Kommunikation in der Gruppe mit dem Ziel analysiert werden, ggf. einen Veränderungsprozess zu initiieren. Durch die Selbst- und Fremdbefragung wird es jedem Teammitglied ermöglicht, seine Verhaltenswirkung mit seiner Selbstwahrnehmung zu vergleichen. Dies soll zur Identifikation von Störungen und Problemen in der Zusammenarbeit führen, worin der erste Schritt zur Optimierung der Arbeitseffektivität der Gruppe gesehen wird.

Das MDF bietet neben der Analyse von einzelnen Arbeitsgruppen auch die Möglichkeit einer Klimaanalyse. Das bedeutet, dass die Stärken und Schwächen einer Organisationseinheit oder auch einer ganzen Organisation in Bezug auf das Arbeits- und Gruppenverhalten beschrieben werden können, sofern das Verfahren mit allen Beteiligten durchgeführt wurde.

Das Kollegenfeedback und die Qualitative Führungsstilanalyse (QFA; Fennekels, 1995), als Instrument der Vorgesetztenbeurteilung, ergänzen sich. Beide Verfahren stellen Bausteine der 360°-Analyse dar. Sie zielen beide darauf ab, ein systematisches Feedback an die Beteiligten zu geben, bei der QFA bezogen auf das Führungsverhalten der Vorgesetzten und bei dem MDF bezogen auf das Verhalten der Mitglieder einer Arbeitsgruppe.

Konstruktion und Aufbau
Das MDF besteht aus einem Fragebogen zum Selbst- und einem zum Fremdbild. Ziel ist die Erfassung des Arbeits- und Gruppenverhaltens anhand von Selbst- und Fremdeinschätzung über jeweils fünf Dimensionen (siehe Tabelle 9-4).

Tabelle 9-4: Dimensionen des MDF

Dimension	Beispielitems (Fremdbild)
1. Teamorientierung	„Er/Sie stellt sich auf andere ein."
2. Zusammenarbeit	„Er/Sie ist offen für Hinweise und Anregungen."
3. Integration & Information	„Er/Sie geht auf meine Fragen/Anfragen ein."
4. Arbeitsorganisation	„Er/Sie begeistert andere für neue Aufgaben und Ziele."
5. Soziale Kompetenz	„Er/Sie wird bei Problemen persönlich/aggressiv."

Beide Fragebögen enthalten jeweils 56 Items. Zu einer Dimension gehören zwischen 9 und 12 Items, es sind jeweils gleich viele für die Selbst- und Fremdeinschätzung. Die Items der beiden Fragebögen sind nicht wortgleich. Die Items werden auf einer siebenstufigen Antwortskala mit den Polen „trifft immer zu" – „trifft nie zu" beantwortet.

Gütekriterien und empirische Fundierung

Objektivität
Die Durchführungsobjektivität kann grundsätzlich als gegeben angesehen werden, da die Instruktion für die Teilnehmer auf der ersten Seite der Fragebögen abgedruckt und somit standardisiert ist. Die Auswertungsobjektivität ist nur eingeschränkt gegeben, da die Auswertung an sich zwar computergestützt erfolgt, die Daten jedoch per Hand eingegeben werden müssen, was zu Übertragungsfehlern führen kann. Die Interpretation wird durch das Programm vorgenommen. Daher kann auch die Interpretationsobjektivität als gegeben gelten.

Reliabilität
Berechnet wurden die interne Konsistenz (Cronbachs α) und die Split-half-Reliabilitäten für jede Dimension (siehe Tabelle 9-5). Diese Berechnungen wurden sowohl getrennt für die Fragebögen zum Selbst- und Fremdbild vorgenommen als auch für die gesamte Stichprobe, das heißt für beide Fragebögen gemeinsam. Die den Berechnungen zugrunde liegende Stichprobe wird im Handbuch nicht explizit genannt, vermutlich ist sie mit der Normstichprobe (siehe unten) identisch.

Insgesamt liegen die Werte sowohl der internen Konsistenz als auch der Split-half-Reliabilität für den Fragebogen zum Fremdbild und für die gesamte Stichprobe in einem guten bis sehr guten Bereich. Auch für den Fragebogen zum Selbstbild sind die Werte zufriedenstellend.

Tabelle 9-5: Reliabilitäten des MDF

Dimension	Fremdbild		Selbstbild		ges. Stichprobe	
	α	Split-half	α	split-half	α	Split-half
Teamorientierung	.84	.81	.71	.79	.82	.80
Zusammenarbeit	.84	.77	.76	.82	.82	.76
Integration & Information	.92	.87	.81	.80	.90	.87
Arbeitsorganisation	.92	.85	.81	.77	.90	.83
Soziale Kompetenz	.91	.91	.70	.68	.88	.87

Validität
Auch den Berechnungen zur Validität liegt vermutlich die Normstichprobe zugrunde. Es wurde keine explorative, sondern eine konfirmatorische Faktorenanalyse berechnet. Die Items wurden den fünf Dimensionen zugeordnet, und dieses Modell wurde anschließend überprüft. Das bedeutet, es wurde untersucht, ob die angenommene fünf-faktorielle Struktur tatsächlich in den Daten zu finden war. Dazu fand die Berechnung verschiedener Modellgeltungsindizes statt, deren Ergebnisse ebenfalls in einem guten Bereich liegen:

χ^2-goodness-of-fit-Test:
$\chi^2/df = 2.1$ (Fremdbild)
$\chi^2/df = 2.7$ (gesamte Stichprobe)

Root Mean Square Residual:
RMR = 0.098 (Fremdbild)
RMR = 0.099 (gesamte Stichprobe)

Goodness-of-fit-Index:
GFI = 0.95 (Fremdbild)
GFI = 0.94 (gesamte Stichprobe)

Die fünf-faktorielle Struktur des Fragebogens zum Selbstbild kann auf der Basis dieser Daten als belegt gelten. Modellgeltungsindizes für den Fragebogen zum Selbstbild sind nicht angegeben.

Weiterhin wurde zur Überprüfung der Güte des Modells die durch die Dimensionen aufgeklärte Itemvarianz untersucht. Das heißt, es wurde für jedes Item berechnet, wie viel seiner Varianz durch die jeweilige Dimension, der das Item zugeordnet wurde, erklärt werden kann. Anschließend wurde für jede Dimension berechnet, wie viel der Varianz „ihrer" Items sie im Durchschnitt erklären kann (die erklärten Itemvarianzen pro Dimension wurden gemittelt). Diese erklärte Varianz liegt für den Fremdbildfragebogen zwischen .38 („Integration und Information") und .52 („Soziale Kompetenz" und „Zusammenarbeit") (siehe Tabelle 9-6). Für die gesamte Stichprobe, also beide Fragebögen zusammen genommen, ergaben sich Werte zwischen .34 („Integration und Information") und .49 („Zusammenarbeit").

Tabelle 9-6: Aufgeklärte Itemvarianz nach Dimensionen (Fremdbild)

Dimension	Item-anzahl	aufgeklärte Varianz der einzelnen Items	mittlere aufgeklärte Varianz über die Items hinweg
Arbeits-organisation	9	.40; .41; .58; .25; .34; .30; .48; .62; .51	.43
Integration und Information	11	.40; .46; .50; .31; .33; .29; .61; .37; .32; .40; .14	.38
Soziale Kompetenz	12	.61; .66; .55; .67; .47; .40; .53; .33; .67; .32; .59; .45	.52
Zusammen-arbeit	12	.58; .52; .68; .49; .36; .43; .50; .60; .51; .48; .39; .66	.52
Team-orientierung	12	.31; .47; .60; .79; .81; .44; .77; .39; .46; .37; .22; .24	.49

Auch hier fehlen Angaben, die sich nur auf den Selbstbildfragebogen beziehen. Ebenso fehlen Angaben zur kriterienbezogenen Validität.

Normierung

Normiert wurde das MDF in Zusammenarbeit mit der Universität Bonn anhand einer Stichprobe mit 246 Fremd- und 57 Selbstbildern (oder mit 75 Selbstbildern, hier widersprechen sich die Angaben im Handbuch). Die befragten Teams stammten aus acht Organisationen unterschiedlicher Branchen (Produktion, Technik, Vertrieb und Dienstleistung/Service). Anschließend wurde eine Standardisierung über die z-Transformation vorgenommen. Eine Normalverteilung der Merkmale, die für die Standardisierung gegeben sein muss, wird vorausgesetzt und exemplarisch für die Dimension „Arbeitsorganisation" graphisch dargestellt. Für die anderen Dimensionen fehlen Angaben zur Verteilung. Deskriptive Kennwerte (Mittelwerte und Standardabweichungen) der Normstichprobe für die fünf Dimensionen sind im Manual angegeben. Standard- oder Prozentrangnormen wurden nicht berechnet, wobei dies hier auch nicht erforderlich ist. Es geht bei diesem Verfahren darum, die Selbst- und Fremdeinschätzungen zum Arbeits- und Gruppenverhalten miteinander zu vergleichen, ein Vergleich mit einer Normpopulation ist dazu nicht erforderlich.

Durchführung und Auswertung

Es handelt sich um ein Papier-Bleistift-Verfahren. Befragt werden sollten Teams mit maximal acht Gruppenmitgliedern, die bei der Arbeit im direkten Kontakt zueinander stehen. In einer Vorab-Information sollen die Freiwilligkeit der Teilnahme geklärt und die Gewährleistung von Anonymität bei der Auswertung der Fragebögen zum Fremdbild zugesichert werden. Anschließend füllen alle Gruppenmitglieder jeweils einen Selbstbildfragebogen für sich und für jeden Kollegen der Arbeitsgruppe einen Kollegenfragebogen (Fremdbild) aus. Die Instruktionen dazu und ein Itembeispiel sind auf der ersten Seite der jeweils vierseitigen Fragebögen zu lesen.

Die Auswertung erfolgt computergestützt. Dazu wird ein Programm zur Auswertung installiert (unter DOS oder unter Windows 95/98 bzw. 3.1) und die in den Fragebögen angekreuzten Werte von Hand eingegeben. Die weitere Auswertung erfolgt durch das Programm. Dabei werden die Antworten der Kollegenfeedbacks zusammengefasst, das heißt deren Antworten werden pro Dimensionen über die Kollegen gemittelt und mit der Selbsteinschätzung der Gruppenmitglieder verglichen. Als Ergebnis gibt es für jedes Gruppenmitglied ein ca. neunseitiges, individuelles Textgutachten. Darin enthalten sind eine kurze schriftliche globale Kollegeneinschätzung, ein globaler Kollegen-Selbstbild-Vergleich und eine kurze Beschreibung der Unterschiede zwischen den Kollegen (die zur Wahrung der Anonymität einfach durchnummeriert werden). Darüber hinaus beinhaltet das individuelle Gutachten einige graphische Veranschaulichungen und Zahlentabellen, an denen die Ergebnisse zu den fünf Dimensionen im Einzelnen ablesbar sind. Enthalten sind weiterhin eine schriftliche Interpretation der Ergebnisse (für jede Dimension) und (nicht-individuelle) abschließende Hinweise zum weiteren Vorgehen. Neben den individuellen Gutachten wird ein Teamreport für die gesamte Gruppe erstellt, in dem die Ergebnisse der Fremdeinschätzungsfragebögen vorwiegend in Form von Zahlentabellen und Diagrammen dargestellt werden. Der Teamreport kann laut Autor den Ausgangspunkt für einen Workshop darstellen.

Es wird grundsätzlich empfohlen, dass ein externer Moderator die Ergebnisse mit den Teammitgliedern bespricht; am Schluss sollte immer ein Aktionsplan zum weiteren Vorgehen stehen (z. B. bei größeren aufgezeigten Schwächen gezielt einen Trainingsbedarf aus den Ergebnissen ableiten).

Bewertung

Insgesamt stellt das MDF sicher eine innovative und relativ einfach zu handhabende Möglichkeit dar, systematisches Feedback im betrieblichen Alltag durchzuführen. Es gibt darüber hinaus aber einige positiv und negativ hervorzuhebende Aspekte.

Zunächst zu den Gütekriterien und der empirischen Fundierung des Verfahrens: Positiv anzumerken sind die zufriedenstellenden bis sogar größtenteils sehr guten Reliabilitätswerte. Auch die Modellgeltungsindizes liegen in einem guten Bereich, wobei an dieser Stelle ebenfalls positiv anzumerken ist, dass deren Berechnung (die konfirmatorische Vorgehensweise) eine anspruchsvollere Form der Analyse darstellt als die Berechnung einer explorativen Faktorenanalyse. Dagegen fällt bei den Berechnungen zur Validität auf, dass im Handbuch keine Angaben zu den Modellgeltungsindizes bezogen auf den Fragebogen zum Selbstbild stehen. Ebenso fehlt hier auch die Auflistung der durch die Faktoren aufgeklärten Itemvarianz. Insgesamt wurden auch weitere, über die Berechnung der Modellgüte hinausgehende Kennwerte zur Validität nicht erhoben. So ist zum Beispiel eine Validierung des Verfahrens mittels der Kriteriumsvalidität (Berechnung von konvergenter oder diskriminanter Validität) zwingend notwendig, um die Relevanz der gemessenen Merkmale einschätzen zu können. Des Weiteren fehlt eine genauere Aufschlüsselung der Zusammensetzung der Normstichprobe (Alter, Geschlecht usw.). Die Normalverteilung der Merkmale wird nur für eine Dimension („Arbeitsorganisation") exemplarisch aufgezeigt, für die anderen vier Dimensionen finden sich keine Angaben. Positiv ist jedoch hier, dass im Rahmen der Auswertung die Möglichkeit besteht, durch das Programm neue Normen zum Beispiel für ein bestimmtes Unternehmen oder eine bestimmte Organisation zu erstellen. Dies kann anhand der Daten geschehen, die bei einer Klimaanalyse erhoben wurden. Aus diesen Daten können dann die Normwerte für spätere Anwendungen des Verfahrens innerhalb der jeweiligen Organisation berechnet werden.

Zur Auswertung lässt sich sagen, dass die computergestützte Auswertung auch für Laien sehr einfach handhabbar ist. Eine ausführliche Beschreibung zur Installation des Programms und der Vorgehensweise bei der Eingabe und Verarbeitung der Daten ist im Handbuch enthalten. Ebenfalls im Handbuch enthalten sind drei Mustergutachten, die vor der Durchführung eine erste Orientierung bieten können. Leider ist das Layout des Programms und vor allem auch der Gutachten wenig ansprechend. An dieser Stelle stellt sich auch die Frage, ob nicht über die Auswertung hinaus eine insgesamt computergestützte Version des Verfahrens sinnvoller wäre (womit mögliche Fehler bei der Dateneingabe vermieden würden).

Auf der Ebene der Konzeption wäre eine Beschreibung der Dimensionen und deren Beziehungen zueinander wünschenswert. So wäre es für den Anwender interessant zu erfahren, wie sich die Dimensionen auf der Konstruktebene unterscheiden (wie lässt sich zum Beispiel „Teamorientierung" von „Zusammenarbeit" abgrenzen?). Derartige Informationen sind im Handbuch leider nicht enthalten. Konzeptuell ist auch fraglich, ob bei sehr kleinen Arbeitsgruppen (etwa bei vier Gruppenmitgliedern) tatsächlich die Anonymität gewährleistet werden kann. Die Gruppenmitglieder tauchen in den Gutachten zwar nicht namentlich auf, dennoch ist es unter Umständen möglich, die Antworten der einzelnen Kollegen zu identifizieren. Auch aus diesem Grund ist die vom Autor empfohlene Nachbereitung (die Besprechung der Ergebnisse mit den Kollegen und die Einleitung von Verbesserungsmaßnahmen) bedeutsam.

9.3 Szenische Medien

Nele Schulz

Bei den von Jürgen Geißler (1995) entwickelten Szenischen Medien handelt es sich um ein Verfahren mit dem Ziel der Erfassung eines sozialen Systems. Mit Hilfe von hölzernen Stellfiguren kann eine Arbeitseinheit oder eine Gesamtorganisation dargestellt werden. Auf diese Weise sollen die grundlegenden Strukturen innerhalb einer Gruppe in Bezug auf Machtverhältnisse und Kommunikation erfasst und Ansätze zu deren Veränderung sichtbar gemacht werden.

Konzeption

Theoretischer Hintergrund
Entstanden sind die Szenischen Medien aus der Arbeit des Autors in der Organisationsberatung. Bis 1998 wurden sie unter dem Namen „Inszeno" vertrieben. Die Szenischen Medien bestehen aus verschiedenen Materialien, in erster Linie Holzfiguren in unterschiedlichen Typen und Größen, aber auch hölzernen Podesten, Bindfäden und Klebepunkten, mittels derer Machtverhältnisse, Einflussnahme und Kommunikation innerhalb einer Gruppe abgebildet werden sollen. Der Grundgedanke bei diesem Instrument ist, dass ein soziales System „lebendiger, ganzheitlicher und begreifbarer" abgebildet werden kann als mit anderen Methoden bzw. Medien, beispielsweise Organigrammen. Die Szenischen Medien als analoges Darstellungsmittel sollen die herkömmlichen analytischen Methoden nicht unbedingt ersetzen, können aber ergänzend eingesetzt werden. Sie können dem Durchführenden (z.B. einem Trainer oder Supervisor) helfen, die eigene Wahrnehmung einer Gruppe in Bezug auf vorliegende Strukturen und Probleme zu erweitern und können den Beteiligten neue Zugänge und Handlungsmöglichkeiten zur Problembewältigung aufzeigen.

Methodisch ist dieses Verfahren im Kreise anderer ähnlicher Instrumente anzusiedeln, dazu zählen zum Beispiel der Sceno-Test, die Skulpturtechnik, Methoden des Psychodramas und Methoden zur Familienrekonstruktion. Ansatzpunkt der Szenischen Medien ist systemisches Arbeiten, das heißt sie stellen einen Aspekt im Rahmen des Analyse- und Veränderungsprozesses eines sozialen Systems dar. Die Szenischen Medien sind ein qualitatives Verfahren, das heißt, eine quantitative Analyse und Auswertung der Ergebnisse ist nicht möglich.

Einsatzziel und Einsatzbereiche
Die Szenischen Medien werden mit zwei unterschiedlichen Zielen eingesetzt. Zum einen können sie als einfaches Darstellungsmedium dienen, z.B. um einen schnellen Überblick über die Arbeitseinheit zu schaffen. Zum anderen können sie als diagnostisches Instrument dem Durchführenden helfen, die für ihn neuen Strukturen zu erfassen und Stärken und Schwächen zu erkennen.

Es werden verschiedene Bereiche genannt, in denen eine Anwendung des Verfahrens denkbar ist:

- als Diagnose-Instrument im Umgang mit Systemen
- in der Teamentwicklung
- in Seminaren und Workshops
- in der Familienanalyse
- im Coaching
- bei Fallarbeit und Fachberatung in psychosozialen Einrichtungen

Diese Bereiche schließen sich nicht gegenseitig aus. So ist es möglich, die Szenischen Medien zum Beispiel innerhalb eines Workshops mit einer Arbeitsgruppe als Diagnose-Instrument einzusetzen. Das bedeutet, das Verfahren wird angewandt, um Informationen über Interaktion, Kommunikation, Macht- und Einflussverhältnisse in dieser Arbeitsgruppe zu erheben. Mit diesen Informationen kann dann im Rahmen des Workshops weiter gearbeitet werden. Probleme können auf diese Weise identifiziert und Lösungsmöglichkeiten erarbeitet werden.

Beschreibung der Materialien und Darstellungsvariablen
Im Folgenden wird beschrieben, welche Materialien zur Verfügung stehen und welche Aspekte der Interaktion innerhalb einer Gruppe mit den unterschiedlichen Materialen dargestellt werden können.

Figurengröße
Insgesamt enthalten die Szenischen Medien 104 Figuren. Dabei gibt es sechs verschiedene Größen, vier große Figuren, von den anderen fünf Größen jeweils 20 Stück. Mit der Figurengröße sollen Einfluss und Macht abgebildet werden. Je größer die Figur ist, desto mehr Einfluss besitzt sie, desto mehr Macht übt sie aus.

Figurentypen
Es gibt zwei (nur leicht) unterschiedliche Figurentypen, die männliche und weibliche Personen darstellen können oder für andere Differenzierungen genutzt werden können (z.B. zwei verschiedene Funktionen, wie Innen-/Außendienst). Diese leichte Unterschiedlichkeit der Figurentypen kann aber ggf. auch ignoriert werden, wenn z.B. mehr Figuren benötigt werden als von einem Typ zur Verfügung stehen.

Stellung der Figuren
Mit der Stellung der Figuren zueinander soll Nähe und Distanz ausgedrückt werden.

Bindfäden
Ebenfalls enthalten in den Materialien sind Bindfäden in drei verschiedenen Farben. Diese können zwischen die Personen gelegt oder geknüpft werden und dienen der Darstellung von Kommunikationsverbindungen. Die Farben haben verschiedene Bedeutungen: Grün steht für gute, gelb für neutrale und rot für gestörte Kommunikation.

Klebepunkte
Bunte Klebepunkte, mit denen die Figuren versehen werden können, können Subsysteme darstellen. Personen, die zu einem Subsystem gehören (die z.B. eng miteinan-

der arbeiten), werden dann durch Figuren mit einem gleichfarbigen Klebepunkt abgebildet.

Pfeile/Richtungssymbole (Dreiecke)
Zur Darstellung von Bewegung können hölzerne Dreiecke eingesetzt werden, die so zwischen die Figuren gelegt werden müssen, dass deutlich wird, in welche Richtung (z.B. auf welche Person hin) die Gruppe oder eine Teilgruppe ausgerichtet ist.

Klebepfeile
Neben den hölzernen Dreiecken gibt es in den Materialien auch Klebepfeile zur Darstellung von Bewegung und Orientierung. Mit diesen soll jedoch nicht die Bewegung/Orientierung einer (Teil-)Gruppe ausgedrückt werden, sondern Bewegung und Ausrichtung einzelner Personen.

Podeste
Mit den Podesten kann die Höhe einzelner Figuren vergrößert werden, was ebenfalls der Darstellung von Einfluss und Macht dienen soll. Die Verwendung der Podeste ist auch dann sinnvoll, wenn zwischen Person und Rolle unterschieden werden soll. Eine Person, die ihrer Rolle nach wenig Einfluss ausüben müsste (z.B. weil sie in der Hierarchie recht weit unten steht), in der Realität aber viel Einfluss ausübt, kann durch eine kleine Figur dargestellt werden, die durch ein Podest erhöht wird.

Gütekriterien und empirische Fundierung

Klassische Gütekriterien (Reliabilität, Validität) lassen sich bei diesem Verfahren nicht berechnen, da es keine quantifizierbaren Ergebnisse gibt. Die Objektivität ist nicht gegeben, da es in keiner Weise eine standardisierte Durchführung bzw. Auswertung gibt. Gütekriterien bzw. eine Evaluation des Instruments werden im Handbuch nicht beschrieben. Der Autor stellt jedoch Erfahrungsberichte von Anwendern dar und macht auf diese Weise deutlich, welche Eindrücke Durchführende von diesem Verfahren gewonnen haben.

Durchführung und Auswertung

Die Szenischen Medien können sowohl als Einzeltest als auch als Gruppentest mit bis zu 18-20 Teilnehmern angewandt werden. Bei der Anwendung als Einzeltest wird die Perspektive und Wahrnehmung einer Person, bezogen auf eine Gruppe, der sie angehört, erhoben. Das heißt, der Durchführende erlangt Informationen über die betreffende Gruppe aus der Sicht einer ihr angehörenden Person. Werden die Szenischen Medien als Gruppentest angewandt, bedeutet dies, dass die Gruppenmitglieder sich gemeinsam auf eine Abbildung ihrer Gruppe einigen sollen. Der Testleiter kann in diesem Rahmen durch die Beobachtung der Gruppenmitglieder zusätzlich nützliche Informationen über die Kommunikationsstrukturen innerhalb der Gruppe erheben.

Weder Durchführung noch Auswertung sind standardisiert. Es werden aber Vorschläge zur Instruktion der Teilnehmer im Handbuch gegeben, die je nach Anwendungssituation und -intention variiert werden können. Eine mögliche Instruktion ist zum Beispiel: „Stellen Sie mit Hilfe der Figuren die Organisation (Firma, Institution) bzw. die Gruppe dar. Die Größe der Figuren kann die Bedeutung einzelner Personen oder Positionen ausdrücken, so wie Sie sie subjektiv erleben. Gruppieren Sie die Figuren so, wie sie Ihrer Meinung nach im Arbeitsalltag zueinander stehen" (Geißler, 1995, S. 7).

Darüber hinaus muss der Testleiter die Materialien und deren Bedeutung (die Darstellungsvariablen) erläutern (siehe unten). Laut Autor ist es für den Anwender ratsam, sich zunächst das notwendige Wissen und eine gewisse Routine im Umgang mit den Materialien anzueignen, indem er das Verfahren selber einige Male durchführt. Dadurch soll er ein Gefühl für die Figuren, ihre Größe und die Darstellungsmöglichkeiten erhalten.

Der Autor führt im Handbuch die Anwendung in den Bereichen Teamentwicklung, Workshops, Coaching und Familienanalyse näher aus. Hier werden weitere spezifische Instruktionen vorgeschlagen und Beobachtungshinweise für die Anwendung in den jeweiligen Bereichen gegeben.

Es ist nur eine qualitative Auswertung möglich, das heißt die Ergebnisse werden nicht in Form von Zahlen quantifiziert und zusammengefasst. Zur Auswertung und Interpretation finden sich im Handbuch keinerlei Hinweise.

Bewertung

Da die klassischen Gütekriterien bei diesem Verfahren nicht berechenbar sind, ist eine Bewertung des Instruments erschwert. Einige Einschätzungen können aber dennoch vorgenommen werden.

Zum Handbuch lässt sich sagen, dass es recht unübersichtlich ist, in einer alltagsnahen und eher unwissenschaftlichen Sprache verfasst ist und viele inhaltliche Wiederholungen enthält. Viele Aussagen bleiben schwammig und sind für den Leser nur schwer greifbar. Weiterhin ist die Darstellung der Erfahrungsberichte von Anwendern unzureichend. Es bleibt völlig unklar, wie der Autor genau vorgegangen ist. So wäre z.B. ein Abdruck des von ihm verschickten Fragebogens bzw. des Leitfadens für die Interviews hilfreich gewesen. Wer wann was in welcher Form (Fragebogen, Interview) geäußert hat, wird nicht deutlich.

Insgesamt ist eine Einschätzung dieses Verfahrens von der Intention und dem Ziel der Anwendung abhängig zu machen. Die Szenischen Medien sind als reines Darstellungsmedium sicherlich innovativ und bieten eine interessante Ergänzung zu herkömmlichen Darstellungsweisen. Auch ihr Einsatz innerhalb von Workshops o.Ä. könnte sinnvoll sein, da sie den Beteiligten zu einer neuen Perspektive auf ihre Gruppe und einer Reflektion möglicher Probleme verhelfen können. Der Einsatz der Szenischen Medien als diagnostisches Instrument im Sinne einer zuverlässigen und objektiven Messung ist jedoch nicht möglich.

9.4 Teamklima Inventar (TKI)

Michaela Turß

Das Teamklima Inventar (TKI) von Felix Brodbeck, Neil Anderson und Michael Beck ist 2000 auf den Markt gekommen und eine Übersetzung des 1994 erschienenen Team Climate Inventory von Anderson und West, wobei das Verfahren für den deutschen Sprachraum nicht nur übersetzt, sondern auch neu validiert und normiert wurde.

Mit Hilfe dieses Fragebogens soll diagnostiziert werden, inwieweit ein Team die Innovation und Effektivität fördert. Die zugrundeliegende Theorie sagt voraus, dass diese Aufgabe optimal erfüllt wird, wenn das Team eine Vision hat, stark aufgabenorientiert ist, seinen Mitgliedern Sicherheit gibt und Innovationen unterstützt.

Eine Besonderheit des Verfahrens liegt darin, dass die interessierenden Dimensionen nicht für die einzelnen Mitglieder, sondern anhand aller Einschätzungen für das gesamte Team erhoben werden. Das bietet sich an, wenn man über die Notwendigkeit oder die Konzeption von Personalentwicklungsmaßnahmen entscheiden will bzw. deren Erfolg als Veränderung im Teamklima bewerten möchte.

Konzeption

Die von allen Teammitgliedern weitgehend geteilte subjektive Wahrnehmung ihrer Arbeitsumgebung wird als Teamklima bezeichnet. Angeregt durch die Fragestellung, welche Aspekte ein optimales Teamklima kennzeichnen, entwickelte West 1990 die 4-Faktorentheorie (siehe Abbildung 9-2). Ein Teamklima ist demnach optimal, wenn es Innovation und Effektivität fördert. Dies ist nach den Autoren dann der Fall, wenn das Team sowohl eine hohe Quantität als auch eine hohe Qualität an Innovationen hervorbringt. Hier setzt das Teamklima Inventar an.

Die vier Hauptdimensionen des TKI messen die *Vision*, die *Aufgabenorientierung*, die *Partizipative Sicherheit* und die *Unterstützung von Innovation* in einer Gruppe, wobei die ersten beiden die Qualität und die letzen beiden die Quantität von Innovation fördern sollen. Diese vier Dimensionen werden in 13 Subskalen ausdifferenziert und sind in Tabelle 9-7 aufgeführt. Zusätzlich enthält das TKI 2 Skalen zur sozialen Erwünschtheit, die nicht direkt das Teamklima messen, sondern dazu dienen, die Auswertbarkeit der Antworten einzuschätzen.

Da das Teamklima als sozial geteilte subjektive Wahrnehmung definiert wird, zielt das TKI nicht auf die Antworten der einzelnen Teammitglieder ab, sondern liefert einen Index für das gesamte Team, der auf dem Mittelwert der Einzeleinschätzungen beruht. Ein förderliches Teamklima liegt vor, wenn auf diese Weise auf allen Dimensionen, genauer auf allen Subskalen der Dimensionen, hohe Werte erzielt werden.

Eine Gruppe soll erstens eine Vision haben. Als wünschenswerter Motor der Gruppe dient diese Vision nach den Autoren, wenn sie allen Mitglieder *klar* ist, sie von allen Mitgliedern anerkannt wird (*Wertschätzung*) und sie von den Mitgliedern geteilt und beeinflussbar ist (*Einigkeit*). Schließlich muss eine Vision so realistisch sein, dass sie Erfolgserlebnisse ermöglicht (*Erreichbarkeit*).

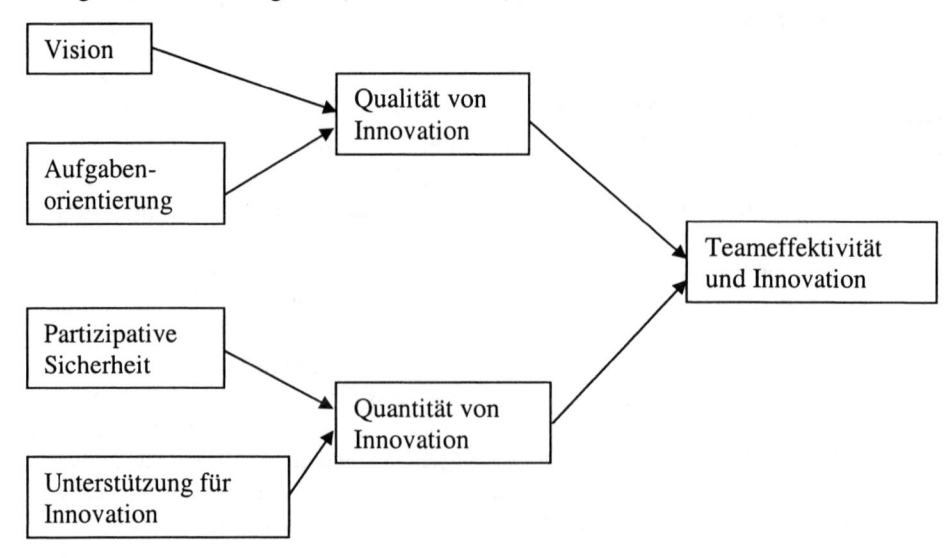

Abbildung 9-2: 4-Faktorentheorie (West, 1990)

Bei der Aufgabenorientierung betonen die Autoren die *hohen Standards*, an denen sich das Team messen sollte und dass diese einer *Reflexion* unterzogen werden sollten. Mit *Synergie* ist schließlich gemeint, dass die Mitglieder des Teams sich möglichst konkurrenzlos unterstützen und der Teamerfolg über dem individuellen Erfolg steht.

Die partizipative Sicherheit in einem Team halten die Autoren für optimal, wenn die *Informationsverteilung* gerecht und in sinnvollem Ausmaß geschieht und jeder das Gefühl hat, mit seinen Ideen gehört und ernst genommen zu werden (*Einfluss*), ohne für ungewöhnliche Ideen negative Reaktionen befürchten zu müssen (*Sicherheit*). *Kontaktpflege* bedeutet zusätzlich eine gute Kommunikation sowohl bei formellen als auch informellen Anlässen.

Der letzte innovationsfördernde Faktor, die Unterstützung von Innovation läge schließlich in einem Team dann optimal vor, wenn es neuen Ideen offen gegenübersteht (*Bereitschaft*) und Energie investiert, diese umzusetzen (*Umsetzung*).

Gütekriterien und empirische Fundierung

Objektivität
Die Objektivität in der Durchführung des TKI ist als hoch einzustufen. Der Fragebogen verfügt über eine standardisierte Instruktion und die Autoren liefern zusätzliche Anregungen, um eine postalische Durchführung ebenfalls möglichst standardisiert durchzuführen. Trotzdem muss man sich bewusst sein, dass die konstanten Bedingungen, die man im Sinne der Durchführungsobjektivität anstrebt, durch die postali-

sche Durchführung gefährdet sein können. Über die Relevanz dieser Tatsache sollte man im Einzelfall entscheiden.

Tabelle 9-7: Dimensionen und Subskalen des Teamklima Inventars

Vision	Aufgaben-orientierung	partizipative Sicherheit	Unterstützung für Innovation	soziale Erwünschtheit
Klarheit	hohe Standards	Informations-verteilung	Bereitschaft	soziale Aspekte
Wertschätzung	Reflexion	Sicherheit	Umsetzung	Aufgaben-aspekte
Einigkeit	Synergie	Einfluss		
Erreichbarkeit		Kontaktpflege		

Eine objektive Auswertung des TKI setzt voraus, dass das Inventar von möglichst vielen Teammitgliedern ausgefüllt wird. Ansonsten läuft man Gefahr nicht das Teamklima, sondern die Wahrnehmung einer Subgruppe zu erfassen. Die Autoren schlagen vor, man solle das Teamklima auf der Grundlage von mindestens 70 % der Mitglieder erheben. Die Interpretationsobjektivität des TKI ist schließlich in jedem Fall hoch, da im Manual konkrete Interpretationen für die Skalenausprägungen angegeben sind.

Reliabilität
Die im Folgenden dargestellten Befunde zu Reliablität, Validität und Normierung basieren auf einer Stichprobe von 810 Probanden, die sich auf 149 Teams verteilen. Als Reliabilitätsmaß hat man die internen Konsistenzen berechnet und für die vier Dimensionen sehr akzeptable Werte von $\alpha = .81$ bis $\alpha = .89$ gefunden. Die Konsistenzen der Subskalen variierten von $\alpha = .62$ bis $\alpha = .82$.

Validität
Die Validierung des Verfahrens erfolgte in zwei Schritten. In der Konstruktvalidierung wurde mit Hilfe von konfirmatorischen Faktorenanalysen getestet, ob es plausibel ist, dass die Daten durch ein 4-Faktorenmodell verursacht sind. Diese Hypothese konnte für ein Modell mit korrelierten Faktoren bestätigt werden, die Autoren merken jedoch an, dass ein 5-Faktorenmodell einen noch besseren Modellfit erziele. Erstmal ist dieses Ergebnis für die theoretische Basis des Inventars nicht wünschenswert, man sollte allerdings an dieser Stelle bedenken, dass es sich bei konfirmatorischen Faktorenanalysen mit Modellvergleichen um eine relativ strenge Methode der Konstruktvalidierung handelt.

In einem zweiten Schritt erfolgte die Kriteriumsvalidierung, d.h. man hat die Beziehung der Skalenwerte zu wichtigen Außenkriterien beleuchtet. Die Ergebnisse sind in Tabelle 9-8 wiedergegeben.

Insgesamt lassen sich substantielle Zusammenhänge in der beabsichtigten Richtung finden, auch wenn nicht alle Zusammenhänge signifikant sind. Hohe Werte auf TKI-Skalen gehen also tendenziell mit hoher selbst- und fremdeingeschätzter Leistung und niedrigen Werten im selbsteingeschätzten Burnout einher.

Tabelle 9-8: Zusammenhänge der TKI-Skalen mit Leistungs- und Befindlichkeitsmaßen in Selbst- und Fremdeinschätzung

	V	AO	PS	UI
selbsteingeschätzte Leistung (19 Teams in der Softwareentwicklung)				
Innovation	.37	.33	-.04	.18
genereller Teamerfolg	.61**	.55*	.17	.38
Kosteneffizienz	.57*	.60**	.24	.46*
selbsteingeschätzte Befindlichkeit (19 Teams in der Softwareentwicklung)				
Gereiztheit/Belastetheit	-.10	-.33	-.37	-.19
Burnout	-.44	-.58**	-.66**	-.42
fremdeingeschätzte Leistung (13 Teams in der Fertigung)				
Innovation	.85***	.46	.75**	.79***
genereller Teamerfolg	.73**	.38	.53	.67*
Kosteneffizienz	.37	.40	-.04	.18
selbsteingeschätzte Innovation (16 Teams in der Produktentwicklung)				
Qualität (Nutzwert)	.55*	.36	.58*	.64*
Quantität (Anzahl)	.74***	.36	.58*	.56*
fremdeingeschätzte Innovation (16 Teams in der Produktentwicklung)				
Qualität (Neuigkeitswert)	.36	.02	.08	.35
Quantität (Veränderungen)	.57*	.37	.43	.61*

Anmerkungen: V = Vision; AO = Aufgabenorientierung; PS = Partizipative Sicherheit; UI = Unterstützung für Innovationen;
* signifikanter Zusammenhang (p < .05);
** hoch signifikanter Zusammenhang (p < .01);
*** höchst signifikanter Zusammenhang (p < .001).

Was auffällt ist jedoch, dass keine klare Struktur erkennbar wird, in dem Sinne, dass bestimmte Skalen eindeutig mit bestimmten Leistungs- oder Befindlichkeitsmaßen in Verbindung stehen. Dies überrascht weniger, wenn man bedenkt, dass die Interkorrelationen der Dimensionen sehr hoch sind. Die Autoren berichten hier Werte, die mit bis zu .80 teilweise die Größenordnung einer internen Konsistenz erreichen.

Es zeigt sich ebenfalls, dass die Zusammenhänge, die in der 4-Faktorentheorie postuliert sind, nämlich, dass Vision und Aufgabenorientierung vor allem mit der

Qualität von Innovation und Partizipative Sicherheit bzw. Unterstützung von Innovation besonders mit der Quantität von Innovation in Verbindung steht, sich zumindest in Bezug auf die 16 Teams in der Produktentwicklung nicht halten ließen.

Im Rahmen der Konstruktvalidierung wird noch einmal der Tatsache Rechnung getragen, dass es sich um ein Messinstrument auf Teamebene handelt. Damit das TKI als nützlich eingeschätzt werden kann, sollten die Wahrnehmungen der Teammitglieder sozial geteilt sein, das heißt weitgehend übereinstimmen, während man zwischen verschiedenen Teams gut unterscheiden können sollte. In der Analysestichprobe fand sich zwischen den Teammitgliedern eine Beurteilerübereinstimmung, die mit $r = .90$ bis $r = .96$ als sehr hoch einzuschätzen ist. Um auch die Diskriminationsfähigkeit des Verfahrens zu erfassen, hat man anschließend die durch die Teamzugehörigkeit erklärte Varianz berechnet und ebenfalls sehr zufrieden stellende eta^2-Werte zwischen .32 und .45 erhalten.

Durchführung und Auswertung

Die Datenerhebung im TKI erfolgt über einen 4-seitigen Fragebogen, der 44 Items zu den oben beschriebenen Skalen enthält und normalerweise innerhalb von 15 Minuten ausgefüllt werden kann. Eine Zeitbegrenzung ist allerdings nicht vorgesehen. Auf einer 5-stufigen Skala dokumentiert der Proband seine Zustimmung zum subjektiv erlebten Teamklima, indem er beispielsweise folgende Items beurteilt: „Wir halten uns über arbeitsrelevante Themen gegenseitig auf dem Laufenden" (Partizipative Sicherheit – Informationsverteilung) oder „Sind die Teammitglieder bereit, die Grundlagen ihrer eigenen Arbeit in Frage zu stellen?" (Aufgabenorientierung – Reflexion).

Der Test enthält eine standardisierte schriftliche Instruktion und kann sowohl in Einzel- als auch in Gruppensitzungen durchgeführt werden. Zusätzlich enthält das Manual Hinweise, die es bei postalischer Durchführung zu beachten gilt. Die Auswertung erfolgt mit Hilfe der beiliegenden Schablonen oder anhand eines Auswertungsprogrammes, das man zusätzlich beziehen kann.

Zuerst empfehlen die Autoren, sich die sozialen Erwünschtheitswerte der einzelnen Probanden anzusehen. Hier wird versucht aufzudecken, inwieweit das Team idealisiert dargestellt wird. In Bezug auf die Aufgabenaspekte lautet ein Item zur sozialen Erwünschtheit beispielsweise „Dem Team gelingt es immer, seine Fähigkeiten auch in Leistung umzusetzen", bezüglich der sozialen Aspekte wird unter anderem gefragt: „Die Beziehungen zwischen den Personen im Team sind gleichbleibend harmonisch". Hier soll nicht der Eindruck vermittelt werden, ein ehrlicher Mensch könne einer solchen Aussage niemals zustimmen, aber wenn ein Proband Items diesen Typs durchgehend in starkem Maße zustimmt (die Autoren geben einen Summenwert der Subskalen von 18 an), sollte man sich die restlichen Angaben zum Teamklima anschauen und entscheiden, inwieweit eine so positive Bewertung realistisch erscheint und ob die Interpretation mit Vorsicht geschehen sollte.

Wenn die Skalen zur sozialen Erwünschtheit den Schluss nahe legen, dass zutreffend geantwortet wurde, beginnt die eigentliche Auswertung. Man kann nun entweder grob für die Dimensionen oder feiner für die Subskalen die Skalensummen jedes Probanden ermitteln, indem man mit Hilfe der Folien die entsprechenden Items ermittelt und je nach Stärke der Zustimmung auf der 5-stufigen Skala bis zu 5 Punkte pro Aussage vergibt.

Bemerkenswert an der Auswertung dieses Verfahrens ist nun der zweite Schritt, nämlich, dass die so ermittelten Skalensummenwerte der einzelnen Probanden innerhalb eines Teams aufaddiert und durch die Anzahl der Teammitglieder dividiert werden, um einen Wert auf Teamebene zu erzielen. Für diesen Rohwert liegen im Manual Normwerte vor, die für verschiedene Teilstichproben ausdifferenziert sind. Mit Hilfe der Tabellen kann man die Skalenrohwerte in Stanine-Werte umrechnen und somit Teams relativ zu den Normstichproben einordnen. Ob die Rohwerte der Normstichproben annähernd normalverteilt waren und somit ein solches Vorgehen erlauben, ist anhand des Manuals weder zu bejahen noch zu verneinen. Man könnte neben diesem Vorgehen allerdings auch für ein bestimmtes Unternehmen eigene Normen erheben, mit denen die Rohwerte verglichen werden oder unabhängig von einer normorientierten Betrachtung einen Vorher-Nachher-Vergleich der Werte eines Teams durchführen.

Im Anschluss an die Auswertung legen die Autoren großen Wert auf die Rückmeldung der Ergebnisse und liefern dazu in ihrem Manual einige Hinweise. Hier zeigt sich, dass es bei der Verwendung des TKI nicht nur um die Erfassung eines Ist-Zustandes gehen soll, sondern vor allem auch um die Möglichkeit, Verbesserungspotential aufzudecken und zu nutzen.

Bewertung

Insgesamt ist das Teamklima Inventar ein beachtenswertes Instrument, das auf einer Theorie basiert und deren Autoren auch bereit sind, diese Theorie harten Prüfungen zu unterziehen. Bei den Ergebnissen zur Kriteriumsvalidität hat sich gezeigt, dass die Skalen durchaus mit relevanten Aspekten in Zusammenhang stehen und die Werte des TKI in der Praxis sehr nützlich sein können. Besonders in Anbetracht der Ökonomie des Verfahrens, nämlich so viele Subskalen mit vergleichsweise wenigen Items zu erfassen, erscheinen die guten internen Konsistenzen und befriedigenden Validitäten bemerkenswert. Auch die genaue Beschreibung der verwendeten Stichproben macht es dem Praktiker leicht, die Normtabellen zu verwenden, auch wenn die Autoren selbst anmerken, keinesfalls eine repräsentative Auswahl in Deutschland zu findender Teams liefern zu können. Auch die Idee, soziale Erwünschtheit in Aufgabenaspekte und soziale Aspekte einzuteilen, ist sehr innovativ und leuchtet ein.

Trotz dieser großen Vorteile überzeugt die 4-Faktorenstruktur des Verfahrens nicht. Die Skalen interkorrelieren in sehr hohem Maße und auch in der Validierung sind keine klaren Unterschiede zwischen den Skalen im Sinne dieser Struktur zu erkennen. Es müsste weiter belegt werden, inwieweit sich die Differenzierung in 13 Subskalen für den Anwender lohnt. Wünschenswert wäre auch ein Retest für das Verfahren, denn obwohl das Teamklima ja als veränderlich angesehen wird (hier will das Instrument ja ansetzen), sollte es doch einigermaßen stabil sein, damit sich deren Erfassung lohnt.

Methodisch kann man außerdem anmerken, dass die Stichproben für Reliabilitätsanalyse, Validitätsananalyse und Normierung nicht unterschiedlich waren und insgesamt relativ klein ausfielen. Außerdem wären Angaben über die Normalverteilung der Rohwerte angemessen sowie über die Korrelationen der Items mit den einzelnen Faktoren.

Zusammenfassend bleibt zu sagen, dass das Teamklima Inventar sicherlich gewinnbringend einsetzbar ist. Es bietet die Möglichkeit, Veränderungspotential aufzudecken und die Wirksamkeit von Interventionen zu evaluieren.

10. Testsysteme

Die Personaldiagnostik verlangt häufig nach einer breit angelegten Betrachtung der Kompetenzen gegenwärtiger bzw. potentieller Mitarbeiter. Einzelne Testverfahren erfassen meist jedoch nur eine sehr überschaubare Anzahl relevanter Personenmerkmale. In der Konsequenz ist es oft notwendig, mehrere Verfahren miteinander zu kombinieren. Testsysteme greifen diesen Gedanken auf, indem sie dem Anwender unter dem Dach einer einheitlichen Software eine Vielzahl psychometrischer Instrumente anbieten. Dabei läuft sowohl die Auswahl als auch die Durchführung und Auswertung der Verfahren computergestützt. Einige Systeme bieten die Möglichkeit, Anforderungsprofile zu definieren und die Ergebnisse einer konkreten Messung mit dem Anforderungsprofil oder einer selbst generierten Gruppennorm zu vergleichen. Darüber hinaus unterscheiden sich die verschiedenen Testsysteme in der Anzahl der zur Auswahl stehenden Skalen. So integriert z.B. das Hogrefe TestSystem mehr als 150 Testverfahren, von denen fast alle mehrere Merkmale erfassen. Die meisten Instrumente beziehen sich allerdings nicht auf Fragen der Personaldiagnostik. Im Vergleich hierzu ist das Testsystem „pro facts" weniger umfassend, zielt aber ausschließlich auf personaldiagnostische Fragen.

Testsysteme bieten dem Nutzer einen vergleichsweise hohen Komfort, dennoch entbinden sie ihn nicht von der Aufgabe, sich bei jeder einzelnen Skala zu fragen, über welche Reliabilität, Validität und Objektivität die eingesetzte Skala verfügt. Es ist daher unumgänglich, dass die Anbieter entsprechender Systeme dem Nutzer dieselben Informationen zugänglich machen, die er auch im Manual seriöser Einzelverfahren finden kann. Ähnlich verhält es sich bei der Definition der Anforderungsprofile. Die Nutzung einer solchermaßen komfortablen Option ist nur dann zielführend, wenn die Anforderungen zuvor empirisch abgesichert wurden und nicht etwa dem Gutdünken des Diagnostikers erwachsen sind.

10.1 ELIGO

Michaela Brocke & Miriam Vock

ELIGO ist ein computergestütztes Testsystem für die Personalauswahl und Personalentwicklung, das von der ELIGO Psychologische Personalsoftware GmbH entwickelt wurde. Das ELIGO-Testsystem kann für eine große Bandbreite an personalpsychologischen Fragestellungen eingesetzt werden, da es eine Vielzahl von Testverfahren beinhaltet, die verschiedenste beruflich relevante Fähigkeiten messen. Sämtliche im ELIGO-Testsystem vorhandene Testverfahren können je nach Fragestellung ausgewählt werden. Die Auswahl der Verfahren, Testung der Bewerber und Auswertung der Testergebnisse wird in dem ELIGO-Testsystem computergestützt vorgenommen.

Konzeption

Das ELIGO-Testsystem ist so konzipiert, dass verschiedenste beruflich relevante Eigenschaften und Fähigkeiten, wie z.B. die Intelligenz, das Arbeitsverhalten oder die Motivation von Bewerbern bzw. Stelleninhabern, gemessen werden können. Zu diesem Zweck sind in das Testsystem eine Reihe von Testverfahren implementiert, mit denen die Messung der Eigenschafts- und Fähigkeitsbereiche vorgenommen werden kann. Die einzelnen Testverfahren, die das System bereitstellt, sind in Tabelle 10-1 angeführt. Es handelt sich dabei zum großen Teil um bereits bestehende, wissenschaftlich fundierte und in der Praxis bewährte Verfahren. Einige neue Instrumente, z.B. eine Arbeitsprobe für Call Center Agents („CallMe"), wurden im Praxiskontext von Unternehmen entwickelt.

Zur Messung von spezifischen Anforderungen innerhalb eines Anforderungsbereiches werden die entsprechenden Testverfahren oder einzelne Skalen der Testverfahren herangezogen. So wird z.B. für den Anforderungsbereich Intelligenz durch den Test „Rechnen in Symbolen" die Fähigkeit zum schlussfolgernden Denken ermittelt, während der Test „Formlogik" die Anforderung „Logisches Denken" erfasst. Weiterhin könnten beispielsweise die Subskalen „Allgemeinwissen" oder „Sprachgefühl" des Intelligenztests „Intelligenz-Struktur-Analyse" zur Messung der gleichnamigen Anforderungen herangezogen werden.

Das Testsystem ermöglicht dem Nutzer bei der Entwicklung einer Testbatterie, mit der die Eignung für eine spezifische Position erfasst wird, eine weitgehende Flexibilität: Die vorhandenen Testverfahren bzw. ihre Skalen können zur Erstellung einer Testbatterie frei kombiniert werden. Das ELIGO-Testsystem ist zudem ausdrücklich für Erweiterungen, die nach Absprache mit der ELIGO GmbH vorgenommen werden, offen. Damit ist die Möglichkeit gegeben, spezifische Verfahren, die z.B. von einer Organisation entwickelt wurden und den Bewerbern oder Stelleninhabern bislang in Papier-Bleistift-Form dargeboten werden, als computergestützte Version in das System zu integrieren.

Zur Nutzung von ELIGO ist ein von der ELIGO GmbH angebotenes Seminar obligatorisch, in dem neben der technischen Nutzung von ELIGO die Auswahl und

Bedeutung der Anforderungsdimensionen, die Durchführung der Tests und die Ergebnisinterpretation erläutert werden. Das ELIGO-Testsystem wird von der ELIGO GmbH als ein Baustein im Prozess der Personalauswahl gesehen, das z.B. zur Vorauswahl von Bewerbern genutzt werden kann. Es wird empfohlen, ELIGO in die in einem Unternehmen bestehende Vorgehensweise der Personalauswahl zu integrieren.

Tabelle 10-1: Testverfahren und Anforderungen im ELIGO-Testsystem

Bereich	Test	Autoren	Anforderungsdimension
Intelligenz	Standard/Advanced Progessive Matrices (SPM/APM)	Raven, Court & Raven	Problemlösefähigkeit (Standard/Advanced)
	Rechnen in Symbolen (RIS)	Schmotzer, Kubinger & Maryschka	Schlussfolgerndes Denken
	Formlogik (FOLO)	Hagmann & Bratfisch	Logisches Denken
	Prozessdenken (PD)	Fa. Strametz & Partner	Prozessdenken
	Intelligenz-Struktur-Analyse (ISA)	Institut für Test und Begabungsforschung GmbH & Gittler	Allgemeinwissen, Sprachgefühl, Gedächtnis, Regeln erkennen, Kombinationsfähigkeit, Räumliches Denken, Rechenfertigkeit, Abstraktionsfähigkeit, Vorstellungsvermögen
	Verbaler Gedächtnis-Test (VER-GED)	Etzel & Hornke	Verbales Gedächtnis
	Mechanisch-technisches Auffassungsvermögen (MTA)	Liedl	Mechanisch-technisches Verständnis
Konzentration	Cognitrone (COG)	Schuhfried	Aufmerksamkeit
	Daueraufmerksamkeit (DAUF)	Schuhfried	Daueraufmerksamkeit
	Arbeitsleistungsserie (ALS)	Arnold	Monotonie-Belastung, Monotonie-Belastung mit Kurzzeitgedächtnis, Monotonie-Belastung mit Konzentrationsleistung (kurz)
Arbeitsverhalten	Arbeitshaltungen (AHA)	Kubinger & Ebenhöh	Anspruchsniveau, Bereitschaft zur monotonen Tätigkeit, Frustrationstoleranz, Spontanes/ überlegtes Handeln, Exaktheit, Entschlussfähigkeit

Bereich	Test	Autoren	Anforderungsdimension
Kunden-orientie-rung	Skalen zur Service- und Kundenorientie-rung (SKA-SUK)	Sonnenberg	Aufgeschlossenheit, Einfühlungsvermögen, Selbstbeobachtung, Leistungsmotiv, Dienstleistungsbereitschaft, Dominanzstreben, Frustrationstoleranz, Streben nach sozialer Anerkennung
Belastungs-faktoren	Fragebogen zur Analyse belastungsrelevanter Anforderungsbewältigung (FABA)	Richter, Rudolf & Schmidt	Mangelnde Erholungsfähigkeit, Übermäßige Planungsambitionen, Ungeduld, Dominanzstreben (belastende Anspruchshaltung)
Führung	Management-Potential (MAP)	Stratemann, Sonnenberg & Wottawa	Kritikreaktion, Motivation, Perspektive, Kontaktstreben, Bevorzugtes Führungsverhalten, Aufgabenbearbeitung, Umgang mit Aufgaben, Belastungsbereitschaft, Umgang mit anderen, Führungsverständnis, Bevorzugter Kooperationsstil, Misserfolgsreaktion
Sales- u. Management-diagnostik	Professional assessment by computer for training and selection (pro facts)	Etzel & Hornke	Kundenorientierung, Belastbarkeit, Soziale Flexibilität, Gewissenhaftigkeit, Karriereorientierung, Entscheidungsbeteiligung, Aufgabendelegation, Aufgeschlossenheit gegenüber Anregungen anderer
Motivation	Multi-Motiv-Gitter (MMG)	Schmalt, Sokolowski & Langens	Kontakt suchen, Erfolg suchen, Misserfolg meiden, selbst gestalten, soziale Ablehnung meiden, unerwünschte Gestaltung anderer meiden

Bereich	Test	Autoren	Anforderungsdimension
Arbeits-haltung	Eysenck Personality Profiler (EPPD)	Eysenck	Tatendrang, Kontaktfreude, Selbstbewusstsein, Ehrgeiz, Sicherheit, Gelassenheit, Spontanität, Zuverlässigkeit, Risikoneigung, Handlungsorientierung
Emotionale und soziale Kompetenzen	Interaktives System zur Identifikation Sozialer Kompetenzen (ISIS)	Fa. Strametz & Partner	Richtiges Wahrnehmen von Gesprächssituationen, Aktives Durchsetzen in sozialen Situationen, Angemessener Umgang mit Kritik und Konflikten, Ergebnisorientierte Kontaktgestaltung, Zielorientierte Kooperation, Produktive Teamleitung
Arbeitsprobe Call Center Agents	CallMe	Montel & v. Rüden	Windows-Kenntnisse (Qualität, Lerntempo), Windows-Kenntnisse (Lerntempo), Erlernen von Shortcuts (Qualität, Lerntempo), Anrufbearbeitung (Qualität, Arbeitstempo, Verbesserung durch Nachbereitung), Informationssuche (Qualität, Arbeitstempo), Systematik bei der Informationssuche

Gütekriterien und empirische Fundierung

Reliabilität und Validität
In dem Katalog „Testbeschreibungen", der mit dem ELIGO-Testsystem geliefert wird, finden sich Angaben zur Güte der Verfahren. Jedes Verfahren wird in dem Katalog auf ein bis drei Seiten beschrieben. Auf die Gütekriterien wird dabei je nach Testverfahren in unterschiedlich ausführlicher Form und zum Teil recht kurz und stark zusammenfassend eingegangen. Für publizierte Verfahren können zusätzlich die jeweiligen Manuale bei der ELIGO GmbH angefordert werden.

Objektivität
Aufgrund der computergestützten Durchführung und Auswertung der Testung ist das Verfahren als objektiv anzusehen. Die Interpretationsobjektivität ist durch die Testauswertung in numerischer Form auf der Basis von Normwerten gegeben.

Durchführung und Auswertung

ELIGO besteht aus zwei Programmteilen, einem Organizer- und einem Testing-Modul, die lokal zu installieren sind. Im Organizer-Modul werden aus 94 möglichen Anforderungsdimensionen die jeweils relevanten Dimensionen ausgewählt, aus denen das Anforderungsprofil erstellt wird. Das Programm informiert auf Grundlage der Auswahl über die Zeit, die die Testung pro Bewerber in Anspruch nimmt. Die eigentliche Bewerbertestung erfolgt im Testing-Modul. Im Anschluss an die Testung werden die Daten im Organizer-Modul ausgewertet. Alle Schritte von der Profilerstellung über die Testung bis zur Auswertung können trotz der lokalen Installation des Programms an unterschiedlichen und auch gleichzeitig an mehreren Computern stattfinden, indem die Daten über Intranet oder Diskette transferiert werden. Die Vorgehensweise bei der Durchführung und Auswertung der Testdaten in insgesamt drei Schritten wird im Folgenden beschrieben.

1. Festlegung der Anforderungsdimensionen und Erstellung eines Anforderungsprofils
Im ersten Schritt wird durch die Auswahl der einzelnen Anforderungsdimensionen, die zur Testung herangezogen werden sollen, ein positionsrelevantes Profil erstellt (s. Abbildung 10-1). Zudem wird die Reihenfolge, in der die einzelnen Skalen bei der Testung dargeboten werden, festgelegt.

Anschließend wird spezifiziert, welche Ausprägungsgrade die Bewerber auf den jeweiligen Anforderungen aufweisen sollen. Dies geschieht durch die Angabe von einem unteren und oberen Grenzwert in Form von Prozenträngen (s. Abbildung 10-2). Ein Prozentrang gibt Auskunft darüber, wie viel Prozent der Stichprobe, an der ein Test normiert wurde, ein schlechteres bzw. besseres Ergebnis erreicht haben. Beispielsweise besagt ein Prozentrang einer Testperson von 99, dass 99 % der Personen der Normstichprobe einen niedrigeren Testwert erzielt haben und somit nur 1 % der Personen der Normstichprobe den gleichen bzw. einen höheren Wert als diese Testperson vorweisen können. Wählt man in der Profilerstellung z.B. einen oberen Grenzwert von 80 und einen unteren Prozentrang von 50, so werden nur Bewerber „akzeptiert" (s.u.), deren Ergebnis über dem von 50 % der Normstichprobe und unter dem der 20 % Besten der Normstichprobe liegt. Bei der Angabe von Grenzwerten, die einen Rang <10 oder >90 aufweisen, wird der Anwender vom System durch eine Warnung auf die Auswahl von extremen und daher in der Regel wenig nützlichen Anforderungsausprägungen hingewiesen.

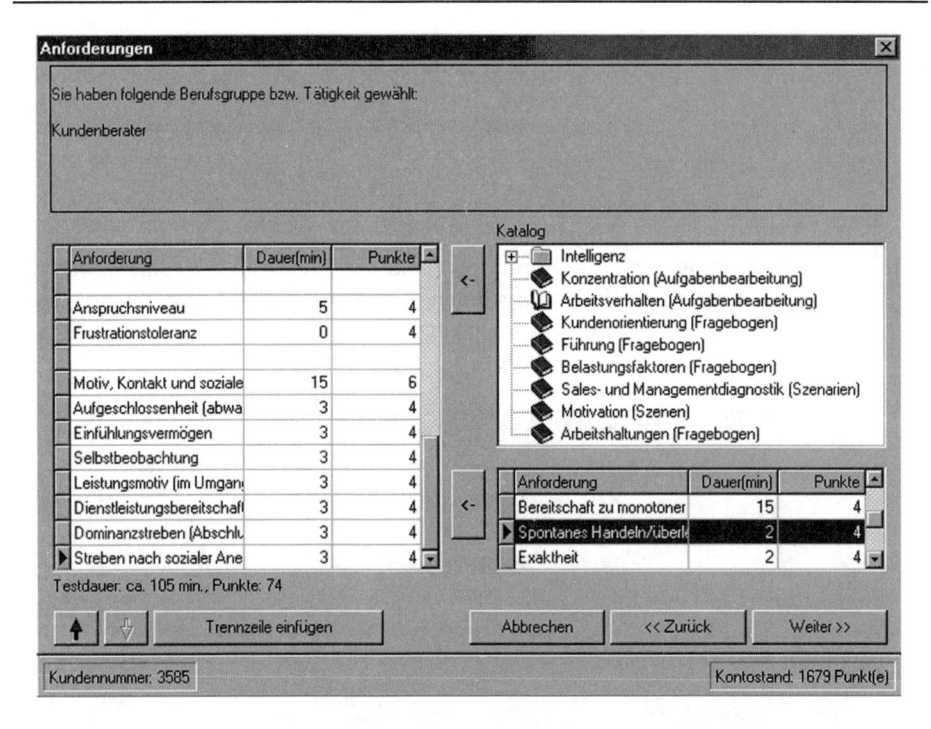

Abbildung 10-1: Auswahl der Anforderungsdimensionen im ELIGO-Organizer

Im Anschluss an die Profilerstellung zeigt ELIGO eine Zusammenfassung des Profils an, in der die ausgewählten Anforderungen, ihre Grenzwerte in Prozenträngen und die Testdauer aufgeführt werden. Die Zusammenfassung kann als Kurzinformation zur Testung für den Testleiter verwendet werden.

Zusätzlich können vom Nutzer beliebige weitere Dimensionen mit ihren Ausprägungsgraden definiert werden, die nicht über die in ELIGO enthaltenen Tests, sondern über extern erhobene Daten (z.B. Ergebnisse im Assessment Center) ermittelt werden können. Diese Option hat den Vorteil, dass sämtliche Daten über einen Kandidaten in einer einheitlichen Profildarstellung und einer gemeinsamen Datei verfügbar sind.

Jedes erstellte Profil wird automatisch in ELIGO gespeichert, so dass es für weitere Testungen aus einem Archiv abgerufen werden kann. Weiterhin sind im ELIGO-Testsystem bereits eine Reihe von Profilen für verschiedene Berufsgruppen in einem Archiv gespeichert, die ausgewählt und gegebenenfalls verändert werden können. Diese Profile basieren auf dem Berufsgruppenkatalog der Bundesanstalt für Arbeit, es sind jedoch keine weiteren Informationen darüber verfügbar, auf welche Weise die Anforderungsdimensionen und Prozentrangbereiche der Profile abgeleitet wurden.

2. Testung

Die Testung der Bewerber erfolgt nach der Festlegung der Anforderungsdimensionen und -profile computergestützt im Testing-Modul. Die Bewerber bearbeiten nach der Angabe von demographischen Daten (Name, Geschlecht, Geburtsdatum, Bildungsgrad) die entsprechend der gewählten Anforderungsdimensionen von ELIGO dargebotenen Tests. Wurden beispielsweise im ELIGO-Organizer die Anforderungen „Logisches Denken" und „Allgemeinwissen" bei der Profilerstellung gewählt, so werden bei der Testung der Test „Formlogik" und der Untertest „Allgemeinbildung" der „Intelligenz-Struktur-Analyse" dargeboten (vgl. Tabelle 10-1). Die Testung kann nach Angabe der ELIGO GmbH von einer kurz eingewiesenen Assistenzkraft vorgenommen werden, da sämtliche Instruktionen computergestützt erfolgen.

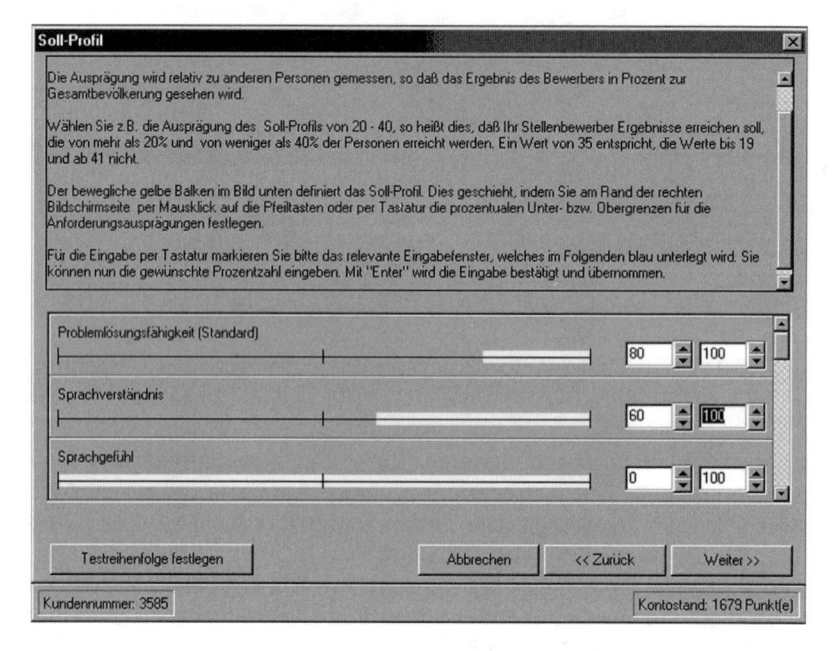

Abbildung 10-2: Erstellung des Anforderungsprofils im ELIGO-Organizer

3. Auswertung der Testdaten

Das Organizer-Modul von ELIGO erstellt auf Basis der Testergebnisse und der im Anforderungsprofil spezifizierten Prozentränge für jeden Bewerber eine individuelle Auswertung, die darüber informiert, welchen Prozentrang dieser innerhalb einer jeden Dimensionen einnimmt. Zusätzlich wird auf der Grundlage von Abweichungspunkten der ermittelten Prozentränge von den vorgegebenen Prozentrangbereichen eine Rangreihe der Bewerber erstellt (s. Abbildung 10-3). Erreicht ein Bewerber z.B. in einer Anforderungsdimension, für die ein Bereich von 60 bis 90 gewählt wurde, einen Prozentrang von 91, so würde ihm ein Abweichungspunkt zugewiesen. Ein Bewerber, der den Prozentrang 59 einnimmt, würde ebenfalls einen Abweichungspunkt erhalten. Die Abweichungspunkte der Bewerber werden zur Erstellung der Rangreihe für jede Dimension ermittelt und summiert.

Die Sollangaben für die einzelnen Dimensionen können auch nach der Auswertung der Daten modifiziert werden. Die Autoren von ELIGO weisen darauf hin, dass eine solche Veränderung der Vorgaben nützlich sein kann, wenn etwa geprüft werden soll, ob ein bestimmter Bewerber (auch) für eine andere Position mit anderem Anforderungsprofil geeignet ist. Von einem „Herumprobieren" mit den Anforderungsdimensionen im Nachhinein ohne eine klare Fragestellung – wozu diese Option evtl. verleiten kann – sollte allerdings in jedem Fall Abstand genommen werden.

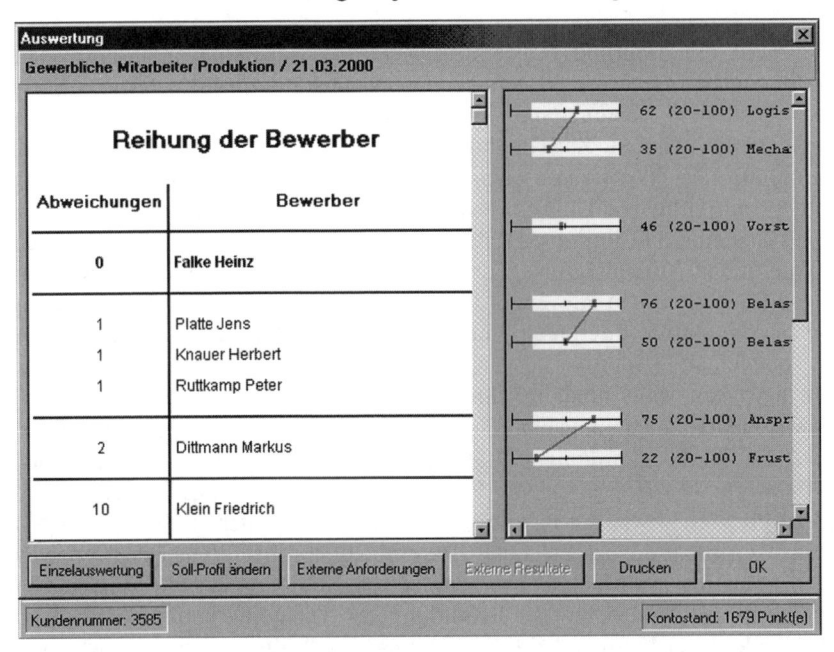

Abbildung 10-3: Auswertung der Testdaten im ELIGO-Organizer

Normierung
Im Katalog „Testbeschreibungen" finden sich Angaben zu den Normierungsstichproben der Testverfahren. Die Größe der Normierungsstichproben der einzelnen Tests variiert beträchtlich, so dass bei einigen Tests nur von vorläufigen Normen ausgegangen werden kann (z.B. EPPD, AHA). Für einige Tests fehlt die Angabe der Größe der Normpopulation (z.B. FOLO).

Ergebnisinterpretation
Die Ergebnisse der Stellenbewerber werden intraindividuell anhand der berechneten Prozentränge und interindividuell anhand der Rangreihe der Bewerber, die aufgrund der spezifizierten Soll-Bereiche der Prozentränge resultiert, interpretiert. Bei der interindividuell erstellten Rangreihe ist zu beachten, dass Abweichungen des Bewerbers vom spezifischen Soll-Profil nach oben und nach unten gleich gewertet werden. Im ELIGO-Manual sowie dem Katalog „Testbeschreibungen", die zu dem ELIGO-Testsystem geliefert werden, finden sich für jede Anforderung Hinweise zur Bedeutung der Skalen und zur Ergebnisinterpretation. Die Ergebnisinterpretation wird wei-

terhin in dem von der ELIGO GmbH angebotenen Seminar erläutert. Die Nutzer von ELIGO werden zudem darauf hingewiesen, dass die jeweiligen Personalauswahl- bzw. Personalentwicklungsentscheidungen nicht allein auf Grundlage der Testergebnisse vorgenommen werden sollten.

Bewertung

ELIGO stellt ein aufgrund seines Umfangs sehr vielseitiges Softwaresystem zur Messung von berufsrelevanten Anforderungen dar und wird durch die Vorteile der computergestützten Testung und Auswertung den Anforderungen der praktischen Personalauswahl gerecht. Zur Nutzung eines umfangreichen diagnostischen Testsystems sind stets Fachkenntnisse erforderlich. Für eine zuverlässige Sondierung von Bewerbern mit Hilfe von ELIGO ist neben der Teilnahme an dem Seminar zur Nutzung des Systems das Vorhandensein einer fundierten diagnostischen Sachkenntnis eine wesentliche Voraussetzung. Die benutzerfreundliche Oberfläche und Handhabung von ELIGO sollten Anwender nicht dazu verleiten, die Zusammenstellung von Testverfahren und die Interpretation der erzielten Ergebnisse als einen trivialen Prozess zu betrachten. Zur Auswahl von Tests, auf deren Ergebnissen Personalentscheidungen aufbauen, sind fundierte diagnostische Kenntnisse unabdingbar: Die Auswahl und Zusammenstellung von Tests sowie die Festlegung von Grenzbereichen erfordert die Berücksichtigung vielfältiger Aspekte – wie z.B. die Reliabilitäts- und Validitätswerte von Verfahren, die Relevanz der Anforderungsdimensionen für die jeweilige Position sowie die Passung der Stichprobe, an der die Normierung vorgenommen wurde, zu der zu testenden Bewerberstichprobe. Wünschenswert wäre daher die Ergänzung des Manuals bzw. der Testbeschreibungen um genauere Angaben zu Stichprobenumfängen bei der Ermittlung der Testgütekriterien sowie Aussagen darüber, welche der Normen bei einer Testung vom System verwendet werden. Dem Anwender sollten diese Informationen nicht vorenthalten werden, da sie wesentlich für die Beurteilung der Ergebnisse sind.

10.2 Hogrefe TestSystem

Nina Brühl & Sandra Winkel

Das Hogrefe TestSystem ist ein umfassendes psychodiagnostisches Testsystem, das computergestützt durchgeführt wird. Es ist am Zentrum für Testentwicklung und Diagnostik der Universität Fribourg unter der Leitung von Hänsgen entwickelt worden. Die aktuelle Version 3.1 stammt aus dem Jahr 2000. Das System enthält über 200 Verfahren aus den verschiedensten Bereichen der Psychodiagnostik, unter denen der Benutzer im Baukastenprinzip die Instrumente auswählen kann, die er für seine Arbeit benötigt. Die Sammlung wird ständig aktualisiert und erweitert. Dazu gehören Leistungstests, Klinische Verfahren und Persönlichkeitstests für Erwachsene und auch für Kinder und Jugendliche sowie berufsbezogene Verfahren. Für die Anwendung im Bereich der Organisationspsychologie sind vor allem die Leistungstests für Erwachsene und die berufsbezogenen Verfahren von Interesse.

Konzeption

Das Hogrefe TestSystem hat zum Ziel, dem Benutzer ein möglichst umfassendes und vielseitiges Angebot an verschiedenen Testverfahren bereitzustellen. So stellt das System für eine Vielzahl von Anwendern und Anwendungsgebieten eine Möglichkeit dar, sich benötigte Messinstrumente in computergestützter Form zu verschaffen. Das System funktioniert nach dem „Baukastenprinzip": Unter einer einheitlichen Programmoberfläche kann sich jeder Benutzer nach seinen Bedürfnissen sein individuelles Programmsystem zusammenstellen. Es stehen sowohl speziell für den PC entwickelte Verfahren wie auch adaptierte Paper-Pencil-Tests zur Verfügung. Um die Auswahl von Verfahren für spezifische Fragestellungen zu erleichtern, werden durch das Programm Empfehlungen gegeben. In Katalogen werden entsprechende Tests aufgelistet, wobei die Auswahl nach dem Testnamen, der Testkategorie sowie nach diagnostischen Merkmalen erfolgen kann. Das System bietet zu allen enthaltenen Verfahren einen Überblick über die Normierung, Skalierung und Parametrisierung.

Beispiele für erhältliche Verfahren:
- Leistungsdiagnostik: Intelligenz-Struktur-Test 2000 (I-S-T 2000), Wilde-Intelligenz-Test (WIT), Frankfurter Adaptiver Konzentrationsleistungs-Test (FAKT)
- Persönlichkeitsdiagnostik: Freiburger Persönlichkeitsinventar, revidierte Form (FPI-R), Deutsche Personality Research Form (PRF)
- Klinische Verfahren: Symptom-Check-Liste von Derogatis – Dt. Version – (SCL-90-R), Gießen-Test (GT)
- Kinder- und Jugenddiagnostik: Grundintelligenztest (CFT-20), Persönlichkeitsfragebogen für Kinder zwischen 9 und 14 Jahren (PFK 9-14)
- Berufsbezogene Verfahren: Generelle Interessen-Skala (GIS), Mechanisch-Technischer Verständnistest (MTVT)

Das zentrale Element des Testsystems ist die universelle Personendatenbank, in der die Personendaten, die Informationen zu den Testverfahren und die jeweiligen Resultate gespeichert werden. Die Datenbank soll auch bei großen Datenmengen schnellen und übersichtlichen Zugriff auf die Daten gewährleisten. Anhand der Personendatenbank können Personen auch nach spezifischen Kriterien für Tests ausgewählt werden, z.B. nach Alter oder Geschlecht. Die Sicherheit der Daten wird durch Lizensierungsvorschriften gewährleistet, so dass nur autorisierte Personen das System installieren und Zugriff auf die Daten erhalten können.

Die Grundlagen des Systems wurden in 10 Jahren entwickelt, wobei darauf geachtet wurde, die Systemteile möglichst kompatibel zu den zu erwartenden technologischen Weiterentwicklungen zu halten. So erfolgt z.B. die Datenpräsentation HTML-gestützt, was eine spätere Präsentation im Internet möglich macht. Ein Teilsystem des Hogrefe TestSystems, TestFactory, ermöglicht es Testautoren, ihr Verfahren sofort computergestützt auf HTML-Basis zu entwickeln. Die theoretische Grundlage für die Entwicklung des Programms bildet die Annahme, dass sich der diagnostische Prozess durch die Computerunterstützung nicht nur bequemer und effizienter gestalten lässt, sondern der Diagnoseprozess auch an Messgüte (Reliabilität, Objektivität, Validität) gewinnt. Im nächsten Abschnitt werden einige Argumente für oder gegen diese Annahme diskutiert.

Gütekriterien und Normierung

Objektivität
Durch die Erhebung von Informationen direkt am Computer wird die Testleiter-Varianz minimiert, das heißt die Testergebnisse und ihre Auswertung sind unabhängig davon, welcher Versuchsleiter den Test durchführt. Die Abläufe sind standardisiert und laufen für alle Testpersonen gleich ab. Das Kriterium der Durchführungsobjektivität ist somit erfüllt.
Der Test wird darüber hinaus vom Computer automatisch ausgewertet, so dass die Auswertungsobjektivität ebenfalls gegeben ist. Außerdem ordnet das Hogrefe TestSystem bestimmten Werten oder Wertekombinationen Textbausteine zu, die der Interpretation der Ergebnisse dienen, wodurch die Interpretationsobjektivität gewährleistet wird. Allerdings besteht beim Einsatz von sogenannten „Reportwritern" ein erhöhtes Risiko von Fehlinterpretationen, worauf im Abschnitt Auswerten noch näher eingegangen wird.

Reliabilität und Validität
Die Reliabilität und die Validität für das gesamte Hogrefe TestSystem sind nicht bestimmbar, da es sich hierbei nicht um ein Einzelverfahren, sondern um einen Baukasten von verschiedenen Tests handelt, die beliebig kombiniert werden können. So hängen die diagnostische Reliabilität und Validität bei einem konkreten Probanden davon ab, mit welchen Verfahren er getestet wird. In der Kurzbeschreibung der einzelnen Tests finden sich jedoch jeweils Angaben zu den Gütekriterien. Wichtig ist in diesem Zusammenhang, dass sich beispielsweise die Validität eines Paper-Pencil-Tests durch die Übertragung auf den Computer verändern kann.

Hogrefe betont, dass sich die hohe Objektivität, die genaue Ereignisregistrierung und Fehlerkontrolle sowie der Einsatz neuer methodischer Strategien positiv auf die diagnostische Validität des Hogrefe TestSystem auswirken sollten. Der empirische Nachweis dieser Annahme steht jedoch noch aus. Positiv anzumerken ist, dass die Integration und Aggregation zahlreicher diagnostischer Informationen durch das Hogrefe TestSystem erleichtert werden, was im Sinne der Befürworter einer multimodalen Diagnostik sein dürfte.

Grundsätzlich stellt sich die Frage, ob statistische Urteile klinischen Urteilen überlegen sind. Unter statistischen Urteilen versteht man das „Abarbeiten" von expliziten und validierten Regeln der Entscheidungsfindung, gesetzt den Fall, dass diese überhaupt existieren. Bei der klinischen Urteilsbildung fließen dagegen auch die Erfahrung und Intuition des Diagnostikers in die Entscheidung mit ein, was vor allem dann angezeigt erscheint, wenn komplexere Entscheidungssituationen vorliegen, wenig Prognosewissen vorhanden und der Einsatz heuristischer Strategien notwendig ist.

Normen

Der Herausgeber gibt an, dass alle im Hogrefe TestSystem enthaltenen Speed-Tests für den Computer neu normiert worden sind. Dies ist wichtig, da bei zeitkritischen Leistungstests auch das Eingabemedium (Maus, Tastatur) eine Rolle spielt. In diesem Zusammenhang konnte Murer (1995) anhand einer d2-Adaption nachweisen, dass bei der Verwendung von Papier-Bleistift sowie Maus oder Tastatur als Eingabemedium Unterschiede im Ergebnis bestehen.

Bei Fragebogen ohne Zeitbegrenzung wurden dagegen vorhandene Normen übernommen. Zur Gewinnung von Normierungsdaten wird von Hogrefe mittel- und langfristig das sogenannte Pool-Konzept verwendet, das heißt die Primärdaten aller untersuchten Personen werden in einer Datenbank gesammelt, und es werden Normierungen unter Beachtung bestimmter Schichtungskriterien für Teilpopulationen berechnet. Schichtungskriterien sind hierbei Alter, Geschlecht, Bildungsgrad und Diagnose. Bei einigen Entwicklungsversionen und für bestimmte Teilskalen stehen gegenwärtig noch keinerlei Kennwerte zur Verfügung. Diese Verfahren wurden aufgrund ihrer empirischen Bewährung in bestimmten Bereichen dennoch in das Hogrefe TestSystem aufgenommen, und ihre Ergebnisse werden vorläufig als Prozentanteil der gelösten Aufgaben angegeben, was bei der Interpretation zu berücksichtigen ist. In diesem Fall ist eine populationsbezogene Bewertung nicht möglich.

Im Systemhandbuch werden 17 Untersuchungen aufgeführt, in deren Rahmen bereits insgesamt 1151 Personen mit „ausgewählten Verfahren" getestet wurden (darunter gesunde Probanden, Alkoholiker, Patienten mit Teilleistungsstörungen sowie Schizophrene). Es fehlt hierbei die Angabe darüber, um welche ausgewählten Verfahren es sich handelte. Ferner wird darauf verwiesen, dass sich weitere Daten in der Aufbereitung befinden, wodurch sich der Normierungsstatus künftig erweitern wird. Kauft man einen Test, erhält man jährlich ein Update mit gegebenenfalls neu vorliegenden Normierungsdaten oder Änderungen, die sich auf die Durchführung, Auswertung und Interpretation des Tests beziehen. Für die gebräuchlichsten Tests verschickt Hogrefe dieses Update automatisch an alle Lizenzinhaber, bei den weniger gebräuchlichen erhält man ein Update dagegen auf Anfrage.

Durchführung und Auswertung

Ist das Programm fertig installiert, erläutert das ausführliche Systemhandbuch die zur Durchführung und Auswertung erforderlichen Schritte. Diese sind im Einzelnen:

Personenwahl
Vor der ersten Testung nimmt der Diagnostiker die zu testende Person neu in die Datenbank auf und gibt ihre Personendaten ein. Pflichtangaben sind hierbei der Name oder eine fiktive Bezeichnung, das Alter oder Geburtsdatum und das Geschlecht der Person. Fakultativ können außerdem die Adresse, der Beruf, die Diagnose sowie beliebige Zusatzdaten, wie zum Beispiel Gewicht oder Größe, gespeichert werden. Befindet sich eine gewünschte Ausprägung noch nicht in der Maske, können weitere Stufen hinzugefügt werden. Darüber hinaus besteht die Möglichkeit, eine benutzerdefinierte Eingabemaske selbst nach eigenem Bedarf zu erstellen. Sind die Daten einer Person bereits in einer der Datenbanken gespeichert, kann der Testleiter sie nach bestimmten Suchkriterien oder aus einer Liste aller gespeicherten Personen auswählen.

Testen
Nachdem die Personendaten erfasst oder aufgerufen worden sind, wählt der Diagnostiker im Testauswahl-Menü die einzusetzenden Tests aus und bestimmt ihre Abfolge, unter der Berücksichtigung von Pausen. Dabei stehen ihm verschiedene Suchfunktionen wie Testname, Testkategorie oder Diagnostische Merkmale zur Verfügung. Er kann außerdem zwischen zwei Testkatalogen wählen: Der eine Katalog enthält nur die für ihn lizensierten Tests, der andere listet alle im System vorhandenen Tests auf. Nach einem Doppelklick auf den Namen eines Tests erscheint im Fenster daneben eine kurze Beschreibung des Verfahrens, mit Angaben über seine Normierung, Skalierung und Parametrisierung. Es besteht außerdem die Möglichkeit, das Eingabemedium (Tastatur, Maus, Touchscreen) eines Verfahrens zu variieren und die durchschnittliche Testdauer zu erfahren. Fertige Testfolgen können unter einem bestimmten Namen gespeichert werden, so dass zu einem späteren Zeitpunkt ein schneller Rückgriff möglich ist. Ist die Testauswahl beendet, kann mit der Testung begonnen werden. Zu Beginn wird der Proband mittels Computer über die Bearbeitung des Testverfahrens instruiert (standardisierte Instruktion).

Auswerten und Interpretieren
Der Computer wertet alle durchgeführten Tests automatisch aus und gibt den Befund in einem speziellen Ergebnisfenster aus. Dabei kann der Auswertende einstellen, welche Elemente verwendet werden sollen (Deckblatt, Kurzauswertung, ausführliche Auswertung, Profilblatt). Die Bearbeitungszeit für jeden Test wird routinemäßig mit angegeben und kann mit den Richtwerten verglichen werden. Für jeden Test stehen verschiedene Optionen zur Abbildung der Ergebnisse zur Verfügung (zum Beispiel Rohwerte, Normwerte, Skalenwerte usw.). Für die Auswertung von Mehrfachmessungen gibt es eine spezielle Option, die sich „Verlaufsmessungen" nennt. Hier kann man auf einem Profil sehen, ob und wie sich der Wert eines Probanden über die Zeit verändert, wenn der gleiche Test mehrfach durchgeführt wird.

Bei der Interpretation der Ergebnisse helfen sogenannte „Reportwriter", die einzelnen Werten oder Wertekombinationen Textbausteine zuordnen. Dem gleichen Wert entsprechen hierbei gleichartige Interpretationen, da mitunter ein Zufallsgenerator die Auswahl zwischen synonymen Textbausteinen trifft. Der Nachteil dieses Vorgehens ist ein erhöhtes Risiko von Fehlinterpretationen. Dies liegt daran, dass der „Reportwriter" sich auf gemittelte Skalenwerte bezieht und daher im Vergleich zum Diagnostiker unflexibler ist. So kann er dem Einzelfall im Fall von extremen Ausprägungen bei den unterschiedlichen Facetten einer Skala nicht immer gerecht werden kann. Dies bedeutet zum Beispiel, dass das Testsystem bei einem mittleren Angstwert von 5 (auf einer Skala von 1 bis 10) nicht berücksichtigen kann, dass in diesem Wert ein Angstwert in berufsbezogenen Situationen von 9 und ein Angstwert im privaten Leben von 1 eingehen, was für die Interpretation jedoch bedeutsam sein könnte. Hogrefe begegnet diesem Problem mit einer optionalen gefilterten Itemanzeige, die detailliertere Interpretationen ermöglicht. Der Nutzer kann hierfür einen Filter einstellen, indem er angibt, welche Merkmale und Antwortstufen bei der Interpretation eines Tests zu berücksichtigen bzw. besonders zu gewichten sind. Allerdings dürfte die sinnvolle Definition dieser Filter ein nicht zu unterschätzendes praktisches Problem darstellen und somit die Interpretationsobjektivität gefährden.

Bewertung

Eine besondere Stärke des Hogrefe TestSystems ist in seinem umfassenden Testangebot zu sehen, das in seinem Umfang zurzeit alle anderen Testsysteme übertrifft und dazu mit großer Flexibilität in den Nutzungsmöglichkeiten verbunden ist. In der großen Sammlung von Instrumenten sind Verfahren für jeden Anwendungszweck zu finden. In der Praxis ist dies von großem Vorteil, da es die Auseinandersetzung mit einer Vielzahl von verschiedenen Systemen überflüssig macht, deren unterschiedliche Funktionsmodi Verwirrung stiften können. Der Benutzer ist nicht gezwungen, das komplette Testsystem zu kaufen, sondern kann auf der Grundlage der Vollversion die Testinstrumente auswählen, die er benötigt. Auch der günstigere Kauf einer Teilversion des Programms für nur einen Test ist möglich (Stand-alone-Oberfläche), welche später jedoch nicht erweitert werden kann. Die Vollversion ist dagegen so flexibel, dass auch spätere Erweiterungen in der individuellen Testsammlung jederzeit möglich bleiben. Laut Verlag werden alle Testverfahren nach bestimmten Qualitätskriterien ausgewählt, die leider nicht näher erläutert werden.

Das Hogrefe TestSystem vereinigt alle Verfahren unter einer einheitlichen Benutzeroberfläche, die für den Anwender relativ leicht erfassbar ist. Der Benutzer kann sein Wissen über den Umgang mit Windows-Programmen nutzen, da die Systemoberfläche an Windows-Standards orientiert ist. Dies ermöglicht ein rasches Erlernen des Umgangs mit dem Programm. Auch für die Probanden bedeutet diese Einheitlichkeit mehr Klarheit und damit eine Erleichterung. Insgesamt findet das Programm daher auch bei den befragten Personen eine gute Akzeptanz, was neben seiner klaren Benutzeroberfläche auch auf die offensichtliche Objektivität des Verfahrens zurückzuführen ist.

Ein genereller Vorteil von computergestützten Testungen besteht in der Zeitersparnis gegenüber den herkömmlichen, langwierigen Auswerteprozeduren. Sofort nach der Testdurchführung liegt das Ergebnis vor. Viel wichtiger erscheint jedoch die hohe Durchführungs- und Auswertungsobjektivität, die in diesem Ausmaß bei Papier-Bleistift-Anwendungen nicht erzielt werden kann. Das Hogrefe TestSystem zeichnet sich zusätzlich durch eine genaue Ereignisregistrierung aus; so werden alle Reaktionszeiten automatisch erfasst, was bei der Interpretation der Daten aufschlussreich sein kann. Besondere Maßnahmen dienen der Kontrolle von Messfehlern. Dazu gehören die Überprüfung des Verständnisses der Instruktion, indem den Probanden entsprechende Fragen gestellt werden, und die Beachtung von Ausreißerwerten.

Eine Verbesserung der Messqualität wird auch durch die Nutzung von adaptiven Testverfahren ermöglicht. Derartige neue methodische Strategien bedürfen der Grundlage eines computergestützten Verfahrens, wie sie vom Hogrefe TestSystem bereitgestellt werden können.

Ein weiterer Vorzug ist in der Struktur des Testsystems zu sehen. Seine Grundorientierung am Diagnoseprozess erleichtert dem Benutzer das Hineindenken in das Programm, indem es an vertraute Abläufe der diagnostischen Praxis erinnert. Zudem sind einzelne Bestandteile des Programms sehr praktikabel, wie zum Beispiel die Datenbank, die einen leichten und schnellen Zugriff auf die Personendaten ermöglicht und auch bei großen Datenmengen Übersichtlichkeit gewährleistet. Die Suche nach Testverfahren ist auf mehreren Wegen möglich, und die enthaltenen Testbeschreibungen stellen eine nützliche Hilfe bei der Testauswahl dar. In diesem Zusammenhang sind auch die Bestrebungen zur Gewährleistung der Datensicherheit zu erwähnen, die durch ein strenges Lizenzverfahren erzielt werden soll. Nur autorisierte Benutzer erhalten Zugriff auf die Daten.

Schließlich soll als weiterer Bonus das im Programm enthaltene automatische Reparatursystem „Dr. Watson" genannt werden, das zum Beispiel nach Computerabstürzen Fehler finden und beheben sowie noch nicht gespeicherte Daten sichern kann. Damit ist das Programm gegen technische Unwägbarkeiten weitgehend abgesichert, und der Benutzer steht in einem solchen Fall nicht hilflos vor dem Problem.

Neben den genannten Vorzügen weist das Testsystem jedoch auch noch bestimmte Schwächen auf, die zum Teil auf seine Neuheit zurückzuführen sein dürften. Dazu gehört, dass das Systemhandbuch recht unübersichtlich und unzureichend gegliedert ist; man findet gesuchte Informationen mitunter nur zufällig. Dies führt vor allem bei der Installation des Programms und beim Einarbeiten in seine Funktionen zu Schwierigkeiten, die gerade computerungeübte Benutzer überfordern können. Die Benutzung des Systems erfordert ein gewisses Maß an Vorbereitung und Übung und ist nicht so vollkommen „intuitiv" möglich, wie die Programmautoren dies darstellen. Insbesondere die Installation besteht nicht nur in einem aufwändigen Prozess, sondern erfordert einen leistungsfähigen Computer (mindestens Pentium-Prozessor 133MHz, 16 MB RAM, Windows 95). Sind diese Hardwarevoraussetzungen nicht gegeben, läuft das Programm nicht fehlerfrei, so dass zum Beispiel Speed-Tests nicht zu benutzen sind. Auf den Benutzer kommen in jedem Fall höhere Anschaffungskosten zu. So kostet die Vollversion über 900 €, die einzelnen Testverfahren liegen im Bereich von einigen hundert bis über 1500 €, und nach gewöhnlich 100 Testnutzungen müssen ggf. weitere Lizenzen gekauft werden. Ein weiteres Problem besteht darin, dass aufgrund der Lizenzierung für nur einen Computer die zeitökonomische

Gruppentestung nur bei ausreichender Geräteanzahl und Anschaffung entsprechend vieler Testsysteme möglich ist. Allerdings bietet Hogrefe beim Kauf entsprechend vieler Testsysteme einen Mengenrabatt an. Hat man eine ausreichende Anzahl von Testsystemen erworben, ist die Gruppentestung über einen zentralen Server möglich.

Eine andere Schwäche des Hogrefe TestSystems, die auf seine geringe Erprobung zurückzuführen ist, liegt in der noch unzureichenden Normierung. Bisher liefern die Autoren noch keine nachvollziehbaren Angaben über die Art der Normierung (verwendete Verfahren etc.). Das Ausmaß, in dem Normierungen speziell für die computeradaptierten Verfahren durchgeführt worden sind, geht aus den Unterlagen nicht klar hervor. Die Erstellung neuer Normen ist jedoch nicht grundsätzlich zwingend, da bei vielen Testverfahren keine Änderungen zu erwarten sind, wenn sie computergestützt durchgeführt werden. Eine Ausnahme stellen Speed-Tests dar, die wegen der Bedeutung der Reaktionszeit auf jeden Fall neu normiert werden müssen.

Auch erscheint es zweifelhaft, ob alle im Testsystem enthaltenen Instrumente messtheoretischen Qualitätskriterien genügen. So finden sich in der Testsammlung neben bekannten, bewährten Verfahren auch solche Tests, die unzureichend oder an zu kleinen Stichproben normiert wurden (z.B. der Zeichen-Diskriminations-Test von Hänsgen, 1989).

Schließlich muss sich der Benutzer des Hogrefe TestSystems auch mit Schwierigkeiten auseinandersetzen, die nicht speziell diesem System anzulasten sind, sondern grundsätzliche Risiken der Nutzung computergestützter Testsysteme widerspiegeln. Dazu gehören z.B. die Gefahren des Datenverlustes bei Ereignissen wie Virusbefall etc., die eine systemexterne Datenspeicherung erforderlich machen. Damit wird jedoch wiederum die Sicherheit der Daten gegen unbefugte Einsichtnahme gefährdet. Ein weiteres Problem besteht in der Gefahr, sich bei der Auswahl von Tests unreflektiert an die Vorschläge des Systems zu halten oder gar bei der Auswertung die zur Verfügung stehenden Interpretationshilfen ohne Berücksichtigung individueller Bedingungen als Basis der Diagnostik zu missbrauchen. Dadurch können schwerwiegende Fehleinschätzungen entstehen, z.B. wenn nicht erkannt wird, dass ein scheinbar durchschnittliches Testergebnis durch die Mittelung von Extremwerten entsteht, die der Computer vornimmt. Es besteht also die Gefahr, dass gerade durch die relativ einfache Handhabbarkeit des Testsystems „Diagnostik" von Personen betrieben wird, die keine genügende psychologische Ausbildung besitzen.

Zusammenfassend ist festzustellen, dass es sich bei dem Hogrefe TestSystem um ein sehr vielseitiges, flexibles und vielversprechendes Testsystem mit einem durchdachten Konzept handelt, das in seiner praktischen Anwendung jedoch noch an einigen „Kinderkrankheiten" leidet. Es ist zu erwarten, dass diese Schwierigkeiten in Zukunft durch weitere Erprobung und Entwicklung des Systems behoben werden können.

Einsatzmöglichkeiten
Allgemein scheint das Testsystem im Bereich der Arbeits-, Betriebs- und Organisationspsychologie vielseitig verwendbar zu sein. Die Instrumente können bei vielfältigen Forschungsfragen hilfreich sein, aber auch in der Praxis zum Einsatz gelangen. So können die enthaltenen Leistungs- und Persönlichkeitstests für das Personalmanagement (Personalauswahl und Platzierung) in verschiedensten Bereichen genutzt

werden. Die berufsbezogenen Verfahren stellen eine bereichsspezifische Ergänzung dieses Angebots dar.

Eine Voraussetzung für die sinnvolle, praxisnahe Weiterentwicklung des Hogrefe TestSystems besteht auf jeden Fall in der Herstellung und der Aufrechterhaltung eines ständigen Kontaktes zwischen den Testherstellern und den Testnutzern.

10.3 pro facts

Michaela Turß

Bei dem pro facts System (professional assessment by computer for training and selection) handelt es sich um ein computergestütztes Testverfahren, das in Personalauswahl und -entwicklung eingesetzt werden kann. Es besteht aus einer Reihe von Modulen, die jeweils unterschiedliche Anforderungsdimensionen abdecken. Diese Dimensionen sind so gewählt, dass sie für Berufe in Management und Verkauf potentiell Relevanz haben und somit in berufsspezifischen Anforderungsprofilen vorkommen können. Der Anwender kann – ausgehend von seiner eigenen Stellenvorstellung oder empirischen Untersuchungen – entsprechend der Anforderungen der zu besetzenden Stelle Module auswählen und diese flexibel zu einer Testbatterie zusammenstellen.
Die vorliegende Besprechung bezieht sich auf den Stand des Verfahrens von 1999. Seit dieser Zeit wird das Verfahren von den Autoren vertrieben und weiterentwickelt, ein Testmanual liegt zurzeit jedoch nicht vor.

Konzeption

Die durch pro facts gemessenen Anforderungsdimensionen sind durch theoretische Vorüberlegungen sowie aufgrund von Expertengesprächen mit Hilfe der Critical Incident Technique (Flanagan, 1954) entstanden. Die konkrete Zusammenstellung der Dimensionen im Einzelfall erfolgt allerdings durch den Anwender selbst. Dadurch kann das Testsystem im Sinne der eigenen Ansprüche auf eine Vielzahl von Anwendungsfällen zugeschnitten werden. In Abbildung 10-4 ist eine Beispielaufgabe dargestellt.
Der Bewerber wird im Testverlauf innerhalb der beiden Szenarien „Business & Decisions" bzw. „Sales & Communications" mit realistischen Anforderungen des Berufsalltags im Management- und Verkaufsbereich konfrontiert. Durch die Situationsbezogenheit der Fragen und die ausführliche Vorstellung des jeweiligen Entscheidungskontextes möchte sich pro facts nicht als klassischer Persönlichkeitstest verstanden wissen, sondern eher an der Schnittstelle zu der verhaltensorientierten Methode des Assessment Centers.
In Tabelle 10-2 sind die 17 Subskalen beschrieben, die für das ursprüngliche Testverfahren vorgesehen sind. Diese Anforderungsdimensionen werden innerhalb des Testsystems auf teilweise unterschiedliche Art messbar gemacht. Hier reicht die Bandbreite von klassischen Ratingskalen über die Auswahl bestimmter Antwortalternativen bis hin zu eher originellen Operationalisierungen. Auffassungsgabe wird beispielsweise über Merkaufgaben gemessen, bei denen der Proband in die Rolle eines Immobilienmaklers schlüpft. Er erhält bestimmte Informationen, die er in unvorhersehbarer Reihenfolge an seinen Vorgesetzen weitergeben muss. Planungskompetenz hingegen betrifft die Fähigkeit des Immobilienmaklers, seine Termine in einem virtuellen Terminkalender so zu legen, dass sie mit den Wünschen und Möglichkeiten einer Reihe von anderen Kunden übereinstimmen. Wenn der Proband sei-

ne Fähigkeit zum komplexen Problemlösen unter Beweis stellen soll, wird er mit einer Reihe von aufeinanderfolgenden Marktberichten konfrontiert. Er kann auf diese Art und Weise den Entwicklungsverlauf einiger Jahre nachvollziehen, wobei er Informationen zu getätigten Investitionen im Hinblick auf Marktforschung, Werbung, Vertrieb und Kundenbetreuung erhält sowie über die Erfolgszahlen des Unternehmens. Anschließend wird er befragt, welche direkten und indirekten Zusammenhänge er zwischen den unterschiedlichen Größen vermutet. Bei der Skala Anspruchsniveau hingegen wird erfasst, inwieweit die Probanden nach Erfolg bzw. Misserfolg auf Befragung hin eher eine leichtere oder eine schwierigere Aufgabe bevorzugen würden.

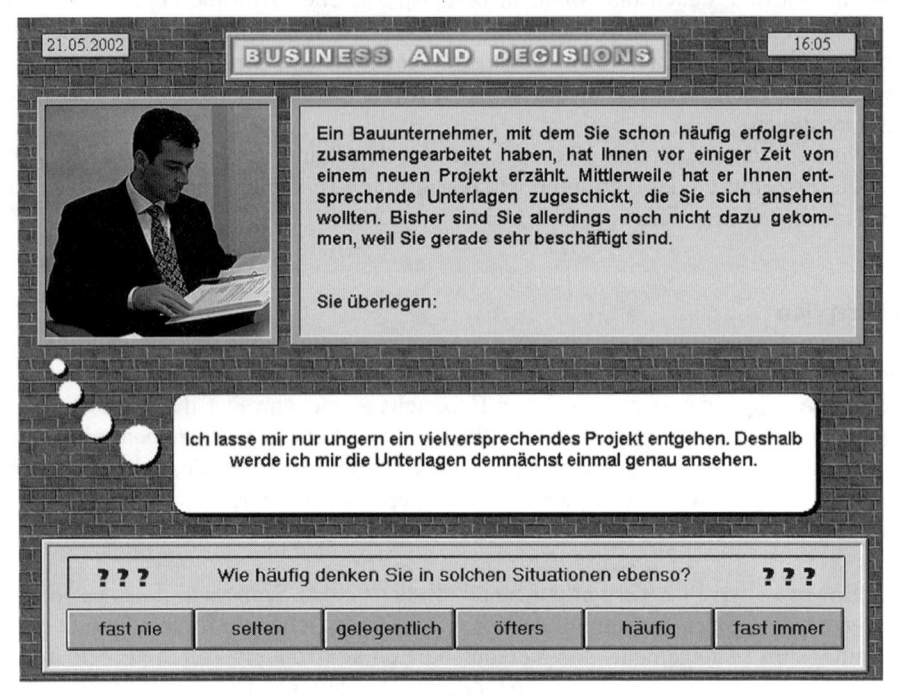

Abbildung 10-4: Screenshot des pro facts Testsystems

Etwas anders ist das Vorgehen bei der Dimension kooperative Führung und deren drei Subdimensionen zur Entscheidungsbeteiligung, kooperativen Konfliktregelung und Aufgabendelegation. Diese Subdimensionen werden genau wie die Dimensionen Karriereorientierung und Ergebnisorientierung über die Zustimmung zu einer von drei vorgegebenen Antwortalternativen erfasst. Dabei beziehen sich die Fragen sowohl auf Gedanken als auch auf Gefühle oder intendiertes Verhalten. Die Dimensionen Aufgeschlossenheit, Kontaktfähigkeit, Situationseinschätzung, Identifikation mit Beruf und Unternehmen, Kundenorientierung und soziale Flexibilität sind ähnlich aufgebaut, wobei der Proband aus zwei Alternativen zu wählen hat.

Zustimmung und Ablehnung auf einer Ratingskala wird schließlich bei der Dimension Eigenverantwortlichkeit zugrunde gelegt. Hier geht es um die Ursachenzuschreibungen, die ein Proband bei günstigem und ungünstigem Situationsausgang vornimmt. Dabei ist es günstig, Erfolge als internal verursacht und auch zukünftig stabil zu betrachten und Misserfolge zwar als internal verursacht, aber zukünftig variabel wahrzunehmen. Diese beiden Aspekte werden von der Skala Eigenverantwortlichkeit 1 abgedeckt. Die Subskala Eigenverantwortlichkeit 2 erfasst hingegen, inwiefern man Erfolge als internal variabel und Misserfolge als internal stabil erlebt. Gemessen werden diese Tendenzen über die Zustimmung bzw. die Ablehnung entsprechender Aussagen. Bei den Skalen Gewissenhaftigkeit und Belastbarkeit geht es schließlich wieder um die Zustimmung des Probanden, wobei hier nicht intendiertes Verhalten, sondern Häufigkeiten von Ereignissen erfragt werden.

Wie dieser Überblick zeigt, zeichnen sich die Module durch Methodenvielfalt aus und sind in der Lage, Informationen auf vielen Ebenen zu erheben. Bei der Auswahl einzelner Skalen sollte man in jedem Fall zusätzlich die Aufgabenebene betrachten und klären, inwieweit hier die eigene Vorstellung der Anforderung umgesetzt wurde.

Tabelle 10-2: Dimensionen des ursprünglichen pro facts Testsystems (nach Etzel, 1999)

Dimension	Kurzbeschreibung
Auffassungsgabe	Neue Inhalte aufnehmen, einordnen und später richtig erinnern.
Planungskompetenz	Ziele in Teilziele unterteilen und die jeweiligen Vorbedingungen erkennen, um Pläne effektiv zu verwirklichen.
Komplexes Problemlösen	Wesentliche Komponenten einer Problemsituation wahrnehmen und konkrete Maßnahmen zur Zielerreichung ableiten.
Kooperatives Führungsverhalten	Mitarbeiter werden an wichtigen Entscheidungen beteiligt und können Vorschläge einbringen.
Karriereorientierung	Wunsch nach einer einflussreichen Position und danach, Verantwortung zu übernehmen.
Ergebnisorientierung	Augenmerk darauf legen, den angestrebten Zustand zu verwirklichen.
Anspruchsniveau	Art des Anspruchs an sich selbst, der steuert, wie man seine Ziele setzt und wie beharrlich man sie verfolgt.
Eigenverantwortlichkeit	Man sieht sich für Ereignisse im eigenen Leben selbst verantwortlich und glaubt, sie durch das eigene Verhalten zu steuern.
Gewissenhaftigkeit	Der eigene Arbeitsplatz ist ordentlich und organisiert und die übertragenen Aufgaben werden zuverlässig ausgeführt.

Dimension	Kurzbeschreibung
Belastbarkeit	Fähigkeit, auch bei unerwartetem Situationsverlauf auf einen positiven Ausgang hinzuarbeiten und positiv in die Zukunft zu blicken.
Aufgeschlossenheit	Bereitschaft, sich auch spontan auf neue Sachverhalte und Situationen einzulassen.
Kontaktfähigkeit	Von sich aus auf andere unbekannte Personen zugehen, ein Gespräch beginnen und somit eine persönliche und geschäftliche Beziehung herstellen.
Einfühlungsvermögen	In einem Gespräch die Bedürfnisse eines Gesprächspartners erfassen und entsprechend darauf eingehen können.
Situationseinschätzung	Verkaufssituationen adäquat einschätzen können.
Soziale Flexibilität	Sich auf unterschiedliche Personen und Situationen einstellen und das eigene Verhalten anpassen können.
Kundenorientierung	Wünsche und Bedürfnisse des Kunden erfassen und gemeinsam eine Lösung entwickeln.
Identifikation mit Beruf und Unternehmen	Persönliche Ziele stehen mit denen des Unternehmens im Einklang.

Gütekriterien und empirische Fundierung

Objektivität
Die Objektivität in der Durchführung und Auswertung des Verfahrens könnte kaum besser sein, da sie vollständig computergestützt verlaufen. Auch die Interpretationsobjektivität ist gut, da die Ergebnisgutachten, die von dem Programm generiert werden, sehr verhaltensnah, also an den konkreten Aufgabenbearbeitungen orientiert sind und somit die Informationen über den Probanden recht umfassend und standardisiert abbilden.

Reliabilität
Die im Folgenden dargestellten Befunde zur Reliabilität und Validität basieren auf einer Stichprobe von 204 männlichen Mitarbeitern eines schweizerischen Versicherungsunternehmens. Da nicht alle Probanden das komplette Verfahren durchlaufen konnten, wurden die einzelnen Dimensionen in Blöcken präsentiert. Die vorliegenden Aussagen basieren auf unterschiedlichen Teilstichproben.
    In der Tabelle 10-3 sieht man die Testlängen und internen Konsistenzen der einzelnen Dimensionen des pro facts Testsystems. Die Konsistenzen von Planungskompetenz, Anspruchsniveau und Komplexem Problemlösen sind sicher als sehr gut einzustufen und auch die Dimensionen mit Konsistenzen über .7 sind unproblematisch. Bei Konsistenzen kleiner als .6 bzw. .5 sollte man allerdings sehr vorsichtig sein. Man kann überlegen, das entsprechende Modul aufgrund inhaltlicher Passung trotz-

dem einzusetzen und hinsichtlich seiner Validität zu erproben. Trotzdem sollte man sich vor Augen halten, dass eine zu geringe Konsistenz – vor allem dann, wenn sie wie bei der Sozialen Flexibilität mit einer eher größeren Testlänge gepaart ist – nicht den Standards eines homogenen Tests entspricht (Lienert, 1994). Das muss nicht notwendigerweise gegen die Dimension sprechen, da es sich hier auch um ein heterogenes Konstrukt handeln kann, aber solange die Ergebnisse von Retests noch ausstehen, bleibt die Reliabilität unklar.

Tabelle 10-3: Interne Konsistenzen des pro facts Testsystems, Stand 1999

Dimension	N	Testlänge	Cronbachs α
Auffassungsgabe	93	10	0.59
Planungskompetenz	81	6	0.81
Komplexes Problemlösen	93	6	0.86
Kooperatives Führungsverhalten			
Entscheidungsbeteiligung	81	4	0.58
Kooperative Konfliktregelung	81	5	0.53
Aufgabendelegation	93	8	0.42
Karriereorientierung	93	12	0.78
Ergebnisorientierung	93	6	0.76
Anspruchsniveau	109	5	0.80
Eigenverantwortlichkeit			
erste Subskala	109	10	0.76
zweite Subskala	117	9	0.56
Gewissenhaftigkeit			
Zuverlässigkeit	117	5	0.55
Ordentlichkeit	118	5	0.85
Belastbarkeit	115	10	0.71
Aufgeschlossenheit	81	12	0.54
Kontaktfähigkeit			
Kontaktorientierung	109	5	0.50
Kontaktanbahnung	109	5	0.47
Einfühlungsvermögen	118	6	0.55
Einschätzung von Verkaufssituationen	109	5	0.52
Soziale Flexibilität	109	12	0.45
Kundenorientierung	118	8	0.49

Dimension	N	Testlänge	Cronbachs α
Identifikation mit Beruf und Unternehmen			
Identifikation mit dem Beruf	109	8	0.53
Identifikation mit dem Unternehmen	118	5	0.53

Validität
Hinsichtlich der Validität ist zu sagen, dass sich nach einer Regressionsanalyse multiple Korrelationen mit den Vorgesetztenurteilen und Umsatzzahlen ergeben, die zwischen .65 und .78 liegen. Besonders im Hinblick auf die Vorgesetztenurteile sind diese Ergebnisse bemerkenswert hoch, da diese Urteile meist selbst durch Fehlervarianz verunreinigt sind. Leider finden sich keine Angaben dazu, inwieweit die Auswahl der Dimensionskombination a priori vorgenommen wurde bzw. welche Dimensionen sich zur Vorhersage welcher Kriterien eignen. Möglicherweise liefert das noch ausstehende Manual zusätzliche Informationen dazu.

Ein weiterer Aspekt der Validität ist es, inwiefern die auf theoretischer Basis konstruierten Dimensionen unabhängige Konstrukte messen, also niedrig miteinander korrelieren. Da, wie oben schon angemerkt, nicht alle Probanden für alle Dimensionen Werte erhalten haben, sind nicht alle Interkorrelationen berichtet. Für die berichteten Interkorrelationen gilt jedoch, dass sie vorwiegend bei .15 liegen, wobei einzelne Dimensionskombinationen, nämlich Kontaktorientierung und Kundenorientierung, Kontaktanbahnung und Anspruchsniveau sowie Belastbarkeit und Zuverlässigkeit mit .40, .43 und .45 korrelieren. Es zeigt sich also, dass eine Differenzierung in Subtests durchaus gerechtfertigt ist. Im Anwendungsfall sollte man während der Entscheidung für die eigenen Anforderungsdimensionen deren Interkorrelationen nochmals gesondert betrachten. Darüber hinaus wurde die Eindimensionalität der Skalen über einen Modellfit im Sinne probabilistischer Testmodelle erhoben. Nahezu alle Dimensionen ließen sich mit diesen Annahmen vereinbaren und messen also auch in diesem Sinne homogene Konstrukte.

Schließlich bleibt zu der Akzeptanz des Verfahrens zu sagen, dass die Probanden in einer explorativen Nachbefragung überwiegend angaben, das Verfahren sei realistisch und sinnvoll und die Bearbeitung habe zumindest in gewissem Maße Spaß gemacht.

Durchführung und Auswertung

Anders als bei fertig zusammengestellten Testbatterien erfordert die Durchführung von pro facts einige konzeptuelle Überlegungen im Vorhinein. Die Durchführung selbst verläuft unproblematisch, da sie komplett am PC und somit auch ökonomisch in Gruppen durchgeführt werden kann.

Der Anwender des Verfahrens muss zunächst die für die zu vergebende Stelle spezifischen Anforderungsdimensionen auswählen und einschätzen. Diese Einschätzung betrifft auf der einen Seite den Sollwert eines Probanden auf der Dimension, das heißt den Wert, den man von einem geeigneten bzw. optimalen Kandidaten erwartet, sowie auf der anderen Seite die Wichtigkeit jeder einzelnen Dimension im

Verhältnis zu den anderen Dimensionen. Die Grundlage für diese Entscheidungen kann einmal eine rationale Überlegung sein, für die man am besten mehrere Experten hinzuziehen sollte, oder auch empirische Untersuchungen, die sich mit der Struktur des Arbeitsplatzes oder den Merkmalen erfolgreicher Mitarbeiter befassen (vgl. Schuler, 2001).

Während der Durchführung erfolgen Instruktionen und Aufgabenbearbeitung vollständig computergestützt, so dass die Probanden den Test selbständig bearbeiten können. Vor der Bearbeitung der Aufgaben wird der Proband ausführlich mit einem fiktiven Mitarbeiter vertraut gemacht, dessen Rolle er im Folgenden übernehmen soll. Zudem werden die Antwortformate vor der jeweiligen Bearbeitung vorgestellt und eingeübt.

Die Bearbeitungszeit einer Testung mit pro facts variiert in Abhängigkeit davon, welche Anforderungsdimensionen in die Messung aufgenommen werden. Wenn man sich für eine bestimmte Kombination entschieden hat, ermittelt das Programm eine erwartete Bearbeitungszeit, die zurückgemeldet werden kann. Falls ein Proband die durchschnittliche Bearbeitungszeit deutlich über- oder unterschreitet, wird er in einem gesonderten Dialogfeld vor einer festgelegten Pause darauf aufmerksam gemacht und gebeten, seinen Arbeitsstil entsprechend anzupassen.

Auch die Auswertung erfolgt vollständig computergestützt, wobei die Ergebnisdarstellung in Gutachtenform, als Profilvergleich oder als Leitfaden für ein nachfolgendes Gespräch ausfallen kann. Die durch das Programm produzierten Ergebnisse beziehen sich ausschließlich auf die Prozentranginformation, da nicht alle Dimensionen die Voraussetzung der Normalverteilung erfüllen. Dabei sind die gegebenen Informationen sehr verhaltensnah dargestellt und somit für den Anwender gut nachvollziehbar. Hervorzuheben ist auch die Möglichkeit, im Rahmen der Testung mit pro facts eigene Normstichproben anzulegen und einzusetzen, um einen unternehmensspezifischen Vergleichsmaßstab für die Probanden anzusetzen.

Bewertung

Insgesamt handelt es sich bei pro facts um ein sehr ambitioniertes und fundiertes Verfahren, das dem Anwender eine Vielzahl von Möglichkeiten bietet, es auf die spezifischen Anforderungen der eigenen Situation zu übertragen. Die grundsätzliche Relevanz der angebotenen Dimensionen ist dabei in weiten Teilen theoretisch abgesichert, die Messung erfolgt auf realitätsnahe und teilweise sehr originelle Art und Weise. Wenn man das System anwendet, ist eine ausführlichere Beschäftigung mit den in der Psychologie teilweise prominenten Konzepten ratsam. Hier sollte das momentan noch nicht vorliegende Manual weiteren Aufschluss bieten. So steht beispielsweise die Skala Eigenverantwortlichkeit im Zusammenhang zum Konzept der Kontrollüberzeugung bzw. der Attributionsforschung und die Skala Anspruchsniveau zu Überlegungen zur Leistungsmotivation. Um dieses Potential optimal zu nutzen, wäre eine psychologische Vorbildung in jedem Fall hilfreich, wobei man sagen muss, dass diese Einschränkung wohl auf die meisten hier besprochenen Verfahren zutrifft.

Der Anwender sollte sich also durch die komfortable Handhabung nicht darüber hinwegtäuschen, dass an einigen Stellen sehr verantwortungsvolle Entscheidungen zu treffen sind. Um das Potential des Verfahrens optimal zu nutzen, ist es wichtig, viel Sorgfalt auf die Auswahl der jeweils relevanten Anforderungsdimensionen zu legen und auch zu hinterfragen, ob diese Dimensionen auf Aufgabenebene das erfassen, was man erfassen möchte. Ebenfalls nicht unterschätzen sollte man die Aufgabe, Sollwerte auf den relevanten Dimensionen festzulegen sowie eine geeignete Normstichprobe auszuwählen. Mit diesem Vergleichsmaßstab steht und fällt die Aussage, die man aufgrund des Verfahrens macht. Je nach Wichtigkeit der Entscheidung kann es durchaus nützlich sein, diesen Entscheidungen Untersuchungen im eigenen Kontext vorausgehen zu lassen, z.B. eine Befragung der Vorgesetzten zu den Wichtigkeiten der Dimensionen oder eine Einschätzung erfolgreicher Mitarbeiter auf relevanten Dimensionen. Hierbei handelt es sich aber keineswegs um eine Schwäche des Verfahrens, sondern um eine generelle Gefahr von computergestützten Testverfahren. Auch wenn die Bedienung sehr leicht erscheint, bedarf es für den optimalen Einsatz eines Mindestmaßes an Anwendungswissen.

Wenn man dies beherzigt, stellt das Verfahren pro facts eine sehr flexible und ökonomische Hilfe im Rahmen des Assessments dar, die nicht nur solide konstruiert ist, sondern sich auch empirisch bewährt hat. So verfügt pro facts über gute Validitäten und eine große Akzeptanz auf Seiten des Probanden. Problematisch erscheinen die Reliabilitäten. Hier sollte man abwägen, ob man sich mit teilweise großen Messungenauigkeiten abfinden will. Beispielsweise kann man überprüfen, ob eine solche Dimension inkrementelle Validitätszuwächse hinsichtlich relevanter Kriterien bedeuten würde. Wenn dies nicht zutrifft bzw. keine Ressourcen vorliegen, dies zu überprüfen, sind die reliableren Module klar zu bevorzugen. Auch Informationen zu Retest-Reliabilitäten wären hier hilfreich, liegen zurzeit jedoch nicht vor. Hier muss sich zeigen, ob das Testmanual mehr Aufschluss über die zeitliche Stabilität der Dimensionen gibt.

Schade ist auch, dass keine genaueren Informationen vorliegen, inwiefern bestimmte Dimensionskombinationen eine prognostische Validität für bestimmte Berufgruppen haben. Zumindest ist diese Information der Dissertation von Stefan Etzel (1999) nicht zu entnehmen. Es fehlen differenzierte Angaben zu den Validitäten der einzelnen Module und Informationen, wie sie kombiniert werden müssen. Je ausführlicher das Testmanual darüber Aufschluss geben würde, desto mehr wäre dem Anwender die Verwendung des pro facts Systems erleichtert und desto zielgerichteter könnte er dessen Potential einsetzen.

10.4 Wiener Testsystem

Janett Gaschok

Das von der Dr. G. Schuhfried GmbH entwickelte Wiener Testsystem ist anwendbar für eine große Bandbreite psychologischer Fragestellungen. Vom klinischen Bereich über die Schulpsychologie bis hin zur Arbeits-, Betriebs- und Organisationspsychologie werden vom Herausgeber insgesamt 34 Anwendungsfelder genannt. Hinter dem Wiener Testsystem verbergen sich mehr als 100 Testverfahren, welche flexibel miteinander kombiniert werden können, so dass jeder Anwender seine individuelle Testbatterie zusammenstellen kann. Die Auswahl der Verfahren, die Testung der Bewerber und die Datenauswertung werden computergestützt vorgenommen.

Konzeption

Mit dem Wiener Testsystem kann psychologische Diagnostik in allen Teilbereichen der Psychologie betrieben werden. Die einzelnen Testverfahren sind als Module gedacht, die bestimmte Inhalte in das Testsystem einbringen. Je nach Schwerpunktsetzung des Diagnostikvorhabens entsteht durch die Auswahl verschiedener Tests so z.B. eine „Neuropsychologische Testbatterie" oder eine „Testbatterie zur Personalauswahl". Zusätzlich zu der Möglichkeit, alle vorhandenen Testverfahren beliebig miteinander kombinieren zu können, kann der Anwender für spezielle Fragestellungen mit Hilfe des Testgenerators eigene Tests erstellen und diese in das Testsystem einbringen. Viele Einzeltests stehen in einer Parallelform oder in verschiedenen Testformen zur Verfügung, die sich z.B. in ihrem Schwierigkeitsgrad oder ihrer Dauer unterscheiden. Des Weiteren finden sich eine Reihe von adaptiven Testverfahren im Wiener Testsystem, die ein maßgeschneidertes Testen ermöglichen. Jeder Test, den das System anbietet, wurde auf wissenschaftlicher Grundlage entwickelt und überprüft. Es handelt sich dabei überwiegend um bereits bestehende, wissenschaftlich fundierte Verfahren, die überblicksartig in Tabelle 10-4 dargestellt werden. Je nach Einsatzgebiet kann der Anwender entscheiden, ob das Testsystem nur auf einem Standardcomputer installiert wird (Maus und Tastatur dienen als Eingabemedien) oder ob weitere Spezialhardware (Lichtgriffel, Probandentastaturen und spezielle Peripheriegeräte) zum Einsatz kommen soll. Demnach werden je nach Fragestellung unterschiedlich viele Hardwarekomponenten benötigt, die dann bestimmen, welcher Umfang an Tests zur Verfügung steht. Insgesamt lassen sich drei verschiedene Testsysteme (*System D*, *System T-M*, *System T-E*) realisieren.

Das *Wiener Testsystem D* wurde speziell für den Bereich der Arbeits- und Organisationspsychologie konzipiert und verdankt sein Kürzel der Tatsache, dass es direkt mit einem Hardware-Dongel (D) zu bedienen ist. Es benötigt keinerlei spezifische Hardware und kann an jedem PC genutzt werden. Dadurch wird der Anwendungsbereich dieses Systems gegenüber den anderen Testsystem-Versionen etwas eingeschränkt, da sich nicht alle Verfahren zur Bedienung mit Maus bzw. Tastatur eignen. In dem *Wiener Testsystem T-M* (M = Monitor) ist das komplette Softwareangebot verfügbar, bis auf die Möglichkeit des Einsatzes zweier zusätzlicher Peripheriegeräte. Diese finden ihren ergänzenden Einsatz im *Wiener Testsystem T-E* (E = Erweitert), welches als Ergänzung des *Systems T-M* zu sehen ist. Nach der Zusammenstellung der Testbatterie mit Hilfe äußerst benutzerfreundlichen Menüfunktionen wird die Testung gestartet. Die Testung und anschließende Auswertung der Probandendaten erfolgt automatisch. Da das Wiener Testsystem für den internationalen Einsatz konzipiert wurde, ist ein großer Teil der Tests in verschiedenen Sprachen verfügbar.

Das Wiener Testsystem kann als Einzelplatz-Testsystem, als Mehrplatz-Testsystem (mehrere miteinander vernetzte Probandenarbeitsplätze) und auch als Testsystem-Gruppenanlage (mehrere Probandenarbeitsplätze und separate Testleiterplätze für Verwaltungs-und Überwachungsaufgaben) konfiguriert werden.

Tabelle 10-4: Testverfahren des Wiener Testsystems

1) Leistungstests

• *Intelligenztests*
    - Erkennen von Meta-Regeln (META)
    - Intelligenz-Struktur-Analyse (ISA)
    - Intelligenz-Struktur-Test I-S-T 70 (I-S-T 70)
    - Wilde-Intelligenz-Test (WIT)
    - Wortschatztest (WST)

• *Sprachfreie Intelligenztests (Spearmans G)*
    - Adaptiver Matrizen Test (AMT)
    - Ravens Advanced Progressive Matrices (APM)
    - Ravens Coloured Progressive Matrices (CPM)
    - Ravens Standard Progressive Matrices (SPM)
    - Ravens Standard Progressive Matrices Plus (SPMPLS)
    - Rechnen in Symbolen (RIS)
    - Wiener Matrizen Test (WMT)

• *Allgemeine Leistungstests*
    - Arbeitsleistungsserie (ALS)
    - Cognitrone (COG)
    - Daueraufmerksamkeit (DAUF)
    - Reaktionszeitanalyse (RA)
    - Signal-Detection (SIGNAL)
    - Vigilanz (VIGIL)
    - Wiener Determinationstest (DT)
    - Wiener Reaktionstest (RT)

• *Spezielle Leistungstests*
    - Adaptiver Analogien-Lerntest (ADANA)
    - Adaptiver Figurenfolgen-Lerntest (ADAFI)
    - Adaptiver Raumvorstellungs-Test (A3DW)
    - Adaptiver Zahlenfolgen-Lerntest (AZAFO)
    - Corsi-Block-Tapping-Test (CORSI)
    - Differentieller Aufmerksamkeitstest (DAKT)
    - Doppellabyrinthtest (B19)
    - Flimmerfrequenz-Analysator Automatische Methode (FLIM)
    - Fortlaufende visuelle Wiedererkennungsaufgabe (FVW)

- Fremdsprachen-Lerntest (SRL)
- Gestaltwahrnehmungstest (GESTA)
- Inzidentelle Gedächtnisstärke (IGS)
- Interferenztest nach Stroop (STROOP)
- Linienverfolgungstest (LVT)
- Mechanisch-Technisches Auffassungsvermögen (MTA)
- Mechanisch-Technischer Verständnistest (MTVT)
- Motorische Leistungsserie (MLS)
- Nonverbaler Lerntest (NVLT)
- Periphere Wahrnehmung (PP)
- Perseverationstest (PERSEV)
- Pilots Spatial Test (PST)
- Sensomotorische Koordination (SMK)
- Simultankapazität (SIMKAP)
- Tachistoskopischer Verkehrsauffassungstest Mannheim (TAVTMB)
- Verbaler Gedächtnis Test (VERGED)
- Visueller Gedächtnis Test (VISGED)
- Verbaler Lerntest (VLT)
- Zeit- und Bewegungsantizipation (ZBA)
- Zweihand-Koordination (2HAND)

2) Psychometrische Persönlichkeitstests

- *Persönlichkeitsstrukturtests*
  - 4-dimensionales Persönlichkeitsinventar (4DPI)
  - 16-Persönlichkeits-Faktoren-Test (16 PF)
  - Aggressives Verhalten im Straßenverkehr (AVIS)
  - Angstfragebogen für Schüler (AFS)
  - Arbeitshaltungen (AHA)
  - Arbeitsbezogenes Verhaltens- und Erlebensmuster (AVEM)
  - Eysenck Personality Profiler (EPPD)
  - Fragebogen zur Analyse belastungsrelevanter Anforderungsbewältigung (FABA)
  - Führungs-Einstellungstest (FET)
  - Das Freiburger Persönlichkeitsinventar (FPI)
  - Der Gießen-Test (GT)
  - Inventar zur Persönlichkeitsdiagnostik in Situationen (IPS)
  - Multi-Motiv-Gitter (MMG)
  - Skalen zur Erfassung der subjektiven Belastung & Unzufriedenheit im beruflichen Bereich (SBUSB)
  - Trierer Persönlichkeitsfragebogen (TPF)

- *Einstellungs- und Interessentests*
  - Allgemeiner Interessen-Struktur-Test (AIST)
  - Fragebogen zur Berufs-Interessen-Lage (FBIL)
  - Der Freizeit-Interessen-Test (FIT)

- *Klinische Verfahren*
  - Alkoholiker Trenn-Verfahren (ATV)
  - Angstbewältigungsinventar (ABI)
  - Beck-Depressions-Inventar (BDI)
  - Die Befindlichkeits-Skala (BFS)
  - Berner Fragebogen zum Wohlbefinden (BFW)
  - Biographisches Inventar zur Diagnose von Verhaltensstörungen (BIV)
  - Die Beschwerden-Liste (BL)
  - Die Eigenschaftswörterliste (EWL)
  - Fragebogen zur Erfassung von Aggressivitätsfaktoren (FAF)
  - Fragebogen zur Abschätzung Psychosomatischen Krankheitsgeschehens (FAPK)
  - Fragebogen zur Beurteilung der Suizidgefahr (FBS)
  - Fragebogen zum funktionalen Trinken (FFT)
  - Fragebogen zum Schmerzverhalten (FSV)
  - Freiburger Beschwerdeliste (FBL)
  - Freiburger Fragebogen zur Krankheitsverarbeitung (FKV)
  - Fragebogen für körperliche, psychische und soziale Symptome (KOEPS)
  - Gießener Beschwerdebogen (GBB)
  - Grazer Assertivitäts-Test (GAT)
  - Hamburger Neurotizismus- u. Extraversionsskala für Kinder und Jugendliche (HANES)
  - Hamburger Zwangsinventar (HZI)
  - Kieler Änderungssensitive Symptomliste (KASSL)
  - Kurzfragebogen für Alkoholgefährdete (KFA)
  - Kurzfragebogen für Problemfälle (KFP-30)
  - MMPI Saarbrücken (MMPI)
  - MMPI Kurzform (MMPIK)
  - Mehrdimensionale Schmerzskala (MSS)
  - Narzissmusinventar (NI)
  - Paranoid-Depressivitäts-Skala (PDS)
  - Profile of Mood States (dt.) (POMS)
  - Social Adjustment Scale – Self Report (SASSR)
  - Fragebogen zur Sozialen Unterstützung (SOZU)
  - Skalen Soziale Unterstützung (SSU)
  - Das State-Trait-Angstinventar (STAI)
  - Stressverarbeitungsfragebogen (SVF)
  - Symptom-Checkliste (SCL90R)
  - Test zur Erfassung der Schwere einer Depression (TSD)
  - Der Unsicherheitsfragebogen (UFB)

Durchführung und Auswertung

1. Das Hilfe-Programm
Das Wiener Testsystem bietet dem Anwender ein Hilfe-Programm an, in dem die allgemeinen Grundlagen computergestützter psychologischer Diagnostik nachgelesen werden können, dies allerdings mit dem angemessenen Hinweis, dass dadurch keineswegs eine fachliche Ausbildung im Bereich der psychologischen Diagnostik ersetzt werden könne. Folgende Bereiche werden in diesem Menü zusammengefasst und sehr anschaulich erläutert:
- Definition und Inhalte psychologischer Diagnostik
- Vorteile computergestützter Diagnostik
- Der diagnostische Prozess
- Testgütekriterien
- Normvergleich einschließlich Erklärungen zu den einzelnen Normen

2. Testauswahl
Das System bietet verschiedene Möglichkeiten, Testverfahren auszuwählen:
a) Auswahl einzelner Tests nach Namen
Ist im Vorfeld bereits entschieden, welche Tests zum Einsatz kommen sollen, so wählt man die Menüfunktion „Tests". Daraufhin erhält man eine Liste mit allen im Wiener Testsystem gespeicherten Tests. Aus dieser Liste können dann durch Anklicken des Testnamens die gewünschten Verfahren ausgewählt werden. Die so erstellte Testbatterie kann gespeichert werden und steht somit für spätere Testungen zur Verfügung.
b) Auswahl einer Testbatterie
Unter dem Menübutton „Testbatterien" findet man alle gespeicherten Testbatterien und kann diese direkt als Testvorgabe starten.
c) Auswahl einzelner Tests über den Katalog/Inhalt
Ist zu Beginn noch nicht entschieden, welche Testverfahren zum Einsatz kommen sollen, sondern hat man nur festgelegt, welche Dimensionen inhaltlich erfasst werden sollen, so wählt man die Menüfunktion „Katalog/Inhalt". Es erscheint daraufhin eine alphabetisch geordnete Liste mit allen Dimensionen, die mit Hilfe des Wiener Testsystems erfasst werden können. Nach Auswahl der gewünschten Dimension erscheinen dann automatisch alle gespeicherten Verfahren, die diese Dimension erfassen. Aus diesen ist auszuwählen und dieser Vorgang so lange zu wiederholen, bis alle Merkmale, die untersucht werden sollen, durch einen entsprechenden Test abgedeckt werden. Das Testsystem sorgt dafür, dass ein- und derselbe Test nicht mehrfach in den Testablauf gelangt.
d) Erstellung eigener Tests
Mit Hilfe der Menüfunktion „Testgenerator" hat der Anwender die Möglichkeit, eigene Testverfahren zu erstellen. Dieses Menü bietet ein vordefiniertes Testgerüst an, mittels dessen auf einfache Art und Weise Fragebogentests und tachistoskopische Tests generiert werden können.

3. Testdurchführung und Auswertung
Nach Eingabe der Probandendaten startet der Testablauf automatisch. Jeder Testdurchlauf beginnt mit einer Instruktionsphase, an die sich eine Übungsphase anschließt, in der das Aufgabenverständnis überprüft wird. Ist dieses gesichert, so beginnt die Testphase, die automatisch bis zum Testende abläuft. Während der Testung erfolgt eine gleichzeitige Datenspeicherung, so dass unmittelbar nach Abschluss der Testung die computergestützte Auswertung vorgenommen werden kann. Der Computer fasst die erzielten Rohwerte zusammen und führt einen Normvergleich mit verschiedenen, vom Diagnostiker auszuwählenden Normstichproben durch. Es ist möglich, gleichzeitig mehrere Eichstichproben auszuwählen. Für alle im Wiener Testsystem geeichten Tests wurden die Normen auf der Basis von Prozenträngen ermittelt. Aus diesen werden dann T-Werte sowie weitere Standardnormen abgeleitet. Die Ergebnisse werden in Testprofilen und einem Itemanalyseprotokoll ausgegeben. Die Ergebnisdarstellung kann individuell erweitert werden (z.B. spezielle Graphiken, Zugehörigkeit zu Leistungsgruppen, Interpretationshilfen), falls zusätzliche Informationen gewünscht werden. Der Untersucher kann den Umfang der Auswertung demnach selbst bestimmen und hat bei der Gestaltung des Ausdrucks viele Freiräume. Er kann z.B. die Kopfzeile selbst gestalten und Testbeschreibungen sowie Anmerkungen und Legenden hinzufügen. Die Ergebnisse können am Bildschirm angezeigt oder ausgedruckt werden. Für die Interpretation der Testergebnisse können Interpretationshilfen herangezogen werden.

Eine kennwortgesicherte Datenverwaltungsfunktion ermöglicht die Speicherung der Probandendaten und Testergebnisse und garantiert den Schutz persönlicher Daten. Mit ihrer Hilfe können Datensätze nach bestimmten Suchkriterien ausgewählt und exportiert werden. Dadurch ist die Übernahme der Ergebnisse in Textverarbeitungsprogramme, z.B. zur individuellen Befunderstellung, möglich. Zudem können mit der Konvertierungsfunktion alle Daten so transformiert werden, dass ihre problemlose statistische Weiterverarbeitung mit Statistikprogrammen (ist für SPSS bzw. EXCEL optimiert) ermöglicht wird.

Gütekriterien und empirische Fundierung

Objektivität
Da die Durchführung der Testung, die Auswertung und Interpretation der Daten computergestützt erfolgt, ist die Objektivität des Wiener Testsystems gegeben. Die Auswertungsobjektivität ist als hoch zu bewerten, da die Testauswertung in nummerischer Form auf der Basis von Normwerten geschieht. Die Interpretationsobjektivität wird durch die Vorgabe von sehr ausführlichen Interpretationshilfen für die erzielten Testergebnisse erhöht.

Reliabilität und Validität
Im Testmanual werden alle im Wiener Testsystem vorhandenen Testverfahren kurz beschrieben und Angaben zur Güte der Verfahren gemacht. Genauere Beschreibungen bezüglich der Güte der einzelnen Verfahren finden sich auf der CD-Rom, auf der das Wiener Testsystem geliefert wird. Auch hier wird auf die Gütekriterien – je nach Testverfahren – unterschiedlich ausführlich eingegangen. Insgesamt ist die Darstel-

lung der Testgütekriterien und Normierungsstichproben der einzelnen Verfahren als ausreichend zu bewerten, so dass es möglich ist, sich einen Überblick über das eingesetzte Verfahren zu verschaffen. Kritisch anzumerken bleibt, dass sich keine Angaben darüber finden lassen, ob die im Wiener Testsystem enthaltenen Tests, speziell Leistungstests, neu normiert wurden. Das wäre eine wichtige Information, da die Testung jetzt computergestützt erfolgt und nicht Normen der Papier- und Bleistiftversionen einfach übernommen werden sollten.

Bewertung

Das Wiener Testsystem ist ein sehr umfangreiches und vielseitiges Testsystem, welches in nahezu allen Bereichen der Psychologie eine computergestützte Diagnostik ermöglicht. Gerade für die Anwendung in der Praxis besitzt es eine hohe Relevanz, da die benutzerfreundlichen Menüfunktionen und die freie Kombinierbarkeit der Testverfahren eine Testbatterie-Erstellung sehr zeitsparend und einfach ermöglichen. Durch die Option, noch eigene Testverfahren in das System integrieren zu können, kann das Wiener Testsystem auch bei speziellen Fragestellungen eingesetzt werden. An diesem Punkt soll betont werden, dass die Auswahl zweckrelevanter Testverfahren und vor allem die Generierung neuer Testverfahren erhebliche Fachkenntnisse im Bereich der Diagnostik bedingen, so dass eine fundierte diagnostische Sachkenntnis als wesentliche Voraussetzung für die Anwendung des Wiener Testsystems zu sehen ist. Da für die Auswahl von Testverfahren vor allem Informationen über Testgütekriterien und Normstichprobengrößen relevant sind, wäre es wünschenswert, genauere Informationen diesbezüglich im Testmanual zu ergänzen, denn nur bei Vorliegen von detaillierten Informationen über die Normstichproben ist eine Einordnung aktueller Testergebnisse möglich. Durch die Möglichkeit der freien Gestaltung des Ergebnisausdruckes und der direkten Übernahme der Ergebnisse in Textverarbeitungsprogramme wird die praktische Relevanz des Verfahrens gestärkt. Dank der Datenverwaltungs- und Konvertierungsfunktion kann das Wiener Testsystem auch als Forschungsinstrument eingesetzt werden. Sie ermöglicht es, Testergebnisse in einer umfangreichen Datenbank zu speichern und Daten so zu transformieren, dass eine Weiterverarbeitung mit Statistikprogrammen problemlos möglich ist.

11. Tipps für die Anwendung nicht-standardisierter Methoden

Uwe Peter Kanning

Als „nicht-standardisierte Methoden" bezeichnen wir solche Vorgehensweisen der Personaldiagnostik, die im Gegensatz zum klassischen Test dem Anwender sehr große Gestaltungsspielräume lassen. Testverfahren legen in den meisten Fällen genau fest, wie die Durchführung und die Auswertung der Messung sowie die Interpretation der Ergebnisse erfolgen müssen. In jeder Organisation, in der beispielsweise der NEO-FFI (Borkenau & Ostendorf, 1993) zur Anwendung kommt, ist das Procedere genau gleich. Die Eigenschaften des Testverfahrens im Hinblick auf Reliabilität, Validität und Objektivität können nur dann auf einen konkreten Anwendungsfall übertragen werden, wenn man sich exakt an die im Manual beschriebenen Regeln hält. Dem Anwender bleiben mithin kaum Spielräume. Eine möglichst gute Passung zwischen den Eigenschaften des Messinstrumentes und den Erfordernissen einer konkret vorliegenden Personalfrage kann nur durch die Auswahl des Testverfahrens, nicht aber durch seine Veränderung gewährleistet werden. Dieser Einschränkung der Freiheit stehen deutliche Vorteile gegenüber: Der Einsatz standardisierter Tests ist vergleichsweise ökonomisch, da der Organisation keine Kosten für die Entwicklung und empirische Überprüfung des Tests entstehen. Gerade bei besonders etablierten Verfahren ist überdies damit zu rechnen, dass bereits Studien vorliegen, die einen Aufschluss über die Qualität und günstige Einsatzbereiche des Instrumentes geben. Selbst dann, wenn sich eine Organisation dazu entschließen sollte, ein bereits auf dem Mark verfügbares Instrument weiterzuentwickeln (z.B. Aufstellung unternehmensspezifischer Normen) oder eine arbeitsplatzbezogene Validierung vorzunehmen, werden die entstehenden Kosten in aller Regel deutlich unter denen der Entwicklung eines völlig neuen Verfahrens liegen.

Nicht-standardisierte Methoden sind demgegenüber nicht als fertige Messinstrumente auf dem Markt zu erwerben. Sie müssen für jede Organisation bzw. für jede konkrete, personaldiagnostische Frage entwickelt werden. Die Methode beschreibt lediglich die Prinzipien des Vorgehens, die im Anwendungsfalle noch mit Leben zu füllen sind. Ein gutes Beispiel bietet hier die Methode des Assessment Centers. Das prinzipielle Vorgehen wird in vielen Publikationen beschrieben. Soll nun in einer bestimmten Organisation mit Hilfe des Assessment Centers eine Stelle besetzt werden, so muss man die angeführten Prinzipien möglichst stellenspezifisch umsetzen: Auswahl geeigneter Übungen, Festlegung der Themen für Gruppendiskussion, Präsentation, Rollenspiel etc., Schulung der Beobachter, Festlegung eines Rotationsplans für die Beobachtung u.Ä. Während im Falle der standardisierten Tests in mehr oder minder begrenztem Umfang Forschungsergebnisse zu jedem einzelnen Instrument vorliegen, ist dies bei nicht-standardisierten Methoden naturgemäß nicht der Fall. Erforscht wird hier nicht eine konkrete Ausgestaltung der Methode – also z.B. das Assessment Center der Firma X –, sondern die zugrunde liegenden Prinzipien der

Methode. Die Forschung hilft somit dabei, unter mehreren alternativen Methoden diejenige auszuwählen, die den größten Erfolg verspricht. Ob und inwieweit die Erwartungen dann letztlich auch erfüllt werden, hängt von der Qualität der jeweils fallspezifischen Umsetzung der methodischen Prinzipien ab.

Die Kosten, die mit der Entwicklung eines spezifischen Messinstrumentes verbunden sind, dürften nahezu immer über den Kosten eines auf dem Markt erhältlichen Testverfahrens liegen. Dennoch wird man um entsprechende Investitionen kaum herumkommen, da die alleinige Durchführung eines Tests fast nie zu einer hinreichend abgesicherten Personalentscheidung führen dürfte. Wie im Kapitel 2 bereits verdeutlicht wurde, sind fundierte Personalentscheidungen das Ergebnis eines Zusammenspiels mehrerer Auswahlinstrumente. Geht es um die Stellenbesetzung durch einen externen Bewerber, so werden beispielsweise sukzessive Bewerbungsunterlagen gesichtet, Arbeitszeugnisse ausgewertet, ein Einstellungsgespräch geführt und vielleicht auch ein Test durchgeführt. All dies sind unterschiedliche Methoden der Personaldiagnostik, von denen jede für sich optimiert werden muss. Erst dann verspricht ihre Kombination einen maximalen Nutzen.

Der Begriff „nicht-standardisiert" bezieht sich dabei auf die Methode an sich, nicht aber auf die Ausgestaltung der Methode im Zuge der konkreten Personaldiagnostik. Die Methode des Assessment Centers oder des Einstellungsgespräches ist nicht standardisiert, da sie in jedem Unternehmen anders gestaltet werden kann. Hat man jedoch ein bestimmtes Assessment Center oder ein Einstellungsgespräch entwickelt, so ist die Durchführung, Auswertung und Interpretation der Methode selbstverständlich zu standardisieren. Nur dann, wenn alle Bewerber der gleichen Prozedur unterzogen werden, ist auch ein seriöser Vergleich zwischen den Bewerbern möglich. Dabei ermöglicht die Standardisierung eine Reduzierung der zahlreichen Fehler der Personenbeurteilung auf Seiten der Entscheidungsträger (siehe Kapitel 1).

Nachfolgend werden die wichtigsten nicht-standardisierten Methoden der Personaldiagnostik vorgestellt. Das Ziel ist dabei weniger eine breite Darstellung jeder einzelnen Methode als vielmehr eine Diskussion der entscheidenden Prinzipien, in denen sich eine erfolgversprechende Umsetzung der Methode von einer wenig erfolgversprechenden unterscheidet.

11.1 Bewerbungsunterlagen

Bewerbungsunterlagen spielen bei nahezu allen Stellenbesetzungen eine wichtige Rolle. Ihre Analyse stellt den ersten Schritt in einem umfangreichen Selektionsprozess dar. Über die der Bewerbung beigelegten Materialien erhält die Organisation erste Informationen über einen potentiellen Mitarbeiter und kann sich entscheiden, ob eine tiefergehende Auseinandersetzung sinnvoll erscheint oder nicht. Der erste Selektionsschritt ist dabei meist auch der größte. Gerade große, renommierte Unternehmen haben häufig das Problem, dass sie sich vor Bewerbungen auf Traineestellen kaum retten können. Ähnlich geht es aber auch kleineren Organisationen, die begehrte Arbeitsplätze zu besetzen haben. Leicht übersteigt hier die Nachfrage das Angebot um ein Vielfaches, wenn sich z.B. auf 10 Traineestellen 1500 Hochschulabsolventen bewerben oder wenn sich auf die Ausschreibung einer einzigen Ausbildungsstelle für Fachärzte gleich 200 Interessenten melden. Schon die bloße Masse der eingehenden

Schreiben stellt die Verantwortlichen vor ein Problem. Je mehr Bewerbungsunterlagen gesichtet werden müssen, desto größer ist auch die Gefahr, dass dies nicht sachgerecht geschieht, da der einzelnen Bewerbung nur noch wenig Aufmerksamkeit geschenkt wird.

Dabei lassen sich – wie Abbildung 11-1 verdeutlicht – zwei mögliche Entscheidungsfehler differenzieren (vgl. Schuler & Marcus, 2001). Beim Fehler der ersten Art wird ein Bewerber bereits nach der Analyse seiner Bewerbungsunterlagen abgelehnt und nicht mehr zur intensiveren Begutachtung (Einstellungsgespräch, Assessment Center etc.) eingeladen, obwohl er objektiv geeignet wäre. Im Falle des zweiten Fehlers verhält es sich genau entgegengesetzt. Der Bewerber hat die Hürde des ersten Auswahlschrittes genommen, obschon er für die fragliche Tätigkeit objektiv ungeeignet ist. Beide Fehler haben ein unterschiedliches Gewicht, je nachdem, wie die Rahmenbedingungen zu bewerten sind. Der *Fehler erster Art* ist zunächst für den Bewerber unangenehm, da er ungerecht behandelt wurde. Für die Organisation ist dieser Fehler bedenklich, wenn insgesamt nur sehr wenige geeignete Bewerber zur Verfügung stehen und daher die Auswahlbedingungen durch die Fehlentscheidung unnötigerweise zusätzlich verschlechtert wurden. Selbst dann, wenn die nachfolgenden Auswahlverfahren eine gute messtechnische Qualität aufweisen, ergibt sich ggf. das Problem, dass in der Endauswahl nur noch mäßig geeignete Kandidaten übrig geblieben sind und man dann u.U. „das kleinste Übel" wählen muss. Der *Fehler der zweiten Art* wirkt sich demgegenüber zunächst scheinbar zu Gunsten des Bewerbers aus: Er kommt in die nächste Runde des Auswahlverfahrens, obwohl er die hierfür notwendigen Qualifikationen nicht mitbringt. Ob hierin wirklich ein Vorteil für den Bewerber zu sehen ist, erscheint allerdings fragwürdig, da zum einen Hoffnungen geweckt werden, die sich im weiteren Auswahlprozess zerschlagen könnten oder zum anderen – im Falle einer tatsächlichen Einstellung – der Bewerber einer überfordernden Arbeitstätigkeit ausgesetzt wird. Für die Organisation wirkt sich der Fehler zweiter Art besonders negativ aus, wenn es um die Reliabilität und/oder Validität der nachfolgend eingesetzten Auswahlinstrumente schlecht bestellt ist. Es besteht hier die Gefahr, dass ein an sich ungeeigneter Bewerber auch die nächsten Hürden nimmt und nicht als ungeeignet erkannt wird. Bedenken wir weiterhin, dass im Rahmen einer umfangreicheren Bewerberzahl bei der Analyse der Bewerbungsunterlagen beide Fehler gleichzeitig in Bezug auf unterschiedliche Kandidaten auftreten können, so offenbart sich die ganze Tragweite des Problems. Im Extremfall werden mehrere geeignete Bewerber voreilig abgelehnt und gleichzeitig mehrere ungeeignete Bewerber zum weiteren Verfahren zugelassen. Wenn dann noch insgesamt nur wenige Geeignete in der Gruppe der Bewerber zur Verfügung stehen und die folgenden Instrumente schlechte Gütekriterien aufweisen, sind die Chancen auf eine richtige Endauswahl extrem gesunken. Fehler, die zu Beginn der Auswahlprozedur aufgetreten sind, können in diesem Falle nachträglich nur schwer kompensiert werden.

	Bewerber wird zum weiteren Auswahlverfahren eingeladen	Bewerber wird abgelehnt
Bewerber ist tatsächlich geeignet	Richtige Entscheidung	Entscheidungsfehler 1
Bewerber ist tatsächlich nicht geeignet	Entscheidungsfehler 2	Richtige Entscheidung

Abbildung 11-1: Entscheidungsfehler bei der Vorselektion auf der Basis von Bewerbungsunterlagen

Der richtigen und sorgfältigen Analyse der Bewerbungsunterlagen kommt mithin auch dann eine wichtige Funktion zu, wenn später weitere Diagnoseinstrumente eingesetzt werden. Dennoch wird dieser Aufgabe gemeinhin nur sehr wenig Zeit und damit auch nur wenig Aufmerksamkeit gewidmet. Kleinmann und Seibt (1990) berichten von einer durchschnittlichen Bearbeitungsdauer von 10 Minuten. Eine Umfrage von Kreuscher (2000) ergab bei fast 25 % der 388 befragten deutschen Unternehmen eine Analysedauer von weniger als 5 Minuten. Die Dauer der Analyse ist dabei allerdings nicht zwangsläufig ein Indikator für ihre Qualität. Wenn die Gutachter der Personalabteilungen klar definierte und empirisch überprüfte Bewertungskriterien an der Hand hätten, dann könnte ggf. auch eine kurze Betrachtung zu einem vernünftigen Ergebnis führen. Dies wird allerdings nur in den seltensten Fällen so sein. Eine Studie von Machwirth, Schuler und Moser (1996) belegt, dass die Verantwortlichen auf Anfrage zwar nachvollziehbare Bewertungskriterien benennen können, dass sie ihre eigenen Bewertungsmaßstäbe in der Praxis aber nicht zum Einsatz bringen. Statt nach inhaltlich verlässlichen Informationen zu fahnden, werden vor allem bei der Negativselektion, also der Auswahl derjenigen Bewerber, die man in keinem Falle zu einem Gespräch einladen möchte, bevorzugt formale Kriterien, wie z.B. Länge des Anschreibens, Handlichkeit der Bewerbung, Lichtbild o.Ä. herangezogen. Qualifikationsbezogene Informationen bestimmten nur zu etwa 23 % die Entscheidung. Aber selbst bei der Positivselektion erklären die qualifikationsbezogenen Informationen – im Gegensatz zur Selbstbeschreibung der professionellen Gutachter – nur etwa 50 % der Entscheidung. Angesicht der mitunter gewaltigen Türme von Bewerbungsunterlagen, die in einer begrenzten Zeit abzuarbeiten sind, erscheint es vielleicht menschlich verständlich, wenn man sich die Sache gelegentlich leicht macht und einen Kandidaten nur deshalb aus dem Rennen wirft, weil dieser vielleicht ein ungünstiges Lichtbild beigelegt hat. Sachlich legitim ist ein solches Vorgehen sicherlich nicht. Sieht man einmal von sehr spezifischen Berufsfeldern ab, bei denen ein entsprechendes Kriterium vielleicht sinnvoll ist, darf man einer solchen Praxis in den meisten Fällen jedoch getrost das Prädikat „grober Unfug" verleihen. An die Analyse der Bewerbungsunterlagen sollten die gleichen messtechnischen *Qualitätskriterien* angelegt werden, wie dies für Testverfahren gilt. Auch die Analyse der Bewerbungsunterlagen weist eine bestimmte Objektivität, Reliabilität und Validität auf. So sollte es z.B. den Personalchef nachdenklich stimmen, wenn verschiedene Gutachter, die dieselben Bewerbungen unabhängig voneinander begutachten, häufig zu unterschiedlichen Entscheidungen gelangen. Dies wäre übrigens ein Beispiel für eine Form der Evaluation, die sich mit Leichtigkeit in jedem Unternehmen realisieren ließe.

Schauen wir uns im Folgenden jedoch zunächst die verschiedenen Elemente von Bewerbungsunterlagen an, ehe wir uns dann mit der Frage beschäftigen, wie eine sinnvolle Analyse aussehen könnte. Tabelle 11-1 gibt einen Überblick über die gängigen Elemente von Bewerbungsunterlagen und ihre potentielle Aussagekraft (siehe auch Schuler, 1996; Schuler & Markus, 2001).

Tabelle 11-1: Elemente von Bewerbungsunterlagen und ihr Informationsgehalt

Element	mögliche Information
Lichtbild	Attraktivität, Sympathie
Anschreiben	Motivation des Bewerbers formale Voraussetzungen: berufliche Ausbildung
Schul- und Ausbildungszeugnisse	Formale Voraussetzung für die Besetzung der Stelle: Schulbildung, berufliche Ausbildung, Leistungsbeurteilung
sonstige Qualifikationsnachweise	Führerscheine, EDV-Kenntnisse u.Ä.
Praktikumsbescheinigungen	Engagement des Bewerbers, Vielfalt und Inhalt praxisrelevanter Erfahrungen
Arbeitszeugnisse	Leistungsbeurteilung durch ehemalige Arbeitgeber
Referenzen	Leistungsbeurteilung durch Experten/Autoritäten
Lebenslauf	Lebensalter Stringenz des bisherigen Ausbildungs- und Berufsweges, Berufserfahrung, familiärer Hintergrund, ggf. Mobilität

Das *Lichtbild* gehört zu den allerersten Eindrücken, die der Gutachter in der Personalabteilung von den Bewerbungsunterlagen bekommt. Die psychologische Forschung beschäftigt sich seit Jahrzehnten mit der Frage, wie sich das Aussehen anderen Menschen auf unsere Urteilsbildung auswirkt. Die Ergebnisse belegen immer unsere Neigung, dem Aussehen sehr schnell einen Bedeutungsüberschuss zuzubilligen. Im Kapitel 1 sind wir bereits darauf eingegangen, dass die wahrgenommene Attraktivität besonders leicht einen Halo-Effekt auslösen kann. So werden attraktive Menschen z.B. auch als besonders intelligent beurteilt, obwohl beide Merkmale unabhängig voneinander auftreten (Überblick: Hassebrauck & Niketta, 1993). Überdies zeigt sich, dass Menschen keinerlei Schwierigkeiten dabei haben, allein aus dem Bild des Gesichtes einer Person weitreichende Schlussfolgerungen über die Persönlichkeit der dargestellten Person zu ziehen (z.B. Borkenau & Liebner, 1993; Burnett & Motowidlo, 1998). Studien von Frey (1999) belegen dies für solch unterschiedliche Eigenschaften wie z.B. Bescheidenheit, Ehrlichkeit oder Selbstsicherheit. Dabei werden entsprechende Urteile extrem schnell – in wenigen Sekunden – ausgebildet und verändern sich danach auch bei längerer Betrachtung des Bildes nicht mehr von allein (Henss, 1998). Über die Qualität der Interpretation wird dabei nichts ausgesagt. Ein schnelles, spontan und ggf. auch mit großer subjektiver Sicherheit gefälltes Urteil ist keineswegs auch automatisch ein zutreffendes. Im Allgemeinen werden attraktive Bewerber leichter die erste Hürde des Auswahlverfahrens nehmen als weniger attraktive (vgl. Schuler & Berger, 1979). So fanden z.B. Landy und Sigall (1974), dass schriftliche Ausarbeitungen von einem Leser positiver bewertet werden, wenn der Beurteiler den Eindruck hat, es handele sich um den Text einer attraktiven Person. Marlowe, Schneider und Nelson (1996) fanden eine Bevorzugung attraktiver Kandidaten im Assessment Center. Es konnte allerdings auch nachgewiesen werden, dass ein zu hohes Maß an Attraktivität sich zumindest bei weiblichen Bewerbern auch negativ auswirken kann (Hassebrauck & Niketta, 1993). Woran dies liegt, ist nicht ganz klar. Möglicherweise befürchtet man bei einer Einstellung der Bewerberin eine zu große Ablenkung des männlichen Personals. Weibliche Gutachterinnen könnten sehr attraktive Bewerberinnen ablehnen, weil diese ihnen vielleicht die eigenen optischen Defizite allzu deutlich vor Augen führen. Doch all dies sind nur Spekulationen. Entscheidend ist der große Einfluss, der im Guten wie im Schlechten vom äußeren Erscheinungsbild des Bewerbers ausgehen kann.

Alle skizzierten Gefahren der verzerrten Urteilsbildung bestehen, wenn wir bei der Analyse der Bewerbungsunterlagen das Lichtbild betrachten. Im einfachsten Falle werden wir spontan Sympathie oder Abneigung erleben, ein potentiell störender Effekt, den wir uns noch vergleichsweise leicht bewusst machen können. Wie sollte man nun aber mit Lichtbildern in Bewerbungsunterlagen umgehen, um der Gefahr einer hierdurch induzierten, verzerrten Personenbeurteilung zu begegnen? Generell kann man sich die Frage stellen, ob das Aussehen überhaupt eine Rolle für die fragliche Berufstätigkeit spielt. Bei Schauspielern, Fotomodellen oder Fernsehmoderatoren ist es sicherlich legitim, das Aussehen mit in die Urteilsfindung einfließen zu lassen. Dies sollte dann aber auch explizit geschehen und nicht nur die Meinung einer einzelnen Person widerspiegeln. Bei anderen Berufen mag eine gewisse Ästhetik des Aussehens durchaus von Vorteil sein, obwohl das Aussehen nicht im Zentrum der beruflichen Tätigkeit steht. Es könnte auch in diesen Fällen legitimerweise Eingang in die Beurteilung des Bewerbers finden. Man denke hier z.B. an Außendienstmitarbeiter, Verkäufer in Modegeschäften oder an Pressereferenten. Für die meisten Berufe spielt das Aussehen aber sicherlich keine bedeutende Rolle. Ähnlich verhält es sich mit der Sympathie, die wir für eine bestimmte Person aufgrund einer Fotografie – oder später auch aufgrund des persönlichen Kontaktes im Einstellungsgespräch – empfinden. Arbeitet der Auswerter der Bewerbungsunterlagen später eng mit dem Bewerber zusammen, mag die Sympathie ein legitimes Auswahlkriterium neben vielen anderen sein. Ist dies nicht der Fall – was gerade in größeren Firmen eher die Regel denn die Ausnahme sein wird –, darf auch das subjektive Empfinden der Sympathie keine Rolle spielen. Die einfachste und gleichzeitig sicherste Lösung, den skizzierten Gefahren zu entgehen, bestünde darin, die Bewerbungsunterlagen ohne Foto zu sichten. Beispielsweise könnten im Sekretariat, in dem die Bewerbungsschreiben eingehen, zunächst alle Lichtbilder entfernt werden, ehe die Unterlagen dann zur inhaltlichen Begutachtung an die zuständigen Mitarbeiter der Personalabteilung gehen. In jedem Falle sollte man sich weitreichender Deutungen der Lichtbilder enthalten. So ist z.B. eine unübliche Kleidung kein Hinweis auf eine abnorme Persönlichkeit. Oftmals wird die Wahl der Kleidung allein der Tatsache entspringen, dass der Bewerber sich genötigt sah, in irgendeiner Weise aufzufallen, um sich von den anderen Bewerbern abheben zu können.

Ganz ähnlich verhält es sich mit der *äußeren Form* der Bewerbungsunterlagen. In manchen „Ratgebern" für Bewerber werden z.B. Tipps zur Farbgebung der Bewerbungsmappe gegeben. Bestimmte Farben, wie z.B. schwarz oder blau sollen dem Gutachter den Eindruck der Seriosität vermitteln. Andere Farben, wie etwa gelb sind demgegenüber eher etwas für Wagemutige oder Designer. Im Widerspruch hierzu steht der Hinweis, sich möglichst irgendwie (z.B. durch die Farbe der Bewerbungsmappe) von der Masse der konkurrierenden Mitbewerber abzugrenzen. Verunsichert durch derartige Ideen werden viele Bewerber sich sicherlich Gedanken über die Wahl der Bewerbungsmappe machen und sie gezielt auswählen. Der Gutachter in der Personalabteilung sollte sich selbstverständlich jeder Interpretation der Farbwahl enthalten und sie schlichtweg nicht zur Kenntnis nehmen. Die gewählte Farbe hat mit Sicherheit nichts mit der Persönlichkeit oder gar den Leistungsmerkmalen des Bewerbers zu tun. Dies gilt schon deshalb, weil viele, die die entsprechende Ratgeberliteratur gelesen haben, die Farbe ohnehin strategisch auswählen. Aber selbst wenn dies nicht der Fall wäre, verbietet sich jede Farbdeutung aus grundlegenden Erwägungen. Es lässt sich kein wissenschaftlich abgesicherter Zusammenhang zwischen der Farbwahl (z.B. der Lieblingsfarbe) und der Persönlichkeit eines Menschen belegen. Der in der Praxis hier und da noch eingesetzte Lüscher-Farben-Test (Lüscher, 1971) hat keine wissenschaftliche Basis. Er spiegelt vor allem die reichhaltige Phantasie seines Erfinders sowie die mangelnde Expertise oder Redlichkeit seiner Anwender wider. Dem Psychologisieren und weitreichenden Deuten sollte sich der professionelle Gutachter mithin enthalten. Dies gilt für die Farbe der Bewerbungsmappe ebenso wie für ihre Gestalt oder z.B. den Briefkopf des Anschreibens.

Das *Anschreiben* stellt zum einen einen Akt der formalisierten Höflichkeit gegenüber dem potentiellen Arbeitgeber, zum anderen eine erste Quelle sachlicher Informationen über den Bewerber dar. Meist erfährt man etwas über die formale Ausbildung sowie die Berufserfahrung des Bewerbers. Darüber hinaus begründet der Interessent, warum er gerade bei dieser Organisation arbeiten möchte.

Die Informationen über Ausbildung und Berufserfahrung können bereits zur ersten Auswahlentscheidung herangezogen werden. Hat man zuvor sachlich begründet festgelegt, welche Merkmale ein geeigneter Kandidat in diesem Bereich in jedem Falle aufweisen muss, ist es völlig legitim, an dieser Stelle das weitere Studium der Bewerbungsunterlagen abzubrechen, wenn die Kriterien nicht erfüllt werden. Die eingesparte Zeit sollte man lieber in die detaillierte Betrachtung derjenigen Bewerber investieren, die die formalen Grundvoraussetzungen erfüllen.

Die Angaben darüber, warum sich eine bestimmte Person gerade in diesem Unternehmen (und nicht bei der Konkurrenz) bewirbt, sollten hingegen mit Vorsicht interpretiert werden. In den meisten Fällen ist wohl kaum davon auszugehen, dass der Bewerber tatsächlich vor allem in diesem spezifischen Unternehmen arbeiten möchte. Insbesondere wenn der Arbeitsmarkt für die Interessenten nicht viel hergibt, wird man geradezu gezwungen sein, sich „überall" zu bewerben. Handelt es sich nicht um ein sehr renommiertes Unternehmen und/oder eine Organisation, die bekanntermaßen besondere Vorzüge (z.B. schnelle Aufstiegschancen in einem sehr zukunftsträchtigen Markt) bietet, so wird die wahre Begründung für die Bewerbung im fraglichen Unternehmen wahrscheinlich wenig schmeichelhaft ausfallen (z.B. räumliche Nähe zum bisherigen Wohnsitz des Bewerbers). Hier sollte man sich als Organisation keinen falschen Hoffnungen hingeben. Warum sollte man im Übrigen auch mehr Ehrlichkeit von den Bewerbern als von den Unternehmen erwarten? Die überzogenen Stellenausschreibungen, die wir wöchentlich z.B. in der FAZ lesen können, spiegeln ebensowenig die Realität der Unternehmen wider, wie die genannten Motive der Bewerber ihre wahren Beweggründe offenlegen. Jeder Bewerber, der sich einigermaßen gut vorbereitet und z.B. eingehend die Stellenausschreibung studiert hat, wird der Organisation genau die Motive präsentieren, die sie von ihm hören möchte. Wie ist nun aber mit diesem Problem umzugehen? Ehrlich sind vor allem solche Begründungen, die nicht im Sinne der sozial erwünschten Selbstdarstellung ausfallen. Wenn ein Bewerber also z.B. offen zugibt, sich in der fraglichen Organisation zu bewerben, weil sie ihm einen sicheren Arbeitsplatz bieten und noch dazu keinen Wohnungswechsel notwendig machen würde, so darf man dies wohl als eine Offenlegung der wahren Motive deuten. Niemand, der sich bewusst möglichst positiv darstellen möchte, würde solch eine Begründung angeben. Stattdessen würde er – den aufgeblasenen Selbstdarstellungen mancher Unternehmen folgend – sich selbst vielleicht als einen rhetorisch brillanten Einzelkämpfer mit Teamgeist darstellen, der sein Leben ganz und gar dem Wohle eines Unternehmen opfern möchte. Sicherlich finden sich unter den Bewerbern, die sich selbst so (oder etwas weniger überzogen) darstellen, auch Kandidaten, auf die dies Wort für Wort zutrifft. Das Problem ist nur, wie findet man unter den vielen Selbstdarstellern diejenigen heraus, die korrekte Angaben machen? Dies ist allein aufgrund des Anschreibens nicht möglich. Notwendig ist eine gleichzeitige Betrachtung vieler verschiedener Elemente der Bewerbung. Aufschluss über die Stimmigkeit der genannten Motive liefert hier ein Abgleich zwischen der Selbstbeschreibung und den bisherigen biographischen Daten. Wer sich selbst als extrem leistungsmotiviert darstellt, sollte dies auch in seinem Lebenslauf etwa durch die Anzahl von Praktika im In- und Ausland, durch ein Parallelstudium sowie durch entsprechende Zeugnisse dokumentieren können. Der Abgleich mit den übrigen Bewerbungsunterlagen ist allerdings auch bei Kandidaten mit eher unvorteilhafter Selbstdarstellung angeraten. Letztlich ist man ja im überwiegenden Teil der Fälle nicht an einem Mitarbeiter interessiert, der sich vorteilhaft darstellen kann – Ausnahme stellen hier möglicherweise Außendienstmitarbeiter oder Mitarbeiter von Unternehmensberatungen dar. Entscheidend ist vielmehr, was der Mitarbeiter leisten kann, und dies lässt sich eher aus biographischen Daten und Zeugnissen ablesen als aus dem Anschreiben. Generell stellt sich dabei natürlich schon im Vorfeld die Frage, welche Personen tatsächlich für welche Position im Unternehmen die Geeignetsten sind. Keinesfalls ist davon auszugehen, dass die hoch motivierten Leistungsträger immer die richtigen Mitarbeiter für jedes Unternehmen bzw. für jede Position sind. Sicherlich finden sich bei objektiver Betrachtung in jedem Unternehmen viele Stellen, die einen hoch motivierten Leistungsträger nur frustrieren würden. In der Folge wird man diesen Mitarbeiter wahrscheinlich auch nicht dauerhaft an sich binden können.

Sehr verbreitet ist auch die Praxis, neben der inhaltlichen Analyse des Anschreibens optischen Kriterien, wie der Länge des Schreibens oder der Rechtschreibung, einen hohen Stellenwert einzuräumen. Auf das Problem der äußeren Gestaltung sind wir bereits eingegangen. Sie sollte bei der Auswahlentscheidung besser keine Rolle spielen, es sei denn, man hat es mit extremen Abweichungen von üblichen Standards, also z.B. einer Bewerbung ohne Anschreiben oder ausschließlich handschriftlichen, verschmutzten Unterlagen zu tun. Gleiches gilt auch für die Rechtschreibfehler. Aus einem einzelnen Rechtschreibfehler lässt sich letztlich keine gesicherte Aussage über die Person des Bewerbers ableiten. Selbst wenn man annimmt, dass es sich hierbei nicht um einen Flüchtigkeitsfehler, sondern um eine mangelnde Rechtschreibfähigkeit handelt, stellt sich vor einer Ablehnung zunächst die Frage, für welche Position sich der Bewerber interessiert. Bei einem Kranführer oder einem leitenden Angestellten mit eigenem Sekretariat wird man mit entsprechenden Defiziten sehr viel besser leben können als bei einer Sekretärin.

Alles in allem ist bei der Interpretation des Anschreibens mithin Zurückhaltung angeraten. Eindeutige Informationen liefern lediglich die Hinweise auf belegbare Qualifikationen. Alle Angaben sollten erst nach einem Abgleich mit den übrigen Bewerbungsunterlagen zu einer Entscheidung herangezogen werden. Dies gilt auch für vereinzelte Rechtschreibfehler. Optische Gesichtspunkte sollten völlig außer Acht gelassen werden, wobei allerdings generell gilt, dass die Anforderungen der fraglichen Tätigkeit, für die der Bewerber sich interessiert, und nicht das Gutdünken des Gutachters die Entscheidung bestimmen sollte. Im Einzelfall mag also durchaus zu Recht der gelungenen Selbstdarstellung, der optischen Gestaltung oder den Rechtschreibkünsten des Bewerbers große Beachtung geschenkt werden. Dies muss aber im Vorfeld explizit und arbeitsplatzspezifisch begründet werden.

Die eindeutigsten Interpretationen lassen immer noch die beigelegten *Schul- und Ausbildungszeugnisse* zu. Mehrere Validierungsstudien belegen den prognostischen Wert von Schulnoten, insbesondere im Hinblick auf die späteren Ausbildungsleistungen von Auszubildenden (Überblick: Schuler, 1996). Der Grund hierfür ist darin zu sehen, dass die Durchschnittsnote über mehrere Einzelbewertungen – beim Abitur sogar über mehrere Jahre hinweg gesammelte Einzelergebnisse – gebildet wird. Etwaige Verzerrungen durch besonders strenge oder lasche Lehrer oder durch kurzzeitige Leistungstiefs oder -hochs können so ausgeglichen werden. Sollen Bewerber unterschiedlicher Studiengänge miteinander verglichen werden, so muss das jeweils unterschiedliche Notensystem der verschiedenen Disziplinen berücksichtigt werden. Bekannt ist z.B., dass in den Rechtswissenschaften vor allem im extrem oberen Leistungsbereich differenziert wird, die Note „gut" oder „sehr gut" also nur äußerst selten anzutreffen ist. Bei Promotionen ist der Unterschied zwischen dem lateinischen und deutschen Notensystem zu beachten. Bei sachgerechter Anwendung wird die lateinische Note „summa cum laude" nur selten vergeben, da sie einer sehr guten Leistung mit Auszeichnung entspricht. Eine entsprechende Note gibt es im deutschen Notensystem nicht. Die Leistung „sehr gut" ist gleichzusetzen mit der Note „magna cum laude". Zum Ausgleich ermöglicht das deutsche System die Note „ausreichend". Die schlechteste Note im lateinischen System ist „rite", was eher dem „befriedigend" im deutschen System entspricht. Hinzu kommt, dass sich der Aufwand, der für eine Promotion zu betreiben ist, von Fach zu Fach deutlich unterscheidet. Vor allem Promotionen im Fach Medizin haben oft nur den Charakter von Diplomarbeiten, die nicht selten in weniger als einem Jahr studienbegleitend zu realisieren sind. Ein mögliches Bezugssystem für die Wertigkeit der Promotion liefert die Promotionsrate eines Faches. Wenn – wie z.B. in der Physik oder der Medizin – ein sehr hoher Anteil der Absolventen promoviert, so geht damit die Leistungsdifferenzierung innerhalb des Faches, die dieser wissenschaftlichen Qualifikation an sich zukommen sollte, verloren.

Letztlich ist von einem Vergleich der Noten über verschiedene Studiengänge hinweg abzuraten. Die Durchschnittsnote ist reliabler als eine einzelne Note, da sie sich aus vielen unabhängigen Beobachtungen zusammensetzt. Viel wichtiger als dieser Vergleich ist die Frage, ob sich ein Kandidat in dem System, dem er bisher ausgesetzt war, bewähren konnte, also ob er z.b. in seinem Fach überdurchschnittliche Leistungen erbracht hat. Problematisch erweist sich dabei ggf., dass einzelne Universitäten besonders hohe oder geringe Anforderungen an ihre Absolventen stellen könnten. Um dies beurteilen zu können, müsste man zunächst entsprechendes Insiderwissen einholen. Der besondere Wert der Ausbildungszeugnisse für die Entscheidung, ob ein Bewerber zur weiteren Begutachtung eingeladen wird, ergibt sich aus der leicht zu realisierenden Überprüfung der formalen Grundvoraussetzungen. Kandidaten, die nicht das gewünschte Studium absolviert haben, können von vornherein abgelehnt werden. Dabei ist im Vorfeld kritisch zu fragen, welche Aufgaben der Bewerber in der Praxis tatsächlich zu bewältigen hat. Gerade in der Personalabteilung wird das potentielle Problem schnell deutlich. Eingestellt wird z.B. ein Lehrer, der ursprünglich für die Erwachsenenbildung vorgesehen war, später aber auch in der Personalauswahl eingesetzt wird. Während sein Studium ihn nach absolviertem Referendariat der Sekundarstufe II sicherlich zur Erwachsenenbildung qualifiziert, gilt dies für die Personalauswahl in keiner Weise.

Analog verhält es sich mit *sonstigen Qualifikationsnachweisen*, wie z.B. Bescheinigungen über EDV-Kenntnisse oder Führerscheine. Sie werden letztlich als k.o.-Kriterium eingesetzt. Die wichtigste Voraussetzung für eine richtige Entscheidung ist dabei die Gewissheit, dass entsprechende Qualifikationen für die berufliche Tätigkeit tatsächlich benötigt werden. Dies lässt sich ebenso leicht feststellen, wie eine entsprechende Qualifikation den Bewerbungsunterlagen zu entnehmen ist.

Etwas schwieriger fällt da schon die Bewertung von *Praktikumsbescheinigungen*, die bei Berufsanfängern die nicht vorhandenen Arbeitszeugnisse ehemaliger Arbeitgeber ersetzen. Die Beurteilungen der Leistung des Bewerbers werden in aller Regel positiv ausfallen, da die meisten Firmen sicherlich kein großes Interesse an einer unvorteilhaften Bewertung des Praktikanten haben. Viele Firmen, insbesondere Unternehmensberatungen, verdienen kräftig an den Praktikanten, die sie im Hintergrund als vollwertige Arbeitskraft einsetzen, gleichzeitig aber nur spärlich entlohnen. Da ist es dann vielleicht manchmal ein Akt des Prinzips „eine Hand wäscht die andere", wenn man anschließend ein sehr gutes Zeugnis ausstellt. Andere Firmen werden sich möglicherweise grundsätzlich scheuen, dem jungen Berufsanfänger durch ein weniger gutes Zeugnis Steine in den Weg zu legen. Darüber hinaus bleibt für den Bewerber immer noch die Möglichkeit, unvorteilhafte Beurteilungen zu verheimlichen, indem er das Praktikum in der Bewerbung einfach nicht erwähnt. Die Benotungen in den Praktikumszeugnissen sind alles in allem also mit Vorsicht zu interpretieren. Aussagekräftiger ist hingegen die Anzahl und Vielfältigkeit der Praktika. Dies gilt vor allem dann, wenn sie über den vom Studienplan vorgeschriebenen Umfang hinausreichen. Gerade die Vielfalt ermöglicht es dem Kandidaten, unterschiedlichste

Erfahrungen zu sammeln und dabei vielleicht auch seine eigene Entscheidung für eine bestimmte Bewerbung gezielter treffen zu können. Interessant sind in diesem Zusammenhang natürlich besonders solche Praktikumserfahrungen, die der Realität der in Frage kommenden Stelle möglichst nahe kommen.

Eine weitere Informationsquelle stellen *Arbeitszeugnisse und Referenzen* dar, also Beurteilungen des Bewerbers durch frühere Vorgesetzte oder anderweitig einflussreiche Personen. Die Schwierigkeit der Arbeitszeugnisse liegt vor allem darin, dass man nicht weiß, mit welcher Sorgfalt und Expertise die früheren Vorgesetzten das Zeugnis ausgestellt haben. Hinzu kommt das Problem der Interpretation der „Geheimsprache", die in solchen Zeugnissen Verwendung findet. Wir haben diesem wichtigen Instrument einen eigenen Abschnitt gewidmet (vgl. Kapitel 11.2).

Referenzen können sehr unterschiedliche Formen annehmen. Im Unterschied zu Arbeitszeugnissen handelt es sich um eine freiwillige Begutachtung, zu der der ehemalige Arbeitgeber per Gesetz nicht verpflichtet ist. Die Referenzen können in schriftlicher Form der Bewerbung beiliegen oder auch mündlich eingeholt werden. Dabei ist wiederum zu unterscheiden, ob der Bewerber selbst eine solche Rückfrage in seinen Unterlagen empfiehlt oder ob der potentiell neue Arbeitgeber die Informationen aus freien Stücken und ggf. ohne Wissen des Bewerbers einholt. In aller Regel wird es sich bei mündlichen Referenzen um ein unstrukturiertes Gespräch handeln, bei dem Informationen über das frühere Arbeitsverhalten, Fehlzeiten, Sozialverhalten u.Ä. eingeholt werden. Grundsätzlich sind zwei Dinge zu beachten: Zum einen werden Referenzen vor allem dann ein positives Bild des Bewerbers zeichnen, wenn sie der Bewerbung direkt schriftlich beiliegen oder der Bewerber selbst empfiehlt, entsprechende Informationen über ihn mündlich einzuholen. Zum anderen sind die erhaltenen Informationen nur dann wertvoll, wenn sich der Gutachter unmittelbar ein Bild über die Arbeitsleistung des Bewerbers machen konnte. Insgesamt kommt jedoch sowohl den Arbeitszeugnissen als auch den Referenzen eine eher geringe Vorhersagekraft zu. Moser und Rhyssen (2001) konnten in einer Studie, in der Referenzen zu tatsächlichen Leistungen der Bewerber am neuen Arbeitsplatz in Beziehung gesetzt wurden, eine mittlere Validität von .20 ermitteln. Handelte es sich um Führungskräfte, so ließ sich kein signifikanter Zusammenhang zwischen Referenz und Leistung feststellen. Dies liegt zum Teil sicherlich an der geringen Reliabilität und Validität der getroffenen Aussagen.

Der Grundgedanke von Arbeitszeugnissen und Referenzen, dass man aus früheren Leistungen auf zukünftige Leistungen schließen kann, ist sicherlich sinnvoll, bedarf aber auch einiger Einschränkungen. So spielt z.B. die Frage der Vergleichbarkeit der vergangenen und der zukünftigen Tätigkeit eine wichtige Rolle. Je ähnlicher die Tätigkeiten einander sind, desto größer dürfte auch der Informationsgehalt für die Einstellungsentscheidung sein. Darüber hinaus sollte bedacht werden, dass menschliches Verhalten nie zu 100 % durch die Fähigkeiten und Fertigkeiten des Individuums determiniert wird, sondern immer in die Interaktion mit anderen Menschen bzw. in bestimmte Umweltfaktoren eingebettet ist. Da diese Umweltfaktoren sowie die Kollegen, mit denen man zusammenarbeiten muss, sich bei einem Stellenwechsel zwangsläufig verändern, ist auch nicht mit einer völligen Konstanz des Verhaltens zu rechnen. Zudem ist die Dauer der beruflichen Erfahrung weniger wichtig als die Vielfalt (Quinones, Ford & Teachout, 1995). Es entspricht offenbar dem Alltagsverständnis, dass 20 oder 30 Jahre Berufserfahrung sehr viel mehr wert sind als vielleicht 10 Jahre. Dies ist in höchstem Maße unwahrscheinlich, da der Erfahrungsgewinn kaum linear ansteigen wird (vgl. Abbildung 11-2). Ein Berufsanfänger wird jeden Tag mit neuen Situationen konfrontiert, aus denen er lernen kann. Je mehr Informationen er jedoch sammeln konnte, desto weniger neuen Erfahrungen wird er ausgesetzt. Sicherlich wird es durch Veränderungen im technologischen Bereich, durch Marktveränderungen oder langfristig vielleicht auch durch gesellschaftlichen Wandel Neuerungen seiner Arbeitstätigkeit geben, diese werden jedoch nur noch vereinzelt oder nur sehr zögerlich auftreten. In der Konsequenz bedeutet dies, dass wir in den ersten Jahren sicherlich die meisten Berufserfahrungen sammeln und danach immer weniger. In den meisten Fällen macht es daher wahrscheinlich kaum einen Unterschied, ob man 10 oder 15 Jahre in ein und demselben Beruf tätig war. Im Gegensatz hierzu spielt es aber eine große Rolle, ob jemand drei Monate oder drei Jahre Berufserfahrung aufzuweisen hat (vgl. Abbildung 11-2). Die Berufserfahrung dürfte mithin vor allem in den ersten Berufsjahren einen relevanten Prädiktor für beruflichen Erfolg darstellen. Anders sieht dies aus, wenn jemand während seiner Berufslaufbahn viele sehr unterschiedliche Tätigkeiten übernommen hat. In diesem Falle befand sich die Person mehrfach in der Phase des schnellen Erwerbs neuer Erfahrung und ist im günstigsten Falle immer dann „ausgestiegen", wenn die Tätigkeit zur Routine wurde, es hier also für ihn im Grunde nichts mehr zu lernen gab. In einem solchen Falle wurden vielfältige Erfahrungen gesammelt, die je nachdem, welche neue Stelle zu besetzen ist, wertvoller sind als eine möglichst lange Berufstätigkeit in ein und derselben Funktion. Auch hier ist also erneut von Bedeutung, welche Anforderungen der neue Arbeitsplatz an den Bewerber stellt.

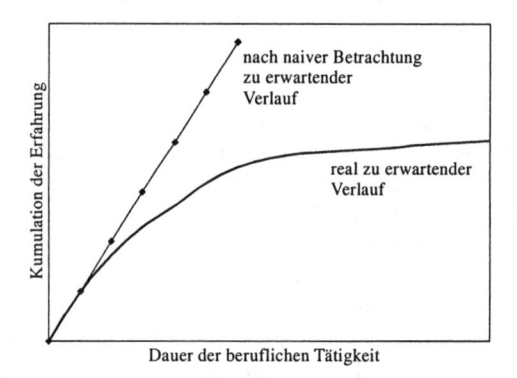

Abbildung 11-2: Anstieg der Berufserfahrung

Das letzte Element der Bewerbungsunterlagen, das hier kurz diskutiert werden soll, ist der *Lebenslauf*. In wenigen Organisationen herrscht die Unsitte, diesen in handschriftlicher Form zu verlangen, damit anschließend ein graphologisches Gutachten Aufschluss über die Persönlichkeit des Bewerbers geben kann. Eine solche Praxis ist eindeutig unseriös und steht einer ernst zu nehmenden Organisation schlecht zu Gesicht. Empirische Studien zeigen, dass graphologische Gutachten keine Erkenntnisse über den Bewerber zu Tage fördern können. Die Analyseregeln der Graphologie sind wissenschaftlich ebenso wenig fundiert wie die Prinzipien der Astrologie oder des Kaffeesatzlesens. Sofern sich überhaupt Zusammenhänge zwischen dem graphologischen Urteil und dem Berufserfolg ergeben, hat dies nachweislich nichts mit der Deutung der Handschrift, sondern nur mit der Interpretation der Textinhalte zu tun (Neter & Ben-Shakhar, 1989). Legt man den Gutachtern Schriftproben vor, die nichts mit dem Lebenslauf zu tun haben, so sinkt die Vorhersagekraft in die Bedeutungslosigkeit ab. Da der „erfolgreiche" Graphologe – vielleicht auch ohne es selbst zu merken – gar nicht die Schrift, sondern die Inhalte interpretiert, ist er schlichtweg überflüssig. Diese Aufgabe sollte man lieber geschultem Personal überlassen, das dabei auch die jeweils spezifischen Anforderungen der in Frage kommenden Stelle einbezieht. So lieferten z.B. in der Studie von Neter und Ben-Shakhar (1989) Psychologiestudenten validere Urteile ab als Graphologen.

Der eigentliche Informationsgewinn des Lebenslaufes ergibt sich aus der Ansammlung von Fakten: Lebensalter, Ausbildungsgang, Berufserfahrung, familiärer Hintergrund u.Ä. Auch hier geht es zunächst darum, auf der Basis zuvor definierter Kriterien eine faktenbezogene Auswahl zu treffen. Dabei ist ein Vergleich zwischen der Selbstpräsentation des Bewerbers im Anschreiben und den belegten Leistungen möglich (s.o.). Interessant ist in diesem Zusammenhang die Stringenz des Lebenslaufes. Zu fragen ist nach Brüchen oder Lücken im Lebenslauf, die keineswegs automatisch zu einem Ausschluss des Kandidaten führen sollten, aber u.a. Gegenstand eines persönlichen Gespräches sein können. Generell sollte man überdenken, ob Jugendlichkeit tatsächlich ein sinnvolles Kriterium darstellt. Ob ein Berufsanfänger ein Jahr mehr mit dem Studium verbracht hat oder nicht, sagt nicht unbedingt etwas über seine Qualifikation aus. Allzu leicht unterliegen wir hier mitunter dem „Jugendwahn" unserer Gesellschaft, demzufolge Jugend an sich schon als Qualifikation gilt.

Hinweise auf den sozioökonomischen Hintergrund der Stammfamilie sowie die Bindung des Bewerbers durch Familie und Kinder sind ebenfalls mit Vorsicht zu interpretieren. Familie und Eigenheim können z.B. als ein Hinweis auf mangelnde räumliche Mobilität gedeutet werden, dies muss aber nicht zwingend der Fall sein. Gerade wenn insgesamt eher wenige geeignete Bewerber zur Verfügung stehen, sollte man sich hier auch im Interesse der Organisation im Zweifelsfalle für den Bewerber entscheiden.

Zusammenfassend bleibt mithin der Eindruck zurück, dass eine sorgfältige Analyse der Bewerbungsunterlagen einen sehr wichtigen Beitrag zur Auswahl der geeigneten Kandidaten leisten kann. Die Relevanz der Analyse ergibt sich vor allem aus der resultierenden Vorselektion der Kandidaten. Werden bereits an dieser Stelle die falschen Bewerber abgewiesen, so ist dies ein Fehler, der nachträglich nicht mehr gutzumachen ist. Werden hingegen ungeeignete Bewerber in die nächste Auswahlrunde aufgenommen, so bedeutet dies zwar einen finanziellen Mehraufwand, durch den Einsatz reliabler und valider Instrumente kann dieser Fehler jedoch noch ausgeglichen werden. Gerade dann, wenn aufgrund der Arbeitsmarktlage in der Population der Bewerber mit nur wenigen wirklich geeigneten Kandidaten zu rechnen ist, sollte man sich daher vor allem gegen den Fehler erster Art absichern und lieber einen Bewerber zu viel als einen zu wenig in die nächste Runde schicken. Bei allen Unsicherheiten, die die Analyse der Bewerbungsunterlagen mit sich bringt, ist es dennoch möglich, grundsätzliche Prinzipien zu formulieren, die sich positiv auf die Qualität der Entscheidung auswirken. Tabelle 11-2 fasst die wichtigsten Punkte, auf die man achten sollte, zusammen.

Tabelle 11-2: Checkliste zu Analyse von Bewerbungsunterlagen

Anforderungsanalyse
Im Vorfeld der Sichtung der Bewerbungsunterlagen sollten die grundlegenden Entscheidungskriterien stellenspezifisch und für alle Gutachter verbindlich festgelegt werden. Dies trifft vor allem auf eindeutige Kriterien wie Schulbildung, Ausbildungsgang oder andere objektivierbare Informationen zu.
„Psychologisieren" vermeiden
Die Bewerbungsunterlagen liefern grundlegende Informationen über den Bewerber. Sie reichen in keinem Falle aus, sich einen umfassenden und fundierten Eindruck zu verschaffen. Der Versuchung einer tief gehenden Charakterisierung des Bewerbers sollte man widerstehen können.
Ästhetische Informationen nicht überbewerten
Kriterien wie das Aussehen des Bewerbers, die optische Gestaltung der Bewerbungsunterlagen oder Rechtschreibfehler sollten nur dann in die Beurteilung des Kandidaten einfließen, wenn ein direkter Bezug zum anvisierten Tätigkeitsbereich besteht. Ist dies nicht der Fall, kann die Versuchung für den Gutachter reduziert werden, indem vor der Analyse das Lichtbild sowie die Bewerbungsmappe entfernt werden.
Mit Hypothesen arbeiten
So weit wie möglich sollte man sich auf die leicht zu interpretierenden Fakten (belegte Qualifikationen etc.) beschränken. Bei allen Interpretationen sollte sich der Gutachter selbst immer kritisch hinterfragen und nach alternativen Erklärungen suchen. Vergleichbar zum Erkenntnisprozess in der Forschung sollte er daher explizit Hypothesen über den Bewerber aufstellen und diese anhand des zur Verfügung stehenden Materials zu belegen oder zu widerlegen suchen. Dabei ist es nicht schlimm, sich selbst einzugestehen, dass die nötigen Informationen ggf. nicht zur Verfügung stehen, eine Hypothese also weder belegt noch widerlegt werden kann. Das hypothesengeleitete Vorgehen zwingt zu einer bewussten Reflexion des Entscheidungsprozesses und fördert die Integration einzelner Informationen, die aus verschiedenen Elementen der Bewerbungsunterlagen stammen können.
Mehr Zeit nehmen
Geht es um mehr als nur die Überprüfung objektivierter Qualifikationen des Bewerbers, so bieten zehn Minuten sicherlich nicht genügend Zeit für eine sorgfältige Analyse. Auch erscheint es wenig sinnvoll, sehr viele Bewerbungen hintereinander zu begutachten. Die Tätigkeit ist auf Dauer sicherlich eintönig und ermüdend. Hierdurch besteht die Gefahr, dass man den zuletzt betrachteten Bewerbern nicht mehr gerecht wird.
Einsatz von mehreren Gutachtern
Gerade dann, wenn bei der Vorauswahl keine Fehler gemacht werden dürfen, weil der Anteil der tatsächlich Geeigneten als gering einzuschätzen ist, empfiehlt sich der Einsatz von zwei Gutachtern, die unabhängig voneinander die Unterlagen sichten. Bei einem abweichenden Urteil könnte ein dritter Gutachter herangezogen werden.

> *Sukzessive Auswahl*
> Muss aufgrund der vielen Bewerber, die bereits die grundlegenden Anforderungen erfüllen, eine tiefer gehende Analyse der Bewerbungsunterlagen erfolgen, so empfiehlt sich ein sukzessives Vorgehen. In einem ersten Schritt werden alle Kandidaten ausgesondert, die nicht die nötigen Grundqualifikationen mitbringen. In einem zweiten und ggf. dritten oder vierten Schritt wird jeweils nach den Kriterien gefahndet, die als nächstes in der Priorität folgen. Auch hierbei können jeweils verschiedene Gutachter eingesetzt werden, damit die Entscheidung auf eine möglichst breite Basis gestellt wird. Gleichzeitig wird ein effizientes Vorgehen gefördert.

11.2 Arbeitszeugnisse

Jeder Mitarbeiter, der aus einer Organisation ausscheidet, hat einen rechtlichen Anspruch auf die Ausstellung eines Arbeitszeugnisses durch seinen Arbeitgeber. Darüber hinaus kann der Arbeitnehmer auch unabhängig von einem tatsächlichen oder geplanten Ausscheiden sogenannte „Zwischenzeugnisse" einfordern, was jedoch eher selten vorkommt (Weuster, 1994). Das Arbeitszeugnis soll die bisherigen Aufgabenbereiche des Mitarbeiters beschreiben, vor allem aber die tatsächlich erbrachten Leistungen dokumentieren und bewerten. In dieser Funktion wird das Zeugnis zu einem wichtigen Bestandteil der Personaldiagnostik, wenn der Mitarbeiter eine Anstellung in einer neuen Organisation sucht. In diesem Falle wird das Arbeitszeugnis den Bewerbungsunterlagen beigelegt und dient einem potentiellen Arbeitgeber als zusätzliche Information, um sich einen ersten Eindruck über den Bewerber verschaffen zu können. Die Relevanz des Arbeitszeugnisses hängt dabei in starkem Maße von der Position des potentiellen Mitarbeiters innerhalb der Organisationshierarchie ab. In einer groß angelegten Befragung deutscher Unternehmer konnte Weuster (1994) zeigen, dass vor allem bei leitenden Angestellten großer Wert auf ein Zeugnis des früheren Arbeitgebers gelegt wird: Während 70 % der befragten Unternehmen angaben, bei leitenden Angestellten dem Arbeitszeugnis eine sehr große bzw. große Bedeutung beizumessen, galt dies im Hinblick auf Tarifangestellte nur noch für 55 % und bei Arbeitern sogar nur noch für 15 % der Organisationen. Insgesamt geben mehr als 70 % der Unternehmen an, dass sie Arbeitszeugnisse als eine wichtige Ergänzung der Bewerbungsunterlagen betrachten, deren Existenz sie nicht missen möchten. Vor allem dann, wenn das zurückliegende Arbeitsverhältnis mehr als 24 Monate dauerte, wird den Zeugnissen eine hohe Aussagekraft zugeschrieben.

Die Gründe hierfür sind verständlich. Sieht man einmal von Schul- oder Ausbildungszeugnissen ab, so sind die Arbeitszeugnisse die einzige Fremdbeurteilung eines Bewerbers, die dem Personaldiagnostiker in den Bewerbungsunterlagen zur Verfügung steht. Im Gegensatz zur Schule oder Ausbildung sind die Leistungen am Arbeitsplatz zwangsläufig in höchstem Maße praxisrelevant. Gerade dann, wenn sich das Aufgabenfeld des Bewerbers von einer zur nächsten Organisation nicht wesentlich wandelt, sollte sich das frühere Verhalten am Arbeitsplatz auch als ein guter Prädiktor des zukünftigen Arbeitsverhaltens erweisen. Alle anderen Angaben in der Bewerbung werden vor allem durch den Bewerber selbst gegeben (oder weggelassen), wobei naturgemäß mit einer positiv verzerrten Selbstdarstellung zu rechnen ist.

Das Arbeitszeugnis könnte daher als eine Art Korrektiv wirken und überdies Anregungen für ein weiterführendes Auswahlgespräch liefern. Der tatsächliche Nutzen des Arbeitszeugnisses hängt jedoch von vielen Faktoren ab, die sowohl auf der Seite des Zeugnisausstellers als auch auf der Seite desjenigen liegen, der ein Arbeitszeugnis richtig interpretieren muss.

Ein *erster wichtiger Einflussfaktor* ist in der Vollständigkeit des Arbeitszeugnisses zu sehen. Nur dann, wenn das Zeugnis eine möglichst umfassende Beschreibung der Arbeitsaufgaben, der Rahmenbedingungen sowie eine Bewertung der erbrachten Leistung liefert, kann es einerseits dem Mitarbeiter gerecht werden und andererseits zukünftigen Arbeitgebern eine sinnvolle Entscheidungshilfe liefern. Weuster (1994) gibt ein Beispiel für ein vollständiges Arbeitszeugnis, das in Tabelle 11-3 in seinen wesentlichen Zügen skizziert wird.

Tabelle 11-3: Aufbau eines vollständigen Arbeitszeugnisses
(in Anlehnung an Weuster, 1994)

Element	wichtige Inhalte
Überschrift	Gibt Aufschluss darüber, worauf sich das Zeugnis bezieht (z.B. Ausbildungszeugnis, ein Praktikumszeugnis, ein Zwischen- oder ein Abschlusszeugnis)
Eingangssatz	Führt die wichtigsten Angaben zur Person des beurteilten Mitarbeiters an (Name, Geburtsdatum, Tätigkeitsbezeichnung, Dauer des Arbeitsverhältnisses etc.).
Positions- und Aufgabenbeschreibung	Beschreibt, in welcher Hierarchiestufe der Organisation der Mitarbeiter tätig war, mit welchen konkreten Aufgaben er betraut wurde und wie weit seine Verantwortung reichte. Hinzu kommt gerade bei kleineren Unternehmen auch eine Beschreibung der Organisation (Branche, Größe, Umsatz, Auslandsniederlassungen etc.).
Beurteilung der Leistung und des Erfolgs	Umfasst Angaben zur Arbeitsmotivation, der wahrgenommenen Arbeitsbefähigung, der Arbeitsweise sowie der sich aus all dem ergebenden Arbeitserfolge. Die Einschätzung schließt mit einer zusammenfassenden Beurteilung: Der Arbeitgeber gibt an, inwieweit er insgesamt mit dem Mitarbeiter zufrieden war.
Beurteilung des Sozialverhaltens	Die Angaben beziehen sich sowohl auf den Umgang mit Kollegen, eigenen Mitarbeitern und Vorgesetzten als auch auf das Verhalten gegenüber organisationsexternen Personen wie Kunden oder Gästen.
Schlusssatz	Bringt zum Ausdruck, inwieweit die Organisation das Ausscheiden ihres Mitarbeiters bedauert, auf wessen Initiative das Arbeitsverhältnis beendet wurde und inwieweit man dem Mitarbeiter für die Zukunft alles Gute wünscht.

Neben selbstverständlichen Angaben zur Art des Zeugnisses (z.B. Zwischen- vs. Abschlusszeugnis) und zur Person des Mitarbeiters ist die Beschreibung seiner Position und Aufgabenbereiche innerhalb der Organisation von zentraler Bedeutung. Je exakter die Beschreibung in diesem Punkt ausfällt, desto eher lässt sich später entscheiden, inwieweit eine Übereinstimmung zwischen dem früheren und einem potentiell neuen Arbeitsplatz gegeben ist. Der Tendenz nach wird man davon ausgehen können, dass eine Übertragung der Bewertungen auf den neuen Arbeitsplatz um so eher legitim ist, je ähnlicher sich die beiden Arbeitsplätze sind. Hier hinter steckt die Erkenntnis, dass menschliches Verhalten zu einem Großteil nicht nur durch die Merkmale des Individuums, sondern auch durch die Rahmenbedingungen (Zeitdruck, konkrete Aufgaben, andere Menschen etc.) determiniert wird. Sind die Rahmenbedingungen zweier Arbeitsplätze ähnlich, so ist auch umso eher damit zu rechnen, dass sich die Fähigkeiten und Fertigkeiten des Individuums in vergleichbarer Weise entfalten werden. Über die eigentlichen Merkmale des Individuums, wie sie unabhängig von irgendwelchen Umgebungsfaktoren vorliegen, erfahren wir dabei allerdings nichts. Sie können im günstigsten Falle erst dann abgeschätzt werden, wenn der Bewerber mehrere Arbeitzeugnisse verschiedener Arbeitgeber vorlegt. War der Bewerber z.B. in extrem unterschiedlichen Aufgabenbereichen tätig und hat hier jeweils eine etwa gleichbleibende Beurteilung von den verschiedenen Arbeitgebern erhalten, so ist dies als ein Hinweis auf seine tatsächlichen Fähigkeiten und Fertigkeiten zu werten. Die Merkmale des Bewerbers lassen sich gewissermaßen als „Konturen im Rauschen der Umgebungsfaktoren" erkennen. Wenn er sich unter völlig unterschiedlichen Rahmenbedingungen bewährt hat, so ist dies keineswegs mehr allein auf eine glückliche Konstellation verschiedener Umgebungsfaktoren zurückzuführen. Analog verhält es sich, wenn mehrere Zeugnisse zu einer unterschiedlichen Bewertung gelangen, obwohl die zugrunde liegenden Aufgabenbereiche weitestgehend identisch waren. Auch dies ist eher als ein Hinweis auf die Merkmale des Bewerbers als auf die Rolle der Umgebungsfaktoren zu werten. Schwieriger wird es hingegen, wenn mehrere Zeugnisse zu verschiedenen Urteilen kommen und sich dabei auch auf sehr unterschiedliche Aufgabenbereiche beziehen oder mehrere Zeugnisse übereinstimmende Bewertungen widerspiegeln und sich dabei auf sehr ähnliche Tätigkeitsfelder beziehen. In beiden Fällen ist es nicht möglich, eine Aussage über die tatsächlichen, situationsunabhängigen Fähigkeiten und Fertigkeiten des Bewerbers zu machen, da die Angaben stets mit den Umgebungsfaktoren der früheren beruflichen Tätigkeit konfundiert sind. Die skizzierte Problematik wird in Abbildung 11-3 noch einmal verdeutlicht. Wir sehen, es gibt nur wenige Konstellationen, unter denen eine Chance besteht, etwas über die individuellen Merkmale des Bewerbers – losgelöst von einem spezifischen Kontext – zu erfahren. Nun kann man sich natürlich auf den Standpunkt stellen, der neue Arbeitgeber sei ohnehin nicht an den individuellen Merkmalen, sondern nur an einem günstigen Zusammenspiel zwischen Individuum und Arbeitsplatz interessiert. Wie dieses Zusammenspiel zu erklären ist, mag dabei als akademisches Problem erscheinen. In der Tat wird man in den meisten Fällen zu Recht zunächst eine positive Einschätzung des Bewerbers vornehmen, wenn ein sehr gutes Zeugnis vorliegt, das aus einer Anstellung hervorging, der der zukünftigen sehr ähnlich ist. Sehr häufig wird Letzteres allerdings nicht der Fall sein. Dies gilt insbesondere für Bewerber, die einen neuen Aufgabenbereich suchen und/oder in der Hierarchie weiter aufsteigen wollen und daher zwangsläufig in neue Berufssituationen geraten. Man muss sich insgesamt darüber im Klaren sein, dass die Aussagemöglichkeiten des Arbeitszeugnisses in den genannten Punkten sehr beschränkt sind.

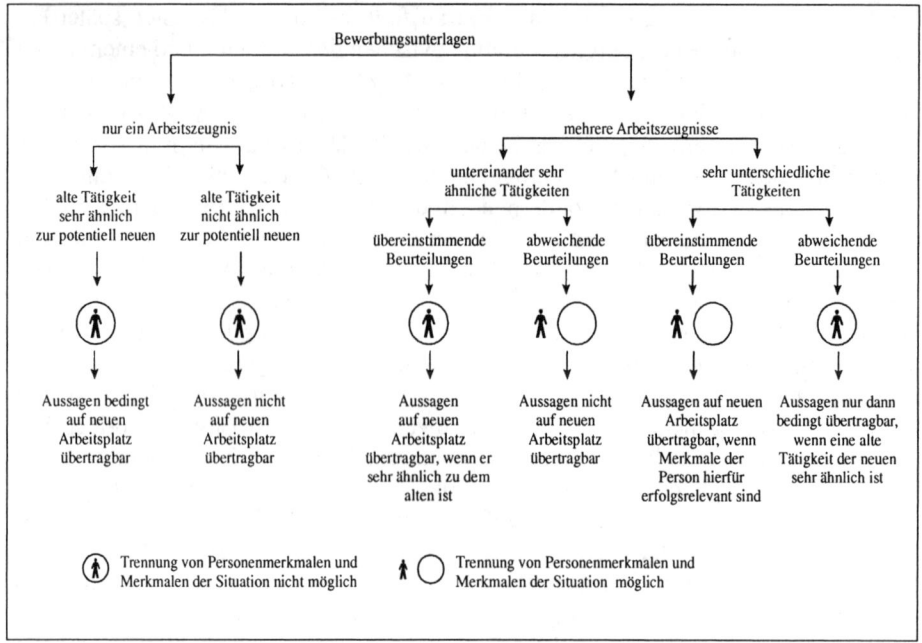

Abbildung 11-3: Aussagemöglichkeiten von Arbeitszeugnissen

Im Zentrum des Arbeitszeugnisses steht die Beurteilung der Leistungen und des Erfolgs im Beruf. Dabei sollte ein vollständiges Zeugnis in jedem Falle auch Angaben zum Sozialverhalten des Bewerbers beinhalten (vgl. Tabelle 11-3). Dies gilt insbesondere natürlich dann, wenn auch die zukünftige Tätigkeit nicht ohne soziale Interaktionen auskommt, was für die allermeisten Arbeitsplätze gelten dürfte. Besonderes Gewicht ist dem Sozialverhalten von Führungskräften zuzuschreiben. Die Anfertigung eines vollständigen Arbeitszeugnisses ist alles in allem ein aufwändiges Unterfangen. Im Mittelwert verbringen deutsche Unternehmen etwa 40 bis 90 Minuten mit der Ausstellung eines Arbeitzeugnisses, wobei Ersteres eher für Arbeiter, Letzteres für leitende Angestellte gilt (Weuster, 1994). Bedenkt man, dass in dieser Zeit nicht nur das Zeugnis formuliert wird, sondern auch die relevanten Informationen zusammengetragen werden müssen, so erscheint der tatsächlich investierte Zeitaufwand nicht sonderlich groß. Ein solch geringer Aufwand spricht für den Einsatz vorformulierter Textbausteine und ist hier und da wohl auch durch mangelnde Sorgfalt zu erklären.

Damit kommen wir zu einer *zweiten Gruppe wichtiger Einflussfaktoren*. Die Qualität des Auswahlinstrumentes „Arbeitszeugnis" hängt in entscheidendem Maße davon ab, inwieweit es die tatsächlichen Leistungen des Bewerbers korrekt widerspiegelt. Angesprochen werden hiermit die Fähigkeiten und Fertigkeiten der Verfasser eines Arbeitszeugnisses im Hinblick auf das Zusammentragen relevanter Informationen und die sprachliche Kodierung dieser Informationen.

Der erste Punkt bildet die entscheidende Basis eines jeden Zeugnisses. Nur dann, wenn der Verfasser eine realistische Vorstellung von den Anforderungen des fraglichen Arbeitsplatzes sowie den Leistungen des Mitarbeiters hat, kann er diese auch in das Zeugnis einfließen lassen. In größeren Unternehmen arbeiten daher mehrere Personen bei der Erstellung eines Arbeitszeugnisses zusammen: der direkte Vorgesetzte des Mitarbeiters und ein Vertreter der Personalabteilung. Während Ersterer als Experte für den Arbeitsplatz und die Leistungen des Mitarbeiters gelten kann, bringt Letzterer die Informationen in die richtige Form und achtet auf die Vollständigkeit des Zeugnisses. Aber selbst bei einem solch überlegten Vorgehen stellt sich natürlich die Frage nach der Reliabilität und Validität der Aussagen des Vorgesetzten. Reichen die Informationen, über die der Vorgesetzte verfügt, überhaupt aus, um eine zutreffende Beurteilung vornehmen zu können? Wie oft und im Hinblick auf welche Tätigkeiten wird der Vorgesetzte mit den Leistungen des Mitarbeiters konfrontiert? Zwangsläufig wird es bereits auf der Ebene der bloßen Informationssammlung zu mehr oder minder gewichtigen Selektionsproblemen kommen. Darüber hinaus ist zu fragen, inwieweit die eigentliche Beurteilung der verfügbaren Informationen systematischen Verzerrungen, wie z.B. dem Halo-Effekt oder der hypothesengeleiteten Beurteilung, unterliegt (vgl. Kapitel 1). Gibt es in der Organisation ein formalisiertes Beurteilungsverfahren, welches die Bewertung transparent werden lässt? Bemüht sich der Vorgesetzte bewusst um eine Objektivierung oder will er den Mitarbeiter ganz im Gegenteil vielleicht sogar absichtlich besonders gut oder schlecht dastehen lassen? Schließlich stellt sich noch die Frage, ob der Vorgesetzte selbst über die nötige Fachkompetenz verfügt, um die Leistung des Mitarbeiters gebührend würdigen zu können. Gerade in großen Unternehmen stellt sich in Anbetracht der Vielfalt und Spezifität der zu erbringenden Leistungen immer häufiger die Situation ein, dass ein Vorgesetzter eine Gruppe von Mitarbeitern leitet, über deren jeweilige Expertise er selbst nur noch im Ansatz verfügt.

Nehmen wir einmal an, all diese Probleme wären in einem konkreten Fall weitestgehend gelöst. Der Vorgesetzte verfügt demnach über ein reliables und valides Urteil. Die vorliegenden Informationen müssen nun noch sprachlich umschrieben werden. Anders als etwa bei standardisierten Testverfahren, denen eine Normierung zugrunde liegt, ist es beim Arbeitszeugnis nicht möglich, einen Zahlenwert zu ermitteln, der von allen Eingeweihten in gleicher Weise interpretiert werden könnte. Es fehlt ein einheitliches Bezugssystem für die Bewertung unterschiedlicher Leistungen sowohl auf der Seite der Zeugnisaussteller als auch auf der Seite derjenigen, die das Zeugnis später interpretieren müssen. Erschwerend kommt hinzu, dass Zeugnisse dem Gesetz nach keine explizit negativen Bewertungen des Mitarbeiters enthalten dürfen. Hiermit will man vermeiden, dass ein schlechtes Zeugnis dem Mitarbeiter in seinem weiteren beruflichen Werdegang im Wege steht. Einerseits ist dies zu begrüßen; der Gesetzgeber verhindert hierdurch ungerechtfertigt negative Konsequenzen fragwürdiger Zeugnisse. Auf der anderen Seite zwingt er die Unternehmen aber auch dazu, problematische Auswege zu suchen, will man Arbeitszeugnisse nicht gänzlich zu einem unbrauchbaren Instrument nichtssagender Lobhudelei verkommen lassen. Wie brisant das Problem der sprachlichen Ausgestaltung von Arbeitszeugnissen ist, verdeutlicht nicht zuletzt der Umstand, dass in jedem Jahr viele tausend Mitarbeiter gegen die Beurteilungen ihres alten Arbeitsgebers vor Gericht ziehen. Im Jahr 1998 waren dies mehr als 17.000 Fälle (Statistisches Jahrbuch der BRD 2000). Ein Weg, aussagekräftige Zeugnisse zu formulieren, die gleichzeitig den Auflagen des Gesetzgebers Genüge leisten, liegt in der Anwendung einer gewissen „Geheimsprache". Weuster (1994) gibt einige Beispiele für die gängigsten Prinzipien dieser Sprache (vgl. Tabelle 11-4). Ziel des gesamten Vorhabens ist es stets, auch negative Aussagen über einen schlechten Mitarbeiter treffen zu können, ohne die gesetzlichen Bestimmungen zu missachten. Vornehm ausgedrückt versucht man also, einen potentiellen Arbeitgeber „durch die Blume" über die erlebten Stärken und Schwächen des Mitarbeiters zu informieren. Ein solches Vorgehen kann nur dann funktionieren, wenn alle Beteiligten die gleiche Sprache sprechen. Dem unerfahrenen Vorgesetzten kann hier der Vertreter der Personalabteilung hilfreich zur Seite stehen. In kleineren Unternehmen, die nur sehr wenig Erfahrung mit der Ausstellung von Zeugnissen haben, stehen die Gutachter schnell vor einem Problem, das sie selbst vielleicht nicht mal als solches wahrnehmen. Zwar dürften auch sie wissen, dass Zeugnistexte nicht wörtlich zu nehmen sind. Die Frage, wie denn nun genau formuliert werden soll, bleibt jedoch unbeantwortet. Trotz aller Bemühungen, entsprechende Formulierungstechniken durch Publikationen zu vereinheitlichen, kann bis heute sicherlich kein einheitlicher Sprachgebrauch vorausgesetzt werden. Darüber hinaus sind einige der unten angeführten Techniken keineswegs eindeutig. So kann mit Hilfe der Leerstellen-Technik ein Arbeitgeber auf einen Mangel hinweisen. Fehlen beispielsweise Angaben zum Verhältnis zwischen dem Vorgesetzten und seinem Mitarbeiter, so kann im Umkehrschluss jedoch keineswegs behauptet werden, dass das Verhältnis zwischen beiden gestört war. Möglicherweise hat der ehemalige Vorgesetzte schlichtweg vergessen, auf diesen Punkt einzugehen. Eine konsequente Anwendung der Leerstellen-Technik auf Seiten des potentiell zukünftigen Arbeitgebers würde in diesem Fall also direkt zu einer Fehleinschätzung des Bewerbers führen.

Tabelle 11-4: Gängige Formulierungstechniken bei der Abfassung von Zeugnissen (nach Weuster, 1994)

Technik	Vorgehen
Positiv-Skala-Technik	Die gesamte Bandbreite sehr negativer bis hin zu sehr positiven Bewertungen wird auf eine Skala abgestufter Positiv-Formulierungen transformiert. Beispiel: Die Formulierung „im Großen und Ganzen zufrieden" kommt der Benotung „mangelhaft" gleich.
Leerstellen-Technik	Negative Urteile über bestimmte Arbeitbereiche werden umgangen, indem auf eine Erwähnung des gesamten Bereiches verzichtet wird. Ist der Bereich an sich wichtig (z.B. Verhältnis zum Vorgesetzten), so erkennt der Leser des Zeugnisses an der Auslassung, dass hier etwas nicht stimmen kann.
Reihenfolge-Technik	Um eine negative Bewertung kenntlich zu machen, werden Nebensächlichkeiten, die positiv zu bewerten sind (z.B. Leistung in randständigen Bereichen) in den Vordergrund gerückt, indem sie der Beschreibung der eigentlich wichtigen Arbeitsbereiche im Zeugnis zeitlich vorgeordnet werden.

Ausweich-Technik	Vergleichbar zur Reihenfolge-Technik wird Unwichtiges gegenüber dem eigentlich Wichtigen akzentuiert, jedoch ohne eine veränderte Abfolge der Themenbereiche. Stattdessen berichtet man möglichst viel über Nebensächlichkeiten und handelt die wichtigen Themen kurz ab.
Einschränkungs-Technik	Die Geltung eindeutig positiver Aussagen wird inhaltlich, räumlich oder zeitlich eingeschränkt. Beispiel: „Der Mitarbeiter X hat die Aufgabe A zur vollen Zufriedenheit erfüllt." Hier soll verdeutlicht werden, dass dies eben nur für die Aufgabe A und nicht auch für B und C gilt.
Andeutungs-Technik	Durch bestimmte Formulierungen sollen negative Assoziationen beim Leser des Zeugnisses erzeugt werden. Beispiel: „Herr X ist ein anspruchsvoller und kritischer Mitarbeiter." Angedeutet wird hier, dass Herr X vor allem ein schwieriger Mitarbeiter war, der seinen Vorgesetzen gern und viel kritisiert hat.
Knappheits-Technik	Das Zeugnis wird insgesamt sehr knapp gehalten, um eine mangelnde Wertschätzung des Mitarbeiters zum Ausdruck zu bringen.
Widerspruchs-Technik	Mit Hilfe versteckter Widersprüche soll eine negative Bewertung verborgen werden. Beispiel: „Herr X konnte nach vorgegebenen Richtlinien selbständig arbeiten." Der geschulte Leser merkt: Wenn man Herrn X genaue Richtlinien an die Hand geben musste, dann spricht dies eindeutig gegen seine Selbständigkeit.

Eine *dritte Gruppe* von Faktoren, die den Nutzen von Arbeitszeugnissen beeinflussen, liegt auf der Seite derjenigen, die ein Arbeitszeugnis interpretieren müssen. Ein grundsätzliches Problem ergibt sich bereits bei der Einschätzung der Zeugnisqualität. Kennt man nicht zufällig die Organisation, bei der ein Bewerber zuvor gearbeitet hat – oder noch besser den Zeugnisaussteller persönlich –, so weiß man letztlich auch kaum etwas darüber, mit welcher Sorgfalt das Zeugnis erstellt wurde. Alle Fragen, die wir bereits im vorangestellten Abschnitt hinsichtlich der Reliabilität und Validität der Beurteilung gestellt haben, werden auch an dieser Stelle erneut bedeutsam. Aber selbst dann, wenn das Zeugnis zu Recht als das Ergebnis eines ausgereiften Bewertungsprozesses verstanden wird, kann die zwangsweise verschlüsselte Nachricht des früheren Arbeitgebers nur dann richtig enkodiert werden, wenn der zuständige Mitarbeiter die Zeichen richtig zu deuten weiß. Dabei hilft die Kenntnis einschlägiger Formulierungshilfen im Zweifelsfalle nicht viel weiter, weil einige der Techniken keineswegs eindeutig zu interpretieren sind. In besonderer Weise gilt dies natürlich für die Andeutungstechnik, die schnell Anlass zu wilden Spekulationen geben kann. Ein Zeugnisauswerter, der aufgrund der übrigen Bewerbungsunterlagen bereits einen bestimmten Eindruck ausgebildet hat, kann bei Anwendung der Andeutungstechnik seine eigenen Erwartungen mit Leichtigkeit auch in das Arbeitszeugnis hineindeuten. Im Sinne der Hypothesentheorie (vgl. Kapitel 1) kommt es auf diesem Wege zu einer systematischen Urteilsverzerrung. Überdies lässt die Vagheit der Formulierungen dem Auswertenden im Zweifelsfalle die Freiheit, einen Kandidaten frühzeitig aus dem Rennen zu nehmen, wenn er diesem – was in der Praxis vielleicht nur selten vorkommt, aber durchaus denkbar erscheint – absichtlich schaden möchte. Ein weiteres Beispiel für die grundlegende Problematik der Formulierungstechniken liefert die Knappheits-Technik. Ein betont kurzes Zeugnis mag entweder als Ausdruck mangelnder Wertschätzung des alten Arbeitgebers für seinen Mitarbeiter oder als mangelnde Sorgfalt bzw. Unkenntnis des Zeugnisausstellers gewertet werden.

Nun könnte man einwenden, dass auch bei einem Verzicht auf eine Art „Geheimsprache" keine Standardisierung der Redewendungen vorliegt. Das ist sicherlich richtig: Wenn zwei Arbeitgeber die Leistungen eines Mitarbeiters als durchschnittlich charakterisieren, dann kann dies auf völlig unterschiedlichen Leistungen beruhen, weil beide zur Bewertung ein jeweils spezifisches Bezugssystem heranziehen. Die Verwendung der „Geheimsprache" verkompliziert die Sachlage jedoch noch zusätzlich, da die Aussagen in aller Regel nicht so gemeint sind, wie sie formuliert wurden. Der Leser wird zum Deuten ermuntert, ja, er ist hierauf sogar angewiesen. Abhilfe schafft hier nur eine allgemeinverbindliche Standardisierung der Sprache. So schlägt z.B. das Landesarbeitsgericht Hamm eine sprachlich verankerte Bewertungsskala vor, mit deren Hilfe die allgemeine Zufriedenheit, also die zusammenfassende Bewertung der Leistungen des Mitarbeiters, vereinheitlicht werden könnte (vgl. Tabelle 11-5; nach Weuster, 1994). Das Problem der Notenfindung bleibt hiervon selbstverständlich unberührt.

Die Auswertung von Arbeitszeugnissen ist mithin alles andere als ein leichtes Geschäft. Umso bedenklicher stimmt, dass fast 30 % der von Weuster (1994) befragten Unternehmen angeben, nicht mehr als 3 Minuten für das Lesen eines Arbeitszeugnisses aufzuwenden. Hier kann wohl kaum von einer sorgfältigen Analyse gesprochen werden.

Tabelle 11-5: Standardisierte Zufriedenheitsskala des Landesarbeitsgerichts Hamm (nach Weuster, 1994)

Benotung	Formulierung
sehr gut	Wir waren mit der Leistung... außerordentlich zufrieden. ... stets zu unserer vollsten Zufriedenheit... ... stets unsere volle Anerkennung...
sehr gut bis gut	... zu unserer vollsten Zufriedenheit...
gut	... stets zu unserer vollen Zufriedenheit...
befriedigend	... zu unserer vollen Zufriedenheit...
befriedigend bis ausreichend	... stets zu unserer Zufriedenheit... ... stets zufriedenstellend... ... stets zufrieden...
ausreichend	... zu unserer Zufriedenheit...
mangelhaft	... im Großen und Ganzen zu unserer Zufriedenheit...
unzureichend	... zu unserer Zufriedenheit zu erledigen versucht...

Zusammenfassend kann an dieser Stelle festgehalten werden, dass wir beim Einsatz von Arbeitszeugnissen als nicht-standardisierte Methode der Personalauswahl größte

Vorsicht walten lassen sollten. Die potentiellen Fehler, die unterlaufen können, sind vielfältig und liegen sowohl auf der Seite der vorherigen Arbeitgeber als auch auf Seiten des Personaldiagnostikers, der die Arbeitszeugnisse richtig interpretieren muss (vgl. Abbildung 11-4). Nicht ohne Grund schreibt Schuler (1996) der Methode „Arbeitszeugnis" insgesamt eine geringe prognostische Aussagekraft zu. Natürlich mag im Einzelfall ein bestimmtes Arbeitszeugnis von großem Wert sein. Im Großen und Ganzen überwiegen im Vergleich zu anderen Methoden jedoch die Probleme. Arbeitszeugnisse sollten daher grundsätzlich nur mit großer Umsicht als eine Informationsquelle neben vielen anderen zur Auswahlentscheidung herangezogen werden. So liefert z.B. die Beschreibung des alten Arbeitsplatzes eine wichtige Information darüber, ob der Bewerber sich bereits mit solchen Aufgaben auseinandersetzen musste, die auch an seinem neuen Arbeitsplatz von Belang sein würden. Aussagekräftig ist vor allem das Vorliegen mehrerer Arbeitszeugnisse, die sich auf unterschiedliche Tätigkeiten und Organisationen beziehen und dennoch immer zu einem gleichbleibenden Urteil führen. Überdies liefern Zeugnisse Anregungen für mögliche Themen im Einstellungsgespräch. Unverzichtbar ist eine Auseinandersetzung des Zeugnisauswerters mit den „Prinzipien" der eingesetzten Sprache sowie den Problemen der Abfassung und Interpretation von Arbeitszeugnissen.

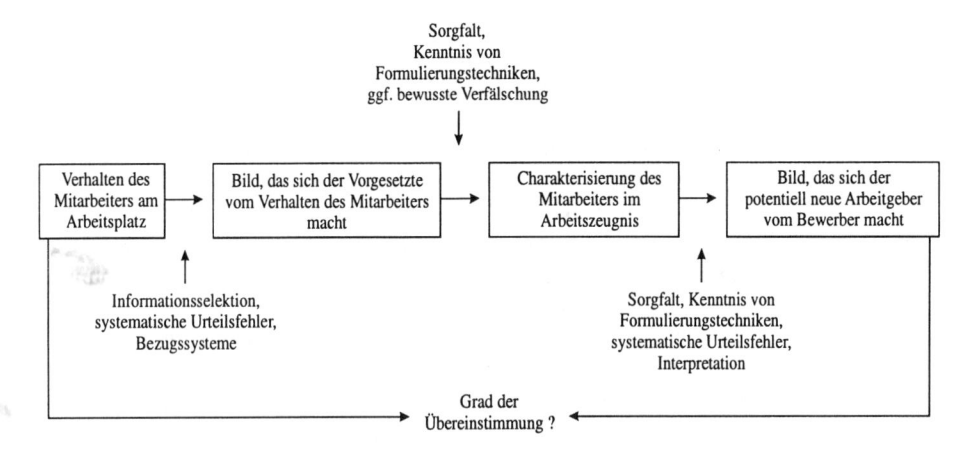

Abbildung 11-4: Fehlerquellen im Prozess der Personaldiagnostik mit Hilfe von Arbeitszeugnissen

Tabelle 11-6 fasst noch einmal die wichtigsten Punkte zusammen, die bei der Analyse von Arbeitszeugnissen bzw. Referenzen zu beachten sind. Dabei stellt sich allerdings das Problem der mangelnden Kontrollierbarkeit einiger Variablen. So werden z.B. Informationen über die Validität der Beurteilung meist nur schwer zu erhalten sein.

Tabelle 11-6: Checkliste zur Analyse von Arbeitszeugnissen und Referenzen

Validität der Beurteilung hinterfragen   Wie lange war der Bewerber beim früheren Arbeitgeber beschäftigt?   Wer hat das Zeugnis ausgestellt?   Kann der Zeugnisaussteller/Gesprächspartner die Leistungen des Bewerbers aus eigener Anschauung bestätigen?
Sorgfalt des Zeugnisses hinterfragen   Beschreibt das Zeugnis umfassend den Arbeitsplatz bzw. die Aufgaben des Bewerbers?   Wird neben der fachlichen Leistung auch das Sozialverhalten beurteilt?   Bleiben wichtige Fragen unbeantwortet?
Schulung des Gutachters   Ist der Gutachter mit den Gepflogenheiten der Zeugnissprache vertraut?   Gutachter zur zurückhaltenden Beurteilung anhalten (siehe auch Abbildung 11-3).   Ggf. Möglichkeiten zum persönlichen Gespräch mit dem früheren Arbeitgeber nutzen.

11.3 Auswahlgespräch

Es gibt wohl keine Stellenbesetzung, die ohne ein Gespräch zwischen dem Bewerber und dem potentiell neuen Arbeitgeber erfolgt. Dabei wird das Verfahren allerdings mit unterschiedlichen Begriffen wie z.B. „Einstellungsgespräch", „Einstellungsinterview" oder „Bewerbungsgespräch" bezeichnet. In der Chronologie der sukzessiven Personalauswahl sollte es erst eingesetzt werden, nachdem zuvor bereits die Existenz grundlegender Qualifikationen (Schul- und Berufsausbildung, EDV-Kenntnisse u.Ä.) sichergestellt wurde. In der Abfolge der unterschiedlichen Auswahlinstrumente folgt man dem Prinzip, dass die kostengünstigeren Verfahren (Analyse der Bewerbungsunterlagen, Testdiagnostik) bei großen Mengen von Bewerbern eingesetzt werden. Je personal- und kostenintensiver das Verfahren wird, desto kleiner sollte auch die Gruppe der Kandidaten sein. Die Endauswahl der Bewerber erfolgt also z.B. durch ein Assessment Center, dem das Auswahlgespräch vorgeordnet ist. Bisweilen wird das Interview aber auch in das Assessment Center integriert.

Das Auswahlgespräch dient einerseits dazu, weitere Informationen über den Bewerber einzuholen. Andererseits bietet es aber auch für den Bewerber die Möglichkeit, sich selbst über die Organisation und den konkreten Arbeitsplatz, für den er sich beworben hat, zu informieren. Letzteres liegt keineswegs nur im Interesse des Bewerbers, sondern kommt auch der Organisation zugute. Keine Organisation kann daran interessiert sein, fachlich geeignete Mitarbeiter einzustellen, die nach einigen Monaten wieder kündigen, weil sie sich mit ihrem neuen Arbeitsplatz nicht anfreunden können, sich unterfordert fühlen oder sehen, dass die Erwartungen, die bei ihnen geweckt wurden, nicht erfüllt werden. Gerade sehr qualifizierte Bewerber können sich heute in vielen Berufen den Arbeitgeber nahezu frei aussuchen. Es nutzt dem Unternehmen daher nicht viel, dem Bewerber etwas vorzuspielen und ihn mit falschen Versprechungen in die Organisation zu locken. Aus ethischen Überlegungen verbietet sich eine solche Praxis ohnehin. Vielmehr sollte man mit offenen Karten spielen und sich ggf. langfristig Gedanken darüber machen, warum die eigene Organisation nicht in der Lage ist, Spitzenkräfte für sich zu gewinnen und wie diesem Problem zu begegnen ist (vgl. Moser & Zempel, 2001).

Auswahlgesprächen wird gemeinhin sowohl von Bewerbern als auch von Mitarbeitern der Personalabteilung eine besonders hohe Aussagekraft zugeschrieben (Schuler, 1996). Auf Seiten der Organisation glaubt man, den Bewerber durch ein Gespräch besonders gut und umfassend kennenzulernen und beurteilen zu können. Die Bewerber schätzen das Auswahlgespräch sicherlich nicht zuletzt auch deshalb, weil es ihnen die Möglichkeit gibt, sich selbst erklären zu können. Darüber hinaus bietet das Gespräch die erste Gelegenheit, Informationen über die Organisation sowie den in Frage kommenden Arbeitsplatz einzuholen. Unsere Ausführungen zur Psychologie der Personenbeurteilung (Kapitel 1) haben uns bereits sensibilisiert für die Vielzahl der Probleme, die sich einer objektivierten Beurteilung des Kandidaten in einem solchen Gespräch in den Weg stellen. Die wichtigsten Probleme wollen wir noch einmal herausstellen. In der Praxis wird der Interviewer nahezu immer zuvor auch die Bewerbungsunterlagen gelesen haben. Dies ist auf der einen Seite notwendig, damit etwaige Fragen, die sich aus den Unterlagen ergeben, direkt im Gespräch geklärt werden können. Auf der anderen Seite hat der Gesprächsführer allerdings auch schon bestimmte Erwartungen über die Eignung des Kandidaten ausgebildet, die später seine Urteilsbildung im Sinne der Hypothesentheorie verzerren. Anders als im Assessment Center fällt er in aller Regel das Urteil über den Bewerber allein, so dass dem Problem der Verzerrung ein besonderes Gewicht zukommt. Ganz ähnlich verhält es sich mit dem Problem der Emotionen. Spontan wird wohl fast jeder für manche Bewerber eher Sympathie, für andere eine Antipathie entwickeln. Solange der Interviewer allein für die Entscheidung verantwortlich ist, hängt alles davon ab, inwieweit es ihm gelingt, sich gegen diesen urteilsverzerrenden Einfluss erfolgreich zur Wehr zu setzen. Ein weiterer, banal anmutender Urteilsfehler ist auf die mangelnde Erinnerung aller Informationen zurückzuführen. In einem vielleicht einstündigen Gespräch werden so viele Informationen generiert, dass es nahezu unmöglich ist, alle im Nachhinein erinnern zu können. Auch hier besteht die große Gefahr, dass bevorzugt solche Informationen, die mit dem ersten Eindruck, den eigenen Hypothesen oder den eigenen Emotionen übereinstimmen, erinnert werden. Allein diese wenigen Punkte verdeutlichen, wie schwierig eine objektivierte Urteilsbildung in einem Auswahlgespräch fällt. Da verwundert es nicht, wenn das einfache Auswahlgespräch, wie es auch heute noch meist praktiziert wird, eher schlechte Validitätswerte erzielt. Schuler (1996) berichtet zusammenfassend von Validitätskoeffizienten zwischen .05 und .25. Dies steht im Gegensatz zur Aussagekraft, die das Auswahlgespräch in den Augen der Bewerber und Interviewer besitzt. Dennoch ist das Auswahlgespräch aus den oben genannten Gründen ein unverzichtbares Auswahlinstrument, das durch verschiedene Maßnahmen verbessert werden kann.

Die wichtigste Maßnahme zur Verbesserung der Vorhersagekraft stellt erneut die Orientierung an den Ergebnissen der *Anforderungsanalyse* dar. Nur dann, wenn zuvor auf empirischem Wege festgelegt wurde, über welche konkreten Merkmale ein erfolgreicher Arbeitsplatzinhaber verfügen muss, kann man im Einstellungsgespräch auch nach diesen Kriterien fahnden und ist nicht auf das eigene Gutdünken angewiesen. Die Orientierung an der Anforderungsanalyse bedeutet ggf. auch, dass nicht alle

Anforderungsdimensionen im Einstellungsgespräch überprüft werden. Beispielsweise wäre es wenig sinnvoll, die Intelligenz des Kandidaten durch ein Gespräch erfassen zu wollen. Hierzu finden sich im reichhaltigen Angebot der Intelligenz- und Leistungstests weitaus geeignetere Instrumente. Unabhängig davon, welche Dimensionen im Auswahlgespräch diagnostiziert werden sollen, ist eine sorgsame Operationalisierung vonnöten. Im Vorfeld des Gespräches muss festgelegt werden, an welchen Kriterien der Gesprächsleiter eine gute, mittlere oder geringe Ausprägung der Merkmalsdimension erkennen kann. Die zusätzliche Arbeit, die eine solche Operationalisierung im Vorfeld der Gespräche bedeutet, ist gut investiert, erleichtert sie dem Interviewer doch in erheblichem Maße die Urteilsfindung. Überdies wird hierdurch auch die Basis für eine gleichbleibende Beurteilung verschiedener Kandidaten gelegt. Werden noch dazu mehrere Interviewer eingesetzt, so ist die Operationalisierung zwingend erforderlich, will man die Einhaltung gleicher Standards garantieren. Und dies ist man schließlich nicht nur der eigenen Organisation, sondern auch den Bewerbern schuldig.

Des Weiteren kann die Qualität des Interviews durch eine *Standardisierung des Ablaufs* verbessert werden. Im Vorfeld des Interviews wird dabei festgelegt, welche Fragen in welcher Reihenfolge zu stellen sind. Die sorgfältige Planung des Ablaufes ermöglicht eine starke Orientierung der Fragen an den Ergebnissen der Anforderungsanalyse. Würde man auf eine Standardisierung verzichten, wäre der Interviewer schnell überfordert: Er müsste gleichzeitig dem Gesprächsverlauf folgen, auf die Äußerungen des Bewerbers sinnvoll reagieren, die gewonnenen Erkenntnisse in irgendeiner Form speichern und gleichzeitig auch noch die Anforderungskriterien im Kopf haben, damit auch wirklich am Ende des Gespräches alle wichtigen Informationen eingeholt würden. Die Vielzahl der zu leistenden Aufgaben wird leicht zu Defiziten in einem oder mehreren der genannten Aufgabenbereiche führen. Der zentrale Vorteil des standardisierten Vorgehens ist darin zu sehen, dass man die nötige Zeit hat, ggf. auch gemeinsam mit Kollegen, die richtigen Fragen zu formulieren. Die diagnostische Situation ist daher weniger von Zufällen oder der momentanen Fitness des Interviewers abhängig. Später werden alle Bewerber dem gleichen Interview mit denselben Fragen ausgesetzt, wodurch die Vergleichbarkeit der gewonnenen Erkenntnisse deutlich ansteigt. Dennoch sollte darauf geachtet werden, dass das Interview nicht den Charakter eines mündlich vorgetragenen Fragebogens bekommt. Die Fragen sollten daher z.B. nicht einfach abgelesen werden. Der Vorteil des Interviews gegenüber der Fragebogenmethode liegt ja gerade in der Möglichkeit, nachfragen zu können. Dies gilt selbstverständlich auch für das standardisierte Interview, solange die Nachfragen, die sich aus den Antworten ergeben, zur Klärung der zuvor festgelegten Fragestellungen geeignet sind. Das standardisierte Interview liegt also auf einem Kontinuum, das durch die beiden Extrempole „persönliches Gespräch" und „Fragebogen" markiert wird, sicherlich näher beim Fragebogen. Es soll aber dennoch eine zwischenmenschliche Situation bleiben, in der sich beide Seiten wohl fühlen und der Bewerber z.B. die Möglichkeit hat, eigene Fragen über den Arbeitsplatz, die Bezahlung u.Ä. an den Interviewer zu richten.

Mit der für alle Interviewer verbindlichen Festlegung des Ablaufs geht eine Vereinheitlichung der Beurteilungsprozedur einher. Der Einsatz *standardisierter Beurteilungsskalen* ermöglicht die Anwendung identischer Maßstäbe bei der Einschätzung unterschiedlicher Bewerber. In Vorbereitung auf das Auswahlgespräch werden zu jeder Anforderungsdimension ein oder mehrere Beurteilungsskalen konzipiert, die sich entweder auf das gesamte Gespräch oder auf einzelne Fragen bzw. Gruppen von Fragen beziehen. Wenn beispielsweise die Kommunikationsfähigkeiten des Bewerbers eingeschätzt werden sollen, dann ist es sicherlich sinnvoll, hierbei das gesamte Interview heranzuziehen. Geht es hingegen um spezifische Fachkompetenzen, die nur in einem Fragenblock erhoben werden, dann beziehen sich die entsprechenden Beurteilungsskalen sinnvollerweise auch nur auf den relevanten Interviewausschnitt. Die Beurteilungsskalen können entweder während des Gespräches oder unmittelbar im Anschluss daran ausgefüllt werden. Der erste Weg gewährleistet, dass möglichst wenige Informationen aufgrund von Vergessensprozessen verloren gehen. Erkauft wird dieser Vorteil jedoch mit einem störenden Eingriff in den Gesprächsverlauf. Auch ist fraglich, ob der Interviewer während des Gespräches die nötige Konzentration für eine sorgfältige Einschätzung des Kandidaten aufbringt. Zu empfehlen ist daher, im Verlaufe des Gespräches lediglich kurze Notizen zu den zuvor definierten Anforderungsdimensionen anzufertigen und erst im Anschluss daran, quasi „in aller Ruhe", eine Einschätzung auf den Skalen vorzunehmen. Die Einstufung der Kandidaten wird zusätzlich objektiviert, wenn sog. „verhaltensverankerte Beurteilungsskalen" zum Einsatz kommen. Hierbei handelt es sich um mehrstufige Skalen (meist vier bis sechs Abstufungen), bei denen die einzelnen Stufen jeweils durch die Beschreibung konkreten Verhaltens definiert sind. So weiß jeder Beurteiler, was beispielsweise ein Punktwert von eins oder fünf inhaltlich bedeutet. Die Konstruktion derartiger Skalen bedarf einiger Mühen. Sie werden daher in der Praxis seltener eingesetzt als Beurteilungsskalen ohne sprachliche Verankerung. Bei Letzteren wird bestenfalls festgelegt, für welche Leistung der höchste bzw. der niedrigste Punktwert steht. Die Definition der Punktwerte ist mithin weniger differenziert und bewegt sich auch auf einem weitaus größeren Abstraktionsniveau im Vergleich zu verhaltensverankerten Skalen. Sie lassen dem Beurteiler aus diesem Grunde auch einen weitaus größeren Interpretations- und Entscheidungsspielraum. In Abschnitt 11.6 werden wir noch ausführlicher auf verschiedene Methoden zur Quantifizierung der Leistung der Bewerber eingehen (vgl. auch Abbildung 11-5).

Hand in Hand mit der Standardisierung des Ablaufes geht die *Strukturierung* des Auswahlgespräches. Der Begriff der Strukturierung wird häufig auch als Synonym für Standardisierung verwendet. Wir differenzieren zwischen beiden Begriffen. Die Standardisierung bezieht sich auf das Ausmaß, in welchem der Ablauf des Gespräches sowie die Fragen selbst für alle eingesetzten Interviewer verbindlich festgelegt sind. Mit dem Begriff der Strukturierung kennzeichnen wir den Einsatz unterschiedlicher Fragetechniken, deren Ablauf und Inhalt ebenfalls feststeht. Die Strukturierung geht somit zwangsläufig mit einer Standardisierung einher, während eine Standardisierung nicht zwingend eine Strukturierung voraussetzt. Ein gutes Beispiel für ein strukturiertes Vorgehen liefert das „Multimodale Einstellungsinterview" von Schuler (1992). Es besteht aus insgesamt 8 Phasen, in denen jeweils unterschiedliche Fragetechniken zum Einsatz kommen, wobei die verschiedenen Abschnitte jeweils unterschiedlichen Zwecken dienen. Wie Tabelle 11-7 zu entnehmen ist, muss der Bewerber dabei nicht nur Informationen über sich preisgeben, sondern wird auch mit Informationen über die fragliche Stelle oder die Organisation als Ganzes versorgt. Folgerichtig wird er nicht in allen Phasen des Gespräches bewertet. Die Strukturierung des Interviews durch Schuler (1992) sollte man als eine Anregung zur Strukturierung des eigenen Vorgehens verstehen. Von einer Kopie ist abzuraten, da der Name („Multimodales Interview") rechtlich geschützt wurde.

Tabelle 11-7: Multimodales Einstellungsinterview nach Schuler (1992)

Phase	Ablauf und Nutzen
1. Gesprächsbeginn	Aufbau einer freundlichen und offenen Atmosphäre; keine Bewertung des Bewerbers
2. Selbstvorstellung des Bewerbers	Bewerber berichtet frei von seinem Ausbildungsweg, seinen beruflichen Erfahrungen u.Ä.; Bewertung des Bewerbers
3. Berufssinteressen und Berufswahl	Standardisierte Fragen zu motivationalen Hintergründen der Bewerbung; Bewertung des Bewerbers
4. Freier Gesprächsteil	Fragen, die sich aus den Bewerbungsunterlagen oder aus dem bisherigen Gesprächsverlauf ergeben haben; Bewertung des Bewerbers
5. Biographiebezogene Fragen	Standardisierte Fragen zum biographischen Hintergrund; Bewertung des Bewerbers
6. Realistische Tätigkeitsinformation	Der Interviewer informiert den Bewerber über positive und negative Seiten der in Frage kommenden Stelle; keine Bewertung des Bewerbers
7. Situative Fragen	Standardisierte Fragen, in denen konkrete Situationen aus dem Berufsalltag geschildert werden. Der Bewerber soll angeben, wie er sich jeweils verhalten würde; Bewertung des Bewerbers
8. Fragen des Bewerbers und Gesprächsabschluss	Fragen des Bewerbers an den Interviewer, Klärung des weiteren Vorgehens im Auswahlprozess; keine Bewertung des Bewerbers

In jedem Falle ist eine *Schulung der Interviewer* dringend anzuraten. Es ist naiv, davon auszugehen, dass Mitarbeiter der Personalabteilungen allein schon deshalb für die Durchführung von Auswahlgesprächen besonders qualifiziert sind, weil sie bereits viele durchgeführt haben. In der Regel weiß man nichts über die tatsächliche Qualität der resultierenden Entscheidungen, wobei die Qualität, wie bereits deutlich geworden sein dürfte, keinesfalls allein von der Person des Interviewers, sondern mindestens ebenso sehr von der konkreten Ausgestaltung der Methode (Anforderungsanalyse, Standardisierung, Beurteilungsskalen etc.) abhängt. Nur die Schulung gewährleistet, dass die vielen Mühen, die in die Gestaltung einer effektiven Methode investiert wurden, auch lohnend zum Ziel geführt werden. Denn letztlich ist es der Interviewer, der die methodischen Überlegungen zum Leben erwecken muss. Gerade dann, wenn mehrere Personen mit Auswahlgesprächen betraut werden und/oder ein standardisiertes Vorgehen mit entsprechenden Beurteilungsskalen gewählt wurde, ist eine Schulung der Interviewer daher unverzichtbar. Dabei sollte nicht nur abstrakt über das genaue Procedere gesprochen werden. Die Trainingsteilnehmer müssen vielmehr im Rollenspiel das erwünschte Verhalten praktisch einüben. Auch wäre zu überlegen, inwieweit die ersten richtigen Interviews nicht durch eine Supervision zu begleiten sind. All dies stellt natürlich zusätzliche Investitionen dar, die sich allerdings schnell rechnen dürften, wenn hierdurch objektivere und reliablere Entscheidungen getroffen werden.

Wenn man es sich leisten kann, sollte ferner über den gleichzeitigen *Einsatz von zwei Beurteilern* nachgedacht werden. Diese Methode dürfte jedoch nur dann dem Einsatz eines einzelnen Beurteilers überlegen sein, wenn beide ihr Urteil unabhängig voneinander generieren. Beide müssen also während des Gespräches getrennt voneinander Notizen machen bzw. die Beurteilungsskalen bearbeiten. Erst nach der individuellen Urteilsfindung werden die Ergebnisse miteinander verglichen und eine Konsensentscheidung getroffen. Dabei ist auf die Effekte möglicher Statusunterschiede beider Beurteiler zu achten (vgl. Kapitel 1). Optimal wäre eine Gleichrangigkeit der Beurteiler. Stehen viele Interviewer zur Verfügung, so sollte die Zusammensetzung der Teams nach einem Rotationsplan verändert werden. Hierdurch wird eine größere Unabhängigkeit der Urteile fördert. Andernfalls besteht die Gefahr, dass die Beobachter sich schon im Beurteilungsprozess einander annähern, um z.B. keine Konflikte zu provozieren, der eigenen Unsicherheit zu begegnen oder die abschließende Sitzung zur endgültigen Entscheidung abzukürzen. Von einer doppelten Gesprächsführung (beide Beurteiler dürfen dem Bewerber Fragen stellen) ist eher abzuraten, da dies in den meisten Fällen eine unnötige Zusatzbelastung für den Bewerber darstellen dürfte. Vielmehr sollte man den Komfort eines zweiten Beurteilers voll nutzen, indem eine Person ihre Aufmerksamkeit ausschließlich und konzentriert allein den Äußerungen des Kandidaten widmen kann. Darüber hinaus bietet diese Praxis die Möglichkeit, die Qualität des Vorgehens zu überprüfen. Kommt es häufig zu sehr großen Abweichungen im Urteil der beiden Personen, so ist dies ein Hinweis auf Mängel in der Methode und/oder der Interviewerschulung.

Alles in allem erscheint das Auswahlgespräch mithin als eine anspruchsvolle Methode der Personaldiagnostik, deren Qualität durch die skizzierten Empfehlungen im Vergleich zu einem einfachen Gespräch deutlich zu steigern ist. Tabelle 11-8 fasst noch einmal die wichtigsten Punkte zusammen.

Tabelle 11-8: Checkliste zur Durchführung von Auswahlgesprächen

Festlegung der Anforderungen und Beurteilungskriterien
Nur dann, wenn genau definiert wurde, welche Anforderungen ein erfolgreicher Arbeitsplatzinhaber erfüllen muss, und wenn darüber hinaus festgelegt wurde, an welchen Kriterien welche Merkmalsausprägungen des Bewerbers zu diagnostizieren sind, kann eine rational begründete Entscheidung getroffen werden.
Standardisierung des Ablaufs
Im Vorfeld ist festzulegen, welche Fragen allen Bewerbern gestellt werden müssen. Erst hierdurch wird es möglich, die verschiedenen Kandidaten nach den gleichen Maßstäben miteinander zu vergleichen. Darüber hinaus kann so in aller Ruhe ein überlegtes Vorgehen realisiert werden.
Einsatz standardisierter Beurteilungsskalen
Da alle Bewerber nach den gleichen Kriterien beurteilt werden sollen, müssen einheitliche Beurteilungsskalen zum Einsatz kommen. Die Protokollierung der Ergebnisse anhand solcher Skalen verhindert überdies, dass wichtige Informationen dem Vergessen anheim fallen.

> *Strukturierung*
> Es hat sich als erfolgreich erwiesen, innerhalb eines Auswahlgespräches mehrere unterschiedliche Fragetypen in einer standardisierten Reihenfolge einzusetzen.
>
> *Interviewerschulung*
> Schon aus den zuvor genannten Punkten ergibt sich die Notwendigkeit einer Schulung der Interviewer. Neben der Einübung des konkreten Ablaufes geht es auch um die Vermittlung grundlegender Erkenntnisse zur Psychologie der Personenbeurteilung sowie konkreter Techniken der Gesprächsführung. Insbesondere dann, wenn mehrere Interviewer parallel oder zeitversetzt zueinander eingesetzt werden, ist eine Schulung absolut unerlässlich, da ansonsten keine gleichbleibenden Erhebungsbedingungen zu gewährleisten sind.
>
> *Mehrere Beurteiler einsetzen*
> Sofern dies zu finanzieren ist, empfiehlt sich der Einsatz von zwei unabhängigen Beurteilern. In diesem Fall wäre es auch leicht zu realisieren, dass einer der beiden keinerlei Vorinformationen über den Bewerber besitzt.

11.4 Biographischer Fragebogen

Dem biographischen Fragebogen liegt die plausible Annahme zugrunde, dass das frühere Verhalten eines Bewerbers ein besonders guter Prädiktor für sein zukünftiges Verhalten ist (Schuler & Marcus, 2001). Im Gegensatz zur Analyse des Arbeitszeugnisses, die von derselben Grundüberzeugung ausgeht, fragt man beim biographischen Fragebogen jedoch nicht nach konkreten Leistungen, die in einem unmittelbaren Bezug zur Berufstätigkeit stehen, sondern orientiert sich an mehr oder minder allgemeinen Fakten der Biographie (Überblick: Schuler & Marcus, 2001; Schuler & Stehle, 1992). So könnte man beispielsweise annehmen, dass eine sozial kompetente Person besonders viele Freunde habe oder ein Bewerber mit einem starken Durchsetzungsvermögen auch schon in seiner Jugend – etwa in Vereinen – Führungsaufgaben übernommen hat. Man sucht mithin nach Ereignissen aus der Biographie des Bewerbers, die Aufschluss über zeitlich stabile und situationsübergreifende Verhaltensdispositionen geben. Im Grunde genommen fahndet man mit dieser Methode nach den gleichen Merkmalen wie ein Persönlichkeitsfragebogen (vgl. Kapitel 7). Während jedoch im Persönlichkeitsfragebogen der Proband vor allem verallgemeinernde Selbsteinschätzungen abgeben muss, geht es im biographischen Fragebogen um konkrete Fakten. Wie aus den Beispielitems der Tabelle 11-9 zu entnehmen ist, lassen sich die Angaben im biographischen Fragebogen zumindest potentiell sehr viel leichter objektivieren als die Angaben aus einem Persönlichkeitsfragebogen. Möglicherweise liegen bei den Bewerbern daher auch größere Hemmungen vor, die Äußerungen im Sinne der sozialen Erwünschtheit zu verzerren. Dabei müssen solche Verzerrungen nicht einmal einer bewussten Täuschung gleichkommen. Wie die Beispielitems zeigen, unterliegen die Angaben im Persönlichkeitsfragebogen einer Interpretation durch den Bewerber. Zwei Bewerber, die objektiv das gleiche Verhalten zeigen, können zu unterschiedlichen Einschätzungen ihrer selbst gelangen, ohne dass sie subjektiv falsche Angaben machen. Nicht zuletzt aufgrund der notwendigen Interpretation, aber auch aufgrund des Zwangs zur Abstraktion, dürfte den Bewerbern die Bearbeitung der biographischen Fragen sehr viel leichter fallen als die Selbsteinschätzung im klassischen Persönlichkeitsfragebogen.

Tabelle 11-9: Beispielitems eines biographischen Fragebogens im Vergleich zu Items aus einem Persönlichkeitsfragebogen

zu erfassendes Merkmal	Items eines Persönlichkeitsfragebogens	Items eines biographischen Fragebogens
soziale Verträglichkeit	Es gelingt mir leicht, enge Kontakte zu anderen Menschen zu knüpfen.	Wie viele Freunde haben Sie, zu denen schon mehr als fünf Jahre eine enge Beziehung besteht?
Teamfähigkeit	Ich arbeite lieber mit anderen Menschen zusammen als allein.	In wie vielen Vereinen sind Sie aktives Mitglied?
Führungskompetenz	Es gelingt mir leicht, andere Menschen zu lenken.	Haben Sie während der Schulzeit eine Jugendgruppe geleitet? Waren Sie während der Schulzeit Klassensprecher?

Wie bei jedem personaldiagnostischen Instrument, so stellt sich natürlich auch beim biographischen Fragebogen die Frage nach der Legitimation: Woher wissen wir eigentlich, dass die erfassten Fakten des Lebenslaufes für den Erfolg am fraglichen Arbeitsplatz bedeutsam sind? Selbstverständlich erfordert auch der Einsatz der biographischen Methode einen Bezug zur Anforderungsanalyse bzw. eine Evaluation ihres tatsächlichen Nutzens. Im Gegensatz zu handelsüblichen Fragebögen erfolgt aber bereits die Konstruktion des biographischen Fragebogens in enger Abstimmung zu den Anforderungen des jeweils spezifischen Arbeitsplatzes. Hierin liegt auch der Grund dafür, warum wir den biographischen Frageboden als nicht-standardisiertes Instrument bezeichnen: Er muss *für jeden Arbeitsplatz spezifisch entwickelt werden*. Liegt das fertige Instrument vor, so läuft dann allerdings die Durchführung, Auswertung und Interpretation für alle Bewerber nach zuvor festgelegten Standards ab.

Die Notwendigkeit zur arbeitsplatzspezifischen Konstruktion ist zunächst mit Kosten verbunden, die aber durch eine im Vergleich zum unspezifischen Persönlichkeitsfragebogen höhere Validität überkompensiert werden. Bliesener (1992) berichtet von einer durchschnittlichen Validität von .30, ein Wert, der über dem herkömmlicher Persönlichkeitsfragebögen liegt. Zur Konstruktion stehen viele unterschiedliche Vorgehensweisen zur Verfügung (vgl. Schuler & Marcus, 2001). Wir beschränken uns nachfolgend auf die Darstellung von zwei prinzipiell unterschiedlichen Herangehensweisen, die jeweils auf verschiedenen Wegen ausgestaltet werden können.

Die erste Methode entspricht einem rein *empiristischen Vorgehen*. Das heißt, die Items des Fragebogens werden allein aufgrund ihrer mathematisch belegten Nützlichkeit ausgewählt. Ob das einzelne Item darüber hinaus auch einen plausiblen Zusammenhang zum beruflichen Erfolg aufweist, spielt keine Rolle. Am Anfang steht zunächst die willkürliche Sammlung biographischer Items. Hierbei lässt man der eigenen Phantasie freien Lauf und/oder orientiert sich an bereits vorliegenden Instrumenten. In einem zweiten Schritt werden nun zwei Stichproben von Mitarbeitern gezogen, die sich hinsichtlich ihres beruflichen Erfolgs deutlich voneinander differenzieren lassen. Beiden Stichproben, den „erfolgreichen" sowie den „nicht erfolgreichen" Probanden, wird der Fragebogen zur Bearbeitung vorgelegt. Abschließend wird berechnet, welche Items zwischen den beiden Gruppen differenzieren und welche nicht. Nur die Ersteren finden Eingang in die endgültige Fassung des Fragebogens. Dabei wird auf der Basis der gewonnenen Ergebnisse auch der Antwortschlüssel festgelegt. So könnte z.B. bei einer Frage nach der Anzahl der Geschwister eine Menge von mehr als drei Geschwistern ein Indikator für eine gute berufliche Leistung sein. Dementsprechend würde der Bewerber einen Punkt erhalten, wenn er mehr als drei Geschwister aufweisen kann. Für die Kandidaten, für die dies nicht gilt, gibt es entsprechend keinen Punkt. Am Ende wird demjenigen Bewerber die größte Eignung bescheinigt, der die meisten Punkte erhalten hat. Das Problem eines solchen rein mathematischen Vorgehens liegt vor allem in der Akzeptanz des resultierenden Fragebogens durch die Bewerber, aber auch durch die Anwender. Es wird z.T. recht schwer sein, gegenüber einem Bewerber die Ablehnung u.a. damit zu begründen, dass er zu wenige Geschwister hat oder in einer ländlichen Region aufgewachsen ist.

Während die empiristische Methode ohne jegliche Plausibilität oder gar Theorie auskommt, liegt dem *rationalen Ansatz* ein inhaltliches Konzept zugrunde. So könnte man beispielsweise auf der Basis der Anforderungsanalyse oder abgesicherter Theorien zunächst zielgerichtet Items formulieren. Wie bei der Konstruktion eines herkömmlichen Fragebogens würde man also für jede wertvoll erscheinende Dimension mehrere Items konstruieren, von denen man sich eine sinnvolle Erfassung des fraglichen Konzeptes verspricht. Nach den Prinzipien der klassischen Testkonstruktion wird der Fragebogen nacheinander mehreren Stichproben von Arbeitsplatzinhabern vorgelegt und in mehreren Schritten auf Reliabilität und Validität hin überprüft. Der Antwortschlüssel kann dabei entweder empirisch oder auf der Basis theoretischer Überlegungen festgelegt werden. In aller Regel wird nach diesem Vorgehen ein Fragebogen resultieren, der eine breitere Akzeptanz findet, da schon von vornherein solche Items ausgewählt wurden, die sich als augenscheinvalide erweisen. Allerdings besteht immer auch die Gefahr, dass nach aufwändigen Studien kein reliables oder valides Instrument zustande kommt. Dies ist beispielsweise schon dann der Fall, wenn die formulierten Items die erwarteten Dimensionen nicht reliabel abbilden. Im Gegensatz hierzu lassen sich beim rein empiristischen Vorgehen wahrscheinlich immer einzelne Items finden, die gut zwischen geeigneten und weniger geeigneten Mitarbeitern differenzieren.

Wie auch immer die Konstruktion des biographischen Fragebogens im Einzelfall erfolgt, der besondere Nutzen ergibt sich aus der Passung zwischen dem Messinstrument und den spezifischen Anforderungen des Arbeitsplatzes. Das Prinzip des biographischen Fragebogens kann man sich übrigens auch bei der Verwendung von *Personalfragebögen* zunutze machen. Personalfragebögen liefern in vielen Unternehmen eine Art Standardisierung der grundlegenden Informationen, die zum überwiegenden Teil den Bewerbungsunterlagen zu entnehmen sind: Berufserfahrung, Ausbildung, Zusatzqualifikationen, Alter, Familienstand etc. (vgl. Schuler, 1996).

Hat man in Voruntersuchungen empirisch ermittelt, inwieweit diese biographischen Merkmale zwischen geeigneten und weniger geeigneten Arbeitsplatzinhabern differenzieren, so kann auch der Personalfragebogen wie ein Messinstrument eingesetzt werden.

11.5 Arbeitsprobe und Probezeit

Arbeitsproben folgen dem Prinzip der *simulationsorientierten Diagnostik*: Die Leistungsmerkmale des Bewerbers sollen nicht über verbale Äußerungen oder Selbstbeschreibungen indirekt erschlossen, sondern unmittelbar durch die Beobachtung des Verhaltens in einer möglichst realistischen Anforderungssituation beobachtet werden. Neben der Arbeitsprobe gehört das Assessment Center zu den bekanntesten Vertretern dieser methodischen Ausrichtung. Auch die Probezeit ist diesem Vorgehen zuzurechnen, wobei die Entscheidung für den Bewerber in diesem Falle schon gefallen ist und nur noch im Extremfall zurückgenommen wird. Durch die große Nähe zwischen der Messsituation und dem tatsächlichen Arbeitsalltag weisen Arbeitsproben sowie die Probezeit eine gute prognostische Validität auf und erfreuen sich im Allgemeinen auch einer hohen Akzeptanz bei den Bewerbern.

Die *Arbeitsprobe* wird vor allem bei handwerklichen Berufen eingesetzt. Es gibt jedoch keine fundierten Gründe, die gegen einen Einsatz der Methode in anderen Berufsfeldern spricht. Entscheidend ist lediglich, ob sich aus dem fraglichen Tätigkeitsbereich geeignete Aufgaben entnehmen lassen, die dem Bewerber dann vorzulegen sind. Dies dürfte bei nahezu allen Berufen der Fall sein. So könnte man z.B. einen Juristen bitten, einen konkreten Fall zu bearbeiten und eine Verteidigungsstrategie für ein Gerichtsverfahren vorzulegen. Ein Wirtschaftswissenschaftler könnte eine Kalkulation berechnen, ein Mitarbeiter der Personalabteilung ein Training planen usw. Im Gegensatz zum Assessment Center liegt der Schwerpunkt des Interesses nicht beim Sozialverhalten, sondern bei der Messung fachlicher Kompetenzen. Der Nutzen der Arbeitsprobe hängt von mehreren Einflussgrößen ab.

Da ist zunächst die Frage nach der *Repräsentativität* zu stellen. Die beobachtete Leistung des Bewerbers soll als Indikator für seine Leistungsfähigkeit im beruflichen Alltag gelten. Die besten Prognosen werden möglich sein, wenn beide Situationen – die Arbeitsprobe auf der einen Seite und der berufliche Alltag auf der anderen – möglichst viele Gemeinsamkeiten aufweisen. Mit anderen Worten, die Arbeitsprobe sollte möglichst typisch für die eigentliche Berufstätigkeit sein. Dabei versteht es sich von selbst, dass man sich bei der Auswahl der Arbeitsprobe an den Ergebnissen der Anforderungsanalyse orientiert. In der Regel dürfte dies auch keine Schwierigkeiten bereiten, da besonders wichtige Aspekte des spezifischen Arbeitsplatzes ohnehin in die Anforderungsanalyse eingeflossen sind. Die Anforderungsanalyse selbst hilft mithin bei der Definition der Inhalte der Arbeitsprobe (vgl. Kapitel 3).

Ist die Repräsentativität gewährleistet, hängt der Nutzen der resultierenden Beurteilungen der Bewerber von den Merkmalen des Bewertungsverfahrens ab. In jedem Falle ist wichtig, dass die *Bewertungskriterien* explizit und verbindlich im Vorfeld der Datenerhebung festgelegt wurden. Für jeden Beurteiler muss möglichst eindeutig sein, welche Leistung wie zu bewerten ist. Um eine Vergleichbarkeit gewährleisten zu können, müssen die Regeln gleichermaßen auf alle Bewerber angewendet werden. Hieraus ergibt sich erneut die Forderung nach differenzierten *Beurteilungsskalen*. Mehrfach gestufte Skalen ermöglichen ein differenziertes Urteil. Die Leistung wird nicht einfach nur als gut oder schlecht bewertet. Liegt eine Verhaltensverankerung der verschiedenen Stufen vor, so fällt dem Beurteiler eine Einschätzung des Bewerbers umso leichter. Darüber hinaus kann die Entscheidung später gegenüber dem Kandidaten auch im Detail begründet werden.

Vergleichbar zum Auswahlgespräch ist auch im Hinblick auf die Arbeitsprobe an den Einsatz *mehrerer Beurteiler* zu denken, die zunächst einmal unabhängig voneinander eine Einschätzung vornehmen und erst später zu einem Konsens finden müssen. Bei der Auswahl der Beurteiler wird man im Regelfall auf erfahrene Arbeitsplatzinhaber oder deren Vorgesetzte zurückgreifen. Eine *Schulung der Beurteiler* ist vor allem deshalb notwendig, um sie mit den Beurteilungskriterien sowie den Beurteilungsskalen vertraut zu machen.

Ganz ähnlich verhält es sich mit der *Probezeit*. Zwar hat man sich in diesem Fall bereits für einen Bewerber entschieden, einem endgültigen Urteil ist aber die Bewährung des Kandidaten im Berufsalltag vorgelagert. Ähnlich verhält es sich mit Praktika und Trainee-Programmen, die als eine besondere Ausgestaltung des Prinzips der Probezeit gelten können. An sich bietet die Probezeit sehr gute Ausgangsbedingungen für die Beurteilung eines Kandidaten, da über einen langen Zeitraum hinweg viele systematische Beobachtungen möglich sind. Momentane Leistungstiefs und -hochs werden aller Wahrscheinlichkeit nach über die Zeit hinweg ausgeglichen. Insgesamt ermöglicht die Probezeit daher in sehr viel stärkerem Maße eine Messung der alltäglichen Durchschnittsleistung des Kandidaten. Im Vergleich hierzu misst man in kürzer währenden Beobachtungsphasen, wie z.B. dem Auswahlgespräch, der Arbeitsprobe oder auch dem Assessment Center, die Maximalleistung des Bewerbers, sofern er sich – was zu erwarten ist – besonders anstrengt. Je länger der Beobachtungszeitraum ausfällt, desto weniger wird es dem Kandidaten gelingen, die Maximalleistung zu zeigen. Darüber hinaus lässt sich beurteilen, wie sich der Kandidat in das bestehende Mitarbeiterteam integriert. Auch für die Probezeit gelten die bereits genannten Qualitätskriterien: explizite und für alle Beteiligten verbindliche Festlegung der Bewertungskriterien, differenzierte und möglichst verhaltensverankerte Beurteilungsskalen sowie der Einsatz von mehreren zuvor geschulten Beurteilern. Als Beurteiler kommen hier im Regelfall die Vorgesetzten in Frage. In Tabelle 11-10 werden die wichtigsten Punkte noch einmal genannt.

Tabelle 11-10: Checkliste zur Gestaltung von Arbeitsprobe und Probezeit

Repräsentativität der Aufgaben   Die Arbeitsprobe sollte solche praktischen Aufgaben aus der beruflichen Alltagspraxis herausgreifen, die möglichst typisch sind.
Festlegung der Bewertungskriterien   Für alle Beurteiler muss explizit und verbindlich festgelegt sein, welches Verhalten wie zu bewerten ist.

> *Einsatz von Beurteilungsskalen*
> Beurteilungsskalen ermöglichen gleichzeitig eine quantifizierte sowie differenzierte Einschätzung der Kandidaten. Verhaltensverankerte Skalen sind im Vergleich zu ihren Alternativen eindeutiger und daher leicht zu handhaben.
>
> *Schulung der Beurteiler*
> Jeder Beurteiler muss mit den Fehlern und Fallen des Beurteilungsprozesses sowie den Bewertungskriterien und Beurteilungsskalen vertraut sein. Das Beobachtungs- und Beurteilungsverhalten muss praktisch eingeübt werden.
>
> *Einsatz mehrerer Beurteiler*
> Der gleichzeitige Einsatz mehrerer Beurteiler sichert das Urteil zusätzlich gegenüber der Subjektivität des einzelnen Beurteilers ab.

11.6 Assessment Center

Das Assessment Center (AC) gehört zu denjenigen Verfahren, denen die höchste prognostische Validität bescheinigt werden kann. Gleichzeitig handelt es sich aber auch um eine vergleichsweise kostspielige Methode, weshalb sie vor allem bei solchen Bewerbern eingesetzt wird, denen als potentiellen Mitarbeitern eine besonders hohe Wertschöpfung zukommt. In aller Regel werden dies Führungskräfte bzw. Nachwuchsführungskräfte sein. Das Assessment Center wird neben der externen und internen Personalauswahl auch im Rahmen von Personalentwicklungsmaßnahmen eingesetzt. Nachfolgend beschränken wir uns auf die Darstellung der wichtigsten Prinzipien eines erfolgversprechenden Auswahl-ACs (siehe auch Fisseni & Fennekels, 1995; Obermann, 1992).

Vergleichbar zur Arbeitsprobe oder zur Probezeit folgt das Assessment Center dem Prinzip der *Verhaltenssimulation*: Statt – wie im Auswahlgespräch – nur nach berufsrelevantem Verhalten zu fragen, soll entsprechendes Verhalten direkt beobachtet werden. Die Bewerber werden hierzu in Situationen gebracht, in denen sie vor einem Gremium von Beobachtern konkretes Verhalten zeigen müssen, das anschließend nach zuvor festgelegten Kriterien bewertet wird. Die Bewerber werden in Gruppen zwischen 4 und maximal 12 Personen zusammengefasst und gemeinsam zu einem AC eingeladen, das zwischen einem und maximal drei Tagen dauert[9]. Im Verlaufe dieser Tage müssen sie unterschiedlichste Übungen z.T. allein, z.T. in Gruppen absolvieren. Inhaltlich liegt der Schwerpunkt der AC-Aufgaben bei der Überprüfung des *Sozialverhaltens* der Bewerber. Andere, ebenfalls wichtige Qualifikationen, wie die kognitive Leistungsfähigkeit oder Fachkompetenz, sind weniger Gegenstand des Assessment Centers. Dies erklärt sich vor allem daraus, dass derartige Qualifikationen sehr viel kostengünstiger und auch valider mit anderen Instrumenten, wie z.B. Intelligenztests oder Ausbildungszeugnissen, erfasst werden können.

Die Grundlage eines jeden sinnvollen Assessment Centers bildet die Anforderungsanalyse, in der festgestellt werden muss, welche Kompetenzen von besonderer Rele-

---

[9] Eine Ausnahme bildet das sog. Einzel-Assessment, bei dem nur ein einziger Bewerber über einen Tag hinweg getestet wird.

vanz für den Erfolg in einer bestimmten Position der Organisation sind. Dabei muss ein Kompromiss gefunden werden zwischen einer Auflistung kleiner und kleinster Kompetenzen auf der einen Seite und allzu globaler Kompetenzen auf der anderen. Werden zu viele spezifische Fähigkeiten und Fertigkeiten ausgewählt, so wird man Schwierigkeiten damit haben, alle auch in der zur Verfügung stehenden Zeit beobachten und seriös beurteilen zu können. Besonders globale Kompetenzen, wie z.B. „Soziale Kompetenz", laufen demgegenüber Gefahr, zu einer abstrakten Worthülse zu verkommen, hinter der sich alles und nichts verbirgt. Zu wählen ist daher eine *überschaubare Anzahl von Anforderungsdimensionen*, die sich auf einem *mittleren Abstraktionsniveau* befindet. In der Regel sollten es nicht mehr als acht oder zehn Anforderungsdimensionen sein. Die Zahl der sinnvoll zu bewältigenden Dimensionen hängt allerdings stark von der Dauer des Assessment Centers sowie der Anzahl der Beobachter im Verhältnis zur Anzahl der Bewerber ab (s.u.).

Nachdem die Anforderungsdimensionen bestimmt wurden, gilt es in einem zweiten Schritt, die passenden AC-Übungen zu definieren. Tabelle 11-11 gibt ein Beispiel für die resultierende Struktur eines hypothetischen Assessment Centers. Jedes AC sollte dabei dem Prinzip des *Multi-Trait-Muti-Method-Ansatzes* folgen: Jede der interessierenden Eigenschaften des Bewerbers (traits) wird mit mehreren voneinander unabhängigen Methoden (methods) gemessen. In unserem Beispiel wird jede der fünf interessierenden Eigenschaften in mindestens zwei, meist sogar drei Übungen beobachtet und eingeschätzt. Umgekehrt gilt, dass in jeder Übung mehrere Eigenschaften betrachtet werden, im Beispielfall mindestens zwei und maximal drei. Folgt man diesem Prinzip, so ergeben sich zwei Vorteile. Zum einen – und dies ist der wichtigste Vorteil – kann die Beurteilung einer spezifischen Eigenschaft nicht nur durch mehrere unabhängige Beobachter, sondern auch durch Beobachtungen in mehreren völlig unterschiedlichen Situationen abgesichert werden. Zum anderen ist das Verfahren besonders ökonomisch, da jede einzelne Übung gleichzeitig mehrere Zwecke verfolgt, nämlich die Beurteilung von mehr als einer Eigenschaft. Während eine Verletzung des Ökonomieprinzips das Assessment Center nicht schon an sich in Frage stellt – letztlich ist es eine Entscheidung des Unternehmens, wie viel Geld man in die Personalauswahl steckt und ob diese Investitionen effizient genutzt werden –, führt eine Verletzung des Prinzips der Mehrfachbeobachtung die Methode ad absurdum. Es gehört zu den zentralsten Aufgaben des Assessment Centers, jede Einschätzung des Bewerbers nicht nur über *mehrere Beobachter*, sondern auch über *mehrere voneinander unabhängige Beobachtungssituationen* abzusichern. Nur hierdurch kann gewährleistet werden, dass die Beurteilung des Bewerbers von den zahlreichen Verzerrungen der Personenbeurteilung (vgl. Kapitel 1) möglichst frei gehalten wird und gleichzeitig gegen situative Leistungsschwankungen des Bewerbers abgesichert wird. Würde man jede Anforderungsdimension mit nur einer Übung erfassen, so wäre der Einfluss von Störeinflüssen auf Seiten des Bewerbers bzw. der Übung besonders groß (z.B. aktuelle Befindlichkeit des Bewerbers, zufällig günstige/ungünstige Passung zwischen Übungsinhalt und Kompetenzen des Kandidaten). Würde man auf den Einsatz mehrerer Bewerber verzichten, so wäre der Einfluss von Störvariablen auf Seiten des Beobachters bedenklich (z.B. Halo-Effekt, hypothesengeleitete Wahrnehmung).

Tabelle 11-11: Beispiel für die Grundstruktur eines Assessment Centers

Anforde-rungsdi-mensionen	Übungen				
	Gruppen-diskussion	Rollenspiel	Stegreifrede	Planungs-aufgabe	Konstrukti-onsaufgabe
Rhetorik		x	x	x	
Durch-setzungs-fähigkeit	x	x			x
Leistungs-motivation			x	x	x
Kooperati-onsfähigkeit	x	x			x
Stress-resistenz			x	x	

In der Gestaltung der *Übungen* ist jeder Konstrukteur eines Assessment Centers sehr frei. Zwar gibt es in der Literatur eine Reihe von Übungsformen, die immer wieder vorgeschlagen werden und sich in der Praxis im Großen und Ganzen bewährt haben, jede dieser Übungsformen muss jedoch so mit Leben gefüllt werden, dass sie sowohl zur Messung der fraglichen Anforderungsdimensionen als auch zum potentiellen Arbeitsplatz des Bewerbers passt. Letzteres ist vor allem deshalb wichtig, um die *Akzeptanz* (soziale Validität) der Methode beim Bewerber möglichst hoch zu halten. Nur dann, wenn die Bewerber den Eindruck haben, dass das Auswahlverfahren tatsächlich etwas mit der sie interessierenden Stelle zu tun hat, werden sie auch bereit sein, ihr Bestes zu geben. Generell lässt sich sagen, dass das Assessment Center im Vergleich zu anderen Methoden, wie etwa dem Intelligenztest, eine recht hohe Akzeptanz bei den Bewerbern genießt (vgl. Schuler 1996). Bei der Gestaltung der Übungen ist darüber hinaus auf Fairness und die ethische Verträglichkeit zu achten (vgl. Task Force on Assessment Center Guidelines, 1989).

Fairness bedeutet in diesem Zusammenhang, dass die Inhalte der Übungen nicht schon von vornherein bestimmte Bewerber bevorzugen. Führt man beispielsweise ein Assessment Center für Nachwuchsführungskräfte durch, zu dem unterschiedlichste Berufsgruppen (Ingenieure, Wirtschaftswissenschaftler, Juristen etc.) eingeladen werden, dürfen die Übungen z.B. kein technisches oder juristisches Wissen voraussetzen oder gar prüfen. Andernfalls besteht die Gefahr, dass die jeweilige Fachkompetenz des Bewerbers die eigentlich zu messenden Kompetenzen überlagert. Gegebenenfalls empfiehlt es sich, getrennte Assessment Center für unterschiedliche Berufsgruppen durchzuführen.

Die *ethische Verträglichkeit* des Assessment Centers bezieht sich auf Belastungen, denen der Bewerber ausgesetzt wird. Generell gilt hier das Gebot der Verhältnismäßigkeit der Mittel sowie die Achtung vor der Person des Bewerbers. Gelegentlich hört man z.B. von Übungen, in denen die Bewerber z.B. durch Beschimpfungen erniedrigt werden, um ihre Reaktionen zu messen. Solche Übungen sind selbstverständlich indiskutabel. Entsprechende Merkmale des Bewerbers lassen sich auch mit anderen Übungen und noch dazu valider messen. Ähnlich verhält es sich mit Beobachtungen außerhalb von Übungen. Hier und da scheint die Unsitte verbreitet zu sein, Bewerber auch in den Pausen oder beim Mittagessen zu bewerten. Diese Praxis widerspricht nicht nur der Ethik – die Bewerber müssen mal pausieren können –, sie läuft auch dem hohen methodischen Anspruch des Assessment Centers zuwider. Eine sorgfältige, methodisch fundierte Beobachtung ist in derartigen Situationen nicht möglich. Durch die Teilnahme der Beobachter an der eigentlichen „Prüfungssituation" wird vor allem die notwendige, professionelle Distanz zwischen Beobachter und Bewerber aufgehoben. Jenseits methodischer Fragestellungen ist im Hinblick auf die ethische Dimension der Personalauswahl immer zu bedenken: Der Bewerber sucht lediglich eine Arbeitsstelle, er möchte nicht Mitglied einer Sekte werden oder sich durch Mutproben u.Ä. als Mitglied der Cosa Nostra qualifizieren. Ein seriöses Unternehmen sollte auch durch ein seriöses Auswahlverfahren überzeugen.

Im Folgenden wollen wir uns die wichtigsten *Übungsarten* des Assessment Centers einmal genauer ansehen (vgl. Fisseni & Fennekels, 1995, Jeserich, 1981, Obermann, 1992). Zu unterscheiden ist dabei zunächst zwischen Einzelübungen, in denen die Bewerber einzeln auftreten und Gruppenübungen, in denen mehrere Bewerber gleichzeitig vor dem Beobachtergremium aktiv werden.

Zu den klassischen Gruppenübungen zählt vor allem die *Gruppendiskussion*, ohne die wohl kaum ein AC auskommt. Die Bewerber müssen hierbei gemeinsam in Gruppen bis zu maximal acht Personen über ein Thema diskutieren, das zuvor klar definiert wurde. Zu unterscheiden sind führerlose und geführte Gruppendiskussionen. Erstere haben zunächst den Vorteil, dass sich ggf. selbständig aus der Gruppe eine Führungsperson oder -teilgruppe herausbildet, was an sich schon auf Merkmale der betroffenen Personen schließen lässt. Geführte Gruppendiskussionen haben überdies den großen Nachteil, dass einer der Bewerber (z.B. per Los) zum Vorsitzenden gewählt wird und daher in einer Position beobachtet wird, die von der der übrigen Bewerber deutlich abweicht. Die Bewertungsbedingungen sind in diesem Falle nicht mehr konstant gehalten, was dem Grundgedanken der Beurteilung widerspricht. Von geführten Gruppendiskussionen ist daher eher abzuraten. Weiterhin können die Diskussionen mit oder ohne Rollenvorgabe durchgeführt werden. Die Rollenvorgabe bedeutet, dass jedem Bewerber per Zufall eine bestimmte Rolle bzw. bestimmte Argumente zugeordnet werden. Dies ist nur dann sinnvoll und bevorzugt bzw. benachteiligt einzelne Bewerber nicht, wenn alle Rollen für alle Bewerber mit gleicher Wahrscheinlichkeit vorteilhaft sind. Stellen wir uns zur Verdeutlichung des Problems einmal die folgende Problematik vor: In einem AC mit Vertretern unterschiedlicher Berufsgruppen bekommt ein Wirtschaftswissenschaftler die Anweisung, in die Rolle eines Controllers zu schlüpfen. Aufgrund seiner spezifischen Ausbildung ist er im Vergleich zu einem Geisteswissenschaftler eindeutig im Vorteil. Unproblematischer ist da schon eine Diskussion über die Urlaubsverteilung in einem Arbeitsteam, bei der jeder Bewerber einen imaginären Mitarbeiter spielt, der unterschiedliche private Gründe angibt, um zu einem bestimmten Zeitpunkt Urlaub nehmen zu können. Ähnliche Probleme der Vergleichbarkeit der Beobachtungsbedingungen ergeben sich, wenn in Gruppendiskussionen ein gemeinsames Ergebnis erarbeitet werden soll, das anschließend von einem Teilnehmer dem Beobachtergremium zu präsentieren ist. Auch hier stellt sich das Problem, dass über einen Bewerber – nämlich den, der präsentiert – mehr Informationen eingeholt werden als über seine Konkurrenten. Auch dies ist unter dem Gesichtspunkt der Konstanthaltung der Bedingungen nicht sinnvoll. Das Thema der Diskussion sollte also zum einen keinen Bewerber wissentlich bevorzugen oder benachteiligen, zum anderen empfiehlt sich ein Thema mit direktem Bezug zur späteren Tätigkeit im Unternehmen. Hierdurch erhöht sich nicht nur die Akzeptanz der Übung bei den Bewerbern, sondern auch die Validität der Verhaltensmessung.

Ein weiterer Klassiker der Gruppenübung ist die sog. *Konstruktionsübung*. Hierbei müssen die Bewerber – meist aus praktischen Gründen in kleineren Gruppen als in der Gruppendiskussion – gemeinsam etwas basteln oder eine motorisch-kognitive Rätselaufgabe lösen. Besonders beliebt ist die Übung „Turmbau", bei der aus einer Reihe von Materialien (Pappen, Papier, Kleber, Bindfaden etc.) ein möglichst hoher, optisch ansprechender Turm zu bauen ist. Üblicherweise wird dabei die Teamfähigkeit der Probanden beurteilt. Konstruktionsübungen sind meist sehr abstrakte Aufgaben ohne offensichtlich inhaltlichen Bezug zur beruflichen Tätigkeit. Dennoch werden sie von den Bewerbern meist gut akzeptiert. Bevorzugt als abschließende Übung eingesetzt, heben sie die Stimmung zum Ende des Assessment Centers, weil es oft zu unterhaltsamen Entwicklungen kommt. Ein weiterer Vorteil liegt in der hohen Bindung der Kapazitäten im Bastelvorgang. Viele Bewerber berichten, dass es ihnen in der Konstruktionsübung schwer gefallen ist, ihre Selbstdarstellung zu kontrollieren, weil sie zu sehr in der Übung steckten und gewissermaßen das Drumherum ausgeblendet haben.

Bei Einzelübungen stellt sich immer nur ein Bewerber dem Beobachtergremium, während die anderen in einem Nebenraum warten oder mit einer Aufgabe beschäftigt werden. Eine besonders belastende Einzelübung ist für viele Bewerber die *Stegreifrede*: Der Bewerber erhält die Aufgabe, zu einem vorgegebenen Thema 3 bis 5 Minuten einen Vortrag zu halten, ohne sich jedoch darauf vorbereiten zu dürfen. Unmittelbar nach der Einweisung in die Übung muss der Bewerber mit seinem Vortrag beginnen. Entscheidend ist hier wieder das Thema. Gern werden „sinnlose" Themen gewählt, wie z.B. ein Vortrag zum Thema „Büroklammer", denkbar sind aber auch Themen, die einen Bezug zum Beruf aufweisen. Erneut gilt dabei, dass das Thema niemanden bevorzugen oder benachteiligen darf. Es sollte also ein Thema sein, von dem man annimmt, dass alle Bewerber in gleicher Weise hierüber Hintergrundwissen besitzen. Es versteht sich von selbst, dass alle Bewerber nacheinander zum gleichen Thema sprechen müssen. Bewertet wird nicht der Inhalt des Vortrags, sondern seine Form.

Der Stegreifrede ähnlich ist die *Präsentationsaufgabe*. Im Unterschied zur Stegreifrede darf der Bewerber sich vor der Präsentation jedoch ausführlich vorbereiten und z.B. Overheadfolien beschriften. Mit Vorbereitungszeit und ca. 10-minütiger Präsentation dauert die Übung deutlich länger als die Stegreifrede. Optional könnten nach dem Vortrag einige inhaltliche Fragen an den Bewerber gestellt werden, die jedoch genauso wie das Thema der Präsentation für alle Bewerber gleich gehalten werden müssen. Das Thema sollte überdies einen Bezug zur beruflichen Tätigkeit aufweisen.

Zu den Klassikern gehört des Weiteren die sog. *Postkorbübung*. Im Gegensatz zu den zuvor genannten Aufgaben handelt es sich beim Postkorb um eine Übung, die der Messung primär kognitiver Fertigkeiten vorbehalten ist. Im Kern geht es um das Organisationstalent des Bewerbers: Der Bewerber soll sich in die Situation versetzen, dass er als Mitarbeiter eines Unternehmens zu einem Zeitpunkt an seinen Arbeitsplatz kommt, zu dem alle übrigen Kollegen, Sekretärinnen und Vorgesetzte nicht zu erreichen sind. Vor ihm liegen zahlreiche Schreiben eines Posteingangskorbs. Seine Aufgabe besteht nun darin, in einer sehr eng begrenzten Zeit (z.B. 30 oder 45 Minuten) die Schriftstücke zu sichten und jeweils zu entscheiden, was mit ihnen zu geschehen hat. Einige sind beispielsweise an andere Abteilungen weiterzuleiten, manche Probleme müssen sofort von ihm entschieden werden, wieder andere Schreiben wandern in den Papierkorb. Die Übung ist dabei sehr komplex angelegt und nur selten in der vorgegebenen Zeit komplett zu bewältigen. Letzteres ist – vergleichbar zu einem Intelligenztest – wichtig, um auch noch im oberen Leistungsbereich zwischen den Kandidaten differenzieren zu können. Das Problem der Postkorbübung liegt in der Konstruktion. Die Entwicklung eines Postkorbes ist sehr aufwändig und verlangt große Sorgfalt, da die Ergebnisse nur dann reliabel sind, wenn ein in sich stimmiges Auswertungsschema mit Musterlösungen vorliegt. Die Komplexität der Aufgabe ermöglicht den Bewerbern viele unterschiedliche Lösungsschritte (z.B. schon allein im Hinblick auf die Reihenfolge der Bearbeitung der verschiedenen Schriftstücke), was die Auswertung mitunter sehr mühsam werden lässt. Gelegentlich hört man von der Praxis, den Bewerber bei der Bearbeitung zu beobachten und nicht nur das Ergebnis zu bewerten. Fraglich erscheint allerdings, welche wichtigen Informationen man hierbei erhalten will, die nicht sehr viel direkter in einer gesonderten Übung zu erfassen wären.

Eine Mischung zwischen Einzel- und Gruppenübung stellt das *Rollenspiel* dar. Die Bewerber treten dabei einzeln vor das Beobachtergremium und müssen eine Szene aus dem Berufsalltag spielen, bei der ihnen ein Rollenspieler zur Seite steht, der selbst kein Bewerber ist, sondern zum Durchführungsteam gehört. Die Aufgabe könnte z.B. darin bestehen, mit einem Mitarbeiter (gespielt vom Rollenspieler) ein Mitarbeitergespräch zu führen oder einen aufgebrachten Kunden (Rollenspieler) zu besänftigen. Von großer Wichtigkeit ist dabei die Schulung des Rollenspielers, denn er muss sich allen Bewerbern gegenüber – soweit dies die Interaktion erlaubt – gleich verhalten. In jedem Falle sollte der Rollenspieler keine weitere Funktion im Assessment Center einnehmen, also z.B. gleichzeitig Assistent sein. Diese Funktion kann in der Regel durch Praktikanten oder Studenten übernommen werden. Von der Möglichkeit, Bewerber als Rollenspieler einzusetzen und beide gleichzeitig zu beurteilen, sollte abgesehen werden, da aufgrund der Rollenvorgabe die Bewertungssituation nicht mehr für alle Bewerber konstant gehalten wird. Außerdem können die Situationen leicht unrealistisch eskalieren, da sich die Bewerber in einer Wettbewerbssituation befinden.

Zusammenfassend bleibt festzustellen, dass auch bei der Auswahl und Definition der Übungen mit Sorgfalt vorzugehen ist. Neben der Frage der Akzeptanz sollte dabei die Frage der Chancengleichheit für alle Bewerber im Vordergrund stehen.

Außer den Bewerbern finden sich drei weitere Gruppen von Funktionsträgern in einem AC. Zunächst sind dies die *Beobachter*, die die Bewerber in den verschiedenen Übungen begutachten und letztlich auch gemeinsam die Entscheidung über eine etwaige Einstellung der Kandidaten treffen. Mit der Funktion der Beobachter werden wir uns ausführlicher beschäftigen.

Die zweite Gruppe bilden *Assistenten*, die während des Assessment Centers für den reibungslosen Ablauf zuständig sind, also darauf achten, dass die Bewerber zum vorgegebenen Zeitpunkt in der richtigen Reihenfolge im Übungsraum oder im Vorbereitungsraum erscheinen. Im Vorbereitungsraum versorgen sie die Bewerber mit den nötigen Informationen und achten auf die Einhaltung der Zeitvorgaben. Sollten sich mehrere Bewerber gleichzeitig in einem Raum vorbereiten müssen, so müssen sie darüber hinaus darauf achten, dass alle unabhängig voneinander arbeiten. Nach Einzelübungen dürfen diejenigen Bewerber, die die Übung bereits hinter sich haben, nicht in Kontakt zu den Wartenden treten. Auch dies ist eine organisatorische Aufgabe, die in den Funktionsbereich der Assistenten fällt. Im Falle einer Postkorbaufgabe können sie überdies die Beaufsichtigung und ggf. auch die Auswertung übernehmen. Gleichzeitig sind sie in organisatorischen Fragen Ansprechpartner für die Bewerber. Sie sollten den Bewerbern gegenüber eine freundlich neutrale Haltung einnehmen. Geeignete Personen für diese Aufgabe sind z.B. Studenten bzw. Praktikanten der Personalabteilung, die zuvor für die skizzierten Aufgaben geschult wurden.

Die Leitung des Assessment Centers obliegt dem *Moderator*. Dies betrifft sowohl die organisatorische Vorbereitung des Assessment Centers als auch die Durchführung der Übungen sowie der abschließenden Beobachterkonferenz. Die Person des Moderators enthält sich selbst jeder Bewertung der Bewerber. Sie begrüßt die Bewerber zu Beginn des Assessment Centers, erklärt vor jeder Übung, welche Aufgabe zu bewältigen ist und dient innerhalb der Übungen als Ansprechpartner für mögliche Fragen der Kandidaten. Darüber hinaus achtet der Moderator auf die Einhaltung der Regeln auf Seiten der Beobachter: Die Beobachter dürfen in den Pausen keinen Kontakt zu den Bewerbern aufnehmen und sich erst in der Beobachterkonferenz über ihre Bewertungen austauschen. Dabei steht er den Beobachtern auch für Fragen des Ablaufs, der Interpretation der Beobachtermaterialien o.Ä. zur Verfügung. Aus diesen zahlreichen Funktionen ergibt sich die Empfehlung, dass der Moderator möglichst eine organisationsexterne Person sein sollte, die weder ein Interesse an der Einstellung bestimmter Kandidaten hat, noch in einer Abhängigkeitsbeziehung zu irgendwelchen Beobachtern steht. Der Moderator sollte vergleichbar zur Person eines Notars ein neutraler aber freundlicher Experte sein.

Neben der Gestaltung der Struktur des Assessment Centers hängt die Qualität der Messung vor allem von der Arbeit der *Beobachter* ab. Die Funktion der Beobachter liegt darin, während der Übungen die Bewerber nach zuvor festgelegten Kriterien zu beurteilen. Es geht nicht darum, sich „einen allgemeinen Eindruck" vom Bewerber zu verschaffen oder nach eigenen Wertmaßstäben zu urteilen. Überspitzt ausgedrückt sollen die Beobachter vielmehr wie ein „Messinstrument" arbeiten und ihre privaten Meinungen und Vorlieben so weit wie irgend möglich außen vor lassen. Ob und inwieweit es ihnen gelingt, diese schwierige Aufgabe zu meistern, ist eine Frage der Auswahl der Beobachter, der Qualität der Beobachterschulung sowie der Gestaltung der Beobachtungssituation und -materialien.

Bei der *Auswahl der Beobachter* ist darauf zu achten, dass es sich um Personen handelt, die selbst dazu in der Lage sind, ihre eigenen Meinungen und privaten Interessen hinter die Notwendigkeiten der Methode zurückzustellen. Das oberste Gebot für Beobachter im Assessment Center ist das Bemühen um ein möglichst hohes Maß an Objektivität. Üblicherweise wird ein Teil der Beobachter durch Mitglieder der Personalabteilung, ein anderer Teil durch Vorgesetzte gestellt, die zwei Hierarchieebenen oberhalb der zu besetzenden Stelle angesiedelt sind (Obermann, 1992). Darüber hinaus kann es von Vorteil sein, völlig neutrale Personen, also z.B. Praktikanten oder Vertreter einer Unternehmensberatung einzusetzen. Eine Studie von Sagie und Magnezy (1997) zeigt, dass der Einsatz von Psychologen sich besonders positiv auf die Konstruktvalidität von Assessment Centern auswirkt. Wahrscheinlich hat dies damit zu tun, dass Psychologen aufgrund ihrer diagnostischen Ausbildung besonders wenige Schwierigkeiten damit haben, die Rolle eines neutralen Beobachters einzunehmen. Ist das Assessment Center gut vorbereitet, so ist es keinesfalls notwendig, dass die Beobachter den fraglichen Arbeitsplatz aus eigener Anschauung kennen oder gar selbst einmal in dieser Funktion tätig waren. Auch ist davon abzuraten, die Beobachter mit den Bewerbungsunterlagen der verschiedenen Kandidaten vertraut zu machen. Im Gegenteil, um die Gefahr systematischer Verzerrungen der Personenbeurteilung, wie z.B. die erwartungsgesteuerte Wahrnehmung (vgl. Kapitel 1), zu vermeiden, sollten sie ihr Urteil allein auf der Basis der Informationen aus dem Assessment Center bilden. Sachlich besteht auch gar keine Notwendigkeit zu einer entsprechenden Vorinformation, da die Bewerber, die den Weg bis ins AC gefunden haben, ja bereits alle formalen Einstellungsvoraussetzungen erfüllen. Im AC geht es nur noch um die Informationen, die sich eben nicht aus den Bewerbungsunterlagen entnehmen lassen.

Jeder Beobachter sollte vor seinem Einsatz im Assessment Center einer mindestens eintägigen *Schulung* unterzogen werden. Neben der bloßen Vermittlung organisatorischer Informationen (Wann muss wer welche Beobachtung vornehmen? Wie sieht die Urteilsbildung zum Ende des AC aus? etc.) stehen zwei Anliegen im Vordergrund der Schulung. Zum einen muss den Beobachtern ihre Rolle als Diagnostiker verdeutlicht werden, zum anderen gilt es, den Einsatz der Beobachtungsinstrumente einzuüben. Der erste Punkt ist wichtiger als er auf den ersten Blick vielleicht scheinen mag. Aus unserem Alltag sind wir es gewohnt, immer wieder Menschen zu beurteilen, ohne dabei unsere eigene Urteilsbildung in Frage zu stellen. In den meisten Alltagssituationen ist dies auch sicherlich akzeptabel, sobald wir jedoch als Beurteiler in einem diagnostischen Prozess eingesetzt werden, muss ein grundsätzlicher Wandel stattfinden. Wir haben auf die einschlägigen Probleme der systematischen Fehler und Verzerrungen der Personenbeurteilung in Kapitel 1 bereits ausführlich hingewiesen. All dies sollte auch in ggf. gekürzter Fassung Gegenstand der Beobachterschulung sein. Es geht darum, die Beobachter für die wichtigsten Probleme zu sensibilisieren und ihnen anhand von erlebbaren Beispielen gleichzeitig aufzuzeigen, wie mit Hilfe der Methode des Assessment Centers vielen dieser Probleme begegnet werden kann. Erst hierdurch wird das AC mit seinen vielen Einschränkungen der Freiheit des einzelnen Beobachters für die Betroffenen akzeptabel. Ein erwünschter Nebeneffekt kann zusätzlich sein, dass die eingesetzten Führungskräfte einen Teil der Informationen mit in ihren Alltag retten und auch hier bei der Beurteilung ihrer Mitarbeiter professioneller vorgehen als dies vielleicht bislang der Fall war. Wichtig ist, dass die Schulungsteilnehmer die Effekte „am eigenen Leibe" erfahren, damit die Information nicht reine Theorie bleibt. So könnte man z.B. das Problem des fundamentalen Attributionsfehlers verdeutlichen, indem die Teilnehmer das Verhalten eines Bewerbers, den sie in einem Videofilm beobachten, erklären sollen. Der Halo-Effekt ließe sich simulieren, indem jeweils von der Hälfte der Schulungsteilnehmer zwei Bewerber zu beurteilen sind, die unterschiedlich attraktiv gekleidet sind, beide aber exakt die gleichen Informationen über sich preisgeben. In jedem Falle sollten die Teilnehmer dazu gebracht werden, sich mit ihren eigenen Verzerrungen auseinanderzusetzen, also z.B. darüber zu diskutieren, welche Erwartungen sie mit unterschiedlichen Bewerbern in Abhängigkeit vom Geschlecht oder vom Studium verbinden. Durch all dies wird die Basis für einen sorgfältigen Einsatz der Beobachtungsmaterialien gelegt. Im zweiten Teil der Schulung geht es um die praktische Einübung des Beobachtungsverhaltens. Auch hierbei können Videofilme zum Einsatz kommen, mit deren Hilfe das spätere Geschehen simuliert wird. Sofern die Beobachtermaterialien nicht schon von allein klar definieren, wie welches Verhalten zu bewerten ist, kann die Beobachterschulung gewissermaßen zur „Normierung" der Beobachterurteile herangezogen werden. Durch mehrmaliges Anschauen des gleichen Films und anschließender Diskussion der resultierenden Benotung wird dabei festgelegt, wie eine konkrete Verhaltensäußerung einzuschätzen ist. Überdies kann eine Beobachterkonferenz simuliert werden. Nach der Beobachterschulung sollte mithin allen Beteiligten klar sein, wie das AC später abläuft, warum es wie gestaltet ist und welche Aufgaben von wem wie zu erfüllen sind. Generell empfiehlt es sich, derartige Schulungen nach einigen Jahren auch für erfahrene Beobachter zu wiederholen. In aller Regel wird die Evaluation des Assessment Centers nach den ersten Durchläufen Schwächen aufzeigen, denen man u.a. mit einer erneuten Schulung begegnen kann.

Die *Beobachtungssituation* an den Tagen des Assessment Centers ist so zu gestalten, dass jeder einzelne Beobachter zu jeder Zeit über alle für ihn wichtigen Informationen verfügen kann. Dies beginnt bei der Sitzordnung. Im Regelfall sitzen die Beobachter den Bewerbern an einer Tischreihe gegenüber. Bei Einzelübungen, wie z.B. der Stegreifrede wird sich in der Regel kein Problem ergeben, da der Bewerber von allen Perspektiven des Beobachtertisches gut einzusehen ist. Probleme können sich ergeben, wenn gleichzeitig mehrere Bewerber auftreten, was z.B. bei Gruppendiskussionen der Fall ist. Hierbei wird normalerweise nicht jeder Bewerber von allen Beobachtern beurteilt. Vielmehr ist zuvor festgelegt worden, welcher Beobachter in dieser Übung welchen Bewerber näher unter die Lupe nimmt. Dabei versteht es sich von selbst, die Bewerber entsprechend so zu platzieren, dass die relevanten Kandidaten vom zugehörigen Beobachter gut einzusehen sind. Irrelevante Kandidaten dürfen dem Beobachter durchaus auch im Profil oder – was bestenfalls bei Konstruktionsübungen notwendig sein wird – notfalls auch mit zugewandtem Rücken gegenüber sitzen. Die Qualität der Beobachtung hängt aber auch entscheidend von der Menge der zu leistenden Einzelbeobachtungen ab. Je mehr Beobachtungen pro Übung von einem einzelnen Beobachter zu leisten sind, desto schwieriger wird es für ihn, seine Aufgabe sorgfältig auszuführen. Die Menge der Beobachtung kann zum einen durch den Einsatz vieler Beobachter gering gehalten werden. In den meisten Assessment Centern wird man gute Arbeit leisten können, wenn auf jeweils zwei Bewerber ein Beobachter kommt. Zum anderen hängt die Anzahl der Einzelübungen auch davon ab, auf wie vielen Anforderungsdimensionen ein Kandidat in einer einzelnen Übung von einem Beobachter beurteilt werden muss. Als Faustformel kann hier gelten, dass etwa drei verschiedene Dimensionen pro Übung und Beobachter nicht überschritten werden sollten. All dies gilt es bereits in der Planung des Assessment Centers zu berücksichtigen. Am Tag der Durchführung erhält jeder Beobachter einen Plan, aus dem hervorgeht, welcher Bewerber von ihm in welcher Übung, im Hinblick auf welche Anforderungsdimensionen zu beurteilen ist. Da von Übung zu Übung der gleiche Bewerber von unterschiedlichen Teilmengen der Beobachter beurteilt wird, wird dieser Plan auch als *Rotationsplan* bezeichnet. Tabelle 11-12 gibt ein Beispiel für eine vereinfachte Version eines solchen Rotationsplans. Im Beispielfall gibt es vier Beobachter, die sechs Bewerber (symbolisiert durch die Buchstaben) in vier unterschiedlichen Gruppenübungen beobachten sollen. Nach dem Rotationsprinzip beobachtet jeder Beobachter in jeder Übung unterschiedliche Bewerber. Gleichzeitig wird jeder Bewerber in jeder Übung von mehreren Beobachtern beurteilt. Auf diesem Wege wird sichergestellt, dass die Arbeit für jeden einzelnen Beobachter noch zu bewältigen ist und gleichzeitig das Urteil für jeden Bewerber in jeder Übung nicht nur von einem einzigen Beobachter abhängt. Das Urteil wird somit dem Grundgedanken des Assessment Centers folgend auf eine möglichst breite Beobachtungsbasis gestellt, ohne aber den einzelnen Beobachter zu überfordern oder ihm die Möglichkeit zu geben, seiner individuellen Meinung ein durchschlagendes Gewicht bei der Bewertung der Kandidaten zu geben. Unser Beispiel wurde allerdings in einem wesentlichen Punkt vereinfacht. In der Realsituation kann zusätzlich auch die Zuteilung der Anforderungsdimensionen rotieren. Während z.B. Beobachter 1 in der Übung 1 den Bewerber A auf der Dimension „Rhetorik" beurteilt, wird der gleiche Kandidat von ihm in der Übung 4 auf der Dimension „Stressresistenz" beobachtet. Für den Beobachter 2 verhält es sich im Hinblick auf den gleichen Bewerber hingegen genau entgegengesetzt in Übung 1 und 2. Bedenken wir, dass es mitunter viele Dimensionen gibt, so wird die Erstellung des Rotationsplans schnell zu einer sehr anspruchsvollen Kombinationsaufgabe. In der Regel wird man dieses Problem im Praxisfall nicht völlig befriedigend lösen können, da aufgrund der festgelegten Rahmenbedingungen (Zeit, Dimensionen, Anzahl der Übungen, Bewerber und Beobachter) keine vollständig ausbalancierte Rotationslösung möglich ist (vgl. Kleinmann, 1997). In diesem Falle gilt es, dem Ideal so weit wie möglich zu entsprechen. Zum Teil wird die Situation aber auch dadurch wieder erleichtert, dass in Einzelübungen, in denen die Bewerber nacheinander auftreten, alle Beobachter zur Beobachtung eines einzelnen Kandidaten zur Verfügung stehen und hierdurch eine breite Beobachtungsbasis gewährleistet wird. Dabei ist allerdings auf eine Veränderung der Reihenfolge der Kandidaten zu achten, damit nicht immer die gleichen Bewerber als erste bzw. als letzte in den Übungen auftreten. Dies ist zum einen eine Frage der Gewährleistung gleicher Bedingungen für die Bewerber: Die Wartezeiten der Bewerber können auf diesem Wege annähernd gleich gehalten werden. Zum anderen wird hierdurch der Entstehung von Beurteilungsankern auf Seiten der Beobachter vorgebeugt: Bei unzureichenden Beobachtermaterialien oder unprofessionellem Beobachterverhalten besteht die Gefahr, dass die Beobachter den ersten Bewerber einer Übung als Maßstab heranziehen, an dem sie alle nachfolgend auftretenden Bewerber messen.

Tabelle 11-12: Prinzip eines Rotationsplans

Beobachter	Übung 1	Übung 2	Übung 3	Übung 4
1	ABC	DEF	BCF	ADE
2	ADE	ABC	DEF	BCF
3	BCF	ADE	ABC	DEF
4	DEF	BCF	ADE	ABC

Da sich die Beobachtung ausschließlich auf die Übungen beschränken soll, muss überdies sichergestellt werden, dass Beobachter und Bewerber keinen weiteren Kontakt zueinander haben. Es sollten also z.B. keine gemeinsamen Gespräche in den Pausen stattfinden. Ebenso wenig ist es angebracht, bei mehrtägigen Assessment Centern abends gemeinsam zum Essen zu gehen. Die einzigen Personen, die während des Assessment Centers den Bewerbern als Ansprechpartner dienen, sind der Moderator sowie seine Assistenten, also durchweg Funktionsträger, die selbst keine Bewertung vornehmen.

Neben einer überlegten Auswahl der Beobachter, ihrer Schulung sowie der günstigen Gestaltung der Beobachtungssituation steht und fällt das Assessment Center mit der Gestaltung der *Beobachtungsmaterialien*. Generell gilt, dass die Beobachtungsmaterialien möglichst einfach zu handhaben sein sollten. Alle wichtigen Informationen darüber, in welcher Übung wer wen auf welchen Dimensionen wie bewertet hat, müssen anhand der Materialien auch später für die Beobachterkonferenz, aber auch zum Zwecke der Evaluation, rekonstruierbar sein. Die Materialien sollten zunächst alle wichtigen Informationen für den Beobachter enthalten: Informationen über den Ablauf der AC-Übungen, Rotationsplan, Beschreibung der Dimensionen, Beschreibung der Übungen, Protokollbögen zur Fixierung der Beobachtungen und Skalen zur Bewertung des beobachteten Verhaltens. Die Protokollbögen ermöglichen es dem Beobachter, während der Übungen das Verhalten des Kandidaten möglichst unverfälscht, d.h. ohne es bereits zu interpretieren oder zu bewerten, festzuhalten. Durch den Einsatz entsprechender Bögen wird mithin eine Trennung zwischen Beobachtung, also der bloßen Wahrnehmung des Bewerberverhaltens, und Bewertung – der Beurteilung des Gesehenen im Hinblick auf die Eignung des Bewerbers – möglich. Die konkreten Verhaltensbeschreibungen sind hilfreich, um später in der Beobachterkonferenz die Bewertungen begründen zu können. Darüber hinaus können sie für das abschließende Feedback an den Bewerber herangezogen werden. Hierdurch wird die Entscheidung des Gremiums auch für den Bewerber nachvollziehbar. Die Protokollbögen sind dahingehend zu unterscheiden, ob sie bereits eine Einteilung des Gesehenen in die jeweils übungsrelevanten Anforderungsdimensionen vorsehen oder überhaupt gar keine Kategorisierung ermöglichen (quasi ein unbeschriebenes Blatt Papier). Die erste Variante hat den Vorteil, dass sie der Beobachtung von vornherein eine Richtung gibt und dadurch z.B. verhindert, dass zu viel Information protokolliert wird, die letztlich doch nicht Eingang in die Bewertung des Kandidaten findet. Gerade für ungeübte Beobachter dürfte ein solches Vorgehen hilfreich sein. Nach jeder Übung wird ihnen die nötige Zeit gegeben, ihre Notizen in einen Punktwert auf vorbereiteten Skalen umzuwandeln. Hierzu stehen prinzipiell zwei unterschiedliche Vorgehensweisen zur Verfügung (vgl. Abbildung 11-5). Entweder kommen Checklisten oder verschiedene Formen einer Bewertungsskala („Ratingskala") zum Einsatz. Checklisten definieren für jede der Anforderungsdimensionen, welche ganz konkreten Verhaltensweisen in den entsprechenden Übungen denkbar sind. Der Beobachter muss bei dieser Methode lediglich ankreuzen, ob das fragliche Verhalten aufgetreten ist oder nicht. Anschließend muss dann ein Gesamturteil für jede Übung, differenziert nach den jeweiligen Anforderungsdimensionen, gefällt werden. Dies geschieht auf einer herkömmlichen Bewertungsskala (vgl. Kapitel 2). Wie der Schritt von der Checkliste zur Bewertungsskala zu überbrücken ist, muss im Vorhinein festgelegt werden. Denkbar wäre eine gewichtete Auszählung der Anzahl der Kreuze, aber auch ein eher klinisches Urteil (s.u.). Der Übergang von der Checkliste zur Skalierung stellt das eigentliche Problem dieser Methode dar. Hier hat man es einfacher, wenn von vornherein Ratingskalen zum Einsatz kommen. Die Ratingskala bildet unmittelbar die Anforderungsdimension ab. Meist ist sie fünffach gestuft, wie in unserem Beispiel (Abbildung 11-5). Andere Abstufungen sind möglich, wobei man sich allerdings fragen muss, wie realistisch eine feingliedrigere Abstufung (z.B. 9 Stufen) tatsächlich noch die Beobachtungen abbilden kann. In der Regel dürften die Beobachter damit überfordert sein. Die Abstufung gaukelt dann eher eine besonders differenzierte Beurteilung vor, die de facto aber nicht geleistet werden kann. Geradzahlige Abstufungen der Skala haben gegenüber ungeradzahligen Abstufungen den Vorteil, dass der Beobachter sich nicht auf eine neutrale und damit der Tendenz nach aussageleere Beurteilung zurückzieht, indem er besonders häufig die mittlere Antwortstufe ankreuzt. Sie haben demgegenüber aber auch den Nachteil, den Beobachter auch dann zu einer Wertentscheidung in die eine oder andere Richtung zu zwingen, wenn objektiv betrachtet eine neutrale Bewertung die richtige wäre. All dies gilt allerdings nur dann, wenn die Skalen bipolar aufgebaut sind, also das linke Ende der Skala z.B. einer negativen, das rechte Ende hingegen einer positiven Charakterisierung des Bewerberverhaltens entspricht. Des Weiteren unterscheiden sich die Skalen hinsichtlich der sprachlichen Definition ihrer Punktwerte. Die größte Verbreitung finden in der Praxis Skalen ohne eine präzise Definition der Skalenpunkte (Hennessy, Mabey & Warr, 1998). In diesem Falle werden die Punkte entweder nur durch Zahlenwerte oder durch sehr allgemeine Beschreibungen, wie z.B. „hoch", niedrig" oder „geeignet", „nicht geeignet", markiert. Bei sog. „verhaltensverankerten Ratingskalen" bemüht man sich hingegen, zumindest einigen Skalenpunkten eine möglichst konkrete Verhaltenscharakterisierung zu unterlegen. Dabei können für jede Anforderungsdimension und Übung ggf. auch mehrere Skalen eingesetzt werden, vorausgesetzt, es lassen sich sinnvolle Teilaspekte der Anforderungsdimension differenzieren. Während bei der zuerst genannten Skalenart der Beobachter mit der Bewertung des Verhaltens also letztlich allein gelassen wird – er selbst muss entscheiden, wie geeignet der Bewerber ist –, wird bei verhaltensverankerten Skalen vor dem Assessment Center die Bewertung weitestgehend definiert. Die zweiten Skalen sind daher leichter zu handhaben und entsprechen eher dem Grundgedanken einer anspruchsvollen Diagnostik, da für alle Beobachter der Bewertungsmaßstab zuvor festgelegt wurde. Die ersteren Skalen sind demgegenüber ohne jeden Entwicklungsaufwand zu erstellen, was wohl auch ein Grund für ihre weite Verbreitung ist.

Checklisten

Anforderungsdimension A		Anforderungsdimension x	
	ja?		ja?
Verhalten 1		Verhalten 1	✓
Verhalten 2	✓	Verhalten 2	✓
Verhalten 3		Verhalten 3	
Verhalten 4	✓	Verhalten 4	
.		.	
.		.	✓
Verhalten n		Verhalten n	

Ratingskalen

ohne Verhaltensverankerung

|—+—+—+—+—|
1 2 3 4 5

|—+—+—+—|
nicht   geeignet
geeignet

mit Verhaltensverankerung

|—+—+—+—|
Verhalten Verhalten Verhalten
   a   b   c

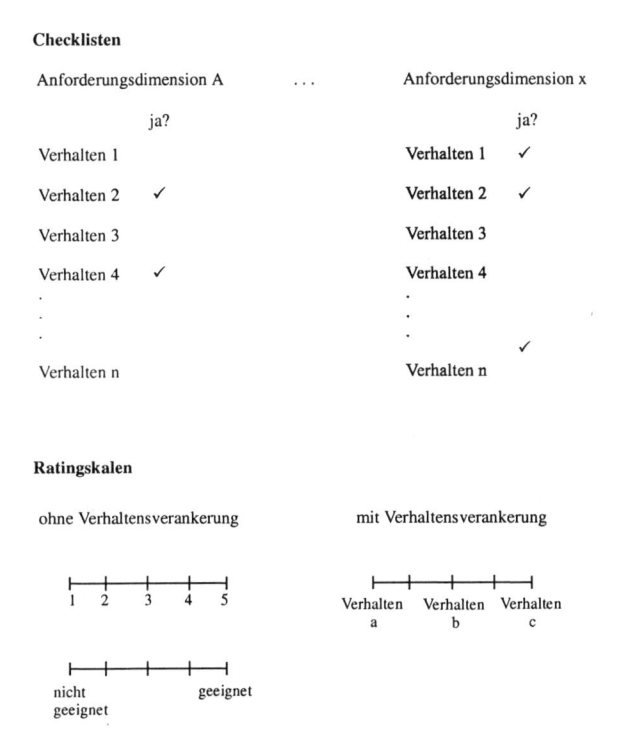

Abbildung 11-5: Methoden zur Bewertung des Bewerberverhaltens

Die *Beobachterkonferenz* bildet den Abschluss eines Assessment Centers. Hier wird entschieden, ob ein Bewerber insgesamt betrachtet als geeignet gelten kann oder nicht. Die Leitung der Beobachterkonferenz obliegt dem Moderator, der auch bei dieser Tätigkeit die Rolle einer neutralen Partei einnimmt. Das heißt, der Moderator selbst gibt keine Bewertungen ab. Er ist lediglich zuständig für den methodisch korrekten Ablauf der Sitzung. Zur Ermittlung des Gesamtergebnisses werden die Bewerber nacheinander im Hinblick auf jede der Anforderungsdimensionen besprochen. Ziel ist es, jedem Bewerber auf jeder Dimension einen Punktwert zuzuordnen, damit über einen Vergleich zwischen seinem Leistungsprofil und dem Anforderungsprofil über die Eignung des Kandidaten entschieden werden kann. Die Schwierigkeit der Beobachterkonferenz besteht nun darin, die Vielzahl der Beobachtungen so zu bündeln, dass überhaupt eine abschließende Bewertung möglich wird. Ungünstig erscheint es dabei, jede einzelne Beobachtung in der Beobachterkonferenz zu diskutieren. Dies wird aus zeitlichen Gründen kaum möglich sein. Ein praktikabler und gleichzeitig auch methodisch akzeptabler Weg besteht darin, dass zunächst jeder Beobachter für sich jedem Bewerber allein auf der Basis seiner eigenen Beobachtungen einen zusammenfassenden Wert auf jeder Dimension zuordnet. Dies geschieht unmittelbar vor der Beobachterkonferenz unter Zuhilfenahme vorbereiteter Protokollbögen. In der Konferenz selbst erfragt der Moderator dann nur noch diese aggregierten Daten und notiert sie auf einer Overheadfolie, so dass allen Beobachtern nun die gesamte Information zur Verfügung steht. Jeder Bewerber erhält bei diesem Vorgehen also auf jeder Dimension genau so viele Benotungen wie Beobachter existieren. Erst jetzt beginnt die Diskussion über den Bewerber, für jede Dimension getrennt. Weichen die Bewertungen der Beobachter überhaupt nicht voneinander ab – was nur äußerst selten vorkommt – ist das Endurteil auf der entsprechenden Dimension bereits gefunden. Auf eine ausgiebige Diskussion kann verzichtet werden. Im Falle einer Abweichung muss nun innerhalb der Beobachterrunde ein Konsens gefunden werden. Hierzu empfiehlt es sich, dass vor allem die Beobachter mit stark abweichender Benotung ihr Urteil begründen. Hier greifen sie auf die Beobachtermaterialien zurück und schildern ggf. ganz konkrete Beobachtungen aus einzelnen Übungen, die sie zu ihrer Benotung veranlasst haben. Der Vergleich mit den Beobachtungen der Kollegen wird dann in eine Diskussion münden, an deren Ende eine Einigung stehen muss. Der Moderator wird dabei ggf. mit sanftem Druck eine solche Einigung forcieren, damit die Aufgabe in einer insgesamt akzeptablen Zeit zu bewältigen ist. Auch gehört es zu seinen Aufgaben, Argumente, die mit den zuvor festgelegten Anforderungsdimensionen nichts zu tun haben (z.B. Sympathie oder Attraktivität), zurückzuweisen. Um Beeinflussungsphänomene, wie z.B. das Phänomen der Gruppenpolarisation (vgl. Kapitel 1), verhindern zu können, muss der Moderator ferner darauf achten, dass auch Minderheitenpositionen genügend Redezeit eingeräumt wird. Vor allem, wenn unter den Beobachtern große Statusunterschiede bestehen, gilt es für einen gleichberechtigten Informationsaustausch zu sorgen. Schon aus diesem Grunde sollte der Moderator selbst der Organisation nicht angehören.

Bei einem ausgereiften AC mit guten Beobachtermaterialien spricht methodisch nichts dagegen, die Urteilsbildung (sowohl die Bildung der Gesamturteile jedes einzelnen Beurteilers als auch die abschließende Notengebung in der Konferenz) durch die Berechnung eines Mittelwertes herbeizuführen. In aller Regel werden die Beobachter dies aber als unangenehm empfinden, weil sie sich selbst der Entscheidung beraubt sehen. Denkbar wäre auch eine Kombination der mathematischen Vorgehensweise (sog. „statistische Urteilsbildung") und der eher interpretativen (sog. „klinische Urteilsbildung"). Dabei wäre in der Beobachterkonferenz zunächst der Mittelwert pro Bewerber und Dimension zu berechnen. Anschließend wird diskutiert, ob alle Beobachter dieses Gesamturteil akzeptieren können. Im Zweifelsfalle muss dann der statistische Wert vor dem Hintergrund der Diskussion wieder verändert werden.

Neben der Festlegung des abschließenden Urteils dient die Beobachterkonferenz darüber hinaus auch dazu, das Feedback für den Kandidaten vorzubereiten. Zu Beginn der Konferenz wird festgelegt, welcher Beobachter welchem Kandidaten ein Feedback gibt bzw. ein abschließendes Gutachten über den Kandidaten schreibt. In der Konferenz ist es dann die Aufgabe dieses Beobachters, sich zu seinem Kandidaten Notizen zu machen, die nicht nur seine eigenen Beobachtungen, sondern auch die seiner Kollegen widerspiegeln.

Die eigentlichen Hauptpersonen des Assessment Centers, die *Bewerber*, werden zu Beginn des Tages durch den Moderator begrüßt. Viele der Bewerber werden bereits Ratgeberliteratur gelesen haben, andere nicht. Der Moderator sollte darauf hinweisen, dass die beste Strategie für ein erfolgreiches Abschneiden immer noch ein authentisches Verhalten ist, weil nur sehr gute Schauspieler über einen längeren Zeitraum und in völlig unterschiedlichen Übungen ein konsistentes Bild von sich abgeben können. Außerdem empfiehlt es sich, zu Beginn des Assessment Centers die grundlegenden Spielregeln kurz zu erläutern. Hierzu gehört z.B. die Versicherung, dass nur in den Übungen benotet wird und nicht auch in den Pausenzeiten, dass die Reihenfolge des Auftretens in den Übungen unabhängig von der Person festgelegt wurde oder dass die Assistenten jederzeit für organisatorische Fragen zur Verfügung stehen. Insgesamt sollten die Funktionsträger sich um eine möglichst entspannte und freundliche Atmosphäre bemühen, ohne ihre Neutralität aufzugeben.

Ungewöhnlich wird für die meisten Assessment Center die Bekanntgabe der Anforderungsdimensionen an die Bewerber sein. Dennoch sprechen Forschungsergebnisse eher für als gegen diese Vorgehensweise (Kleinmann, 1997). Jeder Bewerber macht sich natürlich Gedanken darüber, was von ihm erwartet wird und bemüht sich, diesen Erwartungen möglichst gerecht zu werden. Umfragen unter Bewerbern haben ergeben, dass mehrere Dutzend verschiedene Anforderungsdimensionen in den Köpfen einer Bewerbergruppe herumspuken. Die meisten Bewerber haben demzufolge völlig falsche oder doch zumindest verzerrte Vorstellungen von den tatsächlichen Anforderungen. In der Konsequenz werden sich viele von ihnen „absichtlich" falsch darstellen. Sie achten auf Nebensächlichkeiten und lassen die wirklich wichtigen Aspekte außer Acht. In der Konsequenz wird vor allem derjenige im AC mit einer höheren Wahrscheinlichkeit gut abschneiden, der die Anforderungsdimensionen zutreffend erraten hat. Dies kann weder im Interesse der Bewerber noch im Interesse der Organisation liegen. Die Organisation schränkt ihren eigenen Bewerberpool ohne triftigen Grund stark ein, wenn nur die „Richtigrater" eine reelle Chance haben. Das Unternehmen ist aber nicht an der Ratekompetenz der Bewerber, sondern an anderen Kompetenzen interessiert. Gibt man die Dimensionen zu Beginn des Assessment Centers und ggf. auch bei jeder Übung bekannt, sind die Ausgangsbedingungen wieder gleich. Nun hat jeder die Chance, sein Bestes zu geben. Dabei misst das AC die Maximalleistung der Bewerber unter definierten Bedingungen. Die Durchschnittsleistung, die sich also im beruflichen Alltag zeigen wird, lässt sich nicht erfassen, da jeder Bewerber versucht, möglichst gut zu sein.

Nach Abschluss aller Übungen wird mit den Bewerbern ein Termin für ein Feedbackgespräch vereinbart. Die Rückmeldung sollte grundsätzlich in einem Gespräch und nicht rein schriftlich erfolgen, da die Bewerber sehr viel investiert und hierdurch doch wohl auch ein Recht auf eine möglichst differenzierte Rückmeldung erworben haben. Die Rückmeldung erfolgt im Idealfall durch eine Person, die selbst beim AC anwesend war. In der Regel sind dies die Beobachter, die zuvor für diese Aufgaben entsprechend geschult wurden. Die Rückmeldung soll Bezug nehmen zum konkreten Verhalten in unterschiedlichen Übungen und einen Vergleich zum Anforderungsprofil ermöglichen. Nur so kann der Bewerber selbst auch etwas aus einem schlechten Abschneiden lernen bzw. die Entscheidung der Organisation akzeptieren.

In Tabelle 11-13 haben wir noch einmal die wichtigsten Punkte zusammengefasst, die für die Durchführung eines methodisch anspruchsvollen Assessment Centers zu bedenken sind. Die meisten dieser Punkte können schon in der Planung berücksichtigt werden. Grundsätzlich ist davon auszugehen, dass niemand ein perfektes AC aus dem Stegreif konzipieren kann. Gerade in größeren Unternehmen, in denen ein und dasselbe AC über die Zeit hinweg mehrfach eingesetzt wird, empfiehlt sich daher dringend eine kritische Reflexion und kontinuierliche Verbesserung des Vorgehens.

Hierzu können u.a. auch mathematische Verfahren der Evaluation (vgl. Kapitel 12) helfen.

Tabelle 11-13: Checkliste zur Durchführung von Assessment Centern

Bewerber
- Einweisung der Bewerber zu Beginn des ACs?
- Bekanntgabe der Anforderungsdimensionen?
- erhalten nach dem AC ein differenziertes Feedback?
Beobachter
- Auswahl unabhängiger, selbstkontrollierter Personen?
- Einsatz organisationsexterner Beobachter?
- Schulung der Beobachter?
- Rotationsplan?
- quantitatives Verhältnis Beobachter-Bewerber?
- Beobachtung ausschließlich in den Übungen?
- Beobachter sehen die Bewerber im AC zum ersten Mal?
- keine Vorinformationen über die Bewerber?
- kein persönlicher Kontakt zwischen Bewerbern und Beobachtern im AC?
- unabhängige Urteilsfindung gewährleistet?
Beobachtungsmaterialien
- genaue Definition der Anforderungsdimensionen?
- klare gegenseitige Abgrenzung der Dimensionen?
- Einsatz verhaltensverankerter Ratingskalen?
- übersichtliche Gestaltung?
Assistenten
- wurden zuvor geschult?
- freundlich neutraler Umgang mit den Bewerbern?
- unerlaubter Informationsaustausch zwischen den Bewerbern wird verhindert?
- Bewerber zur rechten Zeit an den richtigen Ort geschleust?
Moderator
- unabhängige Person?
- organisatorischer Durchblick während des ACs?
- gewährleistet Einhaltung der Spielregeln während des ACs?
- Vermittlung bei schwierigen Entscheidungen in der Beobachterkonferenz?
- Ausgleich von Statusunterschieden in der Beobachterkonferenz?
Übungen
- Bezug zur beruflichen Wirklichkeit hergestellt?
- alle Übungen mit jedem Bewerber exakt gleich durchgeführt?
- Schulung etwaiger Rollenspieler?
- Themen übervorteilen keinen Bewerber?
- Verhältnismäßigkeit der Mittel gewahrt?
- Prinzipien des multitrait-multimethod- Ansatzes umgesetzt?
- veränderte Reihenfolge der Bewerber in Einzelübungen?

11.7 Fazit

Unser Überblick über die verschiedenen, nicht-standardisierten Methoden der Personaldiagnostik hat einerseits die Vielfalt der einsetzbaren Verfahren, andererseits aber auch die spezifischen Tücken der unterschiedlichen Vorgehensweisen verdeutlicht. Die nicht-standardisierten Verfahren stellen eine unverzichtbare Ergänzung zu standardisierten Instrumenten dar. Niemals sollte man eine Personalentscheidung allein auf der Basis eines einzelnen psychologischen Tests treffen. Erst die Integration mehrerer, unabhängig voneinander gewonnener Informationen ermöglicht eine seriöse und nutzenbringende Entscheidung. Ebenso wie die Auswahl und der Einsatz von Tests ein gehöriges Maß fachlicher Kompetenz voraussetzt, entfaltet sich der Nutzen der nicht-standardisierten Verfahren erst dann, wenn die oben angeführten Prinzipien umgesetzt werden. Personaldiagnostische Entscheidungen sind für jede Organisation viel zu bedeutsam, als dass man sich auf die Erfahrung, die Alltagspsychologie oder gar die „Menschenkenntnis" der Entscheidungsträger verlassen sollte. Eine wissenschaftlich fundierte Schulung der Entwickler und Anwender entsprechender Verfahren ist unerlässlich. Dies gilt umso mehr, als dass man ein gutes Assessment Center oder Einstellungsgespräch nicht einfach als fertiges Konzept „aus der Schublade ziehen" kann. Entscheidend ist ein direkter Bezug zu den Anforderungsmerkmalen des fraglichen Arbeitsplatzes, eine weitgehend standardisierte Durchführung, Auswertung und Interpretation der Verfahren, ohne jedoch Entscheidungen nach „dem Kochbuch" zu treffen. Wo immer es geht, sollten mehrere Beurteiler eingesetzt werden, die unabhängig voneinander arbeiten. Ideal wäre es, wenn mehrere Verfahren einander so ergänzen, dass ein und derselbe Sachverhalt durch mindestens zwei Informationsquellen abgesichert wird. Insgesamt geht es also darum, die Entscheidung auf eine möglichst breite, explizit geplante und kontrollierte Basis zu stellen. Dabei wird man letztlich immer darauf angewiesen sein, die spezifische Vorgehensweise nach und nach auf der Basis der gewonnenen Erkenntnisse zu verbessern. Hierbei leisten die Methoden der Evaluation unverzichtbare Dienste. Mit ihnen wollen wir uns im nachfolgenden Kapitel beschäftigen.

11.8 Vertiefende Literatur

Fisseni, H. J. & Fennekels, G. (1995). Das Assessment Center. Göttingen: Verlag für Angewandte Psychologie.

Schuler, H. (1996). Psychologische Personalauswahl. Göttingen: Verlag für Angewandte Psychologie.

Schuler, H. & Marcus, B. (2001). Biographieorientierte Verfahren der Personalauswahl. In H. Schuler (Hrsg.), Lehrbuch der Personalpsychologie (S. 175-212). Göttingen: Hogrefe.

Weuster, A. (1994). Personalauswahl und Personalbeurteilung mit Arbeitszeugnissen. Göttingen: Verlag für Angewandte Psychologie.

12. Monetäre Nutzenanalyse

Heinz Holling

Monetäre Nutzenmodelle zur Personalauswahl wurden insbesondere innerhalb der psychologischen Diagnostik und Organisationspsychologie entwickelt. Diese Modelle erlauben es, den monetären Gewinn abzuschätzen, den die Einführung eines (neuen) Verfahrens zur Personalselektion erbringt. Erste Beiträge zu diesem Gebiet gehen auf Brogden (1946) sowie Brogden und Taylor (1950) zurück. Wichtige Fortschritte ergaben die Arbeiten von Cronbach und Gleser (1965) sowie von Boudreau (1991).

12.1 Vorläufer monetärer Nutzenmodelle

Die heutigen Nutzenmodelle beruhen auf Ansätzen zur Bestimmung der Güte von Testverfahren im Rahmen der Personalauswahl. Die klassische Maßzahl hierfür ist der Korrelationskoeffizient r_{xy}. Zusätzlich zum Korrelationskoeffizienten bzw. zur Validität eines Testverfahrens führen Taylor und Russel (1939) zwei weitere Konzepte ein: die Basisrate, d.h. den Anteil geeigneter Personen in der Population, und die Selektionsrate, d.h. den Anteil der ausgewählten Bewerber. Dieses Modell wurde bereits in Kapitel 2 ausführlich behandelt.

Für eine dezidierte Berechnung des monetären Nutzens fehlen im Taylor-Russel-Modell wesentliche Parameter, wie Kosten oder die Zeitspanne für die Wirksamkeit des Auswahlverfahrens. Ebenso ist die dichotome Definition der Basis- und Erfolgsrate unangemessen.

12.2 Das Brogden-Cronbach-Gleser Modell

12.2.1 Einführung des Modells anhand eines hypothetischen Beispiels

Anhand eines hypothetischen Beispiels seien die Grundlagen neuerer Modelle erläutert. In diesem Beispiel setzen wir wesentliche Parameter als bekannt voraus, während sie in den unten dargestellten Modellen geschätzt werden müssen. Das in Abbildung 12-1 dargestellte Streudiagramm gibt die (hypothetischen) Daten von 100 Finanzberatern wieder. Hier fungiert die Intelligenz mit einem Mittelwert von 98 und einer Standardabweichung von 15 als Prädiktor, während der finanzielle Reingewinn (nach Steuern) pro Mitarbeiter und Jahr das Kriterium bildet. Mittelwert bzw. Standardabweichung betragen 82 000 € bzw. 40 000 €. Als Korrelationskoeffizient (Validität) zwischen beiden Konstrukten resultiert im vorliegenden Beispiel r = .39.

Würde das Unternehmen 50 Mitarbeiter von 100 Bewerbern einstellen und verhielte sich die Verteilung der Intelligenz der Bewerber und die zukünftige Leistungsentwicklung völlig analog zur oben dargestellten Situation, sollte das Unternehmen zur Gewinnmaximierung die 50 Bewerber mit dem höchsten IQ einstellen. Der Erwartungswert des finanziellen Reingewinns für jeden dieser Probanden würde 94 000 € betragen, während im Vergleich dazu jeder der 50 Probanden mit einem IQ unterhalb des Medians (IQ < 97) zu einem erwarteten Gewinn von 70 000 € führen würde. Gegenüber einer Zufallsauswahl, bei der der zu erwartende Gewinn pro Mitarbeiter und Jahr dem Gesamtmittelwert von 82 000 € entsprechen würde, wird durch die Selektion anhand eines Intelligenztests pro Mitarbeiter und Jahr eine Erhöhung des Gewinns um 12 000 € erzielt. Über 50 Mitarbeiter und einen hier angenommenen Zeitraum von 5 Jahren, den die Mitarbeiter in dem Unternehmen durchschnittlich verbringen, resultiert ein erhöhter monetärer Nutzen von 3 000 000 €.

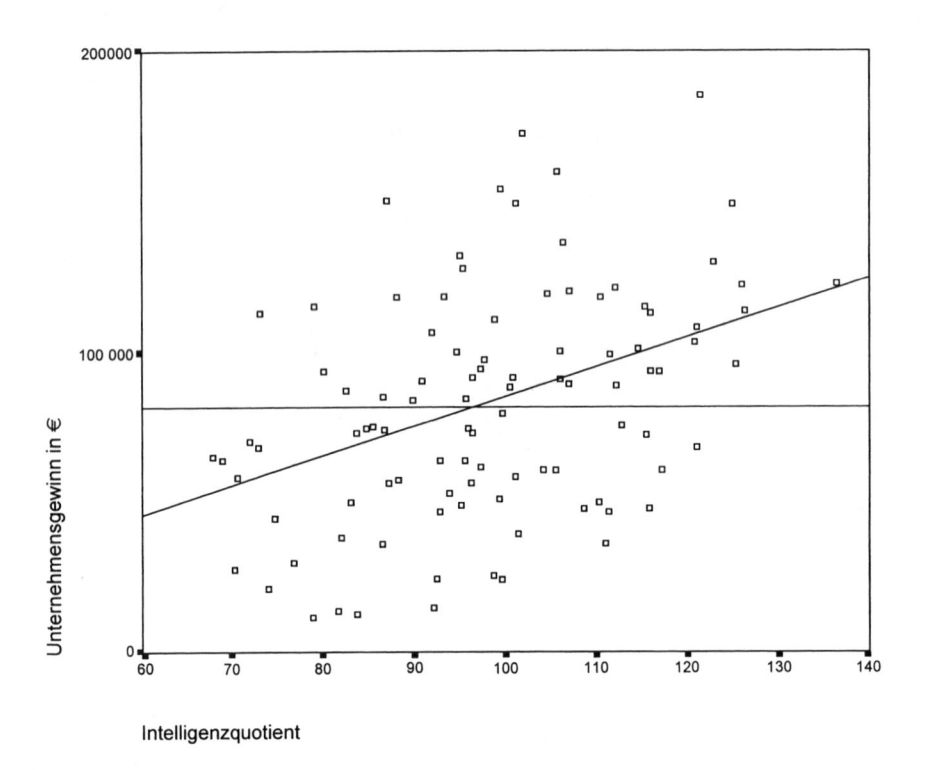

Abbildung 12-1: Streudiagramm zum Zusammenhang von Intelligenz und Unternehmensgewinn (weitere Erläuterungen s. Text)

Monetäre Nutzenmodelle richten sich nicht nur auf die Personalauswahl, sie können ebenso den finanziellen Gewinn von Personalentwicklungsmaßnahmen abschätzen. Wandeln wir dazu das obige Beispiel in Abbildung 12-1 derart ab, dass das kommunikative Verhalten der Finanzberater die unabhängige Variable darstellt. Nehmen wir an, dass sich das kommunikative Verhalten durch Trainingsmaßnahmen um durchschnittlich 10 Punkte auf der obigen Skala verbessern lässt, resultiert anhand des in Abbildung 12-1 dargestellten Zusammenhangs die Regressionsgleichung y = 1 000 * x − 16 900. Somit würde das Training pro Mitarbeiter und Jahr eine Steigerung des finanziellen Gewinns um 10 000 € bewirken, was für 50 Mitarbeiter über einen Zeitraum von 5 Jahren 2 500 000 € bedeuten würde.

Anstelle eines regressionsanalytisch ermittelten linearen Zusammenhangs, der intervallskalierte unabhängige Variablen (UV) voraussetzt, können auch die Ergebnisse varianzanalytischer Studien berücksichtigt werden. Hier sind lediglich nominalskalierte UV erforderlich sowie die Kenntnis der Mittelwerte oder der Differenzen zwischen den Mittelwerten des finanziellen Reingewinns. Diese Parameter müssen nicht in eigens durchgeführten Studien erhoben werden, sondern können auch aus Meta-Analysen übernommen werden.

Nun wurden im obigen Beispiel lediglich aus didaktischen Gründen die Kosten für die Personalauswahl bzw. -entwicklung nicht berücksichtigt. Der resultierende finanzielle Gewinn fällt natürlich etwas geringer aus, wenn diese Kosten in Rechnung gestellt werden (s.u.). Weiterhin wurde im obigen Beispiel der finanzielle Reingewinn als bekannt angenommen, diese Größe ist in aller Regel nicht gegeben, sondern zu schätzen, wobei z.B. Diskontierung, Steuern und Inflation zu berücksichtigen sind (s.u.). Die Bestimmung des monetären Nutzens im einleitenden Beispiel ist weitaus einfacher als in vielen anderen beruflichen Situationen, da bei Außendienstmitarbeitern in Finanzdienstleistungs- oder Versicherungsunternehmen die Bestimmung des finanziellen Beitrags eines Mitarbeiters zum Gesamtgewinn des Unternehmens recht einfach ist. Er lässt sich aus dem Wert der abgeschlossenen Verträge mit den Kunden berechnen (vgl. Holling, 1998). In den meisten Fällen ist die direkte Bestimmung des Geldwertes jedoch komplizierter, so z.B. wenn man den monetären Nutzen der Tätigkeit von Lehrern oder Richtern bestimmen will. Selbst wenn dieser monetäre Nutzen bekannt sein sollte, kann man diesen Wert nicht bei allen Bewerbern erfassen, da ja nur ein Teil der Probanden eingestellt wurde, zumeist der Teil der Bewerber, der einen bestimmten Cut-off-Wert bei einem Auswahlverfahren übertrifft. Dennoch ist es möglich, den monetären Nutzen zu ermitteln, wenn man lediglich die Standardabweichung des Geldwertes der beruflichen Leistung sowie die Validität des Auswahlverfahrens kennt.

12.2.2 Ableitung des Brogden-Cronbach-Gleser Modells

Die wesentliche Grundlage dafür bildet die lineare Regression:
$$\overline{y}_s = \beta \, \overline{z}_{x_s} + \mu_y.$$
Mit
$\overline{y}_s$: mittlere berufliche Leistung der selektierten Bewerber gemessen in Geldeinheiten
β : linearer Regressionskoeffizient
$\overline{z}_{x_s}$: mittlerer standardisierter Score für die selektierten Bewerber im Auswahlverfahren

μ_y: mittlere berufliche Leistung aller Inhaber der in Frage stehenden Position, gemessen in Geldeinheiten.

Der Regressionsparameter β kann über den Zusammenhang $\beta = r_{xy}(SD_y / SD_{z_x})$ geschätzt werden, wobei r_{xy} die Produkt-Moment-Korrelation ist und SD_y bzw. SD_{z_x} die Standardabweichungen von Y bzw. Z_X. Da Z_X standardisiert ist, ist SD_z gleich 1, und somit gilt: $\overline{y}_s = r_{xy}SD_y \cdot \overline{z}_{x_s} + \mu_y$.

$\overline{y}_s$ gibt den absoluten monetären Nutzen der mittleren beruflichen Leistung in der Teilpopulation der ausgewählten Bewerber wider. Der zusätzliche monetäre Nutzen, der sich aufgrund des Einsatzes des Auswahlverfahrens pro Proband ergibt, wird marginaler Nutzen genannt und berechnet sich als die Differenz zwischen der mittleren beruflichen Leistung in der ausgewählten Population und der mittleren beruflichen Leistung in der gesamten Population: $\overline{y}_s - \mu_y$. Der marginale Nutzen pro ausgewähltem Bewerber wird auch mit ΔU/ausgewählter Bewerber bezeichnet. Damit gilt: ΔU/ausgewählter Bewerber $= r_{xy}SD_y\overline{z}_{x_s}$. Der gesamte monetäre Nutzen infolge der Einführung eines Auswahlverfahrens ΔU hängt von der Zahl der ausgewählten Personen N_S ab: $\Delta U = N_S r_{xy} SD_y \overline{z}_{x_s}$.

Im Folgenden lassen wir der Einfachheit halber das Subskript s beim Term $\overline{z}_{x_s}$ weg und bezeichnen mit $\overline{z}_x$ das Mittel der beruflichen Leistung für die ausgewählten Bewerber. $\overline{z}_x$ kann gewöhnlich nicht erhoben werden, da die Leistung der nicht eingestellten Bewerber nicht bekannt ist. Der Erwartungswert kann aber geschätzt werden, wenn (1) die Selektionsrate, d.h. der Prozentsatz der ausgewählten Probanden, bekannt ist und (2) die Kandidaten anhand einer Top-down-Strategie ausgewählt wurden. Wird zusätzlich für die Verteilung der Testscores eine Normalverteilung angenommen, wie es in vielen empirischen Studien der Fall ist, stimmt $\overline{z}_x$ mit λ(SR)/SR überein, wobei λ(SR) die Ordinate der Normalverteilung an der Stelle SR ist. Somit folgt: $\Delta U = N_S r_{xy} SD_y \lambda(SR)/SR$. In diesem Modell fehlen jedoch noch die (erwartete) Dauer T der Wirkung sowie die Kosten C für die Personalauswahl. Bezieht man diese beiden Größen mit ein, gilt:

$\Delta U = N_S T \, SD_y r_{xy} \overline{z}_x - C$.

Diese Gleichung wurde als das Brogden-Cronbach-Gleser (B-C-G)-Modell bekannt. Sie wurde bisher sehr häufig eingesetzt und stellte einen „Meilenstein" in der monetären Nutzenanalyse dar.

Das obige Modell nimmt auf eine Situation Bezug, in der ein Personalauswahlverfahren neu eingeführt wird, d.h. es wird der Nutzen eines Personalauswahlverfahrens im Vergleich zu einer Zufallsauswahl betrachtet. In der Mehrheit der Fälle wird jedoch schon ein Personalauswahlverfahren eingesetzt, das durch ein neues Verfahren ersetzt wird. Die Parameter r_{xy} und C beziehen sich dann auf die Differenz der Validität bzw. Kosten einer Intervention im Vergleich zu einer alternativen Maßnahme.

ΔU erfasst dann den inkrementellen Nutzen eines Personalauswahlprogramms in Relation zu einem alternativen Verfahren.

Anhand der von Cabrera und Raju (2001) erstellten Tabelle 12-1 lässt sich der Einfluss der Veränderung einzelner Parameter ablesen. Sie veranschaulicht den inkrementellen Nutzen pro Person bei der Anwendung eines neuen Personalauswahlprogramms in Abhängigkeit von SDy, der Validitätserhöhung und der Selektionsrate (bei konstanten Kosten). Hier wird deutlich, dass bei einem neuen Auswahlverfahren mit einer geringen Erhöhung der Validität (.25) bei einer großen SDy (30.000 statt 5.000) ein höherer Nutzen (7.243 versus 3.139) erzielt werden kann als bei einer großen Erhöhung des Validitätskoeffizienten. Ebenso kann der inkrementelle Nutzen trotz einer großen Selektionsrate (.70 statt .40) niedriger (1.207 statt 1.614) sein, wenn der Validitätszuwachs größer ist.

Tabelle 12-1: Durchschnittlicher inkrementeller Nutzen pro ausgewähltem Mitarbeiter als Funktion der Standardabweichung der Leistung, der Validitätserhöhung und der Selektionsrate

Standardabweichung der Leistung	Validitätserhöhung	Selektionsrate	Durchschnittlicher Inkrementeller Nutzen
30.000	.25	.40	7.243
30.000	.25	.70	3.725
30.000	.45	.40	13.038
30.000	.45	.70	6.706
30.000	.65	.40	18.832
30.000	.65	.70	9.686
5.000	.25	.40	1.207
5.000	.25	.70	621
5.000	.45	.40	2.173
5.000	.45	.70	1.118
5.000	.65	.40	3.139
5.000	.65	.70	1.614

12.3 Erweiterungen des Brogden-Cronbach-Gleser-Modells

Boudreau (1983a; 1983b) und Cronshaw und Alexander (1985) waren der Ansicht, Human Resource Management-Programme seien als eine Art Investitionsentscheidung anzusehen und erweiterten das Brogden-Cronbach-Gleser-Modell um die folgenden ökonomischen Konzepte: variable Kosten, Steuern und die Diskontierung.

Die Kosten C werden aufgeteilt in fixe Kosten, C_f, die nur einmal auftreten, z.B. für die Entwicklung des Auswahlverfahrens, und in variable Kosten pro Bewerber, C_v, z.B. für die Testung. Somit resultiert: $C = C_f + N_a C_v$, wobei N_a die Zahl aller Bewerber bezeichnet.

Wird der Anteil variabler Kosten an der Leistung mit V bezeichnet und versteht man unter der beruflichen Leistung y den Verkaufswert der Leistung (Greer & Cascio, 1987), so resultiert als Standardabweichung der sogenannte contribution margin of job performance $SD_y(1+V)$. Werden im Weiteren noch Steuern, TAX, berücksichtigt, folgt zur Berechnung des Nutzens:

$$\Delta U = N_s r_{xy} SD_y (1+V) \bar{z}_x (1-TAX) - C_f (1-TAX) - C_u N_s / SR(1-TAX).$$

Anstelle Geld in die Personalauswahl zu investieren, kann Geld auch auf anderem Wege angelegt werden, so z.B. bei einer Bank, bei der das Geld Zinserträge bringt. Damit ist die Einführung der Diskontierung sinnvoll. Ausgehend von einem Zinssatz i führt die Diskontierung über einen Zeitraum von T Zeiteinheiten (zumeist Jahren) zu:

$$\Delta U = \sum_{t=1}^{T} \frac{1}{(1+i)^t} N_s r_{xy} SD_y (1+V) \bar{z}_x (1-TAX)$$

$$-\sum_{t=1}^{T} \frac{1}{(1+i)^{t-1}} C_f (1-TAX)$$

$$-\sum_{t=1}^{T} \frac{1}{(1+i)^{t-1}} C_u N_s / SR(1-TAX)$$

In der ersten Zeile der obigen Gleichung wird der Gewinn infolge der Einführung des Personalauswahlverfahrens berechnet, in der zweiten Zeile werden die variablen Kosten ermittelt und schließlich in der dritten Zeile die fixen Kosten.

Der Einfluss eines Personalauswahlprogramms ist gewöhnlich von längerer Dauer. Da einige der Parameter sich während dieser Zeit ändern mögen, schlägt Boudreau (1983b) vor, die Wirkdauer in mehrere Intervalle zu unterteilen. Damit ist es auch möglich, der Fluktuation der Mitarbeiter gerecht zu werden. Werden N_{st} Personen zu Beginn der Periode t ausgewählt und verlassen N_{lt} Personen, die in früheren Perioden ausgewählt wurden, zu Ende der Periode t die Organisation, beträgt die Zahl der Angestellten N_t während der Periode t:

$$N_t = \sum_{j=1}^{t} (N_{sj} - N_{lj})$$

Beziehen wir die letzten Vorschläge in das bisherige Modell mit ein, so resultiert:

$$\Delta U = \sum_{t=1}^{T} \sum_{j=1}^{t} (N_{sj} - N_{lj}) r_{xyt} SD_{yt} (1+V_t) \bar{z}_{xt} (1/(1+i_t)^t)(1-TAX_t)$$

$$-\sum_{t=1}^{T} C_{ft} (1/(1+i_t)^{t-1})(1-TAX_t)$$

$$-\sum_{t=1}^{T} (N_{st}/SR_t) C_{ut} (1/(1+i_t)^{t-1})(1-TAX_t) \qquad (1)$$

Fassen wir nochmals kurz alle Parameter zusammen, resultiert:

ΔU Nutzen des Personalauswahlprogramms.

t   Das Wirkintervall. Es hat z.B. die Länge eines Jahres und bezeichnet das jeweilige t-te Intervall nach Implementation des Personalauswahlprogramms.

T   Programmwirkungsdauer. Dieses Zeitintervall besteht solange, wie $N_t > 0$ ist, d.h. von dem Interventionsprogramm betroffene Mitarbeiter in der Organisation sind.

N_t Anzahl der Mitarbeiter in der Organisation im Wirkintervall t, welche von der Intervention betroffen sind.

N_{st} Anzahl der akzeptierten Bewerber im Wirkintervall t.

N_{lt} Anzahl der ausgeschiedenen Mitarbeiter zum Ende des Wirkintervalls t.

r_{xyt} Validität des Selektionsverfahrens im Wirkintervall t. Dies ist die Produkt-Moment-Korrelation zwischen dem Prädiktor x und dem Verkaufswert der Leistung y im Zeitintervall t.

$\bar{z}_{xt}$ Durchschnittlicher standardisierter Prädiktorwert der akzeptierten Bewerber im Zeitintervall t.

SR_t Selektionsrate für das Intervall t.

$\lambda(SR_t)$ Ordinate der Standardnormalverteilung für die Selektionsrate im Zeitintervall t.

SD_{yt} Standardabweichung des Verkaufswertes der Leistung in der Bewerberpopulation im Wirkintervall t.

V_t Anteil der variablen Kosten der Leistung für die Organisation am Verkaufswert der Leistung im Wirkintervall t.

i_t Kalkulationszinsfuß im Wirkintervall t.

TAX_t Steuersatz im Wirkintervall t.

C_{vt} Variable Kosten des Personalauswahlprogramms im Wirkintervall t je Bewerber.

C_{ft} Feste Entwicklungs-, Implementations-, Evaluations- und andere Kosten des Personalauswahlprogramms im Wirkintervall t.

Das obige Modell ist das momentan am weitesten entwickelte monetäre Nutzenmodell. Es lässt sich jedoch noch um weitere Parameter, wie z.B. die Inflationsrate (Tziner, Meir, Dahan & Birati, 1994) erweitern.

12.4 Ein Beispiel für die Anwendung des Boudreau-Modells

Ein Beispiel soll die obigen Ausführungen veranschaulichen. Holling (1998) analysierte den monetären Nutzen, der aus der Ablösung unstrukturierter Einstellungsinterviews durch Assessment Center für die Auswahl von Außendienstmitarbeitern eines Versicherungsunternehmens resultierte. Die unstrukturierten Einstellungsinterviews sind relativ kostengünstig, ihre Validität wurde aber nur mit r = .15 geschätzt, während eine empirische Analyse für die weitaus kostenintensiveren Assessment Center eine Validität von r = .26 ergab. Die Berechnung des monetären Nutzens durch die Einführung der Assessment Center erfolgte anhand des in Gleichung (1) spezifizierten Nutzenmodells, dabei wurden für die einzelnen Wirkintervalle identische Parameter angenommen. Eine der Besonderheiten dieser Studie bestand darin, dass die Umsatzkennzahlen der Versicherungsaußendienstmitarbeiter vergleichsweise einfach zu bestimmen waren und dadurch die Schätzung des Parameters SD_y gegenüber anderen Berufs- und Tätigkeitsfeldern erheblich einfacher war. Für diese Standardabweichung wurde ein Betrag von 105 397 € errechnet.

Aus datenschutzrechtlichen Gründen lagen keine AC-Ergebnisse für abgelehnte Bewerber vor, daher musste $\bar{z}_x$ unter Verwendung der Beziehung von $\lambda(SR)/SR$ geschätzt werden. Die Selektionsquote der AC liegt durchschnittlich bei ca. 50%. Somit resultierte ein $\bar{z}_x = \lambda(SR)/SR = .399/.5 = .8$

Die Dauer eines Wirkintervalls t wurde entsprechend den üblichen Konventionen auf ein Jahr festgesetzt. Anhand der Anzahl der jährlich ausgewählten sowie ausgeschiedenen Mitarbeiter konnte für die hier zugrunde gelegten fünf Wirkintervalle die Anzahl der von der verbesserten Personalauswahl betroffenen Mitarbeiter bestimmt werden (s. Spalte 2 der Tabelle 12-3). Obwohl davon auszugehen war, dass das Personalauswahlprogramm in nicht erheblich veränderter Form weiterhin zum Einsatz kam, wurde keine Extrapolation vorgenommen, um eine möglichst konservative Schätzungen für den Gesamtnutzen zu erhalten. In Tabelle 12-2 sind die Schätzwerte für die oben bereits dargelegten Modellparameter sowie für die restlichen Parameter angegeben (vgl. im Detail Holling, 1998).

Tabelle 12-2: Schätzwerte der Modellparameter

Bezeichnung des Parameters	Symbol	Schätzwert	Einheit
Durchschnittlicher standardisierter Prädiktorwert der Akzeptierten Bewerber	$\bar{z}_x$	.8	
Inkrementelle Validität	r_{xy}	.11	
Standardabweichung des Verkaufswertes der Leistung	SD_y	105 397	€
Anteil der variablen Kosten am Verkaufswert der Leistung	V	- .8	
Kalkulationszinsfuß (adjustiert für Inflation)	i_a	.107	
Steuersatz	TAX	.4	
variable Kosten pro Bewerber	C_{vt}	300	€
fixe Kosten	C_{ft}	100 000	€

Durch Einsetzen der Parameter in Gleichung (1) resultiert der in Tabelle 12-3 dargestellte monetäre Gesamtnutzen von 395 389 €. Dieser nicht unerhebliche finanzielle Betrag zeigt eindrucksvoll, dass sich die Einführung einer recht teuren und aufwändigen Personalmaßnahme gelohnt hat.

Tabelle 12-3: Inkrementeller Nutzen des Assessment Centers

T	N_t	Ertrag							Kosten					Ertrag-Kosten
		r_{xy}	$\bar{z}_x$	SD_y €	$(1+V)$	$(1-TAX)$	$1/(1+i_a)^t$	gesamt €	C_{ft} €	C_{vt} €	$(1-Tax)$	$1/(1+i_a)^{t-1}$	gesamt €	ΔU_t €
1	89	.11	.8	105 397	.2	.6	.90	89 245	100 000	300	.6	1.00	92 040	-2 795
2	215	.11	.8	105 397	.2	.6	.82	194 754	0	300	.6	.90	40 976	153 778
3	217	.11	.8	105 397	.2	.6	.74	177 566	0	300	.6	.82	29 377	148 189
4	85	.11	.8	105 397	.2	.6	.67	62 831	0	300	.6	.74	0	62 831
5	15	.11	.8	105 397	.2	.6	.60	33 387	0	300	.6	.67	0	33 387
Summe								557 782					162 393	395 389

12.5 Schätzung der Standardabweichung der Leistung

In dem obigen Beispiel konnte die Standardabweichung der Leistung ohne Schwierigkeiten bestimmt werden, da die Leistung hier anhand von objektiven Daten beurteilt wurde. Immer wenn in einer Organisation die Leistung direkt in monetären Einheiten gemessen wird oder relativ einfach anhand objektiver Daten, wie z.B. dem Umsatz, in monetäre Beträge umgerechnet werden kann, ist die Schätzung dieser Größe relativ einfach. Beispiele für solche Fälle sind reine variable Vergütungen von Maklern oder Beratern bei Versicherungen oder Finanzdienstleistungsunternehmen. In der Regel liegen jedoch solche objektiven Indikatoren für die Leistungsbewertung selten vor, so z.B. für Angestellte in Verwaltungen. Daher müssen in solchen Fällen andere, z.T. aufwändige Verfahren zur Bestimmung der Standardabweichung der Leistung eingesetzt werden. Im Rahmen dieser Verfahren stellt sich zunächst das Problem der Definition von Leistung in monetären Einheiten. Hier kann man im Wesentlichen drei Ansätze unterscheiden:
1) Bestimmung des monetären Werts über die Reduktion von Kosten, z.B. durch Einsparungen von Personal, Trainings oder andere Maßnahmen,
2) Bestimmung des monetären Verkaufswerts des Outputs und
3) Bestimmung des monetären Werts als Gewinn
   (Verkaufswert minus entstandener Kosten).

Viele Autoren sehen das zuletzt genannte Konzept als das wichtigste an (z.B. Cronbach & Gleser, 1965; Hunter, Schmidt & Coggin, 1988). Jedoch mag in einigen Fällen, z.B. im Rahmen der Leistungsbestimmung in Non-Profit-Organisationen, ein anderes Konzept indiziert sein. In Frage kommen für die drei genannten Ansätze als spezielle Methoden zur Bestimmung der Standardabweichung:
- Verfahren zur Kostenrechnung
- globale Schätzverfahren
- proportionale Regeln und
- individuelle Schätzverfahren.

Im Rahmen von Methoden zur Kostenrechnung wird die Gesamtproduktivität in einzelne Einheiten unterteilt. Den einzelnen Produktionseinheiten wird ein monetärer Wert zugeordnet, der ihren Anteil am organisationalen Gewinn wiederspiegelt. Pro Person wird über einen gewissen Zeitraum die Anzahl der geleisteten Produktionseinheiten erfasst, und die entsprechenden monetären Äquivalente werden zu einem Gesamtwert addiert. Die Standardabweichung dieser Gesamtwerte wird dann als Schätzung für SD_Y verwendet.

Globale Schätzmethoden wurden erstmals von Schmidt, Hunter, McKenzie und Muldrow (1979) vorgeschlagen. Experten, in der Regel Vorgesetzte, schätzen den monetären Wert verschiedener Quantile der als normalverteilt angenommenen Leistung wird. Meistens werden das 15., 50. und 85. Quantil bestimmt. Der Mittelwert der beiden Differenzen zwischen dem 50. und 15. Perzentil und zwischen dem 85. und 50. Quantil fungiert als Schätzung für den Parameter SD_Y. Das 50. Quantil wird zuweilen als Anker vorgegeben.

Die proportionalen Regeln stammen ursprünglich von Hunter und Schmidt (1982). Diese Autoren betrachteten zahlreiche empirische Studien zur Schätzung von SD_Y und kamen zum dem Schluss, dass dieser Parameter in einen Bereich zwischen 40% und 70% des mittleren Gehalts fällt. Diese recht einfache Regel wurde bisher in vielen empirischen Studien verwendet. Dabei stellen 40% des mittleren Gehalts einen konservativen Schätzwert dar.

Individuelle Schätzmethoden sind mit den Methoden der Kostenrechnung verwandt. Hier wird ebenso für den Output eines jeden Individuums ein monetärer Wert bestimmt. Die am häufigsten eingesetzte Methode im Rahmen dieser Verfahrensklasse ist die sogenannte CREPID-Methode, die von Cascio und Ramos (1986) entwickelt wurde. Bei der CREPID-Methode werden zunächst die Hauptaktivitäten, die bei einem bestimmten Arbeitsplatz anfallen, ermittelt und hinsichtlich der Merkmale Zeit/Häufigkeit und Relevanz bewertet. Dann wird für alle Hauptaktivitäten das Produkt dieser beiden Ratings gebildet. Der Anteil dieses Produkts an der Gesamtsumme aller Produkte dient als Gewicht für jede Aktivität. Die Aufteilung des mittleren Gehalts für eine bestimmte berufliche Tätigkeit anhand der Gewichte führt zu einer monetären Skalierung. Im Rahmen eines weiteren Schritts bewertet eine Stichprobe von Mitarbeitern ihre Tätigkeit hinsichtlich aller Hauptaktivitäten. Eine Multiplikation des monetären Werts mit diesen Ratings ergibt schließlich die Schätzung für die Standardabweichung SD_Y.

Welche der oben dargestellten Methoden am besten ist, kann aufgrund der derzeitigen Forschungslage nicht gesagt werden. Es liegen bisher zu wenige Studien über die Validität und Reliabilität vor. Im Weiteren zeigen mehrere empirische Studien, dass unterschiedliche Methoden zu nicht unerheblichen Unterschieden für die Schätzung der Standardabweichung SD_Y führen können (Hakstian, Wooley, Woolsey & Kryger, 1991; Barthel & Schuler, 1989). Dabei lieferten die 40%-Regel und das CREPID-Verfahren, die auf der Bewertungsgrundlage „durchschnittliches Gehalt" basieren, ähnliche Schätzwerte für SD_Y, während die Global-Methode auf der Bewertungsgrundlage „output as sold" zu höheren Werten kam. Eine Bewertung des Kostenrechnungsansatzes ist schwierig, da dieser nur selten eingesetzt wird. Insgesamt empfiehlt es sich, mehrere Verfahren einzusetzen. Dadurch erhält man Angaben zur Variabilität der Schätzwerte und kann sicherheitshalber konservative Schätzungen einsetzen oder verschiedene Schätzungen berücksichtigen. Hazer & Highhouse (1997) untersuchten in einer Studie die Reaktion von Managern auf unterschiedliche Methoden zur Schätzung von SD_Y. In ihrer Studie beurteilten Manager die 40%-Methode als das glaubwürdigste Verfahren.

12.6 Zur Anwendung der monetären Nutzenanalyse

Die meisten empirischen Studien zur monetären Nutzenanalyse wurden im Rahmen der Personalauswahl durchgeführt. Eine Übersicht über die bisherigen empirischen Studien zum monetären Nutzen des Einsatzes von Verfahren zur Personalauswahl findet sich bei Holling (1998). Bisher wurde der Nutzen zahlreicher unterschiedlicher Personalauswahlverfahren bei unterschiedlichen beruflichen Tätigkeiten untersucht.

Zumeist wurden subjektive Schätzmethoden zur Bestimmung der Standardabweichung der Leistung benutzt, Ausnahmen stellen die Studien von Barthel und Schuler (1989) sowie Holling und Reiners (1999) dar, in der die Standardabweichung ausgehend von objektiven Verkaufszahlen geschätzt wurde. In der Mehrzahl der Studien wurde das klassische B-C-G-Modell eingesetzt, in den übrigen Studien wurde zumeist eine Teilmenge der Erweiterungen einbezogen. Insgesamt zeigte sich, dass der Einsatz von Verfahren zur Personalauswahl zu sehr bedeutenden Steigerungen des Unternehmensgewinns führen kann. Die scheinbar hohen Kosten für aufwändige Verfahren zur Personalauswahl fallen häufig angesichts der enormen Gewinne kaum ins Gewicht.

Glossar

Uwe Peter Kanning

Adaptives Testen
Beim Adaptiven Testen werden die Aufgaben, die ein einzelner Proband zu bearbeiten hat, auf sein individuelles Leistungsniveau zugeschnitten. Dies geschieht in etwa nach dem folgenden Prinzip: Durch die Beantwortung der ersten Aufgaben wird das ungefähre Leistungsniveau des Probanden geschätzt. In Abhängigkeit hiervon werden nun eher leichtere bzw. eher schwerere Aufgaben verabreicht. Nachdem auch diese Aufgaben bearbeitet wurden, erfolgt in Abhängigkeit vom Ergebnis erneut eine Selektion der anschließend zu bearbeitenden Aufgaben. Der Vorteil des Adaptiven Testens liegt in der Durchführungsökonomie. Jeder Proband muss nur einen Teil der prinzipiell zur Verfügung stehenden Aufgaben bearbeiten und zwar genau denjenigen Teil, der für die Messung seines individuellen Leistungsniveaus relevant ist. Bislang existieren nur wenige Adaptive Tests. Aus praktischen Gründen sind sie meist computergestützt (z.B. FAKT, vgl. Kapitel 4).

Anforderungsanalyse
Die Anforderungsanalyse dient zur Definition der Fähigkeiten und Fertigkeiten, über die ein Arbeitsplatzinhaber verfügen muss, um die an ihn herangetragenen Aufgaben erfolgreich erfüllen zu können. Zur Durchführung stehen unterschiedliche Methoden wie z.B. standardisierte Fragebögen, Beobachtungen oder die Methode der Kritischen Ereignisse zur Verfügung.

Anforderungsprofil
Das Anforderungsprofil beschreibt über mehrere Dimensionen (z.B. Persönlichkeitseigenschaften) hinweg, über welche Fähigkeiten und Fertigkeiten ein Arbeitsplatzinhaber verfügen sollte. Es kann dabei sowohl die Minimalanforderungen als auch ein Ideal beschreiben. Das Anforderungsprofil ist das Ergebnis einer Anforderungsanalyse.

Arbeitsprobe
Diagnostisches Verfahren, bei dem im Rahmen der Testung möglichst exakt dasjenige Verhalten überprüft wird, welches für den Erfolg am Arbeitsplatz relevant ist. Die Qualität der getroffenen Aussage hängt neben der Passung zwischen Arbeitsprobe und tatsächlichen Arbeitsanforderungen vor allem von der Zuverlässigkeit der Beurteilung im konkreten Leistungsfalle ab.

Assessment Center
Aufwändiges diagnostisches Verfahren, bei dem die zu beurteilenden Personen unterschiedliche Übungen vor einem Beobachtergremium absolvieren müssen. Zu den klassischen Übungen gehören Gruppendiskussion, Stegreifrede und Präsentation. Der Vorteil gegenüber anderen Verfahren besteht darin, dass das Verhalten direkt beobachtet wird und nicht erst aus Fragebogen- oder Interviewdaten erschlossen werden muss. Das Assessment Center ist ein zeit- und ein kostenintensives Verfahren. Bei sorgfältiger Entwicklung gehört es jedoch zu den Instrumenten, die eine gute Verhaltensprognose erlauben.

Attribution
Der Begriff der Attribution benennt ein Verhalten, bei dem einem bestimmten Ereignis eine Ursache zugeschrieben wird. Menschen neigen dazu, das Verhalten anderer Personen eher in deren Persönlichkeit als in den äußeren Umständen der Situation zu sehen (internale vs. externale Attribution). Ferner bevorzugen sie selbstwertdienliche Attributionen. Positive Ereignisse werden der eigenen Person, negative Ereignisse hingegen anderen Menschen, der Umwelt oder dem Schicksal zugeschrieben. Systematische Attributionsverzerrungen sind eine wichtige Basis für Fehlbeurteilungen.

Augenscheinvalidität
Die Augenscheinvalidität gibt an, ob und inwieweit ein Messinstrument per Augenschein in der Lage ist, dasjenige Merkmal zu messen, was es zu messen vorgibt. Im Gegensatz zu anderen Formen der Validität (s.u.) wird bei der Ermittlung der Augenscheinvalidität keine mathematische Kenngröße berechnet.

big five
Etabliertes Modell, in dem auf der Basis umfangreicher Studien fünf Persönlichkeitsdimensionen unterschieden werden: Extraversion, Emotionale Labilität, Gewissenhaftigkeit, Offenheit für neue Erfahrungen und Soziale Verträglichkeit. Die Sinnhaftigkeit dieser Unterscheidung konnte in mehreren Untersuchungen, die auch in unterschiedlichen Kulturen durchgeführt wurden, bestätigt werden.

Biographischer Fragebogen
Instrument der Personaldiagnostik, mit dessen Hilfe Persönlichkeitsmerkmale des Kandidaten indirekt über biographische Daten erhoben werden. Der Proband muss im Gegensatz zum Persönlichkeitsfragebogen keine Einschätzung der eigenen Person abliefern, sondern lediglich Fakten aus der eigenen Vergangenheit berichten. Der Biographische Fragebogen muss jeweils arbeitsplatzspezifisch entwickelt werden.

Diskriminante Validität
Die diskriminante Validität eines Messinstrumentes ist gegeben, wenn sich zu solchen Instrumenten keine Zusammenhänge belegen lassen, die völlig andere Merkmale erfassen. Beispielsweise sollte sich zwischen einem Fragebogen zur Messung der Depressivität kein bedeutsamer Zusammenhang zu Intelligenztests belegen lassen. Ist dies der Fall, so wird über die diskriminante Validität belegt, dass der neue Test ein eigenständiges Merkmal misst.

Evaluation
Der Begriff der Evaluation kennzeichnet zusammenfassend unterschiedliche Methoden, mit deren Hilfe die Qualität einer Maßnahme (z.B. Auswahlverfahren oder Training) empirisch untersucht wird. Die Evaluation ist wichtig, um beispielsweise zu ermitteln, ob ein Personalauswahlverfahren tatsächlich in der Lage ist, die besten Mitarbeiter auszuwählen. Ebenso bedeutsam ist die Evaluation von Maßnahmen der Personal- und Organisationsentwicklung. Sie bildet die Grundlage zur Verbesserung der eingesetzten Maßnahmen.

Faktorielle Validität
Spezielle Form der Konstruktvalidität, bei der mit Hilfe der mathematischen Methode der Faktorenanalyse nachgewiesen wird, ob ein Messinstrument tatsächlich diejenigen Faktoren beinhaltet, welche dem zugrundeliegenden Modell zufolge angenommen werden. Beispielsweise sollten sich in einem Fragebogen, der vorgibt das Persönlichkeitskonzept der sog. „big five" widerzuspiegeln, die Items zu genau fünf Faktoren gruppieren lassen. Ist dies gegeben, so kann dem Test eine hohe faktorielle Validität bescheinigt werden.

Halo-Effekt
(vom engl. halo = Heiligenschein). Systematischer Fehler der Personenbeurteilung, bei dem ein einzelnes Merkmal der Person die Bewertung der gesamten Person überstrahlt. So gelten z.B. attraktive Menschen häufig auch als besonders intelligent oder sozial verträglich.

Hypothesengeleitete Wahrnehmung
Menschen neigen dazu, mit bestimmten Erwartungen (Hypothesen) auf andere Menschen oder Situationen zuzugehen. In ihrer Wahrnehmung gleichen sie die Realität häufig an ihre Erwartungen an und nehmen dadurch die Realität nur verzerrt wahr, ohne dies jedoch zu merken. Je häufiger eine Hypothese in der Vergangenheit als bestätigt erlebt wurde, desto größer ist die Wahrscheinlichkeit, dass sie auch in Zukunft verifiziert wird. Hierdurch wiederum erhöht sich die Wahrscheinlichkeit für eine verzerrte Urteilsbildung.

Inhaltsvalidität
Spezialfall der Augenscheinvalidität (s.o.), bei dem zur Bestimmung der Validität das Urteil von Experten eingeholt wird. Ein Sonderfall der Inhaltsvalidität liegt vor, wenn im Zuge der Messung das interessierende Merkmal selbst erfasst wird, Prädiktor und Kriterium also völlig deckungsgleich sind. In Diesem erübrigt sich die Berechnung anspruchsvollerer Validitätsarten.

Innere Konsistenz
Die innere Konsistenz ist eine Form der Reliabilität (s.u.). Sie drückt aus, inwieweit die eingesetzten Items eines Testverfahrens (bzw. eines Subtests) untereinander zusammenhängen. Je höher der Koeffizient ausfällt, desto höher ist auch die Reliabilität des Verfahrens einzuschätzen.

Intelligenzquotient
Der Intelligenzquotient ist ein allgemeines Maß für die intellektuelle Leistungsfähigkeit eines Menschen. Die meisten Intelligenzverfahren sind so konstruiert, dass eine durchschnittliche Intelligenz einem Wert zwischen 85 und 115 entspricht. Ein Wert von 130 und darüber gilt als Indikator für intellektuelle Hochbegabung.

Konfidenzintervall
Aufgrund des Messfehlers, mit dem jedes Messinstrument behaftet ist, kann einer Person kein exakter Testwert zugewiesen werden. Das Konfidenzintervall (auch: Vertrauensintervall) beschreibt diesen Bereich, in dem die tatsächliche Merkmalsausprägung einer getesteten Person mit einer sehr hohen Wahrscheinlichkeit (zwischen 95 % oder 99 %) liegt. Das Konfidenzintervall wird auf der Grundlage der Reliabilität berechnet. So könnte z.B. einer Person, die in einem Intelligenztest einen IQ von 107 erzielt, mit 99prozentiger Wahrscheinlichkeit eine Intelligenz zugeschrieben werden, die in einem Bereich zwischen 104 und 110 liegt.

Konstruktvalidität
Die Konstruktvalidität macht eine Aussage darüber, inwieweit ein Messinstrument das zugrundeliegende theoretische Modell tatsächlich widerspiegelt. Die Konstruktvalidität kann auf sehr unterschiedlichen Wegen berechnet werden. Eine Möglichkeit von vielen stellt die Berechnung der faktoriellen Validität (s.o.) dar.

Konvergente Validität
Die konvergente Validität eines Messinstrumentes ist gegeben, wenn sich mittlere bis hohe Korrelationen zu verwandten Messinstrumenten belegen lassen. Beispielsweise sollte ein neu konstruierter Intelligenztest keine negativen oder fehlenden Zusammenhänge zu anderen Intelligenztests aufweisen.

Korrelation
Mathematisches Verfahren, das eine Aussage über den Zusammenhang zweier Merkmale oder Messinstrumente ermöglicht. Dabei wird sowohl die Richtung des Zusammenhangs als auch seine Stärke ausgedrückt. Der berechnete Korrelationskoeffizient kann Werte zwischen − 1.0 (je größer A, desto kleiner B) und + 1.0 (je größer A, desto größer B bzw. je kleiner A, desto kleiner B) annehmen. Das Vorzeichen gibt die Richtung des Zusammenhangs an, während sich der Zahlenwert auf die Intensität des Zusammenhangs bezieht. Je größer der absolute Wert ausfällt, desto stärker ist auch der Zusammenhang zwischen den beiden Merkmalen bzw. Messinstrumenten.

Kriterienbezogene Validität
Bei der Berechnung der kriterienbezogenen Validität wird die Güte eines Messinstrumentes über den Zusammenhang mit unterschiedlichen Kriterien berechnet (Korrelationen). Zu unterscheiden ist die innere und die äußere kriterienbezogene Validität. Bei Ersterer bildet das Kriterium ein anderes Messinstrument. Beispielsweise könnte man einen neuen Intelligenztest validieren, indem den Probanden neben dem neuen Verfahren ein anderer Intelligenztest vorgelegt wird. Ein positiver mathematischer Zusammenhang beider Messungen spricht für die Validität des neuen Verfah-

rens. Bei der Berechnung der äußeren Validität verlässt man den Bereich der psychologischen Messinstrumente und sucht ein anderes Kriterium. Zur Berechnung der äußeren kriterienbezogenen Validität eines Intelligenztests könnte man z.B. Schul- oder Examensnoten heranziehen.

Messfehler
Unabhängig vom eingesetzten Verfahren (Fragebogen, Test, Interview, Verhaltensbeobachtung etc.) ist jede Messung mit einem Fehler behaftet. Je kleiner der Fehler ist, desto aussagekräftiger ist die Messung. Die Größe des Messfehlers wird durch die Reliabilität ausgedrückt. Sie bildet die Grundlage zur Berechnung des Konfidenzintervalls.

Messinstrument
Ein Messinstrument dient der systematischen Erfassung von Personenmerkmalen, wie z.B. Intelligenz, Führungsqualifikation oder Leistungsmotivation. Als Beispiel können hier wissenschaftliche Fragebögen oder Testverfahren dienen. Im Zuge der Messung werden die Personenmerkmale durch Zahlenwerte ausgedrückt (= Quantifizierung), so dass anschließend z.B. eine mathematische Verrechnung der Befunde möglich wird. Wichtig ist, dass Messinstrumente möglichst weitgehend standardisiert sind, die Durchführungsbedingungen über alle untersuchten Personen also konstant gehalten werden und dem Auswerter nur ein möglichst geringer Interpretationsspielraum bleibt.

Messung
Im Zuge einer Messung wird den Merkmalen einer Person (z.B. Intelligenz oder soziale Kompetenz) eine Position auf einer oder mehreren Dimensionen zugeordnet und mit einem Zahlenwert versehen. Der Zahlenwert drückt dabei die Ausprägung des jeweils gemessenen Merkmals aus. Hierdurch besteht die Möglichkeit einer differenzierten Betrachtung des Einzelnen sowie ein differenzierter Vergleich zwischen unterschiedlichen Individuen. Gleichzeitig wird die Basis für weitergehende mathematische Analysen gelegt.

N
Mit dem Buchstaben N wird die Größe einer Stichprobe gekennzeichnet. Die Aussage „N = 1000" bedeutet, dass eine Stichprobe von 1000 Personen untersucht wurde.

Normierung
Im Zuge der Testentwicklung erfolgt häufig – aber nicht immer – auch eine Normierung der Rohwerte. Dabei wird das Testverfahren einer großen Stichprobe von Personen vorgelegt und deren Testergebnisse ermittelt. Auf der Basis dieser Daten ist es später dann möglich eine einzelne Person in Relation zu dieser Stichprobe (der sog. Normierungsstichprobe) zu bewerten. Es sind somit z.B. Aussagen darüber möglich, ob eine konkrete Leistung in einem Intelligenztest in Bezug auf eine bestimmte Subpopulation (beispielsweise Männer im Alter zwischen 20 und 30 Jahren) als mehr oder minder durchschnittlich zu gelten hat. Im Kontext organisationspsychologischer Fragestellungen ist die Normierung allerdings weitaus weniger bedeutsam als in an-

deren Anwendungsfeldern der Psychologie. Hier wird man in aller Regel eher daran interessiert sein zu erfahren, ob ein Bewerber den konkreten Anforderungen eines Arbeitsplatzes gerecht werden kann oder nicht. Wie seine Leistung im Verhältnis zur Leistung der Gesamtbevölkerung zu sehen ist, interessiert in diesem Zusammenhang meist nicht. Sinnvoller können hingegen unternehmensspezifische Normen sein, die aber erst im Rahmen einer empirischen Studie entwickelt werden müssten.

Objektivität
Die Objektivität eines Messinstrumentes bezieht sich auf die Frage, inwieweit die Ergebnisse einer Messung durch äußere Faktoren verfälscht werden. Zu unterscheiden sind Durchführungs-, Auswertungs- und Interpretationsobjektivität. Im Gegensatz zu anderen Qualitätsmerkmalen (Reliabilität und Validität) gibt es keinen Koeffizienten, der das Ausmaß der Objektivität ausdrückt. Ein Messinstrument ist dann besonders objektiv, wenn die Durchführungsbedingungen für alle Probanden völlig identisch gehalten werden, die Auswertung durch einen Computer erfolgt bzw. bei der Auswertung durch einen Versuchsleiter keine Fehler unterlaufen und schließlich im Testmanual klare Hinweise zur Interpretation der erhaltenen Zahlenwerte gegeben werden.

Parallelform
Von manchen Testverfahren existieren zwei weitestgehend identische Fassungen, von denen eine als „Parallelform" der jeweils verbleibenden bezeichnet wird. Der Unterschied besteht oftmals nur in der Reihenfolge der Aufgaben und/oder in geringfügig anderen Formulierungen. In Einzelfällen handelt es sich aber auch um wirklich unterschiedliche Aufgaben, die jedoch die gleichen teststatistischen Gütekriterien erfüllen. Beide Parallelformen müssen sehr hoch miteinander korrelieren (> .90), um ihren Sinn erfüllen zu können. Häufig werden beide Parallelformen durch Buchstaben oder Zahlen voneinander unterschieden (z.B. Form A und Form B). Der Sinn solcher Parallelformen erschließt sich, wenn man gleichzeitig viele Personen testen oder aber ein und dieselbe Person dem gleichen Testverfahren zweimal hintereinander aussetzen möchte. Im ersten Falle können die Probanden nebeneinander gesetzt werden. Abwechselnd wird nun die Form A bzw. B ausgeteilt. Der Vorteil eines solchen Vorgehens liegt darin, dass die Probanden nicht voneinander abschreiben können. Gäbe es keine Parallelformen, müsste man entweder die Probanden nacheinander testen oder aber zwischen den Personen entsprechend viel Platz lassen. Testwiederholungen an ein und derselben Person kommen in der organisationspsychologischen Praxis eher selten vor. Falls dies dennoch der Fall sein sollte (z.B. zur Überprüfung eines Trainingserfolgs), verringert der Einsatz von Parallelformen das Problem, dass sich der Proband vielleicht noch an sein altes Antwortverhalten erinnert und nur noch die alten Antworten wiedergibt, statt sich mit jeder Aufgabe erneut auseinanderzusetzen. Bei Leistungstests kann der Einsatz von Parallelformen das Problem des Lerneffektes, der mit der ersten Testdurchführung verbunden sein kann, reduzieren helfen. Die Testwiederholung ist umso weniger anfällig für die geschilderten Probleme, je größer der Zeitraum zwischen beiden Messungen ausfällt.

Persönlichkeit
Der Begriff der Persönlichkeit bezieht sich auf solche Verhaltensweisen, die von einer Person in unterschiedlichen Situationen in sehr ähnlicher Weise bzw. in gleichen Situationen über die Zeit hinweg ohne große Veränderungen gezeigt werden. Persönlichkeit ist veränderbar, wenn auch ggf. nur sehr langsam. Die Persönlichkeit ist multidimensional, d.h. bei jedem Menschen können mehrere Persönlichkeitsdimensionen unterschieden werden, die überdies bei jedem Menschen unterschiedlich ausgeprägt sind. Zu den bekanntesten Persönlichkeitsdimensionen gehören die sog. „big five".

Power-Tests
Im Gegensatz zu Speed-Tests spielt bei Power-Tests die Zeit, in der eine Aufgabe gelöst wird, keine Rolle. Den Probanden wird folglich für die Bearbeitung der verschiedenen Aufgaben eines Leistungstests ausreichend Zeit eingeräumt. Die Leistung der Probanden wird allein über die Anzahl der richtig gelösten Aufgaben definiert. Dabei unterscheiden sich die Aufgaben in ihrer Schwierigkeit. Darüber hinaus sind Mischungen zwischen Speed- und Power-Tests möglich. In diesem Falle unterscheiden sich die Aufgaben ebenfalls in ihrer Schwierigkeit, zusätzlich wird aber nur eine begrenzte Bearbeitungszeit ermöglicht.

Prozentrang
In vielen Testverfahren wird zur Normierung (s.o.) der Ergebnisse die Prozentrangskala eingesetzt. Bei der Berechnung des Prozentranges wird der Testwert des Kandidaten in einen Wert zwischen 1 und 99 transformiert. Als Grundlage für die Berechnung dient die Normierungsstichprobe. Ein Prozentrang von 40 bedeutet, dass 40 % der Probanden aus der Normierungsstichprobe einen Wert aufweisen, der entweder identisch oder geringer ist als der des getesteten Kandidaten. Umgekehrt bedeutet dies aber auch, dass 60 % einen höheren Wert erzielt haben.

Reliabilität
Die Reliabilität eines Testverfahrens drückt aus, inwieweit das Instrument in der Lage ist zuverlässig, also wenig beeinträchtigt durch etwaige Messfehler zu messen. Das Ausmaß der Reliabilität wird im Zuge der Testentwicklung auf empirischem Wege ermittelt. Es wird ausgedrückt durch den Reliabilitätskoeffizienten (Abkürzung: r).

Reliabilitätskoeffizient
Der Reliabilitätskoeffizient drückt das Ausmaß der Zuverlässigkeit eines Testverfahrens als Zahlenwert aus. Denkbar sind Werte zwischen 0 (völlig unzuverlässig) und 1 (hypothetisch größte Zuverlässigkeit). Bei gängigen Instrumenten sind Werte zwischen ungefähr 0.7 und 0.9 (für die innere Konsistenz, s.o.) üblich und auch ausreichend, um eine Anwendung in der Praxis zu rechtfertigen.

Retest-Reliabilität
Die Retest-Reliabilität drückt aus, inwieweit ein Test, der zweimal hintereinander den gleichen Personen vorgelegt wird, jeweils zum gleichen Ergebnis führt. Die Berechnung der Retest-Reliabilität ist nur bei solchen Testverfahren sinnvoll, die ein

Merkmal messen, das sich nicht kurzfristig verändert. So ist sie z.B. bei Persönlichkeitsfragebögen ein wichtiger Indikator für die Zuverlässigkeit der Messung, nicht aber bei Fragebögen, welche die momentane Stimmung einer Person erheben sollen. Die Aussagekraft des Reliabilitätskoeffizienten ist im Falle der Retest-Reliabilität umso größer, je länger der Zeitraum zwischen der ersten und zweiten Messung ist. Die Dauer eines als sinnvoll zu bezeichnenden Zeitraum ergibt sich aus der angenommenen Veränderbarkeit des gemessenen Merkmals. Je stabiler das Merkmal ist, desto größer sollte auch der überprüfte Zeitraum sein.

Signifikant
Der Begriff „signifikant" kennzeichnet, inwieweit ein Forschungsergebnis nicht allein durch den Zufall zustande gekommen ist. So ist beispielsweise ein Validitätskoeffizient (s.u.) nur dann ernst zu nehmen, wenn er auch als signifikant von dem Wert „Null" verschieden ist. Einer allgemein akzeptierten Konvention zufolge wird ein Ergebnis dann als signifikant bezeichnet, wenn es mit einer mindestens 95-prozentigen Wahrscheinlichkeit nicht durch Zufallseinflüsse zu erklären ist.

Speed-Tests
Im Gegensatz zu Power-Tests (s.o.) spielt bei Speed-Tests die Geschwindigkeit, mit der die Testaufgaben bearbeitet werden, eine zentrale Rolle. In der Regel handelt es sich um einfache Aufgaben, die im Prinzip jeder Mensch mit einer durchschnittlichen Intelligenz richtig lösen kann, wenn ihm zur Bearbeitung genügend Zeit gelassen würde. In Speed-Tests wird die Leistung des Probanden gemessen über die Anzahl der Aufgaben, die in einer vorgegebenen, eng begrenzten Zeit richtig gelöst werden. Dabei können z.B. bei Konzentrationstest auch alle Items identisch sein (z.B. d2).

Split-half-Reliabilität
Die Split-half-Reliabilität stellt einen besonderen mathematischen Weg dar, auf dem der Zusammenhang der einzelnen Items eines Testverfahrens (bzw. eines Subtests) überprüft wird. Sie weist große Verwandtschaft mit dem Maß der inneren Konsistenz (s.u.) auf. Zur Berechnung werden die Items eines Tests (bzw. eines Subtests) in zwei Gruppen eingeteilt. Der berechnete Koeffizient gibt an, wie stark die beiden künstlich erzeugten Testhälften zusammenhängen. Je höher der Wert ausfällt, desto höher ist auch die Reliabilität des Verfahrens einzuschätzen.

Stabilität
Die Bezeichnung „Stabilität eines Tests" ist ein Synonym für die Retest-Reliabilität (s.o.).

Standardisierung
Ein Messinstrument kann mehr oder minder standardisiert sein. Die Standardisierung drückt aus, inwieweit Durchführung, Auswertung und Interpretation eindeutig festgelegt sind. Anzustreben ist ein möglichst hoher Grad an Standardisierung, damit alle Personen, die das Verfahren durchlaufen, den gleichen Bedingungen ausgesetzt sind und so ein Maximum an Vergleichbarkeit gewährleistet ist. Die Standardisierung reduziert den Einfluss systematischer Fehler der Urteilsbildung.

Standardnorm
Vergleichbar zur Prozentrangnorm oder dem Intelligenzquotienten, kann ein individuelles Testergebnis auch über die Berechnung eines sog. „Standardwertes" normiert, also in eine Beziehung zu einer größeren Stichprobe von Personen gesetzt werden. Die Interpretation erfolgt analog zum Intelligenzquotienten. Dabei liegt der Bereich dessen, was als normal bzw. durchschnittlich bezeichnet wird, allerdings zwischen 90 und 110 Punktwerten.

Strukturiertes Interview
Im Gegensatz zu unstrukturierten Interviews werden beim strukturierten Interview sowohl die Fragen als auch die Abfolge im Vorhinein festgelegt. Hierdurch wird die Vergleichbarkeit zwischen mehreren Bewerbern erhöht. Die Validität strukturierter Interviews liegt über der unstrukturierter Befragungen.

Test
Im engeren Sinne wird der Begriff „Test" für solche diagnostischen Instrumente verwand, mit deren Hilfe eine Leistung gemessen werden kann. Voraussetzung hierfür ist in der Regel, dass zwischen richtigen und falschen Antworten zu unterscheiden ist. Der Prototyp eines Tests ist die Intelligenzmessung. Im Weiteren Sinne wird der Begriff aber auch für alle sonstigen wissenschaftlich fundierten Messinstrumente der Psychologie eingesetzt. Er umfasst dann also z.B. auch Fragebögen zur Persönlichkeitsbeschreibung oder zur Messung der Interessen eines Menschen, obwohl man in diesen Instrumenten naturgemäß nicht zwischen richtigen und falschen Antworten differenzieren kann.

Testtheorie
Die Testtheorie beschreibt die mathematischen Grundannahmen der psychologischen Messung. Sie nimmt damit entscheidenden Einfluss auf die Testentwicklung. Die meisten der heute geläufigen Tests folgen der sog. klassischen Testtheorie. Nur vergleichsweise wenige Verfahren folgen den Prinzipien der probabilistischen Testtheorie.

Typologie
Auf der Grundlage eines oder mehrerer Merkmale wird eine Person einer bestimmten Kategorie (Typ) zugeordnet. Typologien bieten nur die Möglichkeit einer sehr groben Differenzierung zwischen mehreren Personen und werden daher den individuellen Merkmalsmustern des Einzelnen nicht gerecht. Darüber hinaus lassen sich viele Personen häufig nicht eindeutig einer Kategorie zuordnen. Typologien sind aus diesen Gründen aus der modernen Psychologie weitestgehend verschwunden und werden durch dimensionsbezogene Betrachtungen ersetzt (siehe Stichwort: „Messen").

Validität
Die Validität gibt an, inwieweit ein Messinstrument tatsächlich das misst, was es zu messen vorgibt. Es gibt verschiedene Formen der Validität. Meist wird sie über die Höhe des sog. Validitätskoeffizienten ausgedrückt.

Validitätskoeffizient
Der Validitätskoeffizient drückt das Ausmaß der Validität eines Testverfahrens als Zahlenwert aus. Die Werte schwanken theoretisch zwischen -1.0 und $+1.0$. Je höher der absolute Zahlenwert ausfällt, desto höher ist auch die Validität. Negative Validitätskoeffizienten sind nur dann Ausdruck für die besondere Qualität des Verfahrens, wenn hierdurch nachgewiesen wird, dass ein Messinstrument in einer negativen Beziehung zu konträren Merkmalen steht. Beispielsweise sollte sich zwischen der sozialen Kompetenz eines Polizisten und der Anzahl der gegen ihn eingereichten Beschwerden von Bürgern ein negativer Zusammenhang nachweisen lassen.

Wahrnehmungstäuschungen
Eine (visuelle) Wahrnehmungstäuschung liegt vor, wenn eine Person etwas zu sehen glaubt, was objektiv so nicht vorhanden ist. Alle Menschen unterliegen Wahrnehmungstäuschungen. Schon einfache geometrische Figuren können oft nicht korrekt erfasst werden. Die Wahrnehmungstäuschungen illustrieren die Unvollkommenheit der menschlichen Urteilsbildung.

Orientierungsregister

Testverfahren geordnet nach Namen

Allgemeiner Interessen-Struktur-Test/Umwelt-Struktur-Test (AIST/UST) 304
Analyse psychischer Anforderungen und Belastungen in der Büroarbeit –
  Das Verfahren RHIA/VERA-Büro 101
Analyse psychischer Anforderungen und Belastungen in der Produktionsarbeit –
  Das Verfahren RHIA/VERA-Produktion 94
Aufmerksamkeits-Belastungs-Test (Test d2) 193

Berliner Intelligenzstruktur-Test (BIS) 126
Berufseignungstest (BET) 220
Berufs-Interessen-Test (BIT-II) 310
Bildungsmotivationstest (BMT) 327
Bochumer Inventar zur berufsbezogenen Persönlichkeitsbeschreibung (BIP) 337
Bochumer Matrizentest (BOMAT) 132
Bonner-Postkorb-Module (BPM) 226
Büro-Test (BT) 232

Deutsche Personality Research Form (PRF) 343
Differentieller Fähigkeitstest (DFT) 243
Differentieller Interessen-Test (DIT) 316
Drahtbiegeprobe (DBP) 248
Dreidimensionaler Würfeltest (3DW) 139

ELIGO 460

Fragebogen zur Analyse belastungsrelevanter
  Anforderungsbewältigung (FABA) 254
Fragebogen zur Arbeit im Team (F-A-T) 434
Fragebogen zur Arbeitsanalyse (FAA) 104
Fragebogen zu Kompetenz- und Kontrollüberzeugungen (FKK) 350
Fragebogen zur Vorgesetzten-Verhaltensbeschreibung (FVVB) 404
Frankfurter Adaptiver Konzentrationsleistungs-Test (FAKT) 143
Frankfurter Aufmerksamkeits-Inventar (FAIR) 149
Freiburger Persönlichkeitsinventar (FPI-R) 356

Generelle Interessen-Skala (GIS) 322

Handlungsorientiertes Testverfahren zur Erfassung und Förderung
beruflicher Kompetenzen (hamet 2) 259
Hogrefe TestSystem 469

Intelligenz Struktur Test (I-S-T 2000) 155
Inventar zur Persönlichkeitsdiagnostik in Situationen (IPS) 363

Konzentrations-Leistungs-Test (KLT) 164

Leistungsmotivationsinventar (LMI) 373
Leistungsprüfsystem (LPS) 171

Mailbox '90 269
Management-Fallstudien (MFA) 410
Mannheimer Test zur Erfassung des physikalisch-technischen Problemlösens
(MTP) 277
Multidirektionales Feedback (MDF) 441
Multi-Motiv-Gitter für Anschluss, Leistung und Macht (MMG) 380

NEO-Fünf-Faktoren-Inventar (NEO-FFI) 386

16-Persönlichkeits-Faktoren-Test (16 PF-R) 392
PC-Office 283
pro facts 477

Qualitative Führungsstilanalyse (QFA) 417

Ravens Progressive Matrizen 180
Revidierter Allgemeiner Büroarbeitstest (ABAT-R) 210

Schnitte 186
Skill Check Professional 238
Szenische Medien 447

Tätigkeits-Bewertungssystem (TBS) 110
Teamklima Inventar (TKI) 451
Testsystem zur Erfassung von Denk- und Kommunikationsstilen in der
Führungskräfte-Entwicklung (TED) 423
Test zur Untersuchung des praktisch-technischen Verständnisses (PTV) 289

Wiener Testsystem 485

Wilde Intelligenz-Test (WIT) 201
Wirtschaftskundlicher Bildungs-Test (WBT) 295

Testverfahren geordnet nach Abkürzungen

3DW (Dreidimensionaler Würfeltest)..139
16 PF-R (16-Persönlichkeits-Faktoren-Test)..392

ABAT-R (Revidierter Allgemeiner Büroarbeitstest)............................210
AIST/UST (Allgemeiner Interessen-Struktur-Test/ Umwelt-Struktur-Test)............304

BET (Berufseignungstest)..220
BIP (Bochumer Inventar zur berufsbezogenen Persönlichkeitsbeschreibung)........337
BIS (Berliner Intelligenzstruktur-Test)..126
BIT-II (Berufs-Interessen-Test)..310
BMT (Bildungsmotivationstest)..327
BOMAT (Bochumer Matrizentest)..132
BPM (Bonner-Postkorb-Module)...226
BT (Büro-Test)..232

d2 (Aufmerksamkeits-Belastungs-Test)..193
DBP (Drahtbiegeprobe)...248
DFT (Differentieller Fähigkeitstest)...243
DIT (Differentieller Interessen-Test)..316

ELIGO...460

FAA (Fragebogen zur Arbeitsanalyse)...104
FABA (Fragebogen zur Analyse belastungsrelevanter
  Anforderungsbewältigung)...254
FAIR (Frankfurter Aufmerksamkeits-Inventar)..................................149
FAKT (Frankfurter Adaptiver Konzentrationsleistungs-Test)............143
F-A-T (Fragebogen zur Arbeit im Team)...434
FKK (Fragebogen zu Kompetenz- und Kontrollüberzeugungen)........350
FPI-R (Freiburger Persönlichkeitsinventar)..356
FVVB (Fragebogen zur Vorgesetzten-Verhaltensbeschreibung)........404

GIS (Generelle Interessen-Skala)..322

hamet 2 (Handlungsorientiertes Testverfahren zur Erfassung und Förderung
  beruflicher Kompetenzen)..259
Hogrefe TestSystem..469

IPS (Inventar zur Persönlichkeitsdiagnostik in Situationen)...............363
I-S-T 2000 (Intelligenz Struktur Test)...155

KLT (Konzentrations-Leistungs-Test)..164

LMI (Leistungsmotivationsinventar) 373
LPS (Leistungsprüfsystem) 171

MDF (Multidirektionales Feedback) 441
MFA (Management-Fallstudien) 410
MMG (Multi-Motiv-Gitter für Anschluss, Leistung und Macht) 380
MTP (Mannheimer Test zur Erfassung des physikalisch-technischen
    Problemlösens) 277

NEO-FFI (NEO-Fünf-Faktoren-Inventar) 386

PRF (Deutsche Personality Research Form) 343
pro facts 477
PTV (Test zur Untersuchung des praktisch-technischen Verständnisses) 289

QFA (Qualitative Führungsstilanalyse) 417

RHIA/VERA-Büro (Analyse psychischer Anforderungen und
    Belastungen in der Büroarbeit) 101
RHIA/VERA-Produktion (Analyse psychischer Anforderungen und
    Belastungen in der Produktionsarbeit) 94

TBS (Tätigkeits-Bewertungssystem) 110
TED (Testsystem zur Erfassung von Denk- und Kommunikationsstilen in der
    Führungskräfte-Entwicklung) 423
TKI (Teamklima Inventar) 451

WBT (Wirtschaftskundlicher Bildungs-Test) 295
WIT (Wilde-Intelligenz-Test) 201

Testverfahren geordnet nach Dimensionen

Ängstlichkeit	16 PF-R
Aggressivität	FPI-R, PRF
Aktivität	IPS
Allgemeinbildung	LPS
Analytische Fähigkeiten	BPM, Mailbox '90
Anerkennung	QFA
Anstrengung	LMI
Arbeitsbedingungen	FAA
Arbeitsorganisation	MDF
Arbeitsplatz	FAA, RHIA/VERA-Büro RHIA/VERA-Produktion, TBS
Arbeitsverhalten	BIP
Aufmerksamkeit	d2, FAIR
Ausdauer	PRF
Beanspruchung	FPI-R
Bearbeitungsgeschwindigkeit	BIS
Beharrungstendenz	IPS
Beharrlichkeit	LMI
Behinderung	
-Hörb.	hamet 2
-Lernb.	hamet 2
-Sprachb.	hamet 2
Belastbarkeit	BIP
Belastungen des Arbeitsplatzes	RHIA/VERA-Büro RHIA/VERA-Produktion
Berufseignung/-fähigkeit	hamet 2
-gewerblich	BET
-kaufmännisch	BET, BT
-technisch	BET
-Verwaltung	BET
Bildungsmotivation	BMT
Büro	ABAT-R, BT, RHIA/VERA-Büro
Denkanforderungen des Arbeitsplatzes	RHIA/VERA-Produktion RHIA/VERA-Büro
Denken	
-anschauliches	BT
-figural-bildhaftes	BIS
-schlussfolgerndes	I-S-T 2000
-sprachgebundenes	BIS
-systematisches	MFA
-zahlengebundenes	BIS
Denkfähigkeit	LPS

Dominanz	16 PF-R, FABA, LMI
-streben	PRF
Durchsetzungsvermögen	BIP, IPS
Einfallsreichtum	BIS
Emotionalität	FPI-R
Empfindlichkeit	IPS
Engagement	FABA, IPS, LMI
Entscheidungsverhalten	QFA
Erfolgszuversicht	LMI
Erholungsunfähigkeit	FABA
Erholungsverhalten	IPS
Erregbarkeit	FPI-R
Extraversion	16 PF-R, FPI-R, NEO-FFI
Farbwahrnehmung	DFT
Feedback	MDF
Feinmotorik	DFT
Flexibilität	BIP, LMI
Führungsstil	FVVB, TED
Führungsverhalten	FVVB, MFA, PC-Office, QFA
Furchtlosigkeit	LMI
Gehemmtheit	FPI-R
Geselligkeit	PRF
Gestaltwahrnehmung	DFT
Gesundheitssorgen	FPI-R
Gesundheitsverhalten	IPS
Gewissenhaftigkeit	BIP, NEO-FFI
Handgeschick	DBP
Handlungsorientierung	BIP
Handwerkliche/motorische Fähigkeiten	hamet 2
Hilfsbereitschaft	PRF
Impulsivität	PRF
Informationsaufnahme	FAA
Informationsverarbeitung	FAA
Interessen	
-Berufsinteressen	AIST/UST, BIT II, DIT, GIS
Information	MDF
Innovation	TKI
Integration	MDF

Intelligenz	
-figurale	I-S-T 2000
-fluide	Ravens Progressive Matrizen
-kristallisierte	I-S-T 2000
-numerische	I-S-T 2000
-sprachfreier Test	BOMAT, Ravens Progressive Matrizen
-verbale	I-S-T 2000
-wissensbezogene	I-S-T 2000
Internalität	LMI
Klima	MDF, TKI, F-A-T
Körperliche Beschwerden	FPI-R
Kombinationsfähigkeit	BT
Konfrontationstendenz	IPS
Kontaktfähigkeit	BIP
Kontrollüberzeugung	FKK
Konzentration	d2, DFT, FAKT, KLT
Leistungsmotivation	BIP, LMI
Leistungsorientierung	FPI-R
Leistungsstolz	LMI
Leistungsstreben	PRF
Leistungsverhalten	IPS
Lernbereitschaft	LMI
Logisches Schlussfolgern	WIT
Merkfähigkeit	BIS, I-S-T 2000, WIT
Motivation	
-Anschlussmotiv	MMG
-Führungsmotiv	BIP
-Gestaltungsmotiv	BIP
-Leistungsmotiv	BIP, LMI, MMG
-Machtmotiv	MMG
-Weiterbildung	BMT
Neurotizismus	NEO-FFI
Offenheit	FPI-R, NEO-FFI
Office Produkte	Skill Check
Ökonomisches Wissen	WBT
Optimismus	IPS
Organisation	BPM, BT, Mailbox '90, PC-Office
Orientierung	
-Aufgabenorientierung	TKI
-berufliche	AIST/UST, BIP
-Leistungsorientierung	FPI-R

-soziale	FPI-R
-Statusorientierung	LMI
-Teamorientierung	BIP, MDF
-Wettbewerbsorientierung	LMI
Persönlichkeitsförderlichkeit von Arbeitsplätzen	TBS
Planung	BPM, PC-Office, QFA
Planungsambitionen	FABA
Planungsanforderungen des Arbeitsplatzes	RHIA/VERA-Büro RHIA/VERA-Produktion
Postkorb	BPM, Mailbox '90, PC-Office
Praktisch-technisches Verständnis	PTV
Prioritätensetzung	Mailbox '90
Problemlösen	
-physikalisch-technisches	MTP
Psychische Konstitution	BIP
Räumliches Vorstellungsvermögen	3DW, BET, Schnitte, WIT
Rechenfähigkeit	ABAT-R, BET, LPS, WIT
Rechtschreibung	ABAT-R, DFT
Risikobereitschaft	IPS
Risikomeidung	PRF
Selbständigkeit	LMI
Selbstbehauptung	IPS
Selbstbewusstsein	BIP
Selbstkontrolle	16 PF-R, LMI
Selbstvertrauen	IPS
Sensitivität	BIP
Sicherheit	TKI
Software-Programme	Skill Check
Soziabilität	BIP
Soziale Kompetenzen	16 PF-R, BIP, MDF, MFA, QFA
Sozial-kommunikatives Verhalten	IPS
Sprachverständnis	WIT
Stabilität	IPS
-emotionale	16 PF-R, BIP
Stressverarbeitung	FABA
Strukturen	Szenische Medien
Systemerfassung	Szenische Medien
Teamdiagnose	F-A-T, TKI
Teamklima	F-A-T
Teamorientierung	BIP, MDF

Technische Begabung	LPS
Technisches Wissen	DFT
Typ-A-Verhalten	FABA
Umgebungseinflüsse	FAA
Unabhängigkeit	16 PF-R
Ungeduld	FABA
Unnachgiebigkeit	16 PF-R
Unternehmerische Aktivitäten	PC-Office
Verarbeitungskapazität	BIS
Verträglichkeit	NEO-FFI
Vision	TKI
Visualisierungsfähigkeit	Schnitte
Vorgesetztenverhalten	FVVB
Wahrnehmungsgenauigkeit	BET
Wahrnehmungstempo	LPS, WIT
Wettbewerbsorientierung	LMI
Wirtschaftswissenschaftliche Fähigkeiten	WBT
Wortflüssigkeit	LPS
Zeitmanagement	Mailbox '90
Zielsetzung	LMI
Zufriedenheit	IPS
-Lebenszufriedenheit	FPI-R
Zusammenarbeit	MDF

Gütekriterien der Instrumente im Überblick[10]

Test	Reliabilität			Validität				Objektivität			Normen	
	Cronbachs α	Split half	Retest	Konstruktv.	innere krit.	äußere krit.	prognos.	Durchführung	Auswertung	Interpret.	Prozentr.	Standardnormen
ABAT-R	-	-	•	•	•	-	•	•	•	-	-	•
AIST/UST	•	•	•	•	•	-	•	•	•	•	-	•
BET	-	-	•	•	•	•	-	•	•	-	•	•
BIP	•	-	•	•	-	•	-	•	•	•	•	•
BIS	•	•	•	•	-	•	•	•	•	•	-	•
BIT-II	-	-	•	-	-	-	-	•	•	•	•	-
BMT	•	-	•	•	•	•	-	•	•	-	•	-
BOMAT	•	•	-	-	•	-	-	•	•	•	•	-
BPM	•	•	-	-	•	-	-	•	•	-	-	-
BT	•	-	•	-	-	•	•	•	•	•	•	•
d2	•	-	•	•	•	•	•	•	•	•	•	•
DFT	•	-	•	-	-	-	-	•	•	•	-	•
DIT	•	•	•	•	-	-	-	•	•	•	•	•
Drahtbiegeprobe	-	•	•	-	•	-	•	•	•	•	-	-

[10] Erläuterung: Beim Kriterium der Reliabilität und Validität bedeutet „•", dass entsprechende Berechnungen vorliegen. Ob und inwieweit die Ergebnisse als Bestätigung der Qualität des Verfahrens zu interpretieren sind, ist der ausführlichen Testbesprechung zu entnehmen. Bei der Objektivität bedeutet „•", dass die jeweilige Form der Objektivität als gegeben angesehen werden kann. Bei den Normen verweist das Zeichen „•", dass entsprechende Normwerte zur Verfügung stehen.

Test	Reliabilität			Validität				Objektivität			Normen	
	Cronbachs α	Split half	Retest	Konstruktv.	innere krit.	äußere krit.	prognos.	Durchführung	Auswertung	Interpret.	Prozentr.	Standardnormen
3DW	-	-	•	-	•	•	•	•	•	•	-	-
FABA	•	-	•	-	•	•	-	•	•	•	•	•
FAIR	-	•	•	•	•	-	-	•	•	•	•	•
FAKT	•	-	•	•	•	-	-	•	•	•	•	•
F-A-T	•	-	-	•	-	•	-	•	•	•	-	-
FKK	•	•	•	•	•	•	•	•	•	•	•	•
FPI-R	•	-	•	•	•	•	-	•	•	•	•	•
FVVB	•	-	-	-	•	-	-	•	•	-	-	-
GIS	•	-	•	•	•	-	-	•	•	•	•	•
hamet 2	-	•	-	•	-	-	•	•	•	•	-	•
IPS	•	-	•	•	•	•	-	•	•	-	-	•
I-S-T 2000	•	•	-	•	•	-	-	•	•	-	•	•
KLT	-	•	•	-	-	-	-	•	•	-	•	•
LMI	-	-	•	•	•	•	-	•	•	•	•	-
LPS	-	•	•	•	•	•	-	•	•	•	-	•
Mailbox '90	•	-	-	-	•	•	-	•	•	•	-	-

Orientierungsregister

Test	Reliabilität			Validität				Objektivität			Normen	
	Cronbachs α	Split half	Retest	Konstruktv.	innere krit.	äußere krit.	prognos.	Durchführung	Auswertung	Interpret.	Prozentr.	Standardnormen
MDF	•	•	-	-	-	-	-	•	•	•	-	-
MFA	•	•	-	•	•	-	•	•	•	•	-	-
MMG	•	-	•	-	-	•	-	•	•	•	•	•
MTP	-	•	•	•	•	•	•	•	•	•	-	•
NEO-FFI	•	-	•	-	-	-	-	•	•	•	-	-
PC-Office	•	•	-	-	•	-	-	•	•	-	-	-
16 PFR	•	-	•	•	•	-	-	•	•	•	•	•
PRF	•	•	•	•	•	•	-	•	•	•	-	•
PTV	-	•	•	•	•	•	•	•	•	•	•	•
QFA	•	•	-	•	-	-	-	•	•	•	-	•
Raven	•	•	•	•	•	•	-	•	•	•	•	-
Schnitte	•	•	-	•	•	•	-	•	-	•	•	-
Skill Check	-	-	-	-	-	-	-	•	•	•	-	-
Szenische Medien	-	-	-	-	-	-	-	-	-	-	-	-
TED	•	•	-	•	-	•	-	•	•	•	-	•
TKI	•	-	-	•	-	•	-	•	•	•	-	•

Test	Reliabilität			Validität				Objektivität			Normen	
	Cronbachs α	Split half	Retest	Konstruktv.	innere krit.	äußere krit.	prognos.	Durchführung	Auswertung	Interpret.	Prozentr.	Standardnormen
WBT	•	–	•	–	•	–	–	•	•	•	•	–
WIT	–	•	•	•	•	–	•	•	•	•	–	•

Literaturverzeichnis

Allehoff, W. (1985). Berufswahl und berufliche Interessen. Göttingen: Hogrefe.
Amelang, M. & Bartussek, D. (1997). Differentielle Psychologie und Persönlichkeitsforschung. Stuttgart: Kohlhammer.
Amelang, M. & Zielinski, W. (1997). Psychologische Diagnostik und Intervention (2. Aufl.). Berlin: Springer.
Amthauer, R. (1953). IST Intelligenz-Struktur-Test. Göttingen: Hogrefe.
Amthauer, R. (1955). Intelligenz-Struktur-Test (IST). Göttingen: Hogrefe.
Amthauer, R. (1973). Intelligenz-Struktur-Test (IST-70). Göttingen: Hogrefe.
Amthauer, R., Brocke, B., Liepmann, D. & Beauducel, A. (1999). Intelligenz-Struktur-Test 2000. Göttingen: Hogrefe.
Angleitner, A., Fillip, S.H. & Braukmann, W. (1982). Testtheoretische Prüfung der Fragebogenverfahren zur Erfassung ausgewählter Personenmerkmale. Forschungsberichte aus dem Projekt Entwicklungspsychologie des Erwachsenenalters, Trier, 20, 1-48.
Argyle, M. (1996). Körpersprache und Kommunikation (7. Aufl.). Paderborn: Jungfermann.
Asch, S.E. (1951). Effects of group pressure upon the modification and distortion of judgement. In J. Guetskow (Eds.), Groups, leadership, and men (pp. 177-190). Pittsburg: Carnegie Press.
Avermaet, E. van (1997). Sozialer Einfluß in Kleingruppen. In W. Stroebe, M. Hewstone & G.M. Stephenson (Hrsg.), Sozialpsychologie (3. erw. Aufl.), (S. 503-544). Berlin: Springer.

Barthel, E. & Schuler, H. (1989). Nutzenkalkulation eignungsdiagnostischer Verfahren am Beispiel eines biographischen Fragebogens. Zeitschrift für Arbeits- und Organisationspsychologie, 33, 73-83.
Beck, K. & Krumm, V. (1998). Wirtschaftskundlicher-Bildungstest. Göttingen: Hogrefe.
Becker-Carus, C. (1981). Grundriß der Physiologischen Psychologie. Heidelberg: Quelle & Meyer.
Beckhard, R. (1972). Optimizing Team-Building Efforts. Journal of Contemporary Business, 1, 23-32.
Bergmann, C. & Eder, F. (1999). Allgemeiner Interessen-Struktur-Test/Umwelt-Struktur-Test. Göttingen: Beltz.
Bliesener, T. (1992). Ist die Validität biographischer Daten ein methodisches Artefakt? Ergebnisse einer metaanalytischen Studie. Zeitschrift für Arbeits- und Organisationspsychologie, 36, 12-21.
Borkenau, P. & Liebler, A. (1993). Convergence of stranger ratings of personality and intelligence with self-ratings, partner ratings, and measured intelligence. Journal of Personality and Social Psychology, 65, 546-553.
Borkenau, P. & Ostendorf, F. (1991). Ein Fragebogen zur Erfassung fünf robuster Persönlichkeitsfaktoren. Diagnostica, 37, 29-41.
Borkenau, P. & Ostendorf, F. (1993). NEO-Fünf-Faktoren-Inventar (NEO-FFI). Göttingen: Hogrefe.

Bortner, R.W. (1969). A short rating scale as a potential measure of pattern a behaviour. Journal of Chronic Diseases, 22, 87-91.
Bortz, J. & Döring, N. (1995). Forschungsmethoden und Evaluation. Berlin: Springer.
Boudreau, J.W. (1983a). Economic considerations in estimating the utility of human resource productivity improvement programs. Personnel Psychology, 36, 551-576.
Boudreau, J.W. (1983b). Effects of employee flows on utility analysis of human resource productivity improvement programs. Journal of Applied Psychology, 68, 396-406.
Boudreau, J.W. (1991). Utility analysis for decisions in human resource management. In M.D. Dunnette & L.M. Hough (Eds.), Handbook of Industrial and Organisational Psychology (pp. 621-745). Vol. 2. 2nd ed. Palo Alto: Consulting Psychologists Press.
Bower, G.H. (1981). Mood and memory. American Psychologist, 36, 129-148.
Brambring, M. (1983). Spezielle Eignungsdiagnostik. In K.J. Groffmann & L. Michel (Hrsg.), Intelligenz- und Leistungsdiagnostik. Enzyklopädie der Psychologie, B, Serie II, Band 2. Göttingen: Hogrefe.
Brannick, M. T., Michaels, C. E. & Baker, D. P. (1989). Construct validity of in-basket scores. Journal of Applied Psychology, 74, 957-963.
Brickenkamp, R. (1972). Test d2. Aufmerksamkeits-Belastungs-Test. Göttingen: Hogrefe.
Brickenkamp, R. (1990). Die Generelle Interessen-Skala (GIS). Handanweisung. Göttingen: Hogrefe.
Brickenkamp, R. (1994). Test d2 Aufmerksamkeits-Belastungs-Test (8., erweiterte und neu gestaltete Aufl.). Göttingen: Hogrefe.
Brocke, B., Beauducel, A. & Tasche, K. (1998). Der Intelligenz-Struktur-Test: Analysen zur theoretischen Grundlage und technischen Güte. Diagnostica, 44, 84-99.
Brody, N. (2000). History of theories and measurements of intelligence. In R.J. Sternberg (Ed), Handbook of Intelligence (pp.16-33). Cambridge: University Press.
Brogden, H.E. (1946). On the interpretation of the correlation coefficient as a measure of predictive efficiency. The Journal of Educational Psychology, 37, 65-76.
Brogden, H.E. & Taylor, E.K. (1950). The dollar criterion - Applying the cost accounting concept to criterion construction. Personnel Psychology, 3, 133-154.
Bruner, J.S. & Postman, L. (1951). An approach to social perception. In W. Dennis & R. Lippitt (Eds.), Current trends in social psychology (pp. 71-118). Pittsburg: University of Pittsburg Press.
Burnett, J.R. & Motowidlo, S.J. (1998). Relations between different sources of information in the structured selection interview. Personnel Psychology, 51, 963-983.

Cabrera, E.F. & Raju, N.S. (2001). Utility analysis: Current trends and future directions. International Journal of Selection and Assessment, Vol. 9, no. 1/2, pp. 92-102.
Campell, D.T. & Fiske, D.W. (1959). Convergent and discriminant validation by the multitrait-multimethod matrix. Psychological Bulletin, 56, 81-105.
Carpenter, P. A., Just, M. A. & Shell, P. (1990). What one intelligence test measures: A theoretical account of the processing in the Raven Progressive Matrices Test. Psychological Review, 97 (3), 404-431.
Carroll, J. B. (1993). Human cognitive abilities: A survey of factor-analytic studies. Cambridge, MA: Cambridge University Press.
Cascio, W.F. & Ramos, R.A. (1986). Development and application of a new method for assessing job performance in behavioral/economic terms. Journal of Applied Psychology, 71, 20-28.
Cattell, R. B. (1971). Abilities: Their structure, growth, and action. Boston: Houghton Mifflin.
Cattell, R.B. & Eber, H.W. (1962).The sixteen personality factor questionnaire test. Champaign (Ill.): Institute for Personality and Ability Testing.

Conrad, W., Büscher, P., Hornke, L., Jäger, R., Schweizer, H., von Stünzner, W. & Wiencke, W. (1971). Mannheimer Intelligenztest MIT. Weinheim: Beltz.
Costa, P.T. & McCrae, R.R. (1985). The NEO Personality Inventory. Manual Form S and Form R. Odessa, Florida: Psychological Assessment Resources.
Costa, P.T. & McCrae, R.R. (1989). The NEO PI/FFI manual supplement. Odessa, Florida: Psychological Assessment Resources.
Costa, P.T. & McCrae, R.R. (1992). Revised NEO Personality Inventory (NEO PI-R) and NEO Five Factor Inventory. Professional Manual. Odessa, Florida: Psychological Assessment Resources.
Costa, P.T., McCrae, R.R. & Dye, D.A. (1991). Facet scales for Agreeableness and Conscientiousness: A revision of the NEO personality inventory. Personality and Individual Differences, 12, 887-898.
Craik, F.I.M. & Lockhart, R.S. (1972). Levels of processing: A framework for memory research. Journal of Verbal Learning and Verbal Behavior, 11, 671-684.
Cronbach, L.J. & Gleser, G.C. (1965). Psychological tests and personnel decisions. 2nd ed. Urbana: University of Illinois Press.
Cronshaw, S.F. & Alexander, R.A. (1985). One answer to the demand for accountability: Selection utility as an investment decision. Organizational Behavior and Human Decision Processes, 35, 102-118.

Daniels, J.C. (1949). FRT Figure-Reasoning-Test. Nottingham: Russell Press.
Dieterich, M. (1980). Zur Diagnostik und Förderung motorischer Fertigkeiten als Elemente der Berufsreife von Lernbehinderten. Dissertation Universität Stuttgart.
Dieterich, M., Messerle, E. & Goll, M. (1981). Handwerklich-motorischer Eignungstest HAMET (1. Aufl.). Göttingen: Hogrefe.
Dieterich, M., Messerle, E. & Goll, M. (1984). Handwerklich-motorischer Eignungstest HAMET (2. Aufl.). Göttingen: Hogrefe.
Dieterich, M., Messerle, E. & Goll, M. (1990). Handwerklich-motorischer Eignungstest, Revision HAMET-R (1. Aufl.). Göttingen: Hogrefe.
Dieterich, M., Goll, M., Pfeiffer, G., Tress, J., Schweiger, F. & Hartmann, F. (2000). Handlungsorientiertes Testverfahren zur Erfassung und Förderung beruflicher Kompetenzen – hamet 2, Vorversion. Berufsbildungswerk Waiblingen (zu beziehen über die Testzentrale, Göttingen).
Digman, J.M. (1990). Personality structure: Emergence of the five-factor model. Annual Review of Psychology, 41, 417-440.
Dommel, N. A. (1995). Postkörbe. In W. Sarges (Hrsg.), Management-Diagnostik (S. 582-585). Göttingen: Hogrefe.
Dörner, D. (1996). Die Logik des Mißlingens. Strategisches Denken in komplexen Situationen. Reinbek: Rowohlt.
Dr. G. Schuhfried GmbH (Hrsg.). (2001). Wiener Testsystem: Testmanual. Wien: Dr. G. Schuhfried GmbH.
Düker, H. (1943). Psychopharmakologische Untersuchungen über die Wirkung von Keimdrüsenhormonen auf die geistige Leistungsfähigkeit. Arch. Exp. Pathol. u. Pharmakol., 202.
Düker, H. (1949). Über ein Verfahren zur Bestimmung der geistigen Leistungsfähigkeit. Psychologische Forschung, 23.
Düker, H. (1959). Konzentrations-Leistungs-Test (KLT). Herausgegeben von G. A. Lienert. Göttingen: Hogrefe.
Düker, H. & Lienert, G. A. (1959). Der Konzentrations-Leistungs-Test. Göttingen: Hogrefe.
Dunckel, H. (1999). Handbuch psychologischer Arbeitsanalyseverfahren. Zürich: vdf Hochschulverlag.

Eagly, A.H., Ashmore, R.D., Maklijani, M.G. & Longo, L.C. (1991). What is beautiful is good, but...: A meta-analytic review of research on the physical attractiveness stereotype. Psychological Bulletin, 110, 109-128.
Eder, F. & Bergmann, C. (1987). Person-Umwelt-Struktur-Test. Handanweisung. Universität Linz: Institut für Pädagogik (Erprobungsform).
Eder, F. & Bergmann, C. (1988). Der Person-Umwelt-Struktur-Test. Psychologie in Erziehung und Unterricht, 35, 299-309.
Eggert, D. (1974). Eysenck-Persönlichkeits-Inventar. EPI. Handanweisung für die Durchführung und Auswertung. Göttingen: Hogrefe.
ELIGO Psychologische Personalsoftware GmbH (2001). ELIGO-Manual. Version 2.40 beta.
ELIGO Psychologische Personalsoftware GmbH (2001). ELIGO (www document). URL http://www.eligo.de.
ELIGO Psychologische Personalsoftware GmbH (2001). Testbeschreibungen.
ELIGO Psychologische Personalsoftware GmbH (2001). ELIGO Organizer (Version 2.22-Demo) [Computer Software].
Embretson, S.E. & Schmidt McCollam, K.M. (2000). Psychometric approaches to understanding and measuring intelligence. In R.J. Sternberg (Ed), Handbook of Intelligence (pp. 423-444). Cambridge: University Press.
ERTOMIS, Bildungs und Förderungs-GmbH (1986). Hilfen zur Berufsfindung - Arbeitsprobenreihe Elektrotechnik. Wuppertal.
Etzel, S. (1999). Multidimensionale, computergestützte diagnostische Verfahren: Neue Perspektiven für die Managementdiagnostik. Aachen: Shaker.

Fahrenberg, J. (1975). Die Freiburger Beschwerdeliste FBL. Zeitschrift für klinische Psychologie, 4, 79-100.
Fahrenberg, J., Hampel, R. & Selg, H. (1970). Freiburger Persönlichkeitsinventar (FPI), Göttingen: Hogrefe.
Fahrenberg, J., Selg, H. & Hampel, R. (1989). Das Freiburger Persönlichkeitsinventar FPI-R. Göttingen: Hogrefe.
Fahrenberg, J., Hampel, R. & Selg, H. (2001). Freiburger Persönlichkeitsinventar (FPI) (7.Aufl.). Göttingen: Hogrefe.
Fay, E. (Hrsg.). (1999). Tests unter der Lupe II. Lengerich: Pabst.
Fay, E. & Quaiser-Pohl, C. (1999). Schnitte – ein Test zur Erfassung des räumlichen Vorstellungsvermögens. Frankfurt: Swets Test Services.
Feingold, A. (1992). Good-looking people are not what we think. Psychological Bulletin, 111, 304-341.
Fennekels, G. P. (1999). Multidirektionales Feedback – MDF. Göttingen: Hogrefe.
Fennekels, G.P. (1995a). PC-OFFICE 1.0. Postkorb zur Diagnose von Führungsverhalten. Göttingen: Hogrefe.
Fennekels, G. P. (1995b). Qualitative Führungsstilanalyse – QFA. Göttingen: Hogrefe.
Fennekels, G.P. & D'Souza, S. (1999). MFA – Management Fallstudien. Göttingen: Hogrefe.
Fimm, B. (1998). Testrezension: Der Aufmerksamkeits-Belastungs-Test d2 in seiner 8. Auflage. Report Psychologie, 23, 147-153.
Fiske, S.T. & Taylor, S.E. (1991). Social cognition (2nd. Ed.). New York: McGraw-Hill.
Fisseni, H.-J. (1997). Lehrbuch der psychologischen Diagnostik. Göttingen: Hogrefe.
Fisseni, H.-J. (1998). Persönlichkeitspsychologie (4. überarb. u. erweit. Aufl.). Göttingen: Hogrefe.
Fisseni, H. J. & Fennekels, G. (1995). Das Assessment Center. Göttingen: Verlag für Angewandte Psychologie.

Fittkau-Garthe, H. & Fittkau, B. (1971). FVVB - Fragebogen zur Vorgesetztenverhaltensbeschreibung. Göttingen: Hogrefe.
Flanagan, J. C. (1954). The critical incident technique. Psychological Bulletin, 51, 327-358.
Fleishman, E.A. (1953). The Description of Supervisory Behavior. Journal of Applied Psychology, 1-6.
Forgas, J.P. (1994). Sad and guilty? Affective influences on the explanation of conflict in close relationships. Journal of Personality and Social Psychology, 66, 56-68.
Frey, S. (1999). Die Macht des Bildes: Der Einfluß der nonverbalen Kommunikation auf Kultur und Politik. Bern: Huber.
Frieling, E. & Graf Hoyos, C. (Hrsg.). (1978). Fragebogen zur Arbeitsanalyse (FAA): deutsche Bearbeitung des „Position Analysis Questionnaire" (PAQ). Handbuch. Bern: Huber.
Frieling, E. & Sonntag, K. (1999). Lehrbuch Arbeitspsychologie (2., vollständig überarbeitete und erweiterte Auflage). Bern: Huber.
Funke, J. (1993). Computergestützte Arbeitsproben: Bergriffsklärung, Beispiele sowie Entwicklungspotentiale. Zeitschrift für Arbeits- und Organisationspsychologie, 37, 119-129.
Funke, U., Schuler, H. & Moser, K. (1995). Nutzenanalyse zur ökonomischen Evaluation eines Personalauswahlprojektes für Industrieforscher. In T.J. Gerpott & S.H. Siemens (Hrsg.), Controlling von Personalprogrammen (S. 139-171). Stuttgart: Schäffer-Poeschel.

Geißler, J. (1995). Szenische Medien. (zu beziehen über die Testzentrale, Göttingen).
Gösslbauer, J. P. & Keller, J. A. (1977). Testkritische Überprüfung des Differentiellen Interessen-Tests (DIT). Diagnostica, 23, 199-208.
Greer, O.L. & Cascio, W.F. (1987). Is cost accounting the answer? Comparison of two behaviorally based methods for estimating the standard deviation of job performance in dollars with a cost-accounting-based approach. Journal of Applied Psychology, 72, 588-595.
Greif, S. (1972). Gruppenintelligenztests, Untersuchungen am WIT, IST, LPS und AIT. Bern: Europäische Hochschulschriften.
Greif, S. (1993). Geschichte der Organisationspsychologie. In H. Schuler (Hrsg.), Lehrbuch der Organisationspsychologie (S. 15-48). Bern: Huber.
Gries, H. J. (1974). Anforderungsnormen für die Auswahluntersuchung der Aufsichtsbeamten im Justizvollzug. Unveröffentlichte Dissertation, Universität Bonn.
Groffmann, K.-J. & Schneevoigt, I. (1964). Vorläufige Ergebnisse einer Vergleichsuntersuchung an Studenten mit dem Leistungsprüfsystem (LPS) von Horn und dem Intelligenz-Struktur-Test (IST) von Amthauer. Schweizerische Zeitschrift für Psychologie und ihre Anwendung, 23, 243-252.

Hacker, W. (1980). Allgemeine Arbeits- und Ingenieurpsychologie. Psychische Struktur und Regulation von Arbeitstätigkeit. Berlin: VEB Deutscher Verlag der Wissenschaft.
Hacker, W., Fritsche, B., Richter, P. & Iwanowa, A. (1995). Tätigkeitsbewertungssystem (TBS) – Verfahren zur Analyse, Bewertung und Gestaltung von Arbeitstätigkeit. Zürich: vdf Hochschulverlag.
Häcker, H., Leutner, D. & Amelang, M. (1998). Standards für pädagogisches und psychologisches Testen. Supplement 1 der Diagnostica und Zeitschrift für Differentielle und Diagnostische Psychologie.
Hair, J.F., Anderson, R.E., Tatham, R.L. & Brown, W.C. (1998). Multivariate Data Analysis. London: Prentice Hall.
Hakstian, A. R. & Scratchley, L. S. (1997). In-basket assessment by fully objective methods: Development and evaluation of a self-report system. Educational and Psychological Measurement, 57, 607-630.

Hakstian, A.R., Wooley, R.M., Woolsey, L.K. & Kryger, B.R. (1991). Management selection by multiple-domain assessment: II. Utility to the organisation. Educational and Psychological Measurement, 51, 899-911.
Hänsgen, K.D. (2000). Hogrefe TestSystem. Göttingen: Hogrefe.
Harris, M.J. & Rosenthal, R. (1985). Mediation of interpersonal expectancies effects: 31 meta-analyses. Psychological Bulletin, 97, 363-386.
Hassebrauck, M. & Niketta R. (1993). Physische Attraktivität. Göttingen: Hogrefe.
Hazer, J.T. & Highhouse, S. (1997). Factors influencing managers' reactions to utility analysis: Effects of SD_Y method, information frame, and focal intervention. Journal of Applied Psychology, 82, 104-112.
Heckhausen, H. (1991). Motivation and action. New York: Springer.
Heider, F. (1958). The psychology of interpersonal relations. New York: Wiley.
Heller, K. A., Gaedicke, A. K. & Weinläder, H. (1985). Kognitiver Fähigkeits-Test für 4. bis 13. Klassen (KFT 4-13+). Weinheim: Beltz.
Heller, K. A., Kratzmeier, H. & Lengfelder, A. (1998a). Matrizen Test Manual, Bd. 2. Ein Handbuch mit deutschen Normen zu den Standard Progressive Matrices. Weinheim: Beltz.
Heller, K. A., Kratzmeier, H. & Lengfelder, A. (1998b). Matrizen Test Manual, Bd. 1. Ein Handbuch mit deutschen Normen zu den Advanced Progressive Matrices. Weinheim: Beltz.
Hennessy, J., Mabey, B. & Warr, P. (1998). Assessment Center observation procedures: An experimental comparison of traditional, checklist and coding methods. International Journal of Assessment and Selection, 6, 222-231.
Henss, R. (1998). Gesicht und Persönlichkeitseindruck. Göttingen: Hogrefe.
Herrmann, T. (1969). Lehrbuch der empirischen Persönlichkeitsforschung. Göttingen: Hogrefe.
Herrnstein, R.J. & Murray, C. (1994). The bell curve. Intelligence and class structure in American life. New York: Free Press.
Hewstone, M. & Fincham, F. (1997). Attributionstheorie und -forschung: grundlegende Fragen und Anwendungen. In W. Stroebe, M. Hewstone & G.M. Stephenson (Hrsg.), Sozialpsychologie (3. erw. Aufl.), (S. 177-218). Berlin: Springer.
Higgins, E.T. (1996). The "self-digest": Self-knowledge serving self-regulatory functions. Journal of Personality and Social Psychology, 71, 1062-1083.
Hoeth, F. & Köbler, V. (1967). Zusatzinstruktion gegen Verfälschungstendenzen bei der Beantwortung von Persönlichkeitsfragebogen. Diagnostica, 13, 117-130.
Hoffrage, U. (1993). Die Illusion der Sicherheit bei Entscheidungen unter Unsicherheit. In W. Hell, K. Fiedler & G. Gigerenzer (Hrsg.), Kognitive Täuschungen (S. 73-97). Heidelberg: Spektrum.
Holland, J.L. (1973). Making vocational choices: A theory of careers. Englewood-Cliffs, New Jersey: Prentice-Hall Inc.
Holland, J.L. (1985a). Making vocational choices: A theory of vocational personalities and work environments. Englewood-Cliffs, New Jersey: Prentice-Hall Inc.
Holland, J.L. (1985b). The self-directed search. Odessa, Florida: Psychological Assessment Resources.
Holling, H. (1998). Utility Analysis Of Personnel Selection. An Overview and Empirical Study Based on Objective Performance Measures. Methods of Psychological Research, Vol. 3, No. 1.
Holling, H. & Reiners, W. (1999). Monetärer Nutzen verschiedener Selektionsstrategien in Assessment Centern. In H. Holling & G. Gediga (Hrsg.), Evaluationsforschung. Göttingen: Hogrefe.

Horn, R. (1991). MAILBOX: A computerized in-basket task for use in personnel Selection. Revue européene de Psychologie Appliqueé, 41, 325-327.
Horn, W. (1962). Leistungsprüfsystem (LPS). Göttingen: Hogrefe.
Horn, W. (1969). Prüfsystem für die Schul- und Bildungsberatung (PSB). Göttingen: Hogrefe.
Horn, W. (1983). Leistungsprüfsystem (L-P-S). Göttingen: Hogrefe.
Horn, R. & Wallasch, R. (1984). Differentieller Fähigkeitstest. Weinheim: Beltz.
Hossiep, R. & Paschen, M. (1998). Bochumer Inventar zur berufsbezogenen Persönlichkeitsbeschreibung (BIP). Göttingen: Hogrefe.
Hossiep, R., Paschen, M. & Mühlhaus, O. (2000). Persönlichkeitstests im Personalmanagement. Göttingen: Verlag für Angewandte Psychologie.
Hossiep, R., Turck D. & Hasella, M. (1999). BOMAT-advanced – Bochumer Matrizentest: Handanweisung. Göttingen: Hogrefe.
Hossiep, R., Turck D. & Hasella, M. (2000). BOMAT-advanced – short version – Bochumer Matrizentest: Handanweisung. Göttingen: Hogrefe.
Hunter, J.E. & Schmidt, F.L. (1982). Fitting people to jobs: The impact of personnel selection on national productivity. In E.A. Fleishman & M.D. Dunnette (Eds.), Human performance and productivity: Vol. 1: Human capability assessment (p. 233-284). Hillsdale, N.J.: Erlbaum.
Hunter, J.E. Schmidt, F.L. & Coggin, T.D. (1988). Problems and pitfalls in using capital budgeting and financial accounting techniques in assessing the utility of personnel programs. Journal of Applied Psychology, 73, 522-528.
Hüttemann, J. (2000). Zusammenhang von Intelligenz und sozialen Kompetenzen. Unveröffentlichte Diplomarbeit Universität Münster.

Immig, G. (1920/21). Die Arbeitsprobe. Praktische Psychologie, 2, 338-344.
Immig, G. (1929). Die Prüfung der Hilfsarbeiterinnen bei Firma Carl Zeiss, Jena. Industrielle Psychotechnik, 6, 81-87.
Institut für Test- und Begabungsforschung (1995). (Hrsg.). Der neue TMS. Originalversion des Tests für medizinische Studiengänge. Göttingen: Hogrefe.
Irle, M. (1955). Berufs-Interessen-Test (B-I-T). Göttingen: Hogrefe.
Irle, M. & Allehoff, W.H. (1984). Berufs-Interessen-Test II (BIT II). Göttingen: Hogrefe.
Isen, A.M. (1984). Toward understanding the role of affect on cognition. In. R.S. Wyer & T.K. Srull (Eds.), Handbook of social cognition (Vol. 3). (pp. 179-236). Hillsdale NJ: Erlbaum.

Jackson, D.N. (1974). Manual for the Personality Research Form (2. ed.). Goshen: Research Psychologists Press.
Jäger, A.O. (1984). Intelligenzstrukturforschung: Konkurrierende Modelle, neue Entwicklungen, Perspektiven. Psychologische Rundschau, 35, 21-35.
Jäger, A. O. & Althoff, K. (1983). Wilde-Intelligenz-Test (WIT). Göttingen: Hogrefe.
Jäger, A. O. & Althoff, K. (1994). Wilde-Intelligenz-Test (WIT). Ein Strukturdiagnostikum. Göttingen: Hogrefe.
Jäger, A.O., Süß, H.M. & Beauducel, A. (1997). Berliner Intelligenzstruktur-Test, BIS-Test: Form 4. Göttingen: Hogrefe.
Jäger, R.S. (1986). Der diagnostische Prozeß. Eine Diskussion psychologischer und methodischer Randbedingungen. Göttingen: Hogrefe.
Jäger, R.S. (1995). Der diagnostische Prozeß. In R.S. Jäger & F. Petermann (Hrsg.), Psychologische Diagnostik: Ein Lehrbuch (3., korrigierte Aufl.) (S. 450-455). Weinheim: Beltz.

Jäger, R.S. & Althoff, K. (1997). Testrezension zum Wilde-Intelligenz-Test (WIT). Zeitschrift für Differentielle und Diagnostische Psychologie, 18, 62-65.
Jäger, R.S. & Petermann, F. (1995). Psychologische Diagnostik: Ein Lehrbuch (3., korrigierte Aufl.), Weinheim: Beltz.
Janke, W., Erdmann G. & Kallus, K. W. (1985). Streßverarbeitungsfragebogen (SVF); Göttingen: Hogrefe.
Jeserich, W. (1981). Mitarbeiter auswählen und fördern. München: Hanser.
John, O.P., Angleitner, A. & Ostendorf, F. (1988). The lexical approach to personality: A historical review of trait-taxonomic research. European Journal of Psychology, 2, 171-205.

Kannheiser, W. (1995). Erfassung der Anforderungen einer konkreten Position. In W. Sarges (Hrsg.), Managementdiagnostik (S. 141-150). Göttingen: Hogrefe.
Kanning, U.P. (1999). Die Psychologie der Personenbeurteilung. Göttingen: Hogrefe.
Kanning, U.P. (2000). Selbstwertmanagement: Die Psychologie des selbstwertdienlichen Verhaltens. Göttingen: Hogrefe.
Kauffeld, S. (2001a). Das Kasseler-Kompetenz-Raster (KKR) zur Messung der beruflichen Handlungskompetenz. In Arbeitsgemeinschaft Qualifikations-Entwicklungs-Management (Hrsg.), Flexibilität und Kompetenz: Schaffen flexible Unternehmen kompetente und flexible Mitarbeiter? Münster:Waxmann.
Kauffeld, S. (2001b). Teamdiagnose. Göttingen: Hogrefe.
Kauffeld, S. (im Druck). Der Fragebogen zur Arbeit im Team. Göttingen: Hogrefe.
Kauffeld, S. & Frieling, E. (im Druck). Die berufliche Handlungskompetenz bei der Bewältigung von Optimierungsaufgaben in betrieblichen Gruppen. In R. Fisch (Hrsg.), Gruppen in Organisationen – Zusammenarbeit in Projektgruppen. Göttingen: Verlag für Angewandte Psychologie.
Kauffeld, S., Grote, S. & Frieling, E. (2000). Diagnose der beruflichen Handlungskompetenz bei der Bewältigung von Optimierungsaufgaben in Gruppen. Zeitschrift für Arbeitswissenschaft, 54, 211-219.
Kebeck, G. (1994). Wahrnehmung. Theorien, Methoden und Forschungsergebnisse der Wahrnehmungspsychologie. Weinheim: Juventa.
Kleine, D. & Jäger, A.O. (1989). Kriteriumsvalidität eines neuartigen Tests zum Berliner Intelligenzstrukturmodell. Eine Untersuchung an brasilianischen Schülern und Studenten. Diagnostica, 35, 17-37.
Kleinmann, M. (1997). Assessment Center. Göttingen: Verlag für Angewandte Psychologie.
Kleinmann, M. & Seibt, H. (1990). Personalauswahl von Hochschulabsolventen: Derzeitiger Stand und Perspektiven. In M. Methner & A. Gebert (Hrsg.), Psychologen gestalten die Zukunft: Anforderungen und Perspektiven (S. 292-304). Bonn: Deutscher Psychologen Verlag.
Krampen, G. (1981). IPC-Fragebogen zu Kontrollüberzeugungen („Locus of Control"). Göttingen: Hogrefe.
Krampen, G. (1987). Handlungstheoretische Persönlichkeitspsychologie. Göttingen: Hogrefe.
Krampen, G. (1988). Toward an action-theoretical model of personality. European Journal of Personality, 2, 39-55.
Krampen, G. (1991). Fragebogen zu Kompetenz- und Kontrollüberzeugungen (FKK). Göttingen: Hogrefe.
Kratzmeier, H. & Horn, R. (1988). Standard Progressive Matrices. Manual. Weinheim: Beltz.
Kreuscher, R. (2000). Lebenslaufanalyse – kürzer als das Rauchen einer Zigarette. Personalwirtschaft, 10, 64-68.

Kubinger, K.D. (1995). Einführung in die psychologische Diagnostik. Weinheim: Beltz.
Kubinger, K.D. (1996). Einführung in die Psychologische Diagnostik (2., korrigierte Aufl.). Weinheim: Beltz.

Landy, D. & Sigall, H. (1974). Beauty is talent: Task evaluation as a function of the performers physical attractivity. Journal of Personality and Social Psychology, 29, 299-304.
Langosch, W. & Stiels, W. (1980). Zur Anwendung des Differentiellen Interessen-Tests (DIT) bei Herz- und Kreislaufpatienten. Psychologie und Praxis, 24, 28-38.
Lehmann, W. (2000). Schnitte. In E. Fay (Hrsg.), Tests unter der Lupe III. Lengerich: Pabst.
Leitner, K., Lüders, E., Greiner, B., Ducki, A., Niedermeier, R. & Volpert, W. (1993). Handbuch. Analyse psychischer Anforderungen und Belastungen in der Büroarbeit - Das RHIA/VERA-Büro-Verfahren. Göttingen: Hogrefe.
Levenson, H. (1972). Distinctions within the concept of internal-external control. Proceedings of the Annual Convention of the APA, 7, 261-262.
Levenson, H. (1974). Activism and powerful others. Journal of Personality Assessment, 38, 377-383.
Lienert, G.A. (1958). FLT Form-Lege-Test. Göttingen: Hogrefe.
Lienert, G. A. (1963). Mechanisch-Technischer Verständnistest (MTVT). Göttingen: Hogrefe.
Lienert, G. A. (1967a). Die Draht-Biege-Probe (DBP). (2. erw. Aufl.). Göttingen: Hogrefe.
Lienert, G. A. & Lienhöft, R. (1959). Versuch einer Standardisierung der Drahtbiegeprobe. Zeitschrift für experimentelle und angewandte Psychologie, 6, 792-815.
Lienert, G. A. & Raatz, U. (1994). Testaufbau und Testanalyse (5. Aufl). Weinheim: Beltz.
Lienert, G. & Raatz, U. (1998). Testaufbau und Testanalyse (6. Aufl.). Weinheim: Psychologie Verlags Union.
Lilli, W. (1984). Die Hypothesentheorie der sozialen Wahrnehmung. In D. Frey & M. Irle (Hrsg.), Theorien der Sozialpsychologie, Band I: Kognitive Theorien (S. 19-46). Göttingen: Hogrefe.
Lilli, W. & Frey, D. (1993). Die Hypothesentheorie der sozialen Wahrnehmung. In D. Frey & M. Irle (Hrsg.), Theorien der Sozialpsychologie, Band I: Kognitive Theorien (2. Aufl.), (S. 49-78). Göttingen: Hogrefe.
Lowman, R.L. (1998). The ethical practice of psychology in organizations. Washington: American Psychological Assoziation.
Lüscher, M. (1971). Lüscher-Test. Hamburg: Rowohlt.

Maas, P. (1991). Arbeits- und Anforderungsanalyse. In H. Schuler & U. Funke (Hrsg.), Eignungsdiagnostik in Forschung und Praxis (S. 256-259). Stuttgart: Verlag für Angewandte Psychologie.
Machwirth, U., Schuler, H. & Moser, K. (1996). Entscheidungsprozesse bei der Analyse von Bewerbungsunterlagen. Diagnostica, 42, 220-241.
Marlow, C.M., Schneider, S.L. & Nelson, C.E. (1996). Gender and attractivity in hiring decisions: Are more experienced managers less biased? Journal of Applied Psychology, 81, 11-21.
Marschner, G. (1972). Revisionstest (Rev.T.) nach B. Stender. Göttingen: Hogrefe.
Marshalek, B., Lohman, D. F. & Snow, R. E. (1983). The complexity continuum in the radex and hierarchical models of intelligence. Intelligence, 7, 107-127.
McCormick, E. J., Jeanneret, P. R. & Mecham, R. C. (1969). Position analysis questionnaire (PAQ). Occupational Research Center Report, Purdue U. No. 55, pp. 25-50.
McCrae, R.R. & Costa, P.T. (1987). Validation of the Five-Factor-Model of Personality across instruments and observers. Journal of Personality and Social Psychology, 52, 81-90.

McCrae, R.R. & Costa, P.T. (1991). The NEO Personality Inventory: Using the Five-Factor Model in counseling. Journal of Counseling and Development, 69, 367-372.

McCrae, R.R. & John, O.P. (1992). An introduction to the five-factor model and its applications. Journal of Psychology, 60, 175-215.

Meili, R. (1955). Lehrbuch der psychologischen Diagnostik. Bern: Huber.

Metzger, W. (1975). Psychologie (5. Aufl.). Darmstadt: Steinkopf.

Milgram, S. (1988). Das Milgram-Experiment: Zur Gehorsamsbereitschaft gegenüber Autorität. Reinbek: Rowohlt.

Mills, C. J. & Tissot, S. L. (1995). Identifying academic potential in students from underrepresented populations: is using the Ravens Progessive Matrices a good idea? Gifted Child Quarterly, 39 (4), 209-217.

Moosbrugger, H. & Heyden, M. (1997). FAKT – Frankfurter adaptiver Konzentrations-Test. Bern: Huber.

Moosbrugger, H. & Oehlschlägel, J. (1996). Frankfurter Aufmerksamkeits-Inventar: FAIR. Bern: Huber.

Moser, K. & Rhyssen, D. (2001). Referenzen als eignungsdiagnostische Methode. Zeitschrift für Arbeits- und Organisationspsychologie, 45, 40-46.

Moser, K. & Zempel, J. (2001). Personalmarketing. In H. Schuler (Hrsg.), Lehrbuch der Personalpsychologie (S. 63-87). Göttingen: Hogrefe.

Mummendey, H.D. (1995). Die Psychologie der Selbstdarstellung. Göttingen: Hogrefe.

Mummendey, H.D., Mielke, R., Maus, G. & Hesener, B. (1977). Untersuchungen mit einem mehrdimensionalen Selbsteinschätzungsverfahren. Bielefeld: Bielefelder Arbeiten zur Sozialpsychologie, Nr. 14.

Murray, H.A. (1938). Explorations in Personality. New York: Oxford.

Murer, K. (1995).Theorieansätze zur konzentrativen Leistung und deren Messung. Unveröffentlichte Lizentiatsarbeit Universität Freiburg.

Musch, J. & Lieberei, W. (1997). Entwicklung und Validierung einer auswertungsobjektiven Postkorbübung für die Personalauswahl. Zeitschrift für Personalforschung, 11, 317-336.

Musch, J. & Lieberei, W. (1998). CHRONOS: Ein auswertungsobjektiver Postkorb für Assessment Center. ABO aktuell, 5, 51-55.

Musch, J., Rahn, B. & Lieberei, W. (2001). BPM Bonner Postkorb-Module. Die Postkörbe CaterTrans, Chronos, Minos und AeroWings. Handanweisung. Göttingen: Hogrefe.

Neter, E. & Ben-Skalar, G. (1989). The predictive validity of graphological inferences: A meta analytic approach. Personality and Individual Differences, 10, 737-745.

Niketta, R. (1993). Das Stereotyp der physischen Attraktivität. In M. Hassebrauck & R. Niketta (Hrsg.), Physische Attraktivität (S. 163-200). Göttingen: Hogrefe.

Norman, W.T. (1963). Toward an adequate taxonomy of personality attributes. Replicated factor structure in peer nomination personality ratings. Journal of Abnormal and Social Psychology, 66, 574-583.

Obermann, C. (1992). Assessment Center: Entwicklung, Durchführung, Trends. Wiesbaden: Gabler.

Oesterreich, R., Leitner, K., Resch, M. (2000). Handbuch. Analyse psychischer Anforderungen und Belastungen in der Produktionsarbeit - Das Verfahren RHIA/VERA-Produktion. Göttingen: Hogrefe.

Oswald, W. & Roth, E. (1978). Der Zahlen-Verbindungs-Test (ZVT). Göttingen: Hogrefe.

Postman, L. (1951). Toward a general theory of cognition. In J.H. Rohrer & M. Sherif (Eds.), Social psychology at the crossroads (pp. 242-272). New York: Harper & Brothers.

Price, V.A. (1982). What is Type A? A cognitive social learning model. Journal of Occupational Behaviour, 3, 109-129.
Prinz, W. (1992). Wahrnehmung. In H. Spada (Hrsg.), Lehrbuch Allgemeine Psychologie (2. Aufl.), (S. 25-113). Bern: Huber.
Pulverich, G. (1996). Rechts-ABC für Psychologinnen und Psychologen. Psychologisches Berufsrecht in Stichworten. Bonn: Deutscher Psychologen Verlag.
Püttner, I. (1999). Rechtsfragen beim Einsatz von psychologischen Tests. Personalführung, 4/99, 54-57.

Quaiser-Pohl, C. & Lehmann, W. (1999). Der Raumvorstellungstest „Schnitte". Evaluation des Verfahrens an mathematisch besonders befähigten Schülerinnen und Schülern. Zeitschrift für Differentielle und Diagnostische Psychologie, 20 (4), 263-271.

Raven, J. C. (1938). Standard Progressive Matrices, Sets A, B, C, D, E II. London: Lewis.
Raven, J. C. (1962). Advanced Progressive Matrices Set II. London: Lewis.
Raven, J. (1980). Advanced Progressive Matrices. Weinheim: Beltz.
Richter, P., Rudolf, M. & Schmidt, C.F. (1996). Fragebogen zur Analyse belastungsrelevanter Anforderungsbewältigung (FABA). Frankfurt: Swets Test Services.
Riediger, M. & Rolfs, H. (1998). Computergestützte Postkorbverfahren: Mailbox 90, PC-Office und PC-Postkorb „Seeblick". Zeitschrift für Arbeits- und Organisationspsychologie, 42, 43-50.
Rimann, M. & Udris, I. (1997). Subjektive Arbeitsanalyse: Der Fragebogen SALSA. In O. Strohm & E. Ulich (Hrsg.), Unternehmen arbeitspsychologisch bewerten (S. 281-298). Bern: Huber.
Robertson, I., Gratton, L. & Sharpley, D. (1987). The psychometric properties and design of managerial assessment centers: Dimensions into exercises won´t go. Journal of occupational Psychology, 60, 187-195.
Robinson, A., Bradley, R. H. & Stanley, T. D. (1990). Opportunity to achieve: Identifying mathematically gifted black students. Contemporary Educational Psychology, 15, 1-12.
Rodà-Leger, P. (1996). Entwicklung eines Testverfahrens zur Potentialanalyse in der Führungskräfte-Entwicklung (Psychologie Bd. 11). Landau: Empirische Pädagogik.
Rodà-Leger, P. (1998). Testsystem zur Erfassung von Denk- und Kommunikationsstilen in der Führungskräfte-Entwicklung. Frankfurt/Main: Swets Test Services.
Roest, F. Scherzer, A., Urban, E., Gangl, H. & Brandstätter, C. (1989), Mailbox '90. Ein computergestütztes Test- und Trainingsverfahren zur Personalentwicklung. Wien und Weinheim: SciCon und Beltz Test.
Rorschach, H. (1962). Rorschach-Test. Bern: Huber.
Rosch, M. (1985). Verhalten im sozialen Kontext: Soziale Förderung und Unterdrückung von Verhalten. In D. Frey & M. Irle (Hrsg.), Theorien der Sozialpsychologie, Band II: Gruppen- und Lerntheorien (S. 11-37). Bern: Huber.
Rosenstiel, F.v. (2000). Potentialanalyse und Potentialentwicklung. In L. v. Rosenstiel & T. Lang-von Wins (Hrsg.), Perspektiven der Potentialbeurteilung (S. 3-25). Göttingen: Verlag für Angewandte Psychologie.
Rosenthal, R. & Jacobson, L. (1971). Pygmalion im Unterricht. Weinheim: Beltz.
Ross, L.D. (1977). The intuitive psychologist and his shortcomings: Distortions in the attribution process. In L. Berkowitz (Ed.), Advances in Experimental Social Psychology, Vol. 10. New York: Academic Press.
Roth, E. (1958). Eine Auswertungsmöglichkeit inobjektiver Tests (dargestellt am Beispiel der Drahtbiegeprobe). Psychologie und Praxis, 2, 240-244.
Rotter, J.B. (1954). Social learning and clinical psychology. New York, NY: Prentice-Hall.

Rotter, J.B. (1955). The role of the psychological situation in determining the direction of human behavior. Nebraska Symposium on Motivation, 3, 245-268.

Rotter, J.B. (1966). Generalized expectancies for internal versus external control of reinforcement. Journal of Consulting and Clinical Psychology, 43, 65-67.

Rubin, I. & Beckhard, R. (1984). Factors influencing the effectiveness of health teams. In D. A. Kolb, I. Rubin & J.M. McIntire (Eds.), Organizational Psychology: Readings in human behavior in organisations (4th ed., pp.199-209). London: Prentice Hall.

Sagie, A. & Magnezy, R. (1997). Assessor type, number of distinguishable Dimension categories, and assessment center construct validity. Journal of Occupational and Organiszational Psychology, 70, 103-108.

Sales, S.M. & House, J. (1971). Job dissatisfaction as a possible risk factor in coronary heart disease. Journal of Chronical Diseases, 23, 861-873.

Schaarschmidt, U. & Fischer, A. (1999). Inventar zur Persönlichkeitsdiagnostik in Situationen. Frankfurt am Main: Swets & Zeitlinger.

Schippmann, J. S., Prien, E. P. & Katz, J. A. (1990). Reliability and validity of in-basket performance measures. Personnel Psychology, 43, 837-859.

Schmale, H. & Schmidtke, H. (1995). Berufseignungstest BET. Göttingen: Huber.

Schmalt, H.D. (1976). Die Messung des Leistungsmotivs. Göttingen: Hogrefe.

Schmalt, H.D. (1979). Machtmotivation. Psychologische Rundschau, 30, 269-285.

Schmalt, H.D. (1987). Power motivation and the perception of control. In F. Halisch & J. Kuhl (Hrsg.), Motivation, intention and volition (pp. 101-113). Berlin: Springer.

Schmalt, H.D. (1999). Assessing the achievement motive using the Grid technique. Journal of Research in Personality, 33, 109-130.

Schmalt, H.-D., Sokolowski, K. & Langens, T. (2000). Das Multi-Motiv-Gitter für Anschluss, Leistung und Macht. Manual. Frankfurt: Swets Test Services.

Schmidt, F.L. & Hunter, J.E. (1998). The validity and utility of Selection methods in personnel psychology: practice and theoretical implications of 85 years of research findings. Psychological Bulletin, 124, 262-274.

Schmidt, F.L., Hunter, J.E., McKenzie, R.C. & Muldrow, T.W. (1979). Impact of valid selection procedures on work-force productivity. Journal of Applied Psychology, 64, 609-626.

Schmidt, J. U. (1977). Theoretische Analyse und Vorschlag einer Kurzform des Differentiellen Interessen-Tests von Todt. Diagnostica, 23, 346-358.

Schmidt-Atzert, L. & Ising, M. (1997). Ein Beitrag zur Konstruktvalidität von d2 und Revisionstest. In Zeitschrift für Differentielle und Diagnostische Psychologie, 18, 241-250.

Schorn, M. (1929). Untersuchungen über die Handgeschicklichkeit. Zeitschrift Psychologie, 112, 325-378.

Schorr, A. (1991). Diagnostische Praxis in der Arbeits- und Organisationspsychologie. Teilergebnisse einer repräsentativen Umfrage zur diagnostischen Praxis. In H. Schuler & U. Funke (Hrsg.), Eignungsdiagnostik in Forschung und Praxis. Göttingen: Hogrefe.

Schuler, H. (1992). Das Multimodale Einstellungsinterview. Diagnostica, 38, 281-300.

Schuler, H. (1996). Psychologische Personalauswahl. Göttingen: Verlag für Angewandte Psychologie.

Schuler, H. (2001). Arbeits- und Anforderungsanalyse. In H. Schuler (Hrsg.), Lehrbuch der Personalpsychologie (S. 43-61). Göttingen: Hogrefe.

Schuler, H. & Berger, W. (1979). Physische Attraktivität als Determinante von Beurteilung und Einstellungsempfehlung. Psychologie und Praxis, 2, 59-70.

Schuler, H. & Höst, S. (2001). Konstruktorientierte Verfahren der Personalauswahl. In H. Schuler (Hrsg.), Lehrbuch der Personalpsychologie (S. 94-133). Göttingen: Hogrefe.

Schuler, H. & Marcus, B. (2001). Biographieorientierte Verfahren der Personalauswahl. In H. Schuler (Hrsg.), Lehrbuch der Personalpsychologie (S. 175-212). Göttingen: Hogrefe.

Schuler, H. & Stehle, W. (1983). Neuere Entwicklungen des Assessment-Center-Ansatzes – beurteilt unter dem Aspekt der sozialen Validität. Zeitschrift für Arbeits- und Organisationspsychologie, 27, 33-44.

Schuler, H. & Stehle, W. (1992). Biographische Fragebogen als Methode der Personalauswahl. Göttingen: Verlag für Angewandte Psychologie.

Schuler, H. & Prochaska, M. (1999). Ermittlung personaler Merkmale: Leistungs- und Potentialbeurteilung von Mitarbeitern. In K. Sonntag (Hrsg.), Personalentwicklung in Organisationen (S. 181 - 210). Göttingen: Hogrefe.

Schuler, H. & Prochaska, M. (2001). Leistungsmotivationsinventar. Dimensionen berufsbezogener Leistungsorientierung. Göttingen: Hogrefe.

Schwarz, N. (1990). Feelings as Information: Informational and motivational functions of affective states. In E.T. Higgins & R.M. Sorrentino (Eds.), Handbook of Motivation and Cognition: Foundations of Social Behavior, Vol. II (pp. 527-561).

Schwarzer, R. & Jerusalem, M. (1989). Erfassung leistungsbezogener und allgemeiner Kontroll- und Kompetenzerwartung. In G. Krampen (Hrsg.), Diagnostik von Attributionen und Kontrollüberzeugung (S. 127-133). Göttingen: Hogrefe.

Sokolowski, K. (1992). Entwicklung eines Verfahrens zur Messung des Anschlußmotivs. Diagnostica, 38, 1-17.

Sonntag, K. (1999). Ermittlung tätigkeitsbezogener Merkmale: Qualifikationsanforderungen und Voraussetzungen menschlicher Aufgabenbewältigung. In K. Sonntag (Hrsg.), Personalentwicklung in Organisationen (S. 157-179). Göttingen: Hogrefe.

Soper, J. C. & Walstad, W. B. (1987). Test of Economic Literacy. New York: National Council of Economic Education.

Spearman, C. (1904). „General intelligence", objectively determined and measured. American Journal of Psychology, 15, 201-293.

Stadler, M. & Crabus, H. (1986). Wolfgang Metzger: Gestaltpsychologie. Ausgewählte Werke aus den Jahren 1950 bis 1982. Frankfurt am Main: Waldemar Kramer.

Statistisches Bundesamt (2000). Statistisches Jahrbuch der Bundesrepublik Deutschland.

Stoner, J.A.F. (1961). A comparison of individual and group decision involving risk. Unpublished master's thesis. Massachusetts Institute of Technology.

Stumpf, H. (1981). Die „Personality Research Form" (PRF): Überblick über die theoretische Fundierung, Entwicklung, empirische Evaluation und Beschreibung der deutschen Version. Arbeitsberichte des Psychologischen Dienstes der Bundeswehr, Nr. P-4-81. Bonn: Bundesministerium der Verteidigung.

Stumpf, H., Angleitner, A., Wieck, T., Jackson, D.N. & Beloch-Till, H. (1984). Deutsche Personality Research Form (PRF). Göttingen: Hogrefe.

Stumpf, H. & Fay, E. (1983). Schlauchfiguren. Ein Test zur Beurteilung des räumlichen Vorstellungsvermögens. Göttingen: Hogrefe.

Stumpf, H. & Steinhart, I. (1981). Zur Anfälligkeit der deutschen „Personality Research Form" (KA) gegenüber tendenziöser Beantwortung. Wehrpsychologische Untersuchungen, Heft 3.

Sturm, W., Willmes, K. & Horn, W. (1993). Leistungsprüfsystem für 50-90-jährige (LPS 50+). Göttingen: Hogrefe.

Süß, H.-M., Kersting, M. & Oberauer, K. (1991). Intelligenz und Wissen als Prädiktor für Leistungen bei computersimulierten komplexen Problemen. Diagnostica, 37, 334-352.

Swets Test Services GmbH (2000). SkillCheck Professional. Frankfurt a.M.: Swets Test Services GmbH.

Task Force on Assessment Center Guidelines (1989). Guidelines and ethical considerations for assessment center operations. Public Personnel Management, 18, 457-471.

Taylor, H.C. & Russel, J.F. (1939). The relationship of validity coefficients to the practical effectiveness of tests in selection: Discussion and tables. Journal of Applied Psychology, 23, 565-578.

Tewes, U. (1985). Hamburg-Wechsler-Intelligenztest für Kinder – Revision 1983 (HAWIK-R). Göttingen: Hogrefe.

Thorndike, E.L. (1920). A constant error in psychological ratings. Journal of Applied Psychology, 4, 25-29.

Thurstone, L. L. (1938). Primary mental abilities. Chicago: University Press.

Todt, E. (1967). Differentieller Interessen-Test (DIT). Bern: Huber.

Todt, E. (1978). Das Interesse: empirische Untersuchungen zu einem Motivationskonzept. Bern: Huber.

Tziner, A., Meir, E.I., Dahan, M. & Birati, A. (1994). An investigation of the predictive validity and economic utility of the assessment center for the high-management level. Canadian Journal of Behavioural Science, 26, 228-245.

Volpert, W. (1987). Psychische Regulation von Arbeitstätigkeiten. In J. Rutenfranz & U. Kleinbeck (Hrsg.), Arbeitspsychologie (Enzyklopädie der Psychologie, Themenbereich D, Serie III, Band 1, S. 1-42). Göttingen: Hogrefe.

Volpert, W., Oesterreich, R., Gablenz-Kolakovic, S., Krogoll, T. & Resch, M. (1982). Verfahren zur Ermittlung von Regulationserfordernissen in der Arbeitstätigkeit (VERA). Analyse von Planungs- und Denkprozessen in der industriellen Produktion. Köln: Verlag TÜV Rheinland.

Wechsler, D. (1955). Die Messung der Intelligenz Erwachsener. Bern: Huber.

Wechsler, D. (1956). Hamburg-Wechsler-Intelligenz-Test für Erwachsene (HAWIE). Bern: Huber.

Wechsler, D. (1964). Die Messung der Intelligenz Erwachsener (HAWIE). Bern: Huber.

Weinert, A.B. (1998). Organisationspsychologie: Ein Lehrbuch. Weinheim: Beltz.

Weiss, D. (1972). General Aptitude Test Battery. In O. K. Buros (ed.), The Seventh Mental Measurement Yearbook (pp. 1058-1061). Highland Park: Gryphon.

Weiß, R.H. (1987). Grundintelligenztest Skala 2 (CFT 20). Göttingen. Hogrefe.

Weuster, A. (1994). Personalauswahl und Personalbeurteilung mit Arbeitszeugnissen. Göttingen: Verlag für Angewandte Psychologie.

Wiggins, J.S. & Pincus, A.L. (1992). Personality: Structure and assessment. In M. R. Rosenzweig & L.W. Porter (Hrsg.), Annual Review of psychology (S. 473-504). Palo Alto, CA: Annual Reviews Inc.

Willmes, K. (1997). Testrezension zu Standard Progressive Matrices (SPM). Zeitschrift für Differentielle und Diagnostische Psychologie, 18 (1/2), 117-120.

Wirtz, W. W. (1962). Guide to the use of the General Aptitude Test Battery. Washington: Section III: Development. United States Department of Labor.

Wittmann, W.W. & Matt, G.E. (1986). Aggregation und Symmetrie. Grundlagen einer multivariaten Reliabilitäts- und Validitätstheorie, dargestellt am Beispiel der differentiellen Validität des Berliner Intelligenzstrukturmodells. Diagnostica, 32, 309-329.

Wolff, P. & Voullaire, Ch. (1968). Eignungsbegutachtung von Körperbehinderten für einen Verwaltungsberuf - Eine Bewährungskontrolle. Diagnostica, 14, 70-87.

Wottawa, H. (2000). Perspektiven der Potentialbeurteilung: Themen und Trends. In L.v. Rosenstiel & T. Lang-von-Wins (Hrsg.), Perspektiven der Potentialbeurteilung (S. 27-51). Göttingen: Verlag für Angewandte Psychologie.

Wottawa, H. (2001). ELIGO. In W. Sarges & H. Wottawa. Handbuch wirtschaftspsychologischer Testverfahren (S. 571-582). Lengerich: Papst.

Zajonc, R.B., Heingartner, A. & Herman, E.M. (1969). Social enhancement and impairment of performance in the cockroach. Journal of Personality and Social Psychology, 13, 83-92.

Martin Kleinmann
Bernd Strauß (Hrsg.)
Potential-
feststellung und
Personalentwicklung

(Psychologie für das
Personalmanagement)
2., überarbeitete und erweiterte
Auflage 2000, 290 Seiten,
€ 39,95 / sFr. 69,–
ISBN 3-8017-1349-0

Das Buch bietet einen aktuellen Überblick zu wissenschaftlichen Erkenntnissen und praktischen Erfahrungen mit Potentialanalyse- und Personalentwicklungsinstrumenten.

Rüdiger Hossiep
Michael Paschen / Oliver Mühlhaus
Persönlichkeitstests im
Personalmanagement

2000, XX/364 Seiten, geb.,
€ 46,95 / sFr. 77,–
ISBN 3-8017-1039-4

Das Buch liefert eine Übersicht über Persönlichkeitstests, die in Unternehmen eingesetzt werden. Es nennt Vor- und Nachteile der Instrumente und bietet einen Überblick über wissenschaftliche Grundlagen.

Martin Scherm / Werner Sarges
360°-Feedback

(Praxis der
Personalpsychologie, Band 1)
2002, VI/88 Seiten,
€ 19,95 / sFr. 33,90
(Im Reihenabonnement
€ 15,95 / sFr. 27,80)
ISBN 3-8017-1483-7

Der Band bereitet die theoretischen und methodischen Grundlagen auf, gibt Konzepte für die erfolgreiche Durchführung von Feedback-Prozessen an die Hand und illustriert diese an Praxisbeispielen.

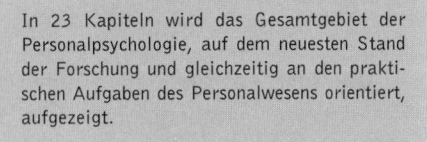

Heinz Schuler (Hrsg.)
Lehrbuch der
Personalpsychologie

2001, VI/664 Seiten, Großformat,
€ 49,95 / sFr. 85,–
ISBN 3-8017-0944-2

In 23 Kapiteln wird das Gesamtgebiet der Personalpsychologie, auf dem neuesten Stand der Forschung und gleichzeitig an den praktischen Aufgaben des Personalwesens orientiert, aufgezeigt.

Heinz Schuler
Psychologische
Personalauswahl
Einführung in die
Berufseignungsdiagnostik

(Wirtschaftspsychologie)
3., unveränderte Auflage 2000,
216 Seiten, geb.,
€ 32,95 / sFr. 51,–
ISBN 3-8017-0865-9

Kern dieses Bandes ist die Darstellung psychologischer Verfahren der Berufseignungsdiagnostik. Dies wird an Beispielen illustriert und in Bezug auf ökonomische, rechtliche und ethische Prinzipien diskutiert.

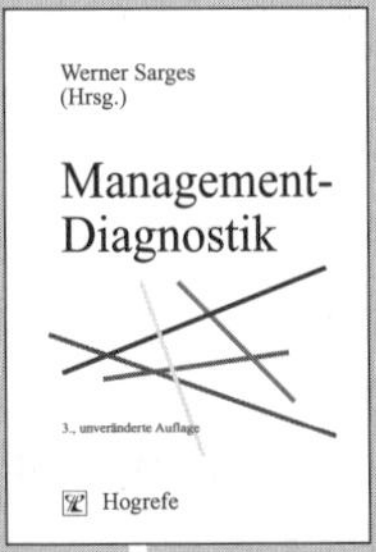

Werner Sarges (Hrsg.)
Management-
Diagnostik

3., unveränderte Auflage 2000,
XII/980 Seiten, geb.,
€ 99,95 / sFr. 168,–
ISBN 3-8017-0740-7

Das Handbuch liefert einen einzigartigen Überblick zur Management-Diagnostik. Es bietet eine umfassende Zusammenfassung der Probleme und Möglichkeiten psychologischer Diagnostik für das besondere Anwendungsgebiet des Managements.

Hogrefe

Hogrefe-Verlag
E-Mail: verlag@hogrefe.de
Internet: www.hogrefe.de

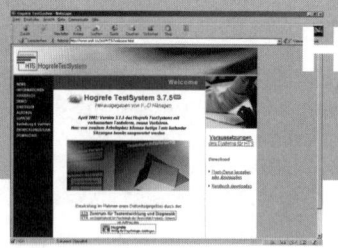

Hogrefe TestSystem
Diagnostik in Bewegung

Das **Hogrefe TestSystems** ist ein modernes und innovatives computergestütztes psychodiagnostisches Testsystem. Aus einer großen Anzahl von renommierten Verfahren können Sie Tests auswählen und Ihren Bedürfnissen entsprechend kombinieren. Die Durchführung und Auswertung sind dabei ebenso präzise wie komfortabel. Die ausführliche Ergebnisdarstellung unterstützt Sie in Ihrer Entscheidung und in der Erläuterung der Ergebnisse für Ihre Klienten und Auftraggeber.

Profitieren Sie von unseren mehr als 50 Jahren Erfahrung und nutzen Sie unsere modernen, praxiserprobten Testverfahren für die ganze Bandbreite der Berufs-Eignungsdiagnostik – bei der zielgerichteten und ökonomischen Auswahl von Auszubildenden ebenso wie bei der Managementdiagnostik.

Unser Beratungsteam freut sich von Ihnen zu hören und für Ihre Anforderungen an die Personalauswahl und -entwicklung eine praktikable Lösung mit dem **Hogrefe TestSystem** zu realisieren.

Hogrefe TestSystem

Apparatezentrum
Rohnsweg 25 • 37085 Göttingen
Tel.: 05 51 - 4 96 09-0/-37/-38 • Fax:-88

Die Testzentrale liefert Ihnen **mehr als 750** standardisierte, wissenschaftlich fundierte, psychodiagnostische Testverfahren für alle Anwendungsbereiche. Einen besonderen Schwerpunkt bildet dabei das moderne Personalmanagement. Wir bieten Ihnen eine breite Palette an standardisierten Testverfahren und in Zukunft auch verstärkt Seminare zu folgenden Themen:

- Personalauswahl und Potenzialentwicklung
- Intelligenz- und Leistungsdiagnostik
- Persönlichkeitsdiagnostik sowie
- Team- und Organisationsentwicklung

Das hohe qualitative Niveau unserer Produkte ist das Ergebnis der kontinuierlichen Zusammenarbeit mit renommierten Wissenschaftlern und erfahrenen Praktikern. Nutzen Sie unsere Kompetenz!

Besuchen Sie uns im Internet:
www.testzentrale.de

Testzentrale Göttingen
Robert-Bosch-Breite 25 • 37079 Göttingen

Hogrefe